大韓興學報

(下) 自第六號
至第十三號

圖書出版 韓國學資料院

대한흥학보 【大韓興學報】

1909년 3월 창간된 재일 한인 유학생의 애국 계몽 통합 단체인 대한흥학회의 월간 기관지.

『대한흥학보』는 유학생 상호 간의 친목 도모 및 학식 교환을 목적으로 하였으나 크게는 조국 문화의 창달과 국내 동포의 민지를 개도하기 위해 지덕 계발, 즉 국민의 실력을 양성하려는 목적으로 활동하였다. 하지만 일제의 조선 강점 직전인 1910년 5월 폐간되었다.

『대한흥학보』는 일본으로 유학을 가 있던 한국 학생들이 조직한 태극학회·대한학회·공수학회·연학회 등을 통합한 대한흥학회가 발행하였다. 『대한흥학보』는 각 유학생 단체가 발행하던 기관지를 계승한 것으로 "대한흥학회의 최대 기관", 즉 중심 사업이었다. 『대한흥학보』의 발행인은 고원훈, 편집인은 조용은이었으며, 도쿄 유학생 감독부 안에 위치하였다. 1909년 1월 17일 대한흥학회 임시 평의회에서 『대한흥학보』를 2월 초순 출간하기로 결정하였으나 1개월 후인 3월 20일 발행되었다.

『대한흥학보』 제1호부터 제6호까지는 연단(演壇), 학해(學海), 사전(史傳), 문원(文苑), 사조(詞藻), 잡찬(雜纂), 휘보(彙報), 회록(會錄) 등으로 구성되었으나 제7호부터는 논자(論者), 학예(學藝), 전기(傳記), 문원, 시보(時報), 부록(附錄)으로 구성을 변경하였다. 가장 비중이 높은 것은 연단, 학예, 잡찬이었다. 『대한흥학보』에 게재된 주된 내용은 사회 계몽에 관계되는 것과 자연 과학을 중심으로 한 학문과 관련된 내용, 유학생들의 소식 등이다. 특히 구호를 나열하기보다는 구체적인 방법론을 제시한 것이 『대한흥학보』의 가장 큰 특징이라 할 수 있다.

『대한흥학보』는 창간호 발행 이래 1910년 5월 폐간될 때까지 방학을 제외하고 매월 발행되었다. 창간호의 발행 부수가 2,000부였으나 증간 요구가 있었으므로 2,000~2,500부 정도 발간되었던 것으로 추정된다. 1909년 9월 말 『대한흥학보』의 구독자 수는 경기도 59명, 전라도 39명, 강원도 88명, 함경도 120명, 충청도 15명, 경상도 28명, 황해도 60명, 평안도 178명으로 모두 508명으로서 평안도와 함경도의 구독자 수가 과반을 차지하였다. 구독자의 과반이 평안도와 함경도에 있는 것은 대한흥학회의 지부가 해당 지역에 설치되었기 때문일 것으로 추측할 수 있다. 그리고 국내의 각 학교와 지식인에게 무료로 발송하는 것이 1,500부 이상이었다. 『대한흥학보』 발간의 자금은 회원들의 회비와 의연금, 국내 인사의 찬성금으로 충당하였으나 제8호와 제10호, 제11호에 부족한 발간 경비를 후원해 달라는 긴급 광고를 게재한 것으로 보아 발간 경비가 크게 부족하였던 것으로 보인다.

『대한흥학보』의 발행은 애국 계몽 운동의 일환으로 전개되어 조선 민족과 민중의 독립 의식과 민족 의식을 고취하였다.

출처:한국학중앙연구원

「大韓興學報」下 目次

隆熙三年
日本明治四十二年 十月二十日發行 (每月一回)

大韓興學報

隆熙三年 明治四十二年 [illegible]月十七日 第[illegible]種郵[illegible]認[illegible]

在日本國東京
大韓興學會發行

第六號

投書의注意

本報는帝國同胞의學術과知德을啓發케ᄒᆞ는機關이온즉惟我 僉位會員은本報를編纂ᄒᆞ는데十分方便의 另念을特加ᄒᆞ오셔每月三十日以內作文原稿를編纂部로送交ᄒᆞ심을敬要ᄒᆞᆷ

○原稿材料 論說 學術 文藝 詞藻 雜著

○用紙式樣 印刷紙 十行 二十字

○精寫免誤 楷書

○通信便利 姓名 居住

○編輯權限 筆削 添補 批評 停載

○送呈規例 會員外에는該投書揭載ᄒᆞᆫ當號一部式送呈

恭賀繼天紀元節

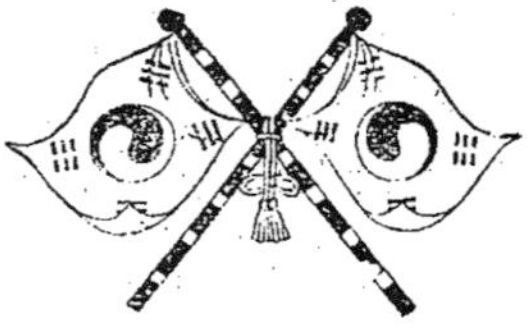

隆熙三年十月十二日

帝國萬歲

大韓興學會

恭賀千秋慶節

隆熙三年十月二十日

皇太子殿下千歲

大韓興學會

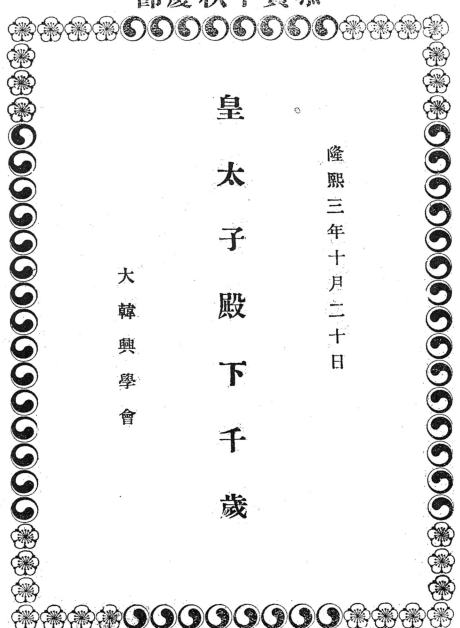

大韓興學報第六號目次

演壇

列國靑年과밋韓國靑年談

李承瑾

過頃扶桑紅日이杲杲熱熱ᄒᆞ야金이흐르고돌이녹난듯宛然히洪爐中에坐함과如히甚酷한지라大都會에노난ᄉᆞ람들더옥못견듸셔束帶發狂에大聲叫呼ᄒᆞ야山邊海濱에逃避靜養할ᄉᆡ新浴閒棋로世慮를忘却ᄒᆞ고長長夏日을덧업시보ᄂᆡ더니忽然히西方으로白帝의金風한쇼ᄅᆡ入來함인梧桐이金井에落ᄒᆞ고蘆花月天에歸鴻이得意ᄒᆞ니슬푸다이바람한쇼ᄅᆡ에酷炎이退去ᄒᆞ고新凉이漸生이라일노죳ᄎᆞ天高木落에滿目蕭冷ᄒᆞ야一塲幻像을作할지니異哉라天時의難測할者ㅣ이것이오죳ᄎᆞ人事난時時로境遇를變遷ᄒᆞ고心機를發展할지라往日新鮮한空氣에粹養한바健全한精神과圓滿한理想으로各其事業의方面을隨ᄒᆞ야勇進活躍할지니此ㅣ엇지靑年吾儕의得意한秋ㅣ아니리오余도ᄯᅩ한夏期休暇를因하야避暑次로友人을從하야日本國第一名山芙蓉峰雪을觀ᄒᆞ고도라오난路中에鹿兒島一學者를逢하야世界列國靑年의歷史를談話ᄒᆞ다

曰今日世界의競爭은卽學問競爭이라謂할지로다米國前大統領루ㅣ스웰트氏가云ᄒᆞ되敎育은國家를能히創造키난難하나그러나敎育이無한國家난맛참ᄂᆡ滅亡을免치못한다ᄒᆞ엿스니信哉라斯言이여敎育은果是國家를造ᄒᆞ고大才를出함은不能하나無敎育或惡敎育의結果난國家를滅亡에瀕케ᄒᆞ고大才의發現을撲滅하난弊가有한지라故로阿非利加의內地와밋南洋諸島의土人도人類된天性은조곰도歐米人에不下ᄒᆞ나彼等의人間에난歐米各國과如히大才의現出함이無함으로뻐可証할바者ㅣ是也오또同一歐洲의人에在ᄒᆞ야도西班牙、葡萄牙等國과如한者난累世의積弊를因ᄒᆞ야漸漸衰頹한域에臻ᄒᆞ니其故ㅣ何에在ᄒᆞᆫ고前者난無敎育한野蠻生活을由하야大才의發生함이無함을因함이오後者난惡敎育을由하야大才를撲滅하야今日의境을致케한實例에在ᄒᆞ엿스니이난彼等의無敎育한所致가아니오全혀僧侶及其他輩의惡敎育을因하야現今의狀態에陷한者ㅣ된지라故로假令惡敎育이아니오善良한敎育이라도新進改良의方法을不施ᄒᆞ면맛참ᄂᆡ時勢에落後ᄒᆞ고腐敗에歸屬하여國民으로하야곰一層進步ᄒᆞ야從前의位置를保有케ᄒᆞ기難한지라그런故로譬컨된一善良한器械를使用하난方法에在ᄒᆞ야도또한本器械보다더한층新奇한機械或方法이發見될時에난곳그新機械新方法을採用함으로뻐現今文明의通則을삼나니此에對ᄒᆞ야今日競爭場裏에國을有한青年은革舊就新ᄒᆞ야日進無休의方法으로自任할지니政治上의法則은勿論하고爲先

學問教育의制度를改良하야自國의舊習을除祛ᄒᆞ고他邦의長所를模倣調和함이 가장必要한지라故로近日英國의靑年은獨逸의商工業이發達됨을一驚하야大聲疾呼에輿論은喚起ᄒᆞ야國民의覺醒을促하고또一面으로米國文物의益益進步됨을鑑ᄒᆞ고自國教育의方法을改良코져하야米國에教育調査委員을派遣ᄒᆞ엿스니 이난英國의教育制度가不完全ᄒᆞ야全然히腐敗에屬함이아니라亦即新進改良의一大方針에出한바이오佛國靑年은자됴英國의教育制度를稱贊하야佛獨兩國의教育制度를非難하난書를著한者도有ᄒᆞ며獨逸의學制를할진된小學校의數난六萬五百八十四에至ᄒᆞ고教師난十六萬六千五百九十七人이오中等學校의數난一千五百二十九에至ᄒᆞ고教師난二萬以上에達ᄒᆞ야私教師總計合이三十萬이되난지라其教育의制度ㅣ가장完備ᄒᆞ다云ᄒᆞ나每年私生兒의出産과自殺者의統計가英國에比ᄒᆞ면優數를占하난지라此는其德育의点이缺如한所以라故로教育의制度ㅣ英國에不及한다云ᄒᆞ야獨逸靑年輩가教育改善의方計을國民界에痛論ᄒᆞ엿스며伊太利의「少年이탈니」와스래시아의學生同志會와土耳其의「靑年토이기黨」等이또한各其方面으로互相集會ᄒᆞ야標榜活動ᄒᆞ나니如斯히歐米各國의靑年은相互競爭하난지라彼의長을取ᄒᆞ야我의短을補하며我의惡을抛ᄒᆞ야他의善을從할식先此自國教育改良하난事에對ᄒᆞ야努力함으로靑年의一大急務를作하엿스며日本의教育制度如何를論할진된維新以來로百般模範을歐西에取來ᄒᆞ야新教育

令으로全國學制를改良할시東西의文明을調和ᄒᆞ야自國의獨立을保全하고兼ᄒᆞ야世界强國의一에處한지라故로日淸日露兩役에戰勝한原因은維新以來로四十年間에國家及社會가實施한바靑年敎育의成功에在하다ᄒᆞ야可할지며또西洋諸國의識者난日本이泰西의文明을急遽히採用한結果ㅣ果然其幸福이될가도로혀不幸함이되난事ㅣ無할가懷疑ᄒᆞ난者ㅣ不小ᄒᆞ니此懷疑에對ᄒᆞ야滿足한解答으로ᄡᅥ確然히實行할義務를擔한者난卽現時靑年된者ㅣ是也ㅣ라其解答은理論上의解答이아니오卽事實上의解答이니果然其重任을可勘치아니치못할지라此에對ᄒᆞ야난爲先國民敎育의制度를改良할지니特히立憲政体下에國民을統治ᄒᆞ난以上에난靑年의게自治의習慣을賦與ᄒᆞ야公共的輿論을發揮할能力을養成치아니ᄒᆞ면不可한지라故로靑年學生으로ᄒᆞ야곰自由로多數意見、少數意見及獨立意見을發表케ᄒᆞ야ᄡᅥ自然히健全한輿論의成立을促하야立憲的習慣을養成케함이可ᄒᆞ니大抵國民敎育의要點은三이有ᄒᆞ니一은靑年의愛國心을養成함이오二난個人的德性을陶冶함이오三은實際的生活에適應케한난事이卽是也ㅣ라此三要에對ᄒᆞ야日本의敎育制度난第一의要點에在ᄒᆞ야난十分히成功함을得하엿다云할지며또現時靑年의智育과밋体育은過去靑年에比ᄒᆞ면優勝ᄒᆞ고凌駕ᄒᆞ야男男女女의健全한學識이發揚普及됨으로ᄡᅥ國家前途에對ᄒᆞ야無窮한樂觀을呈할지라쟝챠外面으로海外에雄飛ᄒᆞ야異民族을滅覆케ᄒᆞ고內面으로過去靑年을代ᄒᆞ

야國家의柱石을自任함이現時日本靑年의當然한本職이라云云ᄒᆞ니壯哉大哉라
以上靑年男兒輩의行動과밋自負하난雄圖여엇지今日世界歷史上에偉大한事ㅣ
아니리오如斯히列國靑年의現象을推ᄒᆞ야韓國靑年을論할진딕果是其責任이千
萬重大ᄒᆞ도다韓國에生ᄒᆞ야韓國에셔死할時代의靑年과韓國에生ᄒᆞ야世界에活
動할時代의靑年의精神이全然히不同ᄒᆞ니엇지今日의大勢를先鑑치아니ᄒᆞ리오
北으로長江大陸의勢를倚ᄒᆞ야漁人의功을坐收코져虎視眈眈ᄒᆞ난者난져愛蘭島、
日耳曼의靑年野心이是也오南으로順風을遇ᄒᆞ야無恙孤帆에蛇走蜂起ᄒᆞ난者난
져鹿兒島의靑年肆毒이是也ㅣ라此時를當하야
ᄐᆡ빅山不圖們江上에在한靑靑子流여夏之日冬之夜에昏夢을未醒ᄒᆞ고左琵右琴
에雍容自樂ᄒᆞ야古如是今亦如是ᄒᆞ니果是昏夢을醒치못ᄒᆞ고그러ᄒᆞᆫ가믄득임의
醒ᄒᆞ고도져光景을未得見聞ᄒᆞ야그러ᄒᆞᆫ가拭目視之ᄒᆞ고傾耳聽之ᄒᆞ라져凄風悲
雨洶浪怒濤中에載胥及溺ᄒᆞ난者난子兄子弟이아니며活我救我하난쇼릭乃祖乃
父이안인가더럿틋天地를震動커늘猶爲自若ᄒᆞ야「白鷗야」만부르고救濟할方策
은全然히不求ᄒᆞ니其罪何에在한고第一、彼所謂新智識新學者의行動을論할진
딘對人說話에난반다시國權回復等句語를妄稱大言ᄒᆞ나及其實行을觀할진딘馬
謖이復生이라他日에國家蒼生을誤케할者난若輩라ᄒᆞ야外洋遊學을毁之疾之ᄒᆞ
고禁之斥之ᄒᆞ야千里行者를不賑不饋ᄒᆞ난故로맛참닉靑年諸子의新進銳氣를挫

ᄒᆞ야其遠大한目的을烏有에歸케ᄒᆞ니이난青年輩父兄의責이是也오第二、厥祖厥父난勤儉勉勵ᄒᆞ야藏之蓄之라가黃金滿영이不如敎子游學이라ᄒᆞ야南越北楚에負笈遠從케한者ㅣ亦不尠矣어늘爾子爾孫은江湖十載의國憂를忘却ᄒᆞ고花柳一世에耳目을役ᄒᆞ야秋月春風을等閒이經過타가末路歸時엔衡雪呵凍ᄒᆞ야奴隷의使役을免치못할境遇에至ᄒᆞ니이난青年自身의責이是也오第三、終南山下에胡馬가縱橫ᄒᆞ고漢江水外에楚歌가四面ᄒᆞ니有志男兒의掩面痛哭할時가卽當今日이여늘燦燦衣服으로揚揚自得ᄒᆞ야所謂幻骨脫態에人面獸行을甘作如嘗ᄒᆞ니이난青年輩修身의責이是也오第四、一片釰術은用敵萬人이오十年養兵은用在一時니라急用할此一時에十年기른預備軍이敵陣을初對ᄒᆞᆷ의大喝一聲더호둥에百挫不屈구든마음春雪이스러지고抱頭鼠竄하는모양赤壁의敗曹오旅順의俘露로다이럿듯十數霜養育의功과四千載歷史的魂이何에在ᄒᆞ며何에歸한고이난青年輩精神의責이是也ㅣ라以上과如할진딘大哉라青年의責이여圍城失守난業已往矣라其罪난過去青年의게在ᄒᆞ거니와維新興復은事在勉勵라其責이現今青年을捨ᄒᆞ고誰의게歸ᄒᆞᆯ고嗚呼ㅣ라日迫西山에父母가已老ᄒᆞ니누구를怙恃ᄒᆞ며風雨荒原에兄弟離去ᄒᆞ니急難을誰救ᄒᆞ랴童男童女아急速히西走北渡ᄒᆞ야無料分配ᄒᆞ난世界文明을自由輸入ᄒᆞ야競爭舞臺上에新沐彈冠ᄒᆞ고長袖濶步할지어다太洋濶水도나의自由를못막으며부샤高山이너의긔운못눌운다世界의山靈海伯이

張目視之키로………

靑年諸君아靑年諸君이여！諸君의今日韓國에在한位置와韓國의今日世界에處한位置를深思熟考할지어다今日韓國은他人의韓國이아니라卽靑年우리의韓國이니韓國靑年의名價를世界歷史上에褒揚케할者도우리오汚滅케할者도우리니라夏天炎日에한번든病을新凉한이바람에쇼복지못하며北風雪嶺에大冬이鳴來ᄒᆞ야地를動ᄒᆞ리니時哉라此時를失치말고어셔속히靑年아

興國의民風 (譯)

李大容

本人이來留和京二三載에此邦의國風民俗을畧聞畧見ᄒᆞᆫ바近者某雜誌中（興國의民風）이라題ᄒᆞᆫ바를讀함에至ᄒᆞ야그主義와言辭가極善極美ᄒᆞᆫ지라將來維新創業的氣象될人의게欲供一讀ᄒᆞ야左에譯載ᄒᆞ노라

生存競爭場에處ᄒᆞ야立身興家코자ᄒᆞᄂᆞᆫ者ᄂᆞᆫ適者와優者의資格을具備치아니면不可ᄒᆞᆫ지라其資格은다만一에不止ᄒᆞ나活潑潑地에生生活動ᄒᆞ야頹墮萎靡치아니ᄒᆞᆫ바氣象이此ㅣ其大本이로다大抵人이憂患에對ᄒᆞ고困難에處ᄒᆞ야明目張膽ᄒᆞ고元氣滿腔ᄒᆞ야一點油斷間隙이無ᄒᆞᆷ으로其難堪ᄒᆞᆯ바에能히堪耐ᄒᆞ며其難勝ᄒᆞᆯ바에能히勝取ᄒᆞ야優者適者의地位에立ᄒᆞ나一朝에其志逸意滿ᄒᆞᆫ듸及ᄒᆞ야ᄂᆞᆫ活潑潑地의氣象이頓然消磨ᄒᆞ고姑息安逸의生活을貪ᄒᆞᆷ으로一敗復興키不能ᄒᆞ나

니。此ㅣ特別히個人뿐만아니라國家도亦然ᄒᆞ도다大抵國家將興에質實、剛健、濶大、進取、勤勉、忍耐等의氣象이其國民間에磅礴鬱積ᄒᆞ야其國民으로ᄒᆞ야곰生生活動케ᄒᆞ고此에反ᄒᆞ야國家ㅣ衰亾ᄒᆞᆯ時를當ᄒᆞ야ᄂᆞᆫ其國民의氣象이淫靡、懦弱、狹隘、畏縮、浮氣、纖細홈으로國勢가陵夷ᄒᆞ야衰滅홈에至ᄒᆞ나니希臘과羅馬의興亾이此로由ᄒᆞᆫ비라豈獨希臘과羅馬뿐만然ᄒᆞ리오東西의歷史를繙閱ᄒᆞ야其興亾盛衰의由來한바를檢察ᄒᆞ미其事情의異ᄒᆞᆫ바ᄂᆞᆫ有ᄒᆞ나興國의民風은항상生生活動ᄒᆞ고亡國의民風은항상頹墮萎靡ᄒᆞᆫ듸至홈은古今東西의同一ᄒᆞᆫ비라。近世에至ᄒᆞ야北米合衆國의勃興과西班牙의衰退홈과獨逸의興隆과佛國의敗北홈을見ᄒᆞ며또最近에至ᄒᆞ야日本維新의初를見ᄒᆞ미다此로不由홈이無ᄒᆞᆫ지라。日本建國以來二千五百六十有餘年에其中間興隆과衰退가不無ᄒᆞ얏시나維新의大革新에至ᄒᆞ야實로建國以來初有ᄒᆞᆫ大偉績이라謂ᄒᆞᆯ깃도다此鴻業偉績을成ᄒᆞᆫ바ᄂᆞᆫ明治天皇의莫大ᄒᆞᆫ威德이라云ᄒᆞ나當時民心의奮興活動의力이아니면不能ᄒᆞᆯ지라當時尊王旗下에會集ᄒᆞᆫ志士를다眞正純忠ᄒᆞᆫ憂國士라稱ᄒᆞ기難ᄒᆞ고攘夷黨中에冥頑固陋의輩가最多ᄒᆞ나彼等의心事가比較的公明正大ᄒᆞ고其行動이磊磊落落ᄒᆞ야身命을不顧ᄒᆞ고國事에盡瘁ᄒᆞ야其精神과其氣象이또ᄒᆞᆫ實利를觀察ᄒᆞᆫ者ㅣ多數라所以로時運이一轉홈을乘ᄒᆞ야其精神과其氣力이一時에聚中ᄒᆞ야王政復古와開國進取와廢藩置縣과憲政實施가成立되여日本이今日의地位를得ᄒᆞᆫ

지라爾來三十有餘年에國運이日로進步되고制度文物이月로修飾되여東洋一隅에粲然ᄒᆞᆫ文明光輝를揚ᄒᆞᆷ이엇지初有ᄒᆞᆫ大快事ㅣ아니리오然則今日의盛事를遭遇ᄒᆞᆫ日本全國人士ᄂᆞᆫ先人의偉績을追懷치아니ᄒᆞ면不可ᄒᆞᆫ지라先人의偉績을追懷ᄒᆞᄂᆞᆫ同時에今日의民風을顧察ᄒᆞ미轉轉悚然ᄒᆞᆫ빈不無ᄒᆞᆫ지라實質上으로言ᄒᆞ면今日의日本全國人士가維新範圍中人이되지아니ᄒᆞ면不可ᄒᆞ도다一國의文明富强을長久히維持發達코자ᄒᆞᆯ진딘其國民된者ㅣ항상創業的氣象을失墜치아니ᄒᆞᆷ을要ᄒᆞᆯ지니、守成이難ᄒᆞ다稱ᄒᆞᆷ은다만其邊幅을修飾ᄒᆞ고其外形을整理ᄒᆞ기難ᄒᆞᆷ을謂ᄒᆞᆫ빈아니오其安逸承平에就ᄒᆞ야腐敗墮落ᄒᆞ기易ᄒᆞᆫ人心을鼓吹作興ᄒᆞ야항상創業的活潑剛健ᄒᆞᆫ氣象을維持케ᄒᆞ기難ᄒᆞᆷ을謂ᄒᆞᆷ이라、今의日本國民은桃源洞中의樂境을出ᄒᆞ야宇內競爭의大修羅場에入ᄒᆞᆷ과如ᄒᆞᆫ지라全國國民은質實、剛健、濶大、進取、忍耐、勤勉等氣象을益益培養發達ᄒᆞ야立國精神的本領을ᄒᆞ지아니면不可ᄒᆞ도다

我韓社會觀

李得季

夫社會者ᄂᆞᆫ吾人을離ᄒᆞ야存在키不能ᄒᆞ고吾人은社會를離ᄒᆞ야生活키不得ᄒᆞᄂᆞ니吾人은卽社會를組成ᄒᆞᄂᆞᆫ原素오社會ᄂᆞᆫ卽吾人의生活ᄒᆞᄂᆞᆫ機關이라社會가組織되기以前에ᄂᆞᆫ吾人은單純ᄒᆞᆫ一個人에不過ᄒᆞ되社會組織이完全ᄒᆞᆫ境遇에達ᄒᆞᆯ

時에ᄂᆞᆫ社會組織員中個人은有호되個個分離ᄒᆞᆫ單獨個人은無ᄒᆞ니라今에社會發生에關ᄒᆞᆫ學說를觀ᄒᆞᆯ진ᄃᆡ二種이有ᄒᆞ니甲曰人意起原說이라其社會의成分된衆人의意思를從ᄒᆞ야結合ᄒᆞ엿다난卽契約說이오乙曰自然起原說이라社會發生이自然의現像과밋歷史的生成ᄒᆞᆫ結果로進化的發達을意味ᄒᆞᆫ者이니蓋社會의發生은自然社會의發生及人爲社會의發生二種에分ᄒᆞᆷ을可得할지로다人類ᄂᆞᆫ群棲、婚姻、家族關係、及氏族關係等을由ᄒᆞ야自然社會의發生ᄒᆞᄂᆞᆫ基礎를生ᄒᆞ엿스나若他에此를妨害ᄒᆞᄂᆞᆫ原因이有ᄒᆞ면自然社會ᄂᆞᆫ社會的存立을繼續키不能ᄒᆞᆫ同時에人類生存의條件及個人存立의目的을達키不能ᄒᆞᆫ故로漸次人意的要素를加備ᄒᆞ야自然社會의完全을企圖ᄒᆞᄂᆞ니此卽社會進運이人爲的社會의發生을催促ᄒᆞ는바이라人爲的社會發生의順序를觀할진ᄃᆡ群棲家族及氏族을基礎ᄒᆞ야族制社會(部落社會)로부터市府國家及國際制에達ᄒᆞᄂᆞ니國家ᄂᆞᆫ社會種類中最高ᄒᆞᆫ者이오吾人生活機關中最大ᄒᆞᆫ者이라吾人生存上必要條件을具備ᄒᆞ야渾一的大社會를成ᄒᆞ야써內外의秩序를維持ᄒᆞ고民生의幸福을增進ᄒᆞᄂᆞ니彼듸벨河畔의蕭條ᄒᆞᆫ一村落으로漸次發達ᄒᆞ야大羅馬帝國을成ᄒᆞᆷ에至ᄒᆞᆷ이엇지一例가아니리오是以로苟或文明을增進코ᄌᆞᄒᆞ거나國力을發揮코ᄌᆞᄒᆞ거나或國粹를保全코ᄌᆞᄒᆞ거나國是를安定코ᄌᆞᄒᆞ는者는必先曰社會이니其實際로社會를調理ᄒᆞᆷ에는不完全ᄒᆞᆫ社會를破壞ᄒᆞ고完全ᄒᆞᆫ社會를組織ᄒᆞ던지 或腐敗ᄒᆞᆫ社會를改良ᄒᆞ야神聖ᄒᆞᆫ

社會를作成홈에在ᄒᆞ니라

余ㅣ 致當世의時務에對ᄒᆞ야言論키不能ᄒᆞ나我國社會現狀에對ᄒᆞ야畧述코ᄌᆞᄒᆞ노니現今我國의所謂社會를장찻組織할時代인지다시改良ᄒᆞ여야可할時代인지此點에對ᄒᆞ야ᄂᆞᆫ진실노疑問이不無ᄒᆞ도다論者或曰現今我國의社會狀態가組織時代ᄂᆞᆫ已過ᄒᆞ니或精神的으로結合ᄒᆞᆫ다ᄂᆞᆫ者도有ᄒᆞ고或事物的으로組織ᄒᆞᆫ다난者도有ᄒᆞ되但其不完全ᄒᆞᆫ所以ᄂᆞᆫ根本的個人의意識이不達함으로微微遲遲ᄒᆞ야發展自立의勢力이不足ᄒᆞ니但此에改良을亟加ᄒᆞ야써神聖ᄒᆞᆫ社會를作成할時代라云ᄒᆞ나余ᄂᆞᆫ思惟컨ᄃᆡ決코不然ᄒᆞ고方今社會를組織ᄒᆞᆯ時代라云ᄒᆞ노니何也오蓋人類社會의發生홈은無形的으로不識不知間에進步ᄒᆞᄂᆞ니上述ᄒᆞᆫ自然的社會及人爲的社會의發生点의界限을判斷키難ᄒᆞ니何者ㅣ是組織時代인지何者ㅣ是改良時代인지是亦理會키不能ᄒᆞᆫ者이로다現今의社會ᄂᆞᆫ何者를勿論ᄒᆞ고形式的一部分에不過한즉엇지一斑으로써全豹를評ᄒᆞ리오我韓民族이由來甚久ᄒᆞ야自然社會制及人爲社會制의形式은已具ᄒᆞ엿스나自然에放任ᄒᆞᆯ뿐이오人爲的社會의知覺이無ᄒᆞ야尙且個個分離ᄒᆞᆫ個人的狀態를未免ᄒᆞ니엇지此로써改良할만ᄒᆞᆫ社會의體質이有ᄒᆞ다謂ᄒᆞ리오故로曰余ᄂᆞᆫ當今社會를組織時代라云ᄒᆞ노라余言이雖迂論에近ᄒᆞᆫ듯ᄒᆞ나曰社會曰社會라云ᄒᆞᄂᆞᆫ者의裏面을觀察ᄒᆞ면個人의意識이發達되야社會의意識을混成ᄒᆞ엿다謂키難ᄒᆞ니此ᄂᆞᆫ無他라人民의知識이公共

社會에對ᄒᆞ야薄弱ᄒᆞᆫ所以니라個人孤立의習慣과同黨伐異의惡風이人民腦髓에痼疾을成ᄒᆞ엿스니若此病을痛治ᄒᆞ고神聖ᄒᆞᆫ社會를組織코ᄌᆞ할진ᄃᆡᆫ將何以始之며亦將何以施之리오

一曰社會自治制이니今此社會의秩序가頹敗ᄒᆞ고個人이分立ᄒᆞᆫ時代를當ᄒᆞ야國民이信依할方向을失ᄒᆞ고長夜彷徨에奔投無處ᄒᆞ니先此一般國民의良心公德과正義大道를標準ᄒᆞ야國民의啓發及統一을目的ᄒᆞᆫ社會를組織ᄒᆞ고韓半島에離散ᄒᆞᆫ朝鮮魂을喚起ᄒᆞ며自國思想을發揮케ᄒᆞ야써國民의向背할바를示ᄒᆞᆷ이必要ᄒᆞ도다此에對ᄒᆞ야ᄂᆞᆫ不可不社會自治制를採用할지니라雖然이나此ᄂᆞᆫ一社會公體가直接으로自治制를行ᄒᆞᆷ이아니오上自都市府郡으로下至面洞에各各連絡ᄒᆞ야自治制度를實行ᄒᆞ기可ᄒᆞᆫ公體를組織ᄒᆞ야殖產興業의利를取得ᄒᆞ며一方으로政府行政을幇助ᄒᆞ고一方으로自治의制度를實行케할지어다然則所謂社會自治制가地方自治制와差異가無ᄒᆞᆫ듯ᄒᆞ나以今現狀으로地方自治制를行ᄒᆞᆷ은尤極困難ᄒᆞᆫ즉余ᄂᆞᆫ社會自治制의名稱으로精神的團合의標本를國民에게示ᄒᆞ고民生의經濟的秩序를保持ᄒᆞᆷ이可ᄒᆞ다ᄒᆞ노라

二曰社會教育이니若以上과如ᄒᆞᆫ神聖한社會를組織코ᄌᆞᄒᆞ면各個人으로ᄒᆞ여곰個人的地位를脫ᄒᆞ고普遍主義即團體主意로變ᄒᆞᄂᆞᆫ知識을啓發指導할지니此에對ᄒᆞ야ᄂᆞᆫ社會的教育學制를設ᄒᆞ고初等教育及中等高等教育을施ᄒᆞᆷ은勿論이나

我國現狀으로順序的敎育을一時普及케홈은到底不能훈즉普通으로全般國民의頑固暗弱훈思想을革新할만훈敎育機關을設호고融和陶冶호야團體的國民의入程을作케홈이尤當急務로思惟호노라夫我國의由來훈思想界를觀컨딘古昔支那로부터輸入훈儒敎가朝鮮民族의固有훈現世主義上에特立호야先賢의遺訓을祖述할뿐이오進步的精神의自由를阻碍훈結果로遂一種嚴峻훈形式主義를成호야一切國民의活動을箝制호고其自由의發達을拘束홈으로人文의停滯腐爛홈이今日에至호엿스니엇지慨惜지아니리오進步의國民은前途의希望이有호거니와過去를理想으로호는國民은退步와滅亾이有홀뿐이니라今日을當호야一變의道로써能히國民의思想을統一糾合호야國粹를保호고國是를定호며社會의新面目을開케홀者ㅣ其誰歟아其誰歟아

英國의國民主義와經濟思想

李豊載

十八世紀以來로歐洲에二大思潮가現出호미列强이相爭호야諸般改革을盛行호는同時에特殊의文化를發揮호엿스니曰人權의平等을主張호는民主主義와曰國民의富强을企圖호는富國主義라此二大主義가世界에普及훈影響으로發展된狀態를案호건딘먼저富强이世界를傾호는英吉利國에就호야觀할者이有호도다

元來此國이西曆紀元前五十四五年頃에一퀴리튼島로羅馬케ㅣ싸루의征服훈바

이되엿다가其後紀元四百四十九年頃에앙쿠로、쌔쿠손人種이侵入ᄒᆞ야푸리튼人을征服ᄒᆞᆫ結果로七國의分立한바이되엿더라紀元八百二十七年에至ᄒᆞ야엣셋기스國王에구파트가事實上英吉利島의王이되엿고更히一千六十六年에至ᄒᆞ야로루만디ㅣ公우이루렌이國王이되다一千二百八十三年에우에ㅣ루스는린쿠란트에合倂되고스곳토人과피쿠토人等의據ᄒᆞ엿던스코토란트는一千六百三年에英吉利에合倂되다一千一百七十年에始ᄒᆞᆫ아이란트征服은一千八百一年大푸리튼에連合ᄒᆞ니於是에비로소大푸리튼과아이란島의聯合王國이成立ᄒᆞ엿더라此歷史로觀察ᄒᆞ면英國人의經濟思想의發達ᄒᆞᆫ것은임에大푸리튼、아이란聯合王國이建設된時로부터一般國民이自顧勤勉ᄒᆞ고堪忍奮鬪ᄒᆞᆫ結果에不外한지라然이나英國民의堅確力과獨立心이豊富ᄒᆞ야獨立自營의方略을定ᄒᆞ고他人의補助와依賴을絶對的으로排拆ᄒᆞ니此는英國民의特長이라且十七世紀頃으로부터植民地의擴張을企ᄒᆞ더니其後亞米利加의植民地를失ᄒᆞ엿스나十九世紀以來로富國主義를鼓吹ᄒᆞ고經濟思想의發展을增加케ᄒᆞᆫ結果로現世紀에至ᄒᆞ야印度半島에澎漲ᄒᆞᆫ勢力을伸張ᄒᆞ야專히自國의富强과밋植民의目的을達ᄒᆞᆷ으로現世界球面에最優ᄒᆞᆫ地位를占領ᄒᆞᆫ퓌리지시大帝國이더라

且國府에財政額의統計를案ᄒᆞ니一千九百七年의歲入이一億四千四百八十一萬四千七十三磅이오歲出이一億三千九百四十一萬五千二百五十一磅이더라又收

支의詳案을觀할진된多大ᄒᆞᆫ軍事費와其次民政費와國債費及徵稅費等의支出이有ᄒᆞ고收入에ᄂᆞᆫ多大ᄒᆞᆫ海關稅、所得稅、印紙稅、郵便稅、地稅、家屋稅、電信料等이러라

且國民經濟의實況을視ᄒᆞ면農工商의三業이가장發達된中에商工의二業은實노世界第一位를占ᄒᆞ여鐵과石炭이九千百五十二萬九千磅餘을採掘ᄒᆞ며또鐵은船船의要用이甚多할뿐더러英國은地理的形勢가船舶의多數交通을要ᄒᆞᆷ으로年年歲歲의製造船舶이益益增加ᄒᆞ야千九百六年에英本國에在ᄒᆞᆫ商船中帆船이九千八百五十七隻(噸數百五十五萬餘)이요滊船이一萬九千七隻(噸數九百六十一萬餘)이며殖民地에在ᄒᆞᆫ商船中帆船이一萬一千八百十五隻(噸數百十四萬餘)이오汽船이四千百四十隻(噸數六十三萬餘)이라此ㅣ皆英國에서製造ᄒᆞᆫ것으로造船業에使用되ᄂᆞᆫ鐵量이重大ᄒᆞᆷ은由是可知也며此多數의商船을擁ᄒᆞ야通商貿易의利益을獲得ᄒᆞᆷ으로自然히國民經濟의豊富ᄒᆞᆷ을得ᄒᆞᆫ者ㅣ로다

又工業의進就ᄒᆞᆷ은實노驚歎에不堪할뿐아니라工業의中心地가到處에創立되여만디에스다ㅣ의紡績과구라스고ㅣ의造船及諸機械와릿스의織物과고쎈드리ㅣ의時計와쌱ㅣ민한의兵器와디에부루트의刀刃과구로세스다ㅣ의針等의製造가非常히盛況을呈ᄒᆞᄂᆞᆫ中織物은產額의最大ᄒᆞᆷ으로全世界의供給을要ᄒᆞᆫ다ᄒᆞ며千九百七年의統計을按ᄒᆞ니輸入이六億四千五百九十萬四千百七十六磅이요輸出

이五億一千八百十七萬六千七百三十七磅에拂算ᄒᆞ엿더라
大槪國이富强ᄒᆞ면國民이스스로怠慢홈에赴ᄒᆞᄂᆞᆫ例가有ᄒᆞ건만은獨히英國國民은如斯ᄒᆞᆫ態度의發現홈이少無할ᄲᅮᆫ아니라堅忍不拔ᄒᆞᄂᆞᆫ國民主義와辛苦經營ᄒᆞᄂᆞᆫ經濟的思想을一層鼓舞ᄒᆞ야世界經濟上에覇權을撑握코자ᄒᆞ니此ᄂᆞᆫ眞實노國民的主性에由한經濟思想의發展된것을可知也로라

自强

韓興敎

西哲이有言호ᄃᆡ人이自由에셔生ᄒᆞ고自由에셔死ᄒᆞᆫ다ᄒᆞ니此自由란何를謂홈이뇨무릇人生이呱呱의聲을發ᄒᆞᆫ以后로븟허天賦ᄒᆞᆫ禀性을善히保有ᄒᆞ기爲ᄒᆞ야幼時에ᄂᆞᆫ他人의保護卽父母의愛育을被ᄒᆞ얏다가그長成홈에及ᄒᆞ야ᄂᆞᆫ自由生活卽他人의保護를受치아니ᄒᆞ고獨自生活을營爲ᄒᆞᄂᆞᆫ것이니此를能行ᄒᆞ자면不可不首先에揭載ᄒᆞᆫ바問題와如ᄒᆞᆫ自强卽自强不息的精神을完全히保有치아니ᄒᆞ고ᄂᆞᆫ決코自由生活과밋自由活動을始終이如一케營爲치못ᄒᆞᆯ것은聖訓과賢諭를待치아니ᄒᆞ야도常識에徵ᄒᆞ야判斷ᄒᆞᆯ것과如ᄒᆞ니라

嗟홉다我韓人은往往히自强的精神을汎忽이녀이고依賴的思想이腦髓에癥結ᄒᆞ야從來一身을他人의奴隷下의犧牲ᄒᆞ며自國을視호ᄃᆡ越이秦瘠을視홈과無異ᄒᆞ게ᄒᆞ야茶飯恒言ᄒᆞ기를小國이大國을事ᄒᆞ며弱者가强者에게屈홈은自然的常

理라ᄒᆞ야他人이髡鉗ᄒᆞ야도敢히一言을發치못ᄒᆞ며鞭撻ᄒᆞ야도敢히其頭를擧치못ᄒᆞ야猛刑을飴糖갓치甘受ᄒᆞ며毒令을秋霜갓치恐怕ᄒᆞ니個個人民의思想이如斯ᄒᆞ고야其國이엇지亾치아닐者ㅣ有ᄒᆞ리오

不佞이今年夏期歸省中에最히注目ᄒᆞᆫ바ᄂᆞᆫ近來所謂自治團云云者가地方에蜂起ᄒᆞ야稱曰自治的制度라ᄒᆞ고溝壑에거의轉케된殘民에게賦課稅를每月督收ᄒᆞ야外人의交際니晚餐會니ᄒᆞ면셔任意로濫費ᄒᆞ고公衆事業에至ᄒᆞ얀비록一件事라도可觀ᄒᆞᆯ바이無ᄒᆞ며또ᄒᆞᆫ一個該地方官으로써政治上妨害니官令에順從치아니ᄒᆞᆫ다니ᄒᆞ고解散ᄒᆞ기ᄭᆞ지運動ᄒᆞ야命令을嚴下ᄒᆞ야도該自治團領首된者ᄂᆞᆫᄒᆞᆫ갓自己一身의私慾과名分만膠守ᄒᆞᆯ줄覺悟ᄒᆞ고其團의存亾과公衆에對ᄒᆞᆫ責任은全然히不顧ᄒᆞ니是가엇지自治團의領首될人物이며是가엇지自治的制度라ᄒᆞ리오不佞이其弊源된內容을深窺ᄒᆞᆫ건ᄃᆡ다만自强的精神이缺乏ᄒᆞᆫ緣故라ᄒᆞ노라何를指稱ᄒᆞᆷ이뇨此自强의反對에ᄂᆞᆫ依賴的思想과畏㥘的根性이隱隱히包含되얏ᄂᆞ니人을依賴ᄒᆞ며人을畏㥘ᄒᆞ고야自治란自一字를何處에覓求ᄒᆞᆯ슈有ᄒᆞ리오萬一此에反ᄒᆞ야自强的精神을人人個個히다保存ᄒᆞᆯ것갓타면비록天傾地坼ᄒᆞ고山崩海漲ᄒᆞ야도足히憂慮ᄒᆞᆯ것이無ᄒᆞ며白刃이當前ᄒᆞ고矢石이雨下ᄒᆞ야도足히畏懼ᄒᆞᆯ것이無ᄒᆞᆯ것이니엇지是를凡視ᄒᆞ며엇지是를抛棄ᄒᆞ리오

恐컨ᄃᆡ此自强二字ᄂᆞᆫᄒᆞᆫ갓自治團僉彦의良師될ᄲᅮᆫ아니라將來를經營ᄒᆞᄂᆞᆫ우리

青年諸君의造次顚沛間이라도可히忘치못홀唯一無二의秘訣이될가ᄒᆞ노라

韓國今日의靑年事業

金 淇 驩

美哉美哉라米山歐水여自由의天地오文明의世界로다噫라樊籠에居한듯ᄒᆞ고牢獄에囚한듯한우리韓國靑年人士여彼歐山米水의自由와文明을早速輸入ᄒᆞ야우리도樊籠과牢獄을破碎ᄒᆞ고理像的으로優美絶勝한自由文明의韓山韓水即羅山麗水를幻出來할지라.然이나彼歐米난一般經濟가富贍ᄒᆞ야我의셔十倍나더ᄒᆞ니實로우리韓國의今日形便(即財貨上恐慌이莫甚)에난彼歐米에往ᄒᆞ야文明自由의空氣와學術을吸受輸入ᄒᆞ기甚難ᄒᆞ도다設使京鄕間富豪의子弟난或可할듯ᄒᆞ나太半은風流歲月에靑春을虛送ᄒᆞ고正義人道를覺悟하난者ㅣ少ᄒᆞ며其餘난貧富와才不才를莫論ᄒᆞ고有志未遂ᄒᆞ난者ㅣ亦多한지라然則歐米난姑舍ᄒᆞ고우리韓國과至近至廉한日本國에往함이如何할가今日日本의文明도西洋으로더부러幷駕爭雄한다함이不爲不可라ᄒᆞ야留學ᄒᆞ난者ㅣ千으로써計ᄒᆞ니可히壯擧라謂할지나東洋은西洋이아니라間接의感과衣上의癢이不無ᄒᆞ며且賣國民族이니亡國民族이니ᄒᆞ난嘲笑的代名辭가賣國者의게만不限ᄒᆞ고新鮮한우리韓國靑年의身邊을犯코져ᄒᆞ니一日에도悲憤痛恨ᄒᆞᆫ懷抱가三四次에過ᄒᆞᄂᆞᆫ도다아무리忍辱含忿한달本是僧佛의心이아니며쏘內國으로來ᄒᆞᄂᆞᆫ人士의言을聞ᄒᆞᆫ則皆曰可憐

可憐이라ᄒᆞ야長吁短歎에嗚咽의情이自顯ᄒᆞ니噫라國權政權은勿論ᄒᆞ고도財界恐慌이엇지此極에至ᄒᆞ얏ᄂᆞᆫ고此影響이우리留學生界에波及ᄒᆞ야稍稍歸國ᄒᆞᄂᆞᆫ者ㅣ多ᄒᆞ니噫라一國經濟의不振홈으로因ᄒᆞ야歐米에留學홀素志者로하여곰一屈ᄒᆞ야日本에留學ᄒᆞ다가今에又一屈ᄒᆞ야日本國에도尙難ᄒᆞ다ᄂᆞᆫ境遇에漸躓ᄒᆞᄂᆞᆫ도다萬若此에셔又一屈再一屈ᄒᆞ야內地에셔도京城留學이라던지平壤及大邱等大都會留學이라던지도不能할境遇에達할지면其時韓國은奈何奈何할고其時우리靑年은奈何奈何할고우리理想的韓山韓水卽羅山麗水ᄂᆞᆫ夢中譫語을化할가寧히遁水逃山ᄒᆞ야武陵桃源을尋할가歸ᄒᆞ야月下에耘홀가雨中에漁홀가埃及古歌에임의其非홈을觀破ᄒᆞ엿스니曰

「世를謝ᄒᆞ고山에入ᄒᆞᄂᆞᆫ人아
山에도또ᄒᆞᆫ憂患이生ᄒᆞ면何處로往할가」

此歌를翫味ᄒᆞ고我의經濟界를自顧ᄒᆞ며我의靑年界를自想ᄒᆞ니우리의將來ᄂᆞᆫ如何라云ᄒᆞ면好ᄒᆞ리오此竿頭에立ᄒᆞ야大書特筆로歐米의留學은不能이라題홀가不能不能!!!不能의旨深奧ᄒᆞ야自由도不能이오文明도不能이라ᄂᆞᆫ意味를包含ᄒᆞᆫ者가아니될가噫라今日이여危岩은我의頂天頭를壓코저ᄒᆞ고狂瀾은我의立脚處를捲코져ᄒᆞᄂᆞᆫ今日이여實노靑年의思想을墮落ᄒᆞ기도易ᄒᆞᆫ今日이오靑年의思想을奮發ᄒᆞ기도易ᄒᆞᆫ今日이라諺에曰時勢가英雄을造한다ᄒᆞ니將次로우리韓國에

多數英雄을造ᄒᆞᆯᄂᆞᆫ가噫라自古以來로東洋民族은英雄을崇拜ᄒᆞ고自己ᄂᆞᆫ崇拜치아니ᄒᆞᄂᆞᆫ民族인故로奮發爭先ᄒᆞ야我가英雄되기를不務ᄒᆞᄂᆞᆫ지라今日은비록多少間進步ᄂᆞᆫ되얏쓰나尙且守舊人士가多數를占領ᄒᆞ얏슨즉今에我의謂ᄒᆞᆫ바英雄을誤解할ᄂᆞᆫ지不知ᄒᆞ깃도다大抵時勢가英雄을造ᄒᆞᆫ다난말을譬컨ᄃᆡ英國의壓迫이甚ᄒᆞ미米洲獨立軍이顯ᄒᆞ고蘇秦이負郭田이無ᄒᆞ미六國從約이生ᄒᆞ며江海가當前ᄒᆞ야我行을不許ᄒᆞ거던風帆舟楫의功과汽輪鐵關의術을發明ᄒᆞᄂᆞ니以此觀之컨ᄃᆡ우리韓國은非常ᄒᆞᆫ時代에處ᄒᆞᆫ國이며우리靑年은非常ᄒᆞᆫ時代에生ᄒᆞᆫ人이라어셔밧비大志를立ᄒᆞ야各各自己의英雄을自期自望ᄒᆞᆯ지라吾人이慈母의胎宮을脫ᄒᆞ고此世에始生할ᄉᆡ赤裸裸一身이空拳만握ᄒᆞ고來ᄒᆞᆫ者이아닌가大丈夫ㅣ엇지財錢에價値가上下되야歐米留學을不能이라ᄒᆞ며文明과自由ᄂᆞᆫ輸入ᄒᆞᆯ道가無ᄒᆞ다ᄒᆞ리오然이나人生은木石이아니라不食ᄒᆞ면飢ᄒᆞ고不衣ᄒᆞ면寒ᄒᆞᄂᆞ니비록奮鬪的精神이潑潑ᄒᆞᆯ지나內地에셔도尙且屈志ᄒᆞ기易ᄒᆞ거든況外洋乎아ᄒᆞᄂᆞ니奈何奈何오曰不然ᄒᆞ다彼米山米水의彼岸이여現今도我韓人士가幾千이住在ᄒᆞᄂᆞᆫ者이아닌가本來에ᄂᆞᆫ無室無家에天地로衾枕을作ᄒᆞ고大韓八域에飄泊ᄒᆞ던同胞가아닌가赤身空拳으로勞動을目的ᄒᆞ고太平洋을渡ᄒᆞ야天府金世界에黃金翁을作코져ᄒᆞ야目光이煌煌ᄒᆞ더니數年에不出ᄒᆞ야天來福音이愛國誠을幻發ᄒᆞ야於是에報館이設ᄒᆞ며志士가現ᄒᆞ며義狹이生ᄒᆞ야殆히韓邦人士의在外人物을

代表ᄒᆞ니噫라勞動을目的ᄒᆞᆫ者도文明ᄒᆞᆫ風潮를乘ᄒᆞ야如此히發進ᄒᆞ거던況進取的氣像이富ᄒᆞ고學術的精神이秀ᄒᆞᆫ우리青年乎아日本은土地에比例ᄒᆞ면人口가夥多ᄒᆞ야生存競爭이劇烈ᄒᆞ기로無錢者의學問成功이極難의境에在ᄒᆞ나彼米山米水ᄂᆞᆫ不然ᄒᆞ야奮鬪者의게ᄂᆞᆫ天이成功을與ᄒᆞᄂᆞᆫ世界라誠心誠意로徹頭徹尾토록奮鬪ᄒᆞ면一年의貯蓄이二年의學資를供ᄒᆞᆯ만ᄒᆞ고其他別別生活의路가條條히明開ᄒᆞ얏다云云ᄒᆞ니青年青年이여以上에言ᄒᆞᆫ黃金翁은우리의目的이아니오學術成功이우리의目的인즉如此ᄒᆞᆫ成功地를엇지等閑看過ᄒᆞ리오早速히行裝을整理ᄒᆞ야浩浩茫茫ᄒᆞᆫ저太平洋을渡ᄒᆞ야米洲彼岸에登ᄒᆞᆯ지어다金人聖歎이詩를作ᄒᆞ야曰

要爲天下奇男子ᄃᆡᆫ　須歷人間萬里程이라

信哉라이詩意여中原를轍環ᄒᆞ던孔夫子도ᄯᅩ한乘舟浮海의意가有ᄒᆞ고世界를並呑ᄒᆞ던鐵木眞도ᄯᅩ江南未下의歎을發ᄒᆞ얏도다이런故로奮鬪的男兒ᄂᆞᆫ常恒髀裏肉生의宴安을不好ᄒᆞᄂᆞ니噫라今日韓國의奮鬪的青年은그能히東半球를不出乎아厠鼠ᄂᆞᆫ其傍에敖倉이有ᄒᆞ되不知ᄒᆞᄂᆞᆫ故로自古로厠鼠의譏가有ᄒᆞᄂᆞ니엇지韓國青年이오厠鼠의譏를受ᄒᆞ리오願컨ᄃᆡ青年이여自由文明의米山米水에出脚活步ᄒᆞ야華盛頓獨立軍의使用ᄒᆞ던英語를使用ᄒᆞ며萬國政治界에廣行ᄒᆞᄂᆞᆫ英文을學得ᄒᆞᆯ지라此日本國도高等學校ᄂᆞᆫ卽英語學校며上等文學은卽歐米文學이니라

青年青年아誠勤勞動이學資보담勝ᄒᆞ다ᄒᆞ거든況米洲富裕ᄒᆞᆫ黃金世界리오現今米洲에營業勞動ᄒᆞ는우리同胞들이爲ᄒᆞ야紹介ᄒᆞ며感ᄒᆞ야慰勞ᄒᆞ리라青年青年아楚國이亡ᄒᆞᆫ後에項籍이兵法을學ᄒᆞ고韓國이滅ᄒᆞᆫ後에張良이博浪椎를擊ᄒᆞ고伊國이傾ᄒᆞᆫ後에加富利가佛蘭西에셔澳를叱ᄒᆞ니라噫라韓國青年이여今日韓國은留學ᄒᆞᆯ時代가아닌가

女學生의게醫學研究를勸告홈

滄海子

女學生諸君! 諸君은다힝이富裕ᄒᆞᆫ家庭에生ᄒᆞ야革新의時代에處홈에閨門深鎖의生活을脫ᄒᆞ고學術研究의責任을帶ᄒᆞᆫ學生으로我大韓一千萬女子同胞를代表ᄒᆞᆯ資格이具備ᄒᆞᆫ諸君이라其責任의重大홈이엇지男學生의게一步를讓ᄒᆞ리오

諸君의心理를想像으로解剖ᄒᆞᆯ진딘學業을成就ᄒᆞ는日에는深奧ᄒᆞᆫ學術노教育의進涉을協贊ᄒᆞᆯ지며穩健ᄒᆞᆫ筆舌노女界의警鍾을標榜ᄒᆞᆯ지며圓滿ᄒᆞᆫ家庭으로賢妻의手腕을發揮ᄒᆞᆯ지니此等萬般事業이모다諸君의豫期ᄒᆞ난바이라엇지滿腔의誠意로諸君의前途를預祝치아니리오만은

事엔輕重이有ᄒᆞ며時엔緩急이有ᄒᆞ다는古語와如히諸君의預期ᄒᆞ는此等事業은모다長遠의計라今日에不爲ᄒᆞ면明日에도亦可ᄒᆞ고今年에不爲ᄒᆞ면明年에도

亦可ᄒᆞᆯ뿐不是라幾人의能力으로난到底히偉大ᄒᆞᆫ効果를獲得키難ᄒᆞ다謂ᄒᆞᆯ지라

이에本記者는一種緊緊急急한問題를諸君의게提呈ᄒᆞ노니卽醫學研究가是也ㅣ라

元來我韓의醫學은支那로부터輸入ᄒᆞᆫ者라研究가完全치못ᄒᆞᆫ中、亦是男子에만限ᄒᆞ야學習ᄒᆞ며또ᄒᆞᆫ此에矛盾ᄒᆞ야男女의內外法이儼然劃定됨으로女子가一朝、病床에委臥ᄒᆞ야醫士를招聘ᄒᆞᆯ時에는其診察의法이愈出愈怪ᄒᆞ야病人의渾體는衾褥로埋沒ᄒᆞ고다못左手의一部만突出케ᄒᆞ야醫士가執脉ᄒᆞᆫ後에난擧皆、感氣、時氣、몸살等으로診斷ᄒᆞ야藥方文一題에荊防敗毒散이아니면不換金正氣散을依例로投劑ᄒᆞᄂᆞ니噫라此ㅣ單純ᄒᆞᆫ方法으로써엇지交錯複雜ᄒᆞᆫ腸腑를細密히診察ᄒᆞᆯ가? 만일此等簡單ᄒᆞᆫ方法으로써人命을可救ᄒᆞᆯ진ᄃᆡ我韓의醫士는擧皆扁鵲이아니면的確히華타의後身이라可謂ᄒᆞᆯ지로다

然ᄒᆞ나感氣、時氣、몸살等病祟난男女에共通ᄒᆞᆫ者이라醫學發達의程度를隨ᄒᆞ야死則俱死오生則俱生이라誰寃誰咎ᄒᆞᆯ바이無ᄒᆞ려니와特히女子에만限ᄒᆞ야附隨ᄒᆞᆫ者난卽子宮病、帶下症、月經不順症等이是也ㅣ라此症에一罹ᄒᆞ면乃父乃母의게도開口說去키不能ᄒᆞ고設使乳時의勇을鼓盡ᄒᆞ야百般의羞를含ᄒᆞ고一次畧告ᄒᆞ더래도彼此皆曰寧死언정女子의體膚난男子의診察에露供키不可라ᄒᆞ야千愁萬淚로一身을埋過타가病勢가愈篤ᄒᆞ면最後의結果난不過是、天賦의芳年을

一條로斷送ᄒᆞ야全家의悲哀痛嘆을惹起ᄒᆞ야和氣를損傷케할外에ᄂᆞᆫ他策이頓無ᄒᆞᄂᆞ니此ㅣ엇지我韓民族의一大缺点이아니리오

右에畧陳ᄒᆞᆫ바ᄂᆞᆫ諸君과不佞이同耳同目한바悲絶慘絶ᄒᆞ며忍見忍聞치못할事實의萬一이라誰가此에對ᄒᆞ야一鞠의淚를禁하리오! 以若韓國同胞로一毫半分이라도秦瘠越視의心思를抱ᄒᆞ면此ᄂᆞᆫ實노韓民의名稱만帶ᄒᆞ고韓國의精神은無ᄒᆞᆫ者라與語ᄒᆞ기不可ᄒᆞᆯ지라

此에對ᄒᆞ야其救濟의方策이有二ᄒᆞ니一은消極的方面이오二ᄂᆞᆫ積極的方面이라

消極的方面은卽破壞主義니諸君의能力으로古來의內外法을一捧으로打破ᄒᆞ기可能ᄒᆞᆯ가? 果然如許ᄒᆞᆫ能力이有ᄒᆞᆯ진ᄃᆡ本記者도吸吸反覆ᄒᆞᆯ必要가無ᄒᆞ나想像ᄒᆞ건ᄃᆡ數千年來習與成性ᄒᆞᆫ慣俗을一朝打破ᄒᆞ기난到底히預期치못ᄒᆞᆯ지라차라리穩健ᄒᆞᆫ方便으로積極的方面을進取ᄒᆞ야自手로硏究ᄒᆞ며實際로救濟ᄒᆞᆷ만不如ᄒᆞᄂᆞ니如斯히蕙姊蘭妹의芳心을傾注ᄒᆞ야斯界에供獻ᄒᆞᆯ진ᄃᆡ第一은道德上至大ᄒᆞᆫ名譽를傳ᄒᆞᆯ지오第二ᄂᆞᆫ神聖ᄒᆞᆫ韓民의一分子되기에不愧ᄒᆞᆯ지오第三은物質的利益이莫大ᄒᆞ야百年生活이自足頗裕ᄒᆞᆯ지니此ㅣ엇지今日女學生諸君에對ᄒᆞ야唯一無二ᄒᆞᆫ良策이아니리오

本記者가自劣을不顧ᄒᆞ고縷縷反覆ᄒᆞᆷ은다못我一千万女子同胞의悲慘ᄒᆞᆫ現狀

을代陳ᄒᆞ야其救濟의道를乞흠이오決코强制的採用을要求흠은아니라然ᄒᆞ나内國에난學習의機關이不完ᄒᆞ야有意未遂ᄒᆞᆯ慮가有흠으로暫時餘墨을利用ᄒᆞ야日本國東京에現在ᄒᆞᆫ醫學校의槪況을略陳ᄒᆞ야叅考에供ᄒᆞ노라

東京醫學校　(東京本鄕區駒込千駄木町五十九)

修業年限은四箇年

學期ᄂᆞᆫ每年四月

課程

第一二學年

物理學

化學

解剖學

組織學

生理學

醫化學

三四學年

病理學

病理解剖學

外科學

藥物學

內科學

産科婦人科學

眼科學

模型演習

衛生學

法醫學

精神病學

獨逸語　細菌學
　　　　獨逸語

學資金預算　（一朔條）

月謝金　三　圜

書冊價　五　圜

旅宿費　十二圜

其他雜用　五　圜

合計二十五圜也

若或志願者가有ᄒᆞ야本人（本會內滄海子）의게通奇ᄒᆞ시면學校의種類와其他諸般詳密ᄒᆞᆫ事項을廣探回呈ᄒᆞ겟스니

붓을노ㅅ코이러설時에마참東京女醫學校規則書가郵遞로到來ᄒᆞ얏기左에그大槪를略陳ᄒᆞ노라

東京女醫學校　（東京牛込市谷河田町六番地）

修業期限四箇年

學期每年四月

寄宿舍一朔宿食八圓

課程　組織學及實習　解剖學及實習

生理學及實習　化學及實習
物理學及實習　數學
病理總論　內科各論　外科通論
外科各論　診斷學　藥物學
眼科學　產科學　婦人科學
小兒科學　衛生學　細菌學
法醫學　獨逸語

學報發送에對ᄒᆞᆫ所感

姜邁

四千二百四十二年今日은知的勢力을競爭ᄒᆞᄂᆞᆫ秋ㅣ라故로地球東西에星羅碁布ᄒᆞᆫ何國을勿論ᄒᆞ며 社會上下의日新月盛ᄒᆞᄂᆞᆫ何事를勿論ᄒᆞ고 만약그 勢力을一失ᄒᆞ야競爭場裏에智的均衡을不得ᄒᆞ면國家ᄂᆞᆫ곳滅亡에陷入ᄒᆞ고事業은곳衰頹에墮落ᄒᆞ야拯濟키不能ᄒᆞᄂᆞ니嗟홉다宗社ᄂᆞᆫ丘墟를化作ᄒᆞ고生靈은荼毒에顚連ᄒᆞ야老弱은丘壑을塡充ᄒᆞ며丁壯은鞭箠를茶飯ᄒᆞ야豺狼縱橫에悲慘ᄒᆞᆫ歲月은天地가暗黑ᄒᆞ고種族이淪亡에哀痛의涕淚ᄂᆞᆫ泉臺에漣洏ᄒᆞᆯ도失勢의禍ㅣ며精神은萎靡에供獻ᄒᆞ고技術은姑息에浸潤ᄒᆞ야經濟ᄂᆞᆫ土崩의患이立至ᄒᆞ고企業은渙散의境이層生ᄒᆞ야氣血俱竭의命이 또ᄒᆞᆫ斷絕ᄒᆞᆯ도 또ᄒᆞᆫ失勢의禍ㅣ라慘矣로다失勢

의禍여

今에此問題卽勢力均衡을照鑑ᄒᆞᄂᆞᆫ眼光을大放ᄒᆞ야世界를觀察ᄒᆞ며國家를觀察ᄒᆞ며社會를觀察ᄒᆞ며更轉ᄒᆞ야政治界、農工界、學術界、企業界를觀察ᄒᆞᆯ진ᄃᆡ果然如何ᄒᆞᆫ現象을呈露ᄒᆞ얏ᄂᆞᆫ고一長에一消ᄒᆞ고一大에一小ᄒᆞ고一强에一弱ᄒᆞ고一多에一寡ᄒᆞ고一美에一醜ᄒᆞ고一笑에一哭ᄒᆞ고一生에一死ᄒᆞ야影이形을隨ᄒᆞᆷ과如히그相應ᄒᆞᄂᆞᆫ速度ᄂᆞᆫ桴鼓보다捷ᄒᆞ고電雷보다迅ᄒᆞ얏도다

嗟嗟乎여此長大强美도自求ᄒᆞ야得ᄒᆞᆷ이오彼消小弱醜도自取ᄒᆞ야至ᄒᆞᆷ이니今에人이此에有ᄒᆞ야珠玉에砂礫을混ᄒᆞ며蘭蕙에荊棘을雜ᄒᆞᆫ다假定ᄒᆞ면常識을稍求ᄒᆞᆫ者ᄂᆞᆫ所取를能知ᄒᆞ겟거ᄂᆞᆯ今에大ᄒᆞ면國家社會오小ᄒᆞ면身家生命에關ᄒᆞ야ᄂᆞᆫᄒᆞᆯ노去此取彼ᄒᆞ야滔滔一轍ᄒᆞᆷ은此何故ㅣ인고이에이른바勢力均衡이라ᄂᆞᆫ句語를寢食謳歌ᄒᆞ야彼我의消長과大小、多寡、美醜、强弱、等을硏究反省ᄒᆞ야對等地位를占據치안이치못ᄒᆞ리로다

雖然이나余ᄂᆞᆫ一個學生이라비록勢力均衡을觀察ᄒᆞᄂᆞᆫ雙眼이有ᄒᆞ나世界、國家、政治、農工、企業等各種方面에ᄂᆞᆫ姑此時機를未得ᄒᆞ야眼光을空勞키不可ᄒᆞ거니와但我大韓學術界現象은如何ᄒᆞᆫ地位에歸着ᄒᆞ얏난가今에我大韓興學會에現在ᄒᆞᆫ一例를擧ᄒᆞ야論柄을恣ᄒᆞ건ᄃᆡ卽本學報購覽人統計表가是라

興學會報購覽人統計表

(隆熙三年九月末統計에準ᄒᆞᆷ)

道別	購覽人	道別	購覽人
京畿	五九人	忠清	一五人
全羅	三九人	慶尙	二六人
江原	八人	黃海	六〇人
咸鏡	一二〇人	平安	一〇八人
		摠	五〇八人

夫本會會報는留學諸氏가修學ᄒᆞ는餘隙을假ᄒᆞ야精神을淬勵ᄒᆞ며心血을嘔盡ᄒᆞ야祖國文化에万一의補를作코자ᄒᆞᆯ식無代金으로發送ᄒᆞᆷ이一千五百餘部에過ᄒᆞ건이와學生時代에係ᄒᆞᆫ바인즉言論이或空踈幼稚ᄒᆞ야帝國文化를補助키不能ᄒᆞ는特히購覽諸氏는海外學生을眷愛ᄒᆞ야本報를愛讀ᄒᆞ며經濟의恐惶을不拘ᄒᆞ고信音이聯翩ᄒᆞ야萬里異城에揶揄激觸ᄒᆞ는同情을遠表ᄒᆞᆷ도不無ᄒᆞ얏도다雖然이

나如右의統計로觀홀진딕至於環瀛土三千里以內十三道區域에도그權衡의差度가天壤의判과鸞鵬의殊가懸隔ᄒ야그步武를一齊치못홈은엇지我志士의一掬熱淚를揮洒홀處이안이리오

嗟嗟畿湖兩南은歷史的文化의先導者오人物의淵藪라道學文章이一世에彬彬ᄒ야國家에柱石도此에多ᄒ고士林의矜式도此에在ᄒ얏더니今日國家의危急이燃眉에迫ᄒ고同胞의血肉이草野에浪藉훈此時를當ᄒ야何故로反히冷靜如是ᄒ야新化進捗에彼進我退ᄒ며彼醒我醉ᄒ는狀態을作ᄒ는고

或이此言을非難ᄒ야云호딕夫畿湖兩南은君言과如히一國文化를權衡ᄒ던地라碩學鴻儒의具眼으로엇지本報를掛眼홀必要가有ᄒ리오ᄒ느니此言이誠然이로다雖然이나本報의本意는元來碩學鴻儒의게供覽을爲홈이안이오吾儕와如훈淺學蔑識훈者를相警相資ᄒ야文明舞臺에共躋코자홈이며또本報는決코趨利的思想으로購覽人의多數를希望홈은안이언마는或己送훈報紙도還投ᄒ야財政窘拙을唱導ᄒ는事가不無ᄒ얏스니엇지可羞치안이ᄒ며一步을更進ᄒ야學校의設立으로論ᄒ던지出洋學生의比較로觀ᄒ던지外他新聞雜誌의流布로言ᄒ던지惟獨畿湖兩南及關東諸道는起色이頓無ᄒ야浸浸然暗黑의境에入홈을不覺홈은一般志士의脣舌을弊ᄒ며心魂을竭ᄒ야拯濟의策을講求ᄒ는바인즉余의今日所論은本學報發送에만焦点을置홈이안이오此로써彼를推ᄒ며一로써三에返ᄒ야前途

를卜ᄒᆞ며將來를警코자홈이로다

噫라個人의自由獨行은彼我間知識均衡에在ᄒᆞ고社會의自由獨行은社團間知識均衡에在ᄒᆞ고國家의自由獨行은政界上知識均衡에在ᄒᆞᄂᆞ니嗟我兄弟여個人의知識이尙此勢力均衡을不得ᄒᆞ얏거든엇지社會를自保ᄒᆞ며社會의知識이尙此勢力均衡을不得ᄒᆞ얏거든엇지國家를自保ᄒᆞ겟ᄂᆞᆫ가篇末에臨ᄒᆞ야一言으로써盟手更陳홀것은本國或은海外에發行ᄒᆞᄂᆞᆫ新聞雜誌購覽의統計表를摘出ᄒᆞ야案頭에掛置ᄒᆞ고明年에比較ᄒᆞ며又明年에比較ᄒᆞ야一國文化의汚隆을權衡ᄒᆞ며社會的知識을圓滿히發揮ᄒᆞ야國家에波及홈을渴望ᄒᆞᄂᆞᆫ비ㅣ니二十世紀今日은新聞雜誌의發刊興替로國家及社會의知的勢力의競爭ᄒᆞᄂᆞᆫ動機를作홈이니라

日本苦學生의情形을擧하야我本邦同學諸君에게告하노라

具岡

西儒云勞働者ᄂᆞᆫ聖神이라하니誠千古不朽之金言이로다夫以自己一身之額汗으로求自己暫時之衣食이於人道에最尊重하며於身分에亦得達하다可謂할지로다大抵勞働이猛烈獨立의氣象을實蓄하야堅忍不拔의精神을專修하고進取勇斷의英氣를養成하야百折不回의心志를堅確함이니吾輩學生된者가烏敢自暇自逸하리오試看ᄒᆞ라

世人이往往히勞働을賤視호ᄃᆡ其勞働의眞狀과其勞働의區別을不知하도다彼輩無學無識之徒가此乃神乃聖의勞働을服役하니此를普通으로蔑視함이可할가悲夫라勞働之人이여人若精神이高尙하며意志가堅固하면엇지大臣이官廳에服務하며軍人이戰場에服役함과何異하리오

敬告我本邦同胞學生하노라諸君이여諸君이富貴에生長하야父兄의餘蓄이有하면幸也언이와若貧賤에生長하야家無餘貲하고空有冲天之志望호ᄃᆡ終權衣食之窮愁하야無可如何에彷徨을莫告하여半宵夢覺에憤恨이徹骨이라計莫所措하야只恨餘生之苦하니엇지人生의大慟이안이며엇지吾輩의同感이안이리오嗚呼라諸君이여諸君이莫曰計無作留學東京하라東京八口二百萬이太半是勞働生活이니諸君이여諸君이此을茶飯으로視하고此을安樂으로認하야螢窓星霜의所志만達할지어다吾輩는晝宵로此를祝賀하고晝宵로此를同情하노라東京에在한日本苦學生의些細한部分은一一이枚擧키不能하나但其自立自活의方針으로將來偉大한目的을成就할職業이大畧如左함

○新聞分傳

此는新聞을分傳함이니其勞働時間은下午十時로上午八時ᄭᆞ지니每月給料는六七圓으로拾圓ᄭᆞ지오其分傳은二種이有하니本社分傳이오專賣店分傳이라本社分傳은全然한一種의新聞을分傳함이오專賣店分傳은各種의新聞을各其

購覽者의게分傳함이니라

○新聞賣子

此는新聞을賣却함이니直接으로新聞社에契約하고廉價로買取하여鐵道馬車之房과繁華市街之塲의셔佩鈴張聲하야賣却함이니一朔에亦拾圓의利를得호듸若號外가出할時에난顆大한利益을得함도有하니라

○牛乳分傳

此는牛乳를分傳함이니其勞働時間은朝夕二度에分하여午前二時로至五時오午後四時로至六時니每朔平均給料는六七圓에不過호듸其牛乳屋主人의利益이顆多한同時에는特別히優給함도有하니라

○寫字生

此는官聽需用文簿를寫字함이니字料는印札紙一張에赤銅貨二錢五里라然則其字料가每日四十錢에不過하되만일速寫하면每日五六十錢을得함도有하니라

○人力車夫

此는人力車를引함이니職業中最劣하도다大抵前途雄大의志望을抱하야期여코成就하자하면不得不自己生命을犧牲에比하야目的을求達함이니엇지英雄의不遇가안이며男兒의經險이안이리오其勞働時間은夜間十時로十二時싸지

니生涯는每日平均五十錢을得ᄒᆞᄃᆡ若知士의同感을遇할時난壹圓以上도有하니라

此外에活版職工郵便分傳官聽小使細細한職業이有ᄒᆞᄃᆡ多數는以上의業을取하나니라

貧而不足羞니所足羞者는貧而無志가是也오賤而不足惡니所足惡者는賤而無能이是也로다

讀大韓興學報賀教育新潮 (寄書)

成樂淳

書不云乎아民惟邦本이니本固라사邦寧이라ᄒᆞ니固本이莫先乎團合이며團合이亦莫重於教育이니國無教育이면民智未得文明ᄒᆞ고民無團合이면國力이亦何能興隆가嗚呼라現今時代는五洋風潮가浩汪瀰漫ᄒᆞ고六洲梯航이朝回夕返ᄒᆞ야優勝劣敗의氣焰이相照ᄒᆞ고弱肉强食의風雲이翻覆ᄒᆞ니此所謂奔忙競爭에危急存亡之秋也라爲我國民者ㅣ際此時日ᄒᆞ야姑息苟安而不知合變ᄒᆞ며守株의思想과膠柱의習慣을未脫ᄒᆞ야稱以教育則曰舊學도猶未盡信而況新學을何用고ᄒᆞ며稱以團合則曰殆此岌嶪時代ᄒᆞ야只我一身도未暇修保어날團合을何期오ᄒᆞ야遊戲場中에花柳春光은寧爲爭先이언뎡社會校門에彬彬文獻은杳無希望ᄒᆞ며珍餐洋屋에一身燕安은猶恐不及이나一片靈臺에愛國精神은都如灰消ᄒᆞ니此誠可驚可

歎者也라且社會上이니敎育界니出入ᄒᆞᄂᆞᆫ者도其門은入이나其堂은不升이며其名은得이나其實이亦空홈으로由ᄒᆞ야問其業則着帽穿靴ᄒᆞ고朝聚午散ᄒᆞ야斷簡殘篇으로徒消了好箇光陰而白首殘年에氣學을是究ᄒᆞ야輕氣球를造成할ᄉᆡ時日을猶惜ᄒᆞ던孟施氏와如한者ㅣ幾希며問其思想則拂塵衣於利路ᄒᆞ고駕風棹於宦海ᄒᆞ야不過釣名干譽而年邁七十에經邦變俗ᄒᆞᄂᆞᆫ理勢를考察ᄒᆞ야法律을刪定한(수루지)氏와如한者ㅣ亦有幾人고嗚呼라風馳電奔에青春은後不復來오水逝雲卷에時代를惟恐是失터니何幸日本에留學ᄒᆞ시ᄂᆞᆫ有志僉尊諸氏가時勢의變遷을猛省ᄒᆞ며民智의習性을慨歎ᄒᆞ야大韓興學의一團會를成立ᄒᆞ고追條月報를特以送交ᄒᆞ시니惟我會員僉尊의如是另眷이豈偶然哉아將汲汲於開達民智ᄒᆞ며普施教育而不已焉이니實所感荷萬千者也ㅣ로다不佞은以草野蠢蠢으로素性이愚魯ᄒᆞ고學識이淺短ᄒᆞ야桃源春風에醉夢을未醒ᄒᆞ고葦水一帶에雲樹를相望터니及讀月報에千言萬語가隱然相激ᄒᆞ야文彩渾浩에氣呑江海ᄒᆞ고勢撼山岳ᄒᆞ야使吾人之活潑的氣像으로不覺竦然自生이라若非五更天門에一聲長雷가驚打春夢이면宛是千里長江에文明風潮가吹散霪雲ᄒᆞ야屯蒙世界에警鐸이長鳴矣오草味人生에鼓動이旣深則惟我二千萬同胞에教育之風이由是而振ᄒᆞ며團合之力이由是而固ᄒᆞ며文明之步가由是而進ᄒᆞ리니何患乎心力之不一이며心力이旣一則亦何患乎國力之不鞏固也ㅣ리오偉哉偉哉라半島江山에太極國旗가瑞日에搖颺이有

斯ᄒᆞᆷ은由我今日大韓興學報의勸勉謠說이使人感其心而激其思ᄒᆞ야薰陶涵養에日遷而不自知者也로다蓋夫人心之於物에感以動觸以激은是自本然的這裏來者也ㅣ라草木之無聲을風搖而鳴ᄒᆞ고水之無聲을石觸而動ᄒᆞ나니況人於其間에最爲至靈而不昧者耶아今此學報之感人心而動之者ㅣ奚啻重於風草之相感과水石之相觸也哉아美夫라東陸新潮가活動于學生界ᄒᆞ야興千歲興萬世而永興無廢를是所切望而頌賀者故로區區荒詞를謹搆以呈ᄒᆞ노라

青年煩悶熱의清凉劑

金河球

秋天이漸高에新凉이入郊ᄒᆞ니夏來苦熱之餘에其爽快ᄒᆞᆷ이此莫大焉이라但登校가在邇ᄒᆞ고燈火를可親ᄒᆞᆯ時에我青年은頭腦를淸凉케ᄒᆞ야課業를勉强ᄒᆞᆷ이可ᄒᆞ나一種煩悶의餘毒이尙殘ᄒᆞ야感痛을不堪ᄒᆞ니本記者도同病相憐의結果로淸凉劑一方을案出ᄒᆞ야愛我青年諸氏의게供獻코자ᄒᆞᆷ爲先今夏에歸國省親ᄒᆞᆫ諸氏여國에歸ᄒᆞ야觀光ᄒᆞ니其感想이如何ᄒᆞ뇨到處에相愛ᄒᆞᄂᆞᆫ同胞의歡迎을受ᄒᆞ니此를感謝滿足히思ᄒᆞ며家庭團欒의機會를得ᄒᆞ니此를快樂으로知ᄒᆞ며擧目에山河가異ᄒᆞ니血淚를灑ᄒᆞ며覺書에大權이去ᄒᆞ니苦膽을嘗ᄒᆞ며妄老腐儒가巷樂을厭苦ᄒᆞ야終南口腹의計를密謀ᄒᆞᆷ을見ᄒᆞ고泣諫忠告을與ᄒᆞ며宗敎神佛會와新報及實業의諸機關이日出ᄒᆞᆷ은果然韓國에有益ᄒᆞᆫ文明의萌芽로心獨喜自負ᄒᆞ얏ᄂᆞ뇨

近日所謂國是遊說는亦果韓國國是로一定함인지天聽이民聽이오人聲이天聲이라一人의手로天下目을掩키도難ᄒᆞ거든況三寸의舌이如何ᄒᆞᆫ蛇毒이有ᄒᆞᆫ들愛我二千萬同胞의神聖ᄒᆞᆫ頭腦를刺滅ᄒᆞᆯ가諸君의感想도正邪가判然ᄒᆞ리니空然去空然來ᄒᆞᆷ은今日韓國青年의天職에違反ᄒᆞᆷ이니豈不可懼哉아此亦我青年諸君의煩悶이로다其他는卽

一、世界青年의同一的煩悶、 人生이身體發育을隨ᄒᆞ야精神도變化ᄒᆞᄂᆞ니人이初生時로青年期에至ᄒᆞᆷ의生理上으로見ᄒᆞ면身體各部의發育ᄒᆞᆷ이頭가二倍오體幹이三倍오骨은二十六倍오重量은二十倍라此와如히變化ᄒᆞᄂᆞᆫ同時에血氣方盛ᄒᆞᆷ으로思想力이贍富ᄒᆞ야空中에樓閣을築ᄒᆞ며胸裏에瓮算을運ᄒᆞ야中夜淸晨에轉輾不寐ᄒᆞ야腦力만空疲ᄒᆞ며且自己의才能如何는不顧ᄒᆞ고事業經營의欲望만壯大ᄒᆞᆷ으로終局을遂치못ᄒᆞ며且青年은紅日東上의勢와萬丈虹氣의力이有ᄒᆞᆷ과感情이濁烈ᄒᆞ야緩和調進ᄒᆞᆷ이不能ᄒᆞᆷ으로喜怒哀樂의發이中節를不得ᄒᆞ야極歡時에는手舞足蹈를不覺ᄒᆞ며失望時에는赴湯蹈火의沉墮를不察ᄒᆞ고且青年男女는戀愛의情이濃厚ᄒᆞ야意中의人을聯想ᄒᆞᆷ이日夜不絕ᄒᆞ야忘코자ᄒᆞ나忘치못ᄒᆞ는境遇에至ᄒᆞ야特種煩悶을致ᄒᆞᄂᆞ니此等煩悶은現代青年에만限ᄒᆞᆯ뿐아니라古今東西가同一ᄒᆞ니卽支那孔子曰血氣未定에戒之在色이라ᄒᆞ고希臘大哲學者、아리슈토테레수、言에도青年은體慾中色慾에陷ᄒᆞ기易ᄒᆞ다ᄒᆞ니此煩悶은青年時

期에免치못ᄒᆞᆯ비라但克己自制의力과公德博愛의情으로力行專務ᄒᆞ면扞格不勝의患이無ᄒᆞ고且青年時期가一過ᄒᆞ면漸次冷却ᄒᆞᆷ

二、時代變遷의精神上特種煩悶、 此種煩悶은特히時代와境遇를隨ᄒᆞ야青年時期에만表現ᄒᆞᆷ이아니오人文이漸開ᄒᆞ고學文美術이振起ᄒᆞ며科學的研究와哲學的批評이發達ᄒᆞ야社會의進化가急激ᄒᆞ되但理想과實地가甚히懸隔ᄒᆞᆷ으로舊信仰과新信仰間에衝突이生ᄒᆞ야青年은將來의希望으로急進코자ᄒᆞ며壯者는現在의利害에忙殺ᄒᆞ야他를不顧ᄒᆞ며特히老人은다만過去만記憶ᄒᆞᆷ으로時勢의推移는漠昧ᄒᆞ야恒常舊時代의信仰理想으로青年의게律己코자ᄒᆞ나青年은此에不服從ᄒᆞ고心의謀叛을惹起ᄒᆞ니假令我國現時青年은革舊就新코자ᄒᆞ야爲先形式上으로我頭部를束縛壓腦ᄒᆞ는網巾을脫棄ᄒᆞ며編髮의餘弊을削去ᄒᆞ며偶像崇拜를打破ᄒᆞ며個人主義及家族制를少弛ᄒᆞ고國家主義獻身的血性을致코자ᄒᆞ면古老父兄은此를抵沮不肯ᄒᆞ야反히青年의行動을拘束ᄒᆞ야勇進케못ᄒᆞ니青年은다만感慨太息으로寂寞ᄒᆞᆫ歲月을憂愁中에送케ᄒᆞ며且我東洋은古來로男尊女卑는人生의自然的原則으로假定ᄒᆞᆷ이陽彊陰順의義를取ᄒᆞᆷ이러니近日은歐西風潮가波及ᄒᆞ야教育도漸次普及ᄒᆞᆷ으로青年女子도男女平等權은自己의天職으로自覺活躍ᄒᆞ나但今日我韓女子界로言ᄒᆞ면京鄉社會及學校에在ᄒᆞᆫ女子를統計ᄒᆞ야限千名假量中에國漢文論欄을能讀領會ᄒᆞ며男女平等權의主旨를確認主唱ᄒᆞᆯ者가三

分의一이나될넌지余의見聞이未詳ᄒᆞ나多少間其煩悶은男子와同一ᄒᆞᆫ點이有ᄒᆞᆷ으로此論欄에編入ᄒᆞᆷ

噫라我青年은此等煩悶에陷ᄒᆞ며新舊思想에接觸되야我의大志望을自暴自棄ᄒᆞᆯ가是何言也오憂鬱을忘ᄒᆞ고勇氣를勃然ᄒᆞ야奮起ᄒᆞᆯ지어다新舊信仰을調和ᄒᆞ며自己의正義만信ᄒᆞ야去益討究ᄒᆞ면一旦豁然ᄒᆞ야宇宙의無限ᄒᆞᆫ眞理를通透ᄒᆞ며恭謙寬容의精神을涵養ᄒᆞ야智德俱全ᄒᆞ고人心豹變ᄒᆞ면風波萬態中에在ᄒᆞ야도知命樂天의域에達ᄒᆞᆷ을得ᄒᆞ리니此所謂精神上復活이라此煩悶의結果는卽教育에셔生ᄒᆞᆫ다ᄒᆞ나此는教育의罪가아니라卽一知半解와教育不完全ᄒᆞᆫ文明進步에對ᄒᆞ야一種犧牲이니此는完全ᄒᆞᆫ教育으로救療ᄒᆞ야眞理를愛ᄒᆞ며正義를愛ᄒᆞ며人類를愛ᄒᆞᄂᆞᆫ心이有ᄒᆞᆫ者는此等誘惑에勿陷ᄒᆞᄂᆞ니라

三、現時韓國青年의煩悶、 我韓今日青年의特種煩悶은卽時局의盱衡으로忍辱奮鬪키實難ᄒᆞ니國家保存에一木撑天의重荷를負ᄒᆞ고容易히起立키難ᄒᆞᆫ時代라四千餘年의爀爀ᄒᆞᆫ歷史가有ᄒᆞ며三千里金球에數千萬人族이其盛如彼ᄒᆞ야自古及今에明君賢臣과勇將策士와英雄豪傑과文學才士가地靈에鍾出ᄒᆞ야國家를能保ᄒᆞ니三韓鼎立도有ᄒᆞ고新羅의統一과高句麗의强盛ᄒᆞᆷ이北으로隋唐의兵을擊退ᄒᆞ며南에는島酋의侵寇를防禦ᄒᆞ얏고本朝에至ᄒᆞ야도忠臣烈士가代代輩出ᄒᆞ야卓絕ᄒᆞᆫ功燻도有ᄒᆞ엿스나但支邦文物輸入의餘風으로文弱之弊에陷ᄒᆞ야小中華의

稱號를甘受自樂ᄒᆞ야事大徵責의恥辱으로小康을圖ᄒᆞᆷ은幾百年來로惡慣醜習이된지라是를悲憤ᄒᆞ야北伐의諫과養兵의論이儒臣中에主唱이有ᄒᆞ나反히妖妄으로指罪ᄒᆞ고姑息惰逸노國防을不備ᄒᆞ야外敵이忽地侵入ᄒᆞᆷ의一時陷沒를當ᄒᆞ얏거든況今日世界의劇烈ᄒᆞᆫ競爭舞臺에幷駕齊驅ᄒᆞᆷ이一疑問題라近年에至ᄒᆞ야獨立이라도自己의能力이아니오保護라도自家의罪孽이아니라但第三者가相戰의結果로一報酬的物이됨의是日也에放聲大哭者도有ᄒᆞ며負鉞伏闕者도有ᄒᆞ며以刃刺胸者도有ᄒᆞ며仰藥自斃者도有ᄒᆞ고一面에ᄂᆞᆫ此를宣言ᄒᆞ며此를頌德ᄒᆞ며此를認定ᄒᆞ며此에服從ᄒᆞ야形形色色으로一修羅場을作ᄒᆞ야錯雜紛亂이極甚ᄒᆞ니窮則通으로善後의方策은다만國民의智德을啓發ᄒᆞ며實力을養成ᄒᆞᆷ에在ᄒᆞᆷ을痛覺猛醒ᄒᆞ고普通敎育熱이熾盛ᄒᆞ야青年이內外國에求學ᄒᆞᆷ을父兄이勸勉ᄒᆞ며政府가獎勵ᄒᆞ며國人이愛重ᄒᆞᆷ이其原因이此에셔出ᄒᆞᆷ이로다噫라幾年前을追憶ᄒᆞ라我青年이外洋에留學ᄒᆞᆷ을國人이嫌忌ᄒᆞ고時局이不許ᄒᆞᆷ으로學生의動靜을偵察酷待ᄒᆞ야往往生命에危險을遭ᄒᆞ얏고此에從事ᄒᆞ야榮貴를圖ᄒᆞ든鬼卒鷹犬도今日其子弟를此地에留學케ᄒᆞ니時勢의變換을何嘗期望者乎아此所謂大寒之後에陽春이有ᄒᆞᆷ과如히今日我留學生은韓國中第一最高ᄒᆞᆫ信望이有ᄒᆞ고愛重ᄒᆞᆫ地位에在ᄒᆞ니其報答은何로써應行ᄒᆞ리오吾必曰現在ᄂᆞᆫ不顧ᄒᆞ고將來를深思ᄒᆞ야最後勝利를計圖ᄒᆞ랴면冷靜沉着ᄒᆞ야專心一意로我目的學科에硏精透得ᄒᆞᆷ이至當ᄒᆞ

도다余의內外國에同學靑年諸氏가時局變態를痛憤히思ᄒᆞ고學業은半途而廢ᄒᆞ야社會에汲汲從事ᄒᆞ니此志節은余의欽敬ᄒᆞᄂᆞᆫ바이나但國家前程에對ᄒᆞ야ᄂᆞᆫ遠慮가不無ᄒᆞ니年年歲歲에[illegible]靑年은完全ᄒᆞᆫ智術과高尙ᄒᆞᆫ人格을産出치못ᄒᆞ면最後大事ᄂᆞᆫ誰가擔負應行ᄒᆞ리오故로余ᄂᆞᆫ不患國不獨立이오惟患人不獨立이라ᄒᆞ노니何哉오廿世紀에完全ᄒᆞᆫ獨立國을要求ᄒᆞᆯ진ᄃᆡ獨立人格의國民이아니면不得ᄒᆞᆯ지라卽天下ᄂᆞᆫ天下人의天下와如히韓國은韓國人의韓國으로國人이皆自信ᄒᆞᆫ然後에我靑年은當今天下에非我其誰로確定ᄒᆞᆯ지어다或曰現在ᄂᆞᆫ將來의母오悲憤은快樂의種이。 然이有ᄒᆞᆫ然後에야國民敎育에人格도完全히養成ᄒᆞᆫ다反問이有ᄒᆞᆯ듯ᄒᆞ나余의所謂現在將來ᄂᆞᆫ事爲準備에在ᄒᆞᆷ이아니오卽時勢에만感動치말고時勢를自造ᄒᆞ라ᄒᆞᆷ이오且今日國人이我靑年의게駿望ᄒᆞᄂᆞᆫ바ᄂᆞᆫ悲憤慷慨ᄒᆞᆷ이아니오卽智德學術노實地成功ᄒᆞᆷ을務圖ᄒᆞᆷ이라近日內國에셔焚書籍ᄒᆞ며更敎科ᄒᆞᆷ에當ᄒᆞ야學校熱이熾盛ᄒᆞᆯ際會에影響은不無ᄒᆞ나決코此로써我國人이他國人의게感化된다ᄒᆞᆷ은絕對的信之키難ᄒᆞ도다今日吳王의手段이비록嚴酷ᄒᆞ야稽山의恥를雪키難ᄒᆞ다云ᄒᆞ나昔者에羅馬人은兒童敎育ᄒᆞᆷ에德性을涵養ᄒᆞᄂᆞᆫ讚美歌와十二銅表及古今忠義烈士의傳記를普通學校에셔敎授ᄒᆞᆷ이아니오特別히家庭에셔口誦케ᄒᆞᆷ이오且彼北米合衆國은同人族도排斥獨立ᄒᆞ얏거든況我國은數千年前先進國으로但武力이不足ᄒᆞ야一時强者의勒制下에在ᄒᆞᆷ으로써一朝에感化

된다ᄒᆞᆷ은語不成說이오日感化는力服心服의區別도有ᄒᆞ고其能力關係도有ᄒᆞᆫ彼我國은永滅이언정感化는不得ᄒᆞᆷ을確信ᄒᆞ리로다彼日本九州薩摩等地에朝鮮民族이三百年前에移來ᄒᆞ야至今數百戶가有ᄒᆞᆫᄃᆡ尙히朴與沈의姓을通用ᄒᆞ며家屋庭園의制度가朝鮮風이尙存ᄒᆞ고佳節을當ᄒᆞ면高峰에登ᄒᆞ야祖國을望拜祝祭ᄒᆞᆷ으로土人이稱曰朝鮮村이라云ᄒᆞ니此果內國同胞로感歎起敬ᄒᆞᆯ바이라何方面을觀察ᄒᆞ야도我韓族은我韓族이지決코他族의게感化치안임은問天而天亦昭鑑ᄒᆞ시고叩地而地亦響應ᄒᆞ리니噫我青年은此를確信勿慮ᄒᆞ고天上天下에惟我獨存의高尙ᄒᆞᆫ資格을涵養ᄒᆞ야我韓有史以來로空前絕後의神聖完全ᄒᆞᆫ大勳業을建造ᄒᆞ야我檀箕遺裔의幸福을盤石上에置케ᄒᆞᆯ지어다三年의病에七年의艾를求ᄒᆞᆷ과如히余의淸凉一劑가能히奏效ᄒᆞᆯ넌지惟我青年諸君의試服을切望ᄒᆞ노니但煉劑의誠力은太平洋에數日沐浴ᄒᆞ고審愼齋戒ᄒᆞ야盡力研精을自信ᄒᆞ며更히大方家의頂門一針을血乞ᄒᆞᆷ

學海

地歷上小譯 (續)

M H 生

東西古蹟의一班

2、日本人의記錄

(A)、朝鮮月報의大理石塔記事

明治三十三年「朝鮮月報」에金澤庄三郞氏의韓國首府京城이라난一編을記載ᄒ얏난ᄃᆡ其中에塔에關ᄒᆫ記事가有ᄒ니

一說에高麗忠肅王(西紀一三一四年卽位)時에元朝에서寄贈ᄒ얏다ᄒ나史冊을閱考ᄒ야도此에關ᄒᆫ記事난發見치못ᄒ얏노라

云云ᄒ얏스나此說은簡單ᄒ야採用與否가無ᄒᆯ지로다

(B)、韓半島의蠟石塔

明治三十四年韓半島에信夫淳平氏의蠟石塔一節이有ᄒᆫᄃᆡ「距今七百年前高麗元宗이其妃를明國皇室에서迎娶ᄒᆯ時에明皇이寄贈ᄒ얏다」ᄒ얏스니七百年前은

七百餘年前이고其妃난世子妃나그러나明國은아니라麗元宗時에난明國은無ᄒᆞ얏ᄂᆞ니此說은一謊說에不過ᄒᆞᆯ지로다

(C)、國士의寒水石塔記事

明治三十五年國士에八木奘三郎氏의韓國王宮이라난一篇이有ᄒᆞ고其結末에此塔의記事가有ᄒᆞ니卽塔은寒水石으로製造ᄒᆞᆫ것이니京城內에在ᄒᆞ며前日에난松都에在ᄒᆞᆫ듯ᄒᆞ나現朝에셔京城에移置ᄒᆞᆫ것갓도다時代난高麗時代나製作地난韓支에確定이無ᄒᆞ고石質上으로論ᄒᆞ면韓物이라ᄒᆞ얏스나其說은要領이明白치못ᄒᆞ니一分價値가無ᄒᆞ도다

3 西洋人의記錄

(A)、「코리인、레포지트리ー」의記事

西記一八九五年「코리인、레포지트리ー」에아렌氏京城名勝이라난一編이有ᄒᆞ고其中에大理石塔이라난一節이有ᄒᆞ니

本國記錄을據ᄒᆞᆫ건ᄃᆡ高麗朝中世에츙수양이元世祖의女와結婚ᄒᆞ니此世祖난西紀一二六九年頃에宋을滅ᄒᆞ고支那全土를支配ᄒᆞᆫ英主ㅣ라此人이其女의게贈物로此塔을送ᄒᆞ얏ᄂᆞ니라

云云ᄒᆞ얏스니츙수양은忠肅王일지라麗史忠肅王部을考査ᄒᆞᆫ건ᄃᆡ其十一年條에「八月戊午王娶魏王阿木哥女金童公主」라記載ᄒᆞ얏스나塔一件은証據가無ᄒᆞ고

아렌氏가以上記事外에

此塔을送ᄒᆞᆫ人은南京都城에셔海路로送ᄒᆞᆫ듯ᄒᆞ니元에셔送ᄒᆞ얏다稱ᄒᆞᆷ보다宋에셔送ᄒᆞ얏다ᄒᆞᆷ이可ᄒᆞ리로다南宋은南京에都ᄒᆞ야技術文學을極切保護ᄒᆞ얏슴으로這般塔도南宋에셔製成ᄒᆞ얏다ᄒᆞᆷ이事實일듯ᄒᆞ도다

右와如히結言ᄒᆞ얏스니南京에셔海路로運送ᄒᆞᆫ듯ᄒᆞ다ᄒᆞᆷ은一新說이나確據가無ᄒᆞ고又該氏의本國記錄云云은何書를指稱ᄒᆞᆷ인지此說도輕率히採用치못ᄒᆞᆯ지로다

(B)、「코리아、레뷰ㅣ」의記事

西紀一九〇二年「코리아、레뷰ㅣ」에헐바트氏가大理石塔이라난一編을揭載ᄒᆞ얏난ᄃᆡ以上諸說보다極히詳密ᄒᆞ니

高麗文宗二十三年十一月에夏時宮殿을造營코자處所를漢陽仁王山下에定ᄒᆞ고翌年夏에王이親히臨檢ᄒᆞ려漢陽에赴ᄒᆞᆯ식途中에風雨를因緣ᄒᆞ야一古寺(臨津江畔)에셔一夜를經ᄒᆞ니其夜에三僧이顯夢ᄒᆞ야各기漢陽에一寺를建立ᄒᆞ라懇請ᄒᆞ거늘翌日에王이漢陽에入ᄒᆞ야三僧을爲ᄒᆞ야三寺를建立ᄒᆞᆯ식一은竹岳南、(圓覺寺)一은今東大門左側、(重興寺ㅣ니現朝初代에東門外에轉移ᄒᆞ야新興寺라稱ᄒᆞᆷ)一은今新門外(漢仁寺ㅣ니其後毁撤ᄒᆞᆷ)에基地를定ᄒᆞ고其後三寺가竣成ᄒᆞᆷ의王이圓覺寺正面에紀念碑를建立ᄒᆞ려ᄒᆞᆯ식其處

에花岡石의尖端이顯露ᄒᆞ얏슴으로此石을龜形으로刻ᄒᆞ고石上에紀念碑를安置ᄒᆞ니此난今日吾輩의目睹ᄒᆞᄂᆞᆫ거시라此碑난原來此地에在ᄒᆞ든新羅古碑를改刻ᄒᆞᆫ거시오今日에난字跡이磨滅되야碑文를讀破키不能ᄒᆞ나字數가十四라ᄒᆞᆷ은韓籍에記載ᄒᆞᆫ비라要컨ᄃᆡ此龜石上古碑난塔以前에設置ᄒᆞᆫ거시니라

一三五二年(西紀)恭愍王이王位를踐ᄒᆞᆫ後에도其祖母(忠肅王妃)가存命ᄒᆞ얏ᄂᆞ니妃난元英宗弟營王의第八女라時에漢陽宮殿을建設ᄒᆞ고又圓覺寺를重修ᄒᆞᆯ려ᄒᆞ나財政이窮乏ᄒᆞ야元朝에懇請ᄒᆞ니順帝가丞相脫脫의勸言을受納ᄒᆞ야卽時允諾ᄒᆞᆫ後巧匠과一萬온스金을捐助ᄒᆞ고又脫脫의勸을從ᄒᆞ야一個美麗ᄒᆞᆫ塔을彫刻ᄒᆞ야王妃의게寄贈ᄒᆞ얏ᄂᆞ니라此塔彫刻者의姓名은劉榕이니當時第一巧手로帝가藝員이라賜名ᄒᆞ얏고此十三層塔이竣功ᄒᆞᆷ이榕이建立監督으로漢陽에來到ᄒᆞ니라其前에恭愍王의父君이無子ᄒᆞᆷ이扶蘇山敬天寺에祈禱ᄒᆞ야恭愍을生ᄒᆞᆫ지라王이此塔에紀念碑를建立코자決意ᄒᆞ고榕의게請ᄒᆞ야江華石으로十三層塔一座를刻ᄒᆞ야敬天寺에安置ᄒᆞ얏ᄂᆞ니라

헐바트氏에要点은如斯ᄒᆞ며其材料난古今雜誌와金陵集에서採蒐ᄒᆞ얏다ᄒᆞ나其後에事實을查探ᄒᆞᆫ즉此記事ᄂᆞᆫ北漢山僧의口述이多ᄒᆞ다ᄒᆞ며其材料의出處난何如ᄒᆞ든지綿密히考査ᄒᆞ면以上記事에誤謬를摘發키無難ᄒᆞ도다

第一新興寺난本是京城貞洞에在ᄒᆞ얏스니東大門近處가아니ㅣ오舊名은興天寺ㅣ니重興寺가아니며重興寺난北漢山寺의舊名이라新興寺本堂 額文에「所謂興天寺者　神德王后康氏大明洪武二十九年丙子八月二十三日昇遐　封陵于國都皇華坊曰貞陵創建于都中(中略)　太宗九年己丑移陵于沙河里之時寺亦隨而移建卽今新興寺也」라ᄒᆞ얏스니麗文宗의建立ᄒᆞᆫ비아니고 碑石은碑面이極히磨滅되얏스나苦心ᄒᆞ야熟看ᄒᆞ면左의文字가明白ᄒᆞ니 卽碑表上面에난「大圓覺寺之碑」六字이ㅣ오其下面에난

(不明)我

主上殿下在位十年功成……(不明)……奉舍利……(不明)分身四百……(不明)……

五月甲寅……(此後皆不明)

二十二字오其裏面에난

正憲大夫兼(不明)參贊兼(不明)成均館事同知經筵事臣徐居正奉 敎撰

嘉靖大夫禮曹參判兼同知春秋館事藝文館提學臣鄭蘭宗奉 敎書

五十一字가明白ᄒᆞ니其文字로時代를推測컨ᄃᆡ主上殿下난卽我

世祖시라그러면此碑난我

聖朝第七代世祖十年에圓覺寺(輿地勝覧圓覺寺條에「舊名興福　太祖時爲曹溪宗本社後廢爲公廨　世祖十年改創)를重修ᄒᆞ시고 建立케ᄒᆞ신거시 明白ᄒᆞ

니麗文宗二十四年으로三百九十年後事ㅣ오右에揭列ᄒᆞᆫ字數만은十九ㅣ니碑面의原字數가十四라ᄒᆞᆷ도一謬說이오塔의記事中에恭愍王이忠肅王의孫이라ᄒᆞ얏스나實은其子ㅣ니麗史三十八卷恭愍王條「忠惠王母弟」라記載ᄒᆞ얏고忠惠王은忠肅王의子ㅣ니此亦一錯謬로다

以上臚列ᄒᆞᆷ과如히古塔에關ᄒᆞ야난諸說이紛紛ᄒᆞ야一定ᄒᆞᆷ이無ᄒᆞ니古學을研究ᄒᆞ고古書를搜索ᄒᆞ시난青邱人士난一念을勿惜ᄒᆞᆯ지며京城古塔은龍巳의變難에日軍이携歸ᄒᆞ려上三層을撤下ᄒᆞ얏스나重量이過大ᄒᆞ야遠程運搬에不利ᄒᆞᆷ으로中止ᄒᆞ얏다ᄒᆞᆷ은文獻에証考ᄒᆞᆯ바난無ᄒᆞ나確實ᄒᆞᆫ傳說일지며十餘年前에日本人이日本에輸來ᄒᆞ려다如意치못ᄒᆞ야合도事實이오敬天寺塔은日本宮相田中氏庭園에安置ᄒᆞ얏다ᄒᆞ니古物을愛重ᄒᆞ시난青邱人士난惕念ᄒᆞᆯ지어다

地文學

洪鑄一

地殼의發達 地殼은地球의創成以來로永永歲月間에漸次積成된故로下部는(年古됨으로)堅硬ᄒᆞ고上部는(新成됨으로)軟脆ᄒᆞᆷ이通例라然이나地殼의內外及自体가永年月間으로互相壓縮ᄒᆞ는力이有ᄒᆞᆫ故로不知中褶曲이生ᄒᆞ야其位置가全히轉倒(造山的作用)ᄒᆞᆷ도有ᄒᆞ고或은裂隙에依ᄒᆞ야陷落(地震이起ᄒᆞᆷ)ᄒᆞᆷ도

有ᄒᆞ고或은其間에火山岩의迸出(噴火口)홈도有ᄒᆞ야地殼의上下部가悉皆異同ᄒᆞ다고確定키不能ᄒᆞ나同一ᄒᆞᆫ外觀이라도岩石의形質及化石의狀態의異同에依ᄒᆞ야時代의新舊를容易히判定ᄒᆞ나니라

(一) 片麻岩과如ᄒᆞᆫ岩石은其質이結晶質노成ᄒᆞ고堅硬ᄒᆞᆫ故로理論上에此는地球構造時에各熔融質이凝結된故로其質이連續質이라ᄒᆞ야此를晶質岩이라云ᄒᆞ고

(二) 砂岩、礫岩等은岩石의碎片이水中에 沈積되야海水에溶解된 物質과互相沈澱結固ᄒᆞ야形成된岩石이라故로往往히植物의葉과動物의骸殼等도共同히沈澱되야一種奇文을有ᄒᆞᆫ化石이有ᄒᆞ니此等을水成岩이라云ᄒᆞ고又古代의魚介虫類는皮殼이硬固ᄒᆞ고骨은軟ᄒᆞᆫ故로其死棄된內部에各種溶解物質이劇入沈澱ᄒᆞ야本動物의形狀을模型ᄒᆞᆫ化石을成ᄒᆞ나니現今各學校實驗에供ᄒᆞ난化石이是也오同一ᄒᆞᆫ動物이라도時代를從ᄒᆞ야其形이小小히殊異ᄒᆞ야現今과古代를比ᄒᆞ면等異ᄒᆞᆫ지라其新舊를區別ᄒᆞ랴면理化的分析에依ᄒᆞ야可以判定ᄒᆞ는方法이有ᄒᆞ니라(但動植物의種類는次에辭홈)

(三) 花崗岩、安山岩、玄武岩等은地下熱에熔融된質이 地殼의薄弱ᄒᆞᆫ部分(火山口)으로噴出되야凝結ᄒᆞᆫ者인故로其形狀이水成岩과大異ᄒᆞ야塊狀을呈ᄒᆞ고化石의含有가無ᄒᆞ니常識者의一見區別이容易ᄒᆞ니라

(四) 古生代에는地球의內部가過度ᄒᆞᆫ熱을有ᄒᆞᆫ故로水分의蒸發이迅速ᄒᆞ야水之

循環(蒸發降雨)이甚히頻煩ᄒᆞᆫ時代라此時代에ᄂᆞᆫ鱗木蘆木封印木等數三種의植物이巨大盛鬱ᄒᆞᆫ中에筆石三葉虫鯇魚等數三種의動物이腹走膝行ᄒᆞ다가地殼變動에依ᄒᆞ야埋沒沈澱ᄒᆞ야永年間壓力을被ᄒᆞ야化學的分析이起ᄒᆞ야石炭化石을生成ᄒᆞ얏시니此ᄅᆞᆯ石炭紀라稱ᄒᆞᄂᆞ니라然이나地盤이此時代에海底에沈沒되얏던地에ᄂᆞᆫ石炭은無ᄒᆞ되化石은有ᄒᆞ고隆起되엿던地에ᄂᆞᆫ化石은無ᄒᆞ되石炭은有ᄒᆞ도다此代ᄅᆞᆯ過ᄒᆞ고中生代에至ᄒᆞ야動植物이漸次發達되고且中生代ᄅᆞᆯ過ᄒᆞ고近生代에至ᄒᆞ야動植物이又一層發達되야近生代의第三紀第四紀ᄅᆞᆯ過ᄒᆞ고洪積世(海洋의作用으로地面을沈澱)와冲積世(河川波浪의作用으로地面을沈澱)에至ᄒᆞ야靈長ᄒᆞᆫ人類가出生ᄒᆞ엿도다此時代ᄂᆞᆫ地面이温暖ᄒᆞ고雨順風調ᄒᆞᆫ時代라故로人類의衣食住에各様動植物을利用ᄒᆞ란理致로太和ᄒᆞᆫ世界에各需用品을供給ᄒᆞᆫ後에如此高等ᄒᆞᆫ人類ᄅᆞᆯ居生케ᄒᆞᆫ줄을覺悟ᄒᆞ노라如斯히自由와需用品을與ᄒᆞᆫ以上에此自由와供給品을若他人에讓與ᄒᆞ던지被奪ᄒᆞᄂᆞᆫ境遇에當ᄒᆞ야ᄂᆞᆫ何言을陳仰ᄒᆞ여야可ᄒᆞᆯ지放筆思之ᄒᆞ노라知耶아否耶아我心冲冲이로다

地殼의發達과變動된時代ᄅᆞᆯ四에大別ᄒᆞ야太古代古生代中生代近生代라ᄒᆞ고又此ᄅᆞᆯ細別ᄒᆞ야紀世에區別ᄒᆞ고此ᄅᆞᆯ區別ᄒᆞᆷ에供ᄒᆞᄂᆞᆫ化石된動植物은或一定ᄒᆞᆫ時代에만生存ᄒᆞᆫ것이有ᄒᆞ니如此ᄒᆞᆫ動植物노된化石을示準化石이라云ᄒᆞᄂᆞ니現今地質의生成ᄒᆞᆫ時代ᄅᆞᆯ判定ᄒᆞᄂᆞᆫ最有力ᄒᆞᆫ事實이卽是也ㅣ니其時代와種類ᄅᆞᆯ擧ᄒᆞ

代	紀
太古代	
古生代	칸부리아紀
	시류리아紀
	데봉紀
	石炭紀
	二疊紀
中生代	三疊紀
	侏羅紀
	白堊紀
近生代	第三紀
	第四紀
	洪積世
	冲積世

時代	植物	動物
太古代	化石의發見이無흠	
古生代	羊齒類	有孔蟲(原生動物)
	封印木·鱗木(石松類)	珊瑚·筆石(腔腸動物)
	蘆木(木賊類)	三葉蟲(節足動物)
	松柏類(小數始生)	海百合類
		光鱗魚(魚類)
		雨棲類(鯢,蛙類)
		魚龍(爬虫類)

中生代	松柏類 蘇鐵類	鳥類(似蝙蝠) 有袋類(一名은간가류)
近生代	被子植物	만모수(哺乳類) 人類

森林間接의効用(譯)

崔容化

森林의効用은直接의効用과間接의効用과二種이有ᄒᆞ니直接의効用이라云ᄒᆞᆷ은吾人의常히住居ᄒᆞᄂᆞᆫ處의家屋及日常使用ᄒᆞᄂᆞᆫ處의器具類其他文明의利器라稱ᄒᆞᄂᆞᆫ電信電話汽車汽船等의類로부터軍艦橋梁馬車人力車類에至ᄒᆞ기ᄭᆞ지皆木材를以ᄒᆞ야造ᄒᆞᆫ것卽木材를本來의形ᄃᆡ로使用ᄒᆞᄂᆞᆫ効用를云ᄒᆞᆷ이니其効用의大ᄒᆞᆫ것은雖何人이던지認知ᄒᆞᄂᆞᆫ것이어니와間接의効用에至ᄒᆞ야ᄂᆞᆫ此를不知ᄒᆞᄂᆞᆫ者ㅣ不少ᄒᆞᆯ지라故로予ᄂᆞᆫ此에對ᄒᆞ야其間接의効用中主되ᄂᆞᆫ点二三를譯述ᄒᆞ야愛讀諸氏의叅考에供ᄒᆞ노니左의理由에據ᄒᆞ면我國近年洪水와旱魃의災와厲疾의流行이엇지森林亂伐의原因에在ᄒᆞ지아니ᄒᆞ리오

一、水源涵養과土砂扞止、

森林이荒廢ᄒᆞ면降雨時마다洪水가되며山崩을起ᄒᆞ며家屋을流ᄒᆞ며其他人畜을

害ᄒᆞᄂᆞᆫ事ㅣ多ᄒᆞ고또此에反ᄒᆞ야晴天이連日ᄒᆞ면水源이渴ᄒᆞ야旱魃의害를起ᄒᆞᄂᆞ然이ᄂᆞ森林이繁茂ᄒᆞ면如此ᄒᆞᆫ災害ᄂᆞᆫ不起ᄒᆞᆯ것이오何故냐ᄒᆞ면降雨ᄒᆞᆯ지라도其雨水의大部分은樹木의根과枝葉或落葉蘚苔類의吸收ᄒᆞᄂᆞᆫ바이되야蒸發ᄒᆞᆷ이亦少ᄒᆞᆫ故로雖旱魃之際라도間斷업시徐徐히水를流出ᄒᆞ야其供給의困難을無케ᄒᆞᆯ뿐더러如此히一時에流出ᄒᆞ지안음으로써土砂를流케ᄒᆞ지안코또森林內의空氣ᄂᆞᆫ常히冷ᄒᆞᆫ故로風이森林內에吹來ᄒᆞ면濕氣의量을增ᄒᆞ야起雲降雨ᄒᆞᆷ에至ᄒᆞᄂᆞ니實際上森林잇ᄂᆞᆫ山에ᄂᆞᆫ雲霧가多ᄒᆞᆫ것은人皆認知ᄒᆞᄂᆞᆫ것이오此에反ᄒᆞ야森林을亂伐ᄒᆞᆫ地方으로부터流出ᄒᆞᄂᆞᆫ江水ᄂᆞᆫ一時에雨水가流出ᄒᆞᆷ으로써非常히激流되야山麓을洗ᄒᆞ며山崩이되야其土壤은雨水에混合ᄒᆞ여濁流가下處에流ᄒᆞᄂᆞ니其土砂가江水의下流平緩ᄒᆞᆫ處에沈澱ᄒᆞᄂᆞᆫ故로江底ᄂᆞᆫ年年이高ᄒᆞ야堤防을一寸高케ᄒᆞᆯᄉᆞ이에江底ᄂᆞᆫ二寸假量이ᄂᆞ高ᄒᆞᄂᆞ니要컨ᄃᆡ森林이잇스면時時로降雨ᄒᆞ고또洪水를少케ᄒᆞ며樹木의根도地底의水를其表面에吸上ᄒᆞ야常히水分을保ᄒᆞ고또根에依ᄒᆞ야土壤을固定케ᄒᆞ고土砂의崩頹를防ᄒᆞᄂᆞᆫ故로水ᄂᆞᆫ不絕ᄒᆞ야河川에流ᄒᆞ며旱魃의害와洪水의憂를無케ᄒᆞᆷ에至ᄒᆞ며

二、漁業의保護、

森林이無ᄒᆞ면魚類가不盛ᄒᆞᆫ다ᄒᆞᄂᆞᆫ것이비록異常ᄒᆞᆫ것갓ᄒᆞ나卽左의原因에依ᄒᆞᄂᆞ니

一、森林은陸地로부터河海에土砂의流出을防ᄒᆞ고

二、森林이잇스면河川은晴과雨에도同樣으로海에流ᄒᆞ고

三、森林잇슴을爲ᄒᆞ야樹木의虫과及植物質의腐敗ᄒᆞᆫ것이水中에落ᄒᆞ야 魚類의食料가되고

四、水邊에森林은水面에蔭影을與ᄒᆞᄂᆞ니魚類가海面暗黑ᄒᆞᆫ處에多集ᄒᆞ며 其產卵ᄒᆞᄂᆞᆫᄃᆡ도便ᄒᆞ거니와海面이淸白ᄒᆞ면其卵을他物의게食害되기易ᄒᆞᆫ故로產卵이少ᄒᆞᄂᆞ니라(日本舊藩制度에魚付林或은魚寄林名稱으로海岸其他水邊의林에特別保護를與ᄒᆞᆷ)

三、氣候의調和

森林은氣候를調和ᄒᆞᄂᆞᆫ効가잇ᄂᆞ니卽夏를凉케ᄒᆞ고冬을暖케ᄒᆞ며또一晝夜에도夜中土地의冷却ᄒᆞᆷ를防ᄒᆞ고日中은土地의强熱ᄒᆞᆷ를防ᄒᆞ야晝와夜의溫暖의差를減ᄒᆞ야氣候를溫和ᄒᆞ게ᄒᆞ며如此ᄒᆞᆫ森林과氣候의關係ᄂᆞᆫ南方暖國假令印度갓ᄒᆞᆫ地方은森林을爲ᄒᆞ야酷暑의際에華氏十度假量은減ᄒᆞᆫ다云ᄒᆞ며如何ᄒᆞᆫ地方이던지森林을爲ᄒᆞ야氣候溫和케되며

四、衛生上効用

森林은空氣中汚物을分解ᄒᆞ야空氣를新鮮케ᄒᆞ며또濕潤케ᄒᆞᄂᆞᆫ効가잇ᄂᆞ니卽森林內의空氣中에ᄂᆞᆫ(Assoin.) 이라ᄒᆞᄂᆞᆫ것을含ᄒᆞᆫ 故로其空氣ᄂᆞᆫ吾人의 健康에適當

ᄒᆞ야傳染病類(Bacteria.)를殺ᄒᆞᄂᆞ니故로山林繁茂ᄒᆞᆫ地方은健康地라稱ᄒᆞᄂᆞᆫ것이오獨逸서ᄂᆞᆫ蒼鬱ᄒᆞᆫ森林中에病院或은(Hotel.)旅舘等을設ᄒᆞ야身体柔弱ᄒᆞᆫ人의保養場을삼ᄂᆞᆫ故로森林繁茂ᄒᆞᆫ地方에ᄂᆞᆫ流行病이甚少ᄒᆞ니라以上은森林間接의効用中主되ᄂᆞᆫ것이어니와一國의風致를保ᄒᆞ며山川을秀麗케ᄒᆞᄂᆞᆫ數多ᄒᆞᆫ効用은一一히枚擧키不能ᄒᆞ야此에畧述홈

史傳

史傳은紙面과編纂의不相許ᄒᆞᆫ事故를因ᄒᆞ야本號에만闕之홈

暑雨拈韻

駕海青年賦遠遊旅燈夜夜讀春秋荊高有淚相逢釰李郭何心共濟舟夢裏烟塵多北起身邊日月惜西流一章白雪三杯酒起臥元龍百尺樓 芹野

名區十載我曾遊書釰相逢又一秋抽筆欲題常亂緒舉杯相看是同舟關北何年花萬戶瀛東此夜月中流細數半生今得意更期黃菊洛陽樓 笑石

今雨相逢卜一遊滿庭松籟爽如秋十年同住關山客萬里將歸漢上舟鼴腹過量滄海在鵬程欲濶白雲流央雄閒事止如此樽酒莫辭風月樓 東庵

夏日題藏春寺

藏春古寺客多尋、佳氣葱籠遠樹林、暫得淸閒如去俗與君共有白雲心 嘯印生

登山驛路客來尋、古寺殷勤在竹林、澗水涓涓花自落一生淸淨老禪心 듸빅山人

偶題寶院寺

十載倦吾遊起居書一樓名山來待月古寺又逢秋僧老雲俱寂人閒水自流知心君可許杯酒欲無愁 仝人

十年與子遊携手上名樓山靜蒼梧月野黃白露秋鳥閒雲外去火迅客中流今日同君醉相忘故國愁 嘯印生

題芙蓉峰

가갸生

我到名山第一봉
青天削立白芙용
男兒此地胸懷濶
納納乾坤宇宙홍

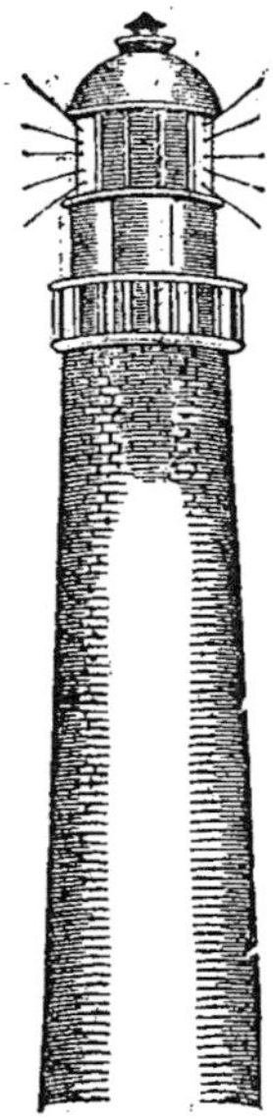

雜 纂

梵寺新聲

韓 興 敎

此梵魚寺ᄂᆞᆫ不佞의生長ᄒᆞᆫ東萊府北二十里許에在ᄒᆞᆫ嶺南巨刹인ᄃᆡ金井山第一勝槩를모다此地에서賞覽ᄒᆞ겟도다其東에鷄鳴峰이聳出ᄒᆞ얏ᄂᆞᆫᄃᆡ其巓上鷄鳴菴에登臨ᄒᆞᆫ즉水營海ᄂᆞᆫ眼界를爽濶케ᄒᆞ고其南에元曉菴이兀起ᄒᆞ니此菴은昔新羅名臣薛聰父元曉大師의禪學을工夫ᄒᆞ던處所인故로後世에其名이尙存ᄒᆞ얏ᄂᆞᆫᄃᆡ菴의前後左右에石壁이叅差ᄒᆞ야迨히金剛山을想像ᄒᆞ겟스며其外數多ᄒᆞᆫ庵子의景槩ᄂᆞᆫ一一히記載ᄒᆞ기未遑ᄒᆞ나最中靑蓮菴은鷄鳴峰北에在ᄒᆞᆫᄃᆡ淵水로枕을삼고竹林으로籬를作ᄒᆞ며菴中에有名ᄒᆞᆫ老釋混海堂이ㅏ居ᄒᆞᆫ지年久歲深ᄒᆞᆷ에特히一閣을營建ᄒᆞ야嶠南第一講堂이라揭書ᄒᆞ고各處僧侶學徒를募集ᄒᆞ야敎育ᄒᆞᄂᆞᆫ지라不佞이此老釋과一面의交가有ᄒᆞᆷ으로써今年夏期에靜養次로强히訪問ᄒᆞ야經夏ᄒᆞ기를請ᄒᆞᆫᄃᆡ其人이快諾ᄒᆞ거ᄂᆞᆯ行李를停下ᄒᆞ니라其翌日에主釋이不佞에게要請ᄒᆞ기를此處僧侶學生이新識에缺乏ᄒᆞ야現世文化를夢中에도想見치못ᄒᆞᆷ이大段痛嘆ᄒᆞᄂᆞᆫ中인ᄃᆡ幸히今에君을歡對ᄒᆞ니弊菴에滯留ᄒᆞᆯ期限에苦勞를不顧

ᄒᆞ고每日幾時間式新學問을敎授ᄒᆞᄂᆞᆫ것이엇더ᄒᆞ뇨ᄒᆞ거ᄂᆞᆯ不佞도ᄯᅩᄒᆞᆫ感激히녀여直히許諾ᄒᆞ고卽日븟허算術、日語、體操等數科로夏期講習會를組織ᄒᆞ니講習生이十數人이라每日三時間式敎授ᄒᆞᄂᆞᆫᄃᆡ創設之初가되야諸般設備가도모지缺乏ᄒᆞᆷ으로塗板은白紙로粉筆은毛筆노學鐘은佛鈴으로冊床은小盤으로代用ᄒᆞ고休暇가되면或松風에露頂도ᄒᆞ며或淸溪에沐浴도ᄒᆞ야於焉間에三週日을經過ᄒᆞ니歸路가已催ᄒᆞᆫ지라試驗問題를提出ᄒᆞ야成績을閱看ᄒᆞᆫ즉如斯ᄒᆞᆫ短時日에九九法도不知ᄒᆞ던者가乘除를能通ᄒᆞ며加減도不知ᄒᆞ던者가四則을解得ᄒᆞ니엇지可驚ᄒᆞᆯ만ᄒᆞᆫ長足進步가아니리오무릇僧侶ᄂᆞᆫ山中에서生長ᄒᆞ야鬱密ᄒᆞᆫ森林속에서淸潔ᄒᆞᆫ空氣와甘冽ᄒᆞᆫ泉水를吸ᄒᆞᆷ에精神이敏活ᄒᆞ고腦髓가健全ᄒᆞ야一을聞ᄒᆞ면十을知ᄒᆞᆯ만ᄒᆞᆫ才能을具有ᄒᆞ얏기에如此ᄒᆞᆫ短期에稀有의美績을呈ᄒᆞ얏거든況幾年間學校에入ᄒᆞ야受學ᄒᆞ얏시면畢竟無上ᄒᆞᆫ優等成績을現出ᄒᆞᆯ것은此로推ᄒᆞ야可知ᄒᆞᆯ지라

不佞이篇末에臨ᄒᆞ야熱誠으로冀望ᄒᆞ노니全國內僧侶諸君은早速히此에觀感ᄒᆞ며此에奮起ᄒᆞ기를

末附贈混海堂詩一首

法界高人此卜居眞緣頗重會心初曇雲深處傳言藥靜水寒宵不食魚萬壑喧騰松雨打一菴孤絶竹風疎衆生苦海天如濶願得慈航濟勿餘

歐羅巴의聯合

聾山人 朴有秉

今年三月에羅馬首府에歐羅巴聯合委員會를開ᄒᆞ얏는ᄃᆡ該會動機는英人우의달氏의首唱인ᄃᆡ歐洲諸國이聯合ᄒᆞ야歐洲合衆國을組織ᄒᆞᆯ目的으로該氏가多年此大事業을爲ᄒᆞ야歐洲諸國의各主權者及其他有力者을遊說ᄒᆞᆫ結果로會合ᄒᆞᆷ에至ᄒᆞᆷ이라此에關ᄒᆞ야該氏論文에揭ᄒᆞᆫ主旨를槪說코ᄌᆞᄒᆞ노라

「論文을閱ᄒᆞᆫ則氏가第一萬國平和會議가少無效果ᄒᆞᆷ의 對ᄒᆞ야 萬國會議보담歐洲聯合이比較的容易히成立ᄒᆞᆷ을主唱ᄒᆞᆷ이라其目的을達ᄒᆞ는方法은(1)歐洲各國의議會을廢止ᄒᆞ고歐洲의共通ᄒᆞᆫ議會를組織ᄒᆞ며(2)歐洲諸國의外交을專히聯合外務省에一任ᄒᆞ며(3)歌洲諸國의陸海軍隊를統一케ᄒᆞ야聯合機關을組織ᄒᆞ며(4)歐羅巴諸國間의關稅를全廢코ᄌᆞᄒᆞᆷ이라此聯合을實行ᄒᆞ는時에는歐洲諸國間에永久히戰爭이無ᄒᆞ야每年二十萬億以上의軍費을節約ᄒᆞ고其餘力으로ᄡᅥ政治上經濟上發達을促進케ᄒᆞ야歐羅巴諸國人民의幸福을增進케ᄒᆞ고ᄌᆞᄒᆞᆷ이라」

同氏의歐洲聯合이果然實施與否에對ᄒᆞ야는歐洲諸國間의現今軍費競爭이激烈ᄒᆞᆫ狀況을知ᄒᆞ는者는可히知ᄒᆞᆯ바로다然이나同氏의主唱ᄒᆞᆫ主義을歐洲諸國이能히排斥치못ᄒᆞᆷ이되야各國委員이會同ᄒᆞ얏스니此聯合이實로히成立ᄒᆞ다는論에

敢히左袒치못ᄒᆞ겟스나彼白禍說이東洋諸國에有害홈과如히歐洲聯合이亦東洋全局을侵奪ᄒᆞᄂᆞᆫ結果을釀出ᄒᆞᆯ憂가不可無ᄒᆞ도다二十世紀後半以來亞細亞가漸次覺醒홈으로써歐洲諸國이往昔과如히亞細亞에對ᄒᆞ야壓迫主義를能히自擅치못ᄒᆞᆯ뿐아니라亞細亞地球上에既得ᄒᆞᆫ權利와橫奪ᄒᆞᆫ領土을失ᄒᆞᆯ形勢가有ᄒᆞᆫ故로歐洲聯合을創設ᄒᆞ야東洋諸國에對ᄒᆞᆫ政略上手段에必要홈이有ᄒᆞᆯ것이오同氏本來軍費縮少ᄒᆞᆯ目的을侵略手段에利用코ᄌᆞ홈을可히知ᄒᆞ겟도다

昔의蘇秦은合縱을說ᄒᆞ고張儀ᄂᆞᆫ連衡을唱ᄒᆞᆫ것과如히今日우의달氏의歐洲聯合說에對ᄒᆞ야亞細亞聯合이必要ᄒᆞᆯ것이오從來와如히各國分立으로써能히彼을對抗치못ᄒᆞᆯ지로다故로世界의趨勢가二大聯合을東西에對立케ᄒᆞ야互相雄視케홈에至ᄒᆞᆯ지라此歐洲聯合이表面에ᄂᆞᆫ平和主義를假裝ᄒᆞ얏스나深入反面ᄒᆞ야觀ᄒᆞᆫ즉實로不然ᄒᆞ야侵略을擅恣코ᄌᆞ홈에出自홈이니歐洲聯合이實로成立되ᄂᆞᆫ時에ᄂᆞᆫ彼가實力으로써橫行世界ᄒᆞ야歐洲以外地球를捲在掌中ᄒᆞ며亞細亞民族을將至滅亡케ᄒᆞ리니勢至此에劣敗陶汰者ᄂᆞᆫ我오優勝助長者ᄂᆞᆫ彼라然則何爲防此侵略耶아吾人은一國家를組織ᄒᆞᄂᆞᆫ分子될뿐아니라世界의一分子라故로世界의趨勢를猛視ᄒᆞ야橫奪蠶食을未然에防ᄒᆞᆯ必要가有ᄒᆞᆯ지니寧히一國家를分守ᄒᆞᄂᆞᆫ것보덤進ᄒᆞ야亞細亞聯合을組織ᄒᆞ야統一ᄒᆞᆫ機關으로써對立지아니ᄒᆞ면亞細亞全体를能히保持치못ᄒᆞᆫ다고空懷杞憂ᄒᆞ노라

隨聞錄隨

○會員動靜　夏期休學을因하야歸國或地方旅行하엿던諸氏난다秋期開學을因하야近近絡繹來到한者ㅣ多數에至하엿스나一一히揭載ᄒᆞ기難한故로闕之ᄒᆞ노라

○靑院盛況　大韓基督敎靑年學院에셔난日前에秋期開學을始하엿난ᄃᆡ新入學生이多數에至ᄒᆞ야學界盛況을呈ᄒᆞ더라

○卒業歸國　留學生愼尙翼氏난琦玉縣養蚕學校에入ᄒᆞ야數年間熱心修業ᄒᆞ다가今夏에卒業歸國하다

○李氏長逝　我留學生李恒烈氏난漢城人이니時年이二十餘ㅣ라留學의壯志를抱ᄒᆞ고數年前에日本에渡來ᄒᆞ야琦玉縣養蚕學校에入ᄒᆞ야熱心做業ᄒᆞ더니噫라好事多魔ᄒᆞ야不幸이今八月分에膓窒扶斯에罹하야入院治療타가藥石이無效ᄒᆞ야竟乃長逝한故로該本家에打電ᄒᆞ야親族學生等이渡來護喪ᄒᆞ야該學校附近地에姑爲安葬ᄒᆞ다

○韓軍大捷　今夏本會에셔出張한運動軍이京城訓鍊院內에셔英美國聯合軍과試合을催ᄒᆞ야我軍이大勝利를得ᄒᆞ엿더라

○卒業生消息　今夏卒業生諸氏中姑留硏習ᄒᆞ난이도多ᄒᆞ나其中李恩雨韓相愚

崔麟李勳榮高宜煥鄭海鎔尹定夏金志侃元勛常李鍾大盧庭鶴諸氏더라

○教部成績

本會教育部에서內國에出張ᄒᆞ야講習所를組織ᄒᆞᆷ은前號에已爲報道ᄒᆞ얏거니와該任員諸氏가日昨에秋期開學을因ᄒᆞ야事務를終了ᄒᆞ고還渡ᄒᆞ얏ᄂᆞᆫᄃᆡ其經過報告를略記ᄒᆞ건ᄃᆡ社會各團体及有志紳士諸氏의多大ᄒᆞᆫ贊成이有ᄒᆞ야或宴會를開催ᄒᆞ며或義金을醵出ᄒᆞᆫ事도有ᄒᆞ얏고任員諸氏의還渡를際ᄒᆞ야教育家로名高ᄒᆞᆫ紳士李熙直氏ᄂᆞᆫ餞別會를開催ᄒᆞ고如左히演說ᄒᆞ얏더라

本人이平日븟터日本留學生諸氏를對ᄒᆞ야希望ᄒᆞᄂᆞᆫ바ᄂᆞᆫ諸氏의活潑ᄒᆞᆫ氣槩와贍富ᄒᆞᆫ學術로卒業歸國ᄒᆞᄂᆞᆫ日이면腐敗ᄒᆞᆫ民習을改良ᄒᆞ며衰頹ᄒᆞᆫ國權을挽回ᄒᆞ기로是信ᄒᆞ온지라然ᄒᆞᆫ즉此가本人의希望ᄲᅮᆫ아니라一般同胞의希望ᄒᆞᄂᆞᆫ바도亦然ᄒᆞᆯ지며一般同胞의希望만如是ᄒᆞᆯᄲᅮᆫ外라亦留學生諸氏의自期自望ᄒᆞᆫ바도如此ᄒᆞ얏슬지라所以로諸氏가萬里海外에挼屑ᄒᆞᄂᆞᆫ中에도留學生團體會를組織ᄒᆞ야內地同胞의知識을勉進코자ᄒᆞ야機關月報를發行ᄒᆞ며且內地青年學生의共進文明ᄒᆞᆷ을是要ᄒᆞ야今夏暑中休暇에講習所를發起ᄒᆞ고講師諸氏를派送ᄒᆞ야潦霖溽暑에勞苦를不憚ᄒᆞ고前後四十餘日을一日과如히不厭不倦ᄒᆞ니凡我一般同胞가諸氏를向ᄒᆞ야平日希望ᄒᆞ든바를確信히竟成할兆朕이此에發現ᄒᆞ얏도다何也오諸

氏가多年客地에朔風炎雨의艱苦를備經ᄒᆞ든餘에一時休暇를際ᄒᆞ야鄕國에歸ᄒᆞ얏슨즉父母妻子團欒의情과親族僚友阻濶의懷가何如ᄒᆞ리오마ᄂᆞᆫ諸氏ᄂᆞᆫ此를忘ᄒᆞ고長夏炎天에竟日토록敎鞭을執ᄒᆞ고流汗長呌ᄒᆞ얏스니其冒險忍難의特性을素養치아니며忠君愛國의苦心이切深치아니면到底히此를爲치못ᄒᆞ리로다諸氏가今日은學生身分이라單純히敎育上에如此ᄒᆞᆫ血力을貫注ᄒᆞ거니와他日卒業歸國ᄒᆞᄂᆞᆫ日에其身으로犧牲을作ᄒᆞ야國家社會에供獻ᄒᆞ기ᄂᆞᆫ預言ᄒᆞᆯ바로다本人이비록知識이淺短ᄒᆞ고人格이無似ᄒᆞ나諸氏를向ᄒᆞ야微悃을表ᄒᆞ고感謝ᄒᆞᆫ一言을供陳코져ᄒᆞ엿더니適身病을因ᄒᆞ야京鄕間扶舁往來ᄒᆞ다가諸氏의歸期가於焉促迫ᄒᆞᆫ지라今에諸氏의前에一一히前進叙禮치못ᄒᆞ고本地에請臨ᄒᆞᆷ은不敬이已甚ᄒᆞ나但本人의病軀를恕顧ᄒᆞ시며不腆의茶果를俯嘗ᄒᆞ심을千萬바라ᄋᆞᆸ나이다

○監督申海永氏病沒始末

隆熙三年九月二十二日下午六時난卽我留學生監督申海永氏의長逝한日이라異域山河에愁雲이慘憺ᄒᆞ고志士社會에悲淚가滂沱로다古語에云哲人云亡에邦國殄瘁라ᄒᆞ더니果然此를謂함인가先時仝二十三日早朝에本事務所에來到한報紙를披閱한즉如左히記載되엿스니

「韓國留學生監督申海永氏가歸任次門司에到達ᄒᆞ엿다가急病으로別世」云云於

是에此를據한本會長以下諸氏가驚愕함을不已ᄒᆞ야卽時學部及門司港碇泊中에在한薩摩丸船長의게打電ᄒᆞ야其虛實與否를探問ᄒᆞ고一邊으로臨時評議會를招集ᄒᆞ야奔問하난儀를討議ᄒᆞ더니仝日下午에果是其報道의不幸的確함을因ᄒᆞ야李昌煥氏로摠代를定ᄒᆞ야門司에前往ᄒᆞ야本會員의至極怨哀한情懷를表케ᄒᆞ고學部直接所管官費留學生七十八人은其關係의特殊함을爲ᄒᆞ야摠代朴宗植氏를派遣同發케할ᄉᆡ同二十三日下午十一時에新橋發列車로發往케ᄒᆞ고在東京一般留學生諸氏의게난葉書로其訃音을通知ᄒᆞ다

仝二十八日下午二時에摠代兩氏가還到ᄒᆞ야其經過한事實를報告ᄒᆞ니如左홈

本員等이發行後三日卽二十五日下午에馬關에到着ᄒᆞ야船舶課員川西泰一郞氏의紹介로其事實를詳聞한즉屍體난港務部屬船島癈病院에入棺安置ᄒᆞ고極力綢繆ᄒᆞ야故國에安葬키를務圖한다함의本員等은其感謝한意를致ᄒᆞ고卽時西川氏의指導로該院에馳往한즉本國學部로서編輯局長魚允迪仝主事秋元雄治兩氏가亦是來到한지라棺前에焚香ᄒᆞ야各其吊禮를致한后學部電訓에依ᄒᆞ야屍体난火葬ᄒᆞ고仝二十六日下午十時頃에該遺骨을前置ᄒᆞ고一同撮影한后遺骨은魚局長이奉歸ᄒᆞ고本員等은仝二十七日下午九時三十分發急行列車로歸來ᄒᆞ엿스며這間經費난別紙로明細繕呈云ᄒᆞ다

○監督遺言　故監督申海永氏와同伴渡來ᄒᆞ던學生尹台鎭氏의談話를據한즉該

氏가申海永氏의病勢危急함을見ᄒᆞ고遺言을聞ᄒᆞᆫ事이有ᄒᆞ엿난ᄃᆡ申海永氏난數旬談話로써鄭重히報道ᄒᆞ엿난ᄃᆡ云「余의生世四十餘年에種種國家의危急한境遇를目擊ᄒᆞ엿스나萬一의報効가無ᄒᆞ엿고今且死矣라別로히遺言할事가無ᄒᆞ거니와但願尹君은東京到日에留學生諸君의게精神을粹勵ᄒᆞ고志氣를奮發ᄒᆞ야業을成ᄒᆞᆫ后他日에已失한國權을匡復케ᄒᆞ면余난泉臺下에서라도舞蹈致賀ᄒᆞ겟다」云云嗚呼ㅣ라留學諸君이여深思할지어다

新入會員

林炳文　崔圭璧　韓宗赫　李秀一　朴秉鎬　崔　浣
張在夏　金鳳濟　玄德舜　金鍾瑾　金秉瑢　申台曦
趙哲教　朴承麟　宋鎭禹　邊九鎬　邊緝鎬　韓致明
李潤柱　高命錫　黃中顯　高在濠　金基淳　朴夏徵
金甲鎭　張澤相　崔東曦

第五回會計部廣告

自隆熙三年七月十一日
至隆熙三年十月三日

贊成金秩

吳澄植　壹圓伍拾錢　崔召史　壹圓

車明鎬 拾圓
韓祥麟 伍圓
金明圭 貳圓
愼尙翼 貳圓

杆城鳳鳴學校 伍圓
李萬基 伍圓
韓麟記 壹圓
江西蚕業傳習所 參圓

學報及商學界秩

史秉哲 壹圓伍十伍錢
蔣時華 壹圓伍十伍錢
蔣時華 參拾陸錢
朴尙鉉 壹圓伍十伍錢
金德榮 伍拾捌錢(商)
崔永殷 壹圓伍十錢
姜永韶 八拾錢 (米貨)
朴建鎬 壹圓伍十錢
安景浩 參十陸錢
裴亨湜 伍圓
龍義支會 七圓
韓德叟 捌十壹錢

李鍾淳 捌拾錢
梁鎬哲 捌拾錢
玄傳榮 捌拾錢
金潤河 壹圓伍十伍錢
金永載 伍拾陸錢
姜泳文 壹圓陸拾壹錢
韓虎燮 壹圓拾壹錢
朴元度 參拾陸錢
鄭箕煥 壹圓
吉野藤藏 參圓十錢
尹護炳 壹圓七十錢
黃周甲 壹圓伍十伍錢

東萊商業會議所 貳圓五十伍錢（商） 韓應用 壹圓陸十錢

隆熙三年七月三十一日西北會館內講演會寄付金秩

李 甲氏 拾圓 趙義淵氏 五拾錢
俞吉濬氏 參拾錢 張憲植氏 壹圓
鄭鎭弘氏 參拾錢 李源鎔氏 參拾錢
尹珪善氏 參拾錢 兪星濬氏 參拾錢
尹致旿氏 參拾錢 尹致昭氏 參拾錢
洪運杓氏 參拾錢 俞承兼氏 參拾錢
金允植氏 參拾錢 朴勝彬氏 參拾錢
李晩奎氏 參拾錢 崔秉瓚氏 貳拾錢
朱定均氏 貳拾錢 尹在能氏 貳拾錢
閔丙斗氏 貳拾錢 趙鍾琓氏 貳拾錢
李 億氏 貳拾錢 崔相敦氏 貳拾錢
金相天氏 貳拾錢 宋之憲氏 貳拾錢
池錫永氏 拾錢 金宇鉉氏 拾錢
劉英煥氏 拾錢 南享祐氏 拾錢

朴洵龍氏 拾錢
朴胄彬氏 參拾錢
李柱浣氏 五錢
無名氏 八拾五錢五厘

追記

田殷植氏 十錢
李周煥氏 三十錢
具滋興氏 十錢
柳廷烈氏 三十錢
朴龍鎭氏 二十錢
無名氏 十錢

總計貳拾貳圓也

李相冕氏 拾五錢
金支鎬氏 七錢
金曦榮氏 五錢
申昇均氏 壹圓拾二錢五厘
李秉淳氏 十錢
桂安敎氏 十錢
朴宇秉氏 二十錢
太明燦氏 二十錢
申圭植氏 三十錢

廣告

本會에서發行ᄒᆞ던商學界난發行上不獲已한故를因ᄒᆞ야廢刊되오니讀者諸氏난照亮ᄒᆞ시옵先金이剩餘諸氏의게난興學報로代呈ᄒᆞ깃ᄉᆞᆸ

大韓興學會出版部

●學報定價（改正）

一部（郵並）　拾貳錢
三個月（上仝）　參拾錢
半年分（上仝）　六拾錢
一年分（上仝）　一圓拾五錢

●廣告料

半頁　金參圜
一頁　金五圜

編輯人　趙鏞殷
日本東京市麴町區中六番町四十九番地

發行人　高元勳
日本東京市麴町區中六番町四十九番地

印刷人　姜邁
日本東京市麴町區中六番町四十九番地

發行所　大韓興學會出版部
日本東京市麴町區中六番町四十九番地

印刷所　大韓興學會印刷所
日本東京市麴町區中六番町四十九番地

廣告

●本報를購覽코자ᄒᆞ시난이는本發行所로居住姓名을記送ᄒᆞ시며代金은郵便爲替(換錢)로交付ᄒᆞ심을要홈

●本報를購覽ᄒᆞ시는諸氏는住所를移轉ᄒᆞ거든本發行所로通知ᄒᆞ심을要홈

●本報는有志人士의購覽上便宜를供ᄒᆞ기爲ᄒᆞ야特約販賣所를如左히定홈

皇城中部長通坊洞口越便

朱翰榮書舖

北美國桑港韓人國民會館內

金永一住所

隆熙三年十一月十九日 第三種郵便物認可
明治四十二年十一月十九日

隆熙三年
日本明治四十二年
十一月廿日發行（每月一回）

大韓興學報

在日本東京
大韓興學會發行

第七號

大韓興學報第七號目次

會員諸君

嘯卬生

(一)個人主義와社會主義(二)清國留學生을試觀ᄒᆞ야在米同胞를模範ᄒᆞ라(三)補助依賴ᄂᆞᆫ諸君의恥辱이오自力維持ᄂᆞᆫ諸君의責任(四)本會獻身은國家獻身이오本會冷笑ᄂᆞᆫ國家冷笑ㅣ라

在日本六百名會員同胞諸君諸君은我韓在外同胞의中心이오我韓國家社會의標準이오諸君은我韓將來의新國民이오我韓前途의改革黨이아닌가法律家가諸君中에在ᄒᆞ고政治家가諸君中에在ᄒᆞ고外交家가諸君中에出ᄒᆞ고實業家가諸君中에出ᄒᆞᆯ것이니此ᄂᆞᆫ諸君의自期ᄒᆞᆯ뿐안이라故國同胞의渴望ᄒᆞᄂᆞᆫ處이아닌가諸君과國家의關係가그ㅣ綦重ᄒᆞᆷ이如右ᄒᆞ고諸君과國民의關係가그ㅣ密接ᄒᆞᆷ이如右ᄒᆞᆫ즉諸君은必也相當ᄒᆞᆫ義務와相當ᄒᆞᆫ責任이可이無치못ᄒᆞᆯ同時에此에應ᄒᆞᆯ準備와能力이相當히無ᄒᆞᆯ슈읍깃ᄂᆞ니於此에不可不諸君에向ᄒᆞ야責任을問코져ᄒᆞ나決코普汎的格言과通例上文字로形式的勸告가안이오現今吾儕의地位로出發點을作ᄒᆞ야此를論코져ᄒᆞ노라

大抵留學生의三十年過去歷史ᄂᆞᆫ其完美與否ᄅᆞᆯ論ᄒᆞᆯ必要가無ᄒᆞ나最近五六年來의留學生情境의經驗ᄒᆞᆫ바ᄅᆞᆯ公平히論述건ᄃᆡ果然他日社會의腐敗ᄒᆞᆫ精神을革新ᄒᆞ야完全히故國의希望ᄒᆞᄂᆞᆫ바ᄅᆞᆯ副ᄒᆞ깃ᄂᆞ뇨曰否라過去에임의不敢ᄒᆞ얏고現在에ᄯᅩᄒᆞᆫ不敢ᄒᆞ얏고抑亦將來에도此樣做去ᄒᆞ면必不能果ᄒᆞᆯ疑雲이重々ᄒᆞ도다此ᄂᆞᆫ局外輕言이안이라吾儕良心의許치아니ᄒᆞᄂᆞᆫ處이니何者오在日本留學生의前途ᄅᆞᆯ觀察코저ᄒᆞᆯ진ᄃᆡ留學生의結晶體되ᄂᆞᆫ大韓興學會ᄅᆞᆯ試觀ᄒᆞ라會名은何如ᄒᆞ얏고俱是學生의代表機關이온인가國民이國民의權利義務ᄅᆞᆯ確守ᄒᆞ면國家가興隆ᄒᆞ고國民이國民의義務權利ᄅᆞᆯ抛棄ᄒᆞ면國家가滅亡ᄒᆞᄂᆞᆫ法理와如히會員이會員의權利義務ᄅᆞᆯ忘却ᄒᆞ면會況의凋殘ᄒᆞᆯ것은可知오會況이不振ᄒᆞ면會員의權利義務ᄅᆞᆯ不顧ᄒᆞᆫ情跡은自然的訂明이니大韓興學會의盛衰ᄂᆞᆫ諸員의思想如何ᄅᆞᆯ足히訂明ᄒᆞ리로다然則諸君은胡然히本會로ᄒᆞ야금今日窮況에淪케ᄒᆞ엿나뇨七八百名은决코一團體ᄅᆞᆯ組織維持ᄒᆞ기에其麗不足ᄒᆞᆷ을歎ᄒᆞᆯ슈읍스며四五年或五六年留學은决코一團體ᄅᆞᆯ發展改良ᄒᆞ기에智識이不及ᄒᆞᆷ은覺치못ᄒᆞ깃고今日韓半島ᄂᆞᆫᄋᆞ리留學生으로ᄒᆞ야곰團體守成은要求ᄒᆞᆯ만ᄒᆞᆫ悲運에已陷ᄒᆞ엿고今日韓半島ᄂᆞᆫ우리留學生으로ᄒᆞ야곰人心統一은渴望ᄒᆞᆯ만ᄒᆞᆫ危地에已墮ᄒᆞ엿시니人心統一이一日이遠ᄒᆞ면危風猛濤에漂流ᄒᆞᄂᆞᆫ半島帝國은그ㅣ救ᄒᆞᆯ日이一日이晚ᄒᆞ고團體守成이一日이遲ᄒᆞ면慘雨愁雲에哀訴ᄒᆞᄂᆞᆫ故國同胞ᄂᆞᆫ그ㅣ蘇起ᄒᆞᆯ日이一日

이遲ᄒᆞᆯ것이어ᄂᆞᆫ會員諸君은如何로此를傍觀ᄒᆞ야救急矯正의策을講究치안이ᄂᆞ뇨余ᄂᆞᆫ그ㅣ理由를發見키에苦心ᄒᆞ엿도다

決코諸員의學識이不及ᄒᆞᆷ이안이오決코人數의不足ᄒᆞᆷ이안이오ᄯᅩ故國의要求가不緊ᄒᆞᆷ이아니라此中에最憎最惡ᄒᆞᆫ一大病脈이吾人頭腦를貫橫ᄒᆞ야事々物々의自由進行을干涉ᄒᆞᆷ이니其病維何오一曰個人的退步요二曰個人的野心이라此兩竪惡魔가有時乎互相衝突ᄒᆞ야吾人의明敏ᄒᆞᆫ精神을亂襲ᄒᆞ며有時乎悲慘ᄒᆞᆫ處地를忘却케ᄒᆞᆷ으로我留學界가合ᄒᆞᆷ도一時的合이오散ᄒᆞᆷ도一時的散이오維持ᄒᆞᆷ도暫時的이오發展ᄒᆞᆷ도暫時的이라自古로永久堅確ᄒᆞ고眞實方正ᄒᆞᆫ態가少ᄒᆞ야新韓을準備키爲ᄒᆞᆫ神聖ᄒᆞᆫ舞臺를一平凡兒戲로無數히汙演ᄒᆞ고猶尙靦然無耻ᄒᆞ야揚々히豪氣를誇來ᄒᆞ얏시니萬一此時에具眼者가有ᄒᆞ야傍立ᄒᆞ엿던덜其被嘲笑가當復如何오從玆以往으로諸君에務望ᄒᆞ노니學生身分이란名義로俯首出校ᄒᆞ야獲一證書면留學目的을到達ᄒᆞᆷ이라ᄒᆞ야曰會事가於我何며國情이於我何오ᄒᆞ야毁譽是非를不顧ᄒᆞ고會所에跡을斷ᄒᆞ고門外에冷評을妄加ᄒᆞᄂᆞᆫ個人的退步의觀念을痛棄ᄒᆞᆷ이第一急務요其次ᄂᆞᆫ留學生의實驗場即他日祖國活社會에活濯ᄒᆞᆯ準備를實習ᄒᆞᆯ留學界機關學會를板蕩時代의逐鹿塲으로認定ᄒᆞ야辯舌이稍優ᄒᆞ고年齡이稍富ᄒᆞᆫ者ᄂᆞᆫ會中傑物로自處ᄒᆞ야傍若無人的行動을往々演出ᄒᆞ야自己의卑劣陋醜ᄒᆞᆫ野心을滿足케ᄒᆞ고져ᄒᆞ다가一朝에內幕이摘發되면一般眞實ᄒᆞᆫ者

는他人納履의惡感을且憤且愧ᄒᆞ야遂至會心이散渙ᄒᆞ야人々이各心으로底定ᄒᆞᆯ바를莫知ᄒᆞᆷ으로會況은逐日凋殘ᄒᆞ고經用이亦隨이罄渴ᄒᆞ야今日과如ᄒᆞᆫ狀態를往々演出ᄒᆞ엿시니此個人的野心은實로今日學界의病菌이될뿐아니라過去祖先에對ᄒᆞ야無上ᄒᆞᆫ罪惡이오他日國家에對ᄒᆞᆫ最大蠹賊이니此를根本的으로撲退ᄒᆞᆯ必要를漸々懇切히感想ᄒᆞ깃도다

噫라團結々々을口로唱ᄒᆞ고合心々々을心으로望ᄒᆞ는同胞諸君이여團體란것은衆心을合ᄒᆞ야一體로成ᄒᆞᆫ것이오決코肉體의集合ᄒᆞᆷ이아니라望ᄒᆞ노니學會로會長養成所라認치말지어다學校々々에身을投ᄒᆞ고卒業々々을口로祝ᄒᆞ는同胞諸君이여留學이란것은完健ᄒᆞᆫ學業을修得ᄒᆞᆷ보다차라리偉大ᄒᆞᆫ品性을修養ᄒᆞᆷ이爲急하니此에相當ᄒᆞᆫ社會的演習과相當ᄒᆞᆫ準備로吾人前途와韓國前途의關係를密接케하는同時에今日韓國情況과吾人行動을一致幷進키를務圖ᄒᆞᆯ것이오決코卒業一書로平生의目的이已達이라ᄒᆞ야實地社交와互相離隔치말지어다個人的野心은비록一時의群集을得ᄒᆞᆯ지나長久的穩健的團集은望키無路ᄒᆞ고個人的退步는永久自滅ᄒᆞᆯ而已오秋毫도個人或社會에補益이無ᄒᆞ리니愼ᄒᆞᆯ지어다個人的退步는現時代의歡迎치안이ᄒᆞ는바오個人的野心도現代思潮의讚成치안이ᄒᆞ는바라退步野心이俱是二十世紀新韓國組織에對ᄒᆞ얀以上不適ᄒᆞᆫ것을發見키難ᄒᆞᆫ즉適者生存ᄒᆞ고不適者滅亡은따ㅣ빈翁의元則이라須히不偏不黨ᄒᆞ고公平正大ᄒᆞᆫ態

度를取ᄒᆞ야國家로本位를定ᄒᆞ고社會로標榜을畫ᄒᆞ야冷靜ᄒᆞᆫ心法으로熱血을沸起ᄒᆞ면强求發展ᄒᆞᆯ要가無ᄒᆞ고自然勃々然旺起ᄒᆞ야禦ᄒᆞ야도勝치못ᄒᆞ리로다

試思ᄒᆞ라中原政界에掀天動地ᄒᆞ든大魁傑袁世凱도已退ᄒᆞ고文章道德이彬々俱備ᄒᆞᆫ四萬々中老大政治家張中堂도已去ᄒᆞ니支那政局에幾人이有ᄒᆞ야政界舞臺에大活動을繼演ᄒᆞ야滿漢의軋轢을調停和融ᄒᆞ며歐亞의疑雲을掃蕩ᄒᆞ야거의四分三裂의勢를呈ᄒᆞᆫ帝國으로ᄒᆞ야곰土崩瓦解의禍를免케ᄒᆞᆯ가此로以ᄒᆞ야平生理想을作ᄒᆞ고奮然渡海ᄒᆞ야政治法律과陸海軍畧을汲々探究ᄒᆞᄂᆞᆫ淸帝國留學生을試用論敍ᄒᆞ노니

彼ᄂᆞᆫ如何ᄒᆞᆫ抱負가有ᄒᆞ며如何ᄒᆞᆫ方法을講ᄒᆞ며如何ᄒᆞᆫ方面으로如何ᄒᆞᆫ事業을祖國에進呈ᄒᆞᄂᆞᆫ고此를余로暫間陳述케ᄒᆞᆯ지어다彼의特性이二가有ᄒᆞ니一曰政治思想의發達이오二曰彼의書生的活動이是라彼ᄂᆞᆫ外表에活潑ᄒᆞᆫ儀가或少ᄒᆞ며辭令에訥澁ᄒᆞᆫ態가或多ᄒᆞ다此로嘲치말지어다若夫國際問題가起ᄒᆞ거ᄂᆞ政界變動이有ᄒᆞ면一朝一夕에會館에雲集ᄒᆞ야悲憤激切ᄒᆞᆫ舌노政府를攻擊ᄒᆞᄂᆞᆫ者有ᄒᆞ며痛極憂極ᄒᆞᆫ文으로民心을鎭撫케ᄒᆞᄂᆞᆫ者ㅣ有ᄒᆞ며或長文電信으로見機豫決케ᄒᆞᄂᆞᆫ機敏ᄒᆞᆫ手段을取ᄒᆞᄂᆞ니此ᄂᆞᆫ到底히他人의可及치못ᄒᆞᆯ處이로다或者言ᄒᆞ되學籍에身을編ᄒᆞᆫ者로政府得失과國際利害를干與ᄒᆞᆷ은穩當ᄒᆞᆫ措置가아니라ᄒᆞᆯ지나天下에可憎ᄒᆞᆫ것은因襲的平凡ᄒᆞᆫ事爲로다大抵非尋ᄒᆞᆫ人物은平凡에超越ᄒᆞ고非

常ᄒᆞᆫ時代ᄂᆞᆫ因襲的態度를崇拜치안이ᄂᆞ니內로攝政々治下에政界統一이缺乏ᄒᆞ고位高望重ᄒᆞ야中外維瞻ᄒᆞᆫ者이少ᄒᆞᆫ同時에外로甲乙丙丁의虎視가眈ᄒᆞ야甲과淸의協約이有ᄒᆞ면乙과甲이衝突을起ᄒᆞ고乙과淸의親密을見ᄒᆞ면丙과淸이詰議ᄒᆞ고丙과乙이妬視ᄒᆞ야國際關係ᄂᆞᆫ困難에困難을加ᄒᆞ고人心危惧ᄂᆞᆫ疑雲에疑雲이疊ᄒᆞ얏시니可謂英雄試武의秋오志士殉國ᄒᆞᆯ時라千陌에倔起ᄒᆞ야一攫天下ᄒᆞᄂᆞᆫ妄想은舊時代에已屬ᄒᆞ얏거니와壯志를抱ᄒᆞ고海外에遊歷ᄒᆞ야文明制度를視察ᄒᆞ고國家棟樑으로自期ᄒᆞᄂᆞᆫ靑年勇氣가엇지尋常ᄒᆞᆫ思想과普汎的規例에拘ᄒᆞ야祖國前途大關係가有ᄒᆞᆫ政治問題의欲決未決의機를際ᄒᆞ야晏然讀書에秦脊相視ᄒᆞᆯ而已리오

雖然이나淸國留學生은오히려永田町에堂々ᄒᆞᆫ黃龍旗가飄飄ᄒᆞᄂᆞ니主權이外人에在치안이코相當ᄒᆞᆫ政治家가北京에濟々ᄒᆞ엿ᄂᆞ니外冠의倡鬼로自立ᄒᆞᆫ者이無ᄒᆞ야直接으로賣國病民의賊은無ᄒᆞ도다民權主唱은立憲其日이不久ᄒᆞ고國權擴張은陸海軍新設其日이在邇ᄒᆞ니如彼ᄒᆞᆫ國情과如彼ᄒᆞᆫ民情은國의中이오國의下에數치못ᄒᆞ리니엇지我韓等國의危險ᄒᆞᆫ境遇와慘酷ᄒᆞᆫ狀態로同日히論ᄒᆞᆯ바이리오彼의國으로써彼의權으로써오히려學生의活躍과氣血이如彼ᄒᆞ거든而況吾儕의地位리오彼가一日의動이有ᄒᆞ거든我ᄂᆞᆫ十日의動이可ᄒᆞ며彼가百名의志士가起ᄒᆞ거든我ᄂᆞᆫ千名의烈士이出ᄒᆞ여야救國ᄒᆞᆯ計畫이거의幷行ᄒᆞᆯ지니吾儕ᄂᆞᆫ彼의理

想的留學과理想的氣慨를崇拜模範ᄒᆞᆯ지오彼의事爲上實現ᄒᆞᆷ은不幸히吾人으로
許치못ᄒᆞᄂᆞᆫ바이로다
彼의第二特性卽學生的事業은確實ᄒᆞᆫ吾儕의師標요吾輩의儀範이될지로다그ㅣ
事實의方式은我와相違가無ᄒᆞᄂᆞ彼의用心은我와不同ᄒᆞ고彼의事業上形式은我
와相同ᄒᆞᄂᆞ彼의維持方法은我와不同ᄒᆞ도다歐米에在ᄒᆞᆫ彼의行動은我가詳確히
知치못ᄒᆞ깃으ᄂᆞ在日學生으로論ᄒᆞ면數爻가不過七八千名或五六千名이오種類
ᄂᆞᆫ擧皆漢族이오黨派ᄂᆞᆫ半是革命黨에同情을表ᄒᆞᄂᆞᆫ者ㅣ로다彼의機關組織은大
槪地方々々의類로合ᄒᆞ야一會를成ᄒᆞ고各地方의團体를總히管理統一ᄒᆞᄂᆞᆫ中央
總會가有ᄒᆞ도다從ᄒᆞ야各部分이各種學報及月報를刊行ᄒᆞ야民智를啓發ᄒᆞ며國
粹를振興ᄒᆞ야世界新思潮로孜々히紹介幇助ᄒᆞ되各々自覺的으로獻身勤務ᄒᆞᆷ으
로中途鎖閉ᄒᆞᄂᆞᆫ弊가無ᄒᆞ고年々歲々에事業이增進ᄒᆞ고効力을完奏ᄒᆞ야留學生
의信用과名譽가中原에流布ᄒᆞ엿도다
淸國은以上과如ᄒᆞ거이와更히我家에頭를回ᄒᆞ야在米同胞를試看ᄒᆞ라그ㅣ赫々
ᄒᆞᆫ事業과烈々ᄒᆞᆫ猛勇으로過去와現今의狀況을諸君의冷靜ᄒᆞᆫ腦髓로公平히評判
ᄒᆞ라
彼ᄂᆞᆫ赤手空拳으로萬里海洋을渡ᄒᆞ야絶區一域에隻身을點々히寄ᄒᆞ야祈寒盛暑
에數弗雇金에生命을繫ᄒᆞ고花朝月夕이라도故鄕을回憶ᄒᆞᆯ閑日이不多ᄒᆞ고危亂

疾病에調養홀餘隙이幾稀훈此等可憐同胞가在米過半數를占領ᄒᆞ얏스되一心報國의計로滿腔熱血을沸洒ᄒᆞ야地方々々에堅確훈機關을能히無難히維持發展ᄒᆞ며維朝維夕에過去韓半島의救急의策을講究ᄒᆞ며未來韓帝國의建立을是圖ᄒᆞ며米國의自由性平等權愛國心으로維一要素를삼아團體의基礎를作ᄒᆞ야써國民會란結晶體가隱然히太平洋畔에露出ᄒᆞ야新韓國을形成ᄒᆞ며一邊으론報舘을設立ᄒᆞ야四千年頑聾을擗破ᄒᆞ고二千萬夢昏을警起ᄒᆞᄂᆞ니此에該報紙의特色과美點을擧컨ᄃᆡ新韓民報와及新韓國報가俱是勞働同胞의營爲에係홈이第一我留學生의崇拜홀特色이오二千萬의歡迎홀理由며그ㅣ趣旨로論ᄒᆞ면一曰專制政治의打破오二曰自由平等의主唱이오三曰國權回復의計畫이오四曰博愛性의實踐이라以上四個好題目을標榜ᄒᆞ야自由活動을試ᄒᆞᄂᆞᆫ同胞ᄂᆞᆫ眞實로感謝ᄒᆞ고眞實로欽慕ᄒᆞ갯도다

그러ᄂᆞ彼의愛國報ᄂᆞᆫ國境에到入ᄒᆞ야同胞歡迎을受키前에不幸中途에一片休紙로虛歸훈者ㅣ日復日月後月에幾百號에達ᄒᆞ얏ᄂᆞ뇨在外報筆은故國에安着홀其日이極難ᄒᆞ고志士仁人은家鄕에安堵키無路ᄒᆞ야警察署ᄂᆞᆫ新聞書籍雜誌小說의收入으로積堆ᄒᆞ얏고監獄所裁判所ᄂᆞᆫ有志家愛國家로太半獄舍를充滿ᄒᆞ엿도다그러ᄂᆞ新聞書籍의自由縱覽홀幸運을未有훈比律賓의아기날또가오히려一世英雄이될性格을猶具ᄒᆞ엿고爲國捨命홀愛國性을猶修ᄒᆞ엿ᄂᆞ니一紙二紙의讀不讀

이破天荒大英雄에何이有ᄒᆞ며一卌二册의闊不闊이웃지他日韓半島의아기날뜨를愚케ᄒᆞ리오在外同胞는此等戲魔로元氣를沮喪치말고益々奮作ᄒᆞ기를望ᄒᆞ는바어니와自古로絶世英雄은絶世亂脈을際ᄒᆞ야出ᄒᆞ고非常ᄒᆞᆫ愛國家는非常ᄒᆞᆫ壓迫又는悲慘ᄒᆞᆫ國步를繼ᄒᆞ야始出ᄒᆞᄂᆞ니今日韓國은絶世偉人도來ᄒᆞᆯ깃고非常ᄒᆞᆫ愛國家도來ᄒᆞᆯ것이어ᄂᆞᆯ同是禍患中에在米則活動이大ᄒᆞ고在米則規模가大ᄒᆞ며在日則活動이小ᄒᆞ고在日則規模가小ᄒᆞ며彼는高尙ᄒᆞᆫ精神과多大ᄒᆞᆫ令聞이內外에藉蔚ᄒᆞ얏거ᄂᆞᆯ我는幼稚ᄒᆞᆫ態度와卑劣ᄒᆞᆫ思索이多數를占ᄒᆞᆷ은何如ᄒᆞᆫ裏由가有ᄒᆞᆯ가地理關係로故國情形을敏速細鎖히觀察치못ᄒᆞᆯ것은彼의當然ᄒᆞᆫ境遇오科學研究가比較的稀薄ᄒᆞᆫ즉日用事爲에多少難便이有ᄒᆞᆯ것은彼의當然ᄒᆞᆫ處地오財政의基源이一掬勞汗에在ᄒᆞᆫ즉隨事捐助ᄒᆞ야爲公務施가極難ᄒᆞᆯ것이彼의必然的底事로되오히려上記ᄒᆞᆫ營爲가着々進行ᄒᆞ되一弗補助도故國에望치안이고自力自立ᄒᆞ야血의誠과汗의金으로惟一資本을삼아若是히偉大ᄒᆞᆫ境에到ᄒᆞ얏거ᄂᆞᆯ在日同胞는何如ᄒᆞ뇨

七八百名이相當ᄒᆞᆫ金과相當ᄒᆞᆫ智를具ᄒᆞ엿고一葦航路에內地情形을式日斯知ᄒᆞ는地位에處ᄒᆞ야幾多風霜을經來ᄒᆞ얏스되國民資格의本能을發揮치못ᄒᆞ엿고社會에供獻ᄒᆞᆫ功果가極히零星ᄒᆞᆯ뿐안이라一個團體와一卷月報를維持키에內國補助를是仰ᄒᆞ니비록先輩眷佑의盛意를猥荷ᄒᆞ고有志同胞의同情을偏蒙ᄒᆞ엿시ᄂᆞ

他日에무삼面目으로在米同胞를對ᄒᆞ리요

嗚呼라個人的退步家ᄂᆞᆫ社會에供職ᄒᆞᄂᆞᆫ熱心家를釣名이라斥罵ᄒᆞ고個人的野心家ᄂᆞᆫ社會團結을自家名譽欲의滿足地로誤認ᄒᆞ야一個虛名을廣佈ᄒᆞ면能事已畢이라ᄒᆞ니如此ᄒᆞᆫ不謹愼不親切ᄒᆞ고無理想無節操ᄒᆞᆫ者로엇지在外同胞의中心에敢處ᄒᆞ며他日社會의標準으로自期ᄒᆞ며我韓將來新國民이라敢名ᄒᆞ며我韓未來改革派라自稱ᄒᆞᆯ가

諺에云ᄒᆞ되毫末不察ᄒᆞ면將尋斧柯ᄒᆞ고涓々不擁ᄒᆞ면終成江河라ᄒᆞ얏ᄉᆞ니學生時代를輕視치말나第二國民의基礎가此에定ᄒᆞ며靑年時代를踈忽히見치말나一生의勝敗點이此에在ᄒᆞ리니此日此地에十分勉勵ᄒᆞ야本會에獻身ᄒᆞ고本會에熱血을灑ᄒᆞ라國家興亡이留學諸員에在ᄒᆞ고留學諸員의完否가本會에對ᄒᆞᆫ誠意與否로足히結論ᄒᆞ리라ᄒᆞ여도妄論이안이니會員諸君이여國家를政府의國家라ᄒᆞ야休戚盛衰를度外에置ᄒᆞ면其國家가去ᄒᆞ고國家가去ᄒᆞ면國民自身은亡國의民이란惡名을佩ᄒᆞᆷ과如히만일會員諸君이會ᄂᆞᆫ任員의會오會員의會인줄을自覺치안이ᄒᆞ야一切會務를等閒히知ᄒᆞ면其會ᄂᆞᆫ亡ᄒᆞ고從ᄒᆞ야亡會의名을諸君은免치못ᄒᆞ나니及今覺悟ᄒᆞ야毋或虛徐ᄒᆞ고學生界를一層淸肅케ᄒᆞ고留學生界를十分改革ᄒᆞ야過去의汚名을洗ᄒᆞ고現在의惡評을免ᄒᆞ고又ᄂᆞᆫ將來留學生에게好名譽와大基業을遺ᄒᆞᆯ지어다

論著

內國父老에向ᄒᆞ야子弟留學을勸告ᄒᆞᆷ

(父兄의常識은子弟의幸
靑年의留學은家國의福)

姜 荃

余ᄂᆞᆫ不才無能의資格으로天涯에顚倒ᄒᆞ야殊域風霜을長久間經歷ᄒᆞᆫ一个書生이라今日에余로ᄒᆞ야금內國父老에向ᄒᆞ야寸心을竭ᄒᆞ고管見을陳ᄒᆞᆷ은實노時勢의必然ᄒᆞᆷ과同情의難禁ᄒᆞᆷ이나自顧ᄒᆞ야思量컨ᄃᆡ余의學識도空踈ᄒᆞ고年紀도淺薄ᄒᆞᆫ者로써敢히子弟의留學을勸告ᄒᆞᆷ은萬々不當ᄒᆞ고또出疆ᄒᆞᆫ지已久ᄒᆞ미異邦殊俗에習慣이移ᄒᆞ고斷髮緇衣에容貌가變ᄒᆞ야耳聞目擊에感覺이隨異ᄒᆞ고世界風潮에思想이衝動ᄒᆞ니情調의表示와話柄의叙述이非古是今의譏와舍己從人의耻를免치못ᄒᆞᆯ듯ᄒᆞᆫ즉能하內國父老의雅量를觸忤ᄒᆞᆷ이無ᄒᆞᆯ가是慮ᄒᆞ야言은盡意치못ᄒᆞ노라

我韓은由來로教育制度를支那에模倣ᄒᆞ야全國首府에大學을置하고地方列郡에鄕校를設하야多士를養成하미人材彬々하니其教授方法은大槪文學宗教武備로

爲主하미功令學은詩賦表策으로標準을成하고性理學은存心養性과格物致智로節目을作하고武藝學은騎射劍戟으로本領을立하니是ᄂᆞᆫ朝家의敎育奬勵하ᄂᆞᆫ本意에出ᄒᆞᆷ이나昇平이日久하미百度가弛廢하야形式에流ᄒᆞ고事實이寡하며廣袖衣를着하고大踏步로行ᄒᆞ며暗昧朦朧ᄒᆞᆫ操心과苟且姑息의處身으로一生을裝飾하던舊染과麁態ᄂᆞᆫ消却하기難하ᄂᆞ오히려恬嬉生活을做得ᄒᆞ야人倫樂事ᄂᆞᆫ忠孝를力行ᄒᆞ고子弟敎育은詩禮를講磨하엿스니此ᄂᆞᆫ皆治世의聖化에沐浴ᄒᆞ야海東一隅에桃源裡逸民을作하던先天的故事가아닌가

嗟ᄒᆞᆸ다今日은何時代인고卽天地가有ᄒᆞᆫ以後로未曾有ᄒᆞ던時代이요人類가生ᄒᆞᆫ以來로今始見ᄒᆞᆫ世界이라地球ᄂᆞᆫ東西를隔하엿ᄂᆞᆫ뒤火車ᄂᆞᆫ大陸을橫貫하야交通ᄒᆞ고海水ᄂᆞᆫ五洋에分하엿ᄂᆞᆫ뒤瀛船은巨浸을蹴破ᄒᆞ야駛行ᄒᆞ며加之電信電話가海陸上에絡繹ᄒᆞ야全世界上人類의活動狀態ᄂᆞᆫ萬里가咫尺과如ᄒᆞ야朝夕에探知하깃스니此等의奇妙ᄒᆞᆫ物質的文明은何處로從하야生하엿ᄂᆞᆫ뇨皆人의頭腦를練하고學術를修ᄒᆞᆫ結果로得ᄒᆞᆷ이요또其他法政及海陸軍과醫農工商等學이精詣深造에利國便民ᄒᆞ야效力이確有ᄒᆞ고또人類에對ᄒᆞᆫ愛情과國家에向ᄒᆞᆫ熱性은吾人이現世列邦에由ᄒᆞ야觀感興起ᄒᆞ깃도다

今日我韓의敎育狀況을觀察하야東西古今의差點을論ᄒᆞᆯ진뒤專혀其敎育程度의高下를因하야人民文野의別이生하고國勢强弱의殊가顯하ᄂᆞ니然ᄒᆞᆫ즉我韓의學

術工藝를擧ᄒᆞ야歐米列邦에比較ᄒᆞ면我의詞章習은彼의實際學만不如ᄒᆞ고我의弓矢ᄂᆞᆫ彼의銃砲만不如ᄒᆞ고我의舟車ᄂᆞᆫ彼의瀛船火車만不如ᄒᆞ고我의置郵傳函은彼의電信電話만不如ᄒᆞ고又其他農의倍加收穫과工의創造利器와商의廣開販路ᄂᆞᆫ我의懶農과拙工과殘商이比肩齊駕하기를擬議치못ᄒᆞᆯ거시니然ᄒᆞᆫ즉今日吾儕가東洋에處하야엇지西洋의事情을不通ᄒᆞ고今時代에生하야古學問만固守ᄒᆞ리요반다시時勢의變遷과人心의向背를從ᄒᆞ야不得不學問을天下萬國에廣求ᄒᆞᆯ지로다

蓋日本은東洋의先進國이니其文明學術은東洋의固有ᄒᆞᆫ質素를善手段으로改良하고歐米의嶄新ᄒᆞᆫ物質的으로潤色을加ᄒᆞ엿슨즉最히我韓人이日本의學問을硏究ᄒᆞ기地理上風俗上習慣上에皆便宜ᄒᆞᆫ點이多ᄒᆞ고또淸國은接壤ᄒᆞᆫ大國이라挽近以來로其頑固深夢을漸次覺醒ᄒᆞ야諸般敎育의施設이可觀의形迹을呈ᄒᆞ엿스나我韓은支那四千年文化의指導를受ᄒᆞᆫ지라關係가特重ᄒᆞ고人情習俗이大畧相同ᄒᆞᆫ즉淸國에往ᄒᆞ야負笈從師ᄒᆞ여도所得이必多ᄒᆞᆯ거시요또一步를進ᄒᆞ야歐米各國에往ᄒᆞ야直接으로新時代文明의根源을溯求ᄒᆞᆷ이最히得策이라稱ᄒᆞ깃도다

夫今時代의新學問은其原理를推究ᄒᆞᆯ진ᄃᆡ亦是別件의事가아니라假令同一ᄒᆞᆫ土木을調合ᄒᆞ되我의矮屋과彼의層樓ᄂᆞᆫ建築의制樣이各殊ᄒᆞᆯ뿐이요同一ᄒᆞᆫ水火를利用ᄒᆞ되我의溫湯과彼의蒸瀛ᄂᆞᆫ製造의方法이요異ᄒᆞᆯ뿐이며其他萬般事爲에至

ᄒᆞ여도我의舊聞熟知로大同小異ᄒᆞ니但彼의精微ᄒᆞᆫ發明과詳確ᄒᆞᆫ準則이我의知覺上에透出ᄒᆞᆷ이라然ᄒᆞᆫ즉今에彼의學問을習코ᄌᆞᄒᆞᆯ진ᄃᆡ常識을資ᄒᆞ야新知를增ᄒᆞ기에容易ᄒᆞᆫ老年長者로ᄒᆞ여금就學케ᄒᆞᆫ즉反히靑年子弟에遜色을表ᄒᆞᄂᆞ니玆에其長短의點을擧ᄒᆞ야辨論ᄒᆞᆯ진ᄃᆡ長者ᄂᆞᆫ常識에富ᄒᆞ고經驗이多ᄒᆞ야推理的思想은優ᄒᆞᄂᆞ敏活的悟性이少ᄒᆞ며靑年은勇進的銳氣와敏活的悟性이多ᄒᆞᄂᆞ經驗과常識이少ᄒᆞᆷ으로恒時에心界가單純空虛ᄒᆞ야今日에一事를見ᄒᆞ고明日에一說을聞ᄒᆞ면其外界로從ᄒᆞ야侵入ᄒᆞᄂᆞᆫ事々物々의情狀이皆主觀的이되ᄂᆞᆫ故로此靑年紀에이習ᄒᆞᆫ學問은即習性과配合ᄒᆞ야平生에應用ᄒᆞ여도變치아니ᄒᆞᄂᆞᆫ지라是故로古語에幼學長用이라ᄒᆞᆷ이眞個不誣ᄒᆞ도다長者ᄂᆞᆫ先入見이爲主되고後來說이爲客되야恒常舊聞을喜ᄒᆞ고新識을排ᄒᆞ미理勢의自然ᄒᆞᆷ이라今에長者와靑年의學問上區別이此와如ᄒᆞᄂᆞ絶對的으로學問上에長者ᄂᆞᆫ無用이요靑年만有爲라ᄒᆞᆷ은안이요但其肉體的新舊强弱의殊와精神的遲鈍銳敏의差를成ᄒᆞᆷ으로優劣의界限을致ᄒᆞᆷ이라然ᄒᆞᆷ으로老年長者ᄂᆞᆫ急히現世界의普通常識을畧解ᄒᆞ기에努力ᄒᆞᆯ거시니若人의父兄된者가今時代의常識이無ᄒᆞ면엇지其子弟의留學ᄒᆞ기를肯諾ᄒᆞ리요是로써子弟의留學을勸ᄒᆞᆯ진ᄃᆡ其父兄으로不得不今世界의形便과今時代의事情을明告ᄒᆞ야疑惑을開悟케ᄒᆞᆯ지니我韓의新學問을要求ᄒᆞᆷ이個人의生活과社會의公益과國家의前途에就ᄒᆞ야時日이急迫ᄒᆞ거ᄂᆞᆯ赤貧無依ᄒᆞ야子弟의敎育

을經營치못ᄒᆞᄂᆞᆫ者ᄂᆞᆫ勿論ᄒᆞ고其他巨萬의家産을擁ᄒᆞ고도子弟의教育이何物인지不知ᄒᆞᄂᆞᆫ者ㅣ往々히有ᄒᆞᄂᆞ니況其子弟를外國에留學케ᄒᆞ기를生意ᄒᆞ리요設或子弟가外國에留學코ᄌᆞᄒᆞᄂᆞᆫ者ㅣ有ᄒᆞᄂᆞ其父兄은其子弟를敗家漢으로認定ᄒᆞ야萬端憂慮ᄒᆞᄂᆞᆫ者도有ᄒᆞ고또頑舊ᄒᆞᆫ家庭에詩書ᄂᆞ講讀ᄒᆞ고持操ᄂᆞ謹守ᄒᆞ던者ᄂᆞᆫ子弟가外國에往ᄒᆞ야所謂新學問을習ᄒᆞᆫ다ᄒᆞ면蠻邦에入ᄒᆞ고邪道에犯ᄒᆞᆫ것갓치推想ᄒᆞ며兼ᄒᆞ야村夫子와鄕先生은自己의舊技倆만誇張ᄒᆞ야新學問이라ᄒᆞ면禮許도知치못ᄒᆞ고唾罵ᄒᆞ야他人의父兄을誘惑케ᄒᆞ야子弟를壓迫ᄒᆞᄂᆞᆫ事도種々히有ᄒᆞᄂᆞ니奚暇에子弟로ᄡᅥ留學을許ᄒᆞ리요余의愚見으로ᄂᆞᆫ子弟의留學을勸告ᄒᆞᆯ진ᄃᆡ父兄의常識普及이急先務라云ᄒᆞ거니와또一言으로ᄡᅥ告ᄒᆞ노니父老諸氏ᄂᆞᆫ아모조록一方으로ᄂᆞᆫ內國에居ᄒᆞ야許多ᄒᆞᆫ利益上에事業을視察ᄒᆞ야財産의融通及貯蓄의事項을整理ᄒᆞ고他方으로ᄂᆞᆫ子弟를外國有名ᄒᆞᆫ學校에委託ᄒᆞ야材器를成就ᄒᆞ기도ᄒᆞ고或은內國에셔相當ᄒᆞᆫ教育을受케ᄒᆞ야自立의能力을養成ᄒᆞᆫ後에外國에送ᄒᆞ야高尙ᄒᆞᆫ學術을習得케ᄒᆞᆯ거시니伏願我韓內國의父老諸氏ᄂᆞᆫ今時代가何時代며今世界가何世界인지按心靜慮ᄒᆞ고刮目猛省ᄒᆞ야子弟의新教育이必要ᄒᆞᆫ줄노忖度ᄒᆞ거던또子弟를海外各國에送ᄒᆞ야新鮮ᄒᆞᆫ空氣를吸收케ᄒᆞ고恢廓ᄒᆞᆫ壯志를涵養케ᄒᆞ기를厚望ᄒᆞ노니만일父老諸氏가一片決心으로子弟의留學에注意ᄒᆞ면個人의生活計策과 社會의公益事業과國家의前途希望이다玆에在ᄒᆞᆫ줄노

思惟ᄒᆞ노라

我韓現象의最大急務 (金錢融通)

鄭 敬 潤

書에云호ᄃᆡ衣食足而知禮節이라ᄒᆞ니是ᄂᆞᆫ實로千古格言이될ᄲᅮᆫ不啻라今日我韓現象에對ᄒᆞ야도切當逼近ᄒᆞᆫ句語로確信ᄒᆞ노니蓋索古酌今에國貧民弱ᄒᆞ면國民의心이不和ᄒᆞ야離散ᄒᆞ며國富民强ᄒᆞ면國民의心이和ᄒᆞ야統一ᄒᆞᆷ은歷史上實際上에目擊ᄒᆞᄂᆞᆫ바이라然ᄒᆞᆫ즉時代ᄂᆞᆫ비록遠近의殊가有ᄒᆞ나人心은決코古今의差가無ᄒᆞᆯ지로다未知케라今日我韓의有志紳士ᄂᆞᆫ開口ᄒᆞ면輒曰團体鞏固이니敎育普及이니實業發展이니云々ᄒᆞ나是ᄂᆞᆫ空論에不過ᄒᆞ도다團体ᄂᆞᆫ何로以ᄒᆞ야鞏固케ᄒᆞ며敎育은何로以ᄒᆞ야普及케ᄒᆞ며實業은何로以ᄒᆞ야發展케ᄒᆞᆯ가大抵個人的生活이不完全ᄒᆞ면絲穀의計策이困難ᄒᆞ야民族이漸次離散ᄒᆞ며啼寒呼飢에廉耻를不顧커든하믈며國家的思想을啓發ᄒᆞ며經濟的活動을經營ᄒᆞᆷ이리오年前에各社會의演說과各新報의論說노國債報償의聲이一起ᄒᆞᆷ에全國이響應ᄒᆞ야趣旨書와補助金이皇城每日兩新聞에滿幅揭載ᄒᆞ얏더니演士의舌端이未乾ᄒᆞ고報舘의墨痕이不泯ᄒᆞ야於焉中止ᄒᆞ얏스니是曷故焉고此國債報償의精神은雖愚夫愚婦라도頭腦에銘印ᄒᆞ엿스나完美ᄒᆞᆫ結果ᄅᆞᆯ遂치못ᄒᆞᆷ은實行ᄒᆞᆯ資力이缺乏ᄒᆞᆫ故ㅣ이로다噫라我韓今日에何事를勿論ᄒᆞ고엇지緩急의區別을問ᄒᆞ리오마ᄂᆞᆫ就中金

은總히吾人々類의活動을振作케ᄒᆞ는機關이라몬져金融의逼迫을救濟치아니ᄒᆞ면國家的活動은姑捨ᄒᆞ고個人的活動도오히려不能홈은多言을不要홀지라글은故로余는斷言ᄒᆞ노니我韓現象에最要急務는金錢의融通方針에在ᄒᆞ다ᄒᆞ노라然ᄒᆞ나金錢의融通方針에對ᄒᆞ야根本的要點을溯究홀진ᄃᆡ現今觀察方面에在ᄒᆞ야는儉約홈과貯蓄홈에不外ᄒᆞᆫ故로此兩者의因果關係로ᄡᅧ玆에順次畧陳코져ᄒᆞ노라

儉約이란者는質素單純히浪費치안이홈을謂홈이니換言ᄒᆞ면吾人의所有ᄒᆞᆫ財力程度와所居ᄒᆞᆫ地位階級을依ᄒᆞ야可成的으로衣食住三者의費用을經濟홈이라然ᄒᆞ나儉約은吝嗇홈을云홈이아니라吝嗇ᄒᆞᆫ者는財貨를病的으로藏置ᄒᆞ고오작利己心만主張ᄒᆞ야他人의進步와社會의要用을爲ᄒᆞ야는一毫라도周給홈이無홀ᄲᅮᆫ아니라共同ᄒᆞᆫ經濟活動을沉滯케ᄒᆞ는惡魔됨을不免ᄒᆞ나儉約은此에反ᄒᆞ야利己心과公共心을調和ᄒᆞ야自己의利益을經營ᄒᆞ는同時에社會의公益을爲ᄒᆞ야도適當이使用ᄒᆞ며貯蓄行爲를目的ᄒᆞ는良法이되나니彼此相照ᄒᆞ면兩者의利害는推此可知ᄒᆞ리로다

貯蓄이란者는「吾人의所存ᄒᆞᆫ財貨를直接間接으로生産收益의供用을目的ᄒᆞ는經濟活動」을謂홈이라故로現在에不要ᄒᆞ는金錢은비록一錢이라도貯蓄ᄒᆞ면將來의資本이될지라千金의富도一厘로브터始ᄒᆞ나니適當ᄒᆞᆫ貯蓄은立身出世의先

驅가되며組織的貯蓄은成功의基礎이되나니라

大抵天下萬物이積小成大는自然界元則이어늘輕小重大는吾人의常情이로다雖然이나其物質의全体를溯究ᄒᆞ면九牛一毛라도決코等閑이看過치못ᄒᆞᆯ지라彼山岳의大도其本을溯ᄒᆞ면撮土를不讓ᄒᆞᆫ故이며彼海洋의大도其源을究ᄒᆞ면細流를不擇ᄒᆞᆫ故이요其嵬巍浩瀚의勢가特地에突出ᄒᆞᆫ者ㅣ아니로다然ᄒᆞᆫ즉作爲生活ᄒᆞ는人事에比ᄒᆞ야論擧ᄒᆞᆯ진ᄃᆡ儉約와貯蓄의因果關係가此와如ᄒᆞ도다試觀ᄒᆞ라每日一錢의價値만儉約ᄒᆞ면全國二千萬人口가一日에二十萬圓一年三百六十日에七千二百萬圓을貯蓄ᄒᆞ야此를生産收益에供用ᄒᆞ야利子利益이駢行增殖ᄒᆞ면幾年이不過ᄒᆞ야巨額의金錢를融通ᄒᆞᆯ지라만일其中에一錢의貯蓄도不能ᄒᆞᆯ者ㅣ多有ᄒᆞᆯ지라도ᄯᅩᄒᆞᆫ其以上의貯蓄이能ᄒᆞᆯ者ㅣ不少ᄒᆞ리니平均分配ᄒᆞ면每日一錢의貯蓄은容易타可算ᄒᆞ리로다

是를由ᄒᆞ야觀之ᄒᆞ면儉約과貯蓄의密接ᄒᆞᆫ關係가車의輪과恰似ᄒᆞ면鳥의翼과殆若ᄒᆞ니此로以ᄒᆞ야運轉ᄒᆞ며此로以ᄒᆞ야行動ᄒᆞ면昨日의儉約은今日의貯蓄이되며今日의貯蓄은明日의資本이되야國民經濟의發展力을增進케ᄒᆞ나니此로由ᄒᆞ야國民이各自安業ᄒᆞ야個人의獨立生活이完全ᄒᆞ면民族이漸次和合ᄒᆞ야同聲相應ᄒᆞ며同氣相感ᄒᆞ야時機의艱難ᄒᆞᆷ을共濟ᄒᆞ고邦運의回泰ᄒᆞᆷ을立見ᄒᆞ리로다

壯哉라佛國人民의特性이며偉哉과佛國人民의決心이며從來로勤勉貯蓄ᄒᆞᄂᆞᆫ傳

來的遺風이有ᄒᆞ야全國人民이多少를不拘ᄒᆞ고決心貯蓄ᄒᆞ야鳩聚放貸ᄒᆞᆫ效果로써佛國政府의財政은米國에不富ᄒᆞ며產業은英獨兩國에未及ᄒᆞ되米國의南北戰費와露國의日露戰費와獨國의工業費를供給ᄒᆞ얏스며其外에各國公債株劵手形等의投資홈이不少ᄒᆞ야世界金融上에如此ᄒᆞᆫ大勢力을占領ᄒᆞ얏스니엇지欽歎치아니ᄒᆞ리오 嗚呼晩矣라自訟不早ᄒᆞ나覺今是而昨非ᄂᆞᆫ將來의希望이니唯我同胞ᄂᆞᆫ心志를連絡ᄒᆞ야晝而思儉約ᄒᆞ며夜而思貯蓄ᄒᆞ야晝々夜々에講究實行ᄒᆞ야金融의逼迫을救濟ᄒᆞ면實業도從此發達ᄒᆞᆯ것이오敎育도從此精勤ᄒᆞᆯ것이오團体도從此鞏固ᄒᆞᆯ것이오國債도從此報償ᄒᆞᆯ것이라故로今日我韓에最要急務ᄂᆞᆫ金錢融通이라ᄒᆞ노라

軍人學生을歡迎홈

姜 邁

一 歡迎의汎論 (軍人의價値)

夫動物은其自保ᄒᆞᄂᆞᆫ機能을具ᄒᆞᆫ然後에비로소其身으로ᄒᆞ야금兩間에生存홈을得ᄒᆞᄂᆞ니禽獸ᄂᆞᆫ其爪牙를張ᄒᆞ야身을自護ᄒᆞ며魚鼈은其鱗甲을被ᄒᆞ야其身을自藏ᄒᆞ며至於微細ᄒᆞᆫ動物이라도各其自護ᄒᆞᄂᆞᆫ機能이俱有ᄒᆞ야或其形體의變化로急亂을逃ᄒᆞ며(如蝙蝠等)或其色態의曖昧로生命을保ᄒᆞᄂᆞᆫ도다(如蘿복虫等)噫라微物도當然커던況人類이며況國家ㅣ리오

夫國家ᄂᆞᆫ團合的一大活物이라其生命을保護코져할진ᄃᆡ其相當ᄒᆞᆫ機能을具有치안이치못ᄒᆞᆯ지오또ᄒᆞᆫ國家ᄂᆞᆫ彼微物과大異ᄒᆞ야天惠的自保物이無ᄒᆞᆫ즉불가불人力으로써此를經營ᄒᆞ며此를修養ᄒᆞ며此를完美케ᄒᆞ며此를鞏固케ᄒᆞ지안이치못ᄒᆞᆯ지로다五洲大局을環顧ᄒᆞ건ᄃᆡ彼星羅碁布ᄒᆞᆫ國家가各其精神이活潑ᄒᆞ며機能이銳敏ᄒᆞ야虎視眈々ᄒᆞᄂᆞᆫ眼光은地球東西에殆遍ᄒᆞ고鷹飛閃々ᄒᆞᄂᆞᆫ爪牙ᄂᆞᆫ種族黃白을競爭ᄒᆞᄂᆞᆫ도다

此時를當ᄒᆞ야彼ᄂᆞᆫ鐵艦을驅ᄒᆞ거던我ᄂᆞᆫ木桴를泛ᄒᆞ며彼ᄂᆞᆫ大砲猛彈을射ᄒᆞ거던我ᄂᆞᆫ短艇小棒을揮ᄒᆞ며彼ᄂᆞᆫ法律、經濟、農、工을談ᄒᆞ거던我ᄂᆞᆫ史略、通鑑、詩賦만讀ᄒᆞ면能히吾身을不殺ᄒᆞ며吾國을不亡ᄒᆞ겟ᄂᆞᆫ가況軍人은國家를保障ᄒᆞᄂᆞᆫ唯一機關이라此가有ᄒᆞ면곳國이有ᄒᆞ고此가無ᄒᆞ면곳國이無ᄒᆞ나니試觀ᄒᆞ라彼世界列强이年々히幾萬幾億의經用을投ᄒᆞ되其擴大增進ᄒᆞᆷ을不怠ᄒᆞᆷ은옷지한갓殺伐을是事ᄒᆞ야人類의慘毒을貽코자ᄒᆞᆷ이리오이또ᄒᆞᆫ自衛ᄒᆞᄂᆞᆫ道에不得不如是ᄒᆞᆷ이로다回顧我韓컨ᄃᆡ이른바國家를保障ᄒᆞᄂᆞᆫ唯一機關이有乎아無乎아耳가有ᄒᆞᆫ者ᄂᆞᆫ갓치聞ᄒᆞ엿실것이오目이有ᄒᆞᆫ者ᄂᆞᆫ갓치睹ᄒᆞ얏실것이니故로煩說을不要ᄒᆞ거니와軍權이掃地ᄒᆞᄂᆞᆫ同時에多數軍人學生의出疆ᄒᆞᆷ을見ᄒᆞᆷ은엇지仰天攢祝ᄒᆞ야歡迎ᄒᆞᄂᆞᆫ意를一表ᄒᆞ지안이리오

二 歡迎의本論

甲　軍人學生의精神을歡迎홈

夫人의精神은有限ᄒᆞ고社會의狀態ᄂᆞᆫ多方홈으로或吾身을國家에供獻ᄒᆞ야心을焦ᄒᆞ며思를竭ᄒᆞᄂᆞᆫ者ㅣ其人이無홈은안이로ᄃᆡ或時代의風潮에眩ᄒᆞ며身家의生命을顧ᄒᆞ야慧眼을能히放치못ᄒᆞ며敏腕을能히揮치못ᄒᆞ야口로ᄂᆞᆫ華盛頓馬志尼를能言ᄒᆞ나及其事爲를見ᄒᆞ면因循蹉跎ᄒᆞ야成効를不見홀ᄲᅮᆫ안이라反히自身을自賊ᄒᆞ며自家를自毁ᄒᆞ며自國을自伐ᄒᆞᄂᆞ니嗟홉다其因이何에在ᄒᆞ고余ᄂᆞᆫ必曰純粹ᄒᆞᆫ精神을抛棄ᄒᆞᆫ所致라ᄒᆞ리로다（諺에云호랑의게물녀가도정신을일치안니ᄒᆞ면生命을保全）ᄒᆞᆫ다ᄒᆞ엿도다我韓同胞諸氏여그純粹ᄒᆞᆫ精神을腦中에保有ᄒᆞᆫ者ㅣ幾人이有ᄒᆞᆫ고利源이日竭에餓莩가途에縱橫ᄒᆞ고烟焰이漲天에血肉이野에狼藉ᄒᆞ야悲風이蕭條에日月이慘憺ᄒᆞ니此時를當ᄒᆞ야誰가能히精神을自保ᄒᆞ겟ᄂᆞᆫ가今日에政權이墮落ᄒᆞ미政治家의精神이飛去ᄒᆞ고明日에商權이歸虛ᄒᆞ미實業家의精神이蒼黃ᄒᆞ고又明日에軍權이風露를作ᄒᆞ미彼洸々乎여干城의重任을自期ᄒᆞ던者ᄂᆞᆫ恩金圖囑에奔競ᄒᆞ고又明日에法權이水泡를化홈의彼斷々乎여立憲의大業을高談ᄒᆞ던者ᄂᆞᆫ學校移轉에汨沒ᄒᆞ야目前의姑息에因循코자ᄒᆞ니試思ᄒᆞᆯ지어다政權、商權이無ᄒᆞ야도我를能히自保ᄒᆞ겟시며軍權、法權이無ᄒᆞ야도我를能히自保ᄒᆞ겟ᄂᆞᆫ가然則我韓今日에自個精神을不失ᄒᆞᆫ者ᄂᆞᆫ幾無ᄒᆞ다ᄒᆞ겟거ᄂᆞᆯ勇壯快活ᄒᆞᆫ我軍人學生諸君이여能히그鄕國의戀과堂闈의慕를一刀로割

斷ᄒᆞ고萬里殊域에苦楚를茶飯ᄒᆞ야我國前途에最重最急ᄒᆞᆫ軍術을硏精코자ᄒᆞᆷ은엇지그純粹ᄒᆞᆫ精神에셔出ᄒᆞᆫ바이아니리오이ᄂᆞᆫ곳余가諸君의精神을歡迎ᄒᆞᆷ이오

乙 軍人의目的을歡迎ᄒᆞᆷ

社會의結合은各其自己의希望即進行ᄒᆞᆯ바目的을立ᄒᆞᆫ然后에活動을始ᄒᆞᄂᆞ니上古를溯觀ᄒᆞ면人의希望이游牧에但在ᄒᆞᆷ으로水草를逐ᄒᆞ야移轉할다름이러니漸次時代의變遷을隨ᄒᆞ야人智가增長ᄒᆞᆫ즉其希望도漸次膨脹ᄒᆞᆷ은自然의勢라故로昔日의單純ᄒᆞᆷ은今日에複雜ᄒᆞ고昔日의簡約ᄒᆞᆷ은今日에繁冗ᄒᆞ야自然其希望을充ᄒᆞ기困難ᄒᆞᆷ이極ᄒᆞ얏도다然則今日에此와如ᄒᆞᆫ複雜繁冗ᄒᆞᆫ狀態에在ᄒᆞᆫ吾人은其進行의目的을不誤ᄒᆞ야後日의大希望을要求코자ᄒᆞᆷ이戛々乎ㅣ라其難ᄒᆞᆷ을感覺ᄒᆞ리로다我韓今日의狀態ᄂᆞᆫ果然何를要求ᄒᆞ며그後日의希望은果然何에在ᄒᆞᆫ고人民은常識이絶乏ᄒᆞ야自身自家도如何ᄒᆞᆫ地位에處ᄒᆞᆷ을不知ᄒᆞᆫ즉普通敎育이또ᄒᆞᆫ要求의一이며經濟ᄂᆞᆫ恐惶이頻襲ᄒᆞ고生業은輸入을是仰ᄒᆞ야漏巵의患이燃眉에迫ᄒᆞᆫ즉實業의振興ᄒᆞᆷ이또ᄒᆞᆫ要求의一이며法律의思想이缺乏ᄒᆞ야自身의權利及義務를不知ᄒᆞᆫ즉法律思想을鼓吹ᄒᆞᆷ도또ᄒᆞᆫ要求의一이며文弱에成習ᄒᆞᆫ我韓國民은勇壯活潑ᄒᆞᆫ敵愾心이毫無ᄒᆞᆫ즉軍術敎鍊이또ᄒᆞᆫ要求의一이라此外의諸般要求ᄂᆞᆫ枚擧키不遑ᄒᆞ거니와

國家의大計ᄂᆞᆫ目前에不在ᄒᆞ고百年에在ᄒᆞᄂᆞ니法權이無ᄒᆞᆫ今日은法律의要求가

最大ᄒᆞ며軍權이無ᄒᆞᆫ今日은軍術의要求가最急ᄒᆞ도다何幸諸君이壯志를奮發ᄒᆞ야我韓后日에獨立軍의先導者가現出ᄒᆞᆷ은余가其目的의遠大ᄒᆞᆷ을歡迎ᄒᆞᆷ이로다

三 歡迎의結論 (軍人의將來)

詩에云ᄒᆞᄃᆡ(靡不有初ᄒᆞ나鮮克有終)이라ᄒᆞ엿고人心은外物에馳ᄒᆞ기易ᄒᆞᄂᆞ니西人이有云ᄒᆞᄃᆡ人의事業成就ᄂᆞᆫ最後十五分間에在ᄒᆞ다ᄒᆞᆷ이是를謂ᄒᆞᆷ이라夫人이身閑心逸ᄒᆞ야外來의刺觸이少無ᄒᆞᆯ지라도猶且事業을經營ᄒᆞᆷ애顚沛ᄒᆞᆷ이無ᄒᆞ다謂ᄏᆡ難ᄒᆞ거든況今日에百難이叢集ᄒᆞ고萬孽이攻逼ᄒᆞᄂᆞᆫ我韓이리오然則彼ᄂᆞᆫ一步를進ᄒᆞ거든我ᄂᆞᆫ百步를進ᄒᆞ며彼ᄂᆞᆫ一理를究ᄒᆞ거든我ᄂᆞᆫ千理를究ᄒᆞ야此頭은可斷이언정此心은可移ᄏᆡ不能ᄒᆞ야最后目的地에到達치안이면不可ᄒᆞᆯ지니(諺에云狐埋之而狐搰之라是로써成功이無ᄒᆞ다ᄒᆞ니)今日余가諸君의將來를歡迎ᄒᆞᆷ은無他라諸君이如此ᄒᆞᆫ難關을排ᄒᆞ고毅然獨行ᄒᆞᆷ을見ᄒᆞᆷ애그后日目的地에到達ᄒᆞᆯ것은容疑ᄒᆞᆯ바이無ᄒᆞᆫ所以라以上論ᄒᆞᆫ바와如히余가諸君의精神을歡迎ᄒᆞ며目的를歡迎ᄒᆞ며將來를歡迎ᄒᆞᆷ은第一은諸君이健全ᄒᆞᆫ精神으로能히其姑息의醜態를脫ᄒᆞᆷ이오第二ᄂᆞᆫ諸君이明快ᄒᆞᆫ眼力으로唯一된目的을不失ᄒᆞᆷ이오第三은諸君이刳心刻慮ᄒᆞ야彼岸에到達ᄒᆞᆷ을自期ᄒᆞᆷ이니諸君々々이여他日我韓半島江山에正々ᄒᆞᆫ陣과堂々ᄒᆞᆫ旗ᄂᆞᆫ二千萬人의意氣를喚醒ᄒᆞ고人의兄弟를荼毒ᄒᆞ며人의生命을蹂躪ᄒᆞ던彼强隣은風馳電掣ᄒᆞ야渙散ᄒᆞᆯ제殷々ᄒᆞᆫ砲聲이獨立歌를和ᄒᆞ

야余의耳鼓를打破ᄒᆞ거든余ᄂᆞᆫ반다시今日留學諸君의大成功을다시歡迎ᄒᆞ겟노라諸君ㅣ

卒業生을對ᄒᆞ야勸告(寄書)

朴楚陽

日本에在ᄒᆞ야今年卒業生이三十人에達ᄒᆞ엿스니此ᄂᆞᆫ我留學生歷史가有ᄒᆞᆫ後初有의盛擧ㅣ라此에對ᄒᆞ야誰가攢賀치안이ᄒᆞ며誰가慶幸타아니ᄒᆞ리오마ᄂᆞᆫ余ᄂᆞᆫ祝辭를姑停ᄒᆞ야後日을更俟ᄒᆞ노라今年卒業이前年에比ᄒᆞ면三倍에至ᄒᆞ니此를將ᄒᆞ야此例를成ᄒᆞ면十年後에ᄂᆞᆫ一七七一四七〇人에至ᄒᆞ야大約全國人民十一分之一에可達ᄒᆞ리니伊時에墨을磨ᄒᆞ고筆을揮ᄒᆞ야血心祝賀ᄒᆞ고大書特書曰(此ᄂᆞᆫ隆熙三年度卒業諸君에基因)ᄒᆞᆷ이라ᄒᆞ리라何則고事ᄂᆞᆫ前後가有ᄒᆞ고功은始終이有ᄒᆞ니今日諸君이後來者의前導가아니며嚆矢가아닌가譬컨ᄃᆡ用兵者가前茅가有ᄒᆞ야城池를固ᄒᆞ며陣列을整ᄒᆞ여야後援이繼至에軍聲이大振ᄒᆞᄂᆞ니諸君이此時를當ᄒᆞ야其措處施爲ᄒᆞᆷ에責任之大와擔負之重이後來者의可比ᄒᆞᆯ바이아니오且後來者의多數와不多數도亦諸君에在ᄒᆞ리니諸君은其勉之어다余ᄂᆞᆫ草野生長으로知識이蔑如ᄒᆞ야忠告ᄒᆞᆯ資格이無ᄒᆞ나詩曰(先民有言詢于芻蕘)라ᄒᆞ니故로固陋를是忘ᄒᆞ고心肝을吐出ᄒᆞ야數種의注意ᄒᆞᆯ바를擧ᄒᆞ야諸君의參考에供ᄒᆞ노라

第一 希望心堅固 人類가世界에生홈에各々其營爲가有ᄒᆞᄂᆞ니其營爲의成不成은其希望心堅固與否에在ᄒᆞ니雖或劒山刀水와淫風列雨를當ᄒᆞ야도百折不回ᄒᆞ야勇往直前ᄒᆞ면最後大事業을成ᄒᆞᄂᆞ니此ᄂᆞᆫ天演의公理라句踐은十年成聚에臥薪嘗膽ᄒᆞ야棲山의耻를竟洗ᄒᆞ고孔明은一片益州로鞠躬盡瘁ᄒᆞ야漢室의危를能保ᄒᆞ며류쇼ᄂᆞᆫ一枝筆노慘酷ᄒᆞᆫ法蘭西의壓制를破壞ᄒᆞ야共和國을建立ᄒᆞ고瑪志尼ᄂᆞᆫ三寸舌노腐敗ᄒᆞᆫ伊太利의政治를改革ᄒᆞ야列强國에幷駕ᄒᆞ엿스니此四人의歷史를追究컨ᄃᆡ其困難危險이少홈은아니로ᄃᆡ其大事業을成홈은希望心이過人홈이로다今諸君이許多星霜을費ᄒᆞ며無限堪忍을經ᄒᆞ야各其學業을畢ᄒᆞ고故國에歸ᄒᆞ야現狀을試觀ᄒᆞ면愁雲이慘憺에四方이易位오未來를像想ᄒᆞ면大海가洪洞에涯涘를難辨이라此時를當ᄒᆞ야落膽喪魂아니ᄒᆞᆯ者ㅣ其誰오雖然이나諸君의思想과知識은余의恒常崇拜ᄒᆞ며贊揚ᄒᆞᄂᆞᆫ바이니唯願諸君은一屈十伸ᄒᆞ며千顚萬起ᄒᆞ라古語에曰(疾風知勁草)라ᄒᆞ고又曰(不遇盤根錯節無以別利器)라ᄒᆞ니此로써立志操心의不二法門을作ᄒᆞᆯ지어다

第二 敎科書編輯 宇宙間에一大怪物이有ᄒᆞ니此ᄂᆞᆫ造化로도防遏치못ᄒᆞ며人力으로도制裁치못ᄒᆞ고文化의開進홈을因ᄒᆞ야其力이增加ᄒᆞᄂᆞ니此ᄂᆞᆫ即所謂生存競爭이是也라故로今日倫敦에셔新脫稿가有ᄒᆞ면明日華盛頓人이此를印刷ᄒᆞ며今朝伯林에셔新書籍이有ᄒᆞ면보後巴里肆에셔此를繙謄ᄒᆞ야互相發展ᄒᆞ야今

廿世紀大競爭塲이成ᄒᆞ엿도다我邦의數千年鎖國安眠홈은不足言이어니와自十數年來로頑夢이稍醒ᄒᆞ야敎育에注意ᄒᆞᄂᆞ但完全ᄒᆞᆫ敎科書가無홈으로外國書籍을輸入ᄒᆞᆯ식學生은其不得已ᄒᆞᆫ理由ᄂᆞᆫ不知ᄒᆞ고語學에專力ᄒᆞ야Goodbye Thankyou左樣ナラ難有ゥ數句만知ᄒᆞ야도自大自矜ᄒᆞ며聞之者ᄂᆞᆫ欽羨不已ᄒᆞ야轉相效倣에心力을費盡ᄒᆞᄂᆞ니奚暇에其實理를講究ᄒᆞ며敎授者ᄂᆞᆫ前日에知ᄒᆞᆫ加減二字만持ᄒᆞ야도代數를可敎어ᄂᆞᆯ何必풀나스、마인아스、를知ᄒᆞᆫ後에快乎아故로曰今日急務ᄂᆞᆫ敎科書編輯에不過ᄒᆞ다ᄒᆞ노라編輯이有道ᄒᆞ니此國文字와義意가相同ᄒᆞᆫ者ᄂᆞᆫ已矣어니와字義가懸殊ᄒᆞᆫ者ᄂᆞᆫ枚擧키不暇이ᄂᆞ例如(支配、充分、肝要、折角取締、組合、目的、取調)等語ᄂᆞᆫ我國恒用文字簡明易解者로飜譯ᄒᆞ고變更ᄒᆞ면義意가爽實될者ᄂᆞᆫ仍舊書之ᄒᆞ되其下에詳細注脚ᄒᆞ야各學校에使用케ᄒᆞ고某樣學을勿論ᄒᆞ고每月講義錄을多數編成ᄒᆞ야各地方郡守에게委托ᄒᆞ야該地人民에廣布ᄒᆞ고其代金은郡守가收刷傳納케ᄒᆞ면陬우之人이라도試一觀之에始也崑崙呑棗를難免이ᄂᆞ終也食蔗佳境에漸入ᄒᆞ리니엇지進化의一要點이아니리오雖然이ᄂᆞ近日編輯等事에도○○이一層生ᄒᆞᄂᆞ니엇지歎恨ᄒᆞᆯ바이아니리오

第三　批評家破惑

自更張以來로外國의卒業生及內地有志士가學問을研究ᄒᆞ며敎育을奬勵ᄒᆞᄂᆞᆫ者ㅣ不多ᄒᆞᆷ은아니로ᄃᆡ外他知識이無ᄒᆞ고恒心이無ᄒᆞᆫ者ㅣ魚目을是將ᄒᆞ야明珠로衒人ᄒᆞ며無鹽을刻畫ᄒᆞ야西施에唐突이라是以로批評家ㅣ

曰開化者를我ㅣ知之矣로라手에短杖을曳ᄒᆞ고身에洋服을着ᄒᆞ니此ᄂᆞᆫ家産蕩敗의權輿오法律을粗解ᄒᆞ면自由라動稱ᄒᆞ야父兄의言을有時抗拒ᄒᆞ며長老의前에橫竹이無難ᄒᆞ니此ᄂᆞᆫ蔑倫敗常의機關이오敕奏判任을勿論ᄒᆞ고一資半級에精神이迷惑ᄒᆞ며外人에納媚ᄒᆞ야奴隷로自處ᄒᆞᄂᆞ니此ᄂᆞᆫ國家敗亡의要素라ᄒᆞ야父兄이其子姪을拘束ᄒᆞ며土豪가其隣里를嗾囑ᄒᆞ야新式時務라ᄒᆞ면其是非를勿論ᄒᆞ며曲直을不辨ᄒᆞ고一網打盡에坑塹에推納ᄒᆞᄂᆞ니辯天之口와懸河之舌이有ᄒᆞ여도其口를難防이오其志를難回로다人有恒言曰四十以上人은盡死然後에新法令을可以施며新學問을可以敎라ᄒᆞ니此ᄂᆞᆫ過激之言이라可謂치못ᄒᆞᄂᆞ雖然이ᄂᆞ其人의盡死를待ᄒᆞ기론生前에其心을開悟ᄒᆞ며其疑를破壞ᄒᆞ야胥思共奮ᄒᆞ야同一幷進ᄒᆞᆷ이孰優孰劣이며何趨何捨오嗟々諸君이여農商工을受業ᄒᆞᆫ者ᄂᆞᆫ實業에着手ᄒᆞ야財源을贍富케ᄒᆞ고輸出을豊饒케ᄒᆞ며敎育을擔任ᄒᆞᆯ者ᄂᆞᆫ最先修身에注意ᄒᆞ야家人父子及遠近親踈의禮遇를講習케ᄒᆞ며法律政治를硏究ᄒᆞᆫ者ᄂᆞᆫ其學術을廣布ᄒᆞ야人民이國家에對ᄒᆞᆫ義務와國民이國家에對ᄒᆞᆫ權利를腦髓에灌注ᄒᆞ야風俗이一變ᄒᆞ고思想이日新ᄒᆞ면批評家其人이漸次薰蕕를始分ᄒᆞ며芝荊을能辨ᄒᆞ야前日疑惑이渙然氷釋ᄒᆞ야千金의懸賞이縱有라도一心의執拗를是去ᄒᆞ리니易에曰(納約自牖)라ᄒᆞ고孔子ㅣ曰(可使由之)라ᄒᆞ시니此를謂ᄒᆞᆷ이로다

以上數種은諸君이余의勸告를待ᄒᆞ야始知ᄒᆞᆯ바ᄂᆞᆫ아니로ᄃᆡ一은余의希望ᄒᆞᄂᆞᆫ實

心을發表ᄒᆞ고 一은諸君의心志操存을强固키爲ᄒᆞ야나라縷를不嫌ᄒᆞ고如是陳述ᄒᆞ노라

敎師와敎育社會의關係

具滋鶴

大抵如何ᄒᆞᆫ社會이던지人才를得ᄒᆞ여야事業을成就ᄒᆞᆷ은同一ᄒᆞ나人才와事業의關係ᄂᆞᆫ如何ᄒᆞᆫ社會이던지同一ᄒᆞᆷ이안이라特히敎育社會에人才가必要ᄒᆞᆷ은實業社會에人才가必要ᄒᆞᆷ보다一層尤甚ᄒᆞ니此ᄂᆞᆫ敎育社會엔人才가唯一要素요實業社會엔人才가唯一要素가되지못ᄒᆞᆷ이라其關係如何를論ᄒᆞ면人을敎育ᄒᆞᄂᆞᆫᄃᆡ善良ᄒᆞᆫ敎科書와機械標本이相當히必要ᄒᆞ다ᄒᆞᆯ지라도敎育上絶對肝要ᄒᆞᆷ은아니오最히肝要ᄒᆞᆫ者ᄂᆞᆫ賢良ᄒᆞᆫ敎育家이며實業社會에도亦是善良ᄒᆞᆫ實業家가必要ᄒᆞ다ᄒᆞᆯ지라도資本供給에比ᄒᆞ면何者가肝要됨을容易히斷定ᄒᆞᆯ지니然則實業社會에資本은敎育社會에圖書標本의類가안인故로普通實業家라도巨額의資本만有ᄒᆞ면大營業을經起ᄒᆞ려니와善良ᄒᆞᆫ實業家라도資本이無ᄒᆞ면普通實業家의營業도不能ᄒᆞᆷ은事實上明確ᄒᆞ나敎育社會ᄂᆞᆫ不然ᄒᆞ야賢良ᄒᆞᆫ敎育家ᄂᆞᆫ圖書標이無ᄒᆞ야도平凡ᄒᆞᆫ敎育家가完全ᄒᆞᆫ圖書標本을有ᄒᆞᆫ거보다優勝ᄒᆞᆫ成績을奏ᄒᆞᄂᆞ니此ᄂᆞᆫ實業社會에資本이最大關係를持ᄒᆞ고敎育社會에ᄂᆞᆫ敎師가獨히重要ᄒᆞᆫ關係가在ᄒᆞᆫ所以로다

以上所述ᄒᆞᆷ으로見ᄒᆞ야教育社會에教育家와實業社會에實業家의關係如何를知ᄒᆞ려니와他方面으로觀ᄒᆞᆯ지라도教育社會에ᄂᆞᆫ教育家의實力이他의助力을不得ᄒᆞ여도充分ᄒᆞᆫ活動을得ᄒᆞ고實業社會에ᄂᆞᆫ實業家의實力이他의助力을不得ᄒᆞ면充分ᄒᆞᆫ活動을不得ᄒᆞᄂᆞ니換言ᄒᆞ면教育社會에ᄂᆞᆫ教育家가自由를得ᄒᆞ고實業社會에ᄂᆞᆫ實業家가他物의制限을受ᄒᆞ건마ᄂᆞᆫ社會上風潮를觀ᄒᆞᆫ즉人才ᄂᆞᆫ實業社會에從事ᄒᆞᆷ을好ᄒᆞ고教育社會에獻身ᄒᆞᆷ을不願ᄒᆞᄂᆞ니此何故也오實業社會에ᄂᆞᆫ金錢이多ᄒᆞ고金錢은即人의慾望ᄒᆞᄂᆞᆫ바이라엇지不然ᄒᆞ리오實業社會에從事ᄒᆞ다가一平生을虛送ᄒᆞ고所望ᄒᆞ던目的을達치못ᄒᆞᄂᆞᆫ者ㅣ十의八九이건마난一次投身ᄒᆞᆫ以上에ᄂᆞᆫ鷄筋의嘆과望蜀의慾이恒有ᄒᆞ거니와教育社會ᄂᆞᆫ一定ᄒᆞᆫ金額이失敗ᄂᆞᆫ無ᄒᆞ다ᄒᆞᆯ지라도多得ᄒᆞᆯ機會ᄂᆞᆫ永無ᄒᆞᆯ분안이라我韓은教師의俸給이甚薄ᄒᆞ야祿으로足히耕을代키難ᄒᆞ니엇지此에獻身ᄒᆞᆷ을肯ᄒᆞ리오大凡國家의盛衰ᄂᆞᆫ國民知識如何에因ᄒᆞ고國民知識은教育善否에在ᄒᆞ고教育善否ᄂᆞᆫ教師賢愚에關ᄒᆞ고教師賢愚ᄂᆞᆫ即師範教育에由ᄒᆞᆷ인즉師範教育은各種教育中에最히重要ᄒᆞᆫ者이라故로世界列强이다ㅣ此에盡力치아니ᄒᆞᄂᆞᆫ者ㅣ無ᄒᆞ건마ᄂᆞᆫ我韓은如何ᄒᆞᆫ지또現今各學校에奉職ᄒᆞᄂᆞᆫ教師ᄂᆞᆫ다ㅣ相當ᄒᆞᆫ學識이有ᄒᆞᆫ지僕은出疆多年에內國事情을詳知치못ᄒᆞ나傳聞ᄒᆞᆫ즉教育熱은全國에遍滿ᄒᆞ얏스되賢能ᄒᆞᆫ教師가無ᄒᆞ야教育의困難이不少ᄒᆞ고日本人이나或本邦人中에日語算術을稍解ᄒᆞᄂᆞᆫ者ᄂᆞᆫ最良ᄒᆞᆫ教

師라ᄒᆞ야每朔에五六十圓俸給으로도雇聘키極難ᄒᆞ다ᄒᆞ니嗟ᄒᆞ다外國人으로教育을主管케ᄒᆞᆷ은國民의耻辱이오內國人으로論ᄒᆞᆯ지라도教育學、教授法、倫理哲學等을不知ᄒᆞᄂᆞᆫ者엇지教師의職을盡ᄒᆞ며經濟上으로言ᄒᆞᆯ지라도我韓現狀이生徒에게授業料를不收ᄒᆞ고別로히基本金이又無ᄒᆞ며다만一時的寄附金義捐金多不過數千圓으로僅々히一小校를創立ᄒᆞ고每朔五六十圓을費用ᄒᆞ야教育上全昧ᄒᆞᆫ教師를雇聘ᄒᆞ니教育의成功을奏ᄒᆞ기難ᄒᆞᆷ은已無可論이어니와僅々히募集ᄒᆞ엿던金錢이一二年에盡ᄒᆞ고다시生財의方이無ᄒᆞ미仍即閉鎖校門ᄒᆞ고解送生徒라ᄒᆞ니豈慨嘆ᄒᆞᆯ而已리오今에僕이猥濫ᄒᆞᆷ을不顧ᄒᆞ고教育을實施코ᄌᆞᄒᆞᄂᆞᆫ有志諸君子에게敢히一言을忠告ᄒᆞ노니今日我國의教育이世界에最劣ᄒᆞᆷ은誰가嗟嘆치아니ᄒᆞ리오마ᄂᆞᆫ欲速則不達이오欲忙則反緩이라子弟의教育이稍遲ᄒᆞᆷ을過慮치말고學校營立코자ᄒᆞᄂᆞᆫ資本을銀行에任置ᄒᆞ고其利子로二三人의聰俊을選擇ᄒᆞ야五六年師範教育을受ᄒᆞᆫ後完全히學校를設立ᄒᆞ야未來新國民의腦髓를穩健確實히涵養ᄒᆞ야新舞臺活動ᄒᆞᆯ資格을養成ᄒᆞᆯ지며姑息의計로不成樣ᄒᆞᆫ制度와不健全ᄒᆞᆫ方法을用ᄒᆞ야國民을誤케말지어다

喚起我半島帝國之民族的觀念

尹台鎭

秋夜寒燈에按劒獨坐ᄒᆞ야顧念祖國現狀ᄒᆞ니初焉太息라가繼焉痛哭이로다嗟我

檀箕之赫々民族과麗羅之堂々山河로奈之何衰頹懦弱이至有今日之甚乎아夫國之興亡盛衰가決非一朝一夕之偶然結果요必有累年累代之所由原因이니其欲回亡求興ᄒᆞ고回衰求盛인ᄃᆡᆫ先宜講究其所以亡所以衰之原因이라야方可收得其可以興可以盛之結果로다然則　帝國之有今日도亦決非偶然이요必有使然者矣리니其使然之原因이安在오　帝國々民이自　聖朝五百餘年以來로久浴於偃武修文昇平治化之恩波ᄒᆞ야唯一身之安逸焉是求ᄒᆞ고一家之幸福焉是貪ᄒᆞ야害人利己之必然的凶策으로同隣同城之人을認作秦楚之仇敵ᄒᆞ야誰是孰非之道德的學說과偏黨己派之謀害的政論으로做成兵器ᄒᆞ야互相攻擊誅戮타가不知火已棟梁ᄒᆞ고病旣骨髓로다然以今日之危急으로徒責往咎가嗚已晩矣라有何小補哉아善後方針에有一由舊進新之妙路ᄒᆞ니我韓은誇世無雙之尙倫國也라父子兄弟之互相親愛와族戚姻婭之互相救護가寔盡人道之極度ᄒᆞ니豈非壯哉며可不讚哉아一此若推親族的觀念而擴及於民族的觀念이면二千萬口가均是父子兄弟族戚姻婭라誰敢侮蔑이며孰敢侵畧가一身之安逸도從生於此中이요一家之幸福도從得於此中이며一國之興隆도從期於此中이로다泰西列强之有今日이亦皆不外乎善養這箇觀念之結果也라若欲保國家於慘毒如彼之滅裂戰鬪ᄒᆞ고全身命於激烈如此之生存競爭인ᄃᆡᆫ何不猛省快悟ᄒᆞ야速伴於彼之進而速效於彼之美ᄒᆞ고躕躇因循으로坐待其禍아昔於鎖國時代엔不知國外에有國ᄒᆞ고洲外에又有洲ᄒᆞ얏스니國民

檀箕之相愛가及於親族的觀念이라도亦云壯矣美矣ㄴ當此風船火車가遍通全球ᄒᆞ야南極北極에飛馳倏忽을如尺地寸步ᄒᆞ고以國滅國과以洲侵洲의警報가踵相喧傳ᄒᆞ니可不懼哉며可不驚哉아同家者ㅣ雖曰不相和而與他家相爭이면救先於何家며同族者ㅣ雖曰不相睦而與他族相鬪면護先於何族이고同國者ㅣ雖曰不相愛而與他國相戰이면助先於何國가以他家爭吾家ᄒᆞ고以他族鬪吾族ᄒᆞ며以他國戰吾國者ᄂᆞᆫ未嘗聞也로라然則所謂同家者之不知ᄂᆞᆫ前於爭他家之時也요同族者之不睦은前於鬪他族之時也며同國者之不愛ᄂᆞᆫ前於戰他國之時也ㅣ明矣로다嗟我同胞며愛我同胞여 帝國今日之大患이於此三者에居何오倘是未覺耶아覺亦故然歟아砲聲이雷鳴ᄒᆞ고劒光이電閃에諸氏之父母兄弟가時就捕縛ᄒᆞ고日就誅戮ᄒᆞ니如此不已면不出幾年에檀箕之民族이盡作北邱之寃鬼오麗羅之山河가必作敵家之田圃矣리니到此而猶言誰是孰非며他黨己派等學說政論之世嫌乎아是乃余之向所謂太息者痛哭者也로다維新以前之日本은猶有甚於今日我韓之現狀ᄒᆞ니七十餘諸侯가各自割據一隅而疾視爭雄ᄒᆞ야干戈日尋타가幸賴慷慨多士의早々看破時代之變遷而殺身絶叫之效ᄒᆞ야復政權於統一ᄒᆞ고變政体於立憲ᄒᆞ야上下國民이自負一般義務ᄒᆞ고擧全力盡瘁ᄒᆞ야務玆孜玆ᄒᆞᆫ結果로轟於甲午之役에使全球莫大之淸國으로割地而請和ᄒᆞ고甲辰之役에又使現代莫强之露國으로俯首而謝罪케ᄒᆞ얏스니大哉라民族的國民之團合力이여若使日本으로無如此民族的

團合力이러면不過是五千萬之小數人民으로安敢生意於與有四億萬、三億萬人民之淸露로爭鋒取勝乎아民族的團体力之關於國家興亡盛衰之如何는昭々之證跡이如彼ᄒᆞ고歷々之實效가如此로다若使我固有之親族的美德으로擴及於民族的觀念이면　帝國之獨立을唾手可期며指日可回어날何不爲此而昏々然默々然猶作桃源之春夢乎아余雖不才ᄂᆞ畧有見聞之所感ᄒᆞ야玆敢以數行蕪辭로泣告焉

學藝

領事官의性質과特權

李昌煥

領事官이라ᄒᆞᆷ은普通과名譽의二種이有ᄒᆞ니前者ᄂᆞᆫ其本國臣民으로써此를任命ᄒᆞᆷ이요後者ᄂᆞᆫ駐在國의臣民이ᄂᆞ又ᄂᆞᆫ駐在國에在留ᄒᆞᆫ第三國臣民으로此를任命ᄒᆞᄂᆞᆫ거시니此兩者의區別은其任命되ᄂᆞᆫ人에게在ᄒᆞ나此를職務上으로見ᄒᆞ면何等區別이無ᄒᆞᆷ이요又ᄂᆞᆫ領事官을設置치못ᄒᆞᄂᆞᆫ地域에ᄂᆞᆫ貿易事務官을置ᄒᆞᄂᆞᆫ例

도有ᄒᆞ나卽日本이浦鹽斯德에置ᄒᆞᆫ貿易事務官과如ᄒᆞᆷ이라此事務官과領事官의名稱은異ᄒᆞ나其實質은全然히領事官과同一ᄒᆞᆷ이니是ᄂᆞᆫ通商港이아닌故로條約上領事官을置치못ᄒᆞᄂᆞᆫ結果에지나지못ᄒᆞᆷ이니性質은大略以上陳述ᄒᆞᆷ과如ᄒᆞ거니와特權은左에陳述코자ᄒᆞ노라

領事官과特權에對ᄒᆞ야ᄂᆞᆫ學說이紛紜ᄒᆞ야或은領事官이他外國人과全히同一ᄒᆞ다ᄒᆞ며或은領事官이本國政府의外交上代表者가되ᄂᆞᆫ故로外交使臣과同一ᄒᆞᆫ權利가有ᄒᆞ다ᄒᆞ며又ᄂᆞᆫ領事官이本國政府의政治代表者ᄂᆞᆫ아니나社會的利益과及關係를支配ᄒᆞᄂᆞᆫ機關으로서本國을代表ᄒᆞᄂᆞᆫ特別의性質을有ᄒᆞᆫ故로一般外國人이享有치못ᄒᆞᄂᆞᆫ權利와特權를享有ᄒᆞᆫ다고主張ᄒᆞᄂᆞᆫ者도有ᄒᆞᆫᄃᆡ現今에ᄂᆞᆫ最後의說이一般認定되야領事官ᄂᆞᆫ駐在國의認許를受ᄒᆞ야其領域內에서ᄂᆞᆫ本國으로서賦與ᄒᆞᆫ一定ᄒᆞᆫ權限을執行ᄒᆞᄂᆞᆫ者인故로單純ᄒᆞᆫ在留人民과同一히視치못ᄒᆞ나然ᄒᆞ나其職務ᄂᆞᆫ駐在國에對ᄒᆞᆷ도아니요其權限은原則으로서外交的性質을有ᄒᆞᆷ이아닌고로外交的使臣과如히不可侵權又ᄂᆞᆫ治外法權을有ᄒᆞᆷ이아니라故로英米兩國에서ᄂᆞᆫ領事官에게何等의特權도賦與치아니ᄒᆞᆷ을原則으로ᄒᆞᆫ다ᄒᆞ나外他諸國에서ᄂᆞᆫ多少의特權을賦與ᄒᆞ야ᄡᅥ友國에對ᄒᆞᄂᆞᆫ尊敬의意를表ᄒᆞ기로常例를삼ᄂᆞ니譬喩컨ᄃᆡ領事官은其居宅에本國旗章을揭ᄒᆞᆷ은一般히認定ᄒᆞᄂᆞᆫ바요其外多數의國에서ᄂᆞᆫ通常히駐在國의刑事裁判管轄을免除ᄒᆞ야任命國臣民된領事官은駐

在國의法律上重罪에犯치아니ᄒᆞᆫ外에ᄂᆞᆫ拘禁이되지안코또領事官은兵役이나軍隊宿營의義務를免ᄒᆞ며且對人的性質을有ᄒᆞᆫ一切의直接稅를免ᄒᆞᄂᆞ然ᄒᆞ나此等의特權은條約에依ᄒᆞ야賦與ᄒᆞᄂᆞᆫ거시오國際法上에當然히享有ᄒᆞᄂᆞᆫ外交的使臣의特權과同一치못ᄒᆞᆫ故로領事官이스사로商工業에從事ᄒᆞᆯ時에ᄂᆞᆫ此等의特權을享有치못ᄒᆞ고一般商人과同一히支配를受ᄒᆞᆷ이로ᄃᆡ但如此ᄒᆞᆫ境遇에도領事官의事務所와該職務上에關ᄒᆞᆫ記錄은恒常不可侵인故로駐在國當該官廳은此을侵入ᄒᆞ거ᄂᆞ또ᄂᆞᆫ其書類等을封印或押收ᄒᆞᆷ을得치못ᄒᆞᄂᆞ니라

眞僞說

Y E

吾人之所謂學問者不過於欲求眞理所在也蓋人常言靈臺以外特有純然存立之客觀物譬如有木於此吾雖不欲認其爲木木之爲木則依然不變故但認其木之爲木是善爲表明事實者也是可謂眞理而若夫指木而爲非木指有木而爲無木則是非眞理而僞也云此不過以主我而假定論客觀之實在然若以論理言則宇宙萬物常以主我論故客觀非論理之要務也假如有雪於此其色非不皓々也然此非其原質之白而因於太陽之光映射也故人若注視綠色之餘見白色則不見其白而見綠色之反對色而已是故天下萬物不過刺激我之感覺而然矣物之或輕或重或白或黑豈非由我之感覺乎然則外物之來照我靈臺其千差萬別紛紜雜沓之不一也明矣而欲求一眞理於

其問則爲何等法則可乎吾將細明之焉

若問於童子曰鐵之千鈞與綿之千鈞其重有異乎否則必有以鐵爲重者矣此非重之有差而童子之知紺於所已知也此童子之事實也若以問者而觀之則旣枰其重輕而得其實情故能知其同一其重焉此問者之事實也又爲以兩個手指入於不同温度之水經片時後更入於温度相同之水則兩指之所感必不相同矣然若以寒暖計量之則其度必同此其故何也由於前之所感有異也又如被魑魅之所感者則以見鬼爲事實以科學者之不信迷妄者觀之則魑魅之類爲一腐餘之發燐者故以不見魑魅爲事實然則吾人於此最可注意勉勵者在於能不子莫之固執足矣爲棉鐵之不同其量在不能屢試之故也不信有魑魅之事者是未嘗見鬼而然也能知夢之非眞者必由於修養我之心理者也

又如太陽之環地球而周者是常人之識也然而地球環太陽而周者是天文學者之能證明而確信其事實者也由此觀之一切事物之各有其理也明矣豈非各以我之觀感有異而然乎是乃論理學之可研究者也

若夫知水爲寒冷流動之物者是常人之知也知水爲水素酸素合成之物者是化學者之知也兩人之知有差而水之爲水則不變焉然則以常人之知爲眞可乎以化學者之知爲眞可乎今所爲眞理者不存乎其異而存乎其同不在於一時之變遷而在於永久不易之理不在於夢覺幻覺錯覺而在於普汎共通平常之道是所謂眞理之深淺在乎

知識系統之大小如何爾

試嘗觀之以一家族而言之則眞理莫大於家族之繁衍隆昌而以一郡觀之則不然以一郡而論之則眞理莫大於一郡之富裕發達而一國以觀之則不可謂之眞理也故常人之識比諸科學而其理不全科學之識比諸哲學其知所陷於一偏然則常識之於科學々々之於哲學其眞理之優劣輕重顧何如也獨乙之哲學家核、傑氏有云（眞理有階級）此指眞理進步之謂也如以天文家之說證之昔日之但知天動而不及地動之時以天動爲眞理今日之能證地動則反以地動爲眞理此非眞理之有古今而在乎證明之有優劣也又以政治之說言之在昔日則以君主專制爲眞理在今日則以立憲共和爲眞理昔日之不能立憲與共和爲政治者正猶今日之不能以專制壓迫爲政治也此所謂眞理之有階級者然則今日之以國家爲本互相雄雌者未知幾千年后笑之嘲之如今日之視昔日也

又曰眞理在於智識系統之組織如何如뉴톤之運動法則是也運動法則謂眞理則眞理謂非眞理則亦可謂非眞理雖然非此法則萬物運動之現象不能說明之訂明之矣以此法則則天下運動之理皆확然足以解疑故曰眞理也然則所謂虛僞者何也曰與夫眞理互相反對矛盾不相調和之謂也天下萬理非不多矣有可以二者分之即非眞則爲僞矣僞之所由起有七一、曰先入見及僻見二、曰想像三、曰感情之激發四、曰言語之不完全五、曰無知不注意、忘却六、曰個人性僻七、曰目的物之關係也無此

七者之病而能組織其知無所誤診則眞理可得求見矣夫

傳記

大統領떼아스氏의鐵血的生涯

吳憲泳

墨西哥一隅僻村에生長ᄒᆞ야獨立自由의共和國을建設ᄒᆞ고現代偉人의大崇拜를受ᄒᆞᆫ떼아스를研究코져ᄒᆞᆯ진ᄃᆡ本編을試讀ᄒᆞ라彼ᄂᆞᆫ如何ᄒᆞᆫ品性을修養ᄒᆞ얏시며彼ᄂᆞᆫ如何ᄒᆞᆫ雄畧을抱有ᄒᆞ엿시며彼ᄂᆞᆫ三十年權柄을握ᄒᆞᆷ에何等方式에依ᄒᆞ엿시며南北戰爭에如何ᄒᆞᆫ態度를取ᄒᆞ얏ᄂᆞᆫ가此를知코져ᄒᆞᆯ진ᄃᆡ彼의鐵血的生涯의歷史를試考ᄒᆞ라且墨西哥ᄂᆞᆫ韓國과關係가有ᄒᆞᆫ地니即我韓同胞幾千人이彼의國에在ᄒᆞ야勞働生活을送ᄒᆞᄂᆞ니或彼의政治方面으로其一斑를探究ᄒᆞᆷ이多少興味가有ᄒᆞᆯ가ᄒᆞ야此를譯載ᄒᆞ노니讀者諸君은此를諒ᄒᆞᆯ지어다

(一)墨西哥의三大豪傑　墨西哥에三大豪傑이有ᄒᆞ야一般墨國人의崇拜를受ᄒᆞᄂᆞ니即其一은伊達古라稱ᄒᆞᄂᆞᆫ天主教의傑僧인ᄃᆡ일즉西班牙政府의壓制를憤慨

ᄒᆞ야 一千八百十年九月또로쓰에서獨立自由를叫呼ᄒᆞ며革命軍을嘯聚ᄒᆞ야數回奮戰을試ᄒᆞ다가遂히西軍에捕ᄒᆞᆫ바이되여銃刑에處ᄒᆞᆷ이되엿시나伊達古의義擧는墨西哥人心을激動케ᄒᆞ야革命軍이四方으로倔起ᄒᆞ더니其后無幾何에果然西班牙의苛酷ᄒᆞᆫ羈絆을脫코獨立共和國을組成ᄒᆞ야至今ᄭᆞ지伊達古는獨立首唱者로芳名이千秋에流傳ᄒᆞ엿고其二는富亞禮隨라稱ᄒᆞ는大統領인ᄃᆡ 一千八百五十年으로千八百七十年에至ᄒᆞ가ᄭᆞ지墨國의內訌外寇가互相繼至ᄒᆞ야全國이大禍乱中에處ᄒᆞ야南船北馬로四方에奔走ᄒᆞᆯ식奈翁三世의後援을受ᄒᆞᆫ맥써밀니안帝와相戰ᄒᆞᆷ에此戰場에殉ᄒᆞ고墨國獨立의基礎를確立ᄒᆞᆷ으로功績이赫々ᄒᆞᆫ者요其三은現大統領폴피올노、쎄아쓰其人이라富亞禮隨 가逝ᄒᆞᆫ以後에衆望을一身에負ᄒᆞ고墨國을爲ᄒᆞ야晝夜盡瘁에幾多內乱을平定ᄒᆞ엿고及其大統領을被選ᄒᆞᆷ의上下朝野의依歸瞻望ᄒᆞ는바이되야再選을被ᄒᆞ고恒常墨國主權者로政柄을掌握ᄒᆞ기三十年月에及ᄒᆞᆫ지라文武가俱備ᄒᆞ고威德이幷存ᄒᆞ야國民의信仰ᄒᆞᆷ을生神明과如히ᄒᆞ더라

以上三大豪傑은實로墨國의三大明星으로其光輝가墨國歷史를照下ᄒᆞ는ᄃᆡ特히三傑中쎄아쓰氏의閱歷에至ᄒᆞ얀墨國騷乱中에成長ᄒᆞ야武人으로千軍萬馬中에驅馳ᄒᆞ고政治家로政權爭奪中에起臥ᄒᆞ니生涯前半은非尋ᄒᆞᆫ艱苦를經ᄒᆞ며幾多波瀾을過ᄒᆞ엿ᄂᆞ니今其概梗를紹介ᄒᆞ노라

(二)쎄아쓰氏의靑年時代　쎄아쓰氏는一千八百三十年九月十五日에墨國烏和歌州에呱々의聲을始出ᄒᆞ니父는達大我西라稱ᄒᆞ는墨國人이오母는西班牙人이라家庭이本來富饒치못홈으로父는每樣氏를勸ᄒᆞ야天主敎僧侶를作코져ᄒᆞᄂᆞ묵國의無雙ᄒᆞᆫ麒麟兒ㅣ라幼時붓허岐嶷ᄒᆞ야一世隱逸的生涯를樂치안임으로父敎를背ᄒᆞ고專허學術을硏究ᄒᆞ며心膽을練磨키에努力ᄒᆞ니라氏는六歲時에自國이外國의羈絆을脫ᄒᆞ야自主獨立共和國이된것을깁히祝賀ᄒᆞ엿다ᄒᆞ며十六歲에有名ᄒᆞᆫ텍사쓰分離問題로墨國政論이沸騰하야竟히米墨戰爭이起ᄒᆞ야米軍은北으로레오그린드河를渡ᄒᆞ야南下ᄒᆞ고西으로쎌크라쓰港으로上陸ᄒᆞ야首府를迫擊홈으로全國人心이洶々ᄒᆞ야一大乱局을作ᄒᆞᆫ지라氏는此時學童으로靑年元氣가沸溢ᄒᆞ야此를目擊코晏然讀輒치못ᄒᆞ고血이湧ᄒᆞ며肉이躍ᄒᆞ야遂히軍人에身을投ᄒᆞ니라此時에富亞禮隨氏는烏和歌州의先輩로軍國政事에執掌홈으로富亞禮隨氏를訪ᄒᆞ야其部下에投ᄒᆞ얏더니氏의銳敏ᄒᆞᆫ行動과快活ᄒᆞᆫ氣像은일즉富氏의認ᄒᆞᆫ바이되야見習士官에採用되야恒常秘書의役을司ᄒᆞ고信任을偏受ᄒᆞ니라

(三)쎄아쓰氏의米墨戰爭當時의奮鬪　尋에陸軍少尉로任ᄒᆞ야米墨戰爭에出征ᄒᆞ얏시나아직도驥麒가千里大道에出치못ᄒᆞ야一躍百里의本能을揮홀時에到치못ᄒᆞ얏도다米墨戰爭은米軍의勝利에歸ᄒᆞ고察太僻의勇壯慘烈ᄒᆞᆫ一大血戰으로終을告ᄒᆞ니라氏는富亞禮隨氏의命을受ᄒᆞ야太我寒大壁地方에赴任ᄒᆞ야土寇鎭

撫에從事ᄒᆞᆯᄉᆡ時年이二十歲라該地方土民의叛亂을進擊ᄒᆞᆯᄉᆡ敵勢가甚히猖獗ᄒᆞ야容易受降키難ᄒᆞ거ᄂᆞᆯ氏가少敎의兵으로空拳을張ᄒᆞ고大勇을殫ᄒᆞ야能히敵軍을打破屈服케ᄒᆞ얏시나此時敵彈의中ᄒᆞᆫ바이되야胸部가傷ᄒᆞᆷ으로軍醫治療를受ᄒᆞ야시나敵彈을拔치못ᄒᆞ고後에獨國宜者가쎄라쿨港에到泊ᄒᆞ기ᄭᆞ지多日苦痛을堪치못ᄒᆞ야身體自由를幾失ᄒᆞ엿더라氏의事情이如彼이切迫困難ᄒᆞᆫᄃᆡ當時太我寒大壁地方은아직鐵道開通이無ᄒᆞ고蠻雨瘴風의激烈ᄒᆞᆫ氣候ᄂᆞᆫ病勢를益襲ᄒᆞ고馬利亞一種惡熱은風土不服의病因을且貽ᄒᆞ니氏의當時苦痛은實로今日吾輩의像想치못ᄒᆞᆯ바이러라그러나無限ᄒᆞᆫ英氣를抱ᄒᆞ고無限ᄒᆞᆫ運命을具ᄒᆞᆫ氏ᄂᆞᆫ一時病篤으로元氣를沮喪치안이코漸々快復ᄒᆞ야未盡ᄒᆞᆫ男兒氣像으로他日活躍의好機를賜ᄒᆞ엿도다

(四)墨國의內訌外寇　此時墨國의形勢如何를論코져ᄒᆞ노니米墨戰爭敗餘에要害의地를失ᄒᆞ고物議紛々ᄒᆞ고民情이嗷々ᄒᆞ야비록샌타ㅣ안나와컨푸열쓰等英傑이有ᄒᆞ야도意見衝突과血氣相拍ᄒᆞ야國內ㅣ騷然히統一을缺ᄒᆞ며各州ᄂᆞᆫ中央政府의鞏固치못ᄒᆞᆷ으로各州의叛亂이階至ᄒᆞ야一日寧靜이無ᄒᆞᆫ狀態러라커푸열쓰氏가大統領이됨에富亞禮隨를謀害ᄒᆞ다가失敗ᄒᆞ야佛國에逃ᄒᆞ고富亞禮隨氏ᄂᆞᆫ一千八百五十九年三月大統領에任ᄒᆞ니라그러나各黨派의軋轢은漸々激烈ᄒᆞ야按劒相對의變態를呈ᄒᆞ얏더라此時에至토록ᄶᅡ아쓰氏ᄂᆞᆫ尙且太寒地方에駐

在ᄒᆞ야徐々히前途大活動의勢力을暗養ᄒᆞ니라
一千八百六十一年六月墨國議會는外國人의所有ᄒᆞᆫ墨國共和國의公債及其利子支給停止의法律을議決ᄒᆞᆫ所以로歐州列强의抗議를招ᄒᆞ야一千八百六十一年十月에佛國軍이首府에進迫코져ᄒᆞ더니此時에샌타ㅣ안나將軍이此를追擊ᄒᆞ야勝利를大收ᄒᆞ니라

（未完）

文苑

故留學生監督申公追悼文

維隆熙三年十月十日在日本國大韓留學生等謹告于故留學生監督申公之靈夫人之死生有命原不足悲但生而有益爲世屬望者往々致夭折死而無惜貽累當時者多享遐壽此眞天理之難諶者也惟我申公早就山林讀書養性若將終身焉飜然有致君澤民之志脫芰荷之衣辭泉石之居一別雲山優遊帝都遂乃以學識文章擅揚聲華迨乎甲午維新之初爰自廟堂選拔聰俊於是乎公不以讀破萬卷之素養爲滿足而益奮壯志被選遠遊航海東渡留學于日本凡四歷寒暑博涉羣書洞察大勢言旋故

國心與事違世路崎嶇둔전漂泊渚又經屢年所矣乃於甲辰時局又變朝廷所要惟是新學故公叅互時宜幇助當途者不爲不多而又於普成專門學校之創立也公受校主李公之託身兼校長整理事務培養多士特有令譽焉光武十一年被 命日本國留學生監督粤自下車專力敎育而殫精費神善交隣邦而和哀協宜志操耿介規模詳確事無遺漏心或罔怠維我學生咸頌公之明且賢矣嗚呼哀哉公三數年久旅之餘今夏因暇歸國而逮其還任路次抵日本之門司海上忽罹奇疾奄至屬纊尙忍言哉々々々維我學生之悲廓痛悼尤不禁放聲唏嘘罔知攸措渚存焉試觀夫今日我邦之狀態挽回國力皷動人心惟敎育是俟而敎育之中又是新學問最貴則提唱敎育者莫不以海外留學生爲屈第一指也然則據其學生監督之位者苟有其人而董率誘導則養成材器歸而展布可以爲醫國之藥石濟世之舟楫如其不然難收効於桑楡虛度年於海國烏有補乎社會國家也盖監督之綦重既如此也孰不跂足而望得其人乎且公之春秋鼎盛將來事業其進無量詎意天不假之以壽使我學界失依歸之心窃想公之沒非徒公一個身之不幸特爲留學生之不幸又非徒留學生之不幸實爲國家之不幸也公今憑仗 皇靈按節殊邦中途殞身此可謂賢勞王事繼之以死者也 朝家軫念必有褒功恤孤之典而又以公所處之地位所遭之時會推論我邦之形勢苟曰人材雖是斗筲之倫而猶患汲引之急何況贍富學識通鍊時務無往而不宜如公者將從何處而再覿其人乎國家而失一貞臣社會而失一志士學界而失一 良師也生等之悲念到此不覺掩

涕由是而足見公之沒於世關係甚重也公之立身出世爲社會而獻身爲敎育而從事誠心義氣人皆欽歎至若赴留學生監督之任者果是公不安於間官宂職而期欲衝當有爲之地得遇盤錯以試技能而海外學生思想之高尙知識之卓邁必多其人際此國家多事之秋願得新時代之新人物携手同歸共濟艱虞是爲今日志士之公論也故公既得其位而樂就其任每向學界特寓遠大之望也今焉已矣事未完而身先沒公之遺恨應必上徹于天而下徹于地凶音傳播之日異域之人知與不知皆嗟惜不已況生等之於公天涯相依分誼特深者當復何如且聞公易簀之際丁寧附囑寄語學界曰以余不才社會國家之事不敢擬議而但願留學諸君努力勉學匡復國家云公之於國家社會終始一念如是懇篤也生等謹當佩服公之遺言常如耳提而口授勇往直進如有所得必不負幽明之間而有彼白水孰敢忘焉嗚呼哀哉

時報

年前淸國一大官之子某氏與人酬語偶然問臺灣循撫之爲何人有見嘲之事夫以一國簪纓子弟國土之爲他占據者已屢十餘年而猶盲然不知況至遐土小民復何論耶此實淸國有今日之大原因也吁我韓人孰非淸國其人乎今此數章時報雖不

足爲統觀天下之大勢而間有與我關係之問題自此發程逐號注覽則世界政局之內幕及國際關係之如何庶可得知矣玆譯其要點以爲備考於有志君子焉

● 間島에關ᄒᆞᆫ日淸間條約

一、間島에對ᄒᆞ야日本이淸國領土權을承認ᄒᆞᆷ과同히淸國은日本의日韓兩國人保護權과吉會鐵道敷設權을承認ᄒᆞᆷ

二、法庫門鐵道ᄅᆞᆯ日本의承認이無ᄒᆞ면淸國은延長ᄒᆞᆷ을不得ᄒᆞᆯ事

三、淸國은日本에撫循烟臺炭坑의採掘權을認許ᄒᆞ며日本은其採掘稅ᄅᆞᆯ淸國에納ᄒᆞᆷ을承認ᄒᆞᆷ

四、淸國은日本에營口大石橋間鐵道ᄅᆞᆯ從來와如히認許ᄒᆞ며且其枝線을外國人租界에延長ᄒᆞᄂᆞᆫ事ᄅᆞᆯ承認ᄒᆞᆷ

五、日本은淸國이日本所有南滿線을橫斷ᄒᆞ야京奉線을奉天城西門外에延長ᄒᆞᆷ을承認ᄒᆞᆷ

六、安東縣鐵道敷地ᄂᆞᆫ現象과如히日本의附屬地로承認ᄒᆞᆷ

◎ 間島境界에對ᄒᆞᆫ條約

一、豆滿江을韓淸兩國境界로確定ᄒᆞ되上流地方에ᄂᆞᆫ石墜水로分定ᄒᆞᆷ

二、局子街와龍井村과東道溝와百草溝等四個所ᄂᆞᆫ通商地로開ᄒᆞᆯ事

三、日本政府ᄂᆞᆫ間島에領事舘을設置ᄒᆞ고統監府出張所ᄂᆞᆫ撤退ᄒᆞᆯ事

四、一定ᄒᆞᆫ地域을限ᄒᆞ야韓國民의雜居를許ᄒᆞ며雜居ᄒᆞᄂᆞᆫ韓國人은淸國人一體로淸國의行政及法權에服從케ᄒᆞ되但韓國民에關ᄒᆞᆫ訴訟은日本領事에裁判을許ᄒᆞ며此에對ᄒᆞ야不法ᄒᆞᆫ判決로認ᄒᆞᆯ時ᄂᆞᆫ再審ᄒᆞᆷ을得ᄒᆞᆷ

五、雜居韓國人의土地家屋은淸國人과一樣으로保護ᄒᆞᆯ事

六、豆滿江沿岸은兩國人民의渡舟를自由往來ᄒᆞ기로許ᄒᆞ며韓民은雜居地로붓허糧食類의自由輸出을得ᄒᆞᆷ

七、吉長鐵道ᄂᆞᆫ韓國境界內ᄭᆞ지延長ᄒᆞ고會寧에셔韓國鐵道와聯絡ᄒᆞ며該延長線의辨理ᄂᆞᆫ吉長線과一樣으로ᄒᆞᆷ

淸國欽命外務部尙書 梁敦彦
日本國特命全權公使 伊集院彦吉

右條約의結果로淸國은十一月二日에間島를開放ᄒᆞ고日本은同日에總領事館을間島龍井村에置ᄒᆞ고分舘을局子街에置ᄒᆞ고齊藤大佐以下及統監府出張員은同日撤退ᄒᆞ야韓國會寧에着ᄒᆞ엿더라

◎宗敎에關ᄒᆞ야

韓國은自來로儒敎發達ᄒᆞᆫ國이나近來各國과交通이頻繁ᄒᆞᆷ에至ᄒᆞ야ᄂᆞᆫ儒敎가漸々衰微不振ᄒᆞᄂᆞᆫ同時에耶蘇敎一派가大勢를振ᄒᆞᄂᆞᆫ도다此에對ᄒᆞ야日本은京城等地에西本願寺와其他寺院을設立ᄒᆞ야多數의日本僧侶로住在케ᄒᆞ야佛敎의布

殖을圖ᄒᆞᄂᆞᆫ中이ᄂᆞᆫ僧侶가放肆히不親切無慈悲ᄒᆞᆫ悖習으로韓人을待遇ᄒᆞᆷ으로日人外에韓人은日本寺院에參詣ᄒᆞᄂᆞᆫ者이無幾ᄒᆞ니此로엇지本來目的을到達ᄒᆞ리오此에反ᄒᆞ야美國人의施敎ᄂᆞᆫ一大勢力이有ᄒᆞ니彼等은從來로韓國에在留ᄒᆞ야本國補助와義捐으로敎會를擴張ᄒᆞ야韓民으로ᄒᆞ야곰依歸케ᄒᆞ며恒常懇切丁寧ᄒᆞᆫ方法과誠心誠意의態度로韓人을待ᄒᆞᆷ으로信徒가日々增加ᄒᆞ며感化의力이年々히人心에深入ᄒᆞᆷ으로偉大ᄒᆞᆫ勢力을握ᄒᆞ야宗敎界에獨步로活躍ᄒᆞᄂᆞ니日本은此에對ᄒᆞ야日本的宗敎로韓民을化育ᄒᆞᆷ이一大急務일ᄲᅮᆫ안이라彼等外人의潛伏ᄒᆞᆫ勢力을對抗ᄒᆞ야政治上防害가無케ᄒᆞᆷ이目下研究ᄒᆞᆯ問題로다(報知新聞所載)

●間島問題와戰術上關係

間島가軍事上如何ᄒᆞᆫ關係가有ᄒᆞᆫ것을現今列强의陸軍當局者가最히注目ᄒᆞᄂᆞᆫ바인ᄃᆡ就中露國參謀本部에셔더욱此地를注目ᄒᆞᄂᆞᆫᄃᆡ萬一此地가日本의占領地에歸ᄒᆞᄂᆞᆫ日은即浦鹽斯德의咽喉를扼ᄒᆞᆷ인고로露國은此로由ᄒᆞ야彼得太帝以來南下의政策을行키不能ᄒᆞᆯ境遇인고로此問題에注視를緊重히ᄒᆞ며新聞記事로論ᄒᆞ면獨米兩國은附同雷和ᄒᆞ야此를研究ᄒᆞ나實際情形은不知ᄒᆞ고此를論ᄒᆞ되戰地로用ᄒᆞᆯ진ᄃᆡ山川이險ᄒᆞ고道路가不便ᄒᆞ야軍馬砲車의往來가困難ᄒᆞᆷ으로戰術上價値가無ᄒᆞ다ᄒᆞ더니結果ᄂᆞᆫ清國領土에歸ᄒᆞ엿도다

●露國一等軍港地決定

露國政府ᄂᆞᆫ前者英露兩帝의會盟地레우알로써露國第一等軍港地로決定ᄒᆞ고크런쓰러드軍港은廢止ᄒᆞ얏시니此ᄂᆞᆫ크港이핀린드灣奧地에處ᄒᆞ야聖彼得과接近ᄒᆞᆷ으로戰時不便ᄒᆞᆫ點이多ᄒᆞᆫ所以러라

●모로코事件과西班牙內亂

西班牙ᄂᆞᆫ그ㅣ對岸에領土를擴張ᄒᆞᆯ計劃으로多少野心的政策을肆行ᄒᆞ엿더니反히가빌人의强硬ᄒᆞᆫ抵抗을當ᄒᆞᆷ으로不得已大軍을動치안이면到底히기빌人을鎭定치못ᄒᆞᆯ境遇에到ᄒᆞᆷ으로西國民論이沸騰ᄒᆞ야他國에妄行干涉ᄒᆞ다가彼의反亂을招ᄒᆞᆷ은穩當ᄒᆞᆫ政策이안이라ᄒᆞ고과세로나地에大騷亂이起ᄒᆞ야出征의不可ᄒᆞᆷ을反對ᄒᆞ더니今者에該國政府ᄂᆞᆫ前日行動을비록後悔ᄒᆞᄂᆞ騎虎의勢라此를因循躊退ᄒᆞ면一은가빌人의排外思想을增進케ᄒᆞᆯ念慮와二ᄂᆞᆫ큐馬及非律賓을米國政策에弄ᄒᆞᆫ바이되야抛棄ᄒᆞᆫ結果로今且此國에勢力이挫頹ᄒᆞ면西國對外發展의一大失敗가될ᄲᅮᆫ안이라國家前途의非常ᄒᆞᆫ關係가有ᄒᆞᆷ으로세니열、마우라內閣은非常ᄒᆞᆫ英斷으로國中에頒布ᄒᆞ되과세로나의治安을恢復키爲ᄒᆞ며又ᄂᆞᆫ國家의名譽及利益을保全鞏固키爲ᄒᆞ야今日出征의不可不止ᄒᆞᆯ理由로國民을鼓警ᄒᆞ고甚至共和黨各新聞셔지라도政府의責任을問ᄒᆞᆷ은姑捨ᄒᆞ고西國의可히侮치못ᄒᆞᆯ理由로가빌人에對ᄒᆞ야示威的運動을表示ᄒᆞ며又ᄂᆞᆫ國家大關係가有ᄒᆞᆫ今日에敢死의敵愾로써奮戰ᄒᆞᆯ趣旨로輿論을激動ᄒᆞᄂᆞᆫ지라於是乎義勇兵에自願參戰ᄒᆞᄂᆞᆫ者

이運을接ᄒᆞ야到ᄒᆞ며極暑後大活動ᄒᆞᆯ準備에着手ᄒᆞᄂᆞᆫ同時에西班牙政府ᄂᆞᆫ무라아、하후이또와談判ᄒᆞ되利欲으로誘倒ᄒᆞ야메이라附近의秩序를回復키로方在設力中이러라

●歐美各國의寄宿費

一、佛國巴里 月額六十圓至八十圓但油炭洗濯費則自費其他市邑은五十圓假量

一、英國倫敦及大市 週額十五圓油炭上同其他細邑週額十三圓半至十三圓

一、德國栢林 月額七十五圓但相當家口可寄宿其他都市月額四五十圓

一、墺國維也納 月額八十圓假量家口可幷寄其他邑月額四十八圓

一、西班牙馬德里 月額五十圓至六十圓家口可寄

一、伊太利羅馬 月額六十圓미만은六十圓至八十圓

一、葡萄牙里叟逢、月額六十圓

一、米國紐育 週額十六圓至二十圓但寄宿舍費也午后茶貸及洗濯自費

一、露國聖彼得 月額八十圓至百圓(家貰、食料、掃除費、煖室費、燈料幷)莫斯科月額五十六圓至七十八圓

一、白耳義「부라셀」及「아돕」 月額五十圓但燈 炭 洗濯自費

一、墨西哥 月額百圓家貰 食料 洗濯幷

以上은歐美各國首都의物情을可히窺得ᄒᆞᆯ것이어니와一個月百圓或七八十圓經費로오히려數千人의

清國及日本留學生이年々히渡ᄒᆞ야各種科學의研究가孜々ᄒᆞ거날우我同胞靑年안歐美에留學ᄒᆞᆫ者이幾人이며留學ᄒᆞᄂᆞᆫ者이幾人이며留學할者이幾人에及ᄒᆞᆯ가貧國所致라政府의責과個人의過에止할ᄲᅮᆫ안인것은可히恕ᄒᆞᆯ자나至若一朔二十圜은經用이多ᄒᆞᆷ이안이오物價가高翔ᄒᆞᆷ이안이어날오히려日本留學生이今日小數에不過ᄒᆞ니우라今日은科學時代라蒼天이吾人에世界的學問으로써賦與ᄒᆞ숏ᄂᆞ니엿지ᄒᆞ야吾人ᄂᆞᆫ神聖ᄒᆞᆫ學問權을抛棄하고漸々變境에自墮ᄒᆞᄂᆞᆫ가韓國聰明子弟를爲ᄒᆞ야痛惜ᄒᆞᆷ을勝치못ᄒᆞ갯도다

◉韓國在留之外人

清國	一二三三二人	露國	一四人	白耳義	三人
美國	四六四人	希臘	八人	葡萄牙	二人
法國	八七人	伊國	七人	西班牙	一人
德國	三三人	諾威	五人	日本	一三萬人

英國(不詳)

彙報

○睿候康寧　我皇太子殿下게옵셔ᄂᆞᆫ近日　玉候康寧ᄒᆞ옵시고睿學日進ᄒᆞ옵시다ᄒᆞ니抃賀ᄒᆞᆷ을不勝ᄒᆞ노라

○慶節提燈　十月二十日千秋慶節에我一般留學生은慶賀ᄒᆞᄂᆞᆫ微誠을表키爲ᄒᆞ야提燈行列로麻布區、鳥居坂町御用邸에前往祇候ᄒᆞ야萬歲를三唱ᄒᆞ고仍卽退歸ᄒᆞ얏ᄂᆞᆫᄃᆡ來會者ᄂᆞᆫ約三百餘人인ᄃᆡ此日에　殿下게옵셔特히茶菓費五十圓을下賜ᄒᆞ옵셧더라

○秋期運動　十月十七日에田端白梅園에秋期大運動會를開ᄒᆞ엿ᄂᆞᆫᄃᆡ齊々ᄒᆞᆫ衣冠은二十世紀文明ᄒᆞᆫ狀態를發表ᄒᆞ고堂々ᄒᆞᆫ武藝ᄂᆞᆫ二千萬口快活ᄒᆞᆫ精神을露出ᄒᆞ엿시며各般運動을畢試ᄒᆞᆫ后夕陽山路에乘興而散ᄒᆞ얏더라

○學界困難　留學生監督申海永氏卒逝以來로我留學生은入學及其他交涉等節에其困難ᄒᆞᆷ은一筆難記오또新來學生에對ᄒᆞ야尤極難便ᄒᆞᆷ으로本會로서學部에呈書ᄒᆞᆫ事도有ᄒᆞ엿시나姑且如何ᄒᆞᆫ措處가無ᄒᆞᆷ으로만약新任監督이一日이遲延ᄒᆞ면我一般留學生의困難은一節이更深ᄒᆞ겟더라

○卒業歸國　本會員蔡基斗氏ᄂᆞᆫ元來有志홈으로內國社會에相當ᄒᆞᆫ信用을負치안니ᄒᆞ엿고光武八年甲辰歲에日本에留學次로來渡ᄒᆞ야普通學을學習ᄒᆞ다가明治大學法科에入學ᄒᆞ야今年夏에優美ᄒᆞᆫ成蹟으로卒業ᄒᆞ얏ᄂᆞᆫᄃᆡ氏ᄂᆞᆫ雄健流暢ᄒᆞᆫ辯論과高尙該博ᄒᆞᆫ學識을兼備ᄒᆞᆫ中에五六年留學生時代에學生界에藉蔚ᄒᆞᆫ名譽와供獻ᄒᆞᆫ事業은一般認定ᄒᆞᄂᆞᆫ바어니와氏의歸國은內外國同胞의注意를要ᄒᆞᄂᆞ니留學의名義를保ᄏᆡ爲ᄒᆞ며國家의聲譽를揚揮ᄏᆡ爲ᄒᆞ야過去의信任을負치말며將來의無窮ᄒᆞᆫ理想的人物이되기를豫期ᄒᆞ노라

會錄

（隆熙三年十月）

十月三日　總會를監督部內에開ᄒᆞ고左開事項을處理ᄒᆞ다

一本會財政窘艱ᄒᆞᆫ問題에對ᄒᆞ야ᄂᆞᆫ一般會員이每期半圓金을捐出維持ᄒᆞ기로滿場一致可決ᄒᆞ고

一各任員及各部報告中會計部長報告內에現存額이一百五十六圓六十錢이라ᄒᆞ고

一第三回任員總選擧를行ᄒᆞᆷ에新任任員氏名은如左ᄒᆞᆷ

會長　李昌煥　副會長　朴炳哲

總務員　高元勳　崔昌朝

評議員　李豐載　朴容喜　文尙宇　李得年　李承瑾　鄭世胤

南宮營　姜麟祐　李康賢　金淇驩　洪鑄一　趙鏞殷

金局泰　李寅彰　李大容　邊熙駿　金河球　金國彥

南廷圭　崔岙晟　尹台鎭　崔元植　全永植　崔浩承

崔浩善

一故監督申海永氏追悼會를本月十日에設行ᄒᆞᆯ事와評議會提出ᄒᆞᆫ바秋期運動會經費二十五圓支出事及本年夏期內國出張ᄒᆞ얏던敎育部及運動部員에對ᄒᆞ야慰勞會를開ᄒᆞᆯ等事를可決ᄒᆞ고新入會員金鍾復氏와相見禮를行ᄒᆞᆫ後閉會ᄒᆞ다

同日午后에評議會를開ᄒᆞ고各部員을改選ᄒᆞᆯᄉᆡ被選人氏名은如左ᄒᆞᆷ

書記員　崔基台　朴相洛　洪明基　姜信穆

幹事員　崔洛允　李復源　金致錬　李祀容　李熙廸

會計部員　金淵穆　文尙宇　崔漢基　閔天植　康斗鉉

編纂部員　趙鏞殷　姜　荃　金洛泳　朴海遠　金永基　姜　邁

　　金益三　金基柱　具滋鶴　吳悳泳
出版部員　柳晩秀　朴允喆　陳慶錫　姜完善　金尙沃
敎育部員　崔鳴煥　朴琮稙　洪命熹　楊在河　尹豐鉉
討論部員　劉泰魯　洪淳亨　鄭廣朝　李承漢　朴春緖
司察部員　金基炯　金相泰　李栽濱　白成鳳　金聖睦　朴寅喜
　　安炳乭
運動部員　尹冀鉉　安希貞　柳東秀　李相鎭　全宇榮　王宗敬
　　李得煥

十月九日　事務傳掌會及臨事評議會　是日午后七時에開會ᄒᆞ니出席人이六十一名이라會長總務評議及各部長의事務傳掌을了ᄒᆞ고會計部ᄂᆞᆫ部員缺席의多數로不得已臨時評議會를追後로開ᄒᆞ고如左ᄒᆞᆫ事項을處理ᄒᆞ다

一、編纂部員金基柱運動部員李得煥兩氏辭免은許遞ᄒᆞ고金氏代에高在濠氏로李氏代에洪在珪氏로選定ᄒᆞ고會計部長金淵穆氏와編纂部員具滋鶴氏의辭免은繳還ᄒᆞ다

一、出版部事ᄂᆞᆫ李昌煥文尙宇兩氏로委員을定ᄒᆞ야解雇ᄒᆞᆫ日人에게更爲交涉ᄒᆞᆯ事를決定ᄒᆞ고同日十時閉會ᄒᆞ다

十月十日　故監督申海永氏追悼會　是日午後二時에監督部內에開會ᄒᆞ니參席

者三百餘人이라會長李昌煥氏開會辭를公佈ᄒᆞᆫ後追悼文은趙鏞殷氏가朗讀ᄒᆞ고尹台鎭氏는申公의病中狀況及最後勸勉的遺言을公佈ᄒᆞ고劉泰魯氏가本會를代表ᄒᆞ야申公의歷史及追悼辭를陳述ᄒᆞ고會員中卒業生柳承欽、吳政善、蔡基斗諸氏가次第로悲廓ᄒᆞᆫ哀辭를表ᄒᆞᆫ後申公의繾권ᄒᆞᆫ遺言이會員一同의感懷를惹起ᄒᆞ야本會를維持ᄒᆞᆯ意로爭相捐金ᄒᆞ니片時間捐額이四百七十餘圓이라仍即閉會ᄒᆞ다

十月十六日　執行任員會를本會事務所에開ᄒᆞ고左開事項을處理ᄒᆞ다

一、會計部長金淵목氏報告現金額二百五十一圓九十三錢은尾張銀行에任置ᄒᆞᆫ事一、編纂部長趙鏞殷氏報告編纂部書籍의서失된者이有ᄒᆞᆫ즉從當査實事一、出版部長柳晩秀氏報告內活版器械의依數存在ᄒᆞᆫ事一、前總會決定에關ᄒᆞᆫ月捐金中未收된것은限本月ᄒᆞ야本執行任員이收捧ᄒᆞᆯ事

十月二十四日　追悼會　故李恒烈、尹擧鉉兩氏의追悼會는本月午前十時에監督部에開ᄒᆞ고會長李昌煥氏가開會辭를陳述ᄒᆞᆫ後尹台鎭氏는追悼文을朗讀ᄒᆞ고李承漢氏는追도辭를陳ᄒᆞᆯ식金敎錫氏는李公의姜　邁氏는尹公의歷史를詳述ᄒᆞᆫ後十二時에閉會ᄒᆞ다

同日下午一時에內地出張ᄒᆞ얏던運動部及敎育部員諸氏의慰勞會를開ᄒᆞ고李會長이代表로諸氏의功勞를賀慰ᄒᆞ고敎育部代表朴容喜及運動部代表尹冀鉉兩氏가答辭를陳述ᄒᆞᆫ後閉會ᄒᆞ다

十月三十一日　定期評議會를開ᄒᆞ고評議長李豊載氏가開會辭를公佈ᄒᆞ고處理ᄒᆞᆫ事項이如左ᄒᆞᆷ

一、出版部事件交涉委員李昌煥文尙宇兩氏代理朴炳哲氏가交涉ᄒᆞᆫ顚末을報告ᄒᆞᆷ에因爲承認ᄒᆞ니「本報六十頁二千部出版에印刷費七十圓을每朔支給ᄒᆞ고本會使用ᄒᆞ던活版機械全部ᄂᆞᆫ無代借用케ᄒᆞ고出版處所ᄂᆞᆫ本會事務所內로妥定協約ᄒᆞᆷ」

一、月捐金收入方法은執行任員會로委任ᄒᆞᆯ事를可決ᄒᆞ고書記洪明基氏及幹事李昶鎔氏辭任은接受ᄒᆞ고洪氏代에朴鎔夏氏로李氏代에金景律氏로選定ᄒᆞ고五時에閉會ᄒᆞ다

(十一月定期總會錄과新入會員錄은次號에揭載ᄒᆞᆷ)

會計報告

●義捐部(實納)

張璣衡	一圓	閔德鎬	一圓	吳政善	三圓
李大容	一圓二十錢	李昌煥	三圓十錢	文尙宇	三圓
洪鑄一	二圓	李康賢	二圓	南宮營	二圓
崔浩承	二圓	李承瑾	二圓	尹相박	一圓
李豊載	一圓五十錢	邊熙駿	三圓	金性洙	五圓

崔岙晟 二圓
李鍾俊 一圓
南允熙 二圓
具克昭 一圓
金國彥 一圓
成禎洙 二圓
朴勝薰 五十錢
李殷雨 五十錢
李絳宇 五十錢
鄭東春 五十錢
朴琮植 二圓
李寅彰 五圓
朴夏徵 二圓五十錢
朱範鎭 一圓
高元勳 二圓
揚在河 三圓
李得年 二圓

崔漢基 二圓
姜　邁 二圓
崔周煥 二圓
崔鳳梧 一圓
姜　荃 一圓
金仁재 二十錢
姜友永 五十錢
李鍾赫 五十錢
洪思翊 一圓
韓致明 二十錢
李震珪 二圓
金永基 一圓
金基淳 二圓
姜義洙 一圓
金淇驩 二圓
白炳璋 三圓
金益三 二圓

姜完善 三圓
朴炳哲 三圓
金馨瑀 五圓
朴珍薰 二圓
金致鍊 一圓
柳寧漢 五十錢
李昊永 一圓
廉昌燮 一圓
南相弼 一圓
崔鳴煥 二圓
崔元植 二圓
金瀅植 五十錢
黃中顯 三圓
具滋旭 一圓
李義用 五圓
趙重顯 三圓
李灌鎔 五圓

朴允喆 二圓	徐允京 二圓	白宗洽 三圓
金昌河 一圓	閔雨植 二圓	崔圭璇 二圓
崔圭璧 一圓	金相泰 三圓	崔洛允 三圓
金相豊 二圓	張在夏 二圓	高命錫 五圓
羅景錫 二圓	吳東準 二圓	張澤相 九十圓
金良洙 一圓	育英學校 三圓	金澤熙 五圓
金昌燮 五圓	高在濠 二十圓	趙重應 百圓

合計參百七拾九圓七拾錢

●月捐部(實納)

李得煥 一圓 十月分	殷成河 一圓 仝	金基형 一圓 仝
朴夏徵 五十錢 仝	朴容喜 五十錢 仝	金昌燮 五十錢 仝
朴炳哲 五十錢 仝	尹豊鉉 五十錢 仝	崔鳴煥 五十錢 仝
文尙宇 五十錢 仝	洪淳亨 五十錢 仝	崔준晟 五十錢 仝
李熙廸 五十錢 仝	吳悳泳 五十錢 仝	姜　邁 五十錢 仝
金相泰 五十錢 仝	崔洛允 五十錢 仝	李昌煥 五十錢 仝
朴春緖 五十錢 仝	高元勳 五十錢 仝	金良洙 五十錢 仝
柳晩秀 五十錢 仝	朴允喆 五十錢 仝	崔漢基 五十錢 仝

崔元植 五十錢 十月分
李承瑾 五十錢 仝
金局泰 五十錢 仝
金淇驩 五十錢 仝
李鍾俊 五十錢 仝
張澤相 五十錢 仝

李相旭 五十錢 十月分
南宮營 五十錢 仝
朴炳哲 五十錢 十一月分
朴秉古 五十錢 十月分
閔圭植 一圓 十月至十一月
李昌煥 五十錢 十一月分

李康賢 一圓 十月至十一月
姜麟祐 五十錢 十月分
金鍾震 一圓 十月至十一月
洪鑄一 五十錢 十月分
閔天植 一圓 十月至十一月
崔漢基 五十錢 十一月分

合計金貳拾四圓五拾錢

●學報代金收入部

李商雨 九十五錢 (三號至八號)
董秀英 一圓 (自一號七號)
金鳳濟 一圓五十錢 (自三號至十二號)

李尙斌 四十錢 (自六號至八號)
金和형 三圓 (自一號至廿四號)
朴鎔範 七十五錢 (自一至五號)

合計 金七圓六十錢

●出納統計部 (借方)

出版部 九百七十一圓八十二錢二厘
運動部 二百〇八圓九十一錢
事務所 五百七十八圓七十九錢
諸雜費 二百三十一圓 十 八錢

教育部 四十四圓六十二錢五
會計部 二十四圓七十九錢
討論部 三圓 〇 六錢
物 品 五圓六十二錢

特別債權　百六十七圓四十二錢　普通債權　三千八百卅八圓四十一錢

編纂部　二十圓五十一錢　尾張銀行　二百十七圓六十三錢

現金　百六十二圓十六錢八厘　預發金　四十五圓

合計金六千五百十九圓九十三錢五厘

（貸方）

基本金　四千九百八十圓三十一錢五厘　學報代金　八十三圓五十二錢

雜收入　六圓六十錢　會費金　百三十二圓十三錢

月捐金　二十四圓五十錢　義捐金　千二百四十二圓八十七錢

恩賜金　五十圓

合計六千五百十九圓九十三錢五厘

大韓興學報第六號
隆熙三年十月二十日 發行
明治四十二年十月二十日 發行
（每月一回）

●學報定價（改正）

一部（郵並）	拾貳錢
三個月（上仝）	參拾錢
半年分（上仝）	六拾錢
一年分（上仝）	一圜拾五錢

●廣告料

半頁	金參圜
一頁	金五圜

編輯人 趙鏞殷
日本東京市麴町區中六番町四十九番地

發行人 高元勳
日本東京市麴町區中六番町四十九番地

印刷人 姜邁
日本東京市麴町區中六番町四十九番地

發行所 大韓興學會出版部
日本東京市麴町區中六番町四十九番地

印刷所 大韓興學會印刷所
日本東京市麴町區中六番町四十九番地

會員諸君 座下

本報는大韓興學會의機關紙오興學會는在日本帝國靑年의結晶體니一般會員의思想을代表ᄒᆞ고學識을反射ᄒᆞᄂᆞᆫ本報의原稿製述은不可不會員諸君을是賴是望ᄒᆞ노니民智啓發에適當逼切ᄒᆞᆫ論說及學術을每月二十五日以內에本部로送交ᄒᆞ심을切盼

投書의注意

一 投稿는國漢文、楷書、完結을要ᄒᆞᆷ

一 投稿는論說、小說(短篇) 學藝等

一 學藝는法、政、經、哲、倫、心、地、歷과及博物、理化、醫、農、工、商等以內

一 原稿蒐輯期限은每月二十五日

大韓興學會編纂部

大韓興學報第七號

隆熙三年十二月十九日 明治四十二年十二月十九日 第三種郵便物認可

隆熙三年十一月廿日 明治四十二年十一月廿日 發行 (每月一回)

隆熙三年十一月十九日
明治四十二年十一月十九日
第三種郵便物認可

隆熙三年
日本明治四十二年
十二月廿日發行（每月一回）

大韓興學報

在日本東京
大韓興學會發行

第[illegible]號

廣告

●本報를購覽코자ᄒᆞ시ᄂᆞᆫ이ᄂᆞᆫ本發行所로居住姓名을記送ᄒᆞ시며代金은郵便爲替(換錢)로交付ᄒᆞ심을要ᄒᆞᆷ

●本報를購覽ᄒᆞ시ᄂᆞᆫ諸氏ᄂᆞᆫ住所를移轉ᄒᆞ거든本發行所로通知ᄒᆞ심을要ᄒᆞᆷ

●本報ᄂᆞᆫ有志人士의購覽上便宜를供ᄒᆞ기爲ᄒᆞ야特約販賣所를如左히定ᄒᆞᆷ

皇城中部長通坊洞口越便

朱翰榮書舖

北美國桑港韓人國民會館內

朱　元住所

庚戌
新年

帝國萬歲

大韓興學會

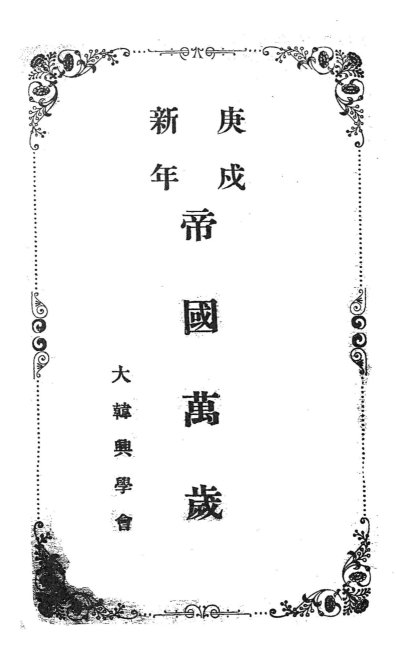

大韓興學報第八號目次

緊急廣告

敬白者本報에關ᄒᆞᆫ每月經費ᄂᆞᆫ百餘圓에到ᄒᆞᄂᆞᆫᄃᆡ本報價金의收入은每樣零星ᄒᆞ니諸君의誠意有無와本報의維持與否ᄂᆞᆫ全然히報價收入의遲速多寡如何에在ᄒᆞ오니隆熙四年一月三十日內에本事務所로這々計送ᄒᆞ야諸君의繾綣ᄒᆞᆫ誠意로本報를繼續發刊케ᄒᆞᆷ을仰希

隆熙三年十二月廿日

大韓興學會

本報購覽 諸君 座下

歲己酉終에舊韓을送홈

嘯印生

咨々女舊韓아四千載凶行悖德은이에今日慘狀을馴致ᄒᆞ얏고二千萬蒼生에播傳ᄒᆞᆫ罪惡은이에今日淪亡을胚胎ᄒᆞ야爾의罪惡이임의窮極ᄒᆞᆫ지라匹夫匹婦가一日二日의曷喪을是望ᄒᆞᄂᆞ니退ᄒᆞᆯ지어다去할지어다爾ᄂᆞᆫ我民族을老케ᄒᆞᆫ者며病케ᄒᆞᆫ者며亡케ᄒᆞᆫ渚이니爾罪를毛擧ᄒᆞ고爾惡을歷數ᄒᆞ면山이오히려低ᄒᆞ고海가오히려淺ᄒᆞ리라今에四大罪惡으로爾를聲討ᄒᆞ노니聽ᄒᆞᆯ지어다

爾가上古에在ᄒᆞ야慕古事大로韓國을老케ᄒᆞ얏고中古에在ᄒᆞ야樹黨鬪私로韓國을病케ᄒᆞ얏고近古에在ᄒᆞ야妬賢疾能과好奸任凶으로韓國을覆케ᄒᆞ얏고近日에至ᄒᆞ야附外偸生으로韓國을殞케ᄒᆞ얏ᄂᆞ니嗚呼라神聖ᄒᆞᆫ韓國은爾舊韓의犧牲을作ᄒᆞᆯ바이안이며敬愛ᄒᆞᆫ民族은爾舊韓의奴隷를作ᄒᆞᆯ바이無ᄒᆞ거ᄂᆞᆯ民族을誘ᄒᆞ되依賴苟且의心으로써ᄒᆞ고國粹를勵ᄒᆞ되奴隷犬馬의性으로써ᄒᆞ야大漢이來ᄒᆞ면大漢을君ᄒᆞ고大元이來ᄒᆞ면大元을 事ᄒᆞ며大明大淸이 來ᄒᆞ면大明大淸을服從케

ᄒᆞ야典章法度는野昧ᄒᆞᆫ大古時代로標準을立ᄒᆞ고刑政禮樂은洪蒙ᄒᆞᆫ部落時節로師範을作ᄒᆞ며人의國은國民兵을動ᄒᆞ야外寇를防禦ᄒᆞ며四境을開拆ᄒᆞ야日로百里를拓ᄒᆞ거든爾는日로百里를蹙ᄒᆞ며人의國은對外發展의雄畧을圖ᄒᆞ야班師振旅에巴里凱歌를歡迎ᄒᆞ거든爾는下馬俯首에大國勅使를迎恩門에恭迎ᄒᆞ야耻辱을光榮으로認ᄒᆞ고悖德을恩澤으로知ᄒᆞ야上下千載에一隅屬土를免치못ᄒᆞ고營々苟々히外邦의蹂躪을是甘ᄒᆞ얏시니此는爾의可憎ᄒᆞᆫ慕古事大의卑習이라爾罪ㅣ一이오

二는同家에明黨을結ᄒᆞ고同門에旗幟를立ᄒᆞ야骨肉이淸濁을分立ᄒᆞ고師弟가東西로對峙ᄒᆞ야政權與奪과官吏黜陟이黨派消長으로比例를成ᄒᆞ얏시니當日人心의內容을觧剖ᄒᆞ건ᄃᆡ黨派熱과階級心을除去ᄒᆞ면萎靡懶弱과因循腐敗ᄒᆞᆫ精神而已라眼界에便色이有ᄒᆞ되賢愚智否가無ᄒᆞ고心中에黨與가有ᄒᆞ되國家社會가無ᄒᆞ야三分四裂ᄒᆞᆫ人心으로土崩瓦解의徵占이半折ᄒᆞᆯ時에百萬外寇가動地掀天의勢로八道를包圍ᄒᆞ얏시니비록仁人義士의血戰이起ᄒᆞ얏시나敵馬所到에韓族의孑遺가靡有ᄒᆞ야　聖祖는北行의耻를當ᄒᆞ시고王儲는俘虜의辱을當ᄒᆞ셧시니韓國의弱ᄒᆞᆷ이胡然히此極에底ᄒᆞ며韓國의辱이胡然히此極에到ᄒᆞ얏ᄂᆞ뇨此는爾의可憎ᄒᆞᆫ樹黨鬪私ᄒᆞᄂᆞᆫ惡習의結果라爾罪ㅣ二오

三은弱肉强食의風潮가世界를振盪ᄒᆞ야兼弱攻昧로元理를삼고取亂侮亡으로正

義를삼아弱者昧者를是求是探ᄒᆞᄂᆞᆫ綠林時代에處ᄒᆞ야嗟爾舊韓은弱昧亂亡에自在ᄒᆞ고오히려哃々相樂에時勢를觀察치못ᄒᆞ고一身利害로國民殺活의標準을삼아有司黜陟이權門出入의親疎로並行ᄒᆞ야賞罰이其當을得치못ᄒᆞ고賢愚가其職을倒ᄒᆞ얏도다頑爾舊韓이오히려悔悛의色이無ᄒᆞ고悖行凶爲ㅣ愈往愈極ᄒᆞ야二十萬敎徒의慘血이漢水를赤케ᄒᆞ며三千外軍이帝城을擁ᄒᆞ니內訌外寇ㅣ半島를纏結ᄒᆞᆫ지라爾의興亡存廢가一髮에危ᄒᆞ야累卵의勢를呈ᄒᆞᆷ으로肆我 上帝ㅣ仁人志士를誕降ᄒᆞ사爾病을醫코爾命을革코져ᄒᆞ시거ᄂᆞᆯ頑冥無靈ᄒᆞᆫ爾舊韓은自覺自醒치못ᄒᆞ고獨立을圖ᄒᆞᄂᆞᆫ者를蛇蝎로待ᄒᆞ며民權을唱ᄒᆞᄂᆞᆫ者를惡魔로知ᄒᆞ야斷頭機엔志士의怨血이淋漓ᄒᆞ고海外寒月에憂國者의慷慨ᄒᆞᆫ熱淚가滂沱ᄒᆞᆷ에時機ᄂᆞᆫ已過ᄒᆞ고羣魔ㅣ日進ᄒᆞ야韓國今日의悲運을漫促ᄒᆞ얏ᄂᆞ니此ᄂᆞᆫ妬賢疾能과好奸任凶의禍孼이라爾罪ㅣ三이오

四ᄂᆞᆫ名正理順ᄒᆞᆷ을藉托ᄒᆞ야人面獸心의惡行을敢襲ᄒᆞᆯ시歲○○에外人覬覦의機會를自作ᄒᆞ고歲○○에外人束縛의厲階를自造ᄒᆞ고歲○○에外人鞭撻의禍機를自成ᄒᆞ고歲○○에外人殺活의權能을自授ᄒᆞ야而今엔血脈이已涸ᄒᆞ고精神이眩瞑ᄒᆞ야二千萬民族이宛然一木偶를化作ᄒᆞᆫ지라驅之東ᄒᆞ면之東ᄒᆞ고驅之西ᄒᆞ면之西ᄒᆞ되東驅西馳의利害를判斷ᄒᆞᆷ은尙矣勿論ᄒᆞ고左掣右挈의德音을罔忘ᄒᆞ야狗尾를搖ᄒᆞ며狐首를回ᄒᆞ야一靜一動에鼻息을是窺ᄒᆞ니淫風悖俗에衆媢이爭媚

ᄒᆞᆷ도爾의醜態를比ᄒᆞᆯ수업도다吁嗟乎舊韓이여爾가엇지此를忍ᄒᆞᄂᆞᆫ가附外偸生의陋習이至此ᄒᆞ니是ᄂᆞᆫ爾罪의四ㅣ라

「上帝若曰咨々女舊韓아命爾舊韓ᄒᆞ야宅于東土에三千里是疆ᄒᆞ고二千萬是民ᄒᆞ니輻隕旣長ᄒᆞ고庶黎旣多어ᄂᆞᆯ四千年長久年月에治蹟이不擧ᄒᆞ고罪惡이貫盈ᄒᆞ니歷數有窮이라退哉退哉어다」

懼ᄒᆞᆸ다天命이不又어ᄂᆞᆯ爾惡이旣極ᄒᆞ얏시니退ᄒᆞᆯ지어다爾여去ᄒᆞᆯ지어다爾여慕古事大ᄂᆞᆫ生民에賦與ᄒᆞ신自由自存의元理를逆ᄒᆞᆷ이오樹黨鬪私ᄂᆞᆫ生民에賦與ᄒᆞ신正義正道의公理를逆ᄒᆞᆷ이오賢能을妬ᄒᆞ고奸凶을信ᄒᆞᆷ은生民에賦與ᄒᆞ신良知良能의本領을撕滅ᄒᆞᆷ이오附外偸生은生民에賦與ᄒᆞ신獨立獨步의本能을抛棄ᄒᆞᆷ이라上으로逆天의罪와下으로病民의責이其極이至此ᄒᆞ니宇宙가비록至廣至大ᄒᆞ나爾罪ᄂᆞᆫ容ᄒᆞᆯ슈업ᄂᆞᆫ지라有昊가爾를逐ᄒᆞ사有虎에投비ᄒᆞ시ᄂᆞ니退ᄒᆞᆯ지어다爾여去ᄒᆞᆯ지어다爾여爾의退가一日이晩ᄒᆞ면帝國宗社ᄂᆞᆫ一日이猶危ᄒᆞ고爾의去가一日이遲ᄒᆞ면國民慘狀은一日이猶極ᄒᆞ리니神聖ᄒᆞᆫ宗社를爲ᄒᆞ야退ᄒᆞᆯ지며敬愛ᄒᆞᆫ民族을爲ᄒᆞ야去ᄒᆞᆯ지어다爾가萬一彷徨蠋躇ᄒᆞ야因循不退ᄒᆞ면女를努戮ᄒᆞ며女를剿滅ᄒᆞᆯ지니今歲로同히退ᄒᆞᆯ지어다奄急々如律令

我國將來商業의中心地

文一平

今年夏期休暇를利用ᄒᆞ야本國新義州方面에作行ᄒᆞ야數日滯在ᄒᆞ다가當地形勢를一觀ᄒᆞᆫ지라비록觀察이精確치못ᄒᆞᄂᆞ茲에其大概를略述ᄒᆞ노니

日本人의戶數ᄂᆞᆫ一千戶에未滿ᄒᆞ며我國人의戶數와淸國人의戶數ᄂᆞᆫ各其數十戶에不過ᄒᆞᄂᆞᆫᄃᆡ商業의景況은新港이되ᄂᆞᆫ故로아직蕭條ᄒᆞᆫ狀態를呈ᄒᆞᄂᆞ然이ᄂᆞ長江千里沃野百里의天府之地라黃沙黑泥에土質이肥沃ᄒᆞ며蒼葭白楊에景色이尤美ᄒᆞ고長江이廻流ᄒᆞᄂᆞᆫ故로空氣가新鮮ᄒᆞ며冷泉이湧出ᄒᆞᄂᆞᆫ故로飮料가淸甘ᄒᆞ야靜閑ᄒᆞᆫ島嶼에壯美ᄒᆞᆫ河岸을帶ᄒᆞ야遠遊ᄒᆞᄂᆞᆫ客子의心緖를亂케ᄒᆞᄂᆞᆫ도다

淸國安東縣이其越便에在ᄒᆞ며龍巖浦가其近邊에在ᄒᆞ고大東溝와烟台等이亦不遠ᄒᆞᆫ故로冬期凍氷以外에ᄂᆞᆫ恒時船舶이輻湊ᄒᆞ니韓日淸三國貿易의最要ᄒᆞᆫ位置가될지오且方今經營ᄒᆞᄂᆞᆫ安奉線이竣成되ᄂᆞᆫ日에ᄂᆞᆫ遠히歐美諸邦을連絡ᄒᆞ며近히我國及日本의交通이一層迅速케되야來往이頻繁ᄒᆞ리니來往이頻繁ᄒᆞ면頻繁ᄒᆞᆯ사록物貨가殷盛ᄒᆞ야世界의一大市場이되리로다然則此地ᄂᆞᆫ運河로言ᄒᆞ면船舶의輻湊線이오陸地로論ᄒᆞ면鐵路의集合點이라비록今日에在ᄒᆞ야ᄂᆞᆫ一陬僻地에不過ᄒᆞᄂᆞ未久에幾十萬의華樓高閣이參差ᄒᆞᆯ大都會오永遠히繼續ᄒᆞᆯ平和的戰爭을演出ᄒᆞᆯ活舞臺러다

元來此地가往昔에左ᄒᆞ야ᄂᆞᆫ林藪蒼々에人烟이寥々ᄒᆞ야荒原曠野에鳥獸만徘徊ᄒᆞ더니距今四五十年前에流離飄零ᄒᆞ든漁夫等이此에草幕을築ᄒᆞ고寓居ᄒᆞᆫ以後

로ᄂᆞᆫ貧乏困窮ᄒᆞᆫ農民이漸次移住ᄒᆞ야樹林을斫伐ᄒᆞ고陳蕪를開拓ᄒᆞ야稼穡에從事ᄒᆞ며五穀百果가善熟豐登하야人力을多費치안코도收利가還大ᄒᆞᆫ故로人民이四面八方으로華萃ᄒᆞ야此에居住를定ᄒᆞ며殆히一小部落을成ᄒᆞᆷ에至ᄒᆞ얏더니日露戰爭以來로商業에敏活ᄒᆞ고權變에技倆이有ᄒᆞᆫ日人이此地가將來商業의要地됨을早已看破ᄒᆞ고猶恐後失일가하야爭先移住ᄒᆞᆷ에人戶繁殖이逐日倍增ᄒᆞ니만일此率로써增加不已ᄒᆞ면幾年이不出ᄒᆞ야此地ᄂᆞᆫ日人으로써盡蔽ᄒᆞᆯ而已로다嗚呼商業界에有志하신諸君子여吾人이旣失ᄒᆞᆫ財政權을挽回키ᄂᆞᆫ未易어니와掌握에所有ᄒᆞᆫ利益鍵ᄭᆞ지야차마讓渡하며競爭塲裡에突進直入하야優勝의月桂冠을獨占키ᄂᆞᆫ難期어니와彼의日章旗로하야금엇지此地에全蔽케하리오前日我國諸市初開港時에ᄂᆞᆫ智識이蒙昧에尙屬하야ᄒᆞᆫ갓傍觀만하다가必也利藪를外人의手中에專歸케하얏스니今日에ᄂᆞᆫ아못조록其先例에鑑하야後悔를無케할지어다

更히財產家諸氏의게一言을敢勸하노니我國今日에某事를經營하던지剪頭에每樣二大難問이隨起하ᄂᆞ니即財政과智力이是라財政이有ᄒᆞᆫ者ᄂᆞᆫ智力이無하고智力이有ᄒᆞᆫ者ᄂᆞᆫ財政이無하야常々謀事家의艱難을感하ᄂᆞᆫ所以라今番에內國實業家某氏를逢着하야隨問隨答하던次에氏의所言을聞ᄒᆞᆫ즉當地(即新義州等地)에皮物(牛、羊皮等屬)과太唐(大豆、玉薥等屬)이最多產最大利ᄒᆞᆫ者인ᄃᆡ此兩種物品의會社를設立하얏스면設立하ᄂᆞᆫ同時에好結果를奏ᄒᆞᆯ지니다만巨額의財政을

募集키難하야迨今計劃中이라하며又는此附近地段을多數買置하얏다가後日隆盛을暫待ᄒᆞ야此에家屋을建築하야써放賃하얏스면莫大ᄒᆞᆫ利益을收홀지니是亦巨款의財政을要ᄒᆞ는故로迨今躑躅라ᄒᆞ니噫라今日躑躅하며明日躑躅하다가畢竟外人의게見奪乃已하리니財産家諸氏여財政아財政된所以는其利用力에專係홈이니만일財政이利用力을失하면土石과擇홀바奚有ᄒᆞ리오况且愁雨悽愴하고血風이慘憺하야存滅이一髮에爭하는危機를當하야此를活用치안코ᄒᆞᆫ갓死藏홈이可乎아諸氏여此日은諸氏의活動홀日이며此地는諸氏의活動홀地라諸氏여從速히會社設立에도着手하며地段買收애도投足하야써家國의利益을並謀홀지어다

教育急務莫先乎養師

東隱生 尹台鎭

自然界를試觀ᄒᆞ라森羅萬象이高低二儀에最適ᄒᆞᆫ地位와寒暖四序에最宜ᄒᆞᆫ氣候를隨ᄒᆞ야無爲繁昌홈이如彼ᄒᆞ니엇지吾儕의自覺홀暗訓이안인가스펜사ㅣ所謂生存競爭適者生存의元理는愈久愈敬홀價値가有ᄒᆞ니同一ᄒᆞᆫ宇宙에處ᄒᆞ야同一ᄒᆞᆫ理法으로同一ᄒᆞᆫ生存을競爭ᄒᆞ는人類도ᄯᅩᄒᆞᆫ此理에不外ᄒᆞ리로다彼太白山下可憐ᄒᆞᆫ同胞여首를擧ᄒᆞ야全球大勢를一顧ᄒᆞ라歐米大陸에簇立釰戟과西平兩洋에雲屯艦船은慘憺ᄒᆞᆫ殺氣가極東天地에亘塞ᄒᆞ야血雨腥風을頃刻에喚起코자ᄒᆞ

야曰黃禍豫防、曰勢力平均、曰利益均霑等假裝的凶說노口實을是藉커늘顧我黃種의太半은長夜昏夢에鼾聲이尙高ᄒᆞ고一部小數가何幸先覺ᄒᆞ야東亞의覇權을握取ᄒᆞ얏시나半島江山에風雲이漸急ᄒᆞ야直接間接의禍亂이踏至ᄒᆞ니凍妻飢子는溝壑에轉ᄒᆞ고寃父恨兄은形影이相吊ᄒᆞ니는彼慘酷現狀은同耳同目의所感이亦同ᄒᆞ리로다噫라極西의大勢가如彼ᄒᆞ고近隣의小見이又如此ᄒᆞ니神聖ᄒᆞᆫ檀箕民族二千萬은其將滅亡을坐待ᄒᆞᆯ가向所謂自然界繁昌의原理卽適者의適은益々히吾의感懷를惹起ᄒᆞ니適高適低가其位를換ᄒᆞ고適寒適暖이其序를失ᄒᆞ면宇宙萬物이滅絶乃已ᄒᆞᆯ것과如히人類社會도ᄯᅩᄒᆞᆫ適文適武의政治와適舊適新의敎育이其次를忘ᄒᆞ면國家民族이滅亡乃已ᄒᆞ리로다然則吾儕今日의所取ᄒᆞᆯ適點은果何에在ᄒᆞ뇨政治問題는當局諸公이在ᄒᆞ거니와適新敎育이當頭ᄒᆞᆫ急務오責任이로다挽近以來에社會輿論이此에一致된結果로新敎育熱이青邱全幅에膨脹ᄒᆞ야縱橫三千里에洋制日式의大小學校가軒々相望ᄒᆞ니外面的觀察엔此亦壯美ᄒᆞ나唯一最大最重의欠點은完全ᄒᆞᆫ新智式敎師의不備가是라敎育의目的은新智에在ᄒᆞ거늘敎師의資格은舊智로仍襲ᄒᆞ면是卽前日曰孔曰孟ᄒᆞ던私塾私齋가幻容復活ᄒᆞᆷ에不過ᄒᆞᆷ이니엇지吾의理想ᄒᆞ는人材를養成키期待ᄒᆞ리요況現行敎科書는總是嚴密ᄒᆞᆫ檢閱를經ᄒᆞ야無數强制로執筆者의自由를束縛ᄒᆞ야愛國的思想과獨立的精神을包藏ᄒᆞᆫ藪源이秃渴ᄒᆞ얏슨즉如干普通知識과專門技術를學得ᄒᆞᆫ덜

何利何益이國家에有ᄒᆞ리요近日新學家中에種々ᄒᆞᆫ害毒을自己社會와自己同胞의게施ᄒᆞ는惡類를産出홈도亦此에基因홈인가疑ᄒᆞ노니此弊를救코자ᄒᆞ면教師된者가其所掌學科에博識이有ᄒᆞ며所遭境遇에明鑑이有ᄒᆞ야書外漏語를口能補拾홀一點餘望뿐이어ᄂᆞᆯ但其不完全ᄒᆞᆫ教科書에만是依ᄒᆞ야字義解釋에汲々ᄒᆞ면積極消極의不適ᄒᆞᆫ語로多數靑年의幼腦를是戕홀而已니엇지可愼可懼홀바이안인가教師非其人의害가大略此와如ᄒᆞᆫ즉實노新教育을愛ᄒᆞ고實노新教育을務ᄒᆞ는諸氏는完全ᄒᆞᆫ新智式教師의養成을是急是勉홀것이오若其實行方針에對ᄒᆞ야具體的으로管見을陳컨ᄃᆡ

○機關 一、全國內에師範養成會를組織케

二、京城엔總會館、各府縣엔支會館을建設케

三、總會館엔高等師範學校、支會館엔尋常師範學校를附設케

○資格 一、總會는支會員、支會는府郡民을監督케

二、高師엔中學校、尋師엔小學校教師를培養케

○教師 一、內外國人中師範學識과教育實驗이兼備ᄒᆞᆫ人으로

○生徒 一、各府郡이公選ᄒᆞᆫ境內의聽俊ᄒᆞᆫ子弟로

○員數 一、高師엔教師三十人과生徒三千六百人、尋師엔教師各十人과生徒五十人以上假量으로

○特典　一、高師卒業中最優等三分一은外國에留學을擇送케
○義務　一、高尋二科와外國留學의卒業生은其修業年限과同一ᄒᆞᆫ年數에指定服
　　務케
○經費　一、全般國民의義務分擔ᄒᆞᆫ公費로
○行政　一、百般事務의指揮督促은同地方官의官力을借用케

ᄒᆞᆷ이是니此에所要되ᄂᆞᆫ經費를全國各敎師生徒에게分算合計ᄒᆞ면每朔月給百圓假量되ᄂᆞᆫ敎師全數의一年總額은四十三萬五千六百圓每朔學資十圓假量되ᄂᆞᆫ生徒全數의一年總額은二十一萬六千圓이라以若現今困荒의財政狀態로如許ᄒᆞᆫ巨額을易言ᄒᆞᆷ이不度自力이란嘲를未免ᄒᆞᆯ듯ᄒᆞᄂᆞ　帝國々民中의女子를半數로除許ᄒᆞ고男子도完格으로十分一만假擇ᄒᆞᆯ지라도百萬人엔不下ᄒᆞᆯ지니此에此金額을分排ᄒᆞ면每人의每年負擔額이六十五錢餘厘에不過ᄒᆞᆯ지라必行ᄒᆞᆯ熱心으로可及ᄒᆞᆯ誠力만盡ᄒᆞ면決코難行ᄒᆞᆯ事가안이로다國을興隆케ᄒᆞᄂᆞᆫ國民은行치못ᄒᆞᆯ것이無ᄒᆞ고國을衰頹케ᄒᆞᄂᆞᆫ國民은行키能ᄒᆞᆯ것이ᄉᆞ無ᄒᆞ니此一事ᄂᆞᆫ興國民、亡國民의成績을世界에發表ᄒᆞᆯ一大試題라可謂ᄒᆞ리로다此를果若實行ᄒᆞ면不出十年에完全ᄒᆞᆫ新智師材가全國에遍滿ᄒᆞᆯ지니此日이吾의理想ᄒᆞᄂᆞᆫ新敎育을可施ᄒᆞᆯ日이며此時가吾의理想ᄒᆞᄂᆞᆫ新人材를可得ᄒᆞᆯ時니彼所謂極西大勢ᄂᆞᆫ何足畏며近憐小見을何足歎ᄒᆞᆯ가此事가迂遠ᄒᆞ다謂ᄒᆞᆷ지ᄂᆞ此를行ᄒᆞ면前途의有望은庶幾언이와

此亦不行ᄒᆞ면當場의絕望을奈何오此實余의愚策이안이요列强今日의養師ᄒᆞ는通則을叅考報告ᄒᆞᆷ이로다日本과如ᄒᆞᆷ四千餘萬民族으로近三十萬良師를有ᄒᆞ얏ᄉᆞ니蕞爾ᄒᆞᆫ五島小國으로世界의一等待遇를受ᄒᆞᆷ이엇지그偶然ᄒᆞᆷ이리요競爭의激烈을制勝ᄒᆞ고誅戮의慘毒을救濟ᄒᆞᆯ、社會를改良ᄒᆞ고國權을回復ᄒᆞᆯ愛我同志同志

民是論

岳裔

凡人이輒曰國是國是라ᄒᆞ니何者를指ᄒᆞ야國是라云ᄒᆞ는뇨普通解釋者의說을從ᄒᆞ면曰國家의機關이되는政府가政治上方嚮을定ᄒᆞᆷ을國是라ᄒᆞᄂᆞ니是字의字義는讀之如字ᄒᆞ야國家政治上의「오른」方嚮을意味ᄒᆞᆷ에不過ᄒᆞ다ᄒᆞ나然ᄒᆞ나但政治上「오른」方嚮을國是라云ᄒᆞᆯ時는其義意가甚히모糊ᄒᆞ야明瞭치못ᄒᆞᆫ지라余의所見을言ᄒᆞ면國家를建設ᄒᆞ거ᄂᆞ或은革新ᄒᆞᆯ時代를當ᄒᆞ야國民을統率指導ᄒᆞᆷ에其國歷史의由來와民族의遺性을統察ᄒᆞ며또現在地位及外界의形勢를斟酌ᄒᆞ야人道를順應ᄒᆞ고時宜에適切ᄒᆞᆫ一個大主義를確立ᄒᆞ야써經國濟世의根本的政策을삼음을謂ᄒᆞ야國是라ᄒᆞ리니更히詳言ᄒᆞᆯ진ᄃᆡ現時國民이國家를爲ᄒᆞ야發現ᄒᆞ는無形的思想及精神이時宜에不悖ᄒᆞ야足히國家의基礎를定ᄒᆞ고國民의向背를順케ᄒᆞᆯ焦點을文字的으로表示ᄒᆞᆫ바吾人의主義라云ᄒᆞᆷ이是也로다個人이自己의

意思를統一ᄒᆞ야行動ᄒᆞᆯ時에도外部에發表ᄒᆞᄂᆞᆫ主義가必有ᄒᆞᄂᆞ니此ᄂᆞᆫ個人의是라一國을擧ᄒᆞ야國家의行動을表示홈에엇지一定ᄒᆞᆫ主義가無ᄒᆞ리요其主義ᄂᆞᆫ何者를標準ᄒᆞ던지現代時宜와國民全部의思潮를代表ᄒᆞᄂᆞᆫ者인故로一個人의私稱ᄒᆞᆯ비아니요반다시滿天下의公義大道를準據ᄒᆞ야定치아니치못ᄒᆞᆯ지니라

夫國是의義意ᄂᆞᆫ右와如ᄒᆞ거니와此를二種에區別홈을可得ᄒᆞᆯ지니一曰特別國是오二曰共通國是이라今日圓球上에土地의境域을區畫ᄒᆞ고人種의歷史가不同ᄒᆞ야何國을勿論ᄒᆞ고發達의程度가各殊ᄒᆞᆯ뿐아니라時代의關係亦相不同ᄒᆞ니是를因ᄒᆞ야所謂國是를各異케홈은必然의勢로다文明의發達과國家의制度ㅣ極盛ᄒᆞᆫ時代十七世紀以后로十九世紀에至ᄒᆞᆫ歐州列强의歷史를觀컨ᄃᆡ或은民權自由의革命으로써國是를定ᄒᆞᆫ者有ᄒᆞ니佛蘭西是也오或은民權自由革命의反動을因ᄒᆞ야專制로써國是를定ᄒᆞᆫ者有ᄒᆞ니露西亞是也오或은邦國의匡合과民族의統一로써國是를定ᄒᆞᆫ者有ᄒᆞ니伊太利及獨逸이是也오日本은明治維新의初를當ᄒᆞ야討幕勤王으로써國是를定ᄒᆞ엿스니此等은皆列國幷呑의日과國家存亡의時를際ᄒᆞ야當代의時宜와自國의利益을爲ᄒᆞ야各々自國의適合ᄒᆞᆫ國是를定ᄒᆞᆫ者이니此ᄂᆞᆫ余所謂特別國是也오

在昔歐州十五世紀ᄒᆞ야諸國家의新組織이成홈이所謂中央集權의結果로互相分離獨立ᄒᆞ야國家와國家의關係始生ᄒᆞ니於是乎國家의觀念이世界를支配ᄒᆞᆯ식人

類頭上에一大原素를作ᄒᆞ야幾多戰爭과幾多歲月을經ᄒᆞ야國家的組織을無不決行ᄒᆞ엿시니其國家의組織如何와疆域의大小를勿論ᄒᆞ고一致共通ᄒᆞᄂᆞᆫ主義ᄂᆞᆫ即國家主義是也라(一意味로ᄂᆞᆫ帝國主義와同ᄒᆞᆷ)佛之共和와獨逸之聯邦과露之專制가雖其組織은不同ᄒᆞ나對內的或對外的으로國家團体를組成ᄒᆞ고共通的國是를有ᄒᆞᆫ者ᄂᆞᆫ國家主義及廣義의帝國主義를實行ᄒᆞᆷ에不外ᄒᆞ도다此ᄂᆞᆫ余所謂共通的國是也니賛而言之ᄒᆞ면國体及政体의如何ᄒᆞᆷ을勿論ᄒᆞ고皆國家主義의發展ᄒᆞᆷ으로써最高目的을合ᄒᆞᆫ비라雖然이나所謂特別國是及共通國是를性質上으로分說키難ᄒᆞ고但時代의風潮를因ᄒᆞ야事實上으로國勢民性의自然的產物을作成ᄒᆞᆷ에不過ᄒᆞ나니夫國有國權ᄒᆞ고民有民權ᄒᆞ며國有國是ᄒᆞ고民有民是ᄒᆞ니民權은國權의客体오民是ᄂᆞᆫ國是의基本이라一國의是를定코자ᄒᆞᆯ진ᄃᆞᆫ先此一國民의是를確立치아니치못ᄒᆞᆯ지니今日我韓을爲ᄒᆞ야國是를說ᄒᆞᄂᆞᆫ者ᄂᆞᆫ반다시民是를先定ᄒᆞᆯ진저書曰民維邦本이니本固邦寧이라ᄒᆞ니人民領土及主權이國家의要素가됨은今古의原則이라人類가歷史를有ᄒᆞᆫ以來로其國을組成ᄒᆞᄂᆞᆫ者國民이오其國을敗亡ᄒᆞᄂᆞᆫ者亦國民이며國是를定ᄒᆞᄂᆞᆫ者ᄯᅩᄒᆞᆫ國民이오國是를失ᄒᆞᄂᆞᆫ者ᄯᅩᄒᆞᆫ國民이니凡我韓現狀이今日에至ᄒᆞᆫ所以를推究ᄒᆞᆯ진ᄃᆞᆫ無他라國是를未定ᄒᆞᆷ에專由ᄒᆞᆷ이로다當今天下의國家主義가極點에達ᄒᆞᆫ時代를際ᄒᆞ야國是未定ᄒᆞᆷ은抑復何故오我國이國是를定ᄒᆞᆯ時機를失ᄒᆞᆫ者一再에不止ᄒᆞ야世界의形勢를坐失ᄒᆞ고庶

幾淪沒에瀕ᄒᆞᆫ바者ᄂᆞᆫ엇지民是를未定ᄒᆞᆫ所以라云치아니ᄒᆞ리오故로曰余ᄂᆞᆫ今日我國의急務ᄂᆞᆫ民是를先定홈에在ᄒᆞ다斷言ᄒᆞ노니然則何者를指ᄒᆞ야民是라謂ᄒᆞ리오

一曰保國粹이니國粹者ᄂᆞᆫ何也오明而言之ᄒᆞ면我東邦禮義의國이라稱ᄒᆞᄂᆞᆫ國民의本質即國民의精粹是也니其源이太白山으로出ᄒᆞ야檀君이誕降ᄒᆞ신후로父傳子受ᄒᆞ고兄勸弟勉ᄒᆞ야今日ᄭᆞ지繼承ᄒᆞᆫ바國寶라其光熱이大則忠君愛國의瀝血을作ᄒᆞ며小則保家宜族의靈髓를成ᄒᆞᄂᆞᆫ者ᄂᆞᆫ唯我半島民族의天賦固有ᄒᆞᆫ特質이니自强自立ᄒᆞ야彼堅甲利兵이能히奪치못ᄒᆞᆯ者有ᄒᆞ거ᄂᆞᆯ奈之何於今醉生夢死ᄒᆞ야其國을忘ᄒᆞ며其身을辱되게ᄒᆞᄂᆞᆫ者種々有之ᄒᆞ나嗚呼라唯我同胞여韓土에生ᄒᆞᆫ者ᄂᆞᆫ韓民의魂이有ᄒᆞᆯ것이오韓民으로死ᄒᆞᄂᆞᆫ者ᄂᆞᆫ韓土의鬼가될것이니其生其死에自己의國粹를失치勿ᄒᆞᆯ지어다耶蘇氏曰猶太人의勝利ᄂᆞᆫ精神에在ᄒᆞ다ᄒᆞ니信哉라斯言이여文明의勝利的國民을養成코져ᄒᆞᆯ진ᄃᆡ實質的精神을薰陶홈에在ᄒᆞ도다夫耶蘇氏가精神的勝利說로ᄡᅥ猶太民族을支配코ᄌᆞᄒᆞ엿시나其說이不行ᄒᆞ야必竟外邦의羈絆을脫치못ᄒᆞ고窮厄困苦ᄒᆞ야亡國의遺恥를千秋에傳홈은無他라其民族의民是沮喪ᄒᆞ고國家의國粹를失홈에基因홈이니可不深戒哉아故로曰將來韓國民의勝利ᄂᆞᆫ太白山으로부터遺傳ᄒᆞᆫ韓國民의國粹를保守홈에在ᄒᆞ다ᄒᆞ노니但此를保守ᄒᆞᆯᄲᅮᆫ아니라漸益發揚ᄒᆞ야ᄡᅥ스사로存立ᄒᆞᆯ基礎를定ᄒᆞᆯ

二曰國民의私權을發展ᄒᆞᆷ이니私權者ᄂᆞᆫ公權에對ᄒᆞᆫ語義라法律上으로解釋ᄒᆞ면私法에規定ᄒᆞᆫ바各個人의資格에對ᄒᆞ야有ᄒᆞᆫ利益이니即社會上一分子가되야所有ᄒᆞᆫ私事上權利라此를二種에分ᄒᆞᆷ을得ᄒᆞᆯ지니甲曰自然的私權이라夫人이始生에自由의能力과自由의意思가有ᄒᆞᆫ者ᄂᆞᆫ반다시私權의亨有ᄒᆞᆷ을可得ᄒᆞᄂᆞ니天賦人權이是也라其生命身体도自有ᄒᆞᆫ者이오其名譽自由도亦自有ᄒᆞᆫ者인즉此를自然的私權이라稱ᄒᆞ고乙曰法律上私權이니此ᄂᆞᆫ法律上規定을依ᄒᆞ야비로소取得ᄒᆞᆫ者이니個人이各種財產權等에對ᄒᆞ야所有ᄒᆞᆫ私權이라法律上私權이法律의規定을依ᄒᆞ야生存ᄒᆞᆷ은勿論이오自然的私權도亦法律의保護를受ᄒᆞ야保存ᄒᆞᆷ을可得ᄒᆞ나니我國에法律知識이尙此幼稚ᄒᆞᆷ으로此等私權의觀念이薄弱不明ᄒᆞ야往々犧牲에供ᄒᆞᄂᆞᆫ者多有ᄒᆞ고人類의眞正ᄒᆞᆫ權利가何物인줄을不知ᄒᆞᄂᆞᆫ者不尠ᄒᆞ니曷勝歎哉아國家의基礎ᄂᆞᆫ個人에在ᄒᆞ고個人의基礎ᄂᆞᆫ私權發展ᄒᆞᆷ에在ᄒᆞᄂᆞ니由是觀之컨ᄃᆡ私權發展이民是의根本이라謂치아니치못ᄒᆞ리로다是以로方今世人이皆曰國是라호ᄃᆡ余獨不然ᄒᆞ야民是의說를道ᄒᆞᆷ에汲々ᄒᆞ노라夫今日의所謂世界文明者ᄂᆞᆫ復是十九世의產物이라彼達爾文이生物進化의原理ᄅᆞᆯ考出ᄒᆞᆫ以后로科學의面目이大開ᄒᆞ야凡哲學宗教道德社會의觀念이莫不一新ᄒᆞ니萬般事物를다進化의公例를準ᄒᆞ야解說ᄒᆞᄂᆞᆫ지라社會制度의變遷이進化也오道德宗教의

發達이進化也오風俗習慣의推移가亦進化也라然則人類의歷史即進化也오吾人의棲息ᄒᆞᄂᆞᆫ바世界도亦進化의世界也어늘噫獨半島人物이萬事閉息ᄒᆞ야進化의榮華를不受ᄒᆞ고退化의衰枯를自取코ᄌᆞᄒᆞ니岌々乎危哉라若如此以往ᄒᆞ야日日而退ᄒᆞ다가步窮地盡ᄒᆞ면退將安之리오維我國民은警ᄒᆞ며誡ᄒᆞ야나의國粹를保ᄒᆞ며國民의私權를發展ᄒᆞ야써民是를定ᄒᆞ며國是를立ᄒᆞᆯ지어다

青年國之元氣

吉昇翊

二十世紀我韓青年이여泰平盛代ᄂᆞᆫ過去에已屬ᄒᆞ엿고否運逆境은時日이方急ᄒᆞ니將찻何를守ᄒᆞ야國滅人奴의禍를免ᄒᆞᆯ고嗟홉다奴人의肉體ᄂᆞᆫ可失이언뎡國魂의精神은不可滅이라ᄒᆞ노니何者오所謂肉體ᄂᆞᆫ一身行動의機關인故로百年을不過ᄒᆞ되所謂精神은萬古正統을扶植ᄒᆞᆷ으로殺身成仁의綱常道理가有ᄒᆞᆫ비라是로由ᄒᆞ야支那엔句踐의十年敎와意太利엔瑪志尼의一統策과飛律賓엔黎沙兒의獨立謀와凶加利엔噶蘇士의平權論과俄엔巴枯寗等의自由論과日本엔維新諸傑의輿論이是라彼等이否運에不屈ᄒᆞ고百年大計를運出ᄒᆞᆷ은肉身을犧牲에供ᄒᆞ고靈魂을正義에服膺ᄒᆞᆫ緣由라然ᄒᆞᆫ즉各其冒險者의結果를試問ᄒᆞ노니越의雪耻ᄂᆞᆫ句踐의賜ᄒᆞᆫ비되며意太利의一統은瑪志尼의賜ᄒᆞᆫ비며凶加利의平等權은噶蘇士의賜ᄒᆞᆫ비며日本의文明은維新三傑의賜ᄒᆞᆫ바이며飛律賓은完全의獨立을奏效치못

ᄒᆞ얏스나黎沙兒의絕命詞ᄂᆞᆫ飛鳥에尙傳ᄒᆞ며俄羅斯ᄂᆞᆫ完全ᄒᆞᆫ自由를未護ᄒᆞ엿시나虛無黨慘淡의風雲이全世界에瀰漫ᄒᆞᆷ이捨生取義의効果라謂ᄒᆞᆯ지로다其結果를演繹的으로推ᄒᆞ야大原因을思溯ᄒᆞ면無他라人身中一心靈座로다大抵腦海ᄂᆞᆫ全體行動의總회이오一身機關의政府인故로志意ᄂᆞᆫ一身行爲를定正ᄒᆞᄂᆞᆫ上下議院의立法官이되고皮膚筋骨은一國內에土地人民의要素와如ᄒᆞ고四肢五管의倫序ᄂᆞᆫ國內의行政官과如히萬事를施行ᄒᆞᄂᆞᆫ者이라七尺軀殼中에自由行動ᄒᆞᄂᆞᆫ主權者된天君이泰然ᄒᆞ야自强自治ᄒᆞᄂᆞᆫ비妙玄ᄒᆞ며表白ᄒᆞ야操ᄒᆞ면方寸에在ᄒᆞ고捨ᄒᆞ면六合에瀰漫ᄒᆞᄂᆞᆫ도다更히歸納的으로論ᄒᆞᆯ진ᄃᆡ三包圍中에微在ᄒᆞᆫ主體라可謂ᄒᆞᆯ지로다所謂三包圍라ᄒᆞᆷ은何를指ᄒᆞᆷ이뇨一은肉体오二은人世요三은天地니肉體의包圍를脫顯ᄒᆞ면

第一、活潑ᄒᆞᆫ身分上에原始的動機라稱ᄒᆞᄂᆞ니此ᄂᆞᆫ無形ᄒᆞᆫ意思가微動ᄒᆞ면心筑이胸中에勇躍憤懣ᄒᆞ야滿腔熱血이出ᄒᆞᄂᆞᆫ時에凡百體의行爲가萬物을服從케ᄒᆞ며萬事을行政ᄒᆞᄂᆞᆫ비라此原動機活用法은幼年時代로붓허厭惡從善의義로習與性成ᄒᆞ야普通現想의苟々ᄒᆞᆫ俗累를超出ᄒᆞ야不世의行動으로己任을삼아天賦의利權을應用ᄒᆞ면氣化의刼運를自克ᄒᆞᆯ것이로다因ᄒᆞ야人世의包圍를脫顯ᄒᆞ면

第二、生活ᄒᆞᄂᆞᆫ人生觀에原動的活世界라稱ᄒᆞᄂᆞ니一身의行動으로社會에著顯

ᄒᆞᄂᆞᆫ비인즉即壯年時代라綱常道理의恒性으로千萬障碍에勇往奮鬪ᄒᆞ야新青年을集合ᄒᆞ며國魂喪失ᄒᆞᆫ舊弊를改革ᄒᆞ면新世의民權을利用ᄒᆞᄂᆞᆫ智能으로內强을自保ᄒᆞ며外侵을制禦ᄒᆞᆷ으로社會生靈의烈々ᄒᆞᆫ風氣가生存競爭의天然狀態를維持ᄒᆞ야彼我의正名을公佈ᄒᆞᄂᆞᆫ故로世界의耳目을警省케ᄒᆞᄂᆞ니此所謂米國의奴隷解放을萬國에公佈ᄒᆞᆫ正義오佛國革命黨의改革ᄒᆞᆫ精神이라또한三包圍를脫顯ᄒᆞ면

第三、無窮ᄒᆞᆫ靈魂觀에永生ᄒᆞᄂᆞᆫ時代라稱ᄒᆞᄂᆞ니此ᄂᆞᆫ青年時代의事ᄂᆞᆫ아니로ᄃᆡ人心의歸宿處를不可不論及일세玆에贅言ᄒᆞ노니級進中에一身의仁聲仁聞이普及ᄒᆞᄂᆞᆫ비天下에血氣가有ᄒᆞᆫ者가莫不尊親ᄒᆞ며無不悅服케ᄒᆞᄂᆞᆫ英靈精魄의權能이世界에洋溢ᄒᆞ야天의所覆과地의所載에無疑無惑ᄒᆞ야萬古의大統義를扶植ᄒᆞ며後世에正義를闡明케ᄒᆞ며天地의化育을知ᄒᆞ야萬世의太平基本을開ᄒᆞᄂᆞ니孔子曰天下에至誠이야配天이라ᄒᆞ며釋氏의天上天下에唯我獨存이란思想이有ᄒᆞ며耶蘇敎에云天堂에셔永生ᄒᆞ며世罪를救濟ᄒᆞᆫ다ᄒᆞᆷ이皆此期會로趨向ᄒᆞᆫ비라

右에陳述ᄒᆞᆫ비一點心靈이三包圍를勇脫ᄒᆞᆫ者幾人인고東賢이云「臨時處變은大人의權道」라ᄒᆞ며西哲이謂「天下에最大美觀은君子의逆境에在ᄒᆞᆷ이라」ᄒᆞ얏스니現今生辱死榮의逆境에在ᄒᆞᆫ青年은如何ᄒᆞᆫ權道로天下에最大美觀을逞할고

右에所擧ᄒᆞᆫ英雄을尙友ᄒᆞ며聖賦을從師ᄒᆞᆯ지어다嗚呼라國素論을未盡ᄒᆞᄂᆞᆫ江戶에海日이返紅이라更히一顧三思ᄒᆞ니風雨凄々ᄒᆞᆫ處에鬱々ᄒᆞᆫ白頭山은何를爲ᄒᆞ야太平洋東에屹然獨立ᄒᆞ얏ᄂᆞᆫ고正統一脉으로三千里半島江山을剏造ᄒᆞᆫ精神이요刼運을征服ᄒᆞᆯ英々ᄒᆞᆫ我靑年은誰을慕ᄒᆞ야學海風霜에苦傷을閱歷ᄒᆞᄂᆞᆫ고仁愛一手로二千萬帝國同胞을救濟ᄒᆞᆯ志氣로다

社會變態說

金 河 球

仰觀天象、日月星辰、千古至今、不變其位置、俯察地球、山川草木、附着其面、互相不離、而但晝夜寒暑從秩序之循環、新陳代謝、雨露霜雪降乎其間、成熟果穀、此宇宙化育成物之功也、惟人類禀天地之正氣、靈長於萬物而最所貴乎衆者、以其有社會的眞性也

凡稱社會之術語、始出於十八世紀之初葉、西洋哲學家所名稱而其範圍廣漠、定義多端、討究益深、遂成今日獨立的學問、而國家之要素卽土地人民、社會之組成亦在人民之聚合、而其組成之階級各有層等但其共通的意義有三種焉

一、則凡人類以精神的作用。於千萬無量之事、互相同情而信愛

二、則以有形的協同生活上、有共通相須

三、則以上兩者、互相作用之結果、人々之間、成立一定關係、做出物質之基礎精

神的社會、此所謂社會之眞性也

元來社會結合之要素、即習慣、道德、法政、經濟、等各方面互相關聯、離社會無個人利益者、先言人類之種族、則一姓之合而成家族也、其互相愛信之情出於習慣道德之共同也、且其政法關係、則治者被治者之間、安心信服、各守其分也、其他經濟則吾人日用需要物品非一個人所能産出者、故以布易粟、有無相換、如無社會之前、必不能生活也、故人類社交的動物而互相模倣準則、方可成人格矣、若使人初生、離在山中、與麋鹿同侶、則其人漸失人格、與野獸無違、此是理論及實驗上、不可免之實例也、然則社會之本位在個人而、個人有肉體的精神的、而其意識之作用、發乎外者、即個人之心理也、夫心性天賦本善本惡之說、先哲有言、今日之通論、則個人惟蒙社會的教育陶冶然後、能全其善良、故觀察一國之資格、先觀個人之品質、觀人亦不取容貌衣服之美麗、惟察其人心理之善否矣

嗚呼將此社會之原則、比照現社會之狀態、摘發通弊、救濟方針、果係世界的俊傑之業及憂國志士之事而、以余晩生凉德、不敢措一辭於其間、但目下祖國社會狀態、一欲說道而爲先、國民精神上無統一的觀念、萬事如龍頭蛇尾、且無調和之感情、故痛癢不相關、甚至楚越相視、分裂極矣、是以社會上若干動作互相背馳、即積極與消極、而或唱自由、或甘奴隷、或促進步、或安停滯、或謀獨立、或思附屬、其紛淆錯繆、幾難識別、可謂玉石俱焚、其他家庭、都市、地方、訟庭、學校、病院、

教會、監獄、工場、公園、劇場、孤兒院等、及至人事世態之極點處無不詳細觀察不足入于識者之眼界、是誠何故哉、可謂長太息者此也

嗚呼佛國大革命家、腥風血雨中釀成曠古之一大變亂、廢頹帝政、珍滅貴族、將自由平等、波及于天下後世、日本明治維新家、排擠鎖國攘夷之論、廢藩置縣、復古王政、開國通交、擴張政略、至有今日之勃興、此等雄志苦節、吾人所起敬興感、而噫彼飽食暖衣逸居之禽獸的生活、實非人類之本分、則吾人輔弼造化之功用、賛成萬物之化育、抱遠大之誠實、將公共的精神、研究改革之大法、使我社會變態、而排除人事之患害、洗滌社會之罪惡、此我青年今日之天職也、然其今後之改革、非一個志士之責任、亦非政府之依賴者、社會改良、即天下同胞之事也、其運用手段破壞腐敗之部分、興起健全之團體、誘導眞個文明之思想、提撕活潑進取之觀念、非行自己本分之軌道、健々不息、如地球之公私轉、晝夜循環而無窮則、不識不知之中、涵養高潔之志操、能有剛健之氣力其神通妙用、達吾人之目的、奏非常之偉功矣

嗚呼古來英豪之能收攬天下之民心者、通心理妙用的機微、故臨時用事衆心如歸市此天賦之良智神契默悟、의然有隨感而見、然其作用毫厘之差千里之達、葛伯之仇餉猶大之殺師、此亦心理之作用而、窮흉極惡也、先天下之憂、不有其躬、代世界之罪殺身成仁、大慈悲蒸生、念々不釋、此皆心理之作用而果人類之眞性也、

且心理之影響本無成敗之區別、一如其動機之始而其結果亦歸納矣、假令박浪椎聲動振天下反亂之機、此張良復雌的心理也、且愛而知其惡、憎而知其善、亦心之眞理、即孔明之泣斬馬칙項伯之蔽沛公、此是一類也嗚呼尙忍言哉、余所以改革社會者、良以此也、社會之一定組成、以其有同情協同、而反是悖戾者、汲々改心、蒸々遷善、使我四千年有史之社會、斡旋乾坤、震盪海陸、通開別天地、造成新局面、是我滿腔血祝而敬告于我同志諸同胞

▲人民이有ᄒᆞᆫ后에政府가有ᄒᆞ나니만일人民이無ᄒᆞ면政府ᄅᆞᆯ設立ᄒᆞᆯ必要가어ᄃᆡ잇스리오人民은本이오政府ᄂᆞᆫ末이라政府가엇지民論을從치안이ᄒᆞᆯ가　（바ᄭᅳᆯ氏）

▲言論을罰ᄒᆞᆷ은世人으로하야곰論者의正義ᄅᆞᆯ信케ᄒᆞᆷ이오文字ᄅᆞᆯ禁ᄒᆞᆷ은世人으로ᄒᆞ야곰著者의眞理ᄅᆞᆯ證케ᄒᆞᆯ而已니라　（섀이끈氏）

●移種頻則木不結實이오　變志數則人難成功이니라

小說

요죠오한 (四疊半)

夢夢

二層위南向한「요죠오한」이咸映湖의寢房、客室、食堂、書齋를兼한房이라。長方形冊床위에는算術敎科書라修身敎科書라中等外國地誌等中學校에써는日課冊을꼬진冊架가잇는데그녑흐로는뚱뎌러진大陸文士의小說이라詩集等의譯本이面積좁은게恨이라고늘어싸혓고新舊刊의純文藝雜誌도두세種노혓스며、學校에다니는冊褓子는열十字로매인채그밋헤바렷스며、壁에는勞役服을입은꼬오리세와바른손으로볼을버틘두우르궤네브의小照가걸녓더라。

저녁밥을갓먹은뒤라食後四十分以內에는工夫를思索함이좃치안타는攝生法을직히는버릇이잇슴으로名色만잇는欄干을갈오타고안잣더니한눈구진五十假量된女人이捲烟工場의制服을입고바닥만남은「쌔다」를다악다악쓸면서멧집걸너잇는골목등이로돌아가더나이대서달아왓는지거지다된대여섯살된두아해가맨발노달녀들어「옥가、오맘마구레」하고울고부는모양을보고여러가지로생각이나는모양이라。 이때

「映湖잇소」

하고서슴지안코들어오는사람이잇서「洛城一別四千里에未知近況이何如」를豪氣잇게질느니바야ᄒᆞ로이리저리어즈러워진생각에空然히혼자苦生하던映湖가急한비ㅅ소리에익은잠을깨우듯

「이게 누구요 이거 웬 일이야」

하면서얼는일어나손붓들어歡迎하는情을表하고房으로들어와對坐하니이는神經質에兼ᄒᆞ야倨慢이잔ᄯᅳᆨ찬映湖가大特別노그를待接함이라。

「그래 나는 데가 이졔오 이졔가 데로 그대로 지내거니와 蔡君은 웃더나하오 무를것 업는일이나 장 궁겁게 지내엿기로 뭇는말이오」

「그저 그럿치 우리란 사람이 어대를 가면 別수잇나」

「그런맛업는 대답말고 오래간만에 맛낫슬분아니라 君自故鄕來하니 應知故鄕事라 都大體 本國形便 이나 좀 들녀쥬구려 그리하다가 한가지벼께를하야 彼此 먹엇던 이약이나 다 합시다그려」

무슨일인지 모르나 前例업시 그가온것을 몸시 조와하고 ᄯᅩ 속으로는 한번맛낫스면한지가 오린것이 거의 얼골에 낫타낫더라。

이 蔡란사람은 나으로 말하면 咸보담 한살 아래가 되나 그러나 日本건너온것으로 말하던지 本國도라간것으로 말하던지 激烈한 時代新潮에어린

몸이 뜨며잠기며 苦生한것으로 말하던지 「호시」니 「스미레」니 社會의本狀이니 人生의 眞意니하야 남모로는中 現實과 理想의 交涉과 寫實과 象徵의形式等으로 애쓴것으로 말하던지 나의 反對로 한두살 압선것이 잇스나 別노 親舊사괴믈 일삼지아니하는 그는 內地에서나 外方에서나 長 혼자 煩惱하고 또스스로 解決하야 妄斷의 더러움을 할대로하고 孤獨의 슬픔을 맛볼대로 맛보더니 偶然한 機會로 얼만콤 갓흔 臭味를 가진 咸을 보고서 서로 本能이 感應하야 오래지아니한 동안에 슬그먼히 我愛爾慕하는 사이가 되얏더라。

그런데 咸의 思想으로 말하면 무엇으로보던지 매우 單純하나 蔡는 그지나온 徑路나 휘모리가진 範圍나 다比較的 複雜할뿐아니라 그性格에 큰差別이 잇스되 큰 砂漠이나 넓은 海洋에서 轉輾하거나 漂流하는 외로운 사람은 俄人이 日人을 보아도 眞心으로 반가와 서로 依支하려하고 法人이 普人을 보아도 眞心으로 깃버서 彼此 安慰하는것처람 茫々한 理海의 怒氣騰々한 思潮에 各々 子々하게 쩌잇는 處地가 되는지라 이것저것 헤아릴틈업시 둘의마음과 마음이 사랑의 실노 連하얏더라。

그리하야 함은 目黑(地名)에 居하고 蔡는 千住(地名)에 居할때에도 一週日에 兩次以上 맛나지아니하는일이 업시 갓갑게 相從하더니 蔡는그 性格의 當

然히到達할 地點에 이르러 여러번 煩悶하고 여러가지로 思慮한끗헤 無限한感慨와 無限한 寃痛을 품고 이러틋한 親舊ᄭᆞ지 離別하야 지난해여름에 時代의 犧牲이 될양으로 匆々히 本國으로 도라가 한구석에 숨어잇서 音信ᄭᆞ지 渺然하더니 一年半이나 된 오늘에 夢想치도아니하는中 突然히 차자왓스니 咸이 그대지 반겨함도 ᄭᆞ닭업슴은 아니라 그러나 咸의 이ᄯᆡ 心理的狀態로 말하면 다만 오래보지못하다가 맛난것이 조와서 그리하는것만 아니러라。

「나도 그리하자고 오기는 왓소마는 그리 急할것도 업고 本國잇슬ᄯᆡ에는 老兄을 맛나거든 이런일도 이야기ᄒᆞ고 저런일도 이야기ᄒᆞ리라ᄒᆞ야 속에 싸허둔것이 ᄯᅩᄒᆞᆫ 적지아니하더니 ᄯᅣᆨ 對面하고 본즉 어대로 다 逃亡하얏는지 한아 생각나는것이 업소그려 그래 老兄은 今年試驗에 榮譽가 놉흡듸다그려」

어늬틈 식혓든지 房門이 열니면서 粉을 더덕더덕 발은 下婢의 얼골과 作伴하야 「아마모노」楪七와 茶器가들어온다。

「참 거룩ᄒᆞᆫ 榮譽를 엇엇는걸。 이거나 먹으며 이약이합시다。……………學校에는 一週日에 잘하여야 一二三日가고……………오늘도 모처럼 學校에를 갓더니 先生에게 ᄭᅮ중도 잘 들은걸」

蔡는 죽은 子息이 나를먹지아니하는세음으로 그동안 一年有餘에 얼골한번片紙혼張接혼적이업슴으로 咸이 웃더케 變혼것을 생각치못한다。

「그왜 어듸가 便치못하시오」

「便치못하다면 크게 便치못하고 便하다면또혼 便ᄒᆞ오……………只今도 돌쓰토이를 愛讀하오?」

말이 瞥眼間 異常스러운 方面으로 ᄲᅡ지는것을 보고 그 얼골을 본즉痕跡업시時代的煩惱가 가득혼듯혼지라 蔡의 생각에 혼녑ᄒᆞ로는「이사람도 이苦生을 自取하는구나 無情혼 하나님이 이 弱혼者를 또 그 凶惡혼 그믈에걸니게하셧구나」하는 同情이 무럭무럭 일어나고 한녑ᄒᆞ로는「네가 바야ᄒᆞ로 어린아해를 免ᄒᆞ려ᄒᆞ는구나 그러나 좀쳐럼 努力ᄒᆞ야가지고는 病나기쉬운걸」ᄒᆞ야 慢侮ᄒᆞ는듯한責慮ᄒᆞ는듯한 마음이 생기는데

「觀舊란 어려워 經驗 이란 무서워」

란 咸의 말을 듯고 비로소 果然 그런줄을 確實히알고 남다르게 自己를 마진 意味와 學校册褓는 풀지도아니한처로 텬저ᄎᆞ코 異常한 册子가 册床을占領ᄒᆞ고 異常한 그림이 壁間에 걸닌 所以를 세다라 무엇을 일은듯도하고무엇을 엇은듯도하야 自然히 단숨에 醉하얏든 自己의 過程을 도라다본다。

이약이가 暫時 끈치다。
下弦지난 달이 희미한 빗흘 揮帳친 琉璃窓밧그로서 들여보낸다。
닙에 들어가는「못지」가 제精神으로 들어가는지 아닌지 몰으는듯한데 蔡의 손은 連方 牒七로 왓다갓다하기는한다。
얼마잇다가 蔡의 煩惱懷舊談이 나오고 咸의 思想傾向談이 나와 여러가지 學生界에서 別노 쓰지아니하는 셧홀은 文藝上文字가 두사람의 닙살에셔 떠러지는데 얼어가는 물과 풀녀가는 어름이 한아는 올나가기 爲하야 흔아는 나려가기 爲하야 氷點에서 서로 맛낫스나 그러나 兩邊의 귀는各其 對手에게로 기우러젓더라。
마조막에咸은 가장 熱心으로
「個性의 發揮는 지금나의 希望欲求의 全體ㅣ니데 이 생각은 은제까지도 變함이 업슬것갓소」
하고 蔡는虛無主義로서 社會主義로 돌아오든 말、自然主義로서 道德主義로 돌아오든말과 밋 文藝上으로서는 寫實主義를 盲信하든일이 꿈갓다하고 로맨틕思想에도 取할것곳一理가잇는것과 主義그것이 매우 우수우나 그러나 아직까지 무엇이든지 사람이 客氣를 가저야하겟단 말을 다한뒤에
「이것저것 다 쓸대잇소 술이란것이 長醉不醒은 못하는것이고 또 몰하면

實地를 밟으지못하길네 理想이란말이 存在하는것이지마는 번연히이런줄을 알고잇다가도 참으로 實世間에 接觸할때에는 限量업는 哀感이 새삼스럽게 납듸다」

하면서 무슨 意味가 잇는듯 포켓트에 손을 집어느면서 이러나「時代의犧牲」이란 소리를 여러번 노래調로 불으더라。

열한時를 치다。下婢가 자리를 펴고 가다。

불ᄭᅳ고 누은뒤에도 두사람의 이약이는 ᄭᅳ니지아니하는데 本國形便에關하야는 여러번 물으나 蔡의 對答은 오직「赤子匍匐入井」의 한마듸ᄲᅮᆫ이요 그대로「그저 堅忍하여 堅忍하여야하오 우리는 天生이 戀愛와 思想과 事爲의 自由公權을 剝奪當하얏습넨다 그中思想으로 말하면 것흐로 들어나지 아니하니ᄭᅡᆫ 열만콤 自由가 잇슬가」하더라。

ᄣᅢᄣᅢ 夜巡하는 警木소리가 캄々한속으로서 들닌다。

※ ※ ※ ※ ※ ※ ※

이튼날아참 늣게 일어난 蔡는 朝飯이나 먹고가라하야도「아니 느졋서」하고 제살먹은 어린아해를 갈으치는듯한 말노

「學校에 잘 다니고 先生꾸지람 듯지 몰도록하시오 무슨일이고 自然이지 不自然은 업습넨다」

하면서 匆忙히 가니 咸은 재 苦悶 한아를 더하는 同時에 「自卑하는者야 苟安하는者야」 하는 생각이 蔡의 등을 向하야 나감을 禁치못하더라。

(以上)

小兒의養育法

池成沇

小兒의養育法을論홈에當ᄒᆞ야、先히妊娠의成立ᄒᆞᄂᆞᆫ關係와、胎中에注意ᄒᆞᆫ要件으로부터、次第히、論述코져ᄒᆞ노라。

妊娠의成立ᄒᆞᄂᆞᆫ關係　妊娠의成立홈은、男女의交接을因ᄒᆞ야、健全ᄒᆞᆫ生活機能이有ᄒᆞᆫ男性의精蟲과、成熟ᄒᆞᆫ妊孕機能이有ᄒᆞᆫ女性의卵이、互相會合홈에在ᄒᆞ고。此兩性의會合ᄒᆞᄂᆞᆫ部位ᄂᆞᆫ、子宮腔或輸卵管이是이니、即射精홀時에、膣腔內에

射入된精蟲이、自働力으로、子宮頸을經ᄒᆞ야、子宮內에進入ᄒᆞ고、濾胞의破裂를因ᄒᆞ야、排出된卵이、卵巢로부터、輸卵管內에至ᄒᆞ야、其部의氈毛上皮運動을因ᄒᆞ야、子宮內에輸出되야、兩性이、互相會合ᄒᆞ며、或輸卵管內에서、會合ᄒᆞᆯ時ᄂᆞᆫ、稀히、輸卵管內姙娠을形成ᄒᆞᆷ이、有ᄒᆞ나、通常은、更히、子宮內에、退出ᄒᆞᄂᆞᆫ者ㅣ多ᄒᆞ고、兩性이旣爲會合ᄒᆞᆫ後에ᄂᆞᆫ、子宮粘膜에包藏ᄒᆞ야、漸次發育ᄒᆞ야、胎兒를遂成ᄒᆞᄂᆞ니라。然이나、男子의生殖器에、畸形或疾病이、有ᄒᆞ야、射精이、不能ᄒᆞ거나、精液의製成이不能ᄒᆞ거나、精液中에、精蟲이無ᄒᆞᆯ時와、女子의生殖器에、畸形或疾病이有ᄒᆞ야、精蟲의進入을防害ᄒᆞ거나、成熟ᄒᆞᆫ卵의排出이無ᄒᆞ거나、姙卵의發育을防害ᄒᆞᆯ時ᄂᆞᆫ、姙卵의成立을期望키不能ᄒᆞ나니。如此ᄒᆞᆯ時ᄂᆞᆫ、急速히、醫師의診察을受ᄒᆞ야、其原因을治療ᄒᆞᆷ이、可ᄒᆞ고。且或男子의荒色을因ᄒᆞ야、精蟲의製成ᄒᆞᆯ間暇가、無ᄒᆞ거나、女子의荒淫을因ᄒᆞ야、卵의成熟ᄒᆞᆯ間暇가、無ᄒᆞᆯ時에도、姙娠의成立을期望키亦難ᄒᆞ나니。多妾ᄒᆞᆫ男子의嗣續이極罕ᄒᆞᆷ과、賣淫ᄒᆞᄂᆞᆫ娼妓의姙孕이、甚艱ᄒᆞᆷ이、此故를由ᄒᆞᆷ이라。如此ᄒᆞᆯ時ᄂᆞᆫ、醫治를受ᄒᆞᆯ必要가少ᄒᆞ고、自家의治療를、行ᄒᆞᆷ이、可ᄒᆞ니라。

胎中에注意ᄒᆞᆯ要件、姙娠의成立ᄒᆞᆫ日로붓터、出産ᄒᆞ기ᄭᆞ지의日數를通俗에、十個月間이라云ᄒᆞ니、實際에、平均ᄒᆞ면、十度의月經期即二百八十日間이라。此期間에在ᄒᆞ야、姙婦의身體에種々의變化를惹起ᄒᆞ나니。即受胎의前에、每二十

八日에、一次式正規로潮來ᄒᆞᄂᆞᆫ月經이、受胎의同時에、直爲閉止ᄒᆞ며、往々心氣沈鬱、感情過敏等의精神症狀과、頭痛、腰痛、嘔氣、眩暈等의神經症狀이、有ᄒᆞ며、食慾이變幻ᄒᆞ야、或亢進或減損ᄒᆞ고、或酸性의食物과、或壁土、生米、木炭等의異物을嗜好ᄒᆞ며、或下肢의浮腫과、肺量의減少와、尿量의增加等을、招來ᄒᆞᄂᆞ니、此亦醫治를受ᄒᆞᆷ이、可ᄒᆞ나。第一必要ᄒᆞᆫ者ᄂᆞᆫ、自家의攝生이니。何故오ᄒᆞ면胎母ᄂᆞᆫ、胎兒의生命也며、世界也ㅣ라、故로胎母가、健全ᄒᆞ면、胎兒도亦是健全ᄒᆞ고、胎母가、不健全ᄒᆞ면、胎兒도亦是不健ᄒᆞᄂᆞ니、엇지注意치아니리오 萬一自家의攝生을不顧ᄒᆞ야、可矜可憐ᄒᆞᆫ胎兒로ᄒᆞ야금、冥々中에生ᄒᆞ야、冥々中에歸케ᄒᆞ며、至重至愛ᄒᆞᆫ自身으로ᄒᆞ야금、危險ᄒᆞᆫ境에、陷케ᄒᆞ면、但히、一身의義務를空負ᄒᆞᆯ뿐아이라、一家의大慘狀을招來ᄒᆞᆷ이오、如或自身은無事ᄒᆞ나、攝生을不顧ᄒᆞᄂᆞᆫ所致로、不具의小兒를出產ᄒᆞ면、一生의羞耻와、後悔를免키不能ᄒᆞ니、戒之愼之어다。然이나胎中攝生의方法을詳述코져ᄒᆞ면一卷의書이라도、可盡키難ᄒᆞ고。且此時에在ᄒᆞ야ᄂᆞᆫ、何人을勿論ᄒᆞ고、擧皆醫治를受ᄒᆞᄂᆞᆫ故로、其大畧만記述ᄒᆞ노라。

胎中攝生의要件은、飮食物을注意ᄒᆞ야、不消化性의胃腸을害ᄒᆞᄂᆞᆫ者와水分이、過多ᄒᆞ야、尿量을增加ᄒᆞᄂᆞᆫ者와、辛辣이、太過ᄒᆞ야、刺激이、甚ᄒᆞᆫ者를禁ᄒᆞ며、酒類의飮用을避ᄒᆞ고、運動을適度히ᄒᆞ야、長路遠行과、久時乘車를避ᄒᆞ며、興寐를

定時ᄒᆞ야、徹夜起坐를禁ᄒᆞ며、身體을淸潔히ᄒᆞ야、汚穢를勿蒙ᄒᆞᆷ에在ᄒᆞ고。且胎中에、特히、注意ᄒᆞᆯ者ᄂᆞᆫ、胎敎이니。 胎母의行爲ᄂᆞᆫ、胎兒에大關係及ᄒᆞ야、生兒의賢與不肖와、聰明鈍濁이、胎內의感化를受ᄒᆞᆷ이、不少ᄒᆞ나니、故로胎中에在ᄒᆞ야ᄂᆞᆫ、惡色邪音을遠히ᄒᆞ며、心行의端潔과、品性의貞肅을務ᄒᆞᆯ지어다 (未完)

政治論 (政治와政治學의區別及關係政治學者와政治家)

S K 生

西哲이云ᄒᆞ되「人類ᄂᆞᆫ天性政治的動物」이라ᄒᆞ엿스나何를謂ᄒᆞᆷ인고大抵人生은自然히社會的生活을一家의團欒함과如히ᄒᆞ야써國家를組織ᄒᆞᆫ性이有ᄒᆞᆫ지라故로其生命은政治를依ᄒᆞ야保護함이되고其財産은政治를依ᄒᆞ야保守ᄒᆞᆫ바이된지라저牛와羊이聚首ᄒᆞ야群을成ᄒᆞ고蜂과蟻ㅣ整列ᄒᆞ야君臣의義를定함이有ᄒᆞ나그러나人類ᄂᆞᆫ此等獸畜微物等과異ᄒᆞ야萬物의靈長이된바者ᄂᆞᆫ即國家를組織함에在ᄒᆞ야ᄂᆞᆫ쟈못高尙ᄒᆞᆫ思想을有ᄒᆞᆫ動物이된故로此를政治的動物이라云ᄒᆞᆷ이니라吾人은幸히上古草昧野蠻의時代를免ᄒᆞ고今日文明二十世紀에誕生ᄒᆞᆫ男子ㅣ라東西古今의治亂興亡을斟酌商量ᄒᆞ야써人類의人類된本能的思想을充滿케ᄒᆞᆫ然後에야可히此世에立ᄒᆞᆷ이不愧ᄒᆞᆯ지라故余로ᄂᆞᆫ蕪辭를不拘ᄒᆞ고所學을左에繹論ᄒᆞ노니

夫政治란者ᄂᆞᆫ國家의活動을云ᄒᆞᆷ이라 一國家ᄂᆞᆫ其主權의獨立을維持ᄒᆞ고其臣民

의福利를增進키爲ᄒᆞ야法令을施ᄒᆞ고機關을設ᄒᆞ야ᄡᅥ行動ᄒᆞᄂᆞ니此機關에列ᄒᆞᆫ者ᄂᆞᆫ即政治에參與ᄒᆞᆫ者이된지라行政官은國家內政에參ᄒᆞ고立法者ᄂᆞᆫ國家立法에參ᄒᆞ고裁判官은司法에參ᄒᆞ고外交官은外政에參ᄒᆞ고陸海軍人은軍政에參ᄒᆞ야各其方面으로法令을制定活動ᄒᆞᆯᄉᆡ此等行動의主體ᄂᆞᆫ國家의統御者ㅣ有ᄒᆞ야其最高無上ᄒᆞᆫ主權을行使ᄒᆞᄂᆞᆫ故로其國家以外의人民으로ᄒᆞ야곰其局에當ᄒᆞᆷ을不得케ᄒᆞᄂᆞ니此ᄂᆞᆫ何故인고曰政治의要ᄂᆞᆫ一國의獨立富强을保維ᄒᆞᆷ에在ᄒᆞᆫ지라만일外國人으로ᄡᅥ政治의局面에立케ᄒᆞ야ᄡᅥ其國運의獨立富强을完全케ᄒᆞᆫ다ᄒᆞᆷ은莫大ᄒᆞᆫ誤謬ㅣ되ᄂᆞᆫ지라故로或外國人으로ᄡᅥ國政의指導者(顧問等招聘)난되게ᄒᆞ나國家公權은賦與함이絶無ᄒᆞᄂᆞ니此公權을有ᄒᆞᆫ者를爲限ᄒᆞ야政治에參與케ᄒᆞᄂᆞᆫ지라故로私法上에在ᄒᆞ야ᄂᆞᆫ內外人同等의權義를承認ᄒᆞᆷ으로ᄡᅥ文明國의主義를唱道ᄒᆞᄂᆞᆫ國에在ᄒᆞ야도外國人에게公法上의資格을與ᄒᆞᄂᆞᆫ事ㅣ無ᄒᆞᄂᆞ니此ᄂᆞᆫ實로國運의障害를與ᄒᆞᆷ에在ᄒᆞᆫ故이라 一大注意ᄒᆞᆯ者ㅣ是也오

政治學은此에反ᄒᆞ야비록外國人이라도此學을研究ᄒᆞᆷ을得ᄒᆞᄂᆞᆫ지라日本人이歐米의政治學을修ᄒᆞ고支那人이日本의政治學을修ᄒᆞ야後進國이先進國의政治狀態를知ᄒᆞ고政治의學을究ᄒᆞᄂᆞ니此난無他라後進國의義務요利益이되ᄂᆞᆫ故이니라夫政治學이란者ᄂᆞᆫ國家의主權者가其領土及臣民을統御ᄒᆞᄂᆞᆫ事를攻究ᄒᆞᄂᆞᆫ學問이라國家의成立如何와統治權의主体及客体ᄂᆞᆫ何에在ᄒᆞ야如何히統治ᄒᆞᆷ은憲

法의定ᄒᆞᆫ바이요國家ᄂᆞᆫ外國에對ᄒᆞ야如何ᄒᆞᆫ地位에處ᄒᆞ엿스며如何ᄒᆞᆫ權利義務를有ᄒᆞᆷ은條約及國際法의規定ᄒᆞᆫ바이라然則憲法과條約及國際法은政治學의主要를占ᄒᆞᆫ學問이되고且政治學은科學에屬ᄒᆞᆫ지라哲學的研究와歷史的研究를中和ᄒᆞ야眞理를攻究ᄒᆞ고利害得失을參考ᄒᆞ며經濟思想에倫理思想을加ᄒᆞ야國利民福을打算ᄒᆞ고良心公德을培養ᄒᆞᄂᆞᆫ普通敎育에不過ᄒᆞ니卽一般人民의知覺ᄒᆞᆯ바學問이是也오政治ᄂᆞᆫ技術에屬ᄒᆞᆫ지라政治舞臺의錯雜變化無極ᄒᆞᆫ活世界에在ᄒᆞ야臨機應變ᄒᆞ야將來의無窮ᄒᆞᆫ計劃을經營ᄒᆞᄂᆞᆫ技術이된지라故로政術은政學以前에起ᄒᆞ엿나니堯舜三代의治績이有ᄒᆞᆫ然後에孔孟의政治論이起ᄒᆞ고第十七世紀英國의內亂과及革命이有ᄒᆞᆫ後에홉부스의主權論과록크의憲法論이起ᄒᆞ엿스니此를因ᄒᆞ야可히証明ᄒᆞᆯ바이로다然則技術은學問의幫助를因ᄒᆞ야漸々其妙境에達ᄒᆞ고學問은技術의材料를得ᄒᆞ야益々其眞理를發見ᄒᆞ나니故로政治와政治學의關係ᄂᆞᆫ此를因ᄒᆞ야可히明確하다云ᄒᆞ리로다

(未完)

「心術이正大ᄒᆞ고야眞正ᄒᆞᆫ愛國心을가지나니라」 홀제리

傳記

日清戰爭의原因에關ᄒᆞᆫ韓日淸外交史

碧人 金淇驩

日清戰爭은大清帝國의闇黑愚蒙이世界에暴露되야支那分割의機運을迅促ᄒᆞ얏도다露國이旅順大連을割ᄒᆞ고獨逸이膠州灣을領ᄒᆞ고佛國이廣州灣을占ᄒᆞ고英國이威海衛를借ᄒᆞ고日本이臺灣을得ᄒᆞ야疾風迅雷의勢淸國에續發ᄒᆞ얏시니嗚呼라日清戰爭은絶東政局에一新紀念을啓ᄒᆞᆫ지라歐州外交의中心이絶東에移來ᄒᆞ야序幕을初演ᄒᆞ얏도다然ᄒᆞ나其原因을溯考ᄒᆞ면實로我大韓에對ᄒᆞᆫ日清兩國의勢力消長如何에根基ᄒᆞᆫ지라 是故로戰爭前韓日清三國의交通由來을起述ᄒᆞ노라

戊辰年은即明治元年이라日本이皇졍復古ᄒᆞᆷ을我國에報ᄒᆞ고舊好을修ᄒᆞ기를請

ᄒᆞ나其書中에天皇詔勅等文字가有ᄒᆞᆫ지라我廷이議ᄒᆞ되彼日本이我를屬國으로視ᄒᆞᄂᆞᆫ가ᄒᆞ야疑ᄒᆞ다日本이是를因ᄒᆞ야我의愚ᄒᆞᆷ을知ᄒᆞ고壬申年에日本이副島種臣을全權大使을삼아淸國에派ᄒᆞ야韓國이淸國의屬邦이아님을詰ᄒᆞ고回答을得ᄒᆞ다自是로日本이淸韓의大勢에昧却ᄒᆞᆷ을奇貨로認ᄒᆞ야征韓論이起ᄒᆞ다

琉球ᄂᆞᆫ日淸間에介在ᄒᆞᆫ小國이라淸은淸의屬邦이라主ᄒᆞ고日은日의屬領이라稱ᄒᆞ야兩國間未決問題가되얏더니其後에琉球船民六十名이臺灣에漂流되야臺灣人의게虐殺을遇ᄒᆞᆫ자라日本이副島種臣을淸國에又派ᄒᆞ야其非를責ᄒᆞ니淸廷이答호되臺灣의半ᄂᆞᆫ淸의領土나其他生蕃의地ᄂᆞᆫ我의게責任이無ᄒᆞ다ᄒᆞ야日의要求를斥ᄒᆞ다此ᄂᆞᆫ其前者에臺灣人이米人을虐殺ᄒᆞᆫ事에對ᄒᆞ야淸廷이化外의民이라ᄒᆞ야米國의賠償을不應ᄒᆞᆫ先例를慣用ᄒᆞᆫ所以라

是ᄂᆞᆫ淸國이外交에無能ᄒᆞᆫ所致라日本이遂히征臺의師를擧ᄒᆞ야西鄕從道로征臺都督을삼고大隈重信으로事務長官을任ᄒᆞ야連戰連勝ᄒᆞ미淸廷이聞ᄒᆞ고大驚ᄒᆞ야於是에使者를派ᄒᆞ야日의撤兵을請ᄒᆞ나日이相當ᄒᆞᆫ理由로뼈此를不應ᄒᆞᄂᆞᆫ지라時에在淸國ᄒᆞᆫ英國公使우에도氏兩國間調停ᄒᆞᆷ을勉ᄒᆞ야議비로소定ᄒᆞ다淸國이日本軍費五十萬兩을日本에支給ᄒᆞ고日本도兵을撤ᄒᆞ니自此로琉球ᄂᆞᆫ日의版圖에歸ᄒᆞ고淸國도是를認ᄒᆞ니라

乙亥年에我의江華島에日本軍艦이入港ᄒᆞ거ᄂᆞᆯ島民이此를砲擊ᄒᆞ얏더니日艦이

應戰ᄒᆞ야我의砲臺을拔ᄒᆞ며城塞을燒ᄒᆞ고我의同胞三十五人을殺ᄒᆞ며兵器를奪ᄒᆞ고歸ᄒᆞ다其後에日本使臣黑田淸隆이來ᄒᆞ야該江華事件과通商開港을付議ᄒᆞ거날其時右議政朴○○氏鎖國論을排ᄒᆞ고開國論을主張ᄒᆞ야議遂定ᄒᆞ니其時條約은如左ᄒᆞ다

一、朝鮮은自主의邦이며日本과同等의權이有ᄒᆞ며互相同等의禮儀로뻐通好ᄒᆞᆯ事

二、兩國이互相使臣을派遣ᄒᆞᆯ事

三、二十個月後朝鮮은其二港을開ᄒᆞ야通商港을爲ᄒᆞᆯ事

四、日本航海者는朝鮮海岸을測量ᄒᆞᆷ을得ᄒᆞᆯ事

五、兩國人民의게交涉ᄒᆞᆯ事件을各其官吏各其國法에據ᄒᆞ야裁判ᄒᆞᆯ事

其時條約ᄒᆞᆫ大略이如此ᄒᆞ다其後에朝廷이特히使節을日本에派ᄒᆞ야交를修ᄒᆞ고日本도我邦을獨立國으로認ᄒᆞ야公使花房義質을我京城에派駐ᄒᆞ미我廷도是를認ᄒᆞ다

戊寅年에朝廷이天主敎徒를誅ᄒᆞ고宣敎師를國外에放逐ᄒᆞᆫ故로佛國兵艦이江華에入ᄒᆞ야其由를問코져ᄒᆞ거날朝廷이兵을發ᄒᆞ야是를擊退ᄒᆞ다其時佛國이自國에有事의秋를當ᄒᆞ야東顧치못ᄒᆞ고駐日佛公使로ᄒᆞ여곰日本政府에依賴ᄒᆞ야釜山領事의手를經ᄒᆞ야宣敎師를收容ᄒᆞ기로請ᄒᆞ다日本이是를應ᄒᆞ야本件를我廷에交涉ᄒᆞᆫ故로文書가互相往來ᄒᆞ얏더니日本이我의答書中에大淸年號를用ᄒᆞᆷ을

見ᄒᆞ고其答書를我國에還退ᄒᆞ야曰貴國은獨立國이오淸의屬邦이아니라ᄒᆞ고日本이又此意를淸廷에報ᄒᆞ니淸이國書를日에送ᄒᆞ야曰韓은我의屬邦이라ᄒᆞ야互相詰爭ᄒᆞ다

(未完)

大統領쎄아쓰氏의鐵血的生涯(續)

吳悳泳

(五)墨佛媾和後의紛擾　其後에佛軍은再擧ᄒᆞ야墨國首府를侵入ᄒᆞᄂᆞᆫ지라墨國政府ᄂᆞᆫ講和를請ᄒᆞ니라佛帝拿翁三世의野心은墺國皇族맥시밀니안公으로墨國皇位에僞立ᄒᆞ야國內를統一코저ᄒᆞ엿스나外人으로主權者를삼아假設的政府를建立ᄒᆞᆷ은國民意思에反對를招ᄒᆞᆷ으로輿論이沸騰ᄒᆞ야異議百出ᄒᆞ다가反抗이變ᄒᆞ야騷動을起ᄒᆞᆯᄉᆡ大統領富亞禮隨氏에加擔ᄒᆞ야맥시밀니안派를擊倒코저ᄒᆞ며或맥帝를擁護ᄒᆞ야共和黨을打破코저ᄒᆞᄂᆞᆫ者等과或西班牙舊政을恢復코저ᄒᆞᄂᆞᆫ者이有ᄒᆞ야國內黨派가旗幟를各立ᄒᆞ고雌雄을決코저ᄒᆞ니此時墨國은兵馬奔走ᄒᆞᆫ一大戰場을演出ᄒᆞ엿더라此時에氏ᄂᆞᆫ少將이되야地方循撫에從事ᄒᆞᆯᄉᆡ自由主義를確守ᄒᆞ야帝政派와不協ᄒᆞᆷ으로駐墨ᄒᆞᆫ佛軍을反對ᄒᆞᆫ巨魁가되야外寇掃蕩의大計畫을試圖ᄒᆞ더니不幸勢窮力盡ᄒᆞ야佛軍의俘虜가되니巴里寒月에憂國志士가幾多苦楚와幾多感想이有ᄒᆞ엿던가蒼天이오히려斯人의感應ᄒᆞᆷ이되야一朝에此阨境을脫ᄒᆞ고故國에歸ᄒᆞ니上下朝野의歡喜依歸ᄒᆞᄂᆞᆫ者이四方으로雲聚ᄒᆞ

야儼然一大共和黨首領이되니라

(六)帝政派를打破홈　此時墨國은依然히大紛亂渦中에淪沉ᄒᆞᆫ지라氏ᄂᆞᆫ慨然히同胞救濟의策과國難撥正의計가有ᄒᆞ야平日地方에서必服된兵卒을嘯聚糾合ᄒᆞ야佛軍及帝政派로더부터戰ᄒᆞ야襲擊破之ᄒᆞ고共和軍을振旅ᄒᆞ야包圍攻擊을試홈의連戰連勝의運을値ᄒᆞ니大小五六戰에南方共和軍이大勝利를占ᄒᆞ고트산로렌사ㅣ地에進軍ᄒᆞ야帝政派의猛將말귀스氏를乘勝逐北ᄒᆞ야首府로退케ᄒᆞ니라此時에맥시밀니안公의帝政은美國政府의否認ᄒᆞᆫ비되야佛國에抗議를提出ᄒᆞᆫ지라此를因ᄒᆞ야佛軍이撤退ᄒᆞᄂᆞᆫ同時에맥시밀니안帝로ᄒᆞ여금歸墺ᄒᆞ기를催促ᄒᆞ얏시나公은此를不聽ᄒᆞ고其黨與로約束ᄒᆞ야帝정維持를謀ᄒᆞᆯ시時에富亞禮修公이마춤학렐놀데를出發ᄒᆞ야南下ᄒᆞ거날帝ᄂᆞᆫ將兵을發ᄒᆞ야계레다로州에會戰ᄒᆞ다가大敗ᄒᆞ니라此際에氏ᄂᆞᆫ政府에先進ᄒᆞ야帝정黨을掃蕩ᄒᆞ고堂々ᄒᆞᆫ旗鼓와凜々ᄒᆞᆫ威風으로首府를入定ᄒᆞᆫ後富亞禮修를迎入ᄒᆞ야大統領椅子를再踞케ᄒᆞ니此實로氏의偉功이로다且氏ᄂᆞᆫ各地殘黨을出征ᄒᆞ야事幾平定을後首府에歸ᄒᆞ니라

(七)陸軍總督의重任　富亞禮修大統領은氏의才武가絕倫ᄒᆞ고戰功이拔群홈을歎賞ᄒᆞ야右의重任을拜ᄒᆞ니氏ᄂᆞᆫ謙讓의態度로顯職을固辭ᄒᆞ고오하가市에歸ᄒᆞ니此ᄂᆞᆫ氏가一時의光榮을不貪ᄒᆞ고故山에起臥ᄒᆞ야未耕의生活로心身을閑養코져홈이라然이나當地衆望은氏로ᄡᅧ閑地에永居홈을豈許ᄒᆞ리오維新以來大統領

은施政上多少非難을免키不得ᄒᆞᆷ으로各州地方에反對運動이從起ᄒᆞ미오ᄒᆞ가黨은氏를大統領候補로推選ᄒᆞ랸者도有ᄒᆞ며或軍隊總指揮官으로拔擧ᄒᆞ야新政府를組織ᄒᆞ랸者도有ᄒᆞᆷ으로各派의物論이不穩ᄒᆞ거ᄂᆞᆯ氏ᄂᆞᆫ此에同情을不表ᄒᆞ고反히代悶의感意로黨衆을對ᄒᆞ야富公은余의先輩라엇지公과더부러政權을爭ᄒᆞ리오ᄒᆞ더라適時에富亞禮修公은因病卒逝ᄒᆞ미其代로高等法院總長렐드公이大統領이되얏나니라

(八)墨國統一의大英雄

且說오ᄒᆞ가黨은依然히不穩ᄒᆞᆫ狀態로擧事코ᄌᆞᄒᆞ거ᄂᆞᆯ氏ᄂᆞᆫ此의不可ᄒᆞᆷ을論ᄒᆞ야百方慰諭ᄒᆞ니라然이나넬드公은此를眼前에瘤도思量ᄒᆞ야陰密ᄒᆞᆫ腐心으로此勢力과黨與를削除코ᄌᆞᄒᆞ미一國이自然兩派로分立對峙ᄒᆞᄂᆞᆫ지라氏ᄂᆞᆫ特種의態度를執ᄒᆞ야妄動치안이ᄒᆞᆷ으로넬드公은三年間其職에在ᄒᆞ얏더니마참데ᄒᆞᆫ데벡地方鐵道敷設問題에對ᄒᆞ야넬드에政策이氏의意見과全然相反ᄒᆞᄂᆞᆫ지라從來로隱伏ᄒᆞ얏던禍機가一時爆發ᄒᆞ미氏ᄂᆞᆫ오ᄒᆞ가黨의首領이되여國政改革을標榜ᄒᆞ고義旅를大振ᄒᆞ야首府로向ᄒᆞ니넬드公은大軍을發ᄒᆞ야數次應戰ᄒᆞᆫ지十餘月이나如水의就勢ᄂᆞᆫ莫可能禦키로首府를棄ᄒᆞ고脫走ᄒᆞ얏나니라氏ᄂᆞᆫ드듸여大捷을奏ᄒᆞ고首府에入ᄒᆞ야넬드의殘黨을驅逐ᄒᆞ고八百七十七年一月六日에大統領이되니氏ᄂᆞᆫ十六歲에出世ᄒᆞ야憂國愛民의熱血로三十一年間堂々ᄒᆞᆫ共和國을建立ᄒᆞ야此日에至ᄒᆞ얏도다이예自己ᄂᆞᆫ墨國의憲法擁護者라

宣言ᄒᆞ고政治施設라刷新에大着手ᄒᆞᆯ뿐안이라各地에殘暴餘徒가尙此凶威를逞ᄒᆞ거날自手로軍隊를指揮征伐ᄒᆞᆯ식反對革命의巨魁數十人을處刑ᄒᆞᆫ後國內全然平和에歸ᄒᆞ니라

(九)故鄕에再歸　氏의第一次大統領任期에ᄂᆞᆫ多大ᄒᆞᆫ革命以來로內憂外患의亂根을消除ᄒᆞ기로光陰이無暇ᄒᆞ도다若當時에氏와如ᄒᆞᆫ大手腕家ㅣ無ᄒᆞ얏던덜墨國은恒常各派野心家에舞臺를作ᄒᆞ야烟雨의霽할日이無ᄒᆞ얏슬지니此點을觀ᄒᆞ면實노統一의大英雄이라稱ᄒᆞᆷ이當然ᄒᆞ도다然이나任期가終ᄂᆞᆫ日에氏ᄂᆞᆫ再次오하가市에歸ᄒᆞ야前例와同히耕耘에從事ᄒᆞ엿스니읏지그襟度와行動이華盛頓에下ᄒᆞ리오此時에고사레쓰將軍은大統領으로被擧되고氏ᄂᆞᆫ오하가市의知事가되여鄕黨의利益을發展ᄒᆞ고土地의開拓을奬勵ᄒᆞ더라곤사레쓰公의在職中墨國은多年大動亂後로經濟界에非常ᄒᆞᆫ困難을受ᄒᆞ야當時無類ᄒᆞᆫ墨國貨物加計의下落이有ᄒᆞ얏슴으로金銀貨源은海外로流出ᄒᆞ고國家威信은虛地墜倒ᄒᆞ거날곤사레쓰公은一時의彌縫策으로니겔貨를鑄造ᄒᆞ야流用코ᄌᆞᄒᆞᄂᆞᆫ同時에國債ᄂᆞᆫ山積ᄒᆞ야倒産에瀕及ᄒᆞ고人民은不平ᄒᆞ야危機를叫呼ᄒᆞ더라

(十)大統領에再被選　社會輿論이沸騰ᄒᆞ야又氏로大統領에再選ᄒᆞ야就職을乞ᄒᆞ거난氏ᄂᆞᆫ國民의輿望을負치못ᄒᆞ야再次首府에入ᄒᆞ니時ᄂᆞᆫ一千八百八十四年一月一日이라從此로內外上下의形勢를洞察調劑ᄒᆞ야國運振興과國力擴張ᄒᆞᆷ에

全身을委할식몬져國体信用을崇高케ᄒᆞᆷ은國民知識開發에在ᄒᆞ다ᄒᆞ야全國各地에學校를多設ᄒᆞ고民間教育의普及을計ᄒᆞ되小學兒童은無月謝로强制的教育을施行ᄒᆞ며各種專門學校를設置ᄒᆞ야專門的智識을養成ᄒᆞ기에努力ᄒᆞ니라

(十二)財政上의整理　前大統領곤사레쓰公의財界失政에對ᄒᆞᆫ善後策을注意할식니겔貨의通用을廢止ᄒᆞ고歲出入에關ᄒᆞᆫ無用費額을大省ᄒᆞ며貿易保護政策에依ᄒᆞ야海關稅를增收ᄒᆞ고他國과葛藤을勿招케ᄒᆞ야內政에勵治ᄒᆞᆷ으로多年混亂ᄒᆞ던財政은漸次整頓ᄒᆞ고國債도多小償還ᄒᆞᆫ지라然이나氏는從來銀貨의素質이有時不良ᄒᆞᆷ을憂ᄒᆞ야此를改鑄ᄒᆞᆯ뿐不啻라同貨加計變動에對ᄒᆞ야外國貿易上多大ᄒᆞᆫ不利가銀貨本位에起因ᄒᆞᆷ을認ᄒᆞ고大藏卿을命ᄒᆞ야貨幣制度를調查ᄒᆞ며翌年에는各種異論을排斥ᄒᆞ고金貨制度를採用ᄒᆞ야本位를定ᄒᆞ니此에至ᄒᆞ미經濟社會는面目을一新ᄒᆞ야大活氣를生ᄒᆞ며銀貨加計도非常ᄒᆞᆫ變動을免ᄒᆞ니라先是革命亂餘에맥시말니안公은威望을振張키爲ᄒᆞ야佛墺와其他諸國으로서巨額의外債를募集ᄒᆞ미內外國債가數億萬弗에達ᄒᆞ얏더니氏가在職以後로前述과如히財政上節減主義를執ᄒᆞ고더욱外債償還에專力不怠ᄒᆞᆷ으로國庫의收入이支出보다比較的剩餘를生ᄒᆞᆷ에至ᄒᆞ엿ᄂᆞ니此點은氏의政策上가장顯著ᄒᆞᆫ者이라

文苑

故李恒烈君追悼文

嗚呼李君已沒矣、如君之志之耿介而已沒耶、如君之心存家國而已沒耶、如君之年甚少識甚遠而已沒耶、所謂天道、有不可知、而人事有不可測者非耶、始君之離違故國、飄然異邦、忍堂闈之慕、先國家之急、將欲鍛鍊才器、帮助危局、甚可壯也、而今安在哉、倏忽之間、事與心違、黯然隨化、形影莫追、而況旅櫬未返、埋骨他山、秋草荒原、一抔殘土、烏鳶悲其上、狐狸逞其側、有誰知其大韓國留學生李恒烈之幽宅乎、嗚呼痛哉、本會諸員忝在同胞之列、固是甘苦與共、患難相依、而天涯萬里、失一兄弟、呑聲飲泣、奈何々々、謹具菲薄之奠、以表悲哀之情、嗚呼李君、其知之耶、其不知耶。

故尹擧鉉君追悼文

夫一生一死、固人之常也、本不足悲也、而凡人之情則、關乎所處之地而有足悲者存焉、其悲也或由乎平日相愛之切、或由乎時代相係之重、故、凡人之生而有爲、志未遂而身先死、又是平昔相愛之深者則、洵不可不悲也、如吾尹君之亡也、是已、其獻身國家、孜々焉志圖興復則、相係乎時代甚重也、其源々追隨於萬里異域者、閱歷五六星霜則、其相愛相慕之情、甚切矣、烏可以不悲乎

嗚呼、如君之卒業歸國也、吾儕之所希望者、何如也、社會之腐敗者則、其必有興起之焉、同族之沈淪者則、其必有拯濟之焉、言論之固塞也則、其必有振作之焉、非謂其必能之也、盖尹君之用心則如是矣、奈之何、遽因讐仇之肆毒、竟作泉臺之寃鬼、靜言思之毛髮衝冠、嗚呼痛哉々々々々、如尹君雖謂之死於王事、亦無足愧也、本員等、上而不能爲國家出力下而不能爲知己雪恨、含忿忍辱、辜負幽冥亦足羞矣然世變茫々來日方長則、姑以滿襟之血淚、遠慰九泉之明靈嗚呼尹君欽此微誠

國詩二首

소 앙

富士山

萬二千尺芙蓉峯아 놉기도놉다마는 너어부듸자랑마라
雲捲晴天이안이면 닉애엇지너어를보리 ○○○○○○

漢羅山

漢羅山놉다더니漢羅山놉다더니 千里水路에濟州島에소릐업시
숨어잇네에 나아오너라나아오너라 새되거던나아오너라
너어부우듸

散錄

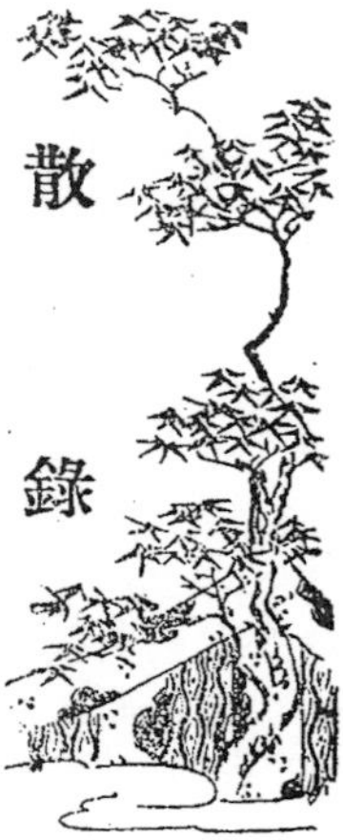

◎編輯室餘言　　　　　　　　　　　　三投生

秋天이寥落ᄒᆞ고孤鴻이遠叫ᄒᆞ니萬里扶桑에遊子의感懷가도々蘊結ᄒᆞ야可히形言치못ᄒᆞᆯ故로이에붓을당긔여근심을사를가ᄒᆞ니千態萬象의悠々ᄒᆞᆫ心緒ᄂᆞᆫ過去로갓다가現在로왓다가또未來로다라나細ᄒᆞᆯ때에毛孔으로入ᄒᆞ며大ᄒᆞᆯ때엔宇宙에滿ᄒᆞᄂᆞᆫ지라어ᄃᆡ셔시작ᄒᆞ야어ᄃᆡ에긋처생각ᄒᆞᄂᆞᆫ바의어ᄂᆞ部分을描出ᄒᆞᆯ가此를定코져ᄒᆞ다가火症이더욱나셔붓을도로더지고悄然獨坐ᄒᆞ야靜言思之라가다시생각ᄒᆞ니年終試期가臨迫ᄒᆞᆫ지라無用ᄒᆞᆫ空想으로黃金갓ᄒᆞᆫ歲月을浪費ᄒᆞᆷ은書生의取ᄒᆞᆯ바이안이라ᄒᆞ야冊床우에펼쳐노인冊子를떠드러볼ᄉᆡ一頁二頁일어가다가偶然히와ㅣ렌、헤쓰팅의彈劾文一篇이나온다

此篇은有名ᄒᆞᆫ文豪로ㅣ드、매컬니氏의絕作인ᄃᆡ距今百零一年前에英國 웨스트민이쓰타法廷에셔公開ᄒᆞ얏든有名ᄒᆞᆫ大裁判의狀況을寫ᄒᆞᆫ文이라이裁判은三億萬民族을犬馬갓치束縛ᄒᆞ야權利와自由를奪取ᄒᆞ든大惡傑와렌헤쓰팅을被告로

招ᄒᆞ야正義人道의主唱者쌔클氏가快辯雄論으로三日에亘渡ᄒᆞᆫ大彈劾을演出ᄒᆞᆫ裁判이라王公貴族의傍聽은數千人에達ᄒᆞ엿고兒童走卒의叅觀은當時非常ᄒᆞᆫ盛況을呈ᄒᆞ얏더라開廷ᄒᆞᆫ後에헤쓰팅을前席에招致ᄒᆞ니凶獰ᄒᆞᆫ顔에鬱然ᄒᆞᆫ眉目으로오히려恐懼自愧ᄒᆞᄂᆞᆫ氣色이無ᄒᆞ고泰然自若ᄒᆞᆫ氣像은果然人의國을顚覆ᄒᆞ고人의族을指揮ᄒᆞ든惡毒ᄒᆞᆫ英氣가形容에表現ᄒᆞ더라쌔클氏비로소儼然히法廷에起立ᄒᆞ야滔々數千萬言으로헤쓰팅의罪狀을論擧ᄒᆞ다가最終에到ᄒᆞ야ᄂᆞᆫ聲言을高케ᄒᆞ고音調를抑揚ᄒᆞ야衝天怒氣로高聲大喝ᄒᆞ야曰爾ᄂᆞᆫ大英國皇帝의聖命과大英國臣民의輿望을承副키爲ᄒᆞ야印度總督을拜命ᄒᆞ얏거ᄂᆞᆯ噫爾殘忍惡德으로印度民族의膏澤을吸收ᄒᆞ며印度民族의權利를沒取ᄒᆞ야厭制로人道를無視ᄒᆞ며政策으로正義를破滅ᄒᆞ야印度로ᄒᆞ야곰一片荒土를作ᄒᆞ야帝國下院의信任을沒却ᄒᆞ얏시니余ᄂᆞᆫ下院을代表ᄒᆞ야爾를討罪ᄒᆞᄂᆞᆫ바이며第二ᄂᆞᆫ爾가國民의名譽를汚損ᄒᆞᆫ魔孼이니國民을代表ᄒᆞ야爾를討罪ᄒᆞᄂᆞᆫ바이며第三은印度人民의自由權利를蹂躪已極ᄒᆞ다가國家를滅亡케ᄒᆞ야慘雨愁風이東亞天地를陰울케ᄒᆞ얏시니余ᄂᆞᆫ印度를代表ᄒᆞ야爾의罪를討ᄒᆞ며第四ᄂᆞᆫ正義人道를背反ᄒᆞᆫ逆天의惡賊이니余ᄂᆞᆫ天地神祇를代命ᄒᆞ야爾의罪를聲討ᄒᆞ며또滿天下失國民族의悲慘ᄒᆞᆫ同情을代表ᄒᆞ야爾를彈劾ᄒᆞ노라

* * * * * * *

일거여긔일으러오니痛快ᄒᆞᆫ感懷는일을되읍스니嗟홉다哀홉다弱ᄒᆞᆫ者는罪가잇거니와强ᄒᆞᆫ者는罪가읍는지라噫彼英國이크름웰의自由와權利性을崇拜ᄒᆞ며스웹텐의壓制酷政을忘치안이ᄒᆞ얏실것이오恒常正義人道를主唱ᄒᆞ건마는헤쓰팅은맛참ᄂᆡ無罪白放을宣告ᄒᆞ얏도다讀者到此에撫膺慟哭ᄒᆞ야自身의地位를漸々自覺ᄒᆞᆯ깃는지라이에칙을또던지고西天暮雲에白頭山을바라보고悽然히思ᄒᆞ는바이잇더니門外에저벅々々ᄒᆞ는跫音이有ᄒᆞ야「郵便? 郵便?」을呼ᄒᆞ는지라萬里家鄕에遠鴻이家信을報ᄒᆞ는가ᄒᆞ야且驚且喜로門을여러보니新聞ᄒᆞᆫ張만더지는지라뜨더보니印度의마을이또나온다百年前印度를思ᄒᆞ다가册을더지고涙痕이未乾ᄒᆞ얏는ᄃᆡ今日印度의情形을且聞ᄒᆞ니今昔의感이一時에交擊ᄒᆞ는도다今夏에印度人씽가리氏가英國正領一人을殺害ᄒᆞᆫ事實은各報舘이已報ᄒᆞ야亡國民族의一時快感을刺激ᄒᆞ얏시나씽가리氏는英國에셔死刑을當ᄒᆞ얏더니該氏가生前에所感을公言치못ᄒᆞ고가마니一篇册子로故國同胞에게暗相手傳ᄒᆞ야祖國精神의萬一을粹勵코져ᄒᆞ든論文一篇이某雜誌로轉載되얏다가此新聞에싸지譯謄ᄒᆞ얏는ᄃᆡ該文에云「印度의愛國青年들을목미여죽이며逐出境外ᄒᆞᆫ罪를갑고져ᄒᆞ야向日英國人에게血을濺코져ᄒᆞ엿노라余가如彼ᄒᆞᆫ計策을圖ᄒᆞᆯ時에他人으로一切議論이無ᄒᆞ고但余의良心으로만議論ᄒᆞ엿노라一國이他國銃釰에壓ᄒᆞᆫ바이되면其中에戰爭이不息ᄒᆞᆯ것이오防禦ᄒᆞᆯ兵器가無ᄒᆞ면當々ᄒᆞᆫ戰爭이不能ᄒᆞᆫ故로

大砲ᄂᆞᆫ가지지못ᄒᆞ엿스ᄂᆞ내엇지조고마ᄒᆞᆫ六穴砲가읍스리오余ᄂᆞᆫ此로英國人을射ᄒᆞ엿노라余ᄂᆞᆫ印度人이라余國印度의耻辱은即余의父母를辱홈이라如余ᄒᆞᆫ無識ᄒᆞ고劣弱ᄒᆞᆫ者ㅣ야父母의耻辱을余의身으로代ᄒᆞᆯ밧게何如ᄒᆞᆫ良策이有ᄒᆞ리오現今印度人의學ᄒᆞᆯ바ᄂᆞᆫ死字而已오死를遂ᄒᆞᆯ진ᄃᆡ余가率先躬行ᄒᆞ야余의熱血로吾國民의教科書를代用ᄒᆞᆯ슈밧게良策이읍슴으로余ᄂᆞᆫ몬져死ᄒᆞ깃노라萬一現今과如ᄒᆞᆫ不法行爲가繼續ᄒᆞ면如此ᄒᆞᆫ事變은英國印度間에ᄯᅩᄒᆞᆫ繼續ᄒᆞ리로다蒼天에祈禱ᄒᆞ노니余로一生再生三生이라도ᄒᆞ야母國의自由를恢復ᄒᆞᆯᄯᅢ거지余로蘇生케ᄒᆞ야英人을奮鬪케ᄒᆞ야쥬옵소셔」ᄒᆞ엿고ᄯᅩ小冊에云「今此被殺ᄒᆞᆫ英人은母國青年의愛國心을消滅키爲ᄒᆞ야別々苛酷ᄒᆞᆫ政策으로…………………」云々ᄒᆞ엿고ᄯᅩ小冊에云ᄒᆞ되「印度同胞들이여부ᄃᆡ落心落望치말나印度青年이濟々ᄒᆞ니鵬程萬里가아직도머ㅣ니나아가고나아갈지어다너의母國의自由를回復ᄒᆞᆯᄯᅢᄭᅡ지나아가고굿치지말지어다言論集會의自由ᄂᆞᆫ無ᄒᆞ나一片丹心으로…………을간슈ᄒᆞ기ᄂᆞᆫ아직도우리의自由가안인가…………을가지고능히어미의목을결박ᄒᆞᆫ쇠사실을ᄭᅳᆫ을슈잇사리라」ᄒᆞ엿더라

보아여긔에일으니字々이淚오句々가血이로다無限ᄒᆞᆫ宇宙에五尺몸을용납ᄒᆞᆯ슈업셔결머리에ᄯᅥ러졋도다蜉蝣갓ᄒᆞᆫ人生이우에如此히慘酷ᄒᆞᆫ犧牲을供ᄒᆞ얏ᄂᆞᆫ고可憐ᄒᆞᆫ青年이오可哭ᄒᆞᆯ悲運이로다好生惡死ᄂᆞᆫ얼골이검으ᄂᆞ희ᄂᆞ一般이안인가

可憐ᄒᆞᆫ青年이로다讀者의心懷가如沸如焦ᄒᆞ고如裂如絶ᄒᆞ야鎭靜ᄒᆞᆯ슈업서그ㅣ新聞을讀了치못ᄒᆞ고또더져바리고생각ᄒᆞ니怪異ᄒᆞᆫ事로다事今日의事여當初에기러기소리에근심을사르고저ᄒᆞ야붓을잡다가더지더니空然히또冊子에셔헤쓰팅의事蹟을읽다가心懷散亂ᄒᆞ야冊을또더지고우애또셩가신新聞이와셔또ᄂᆞᄅᆞᆯ煩悶케ᄒᆞ야新聞을더지게ᄒᆞᄂᆞᆫ고엇지ᄒᆞ야今日엔余의目에印度事蹟만來照ᄒᆞᄂᆞᆫ고엇지ᄒᆞ야英國은헤쓰팅을살니고씽가리를죽이엿ᄂᆞᆫ고怪異ᄒᆞᆫ事로다今日의事여아모리싱각ᄒᆞ야도怪異ᄒᆞ고異常ᄒᆞ도다담비를다시담아피우며싱각ᄒᆞ니怪異ᄒᆞᆫ일이안이라當然ᄒᆞᆫ일인줄을재닭깃노니弱ᄒᆞᆫ者ᄂᆞᆫ罪가잇고強ᄒᆞᆫ者ᄂᆞᆫ罪가업ᄂᆞᆫ지라헤쓰팅을살니고씽가리를죽인것은英國이強ᄒᆞ고印度가弱ᄒᆞᆷ이로다中心에藏ᄒᆞ얏거니何日에忘ᄒᆞ리오印度事蹟이余의目을奪ᄒᆞᆷ은今日뿐이안이오余만안이라明日又明日이今日갓ᄒᆞᆯ것이오亡ᄒᆞᆫ나라와弱ᄒᆞᆫ나라에五尺軀를置ᄒᆞᆫᄂᆞᆫ者다ㅣ余와如ᄒᆞ리니이일이엇지오늘뿐이며余만그러리오

◉秋日自然觀

金益三

余의故國山川을遠別ᄒᆞ고此地에來寓ᄒᆞᆷ이日月이幾何오餘隙을乘ᄒᆞ야散策逍遙ᄒᆞᆯ셰眼目을大放ᄒᆞ야自然界를一觀ᄒᆞ니天氣ᄂᆞᆫ宛然秋라落葉은片々ᄒᆞ고蟲聲은喞々ᄒᆞ며飛雁은哀鳴ᄒᆞ고月色은凄絶ᄒᆞ야自然히吾人의多少寂寞을惹起ᄒᆞᄂᆞᆫ또다然ᄒᆞ나此時를際ᄒᆞ에余의一趣味를得ᄒᆞᆫ者有ᄒᆞ니即元來吾人의自然界에對ᄒᆞ

야客觀的觀察은恒常同一ᄒᆞᄂᆞ主觀的即心鏡에映現ᄒᆞᄂᆞᆫ觀察은各其不齊ᄒᆞ야千差萬別의態를未免ᄒᆞᆫᄃᆞ云할지라此을大別ᄒᆞ면一曰普通的觀察이오二曰學術的觀察이오三曰倫理的觀察이라例言ᄒᆞ면春花ㅣ艶麗ᄒᆞ고秋月이高皎ᄒᆞᆫ時를當ᄒᆞ야一時的悲喜의情을不禁ᄒᆞᆷ은世의醉生夢死輩에比ᄒᆞ면其觀察이稍勝ᄒᆞᄂᆞ然ᄒᆞᄂᆞ此ᄂᆞᆫ文人墨客의風流的眼光과詩人畵伯의審美的眼目으로自然界를吟咏ᄒᆞᆷ에不過ᄒᆞ니即普通的觀察이라謂ᄒᆞᆯ지오香氣馥郁ᄒᆞᆫ花園中에入ᄒᆞ야도花의美에眩치아니ᄒᆞ고其各部의構造와作用의如何를精査ᄒᆞ며其彩色의起原과發達의所以를推考ᄒᆞ야造化의幽趣를闡開ᄒᆞ며秋夜高空에皎々月色을見ᄒᆞ고哀想에陷치아니ᄒᆞ야其大小의如何와距離의遠近과內部의狀態와光線의速度를歷々講究ᄒᆞ며更히一步을進ᄒᆞ야太陽系의諸遊星으로大穹에散布ᄒᆞᆫ諸恒星ᄭᆞ지探索ᄒᆞᄂᆞ니此ᄂᆞᆫ即學術的觀察이라謂ᄒᆞᆯ지오水의作用은非常히偉大ᄒᆞᄂᆞ其位置ᄂᆞᆫ恒常低卑ᄒᆞᆷ을見ᄒᆞ고吾人의自負驕奢心를抑制ᄒᆞ며皎々秋月이恰然히銀盤을蒼穹에懸ᄒᆞᆫ과如ᄒᆞ되盈척의虞를未免ᄒᆞᆷ을見ᄒᆞ고吾人의變遷ᄒᆞᄂᆞᆫ理由를覺得ᄒᆞᄂᆞ니此ᄂᆞᆫ即倫理的觀察이라謂ᄒᆞᆯ지라然즉宇宙의萬有物은決코吾人의게悲ᄒᆞ며喜ᄒᆞᆯ原因을與ᄒᆞᆷ이아니오即同一ᄒᆞᆫ物에對ᄒᆞ야도吾人의遭値ᄒᆞᆫ境遇와映現ᄒᆞᄂᆞᆫ心鏡如何에悲喜을感來ᄒᆞᆷ이니此로由ᄒᆞ야觀ᄒᆞ면宇宙의森羅萬象은吾人의不文敎科書라云ᄒᆞ리도다古人이云ᄒᆞ되三人行에必有我師라ᄒᆞ니即他人의善을見ᄒᆞ고從ᄒᆞ며惡을

見ᄒᆞ고誠홈이라然ᄒᆞ나何特三人뿐이리오宇宙의萬象이皆我의師라風雲도可ᄒᆞ고流水도亦可ᄒᆞ니此余의秋日自然觀으로逆境悲位에處ᄒᆞᆫ吾兄弟前에叫苦ᄒᆞᄂᆞᆫ所以로라

◉嗚呼歷史家諸公

歷史란것은國民의精神的教科書中最히緊要ᄒᆞᆫ者어ᄂᆞᆯ我韓現代의歷史家諸公은此를輕視홈인지如戈史册編纂ᄒᆞᆫ것은無非外人著述의譯述에不過ᄒᆞ고至若近世政變史ᄂᆞᆫ執筆의自由가無ᄒᆞ니甚히責홀수업거니와由來相傳ᄒᆞ든史乘은相當히保護管守ᄒᆞ야日後國民的無識을免케홈이現代史家의莫重ᄒᆞᆫ責任이어ᄂᆞᆯ此亦等閒히思量홈인지史册保管도自由를已失홈인지四千年來遺傳ᄒᆞ든貴重ᄒᆞᆫ書類ᄂᆞᆫ日復日外國을流出ᄒᆞ야如此히十年만經過ᄒᆞ면國內에可考홀書籍이絕無ᄒᆞ야二十世紀秦始皇을復見ᄒᆞ깃스니可憐ᄒᆞᆫ事가안인가日前某新聞을據ᄒᆞᆫ즉白鳥博士(日人)ᄂᆞᆫ今夏에滿州를巡遊ᄒᆞ다가韓國及滿州의史料古跡을苦心探求ᄒᆞ야現今滿鐵東京支社樓에陳列ᄒᆞ얏ᄂᆞᆫᄃᆡ古銅人、戰捷碑、古鏡等考古學上可考홀珍物이多ᄒᆞᆫ中에書籍의最重ᄒᆞᆫ者로言ᄒᆞ면朝鮮史料五千卷、人物考八十卷、東文選八十卷、集古眞帳十六、高麗史全部、爛餘(我國建國史)五十卷、弘齋全書 (正宗御製)百卷、朝野僉載(太祖至肅宗朝)十卷、朝野會通(太祖至景宗朝)五十卷、燃餘記述(太祖至太宗祖)四十二卷等이오其他高句麗九都勒功碑와太祖께옵서撫順

東方에셔明國大軍을破ᄒᆞ신戰勝紀念碑等이라ᄒᆞ얏시니嗚呼라敗家亡身ᄒᆞᄂᆞᆫ者流ᄂᆞᆫ田土을蕩賣ᄒᆞ다가書籍과神主ᄭᆞ지販出ᄒᆞᆫ다ᄒᆞ더니韓國民은土地家屋을日로外人에競賣ᄒᆞ다가書籍가지賣食ᄒᆞ니祖先에對ᄒᆞ야不肖가莫甚ᄒᆞ고民族에對ᄒᆞ야若此ᄒᆞᆫ悖類가無ᄒᆞ니歷史家諸公은注意ᄒᆞᆯ지어다

◉印度와페쓰트(黑死病)(衛生雜誌)

印度가페쓰트의本源地라ᄒᆞᆷ은世人의稔知ᄒᆞᄂᆞᆫ바어니와最近統計로觀컨ᄃᆡ距今七年間에페쓰트患者가每年百餘萬人에達ᄒᆞᄂᆞᆫᄃᆡ其原因을考察컨ᄃᆡ印度人의生活狀態와習慣風俗에大關係가有ᄒᆞ니印度人은大槪跣足(맨발)ᄒᆞᄂᆞᆫ慣習이有ᄒᆞᆫ中大多數ᄂᆞᆫ動物과甚히接近ᄒᆞ야住居ᄒᆞᆷ은彼生活狀態의免치못ᄒᆞᆯ事情이어니와所謂宗教上弊習으로殺生을厭惡ᄒᆞ야鼠類의保護를人權保護보다甚히ᄒᆞᄂᆞᆫ고로鼠에셔病源이多起ᄒᆞᄂᆞᆫᄃᆡ鼠에ᄂᆞᆫ蚤가寄生ᄒᆞ야人類에移住ᄒᆞᄂᆞᆫ故로文明ᄒᆞᆫ世界에天命을考終치못ᄒᆞ고病癘에身命을犧牲ᄒᆞ니可憐ᄒᆞᆫ民族이로다

◉食肉과衛生(衛生新報)

近來醫家가新說을主唱ᄒᆞ되人類가菜蔬만食ᄒᆞ야도食肉者보다弱ᄒᆞᆯ源因이無ᄒᆞ고도로혀一方面으로肉食보다菜蔬가衛生에有益ᄒᆞ다ᄒᆞᄂᆞᆫ者ㅣ有ᄒᆞ나肉食上으로衛生을論컨ᄃᆡ獸類如何로區別이有ᄒᆞ니鹿肉은身體의衰弱疲勞를補ᄒᆞ고○豚肉은生殖器의衰弱을補ᄒᆞ고○野猪肉은無毒ᄒᆞ고또治癇疾補皮膚ᄒᆞᄂᆞᆫ効가有ᄒᆞ

고○馬肝을食ᄒᆞ면死ᄒᆞ고○犬肉은無毒ᄒᆞ고內臟을安케ᄒᆞ며精을增ᄒᆞ고腎에宜ᄒᆞ고○兎肉은無毒補心增精ᄒᆞ고○뇌肉은水腫及腹水를治ᄒᆞᄂᆞ多食은有害ᄒᆞ고○膃肭臍의膽ᄂᆞᆫ脾臟及腎臟의衰弱을治ᄒᆞ고○水牛의肉은婦人痲病을治ᄒᆞ며脾胃를養ᄒᆞ며身體衰弱을補ᄒᆞ고水腫을癒케ᄒᆞ며○鼠肉은小兒의腦膜炎及癲疾을治ᄒᆞᄂᆞ니라

◉農作物에電氣應用(蠶業新報)

電流를植物에應用ᄒᆞ야其生育을助ᄒᆞ고收穫을增케ᄒᆞᄂᆞᆫ方法을實驗ᄒᆞᆫ者ᄂᆞᆫ芬蘭人렘쓰ᄐᆞ렁氏인ᄃᆡ東京農事試驗所에서小規模로此法을試ᄒᆞᄂᆞᆫᄃᆡ作物우에針金網(쇠사실그물)을設張ᄒᆞ고此로電流를傳達케ᄒᆞ야赤菁、稻麥等에實驗ᄒᆞ니果然發育이슈히되고收量이붓ᄂᆞᆫᄃᆡ稻麥에至ᄒᆞ얀十分의二三假量이ᄂᆞ增收ᄒᆞᆯ것이確實ᄒᆞ더라

◉列强의空中勢力(科學世界)

歐美列國이陸海軍의勢力이均衡되야雌雄이未決ᄒᆞᆷ으로空氣球와飛行機로戰術上應用을圖ᄒᆞ야年々歲々로多額의經費를投入ᄒᆞ야空中戰爭의武力을競爭코저ᄒᆞᄂᆞᆫᄃᆡ獨逸은昨年度에四十萬磅佛國은五萬磅英國은五千磅을支出ᄒᆞ야各々硏究中인ᄃᆡ最近調査로觀컨ᄃᆡ空中勢力의優劣이如左ᄒᆞ더라

國名	誘導氣球	飛行機	從事將卒	國名	誘導氣球	飛行機	從事將卒

佛國 九七 四百五十六人 獨國 六〇 四百八十五人
米國 一二 十三人 英國 一一 四十五人
伊國 二〇 八十五人 露國 一〇 三千三百三十四人
墺國 一〇 二百〇二人 西班牙 一〇 一百十三人
其他不足觀

●本會에寄贈혼書籍及新聞月報(廢刊或停報者闕載)

(名稱)	(刊行)	(發行所)
皇城新聞、	日	(京中部鍾路)
帝國新聞、	日	(京中部下漢洞)
大韓每日申報、	日	(京南部石井洞)
大韓民報、	日	(京中部壽洞)
京鄉新聞、	週	(京中部鍾路)
慶南日報、	日	(慶南晋州)
大東共報、	週	(俄領浦鹽斯德)
新韓民報、	週	(美國桑港싀크리맨도街二一九二一八)
新韓國報、	週	(美領布哇허널눌누、밀너街一三一三)
國民新報、	日	(京南部美洞)

(編輯人)

柳 瑾
鄭雲復
마ㅣㄴ함
崔榮穆
安世華
金弘祚
共報社
姜永大
洪宗杓
李寅燮

大韓新聞、日（京南部會洞） 申光熙
畿湖興學會報、月（京北部大安洞） 李海朝
西北學會報、月（京中部校洞西北學會館） 金達河
大東學會報、月（京西部西學峴） 李大榮
法政學界、月（京中部普成專門學校） 南亨祐
法學協會雜誌、月（京南部茶洞） 張도
工業界、月（京中部罷朝橋工業月報社） 申圭植
大道、月（美國桑港韓人監理敎會） 梁柱三
字典釋要、……（京南部大廣橋滙東書肆） 池錫永
商工月報、月（京中部瑞麟坊京城商業會議所） 尹定夏
農工商月報、月（日本東京芝區愛宕町） 篠塚金太郎

彙報

○睿學日進 我 皇太子殿下께옵서ᄂᆞᆫ年來課業에勤勉ᄒᆞ야進修日富ᄒᆞ심은一般臣民의不勝抃賀ᄒᆞᄂᆞᆫ바어니와近日其 睿習ᄒᆞ시ᄂᆞᆫ課程及時間은如左ᄒᆞ더라

曜＝時	上午八時ー九時	十時ー十一時	下午一時ー二時	三時
月	算術	讀本	英語、歷史	習字、體操
火	仝	仝	唱歌	圖畵
水	理化	同	英語、歷史	習字、地理
木	算術	仝	唱歌	習字、體操
金	仝	仝	英語、地理	圖畵、體操
土	理化、英語	作文、習字		

○三氏卒業歸國　近日我留學生中卒業歸國ᄒᆞᆫ신氏名及所修科目은如左ᄒᆞ니李漢卿氏ᄂᆞᆫ中央大學經濟科、鄭珉煥氏ᄂᆞᆫ養蠶科、李震珪氏ᄂᆞᆫ園藝科인ᄃᆡ就中李震珪氏ᄂᆞᆫ不贍ᄒᆞᆫ學資로勇往不屈ᄒᆞ야目的ᄒᆞᆫ學科를修了ᄒᆞ얏고李漢卿氏ᄂᆞᆫ日本에渡來ᄒᆞᆫ지六七星霜에曾히學校를設立ᄒᆞ야后來同胞를啓廸ᄒᆞᆫ事도有ᄒᆞ얏고所修科目을畢了ᄒᆞᆫ后更히三四朔實地練習에勤勉ᄒᆞ얏시니該兩氏의眞摯ᄒᆞᆫ熱誠과着實ᄒᆞᆫ學力은可히吾輩의模範을作ᄒᆞᆯ너라

○總代特送　今次大逆不道一進會悖惡行動에對ᄒᆞ야罪狀을聲討키爲ᄒᆞ야本會에셔總代李豐載、高元勳兩氏를特送ᄒᆞ다(詳細ᄒᆞᆫ報道ᄂᆞᆫ次號에)

○兩氏歡迎　米洲桑港新聞界에多年勤勞ᄒᆞ던金軒氏와內國京城雜誌界에名聲藉蔚ᄒᆞᆫ崔南善氏가今次東京에來留ᄒᆞᆷ으로本會에셔歡迎會를特開ᄒᆞ고兩氏를請

邀ᄒᆞ야眞摯ᄒᆞᆫ誠熱를交換ᄒᆞ다

○學費困難　本會々員金河球　吉昇翼　徐承孝三氏ᄂᆞᆫ本是普成專門學校派遣生인ᄃᆡ如何ᄒᆞᆫ事情을因ᄒᆞᆷ인지學費를屢月不撥ᄒᆞ야困難이莫甚ᄒᆞᆫ故로金河球氏가歸國ᄒᆞ야繼續留學키를周旋中이더라

○全南喜聞　全南順天郡昇明學校ᄂᆞᆫ財政이困難ᄒᆞ야維持沒策이더니仝郡金昌현氏가極力周繆ᄒᆞᆫ結果將次發展ᄒᆞᆯ希望이有ᄒᆞ더라

○賣土設校　京畿長湍郡居李民夏　蔡錫龜　金永奎諸氏ᄂᆞᆫ各其自己의田土를斥賣ᄒᆞ야學校를設立ᄒᆞ야諸般準備가日新ᄒᆞᄂᆞᆫᄃᆡ　李氏ᄂᆞᆫ通明學校、蔡氏ᄂᆞᆫ普昌學校、金氏ᄂᆞᆫ韓英支書院에主任이라諸氏ᄂᆞᆫ可謂教育界模範이러라

會錄

第八回定期總會

十一月七日上午八時에定期總會를本監督部內에開ᄒᆞᆯ시會長李昌煥氏가登席ᄒᆞᆫ后書記가前回會錄을朗讀承認ᄒᆞ다總務高元勳氏報告內에

皇太子殿下게압셔千秋慶節에下賜ᄒᆞ신金貨五十圓은其時茶果費로十五圓을使用ᄒᆞ고其餘額은會計部로越交라ᄒᆞ다會計部長金淵穆氏報告內에本部에現存金

額이三百七十九圜七十九錢八厘라ᄒᆞ미會長의自辟으로李得年氏를選定ᄒᆞ야會計帳簿를檢査ᄒᆞ다會長이農商工部大臣의金貨壹百圜을寄贈ᄒᆞ얏다고公布ᄒᆞ다高元勳氏가月捐金收捧方法을執行任員會에委任ᄒᆞ자動議ᄒᆞ미金淇驩氏再請이有ᄒᆞ얏ᄂᆞᆫᄃᆡ李豊載氏가改議ᄒᆞ야再請이有ᄒᆞ얏시나動議가可決되다

臨時執行任員會

十一月十三日下午六時에臨時執行任員會를本事務所에開ᄒᆞᆯ식出席員이二十三人이라會長이開會趣旨를說明ᄒᆞ되月捐金收捧方針에對ᄒᆞ야自總會로本任員會에委任ᄒᆞᆫ事ᄂᆞᆫ一般任員이共知ᄒᆞ시ᄂᆞᆫ비라該事件에對ᄒᆞ야爛議ᄒᆞᆯ必要가有ᄒᆞᆷ으로開會라ᄒᆞ고會長이緊急事故를因ᄒᆞ야高元勳氏가代理로登席ᄒᆞ다文尙宇氏動議ᄒᆞ되月捐金收納方法은我一般任員이擔負ᄒᆞᆯ뿐아니라更히會員中으로四十八만公選ᄒᆞ야委員을定ᄒᆞ되任期ᄂᆞᆫ明年(隆熙四年)四月로ᄒᆞᆷ이最適ᄒᆞ다ᄒᆞ야李熙廸氏再請이有ᄒᆞ얏ᄂᆞᆫᄃᆡ崔昌朝氏가改議ᄒᆞ야尹豐鉉氏再請이有ᄒᆞ엿시나動議가可決되다

收錢委員의分掌區域은如左

神田區　十六人　本鄕區　四人　麴町區　五人　麻布區　三人
赤坂區　一人　牛込區　五人　芝　區　三人　小石川區　二人

更히各區에委員長一人式推薦ᄒᆞ야事務를總轄케ᄒᆞ기로可決ᄒᆞ고仝九時에閉會

ᄒᆞ다

評議會々錄

十一月十二日下午五時에臨事評議會를本事務所에開홀ᄉᆡ議長李豐載氏登席ᄒᆞ고書記가人員을點檢ᄒᆞ니出席員이十七人이라議長이開會趣旨를說明ᄒᆞ고左開事項을議決ᄒᆞ다

一、內國으로셔渡來ᄒᆞᆫ兪吉濬氏에게對ᄒᆞ야歡迎會를開催홀事

一、該氏請邀에對ᄒᆞ야總代ᄂᆞᆫ金淇驩、李得年兩氏로推選홀事(議長自辟)

一、開會日子ᄂᆞᆫ十四日(日曜)로爲定홀事(崔元植氏特請)

一、接待委員은李昌煥氏로推選ᄒᆞ야本會를代表宴待케홀事

特別評議會

十一月十九日下午六時에特別評議會를本事務所에開홀ᄉᆡ議長李豐載氏登席ᄒᆞ고書記가人員을點檢ᄒᆞ니出席員이十四人이라議長이開會趣旨를說明ᄒᆞᄃᆡ日前學部로셔會計課長金漢奎氏를派送ᄒᆞ야故監督申海永氏에게關ᄒᆞᆫ諸般事項을調査ᄒᆞᆫ즉本會에셔도該申氏에게對ᄒᆞᆫ債權을如何히處理홀ᄂᆞᆫ지本會에셔爛商홀必要가有ᄒᆞ다ᄒᆞ고如左事項을議決ᄒᆞ다

一、金漢奎氏에게總代를派送ᄒᆞ야此案件을討議協定케홀事

一、摠代ᄂᆞᆫ文尙宇、朴容喜兩氏로推選홀事

定期評議會

十一月二十八日에定期評議會를本事務所에開ᄒᆞ다

金漢奎氏에往ᄒᆞ얏든摠代文尙宇氏가故申海永氏에게對ᄒᆞᆫ債權은四百九十七圓八十二錢의證明을報告ᄒᆞ다

司察部長金基형氏가神田區司察員三人을增加ᄒᆞ기로提議ᄒᆞᆫ結果金柄胄、金榮斗、崔鳳梧三氏가被選ᄒᆞ다次에議決ᄒᆞᆫ事項은如左

一、今年新來ᄒᆞᆫ學生을歡迎ᄒᆞᆯ事（朴炳哲氏提議）

一、自治制를擴張ᄒᆞ야勸善懲惡을斷行ᄒᆞᆯ事（尹台鎭氏動議朴容喜氏再請）

一、米洲에서渡來ᄒᆞᆫ紳士金軒及本國에서渡來ᄒᆞᆫ崔南善兩氏를歡迎ᄒᆞᆯ事
（趙용殷氏動議崔元植氏再請）

一、該兩氏歡迎事項은會長摠務評議長에서委任ᄒᆞᆯ事（文尙宇氏動議崔元植氏再請）

新入會員

崔榮鎬　金鼎植　朴承奎　方鏞信　董　領　李奎信　李鍾南
盧祥鳳　姜閏禎　李甲柱　朴義植　鄭振煥　韓宗爀　金玉鉉
吳在淇　林炳元　朱基申　李健鍾　尹泳大　裵善杓　林憲章
金在學　孔聖求　孔鎭泰

○正誤　本報第七號會計報告欄에金和炯氏學報代金參圓은本是贊成金이기玆

에正誤홈

會計報告

出納統計部(熙熙三年十二月四日까지)「借方」

出版部　千○五十八圓七十六錢二厘　　敎育部　四十四圓六十二錢五厘
運動部　二百十四圓二十一錢　　會計部　二十六圓四十三錢三厘
事務所　六百五十八圓十五錢　　討論部　三圓○六錢
諸雜費　二百三十一圓十八錢　　物品　五圓六十二錢
特別債權　百六十七圓四十二錢　　普通債權　三千八百三十五圓四十一錢
編纂部　三十圓○八錢　　尾張銀行　三百圓
現金　百六十一圓四十七錢五厘　　預發金　十三圓八十三錢

合計六千七百五十圓二十五錢五厘

「貸方」

基本金　四千九百九十八圓三十八錢五厘　　學報代金　百九十一圓五十二錢
雜收入　九圓六十錢　　會費金　百四十二圓六十三錢
月捐金　五十八圓七十五錢　　義捐金　千二百九十九圓三十七錢
恩賜金　五十圓

合計金六千七百五十圓〇二十五錢五厘

月捐部

金梁斗	五十錢 十月分	康斗鉉	五十錢 十月分	高在濠	五十錢 十月分
姜 邁	五十錢 十一月分	文尙宇	五十錢 十一月分	金致鍊	五十錢 仝
邊熙俊	五十錢 十月分	朴鎔夏	五十錢 十月分	吳尙殷	一圓 十月至十一月
崔浩承	五十錢 仝	鄭鳳鎭	五十錢 仝	金柄胄	五十錢 十月分
吳東準	五十錢 仝	金性洙	一圓 十月至十一月	宋鎭禹	一圓 十月至十一月
姜完善	五十錢 仝	姜宇善	五十錢 十月分	崔鳳梧	五十錢 十月分
李大容	五十錢 仝	洪命熹	五十錢 仝	白炳璋	五十錢 仝
李瑗應	五十錢 仝	姜信号	五十錢 仝	金達集	五十錢 仝
李得年	五十錢 仝	崔鳴煥	五十錢 十一月分	金潤英	五十錢 仝
吳憙泳	五十錢 十一分月	李寅彰	一圓 十月至十一月	李漢卿	二圓 十月至十一月
崔榮鎬	五十錢 十月分	尹鼎三	一圓 仝	康斗鉉	五十錢 十一月分
鄭鳳鎭	五十錢 十一月分	馬鉉羲	五十錢 十月分	高元勳	五十錢 仝
金良洙	五十錢 仝	朴有秉	廿五錢 十一月分	趙鏞殷	五十錢 仝
金國彥	一圓 十月至十一月	金鼎植	五十錢 十月分	朴秉立	五十錢 仝
崔榮立	五十錢 十一月分	李昌煥	五十錢 十二月分	朴炳哲	五十錢 十二月分

李鍾俊 五十錢 仝　李鍾南 五十錢 十一月分　姜 邁 五十錢 仝
李復源 五十錢 十月分　李得煥 五十錢 仝　金晉庸 一圓 十月至十一月
崔昌朝 五十錢 十一月分　鄭廣朝 一圓 十月至十一月　黃錫翹 一圓 仝
姜麟祐 五十錢 十一月分　崔浩承 五十錢 十一月分　李灌鎔 五十錢 十一月分

義捐金

鄭長潤 二圓　金容珪 二圓　朴秉支 二圓　朴鎔夏 二圓
鄭鳳鎭 二圓　金景律 二圓　金柄胄 二圓　金伯熙 四圓
金局泰 一圓　金鍾瑾 一圓　尹相박 一圓　金聖睦 三圓
韓承支 二圓　全永植 二圓　孫洪駿 二圓　閔天植 二十圓
李豊載 一圓五十錢　李東肅 三圓　尹鼎三 二圓

學報代金(但在米桑港國民會寄售秩)

國民會 壹百〇八圓

●學報定價（改正）

一　部（郵並）　拾貳錢
三個月（上仝）　參拾錢
半年分（上仝）　六拾錢
一年分（上仝）　一圜拾五錢

●廣告料

半　頁　金參圜
一　頁　金五圜

編輯人　趙鏞殷
日本東京市麴町區中六番町四十九番地

發行人　高元勳
日本東京市麴町區中六番町四十九番地

印刷人　姜邁
日本東京市麴町區中六番町四十九番地

發行所　大韓興學會出版部
日本東京市麴町區中六番町四十九番地

印刷所　大韓興學會印刷所
日本東京市麴町區中六番町四十九番地

會員諸君 座下

本報는大韓興學會의機關紙오興學會는在日本帝國青年의結晶體니一般會員의思想을代表ᄒᆞ고學識을反射ᄒᆞ는本報의原稿製述은不可不會員諸君을是賴是望ᄒᆞ노니民智啓發에適當逼切ᄒᆞᆫ論說及學術을每月二十五日以內에本部로送交ᄒᆞ심을切盼

投書의注意

一 投稿는 國漢文、楷書、完結을要ᄒᆞᆷ

一 投稿는 論說、小說(短篇) 學藝等

一 學藝는 法、政、經、哲、倫、心、地、歷과及博物、理化、醫、農、工、商等以內

一 原稿蒐輯期限은每月二十五日

大韓興學會編纂部

隆熙三年十二月十九日
明治四十二年十二月十九日 第三種郵便物認可

隆熙三年十二月廿日
明治四十二年十二月廿日 發行 (每月一回)

大韓興學報第八號

隆熙三年十一月十九日
明治四十二年十一月十九日 第三種郵便物認可

隆熙四年
日本明治四十三年
一月廿日發行(每月一回)

大韓興學報

在日本東京
大韓興學會發行

第十號

大韓興學報第九號目次

謹將東皇之訓諭ᄒᆞ야告我同學諸君

姜 邁

歲隆熙四年庚戌元月昧爽에蘭채의佩와香花의奠으로東郭에步出ᄒᆞ야東皇을祇迎ᄒᆞᆯ식首를再稽ᄒᆞ고手로三揖ᄒᆞ야下風에趨進ᄒᆞᆫ디東皇이乃啓言ᄒᆞ야曰來ᄒᆞ라爾韓人아聽ᄒᆞ라爾韓人아爾韓人이余를迎送ᄒᆞᆷ이今倒三十或四十或五十에至ᄒᆞ얏고多ᄒᆞᆫ者ᄂᆞᆫ或六十或七十에過ᄒᆞ얏도다余ᄂᆞᆫ恒常皇天의大命을受ᄒᆞ고大冬의寒威를際ᄒᆞ야節를按ᄒᆞᆷ의北陸의酷烈ᄒᆞᆫ冱氣를消融ᄒᆞ며南郊에溫和ᄒᆞᆫ風旨를宣揚ᄒᆞ야普天之下에和氣를布ᄒᆞ기로苦心ᄒᆞ얏도다

嗟爾韓人아皇天의至意를克體ᄒᆞ야絲毫라도進行ᄒᆞᆫ事이有ᄒᆞ얏ᄂᆞᆫ가余ᄂᆞᆫ溫和를宣ᄒᆞ거든爾韓人은反히慘毒을日肆ᄒᆞ얏이며余ᄂᆞᆫ陽明을現ᄒᆞ거은爾韓人은反히暗黑에日投ᄒᆞ얏이며余ᄂᆞᆫ二十四番의薰風을噓ᄒᆞᆫ것은爾韓人은反히百千萬計로姦慝을弄ᄒᆞ얏이며余ᄂᆞᆫ日新月盛ᄒᆞᄂᆞᆫ惠澤을與ᄒᆞ야草木이라도欣榮케ᄒᆞ엿거은爾韓人은反히時異分改ᄒᆞᄂᆞᆫ變態로禽獸草木이其所를失ᄒᆞ얏도다嗟呼라建國四

千二百四十三年今日을當ᄒᆞ얏인즉四千二百四十三度의余를會遇ᄒᆞ엿고二千萬民族이群聚ᄒᆞ엿인즉四千萬目으로余를共見ᄒᆞ얏일것이어늘奈何로天下는다活々潑々ᄒᆞ며熙々穰々ᄒᆞ야余의至德을賛揚ᄒᆞ거늘爾韓人은호을노幽々暗々ᄒᆞ며于々顚々ᄒᆞ야永刼地獄에日墮코자ᄒᆞ는고

嗟爾韓人아深思ᄒᆞᆯ지어다隆冬이去ᄒᆞᆷ에陽春이來ᄒᆞᆷ은天地의自然이어니와亂局이去ᄒᆞ고治世가來ᄒᆞᆷ은人事의自然이안이라六洲大界를環顧ᄒᆞᆯ지어다或禍를轉ᄒᆞ야福을成ᄒᆞ며或亂을排ᄒᆞ고治를造ᄒᆞᆷ이其例不無어니와十五世紀以來로一種最慘最毒ᄒᆞᆫ邪氣가流行ᄒᆞ야或一家를永覆ᄒᆞ며或一國을永亡ᄒᆞ며甚至於滅種絶族의慘禍를屢々演出ᄒᆞ야史家의涙線을勞케ᄒᆞ얏도다

嘆々爾韓人아人事는天時와異ᄒᆞ야自己가自己를自助치안이면宜當히覆傾培栽의元理를用ᄒᆞᆯ지언정否往泰來의迷信的文字는余의取ᄒᆞ는바이안이니思ᄒᆞᆯ지어다爾여一身의幸福은一身이自求ᄒᆞᆯ것이오一國의幸福은一國이自求ᄒᆞᆯ것이니엇지他身과他國이有ᄒᆞ야更히他身과他國의幸福을代求ᄒᆞ리오

嗟々爾韓人아爾의由來慣習은果然何如ᄒᆞᆫ狀況을演來ᄒᆞ얏는고其僕은其主를仰ᄒᆞ고其弟는其兄을仰ᄒᆞ며其子는其父를仰ᄒᆞ고其妻는其夫를仰ᄒᆞ며此는彼를仰ᄒᆞ고前은后를仰ᄒᆞ며左는右를仰ᄒᆞ야自身에幸福을他處에代求ᄒᆞᆷ으로一家가頹敗에瀕ᄒᆞᆫ時는他家의補助만徒仰ᄒᆞ며一國이危急에迫ᄒᆞᆯ時는他國에援應만哀乞

ᄒᆞ얏임으로甚至於人事의盛衰得失을空漠ᄒᆞᆫ天運에付與ᄒᆞᄂᆞᆫ惡慣을釀成ᄒᆞ야今日과如히國家의存亡이燃眉에迫ᄒᆞ되鄕先生村夫子ᄂᆞᆫ오히려汗漫히揚言ᄒᆞ야曰今日은亂機라無可奈何이니天道가만일循環ᄒᆞ야正人君子가出ᄒᆞ면治平을再演ᄒᆞ겟다ᄒᆞ야我家의事를天道에代求ᄒᆞ며某國은人道를重視ᄒᆞ고博愛를主義ᄒᆞᄂᆞ니我國의岌嶪慘憺ᄒᆞᆫ狀態를見ᄒᆞ면必然援助를與ᄒᆞ야安樂을共ᄒᆞ리라ᄒᆞ야我國의事를他國에代求ᄒᆞ며某國은我와昔日關係가甚重ᄒᆞ엿ᄂᆞ니彼가만일掘起ᄒᆞ면必然我를眷顧ᄒᆞ리라ᄒᆞ야我의前途를已往에代求ᄒᆞᄂᆞᆫ도다甚至於自國를自獻ᄒᆞ야他人의代理를求ᄒᆞ고도猶爲不足ᄒᆞ야二千萬兄弟姉妹를擧ᄒᆞ야奴籍에永投코쟈ᄒᆞᄂᆞᆫ極惡大憝가縱橫ᄒᆞᄂᆞᆫ今日에至ᄒᆞ엿인즉其因은無他라自己의事를自己가不爲ᄒᆞ고他人에게代求ᄒᆞᄂᆞᆫ依賴二字에胚胎홈이로다嗟爾韓人아余ᄂᆞᆫ爾韓人를更對홈미反히赧然羞慚홈을不勝ᄒᆞ겟도다

嗟爾學生諸君아深思ᄒᆞᆯ지어다諸君은余와相會홈이最少ᄒᆞ야大約二十餘度에不過ᄒᆞ거니와余ᄂᆞᆫ그諸君의萬里海外에轉輾ᄒᆞ며十許星霜을喫苦ᄒᆞ야前途의準備에汲々홈을深知ᄒᆞᄂᆞᆫ바이니諸君의國家ᄂᆞᆫ또ᄒᆞᆫ諸君이自擔ᄒᆞᆯ것이니他人이엇지代擔ᄒᆞᆯ理가有ᄒᆞ리오夫四千二百四十三年의韓國은既往이라咎ᄒᆞ야도無益ᄒᆞ거이와隆熙四年即今日의韓國은諸君에게更히珍重托付코자ᄒᆞ노니敬聽哉어다

嗟々諸君아皇天은至仁無涯ᄒᆞ사舊惡을不念ᄒᆞ시고歲隆熙四年一月에更히余東

皇으로ᄒᆞ야곰按節驅馳ᄒᆞ야三千里靑邱江山에照臨케ᄒᆞ엿ᄂᆞ니

嗟々諸君아陽春이來ᄒᆞ얏도다陽春이來ᄒᆞ얏도다夫陽春은其氣溫煖ᄒᆞ고其容이淸明ᄒᆞ고蘊藉ᄒᆞᆫ其態며燦爛ᄒᆞᆫ其華ㅣ라禽獸도快樂ᄒᆞ고草木도欣榮ᄒᆞᄂᆞ니嗟々諸君아此時를當ᄒᆞ엿도다急々히慘憺ᄒᆞᆫ愁雲을撤去ᄒᆞ며暗黑ᄒᆞᆫ迷塵을排除ᄒᆞ며窮凶極惡ᄒᆞᆫ魔障을超脫ᄒᆞ야雲霄에登ᄒᆞ며彼岸에到ᄒᆞ야皇天의殷眷ᄒᆞ신至仁을報答ᄒᆞᆯ지어다

嗟々諸君아嚴冬이去ᄒᆞ얏도다嚴冬이去ᄒᆞ얏도다夫嚴冬은其氣凓烈ᄒᆞ고其容이蕭條ᄒᆞ고寂寞ᄒᆞᆫ其態며澎湃ᄒᆞᆫ其聲이라天地도蕭索ᄒᆞ고萬類가蟄伏ᄒᆞ얏더니葭灰가忽動ᄒᆞ고一陽이方萠ᄒᆞ니鳳曆이呈祥ᄒᆞ고鴻禧에建運ᄒᆞ엿도다嗟々諸君이여此時를當ᄒᆞ엿도다急々히渙爀ᄒᆞᆫ文物을運入ᄒᆞ며新鮮ᄒᆞᆫ制度를採摭ᄒᆞ며穩健明確ᄒᆞᆫ思索을皷發ᄒᆞ야文明舞臺에先導者가되며獨立旋旗에凱旋軍을作ᄒᆞ야更히我皇天에至德을歡呼ᄒᆞᆯ지어다諸君아

元日曠感

碧人 金淇驩

歲序ᄂᆞᆫ隆熙의改元이聿曁四載라帝國臣民의分義로一月元日에帝國萬歲를三呼ᄒᆞ고歸ᄒᆞ야旅案에올然魁坐ᄒᆞ야璇儀의周而復始ᄒᆞᆷ과寰宇의極而反無ᄒᆞᆷ을冥推默理ᄒᆞ니實노不可思議라深할수록더욱더욱不可思議로다疑哉라昔日의鴻雁이

復歸ᄒᆞ니一年이環始라ᄒᆞᄂᆞᆫ가昔歲의梅花가復開ᄒᆞ니一年이更肇라云ᄒᆞᄂᆞᆫ가費而隱ᄒᆞ고顯而微ᄒᆞ도다一年云一年云者ᄂᆞᆫ地球即坤星의一回轉이라坤星이太陽의周圍를一回轉ᄒᆞ야一歲를成ᄒᆞᄂᆞ니故로一歲者ᄂᆞᆫ地球의一歲라木星엔木星의一歲가有ᄒᆞ고金星인金星의一歲가有ᄒᆞ고其他火星水星天王星海王星에도一歲가各々自有ᄒᆞ야回轉의時間이不同ᄒᆞ야哲理的差別이有ᄒᆞ도다然則坤星의一歲ᄂᆞᆫ卽吾人의一歲오宇宙의一歲ᄂᆞᆫ아니라噫ᄒᆞᆸ다晴夜無雲의時에蒼穹을仰觀ᄒᆞ면幾億萬星宿가찬爛ᄒᆞᆫ光을放ᄒᆞ고或大或小或明或暗ᄒᆞ야或星河을作ᄒᆞ며或星雲을倣ᄒᆞ야遠近上下에千狀萬態로無限存在ᄒᆞᆫ者大抵恒星惑星과彗星隕石이로다彼太陽은恒星中一이며坤球ᄂᆞᆫ惑星中一이라우리太陽은地球보담百萬倍의大ᄒᆞᆫ者인ᄃᆡ其內容은盛히燃鎔ᄒᆞᄂᆞᆫ一個大火團이며又恒星의中에도太陽보담幾十百倍의大ᄒᆞᆫ者有ᄒᆞ야炳蔚烟熀ᄒᆞᆫ火燄을放ᄒᆞᄂᆞᆫ者即貪狼巨門天乙紫微等과如ᄒᆞᆫ諸星이不識不知케라幾千萬箇인고참宇宙天體의偉雄廣大ᄒᆞᆷ은但히呆然驚愕ᄒᆞᆯ뿐이로다如斯ᄒᆞᆫ大烈日大恒星도無數ᄒᆞᆫ惑星을附率回轉ᄒᆞᆷ이우리太陽이地球等諸惑星을領率ᄒᆞᆷ과何異ᄒᆞ리오以此觀之ᄒᆞ면綽々ᄒᆞᆫ宇宙ᄂᆞᆫ實노絶大無限ᄒᆞ도다吁ᄒᆞᆸ다이러ᄒᆞᆫ宇宙間에우리地球ᄂᆞᆫ其大ᄒᆞᆷ이太陽의百萬分의一에不過ᄒᆞᆫ暗黑小遊星이라胡爲乎其微小ᄒᆞᆷ이如此ᄒᆞᆫ가萬一宇宙의大로ᄡᅧ比ᄒᆞ면渺滄海의一粟이어날우리人生은地球로ᄡᅧ廣大ᄒᆞᆫ六洲萬邦이라ᄒᆞ며絶東으로ᄡᅧ山河萬里라ᄒᆞᄂᆞ니

져ㅣ蜉蝣의今日에生ᄒᆞ고今日에死ᄒᆞ야今日을知ᄒᆞ고明日을知치못ᄒᆞᆷ과何等差別이有ᄒᆞᆫ가噫ᄒᆞᆷ다우리人生은蜉蝣와同處ᄒᆞᆯ가一萬年以上의事ᄂᆞᆫ歷史도無ᄒᆞ고一萬年以後의事ᄂᆞᆫ亦推想도無ᄒᆞ니宇宙의無限時間에比ᄒᆞ면實노螢蝣天地로다星學家ㅣ云ᄒᆞ되우리地球ᄂᆞᆫ太陽의分体라於千萬年을經過ᄒᆞᆫ後에火團이漸次冷却ᄒᆞ야瓦斯体가流動体가되고流動体가固體로되야生物이其間에化生ᄒᆞ얏다ᄒᆞᄂᆞ니人類其間에最靈ᄒᆞᆫ理性을具ᄒᆞ고萬物의首位를領有ᄒᆞ야社會國家를組織ᄒᆞ얏이나人類의有史以來ᄂᆞᆫ不過五六千年이라一瞬의價値가無ᄒᆞ도다彼銀河의一帶明光이吾人의肉眼에達ᄒᆞ기ᄭᆞ지數三千年의時間을要ᄒᆞᆫ다云ᄒᆞ니人生의書契以來ᄂᆞᆫ無限ᄒᆞᆫ宇宙에比ᄒᆞᆯ수無ᄒᆞ도다然ᄒᆞ나우리人生의地位로ᄡᅥ見ᄒᆞ면太古의遠邈ᄒᆞᆷ이當時狀態를明定치못ᄒᆞ야大畧揣摩推想에不越ᄒᆞ도다蓋上古의人類ᄂᆞᆫ雲行雨施와天變地異의幻象을會ᄒᆞ면欽敬의心과畏怖의情이自生ᄒᆞ야有時乎不測ᄒᆞᆫ風雲이晴天白日의中에現演ᄒᆞ야漲雲이日月를呑吐ᄒᆞ고沛雨가江海를襄溢ᄒᆞ야鳴雷奔電이轟々且閃ᄒᆞ야天地를裂ᄒᆞᄂᆞᆫ듯山嶽을碎ᄒᆞᄂᆞᆫ듯ᄒᆞᆷ에於是乎上帝를崇拜ᄒᆞᄂᆞᆫ宗敎心이發生ᄒᆞ야天命을敬畏ᄒᆞᄂᆞᆫ觀念이道德哲學을揮發擴充ᄒᆞ야正義人道가從ᄒᆞ야創始ᄒᆞ며四時運行의數理的觀念이經驗에經驗을積ᄒᆞ야建築工藝의基礎와天文曆數의定數를次々發見코야蒼生庶蹟의咸宜ᄒᆞᆷ을爲ᄒᆞ야時間的票準으로三百六十五日餘分으로一周年을定ᄒᆞ얏이니우리人生은一年의間이

라도天下大事를可히創始經營할지며萬年鴻業을可히樹建鞏固할지니過去一年의間에世界列國의史跡을試看ᄒᆞ라第一은韓國이軍法兩部를失ᄒᆞ야二千萬檀箕民族이愁沉憤恨의裏에切齒咬牙ᄒᆞ고第二ᄂᆞᆫ土國이革命的活躍으로捲土重來에專制思想을永祛ᄒᆞ고立憲의基臺를百年에盤固케ᄒᆞ고第三은波斯가英露의競爭中에王政을顚覆ᄒᆞ고自由憲法의成功ᄒᆞᆷ을唱ᄒᆞ엿이며第四ᄂᆞᆫ支那가各省에諮議局을設立ᄒᆞ고民主的憲政을確樹ᄒᆞ엿도다噫ᄒᆞᆸ다人類ᄂᆞᆫ政治的動物이며社會的動物이어날韓國二千萬同胞ᄂᆞᆫ人類의價値가減却ᄒᆞ야政治ᄂᆞᆫ便同通辯政治의方向으로傾ᄒᆞ고社會ᄂᆞᆫ便同指導鞭捶를受ᄒᆞᄂᆞᆫ도다然이나往事를煩述ᄒᆞᆷ은說弊의陳套에不過ᄒᆞ기로新年元日을當ᄒᆞ야將來當行的事爲을算量ᄒᆞ니實노不才의歎과不智의恨이更長ᄒᆞᄂᆞ茲에管見을陳記ᄒᆞ야高明ᄒᆞᆫ採用評正을俟ᄒᆞ노니自今年爲始ᄒᆞ야우리國民의當行的事業은或曰敎育을奬勵ᄒᆞ야民智를啓進케ᄒᆞᆷ과實業을導率ᄒᆞ야一般經濟를潤澤케ᄒᆞᆷ에在ᄒᆞ다云々ᄒᆞ나是ᄂᆞᆫ非徒韓國의急務라今日世界萬國의公共唱呼ᄒᆞᄂᆞᆫ通例라不必多言이오余ᄂᆞᆫ元日을當ᄒᆞ야具體的救弊方針을說ᄒᆞ리라

第一歐米物貨를競爭輸入ᄒᆞᆷ이니何也오ᄒᆞ면우리國民이自來로日本物品만廉且適ᄒᆞ다ᄒᆞ야一年에總輸入이三千萬圜의高額에達ᄒᆞ고其他淸國의錦綾外에ᄂᆞᆫ歐米物價의完而美ᄒᆞ고歇而適ᄒᆞ며久而不弊ᄒᆞ고用而不變ᄒᆞᄂᆞᆫ줄은全然不知ᄒᆞᄂᆞᆫ

故로歐米列强이云ᄒᆞ되韓國은貧且昧ᄒᆞ니貿易ᄒᆞᆯ餘地가無ᄒᆞ다ᄒᆞ야棄而不顧ᄒᆞ얏ᄂᆞᆫ지라日本이是를奇貨로知ᄒᆞ야獨히韓人의嗜好에適ᄒᆞᆫ者를製造輸入ᄒᆞ야終乃에三千萬圜의利益을握ᄒᆞ고韓半島ᄂᆞᆫ日本의利益範圍內에已在ᄒᆞᆫ今日에歐米列强이도로여昨日의不察ᄒᆞᆷ을後悔ᄒᆞᄂᆞᆫ도다試看ᄒᆞ라淸國은我韓과不然ᄒᆞ야世界의共同交市場이되야甲이優利를得ᄒᆞ면乙이忌ᄒᆞ고丙이密約을結ᄒᆞ면丁이抗ᄒᆞ야甲乙丙丁이相制相御ᄒᆞ야老大腐敗ᄒᆞᆫ淸國으로ᄒᆞ여곰佛에敗ᄒᆞ며英에折ᄒᆞ며日에屈ᄒᆞ고도分割保護의辱이不及ᄒᆞ고猶然히今日ᄭᅡ지獨立ᄒᆞᆷ은實노其國民이世界列强으로더부러共同貿易ᄒᆞᆫ結果라우리도自今年爲始ᄒᆞ야米德英露의貨物를受而輸入ᄒᆞ면列强이各々優利를占코져ᄒᆞ야商業上各國競爭이起ᄒᆞᆯ것이오日本도旣得ᄒᆞᆫ商利를失ᄒᆞᆯ가恐ᄒᆞ야廉價로誘引ᄒᆞ리니우리ᄂᆞᆫ坐受廉利할것이오米德諸邦도一年輸入이一千萬圜可量이되면自然코國家百年의大利大計을爲ᄒᆞ야絶東에셔雄飛活躍코져ᄒᆞ리니우리國民이其間에處ᄒᆞ야隨機制驚에左投右勝으로猛虎相鬪의中에主人翁이昨醉를醒ᄒᆞ고利器를準備ᄒᆞ야自衛術을講究ᄒᆞᆯ時日이來할지로다去年에米國物貨가意外에超過되야韓國內에四百萬圜의多額을輸入ᄒᆞᆫ지라米國人이韓國問題를夢想ᄒᆞ야滿洲로先着地를삼고次々로韓半島를經營코져ᄒᆞ야多年半島에留ᄒᆞ던米人을招待ᄒᆞ야韓人의嗜好品을採査ᄒᆞᆫ會社도有ᄒᆞ다ᄒᆞ니우리國民된者ᄂᆞᆫ歐米貿易을奬勵ᄒᆞ되金融이涸渴ᄒᆞ니同價紅蔘에歐

米物品을輸入ᄒᆞᆯ것이오

第二우리半島內坊々谷々이歐米人士를招來排置ᄒᆞᆯ事이니此事는容易치아니ᄂᆞ不可能ᄒᆞᆯ바는아이이니何也오ᄒᆞ면我國의名勝之地金剛、妙香、智異、太白의諸靈山과靑鶴、白鶴、牛腹、羊腸의諸洞天에交通을便利케ᄒᆞ고世界에紹介ᄒᆞ면爲先上海、香港、海參威、橫濱等地의豪商富賈가先來賞翫居留할것이오次々로歐米本洲로도觀光來遊ᄒᆞ는者有ᄒᆞᆯ것이로다噫홉다우리國民이여今日現象을悲觀ᄒᆞ야前罪의餘孽됨을覺ᄒᆞ고耶蘇聖敎에歸依ᄒᆞ는者日加月增ᄒᆞ니將次數年에不出ᄒᆞ야全邦同胞가거의信仰ᄒᆞ리니此는人心이如水就下라誰가禦ᄒᆞ며遏ᄒᆞ리오布敎ᄒᆞ는歐米人士도日로뼈增加ᄒᆞ야內地와危險을冒ᄒᆞ고聖神의遺訓을貫徹ᄒᆞ기爲ᄒᆞ야博愛廣濟의決心으로多數渡韓할줄노知ᄒᆞ노라歐米人士는文明富裕ᄒᆞᆫ國民이며自由平和를愛ᄒᆞ는國民이라道德宗敎도우리의模範을授할것이오金錢도多大히內地에落할지로다今日某隣國이我邦을殖民地로認ᄒᆞ고十萬口以上의下等人民을移殖ᄒᆞ야爭奪不法이種々演出ᄒᆞ니何道로此를防ᄒᆞᆯ가仁者厚者가在傍ᄒᆞ면비록不言할지라도彼冥頑이自然畏縮되야肆毒을不敢ᄒᆞ리니本記者無限ᄒᆞᆫ恨과無限ᄒᆞᆫ意를抱ᄒᆞ고露骨的으로形喩ᄒᆞ기를不肯ᄒᆞ야九宮屯卦에言外의意를留ᄒᆞ노니愛讀僉君子는過責치말지어다

以上意見는元朝一日의工夫라古諺의曰一年의計는正元에在ᄒᆞ고一日의計는晨

朝에在ᄒᆞ다ᄒᆞ니엇지此日를虛送ᄒᆞ리오噫라人生의軀ㅣ雖小ᄒᆞ나理想을一推ᄒᆞ면大而宇宙天体에馳驅ᄒᆞ고小而全球萬邦에橫溢ᄒᆞ야兩間에存在ᄒᆞᆫ事物을我의心理로推想斷定ᄒᆞᆯ수有ᄒᆞ도다然則兩間에存在ᄒᆞᆫ者ᄂᆞᆫ我의推理에應ᄒᆞᄂᆞᆫ客이오我獨으로主人이되엿도다試思ᄒᆞᆯ지라吾人의心目이아니면宇宙世界가有ᄒᆞᆫ들엇지知ᄒᆞ며吾人의理想이아니면國家社會의興亡盛衰를엇지識ᄒᆞ리오燭下에看書라가燭이滅ᄒᆞ면書亦遁形ᄒᆞᄂᆞᆫ도다寒感에淸香을엇지聞ᄒᆞ며睡後에義味를엇지知ᄒᆞ리오故로我의智識이缺乏ᄒᆞ면保護가何物인지列强의關涉이如何ᄒᆞᆯ지愚昧妖孽이其間에現出ᄒᆞ야外交關係를不知ᄒᆞ고合併을妄唱ᄒᆞᄂᆞᆫ도다吁라今年이여我에게萬理를昭明케ᄒᆞ야主觀的으로宇宙世界의現象을魚貫而犀照ᄒᆞᆯ지어다噫라

韓國研究

滄海生

韓國은韓人之韓國이오韓人은韓國之韓人이라父祖弟兄이韓國之人이며華山麗水가韓人之國也라故로無韓國則無韓人이며無韓人則無韓國이니韓國之於韓人과韓人之於韓國엔其關係之至重且大가爲我韓人者ㅣ不容贅說也로다

然則爲韓國而舌焦唇弊者도韓人이며爲韓國而血濺涕流者도韓人이며爲韓國而哀之樂之ᄒᆞ며爲韓國而生之死之者도莫非韓人哉ㅣᆫ저

吾輩ᄂᆞᆫ韓人이라血一濺而可有補於韓國이면只願千濺萬濺而無辭이며涕一流而可有益於韓人이면只願千流萬流而有甘이로ᄃᆡ若或一點一滴이라도無力而濺커나無心而流ᄒᆞᆯ딘ᄃᆡ萇弘賈生이徒自噓唏라漢家周室에有何補益哉아此ᄂᆞᆫ吾輩之不敢取而又不願取者也라

涕將何處流之라야可有補於韓國이며血將何處濺之라야可有益於韓人哉아此所以「韓國研究」ᄅᆞᆯ名之以題ᄒᆞ야涕流血濺之地ᄅᆞᆯ研究之者也로다

泰西諸邦은不知亞東에復有韓國ᄒᆞ고只有치나(支那)제펜(日本)ᄒᆞ야各據一隅에僅保餘喘이라ᄒᆞ며間或、探險家之紀文所載에亞東一隅에有一半島國ᄒᆞ니叩其名則코리아(高麗)오國中之人은皆以黑帽白衣와長竹博帶로恰然如神仙之遊ᄒᆞ고到處有原始之觀ᄒᆞ며新世紀之紅塵이未到에古義皇之清風이尙存이라ᄒᆞ야嘲之以謾說ᄒᆞ며畫之以走筆ᄒᆞ야以我神聖帝國으로幻出滑稽小說ᄒᆞ야或陳列於博物舘ᄒᆞ며或揭懸於人類室ᄒᆞ니覽此者도韓國之有無ᄂᆞᆫ付於其然未然ᄒᆞ고讀此者도韓國之存亡은歸于疑半信半ᄒᆞ며

韓國은自稱僻在海隅ᄒᆞ고墨守鎖國主義ᄒᆞ야天上天下에不知復有何國ᄒᆞ고只信有中原日本이ᄂᆞ然이ᄂᆞ日本은島倭라無足掛齒오但所慕者난中原而已라故로以苟安姑息之策으로受號於大明ᄒᆞ고自許以小中華ᄒᆞ니天下가泰平ᄒᆞ고閭巷이無事라甲子适亂과壬申西賊은不過種々惡夢이요壬辰日兵과丙子清國은只是間

々刼運이라暴風驟雨가倏爾乍晴ᄒᆞ니我之起臥ᄂᆞᆫ依然我之起我之臥오我之耕鑿은依然我之耕我之鑿이라不知牕外에作何天風雨ᄒᆞ고風打浪打로然々過去ᄒᆞ니

於是乎海外之關係가愈絕ᄒᆞ고對外之思想이頓無ᄒᆞ야昏々夢々으로終日坐睡ᄒᆞ다가何來一陣腥風이猛打耳膜커ᄂᆞᆯ似夢非夢에忽爾驚顧ᄒᆞ니淸日兵戈가方在吶喊이라……………於焉間兵收甲解ᄒᆞ고媾和條約이러니後來之幕은何許獨立二字가逐影泛々이라不知何等意味ᄒᆞ며不究何等內容ᄒᆞ고赤手空網으로一擧而得ᄒᆞ니於是乎外國도始知有韓國ᄒᆞ며韓國도始知有外國이라彼此之關係가雖曰形式이나漸次疏通ᄒᆞ겟거ᄂᆞᆯ依然政界가濁亂에綱紀가日弛ᄒᆞ며不謀自强ᄒᆞ고私利是事ᄒᆞ야秦强附秦ᄒᆞ며楚强則附楚ᄒᆞ니全局이板蕩에瘡痍가滿目이라欽哉我

聖上陛下게압시寤寐乎國步之艱難ᄒᆞ시며轉輾乎生靈之塗炭ᄒᆞ샤乙夜丙枕에徒勞

宸襟ᄒᆞ사以煌々丹綸으로提耳而命ᄒᆞ시고責之勉之ᄒᆞ시되感泣發奮ᄒᆞ야報答涓埃은姑捨勿問ᄒᆞ고東風馬耳로書自我自라가遽然曉天殘星이乍出旋沒ᄒᆞ고橫江過羽가一鳴遂止ᄒᆞ야獨立高門은徒增行人過客之淚ᄒᆞ고欽差公館은任他寒鴉暮鵲之吊러니繼之以統監政治ᄒᆞ니天日이暗黑ᄒᆞ고山河가慘澹이라鋤戮豪傑而

名以暴徒ᄒᆞ며砲殺良民而付於治安ᄒᆞ고對歐米之人則荷杖而反敵我ᄒᆞ며烹鷄而示鳧足이로ᄃᆡ歐米之人은但唯々應之ᄒᆞ며然々諾之ᄒᆞ야不唯不知韓國之切迫이到此地頭라反信以啓發民智同進文明이라然이ᄂᆞ韓國之我ᄂᆞᆫ有口而不能較ᄒᆞ고歐米之彼ᄂᆞᆫ有言而不欲辯ᄒᆞᄂᆞ니此ᄂᆞᆫ無他ㅣ라韓國이存이라도彼無利益이오韓國이亡이라도彼無損失이어니競爭이激烈에吾鼻도三尺이라無關無係之韓國情形을奚暇悠々說去乎아

歐米韓國之關係가不曾如此踈遠ᄒᆞ며不曾如彼缺裂ᄒᆞ고使有唇齒輔車之密接ᄒᆞ야韓國이亡則歐米가不能無損失이오歐米가亡則韓國이不能無影響이면韓國今日之地位를歐米가安得不干涉이며安得不研究哉아

故로欲保韓國之爲韓國이면轉我黑幕之韓國而遷于白日之韓國이며轉我籠中之韓國而遷于世界之韓國ᄒᆞ야朝議事於韓國이면暮傳播於歐米ᄒᆞ며我一唱於韓國이면彼一和於歐米ᄒᆞ야使韓國歐米之關係로有如魚水相孚之密接이非我目下之急務며叶我將來之目的乎아

戴我四千載光明歷史ᄒᆞ니韓國은不能不獨立이며顧我三千里錦繡河山ᄒᆞ니韓國은不能不自由며有我二千萬民族精神ᄒᆞ니韓國은必可與保全이니此ㅣ「韓國研究」之精神也며焦點也로다

然이ᄂᆞ外交가在他所掌이라不能自動而紹介我韓國이며財政이非我自由라又

不能他動而紹介我韓國이며甚至於航海도不得自由ㅣ며報筆도只是啞哭而已ᄒᆞ니悲夫라韓國은終未免黑幕之韓國이며終未脫籠中之韓國乎아

偉士麥은泰西偉傑이오一世英雄이라嘗語人曰天下事ㅣ無甚難이오亦無甚易라唯於難中求易ᄒᆞ고易中에不忘其難이면無不可能之事라ᄒᆞ니彼奄々行尸에未久入北망之壕者와滔々宦海에依然作民國之蠹者난吾且不問ᄒᆞ고彼漆室釐婦의具有一般之秉彝者와靑年英才로抱有遠大之希望者ㅣ當不下萬千이리니此筆이雖禿이나請與諸君으로痛究此策호리라 (未完)

農林的韓國

金聖睦

大抵農林業이國家消長에多大ᄒᆞᆫ關係가有ᄒᆞᆷ은東西古今에其理ㅣ維同이라不待贅陳이ᄂᆞ其國經濟狀態로比較上差異가不無ᄒᆞᄂᆞ니何則고往古未開時卽經濟學上所謂自是經濟時代에ᄂᆞᆫ大盖農業으로國家經濟의主體를삼앗스ᄂᆞ今日文明ᄒᆞᆫ時代卽交換時代又ᄂᆞᆫ經濟時代에ᄂᆞᆫ百般營爲가復雜ᄒᆞ야農業으로ᄂᆞᆫ到底히全國家의財政을供給키難ᄒᆞᆷ으로於是商工業運輸業等諸方面에ᄶᅡ지財路를求ᄒᆞ기에至ᄒᆞ얏스ᄂᆞ商工業運輸業의程度ᄂᆞᆫ其國地理上關係와國民의智識上程度等種々ᄒᆞᆫ理由로各々不同ᄒᆞᆷ으로有時乎商工國과農林國의差別이有ᄒᆞᆷ이라卽所謂商工國은其國地理上關係와國民의智識程度가農林보다商工이더욱必要ᄒᆞᆷ으로認定

홈이오所謂農林國이란것은農林이商工보다其國情에더욱必要로認定홈이니此는國家經濟上不可免홀狀態로다我韓은地理로觀察ᄒᆞ고國民의智識으로觀察홈에純然ᄒᆞᆫ農林國이라一邊으로는商工國에進케못ᄒᆞᆫ것이國民의羞耻ᄂᆞ往者를不可諫이니農業國이라도着々히實施進行ᄒᆞ면直接으로農林國이되고間接으로商工國에進홀捷徑이될지니엇지吾人國民의一大幸福이안이리오　試ᄒᆞ야墺德美三國에徵ᄒᆞ건ᄃᆡ可히明晳히知ᄒᆞ려니와既往農業國地位에處ᄒᆞᆫ以上은農業을振興ᄒᆞ야二十世紀東亞天地에一大新獨逸을建設ᄒᆞ야今日凋殘ᄒᆞᆫ國家經濟를回復融通케홀지어늘事實은此에反ᄒᆞ야輓近以來로國家行政이其當을失ᄒᆞ야日로墮落委靡ᄒᆞᆫ中에甚至山林川澤이라도其餘孼을被ᄒᆞ야人民은森林濫伐의害를知치못ᄒᆞ고政府는農林啓發의方針을施치못ᄒᆞᆫ結果로荒蕪ᄒᆞᆫ地와童濯ᄒᆞᆫ山이大韓慘狀의第一面을畵出ᄒᆞ얏ᄂᆞ니外人觀光의羞辱은尙矣勿論ᄒᆞ고國家經濟로推ᄒᆞ야國民生活에思到홈에寒心痛歎홈을勝치못ᄒᆞ깃도다呼呼라農業國同胞여農은天下의大本이라ᄒᆞ야國民大多數가此에老ᄒᆞ며力穡ᄒᆞ는家는天이窮케못ᄒᆞᆫ다ᄒᆞ야夙夜로孜々히此에務ᄒᆞᄂᆞ니萬一人工을加ᄒᆞ야天理自然의化翁을利用치안이면上古洪濛ᄒᆞᆫ時代의餘風을袪키難ᄒᆞ리니試思ᄒᆞ라農家의畏ᄒᆞ는바이憂患疾苦라一朝에農夫가健康을失ᄒᆞ면春에其時를失홈으로其秋를收치못ᄒᆞᄂᆞ니疾病이實로農家의有力ᄒᆞᆫ魔鬼라ᄒᆞᆯ지ᄂᆞ春에其時를得ᄒᆞ고夏에其時를得ᄒᆞ고도天災時變으

로由ᄒᆞ야勞ᄒᆞ고도其秋를得치못ᄒᆞᄂᆞ니此ᄂᆞᆫ可憎ᄒᆞᆫ水旱霜雹의意外災孼이是라如何ᄒᆞᆫ勤農家이라도廢ᄒᆞᆯ수읍ᄂᆞᆫ大災殃이니萬一農林에斧斤을時로入ᄒᆞ야過去習慣的養山法에近來新學的養林法으로長短을相補ᄒᆞ고得失을比較ᄒᆞ야山々谷々에鬱密葱茂ᄒᆞᆫ殖林을養ᄒᆞ면水旱의災ᄂᆞᆫ敢히農家에犯치못ᄒᆞ고從ᄒᆞ야事半功倍의無窮ᄒᆞᆫ秋를斂ᄒᆞ야一擧兩得으로公私의無上ᄒᆞᆫ利益을共得ᄒᆞ리니農業에從事或勸奬ᄒᆞᄂᆞᆫ諸君子ᄂᆞᆫ大韓의農林的地位을察ᄒᆞ야健全ᄒᆞᆫ農林的國家를建設케ᄒᆞᆯ지어다

教育은獨立의準備라

京城養源女學校學生 金順熙

本篇은本會員金河球氏의紹介ᄒᆞᆫ바인ᄃᆡ文章의構造와趣旨의穩健ᄒᆞᆷ이堂々ᄒᆞᆫ論文의體를具ᄒᆞ야女學界의稀貴ᄒᆞᆫ文字기로特히揭載ᄒᆞ야內外國女子社會에紹介奬勵ᄒᆞᄂᆞᆫ意를表ᄒᆞ노라「但本篇은一字의删削이無ᄒᆞ고依本文謄載ᄒᆞᆷ」

蓋教育云者ᄂᆞᆫ一般吾人으로變化氣質ᄒᆞ며養成材能ᄒᆞ야心無依賴之狀態而至於自主之地오行無鄙陋之動作而立於自由之地也니獨立의準備가孰過於教育之發達乎잇가何以言之오人皆被教育ᄒᆞ야先達其德育智育體育이면學業界에有模範的行動이오實業界에有勤勞的行爲也라其行動也ㅣ爲人模範則心固自立之精神

이오其行爲也ㅣ爲己勤勞則志固自主之思想이라然則獨立은即自立也며自主也라社會上行動에人皆無依賴而自立則其社會之獨立은不圖而自圖이오國家的觀念에民皆無依賴而自主則其國之獨立은不期而自期이라噫라腐敗者ㅣ誰오我國人也오依賴者ㅣ誰오我國民也라腐敗는何以發生고不被教育之故也며依賴는何以所生고不受教育之故也라惟我青年男女諸君이여奮不顧身ᄒᆞ야寸陰을是競ᄒᆞ고發憤忘食ᄒᆞ야朝益暮習이면行動也自然立於自主之地리니教育二字가果非獨立의準備件耶아

敬告我留學諸君顧念父母之情恩

金升植

슬푸다諸君이여諸君이일즉小學을讀ᄒᆞ얏는지(父母在不遠遊)否ᄒᆞ얏는지試問코져ᄒᆞ노라諸君이父母劬勞의恩과撫育의惠로無恙히長成ᄒᆞ야이에妻가有ᄒᆞ며子가有ᄒᆞᆫ境遇에至ᄒᆞ얏슨뿐안이라兼ᄒᆞ야今日廿世界上十六億萬人族의一分子가되얏스니實노그恩惠를엇더타ᄒᆞ리오諸君々々이여深思ᄒᆞᆯ바가아닌가今에本記者ㅣ智識의愚魯ᄒᆞᆷ과筆法의孤陋ᄒᆞᆷ을不顧ᄒᆞ고玆에一言을敢陳ᄒᆞ야諸君의에供ᄒᆞ노니諸君이慈母靈胎에出ᄒᆞᆫ以來로如斯ᄒᆞᆫ恩에浴ᄒᆞ고如斯ᄒᆞᆫ愛에沾ᄒᆞ야今日ᄭᆞ지生長ᄒᆞᆫ者ㅣ니그恩惠의重ᄒᆞᆷ은天에問ᄒᆞ면天이반다시昭鑑ᄒᆞ실바오地랄叩

ᄒᆞ면地가반다시響應ᄒᆞᆯ바라多言치아니ᄒᆞ거니와人의子된者ㅣ不可不萬分의一이라도報答의策을講究치아니치못ᄒᆞᆯ바라然則諸君이何로써報答ᄒᆞᆯ가一生이瘆瘁도록側을離치안코奉養의誠意를竭ᄒᆞᆯ지라도於私未洽ᄒᆞᆯ거시오肝腦塗地ᄒᆞ더라도普通에不過ᄒᆞᆯ지어ᄂᆞᆯ噫라今에諸君이據然히父母를別ᄒᆞ고墳墓을離ᄒᆞ며鄕國을謝ᄒᆞ고海洋을渡ᄒᆞ야異域에棲屑ᄒᆞᆷ이或七八星霜을閱歷ᄒᆞᆫ者ㅣ도有ᄒᆞ며或四三春秋을經過ᄒᆞᆫ者ㅣ도有ᄒᆞ니未知케라此를孝라謂ᄒᆞᆷ이可ᄒᆞᆫ가誠이라謂ᄒᆞᆷ이可ᄒᆞᆯ가反ᄒᆞ야憂를貽ᄒᆞᆫ다ᄒᆞᆷ이可ᄒᆞᆫ가辱를添ᄒᆞᆫ다ᄒᆞᆷ이可ᄒᆞᆫ가余ᄂᆞᆫ此에對ᄒᆞ야孝와誠은姑捨ᄒᆞ고憂와愁를供獻ᄒᆞᆫ다고斷言ᄒᆞᆯ깃ᄯᅩ다何者오곳父의愛ᄒᆞ던子가天外에在ᄒᆞ고母의慈ᄒᆞ던子가地角에遊ᄒᆞ니엇지그戀々ᄒᆞᆫ懷와悠々ᄒᆞᆫ情이一時一秒라도天君에離ᄒᆞᆯ가ᄒᆞ믈며四時가代謝ᄒᆞ야春風細雨에百花가爭艶ᄒᆞ고渭城朝日에柳絮飄颻ᄒᆞ야新世界를作ᄒᆞᄂᆞᆫ時를當ᄒᆞᆷ에悄然히東을向ᄒᆞ야曰吾子가庶幾疾病이無ᄒᆞᆫ가ᄒᆞ며紅爐天地에金石이消鑠ᄒᆞ고月出洞庭에樵歌漁笛이兩三歸家ᄒᆞᄂᆞᆫ時를當ᄒᆞᆷ에吁然히門을倚ᄒᆞ야曰吾子가蔗醬鹽食에幸爲身体ᄂᆞᆫ健康ᄒᆞᆫ가花朝月夕에憂愁思慮로四時를悲送ᄒᆞᄂᆞ니此를엇지孝誠이라ᄒᆞ리오諸君々아目을擧ᄒᆞ고首를回ᄒᆞ야西天을望ᄒᆞ라諸君의今日東에遊ᄒᆞᄂᆞᆫ目的이果然何에在ᄒᆞ뇨此目的을達ᄒᆞᄂᆞᆫ日이即父母의恩德을報酬ᄒᆞᄂᆞᆫ日이며父母로ᄒᆞ야곰憂愁ᄒᆞᄂᆞᆫ心神은淸江綠水에洗滌ᄒᆞ고百世不老의蔘茸大補를供ᄒᆞᄂᆞᆫ時로다惟望諸君은父母의

念々不已ᄒᆞᄂᆞᆫ情況을是思ᄒᆞ야寸陰을是惜ᄒᆞ며熱烈ᄒᆞᆫ勇力으로써學業을完全히修了ᄒᆞ고早速히國에歸ᄒᆞ야公으로國家의棟樑의材를作ᄒᆞ고私으로父母兄弟의團欒ᄒᆞᄂᆞᆫ家族社會를作ᄒᆞᆯ지니庶幾히此를實現ᄒᆞ면엇지孝子가아니며엇지忠臣이아닌가諸君아

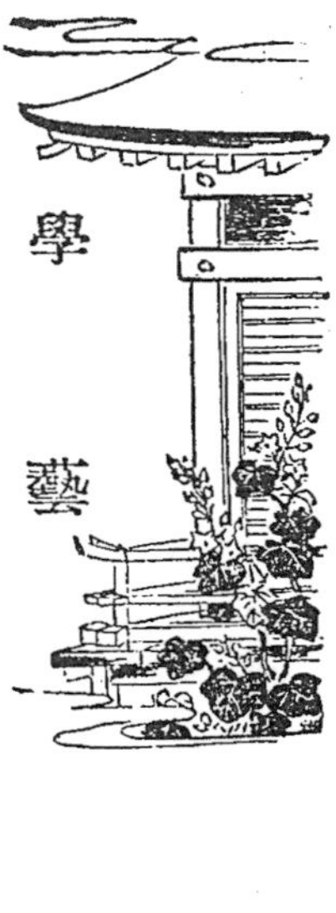

小兒養育法(續)

池成沇

初生兒의處置　初生兒産出ᄒᆞᆫ後에第一着營爲ᄒᆞᄂᆞᆫ官能은、呼吸運動의開始와、血液循環의變更이是이니。即胎內에在ᄒᆞ야ᄂᆞᆫ、呼吸機能이全無ᄒᆞ던者ㅣ産出ᄒᆞᄂᆞᆫ同時에、大聲啼泣ᄒᆞ면서肺臟呼吸을始ᄒᆞ고、胎內에在ᄒᆞ야ᄂᆞᆫ臍帶循環을營爲ᄒᆞ던者ㅣ産出ᄒᆞᆫ直後에、肺臟循環을始ᄒᆞᄂᆞ니。故로初生兒産出後暫時間은、産婦의股間에安置ᄒᆞ고、淸潔柔軟ᄒᆞᆫ布片으로써、口腔과鼻腔內를淸拭ᄒᆞ야、呼吸運動의障害가無케ᄒᆞ며、温暖ᄒᆞᆫ布片으로써、兒體를包護ᄒᆞ야、體温의放散을防禦ᄒᆞ고、臍帶에在ᄒᆞᆫ臍動脈의搏動이休止ᄒᆞᆷ을待ᄒᆞ야、臍輪으로부터、七乃至

八仙迷(約大人第二指의長徑)를隔ᄒᆞ야、消毒ᄒᆞᆫ絹絲木綿絲或麻絲로써、二重의結紮를施ᄒᆞ고 其二結紮의中間을剪刀或特別ᄒᆞᆫ臍帶剪刀로써、切斷ᄒᆞᆫ後에、空氣流通이良好ᄒᆞᆫ바의物品으로繃帶를施ᄒᆞᆷ이、可ᄒᆞ니라。

初生兒의졔帶를切斷ᄒᆞᆫ後에、西洋及日本에在ᄒᆞ야ᄂᆞᆫ通常攝氏三十五度乃至三十七度의温水에、入浴케ᄒᆞ야、皮膚表面에付着ᄒᆞᆫ胎脂及不潔物을洗去ᄒᆞᄂᆞ、我韓에在ᄒᆞ야ᄂᆞᆫ、初生兒를入浴케ᄒᆞᄂᆞᆫ習慣이無ᄒᆞ고、但히白綿或軟布로써、兒體를清拭ᄒᆞᆯ뿐이니。其入浴의良否ᄂᆞᆫ姑不可決이나然이나、早産ᄒᆞᆫ小兒及虛弱ᄒᆞᆫ小兒의外에ᄂᆞᆫ、一般히入浴케ᄒᆞ야、身體를清潔히ᄒᆞ야、諸他不潔物에因ᄒᆞᆫ傳染을防禦ᄒᆞᆷ이可ᄒᆞ고入浴ᄒᆞᆫ後에、二布仙(五十倍)의硝酸銀水를點眼ᄒᆞ야、眼의膿漏症을預防ᄒᆞᆷ이可ᄒᆞ니라。

日本에在ᄒᆞ야ᄂᆞᆫ、萬久里라稱ᄒᆞᄂᆞᆫ大黃、甘草、紅花、等三種의藥品을煎用ᄒᆞᄂᆞᆫ習俗이有ᄒᆞ고、我韓에在ᄒᆞ야도、間或此等의藥品를應用ᄒᆞᆷ이有ᄒᆞᄂᆞ、此ᄂᆞᆫ有害無益ᄒᆞᆫ者인즉勿用ᄒᆞᆷ이可ᄒᆞ니라。

初生兒發育에對ᄒᆞ야ᄂᆞᆫ、清潔法이、最大ᄒᆞᆫ關係를有ᄒᆞᆫ故로、每朝攝氏三十七八度의溫水에、入浴케ᄒᆞ고、眼及口ᄂᆞᆫ各自別器의水로써、洗拭ᄒᆞ고、入浴ᄒᆞᆫ後에ᄂᆞᆫ、졔帶를包護ᄒᆞᆫ繃帶를必須交換ᄒᆞ며、如或入浴케아니ᄒᆞ야도、每朝清潔ᄒᆞᆫ布片를温水에浸濕ᄒᆞ야、全身을清拭ᄒᆞᆷ이可ᄒᆞ고。졔帶의繃帶와襁褓가尿屎等을因

ᄒᆞ야、汚染ᄒᆞᆯ時ᄂᆞᆫ、早速히交換ᄒᆞ고、臍帶切斷端에、炎症或化膿의慮가有ᄒᆞ거든、澱粉或硼酸末를撤布ᄒᆞᆷ이、可ᄒᆞ니라。

初生兒를溫保ᄒᆞᆷ이、有要ᄒᆞ나、我韓에在ᄒᆞ야ᄂᆞᆫ間或溫突의過暖ᄒᆞᆷ과、襁褓의濕汚ᄒᆞᆷ을因ᄒᆞ야、小兒의薄弱ᄒᆞᆫ皮膚에火傷을蒙ᄒᆞᆷ이有ᄒᆞ니注意ᄒᆞᆷ이、必要ᄒᆞ고、且室內에空氣流通을適當케ᄒᆞ야、小兒의窒息을避ᄒᆞᆷ이、可ᄒᆞ니라。

小兒의營養法　此營養法을分ᄒᆞ야、天然營養法과人工營養法의二種에區別ᄒᆞ니。天然營養法은母乳營養法及乳媼營養法이是ㅣ오、人工營養法은、牛乳營養法、雙乳營養法、煉乳營養法及甘粥營養法이是ㅣ라。

也第一母乳營養法　母乳ᄂᆞᆫ小兒의最良最適ᄒᆞᆫ天授의營養物이니。故로媼乳及牛乳에比ᄒᆞ면母乳의優勝ᄒᆞᆷ은自然ᄒᆞᆫ理라、然이나往々世間에在ᄒᆞ야、自家身體에備有ᄒᆞᆫ乳汁을不便ᄒᆞ다ᄒᆞ야、授乳치아니ᄒᆞ며、或外觀을因ᄒᆞ야乳媼를置ᄒᆞ며、或牛乳를買用ᄒᆞᄂᆞᆫ弊가、特히上流社會에流行ᄒᆞ니此ᄂᆞᆫ千萬不可ᄒᆞᆫ事라。西洋에在ᄒᆞ야ᄂᆞᆫ婦人이、交際社會에出入ᄒᆞ야、授乳ᄒᆞᆯ時間이無ᄒᆞ고、服裝이授乳에不便ᄒᆞᆫ點이有ᄒᆞᆫ故로不得已ᄒᆞ야乳媼를置ᄒᆞ거나、牛乳를代用ᄒᆞᆷ이有ᄒᆞ나。我韓에在ᄒᆞ야ᄂᆞᆫ、擧皆히母乳로써育子ᄒᆞ고、乳媼를置ᄒᆞᆷ이稀ᄒᆞ며、牛乳를用ᄒᆞᆷ은甚稀ᄒᆞ니、小兒의幸福이、此에過ᄒᆞᆯ者ㅣ豈有ᄒᆞ며、且婦人의服裝이授乳ᄒᆞᄂᆞᆫ點에、尤極便利ᄒᆞ니、故로爲母者가、不得已ᄒᆞᆫ境遇以外에ᄂᆞᆫ、自身上에備有ᄒᆞᆫ天授의

乳로써、育子홈이可ᄒᆞ니라。

産褥後通常十二時或二十四時間內에ᄂᆞᆫ、産母及小兒가、共히疲勞를因ᄒᆞ야、熱睡ᄒᆞᄂᆞᆫ故로食物를不給ᄒᆞ야도無妨ᄒᆞ고、若小兒가不安啼泣ᄒᆞᆯ時ᄂᆞᆫ、極히小量의初回授乳를試홈이、可ᄒᆞ니라。 然而授乳ᄒᆞᆫ際에、小兒의鼻呼吸의防害를避ᄒᆞ기爲ᄒᆞ야、必起坐ᄒᆞ야、授乳ᄒᆞ며、側臥ᄒᆞ야、授乳홈은不可ᄒᆞ니、何者오、間或注意가不足ᄒᆞᆫ兒母ᄂᆞᆫ側臥授乳ᄒᆞ다가、因以睡眠ᄒᆞ야、乳房으로써、小兒의鼻腔를閉塞ᄒᆞ야、薄弱小兒로ᄒᆞ야금、窒息을致홈이、有ᄒᆞᄂᆞᆫ所以라。 且授乳ᄒᆞᆯ時에手指로乳房을壓迫ᄒᆞ야、乳汁의分泌을助ᄒᆞ며、乳嘴를深含케ᄒᆞ야、乳嘴의龜裂을避ᄒᆞ며、一側의乳房만授乳치勿ᄒᆞ고、兩側의房乳를時々로換哺케ᄒᆞ야、兩側의乳汁分泌이、均等케홈을務ᄒᆞᆯ지이어다。

初産婦에在ᄒᆞ야、特히注意ᄒᆞᆯ者ᄂᆞᆫ、乳汁의分泌이、分娩後約二日乃至七日에始爲發現ᄒᆞᄂᆞᆫ事ㅣ有ᄒᆞ니、此時에、當ᄒᆞ야ᄂᆞᆫ、煎茶或白湯에、小量의白糖를加ᄒᆞ야、飮用케홈니可ᄒᆞ니。 如此히、水分를供給ᄒᆞ야、尿의濃厚를避ᄒᆞᆯ時ᄂᆞᆫ、三日或五日間은、乳汁를不給ᄒᆞ야도、可ᄒᆞ나、恒常小兒로ᄒᆞ야곰、乳嘴를吸吮케ᄒᆞ야、乳汁分泌을催進케ᄒᆞ며、如或乳汁分泌이、尙爲遲延ᄒᆞᆯ時ᄂᆞᆫ、貰乳ᄒᆞ야營養ᄒᆞ던지、或牛乳一分에、水三分을混和ᄒᆞ야、人工營養을試홈이、可ᄒᆞ니라、然이나、如此ᄒᆞᆯ境遇라도、頻々히小兒로ᄒᆞ야곰、유嘴를吸吮케ᄒᆞ야、乳汁의分泌을助홈이、可

호니、何者오、産後二週日을、經호야、始로유汁의分泌이、發現홈이、有호난、所以라故로産後數日內에、유汁分泌이無타호야、母유營養을斷念홈은、大不可호니라。

（未完）

政治論（政治와政學의區別及關係政治學者와政治家）（續）

S K 生

大抵古代國家의興亡隆衰호所以를考홀진딘다一定호理由ㅣ自在호니即對外原因과對內原因이是也ㅣ라對外原因은外國의戰亂의結果로一國의滅亡을招호바이니甲國의滅亡은乙國의倂呑이是也요對內原因은主權의萎靡와民心의腐敗를由홈이니國家要素의一를缺하면其國家난完全한國家ㅣ라云호기難한지라故로經世에志를有한者난其興亡의由來를考察하야뻐將來의寶鑑을作하나니라

昔者에伽阿世智의大로뻐맛참닉北方野蠻의民族羅馬人의게亡한바이되엿스니其原因은伽阿世智人의腐敗를因홈이라그義氣로뻐國民의心髓를作할時代난伽阿世智의隆盛할時代是也오金錢崇拜로뻐自恬不恥할時代난即伽阿世智의滅亡홀時代是也ㅣ로다更히波蘭의分割을見하라所謂政治學者의學說은如何히波蘭人으로하야곰輕薄호게호엿스며權力의平均은如何히列强三國으로호야곰世道에違反한行動을作케호엿난고此等實際上事實을綜合호야뻐國家興替의眞理를發見호야將來一國家로호야곰前車의覆轍을不蹈케함은實로政治學의助를捨호

고何에在ᄒᆞ고

且近代의歷史를叅觀ᄒᆞ라彼俾斯麥은獨逸帝國建設의大事業을成한後民心의協同치아니함을際ᄒᆞ야右手에난獨逸帝國大宰相의笏를執ᄒᆞ고左手에난下層人民撫育의方法을講ᄒᆞ야맛참ᄂᆡ聯邦獨乙帝國의覇業을完全케함과如ᄒᆞᆫ者난卽鐵血宰相이政策上國家社會主義의名稱으로ᄡᅥ眞理를求ᄒᆞ야政治의方法을得宜하엿스니政治學의効ㅣ是也오其他루ㅣ소를非難ᄒᆞ야佛國의革命으로ᄡᅥ誤謬한政治라云함도亦是政治學의敎ㅣ야ᄂᆞᆫ가爾來數千載國家興亡의大原理를論據ᄒᆞ야將來幾千百代에永遠히國家의獨立富强을致케함이專히此學攻究함에在ᄒᆞ다ᄒᆞ노라

政治學者와政治家　政治學을一科學으로攻究ᄒᆞ야眞理를闡明함으로ᄡᅥ目的을하난者난政治學者라云ᄒᆞ고政治를實際上으로施ᄒᆞ야ᄡᅥ國家의目的을達함으로ᄡᅥ百般의手段을採하난者를政治家라云하나니政治學者난政治家의게政治學上의眞理를敎ᄒᆞ고政治家ᄂᆞᆫ政治學者의게國家活動의資料를給ᄒᆞ나니如斯히政治와政治學이密接의關係를有ᄒᆞ고政治家와政治學者가不相離할關係가有ᄒᆞ니政治의實際施行과其學의進步發達은各々其人을俟ᄒᆞ야成함을得ᄒᆞ나니라彼俾斯麥은政治家ㅣ라獨逸連合의大政策을建할ᄉᆡ巨萬의軍事費를普國議會에請求함의議會ᄂᆞᆫ冷淡히此를拒絶하ᄂᆞᆫ지라比斯麥이卽時議會를解散ᄒᆞ고前年度의豫算

을施行한後次回에該軍事蹟를請求함이六回에至ᄒᆞ엿ᄉᆞ나議會의此를反對함이亦是六回에至한지라그러나俾斯麥오은히려强硬ᄒᆞᆫ政略을取하야맛참ᄂᆡ軍事를擴張한지라當時普國의政治家ᄂᆞᆫ萬口咸唱ᄒᆞ야比斯麥의憲法違反한罪를罵論ᄒᆞ고輿論을喚起함의普國의政治ᄂᆞᆫ累卵의危를當한지라當時의公法學者로有名한政治學者라관도ᄂᆞᆫ即法令豫算論을著하야法令과豫算의異同을辨ᄒᆞ야國政의誤ㅣ無케ᄒᆞᆷ을敎ᄒᆞᆫ지라普國의政治ᄂᆞᆫ漸次로此에面目을改ᄒᆞ야라관도의名이一世에高ᄒᆞ엿ᄉᆞ니이ᄂᆞᆫ實로政治學者가政治家의게資料를給케ᄒᆞ야眞理로뼈敎ᄒᆞᆫ實例ㅣ是也오日本維新의初에薩長二藩이尊皇의大義를唱ᄒᆞ야大權의奉還을德川의게迫ᄒᆞᆷ의德川이不應ᄒᆞᄂᆞᆫ지라薩長二藩 이 即時兵을引ᄒᆞ고江戶를陷落코저ᄒᆞ야品川에接近ᄒᆞ야砲花一發에江戶一城을燒土에化하랴할ᄉᆡ德川의名臣勝安房이時勢의趨向을觀察ᄒᆞ고大權奉還의可ᄒᆞᆷ을將軍의게告하야맛참ᄂᆡ西鄕隆盛과相會談笑ᄒᆞᆯᄉᆞ이에旣爲維新의覇業을奏ᄒᆞ엿ᄉᆞ니此等政治家의事業은實로政治學者의게好個의資料로뼈與한바實例ㅣ是也ㅣ로다

以上과如히政治家와政治學者ᄂᆞᆫ相互密接ᄒᆞᆫ關係가有한지라故로政治學者로政治家ㅣ되고政治家오政治學을兼備ᄒᆞᆫ者면其國家의幸이莫大하다云ᄒᆞ리로다噫라古來로政治學者된者ㅣ少ᄒᆞ고政治家된者도其政治의如何를不知ᄒᆞᄂᆞᆫ者ㅣ亦多ᄒᆞ나今日社會進步된國家에在ᄒᆞ야ᄂᆞᆫ學識이有한政治家를要求ᄒᆞ나니智識競

「爭場裏에身을立한者ᄂᆞᆫ此學을深究함이可ᄒᆞᆯ진저

傳記

大統領데아스氏鐵血的生涯(續)

吳憲泳

(十二)交通機關의設備　氏ᄂᆞᆫ同國의文明이世界에後落ᄒᆞᆷ을憂ᄒᆞ야海陸交通의機關을設備ᄒᆞᆯ식곳全國要地道路의開鑿修築ᄒᆞᆷ을不怠케ᄒᆞ고鐵道電信電話等의增設國費를不惜ᄒᆞ며此에對ᄒᆞᆫ困難이有ᄒᆞᆯ時에ᄂᆞᆫ門戶開放主義를取ᄒᆞ야歐米各國의資本投入을招ᄒᆞ되英米資本家로셔鐵道를國內에敷設ᄒᆞᆫ者有ᄒᆞᆯ時에ᄂᆞᆫ特種保護를與ᄒᆞ야其便利를計給ᄒᆞᆫ後數十年間에徐々히此를買收ᄒᆞ야國有物을作ᄒᆞ기로今日과如ᄒᆞᆫ發達을見ᄒᆞᆷ에至ᄒᆞ얏ᄉᆞ니此ㅣ到底凡庸ᄒᆞᆫ政治家로ᄂᆞᆫ不可及ᄒᆞᆯ處이로다가장鐵道政策中宏大事業이라稱ᄒᆞᆯ者ᄂᆞᆫ지반데픽크橫斷鐵道의敷設ᄒᆞᆷ이니亞米利加全洲를通ᄒᆞ야太平洋과大西洋에聯絡ᄒᆞᆫ者ᄂᆞᆫ實노此를嚆矢ᄒᆞᆷ이라里程은三百餘哩에不過ᄒᆞ나今日太平洋要港사라나굴트를發ᄒᆞ야太西洋墨西哥灣內新港코아사코알코에達ᄒᆞ얏ᄉᆞ니그便利를世界交通上에供給ᄒᆞᆷ이莫大ᄒᆞ도다

이뿐不啻兵制라兵制와밋警察制改善에着手ᄒᆞᆯ식몬져全國에徵兵令을施行ᄒᆞ야國民으로兵役에就케ᄒᆞ고軍隊ᄅᆞᆯ組織ᄒᆞᄂᆞᆫ同時에獨佛兩國兵制ᄅᆞᆯ折衷ᄒᆞ되高等陸軍學校ᄅᆞᆯ設立ᄒᆞ야有爲의士官을養成ᄒᆞ고大統領直轄의馴練兵을各州에分配ᄒᆞ야國內守禦가完備ᄒᆞ얏스며又首府로始ᄒᆞ야各方都會와要地에警察署ᄅᆞᆯ設立ᄒᆞ고多數의警官을配置ᄒᆞ야社會에治安을掌케ᄒᆞ니라就中루랄쓰라ᄒᆞᄂᆞᆫ兵士의種類가有ᄒᆞᆫᄃᆡ大槪山賊野武士의慓悍ᄒᆞᆫ者로從來統禦키難ᄒᆞᆫ類이라氏ᄂᆞᆫ此ᄅᆞᆯ懷柔統率ᄒᆞᆷ에能ᄒᆞ야特別ᄒᆞᆫ手當金과優待權을與ᄒᆞ고各地에配駐ᄒᆞ야平時에ᄂᆞᆫ人民保護ᄅᆞᆯ委任ᄒᆞ더라

(十三)土地開拓과產業發達　氏ᄂᆞᆫ右段諸點에對ᄒᆞ야尙此不滿足키로思量ᄒᆞ나니墨國은本來土地肥沃ᄒᆞ야各種農產物은豐富ᄒᆞ나人口稀小ᄒᆞᆷ으로自然陳荒의棄放이多ᄒᆞ거날此에大注意로奬勵ᄒᆞᆯ식몬져人口增加의政策으로外國人을欵待ᄒᆞ야移住者에對ᄒᆞᆫ種々特典과制度ᄅᆞᆯ寬設ᄒᆞ니從此로歐米各國人은陸續入國ᄒᆞ미各々良地ᄅᆞᆯ選ᄒᆞ야殖民地ᄅᆞᆯ設ᄒᆞ며鑛山과鐵道와其他事業의經營ᄒᆞᄂᆞᆫ者不絕ᄒᆞ기로最近美國資本만同國에注入ᄒᆞᆫ者十億万弗以上에達ᄒᆞ얏더라（若其國運發展ᄒᆞᆷ을觀察ᄒᆞ면日本의形勢와類似ᄒᆞᆷ이多ᄒᆞ다云）　然則美墨은兩大共和의南北接近ᄒᆞᆫ國이오且美國의루스벨트大統領當時라現代有名ᄒᆞᆫ兩個英雄豪傑은不世出의敵手로다美政府의首唱ᄒᆞᆫ全美協會가組織되미氏ᄂᆞᆫ루스벨트公과共同히全

米에牛耳를執ᄒᆞᆫ形勢로中央亞美利加와南米에對ᄒᆞᆫ諸共和國의起ᄒᆞᄂᆞᆫ利害問題ᄂᆞᆫ恒常關係를有ᄒᆞ야協定者와ᄯᅩᄒᆞᆫ調停者가되니全米에重鎭으로써指目ᄒᆞᆷ이偶然치아니ᄒᆞ더라

(十四)世界無雙ᄒᆞᆫ終身大統領　氏ᄂᆞᆫ今年八十歲의高齡으로三十年來在位ᄒᆞ니其名은大統領이나實際ᄂᆞᆫ帝王地位와無異ᄒᆞ도다氏에爲人은長大ᄒᆞᆫ軀幹과拔群ᄒᆞᆫ精力으로如何ᄒᆞᆫ難關的境遇라도回屈ᄒᆞᆷ이毫無ᄒᆞ나元來自由를崇ᄒᆞᆷ으로決코自尊誇大의風이無ᄒᆞ며剛毅豁達의度와誠實勤勉의節로政廳內閣에臨ᄒᆞᆫ즉政務의宿案이無ᄒᆞ고官僚人民을接ᄒᆞᆫ즉輕侮의態度가無ᄒᆞ며緊要ᄒᆞᆫ大事項이有할時에ᄂᆞᆫ徹夜裁決ᄒᆞᆷ을不厭ᄒᆞ니實노偉丈夫의本領을發揮ᄒᆞᄂᆞᆫ도다一昨年秋에米國陸軍卿루ㅣ트氏가使命을帶ᄒᆞ고首府에來ᄒᆞ야氏를訪問ᄒᆞᆫ後向人言曰氏와如히文武의材兼備ᄒᆞ고精力이絕人ᄒᆞᆫ偉大政治家ᄂᆞᆫ世界各國元首中에稀見ᄒᆞ얏다ᄒᆞ니嗚呼氏ᄂᆞᆫ墨國三大英雄의一로衆心이悅服ᄒᆞ야內外國民이崇拜ᄒᆞ야生神과同一히尊敬ᄒᆞᆷ은實ᄒᆞᆫ當然ᄒᆞᆫ原因이有ᄒᆞᆷ이로다

獄中豪傑

(一)

孤舟生

板壁鐵窓좁은獄에、가쳐잇는뎌브엄은、 굴ㅅ고검은、쇠사슬에、허리를얽미여셔、죽은듯、조는듯、숙부리고、눈樣可憐토다。 石澗에水聲가치、돌々ᄒᆞ는그소릐는、ᄲᅧ삼마다、힘쭐마다、電氣갓치잠겨잇는、굿센힘、날닌긔운、흐르는소릐잇가。 眞珠갓히光彩잇고、彗星갓히도라가는、홰ㅅ불갓혼兩眼에는、苦悶안ᄀᆡ셧도다。 그러나、그안ᄀᆡㅅ속에빗나는光明은、숨은勇氣、숨은힘이中和ᄒᆞᆫ번ᄀᆡㅅ불! 前後左右ᄲᆞᆯ닌남게셕인듯ᄒᆞᆫ、가는줄은、 獄에미인、뎌豪傑의、煩悶苦痛자최로다。 自由를쟈랑ᄒᆞ던、뎌豪傑ㅣ브엄의、 좁은獄에가쳐셔、束縛밧는이生活! 사람손에、죽은고기、한뎜두뎜、얻어먹고、 嘲弄과禁고中에、生命을니여가니。 피는ᄭᅳᆯ코、고기뛰고、煩悶苦痛가삼에차! 自由로生活ᄒᆞ며、노닐고、싸호던、過去를回想ᄒᆞ니、이ᄂᆡ몸은셜니고、 憤怒에猛火가치뛰놀고소리질너、 뎌豪

傑의말만듯고、우눈아히、우름막고、뎌豪傑의像만보고、두려ᄒᆞ고、치떨든、弱ᄒᆞ고、미욱ᄒᆞᆫ、죽어가는사름무리、前後에、ᄉᆞ鐵窓으로、뎌豪傑을엿보며、自己보다弱ᄒᆞᆫ것을볼ᄯᆡ에ᄉᆞ態度로、嘲弄ᄒᆞ며、우스며、批評ᄒᆞ며、말ᄒᆞ도다。누어잇던、뎌豪傑은、머리를들어셔、無心히사름무리、이윽히、보더니、이ᄂᆡ羞耻、이ᄂᆡ苦痛、검은날ᄀᆡ翻々ᄒᆞ며、雙々히、ᄯᅦ를지여、가삼에나ᄅᆞ드러、크고굿센、그날ᄀᆡ로、활々々々부쳐셔、이맘속에、쥼은불、焰々히、닐도다。鉄窓밧게、웃고섯던、얼골불근、졀믄사름、손에잇든、스티크로、뎌豪傑을한번티니、누어잇던、뎌豪傑은、憤慨ᄒᆞ고激怒ᄒᆞ야、나는드시、번ᄀᆡ가치「흑」소리、한마듸에、嗚呼無殘、날닌발톱、머리에、깁히박아、두번ᄶᅢ「흑」소리에、頭盖骨이、갈나뎌셔、腦漿은、흐늑々々、발톱에、튀여디고、鮮血은、淋漓히、ᄯᅡ에、ᄯᅥ러디는도다。無殘悽慘、뎌사람의、蛛絲갓흔、목숨줄은、電光一閃、뎌발톱에、맥업시도、끗어젓네。미에、놀닌、ᄭᅯᆼ과갓치、蒼皇失色다ᄅᆞ나는、사름무리景狀보소、앗ᄭᅡᄉᆞ氣槪只今어ᄃᆡ? 殺氣怒氣번ᄀᆡ가치、두눈에騰々ᄒᆞ며、文彩잇는、그全身은프르륵프륵셜니도다、발톱에、세인腦醬、원슈갓히보더니、한번、다시「프륵」셜며、窓밧게、던디도다。山흔들든、大暴風이、나종에、쟈는듯、스르륵、다시눕고、조는듯、눈감ᄯᅩ다。슬프도다、져豪傑아、自由업는、져豪傑아! 너는、임의、生命업는、고기와、ᄲᅧ、ᄲᅮᆫ이로다。

하ᄂᆞᆯ에、다은드시、으승그린、멧부리ᄂᆞᆫ、구름、안ᄀᆡ、옷을삼아、열겹、빅겹、둘너싸코、百歲묵은、늘근松栢、鬱々ᄒᆞ고、蒼々ᄒᆞ여、밤이나、낫이나、금음이나、보름이나、어두운빗맑근괴운、서리워잇스며、돌사이로、소사나와、썩은닙헤숨어ᄒᆞᆯ너、ᄒᆞᆯ너가ᄂᆞᆫ、말ᄭᅩ、찬물、潺々ᄒᆞ고、湲々타가、싹ᄉᆞ은듯ᄒᆞᆫ、벼랑에셔、ᄂᆡ려뛰ᄂᆞᆫ、그소리ᄂᆞᆫ、雷霆인가、霹靂인가、靜寂江山ᄭᆡ여질듯。自然中에、生活ᄒᆞ며、自然中、즐겨ᄒᆞᄂᆞᆫ、나ᄂᆞᆫᄉᆡ와、즘싱밧게、노니ᄂᆞᆫ者、全혀업ᄂᆞᆫ、山中이여、이、豪傑의、노니던故鄕일셰。구름밧게、으승그린、萬疊峯巒너머가며、地獄으로、通ᄒᆞᆫ듯ᄒᆞᆫ萬丈壑을、건너뛰며、풀ᄉ속으로、을나와서、풀ᄉ속으로、드러가ᄂᆞᆫ、一望無際大平原을、번ᄀᆡ갓치、건너가며、ᄒᆞᆫ번對敵맛ᄂᆞᆫ거든、두렴업시、退치안코、그니ᄲᅡᆯ과、발톱으로、그勇氣와、그힘으로、鬼神가티變幻ᄒᆞ며、霹靂가치、소리질너、싸호다가、익의거든、敵의고기로、ᄇᆡ불니며、凱旋歌를놉히불너、즐겨ᄒᆞ고、뛰놀며、지드ᄅᆞ도、恨怨업시、이生命이、잇기ᄭᆞ지、그힘、니ᄲᅡᆯ、발톱、勇氣、다ᄒᆞ도록、싸흘ᄯᆞ람。一夜千里、疲困ᄒᆞ면、이ᄂᆡ元氣回復ᄒᆞ려、이슬미친푸른풀에、평안히、누어쉬고、돌ᄉ사이로、오ᄂᆞᆫ물에、목져씨고、몸씨스며、피흐르ᄂᆞᆫ鮮肉으로、주린ᄇᆡ를ᄎᆡ우도다。ᄂᆞᆯ카라온、그니ᄲᅡᆯ에、鮮肉이、뭇어잇고、ᄂᆞᆯ카라온、그발톱에、鮮血이、뭇어잇셔。뉘라셔、命令ᄒᆞ며、뉘라셔、禁ᄒᆞᆯ손가?

다믄自由ᄂᆡ마음ᄃᆡ로、다믄自由ᄂᆡ합ᄃᆡ로! 이、나ᄡᆞᆯ이、잇스나、이는、ᄂᆡ의、쓸거시오、 이、勇氣가、잇스니、이는、ᄂᆡ의、쓸거시오、 이、힘이、잇스니、이는、ᄂᆡ의、쓸거시오、 이、발톱이、잇스니、이는、ᄂᆡ의、쓸것이라。 이、나ᄡᆞᆯ이、달토록、이、ᄇᆞᆯ톱이、무ᄃᆡ도록、 이힘이、다ᄒᆞ도록、이、勇氣가、衰ᄒᆞ도록、 물고、ᄶᅵᆺ고ᄯᅱ고、놀며、싸호고、즐기다가、 이ᄂᆡ목숨、다ᄒᆞ거든、고기ᄭᅥᆸ을、버셔나셔、 無窮無限、이空間과、渾然、冥合ᄒᆞ리니、 이거시이ᄂᆡ天國! 이거시이ᄂᆡ天國! 나와、ᄇᆞᆯ톱、ᄂᆞᆷ겨두고、힘과、勇猛、쓰지안코、 ᄆᆡ와ᄀᆞᆺ치、生活타가、이世上을、바림은、 弱ᄒᆞ고、미욱ᄒᆞ며、天國을、모르나니! ᄯᅳᆯ가에셩、한닙을、泰平ᄒᆞᆫ집을삼고、 먹다남은、고기ᄲᅧ와、쉬고、셕은、밥과、ᄯᅳᆫ물、 ᄆᆡᆨ인것을、고마와셔、깃거ᄒᆞ고、반기며、主人보면、반가、온듯、ᄭᅩ리치고、도라가며、 ᄇᆞᆯ、훌트며、손훌트며、 主人의歡心사기를、 이우에、업는드시、光榮이라、즐겨ᄒᆞ며、 主人의、어린兒孩、조고마ᄒᆞᆫ、쥬먹으로、 엇어맛ᄉᆞ「고생이々々」、쫏겨가는、ᄆᆡ무리! 그、큰몸과、힘으로도、굴네에、억미여셔、 사람의、命令ᄃᆡ로、자고、날며、먹고ᄯᅱ며、 장등에、ᄎᆡ직자리、구데기의王國되고、 잘대에도、허를미워、눕지도못ᄒᆞ고、 오좀누고、ᄯᅩᆼ싸기外、自由업는、말과쇼! 天賦ᄒᆞᆫ、그自由를、사름(저보다도弱ᄒᆞᆫ)의게、ᄲᆡ앗기고、 奴隷된、져무리여、살고도、生命업는、져무리여!

(三)

可憐ᄒᆞᆯ사、져豪傑아、살고、죽은져豪傑아! 나ᄂᆞᆫᄉᆡ며、뛰ᄂᆞᆫ즘싱、음자기ᄂᆞᆫ、온갓물건、黃金갓헌、네눈빗과、霹靂갓흔、네소릐에、놀ᄂᆡ여셔、喪魂ᄒᆞ며、두려워셔失魄터니、오놀〻에、네의景狀、可憐코도서를시고、山넘고、골뛰던、그氣慨ᄂᆞᆫ只今어ᄃᆡ! 三千獸族慴伏ᄒᆞ던、그威嚴은只今어ᄃᆡ! 一夜에、千里가던、그勇氣ᄂᆞᆫ、只今어ᄃᆡ! 農家에ᄲᅮᆯ단ᄀᆡ、네압흐로、지나갈ᄯᅢ、두려움은、姑舍ᄒᆞ고潮弄트시、죳지안나! 좁고좁은、우리ㅅ속에、쇠사슬에、억미여셔、사름손에、죽은고기、한점두점、엇어먹고、가ᄂᆞᆫ목숨、니여가ᄂᆞᆫ、너ㅣ브엄아、서를시고! 놀ᄂᆡ고도、굿세인、山中의、豪傑노셔、奴隷에自安ᄒᆞᄂᆞᆫ、ᄀᆡ와닭과갓히되니、너ㅣ브엄아、서를시고、너ㅣ부엄아、서를시고! ᄭᅳᆫ어어라、네니ᄲᅡᆯ노、너를、얼맨쇠사슬을! 너니ᄲᅡᆯ이、다라져셔、가루가、되도록! ᄭᅢᆺ더려라、발톱으로、너를갓운、굿은獄을! 네발톱이、다라져셔가루가、되도록! 네니ᄲᅡᆯ과、네발톱이다라져셔、업셔지고、네勇氣와、네의힘이衰ᄒᆞ며셔、업서지면、네心臟에、잇ᄂᆞᆫ피를、ᄲᅮ리고족어이라!

嘯卬生評曰 畵出眞境讀不覺長

散錄

丹心一片

普佛戰記中의一齣

金洛泳

蛟龍이지ᄂᆞᆫ간곳은가을도봄이라ᄂᆞᆫ俗諺과갓히敵國兵馬가一次지ᄂᆞᆫ간後에人民은流離渙散ᄒᆞ야北風寒雪이肌膚를割剝ᄒᆞᄂᆞᆫ듯ᄒᆞᆫᄃᆡ徒跣으로氷地를蹈ᄒᆞ고家屋은兵火를被ᄒᆞ야昨日에ᄂᆞᆫ朱門畵閣이半空에聳出ᄒᆞ든城市가今日은一簣灰燼에不過ᄒᆞ야悲風愁雲이暗黑慘憺ᄒᆞᆫ荒草原에夲々ᄒᆞᄂᆞᆫ鬼哭聲만여긔저긔ᄉᆞ못치고人跡은一片影子도업ᄂᆞᆫᄒᆞ지아니ᄒᆞᄂᆞᆫ處에年光이十歲즘된一童子ㅣ蒼天을號呼ᄒᆞ며敵軍을痛罵ᄒᆞ야哀慟ᄒᆞᄂᆞᆫ擧動에山川草木이感淚를흘니ᄂᆞᆫ듯ᄒᆞ더라

＊　＊　＊　＊　＊　＊　＊　＊

此兒ᄂᆞᆫ元來佛蘭西國을울네안地方一農夫의子찰쓰마ㅣ뎬인ᄃᆡ其母홉夫人은마ㅣ뎬의三歲時에死去ᄒᆞ엿고其父필닙은一千八百七十年에普魯西와佛蘭西戰爭이起ᄒᆞᆫ後로陸軍步兵軍曹에就職ᄒᆞ야奇勳偉功을樹ᄒᆞ다가一千八百七十年佛京巴里城陷落時에死亡ᄒᆞᆫ바되엿고白髮을흰눌니ᄂᆞᆫ八十歲老祖父마ㅣ쉬ᄂᆞᆫ鄕家

에셔마ㅣ뎐을率ᄒᆞ고歲月을送ᄒᆞ다가普軍의게捕虜되여올울네안城으로驅去ᄒᆞᄂᆞᆫ지라마ㅣ뎐이其父親의死報를接ᄒᆞ자其祖父가敵兵의게被執ᄒᆞᆷ을보고忙步로追出ᄒᆞ되一個小兒의步脚이라到底히追及치못ᄒᆞ고草原에顚倒ᄒᆞ야天地가罔極히慟哭ᄒᆞᄂᆞᆫ際에祖父마ㅣ쉬僥倖으로敵軍의放釋을得ᄒᆞ야歸來ᄒᆞᄂᆞᆫ道上에一群人民을逢着ᄒᆞ니亦是兵火에渙散된人民이라서로其身勢의情狀을說破ᄒᆞ고一泣一步로草原에來到ᄒᆞ야其孫마ㅣ뎐을맛남에且驚且喜ᄒᆞ야手를携ᄒᆞ고寸步로어졍어졍同日黃昏에鄕家에來到ᄒᆞ니時節은晩秋ㅣ라滿庭落葉은발ᄲᅮ리를좃차셔와삭버셕ᄒᆞ고斗屋의蓋草ᄂᆞᆫ暴風에散々히헤여졋ᄂᆞᆫᄃᆡ兩人이木扉를僅々히排開ᄒᆞ고洋燭을搜出ᄒᆞ야一點火를燃點ᄒᆞ니祖父마ㅣ쉬ᄂᆞᆫ歔欷哀慟ᄒᆞ든餘에精神이昏迷ᄒᆞ야人事를不省ᄒᆞᄂᆞᆫ자라마ㅣ뎐이誠心으로救護ᄒᆞ야人氣를恢復ᄒᆞᆫ後에徐々히進言曰祖父主여過히哀慟마옵소서彼敵國普魯西ᄂᆞᆫ孫의力量ᄃᆡ로討仇ᄒᆞ깃ᄉᆞ옵ᄂᆞ이다ᄒᆞᄂᆞᆫ際에窓外에셔跫音이往々히들니거ᄂᆞᆯ마ㅣ뎐이窓隙으로熟視ᄒᆞ다가急히屛風後에藏置ᄒᆞ엿든洋銃一柄을引出ᄒᆞ야彈丸을裝裁ᄒᆞ며祖父ᄭᅴ進言曰祖父主여方今窓外에敵徒가來ᄒᆞ엿ᄉᆞ오니此時를際ᄒᆞ야彼를擊殺ᄒᆞ야國家와父親의寃讎를報ᄒᆞ겟ᄂᆞ이다ᄒᆞᄂᆞᆫ지라마ㅣ쉬此言을聞ᄒᆞ고大驚ᄒᆞ야銃을急奪ᄒᆞ고中胴을半折ᄒᆞ야壁藏에投入ᄒᆞ고曉喩ᄒᆞ여曰마ㅣ뎐아汝의國家를爲ᄒᆞᆷ과父親을爲ᄒᆞᆷ은忠孝가至極ᄒᆞ거니와試思ᄒᆞ라汝의年齒가猶稚ᄒᆞ고筋力이尙弱ᄒᆞᆫᄃᆡ萬

一敵兵이放銃ᄒᆞᄂᆞᆫ境遇에ᄂᆞᆫ汝와我의生命이當場敵兵의게全滅되리니彼三個의敵兵을殺ᄒᆞ려다가汝와我가死ᄒᆞᆯ지경이면誰가乃父의寃讐ᄅᆞᆯ報ᄒᆞ며國家의羞耻ᄅᆞᆯ雪ᄒᆞ리오차라리憤을抑ᄒᆞ고辱을忍ᄒᆞ엿다가汝가長成ᄒᆞᆫ後에謀事ᄒᆞᄂᆞᆫ것이可치아니ᄒᆞ냐ᄒᆞ야千言萬語로曉諭ᄒᆞᆷ에마ㅣ덴이熟思大悟ᄒᆞ고祖父씌下氣謝罪ᄒᆞᆫ後에壁上의掛鍾을仰視ᄒᆞ니夜가거의七時頃이라마ㅣ쉬、마ㅣ덴을渠의寢牀으로携入ᄒᆞ야就寢케ᄒᆞᆫ後에自己도自己의寢牀에歸ᄒᆞ야아모疑心업시就寢ᄒᆞ니라

＊　＊　＊　＊　＊　＊　＊　＊

마ㅣ덴이渠의寢牀에歸臥ᄒᆞ야屋宇ᄅᆞᆯ仰視ᄒᆞ고殘燭을橫看ᄒᆞ면서數十分을經過ᄒᆞ야其祖父의寢房에가마니闖入ᄒᆞ니祖父ᄂᆞᆫ老睡가方濃ᄒᆞ엿ᄂᆞᆫ지라千思萬想으로復讐方便을歷々히싱각ᄒᆞ되別般計劃이無ᄒᆞ야더욱苦悶莫甚ᄒᆞ다가문득一方針을싱각ᄒᆞ고自語曰是哉是哉라余ᄂᆞᆫ아직幼兒이니到底히腕力으로行事ᄒᆞ다가ᄂᆞᆫ畢竟成事치못ᄒᆞᆯ터힌즉ᄎᆞ라리銳利ᄒᆞᆫ器械로電線을截斷ᄒᆞ야彼敵兵을困逼케ᄒᆞᆷ이余의無上ᄒᆞᆫ行路라ᄒᆞ야熟睡ᄒᆞᄂᆞᆫ其祖父ᄅᆞᆯ望看ᄒᆞ며默言ᄒᆞ여曰祖父主가醒覺ᄒᆞ면萬事가水泡에歸ᄒᆞ리로다ᄒᆞ야가만가만히壁藏門을開ᄒᆞ고斧、鋸等器械ᄅᆞᆯ搜出ᄒᆞ야懷中에收藏ᄒᆞ고祖父寢牀邊에在ᄒᆞᆫ祖父의項掛(목도리)ᄅᆞᆯ自己의項

에掛ᄒᆞ여自思ᄒᆞ여曰嗚呼라祖父와同伴行事ᄒᆞ엿스면됴켓지만祖父ᄂᆞᆫ極力挽留ᄒᆞ리니今에此項掛를掛ᄒᆞ야祖父와同行ᄒᆞᄂᆞᆫ쥴노自信ᄒᆞ깃다그러나祖父가醒覺ᄒᆞ면驚愕이何境에至ᄒᆞᆯ고余ᄂᆞᆫ決코歸來치못ᄒᆞᆯ쥴노確信ᄒᆞ노니余의祖父ᄭᅴ셔萬一余의死尸를見ᄒᆞ면何境에至ᄒᆞᆯ고ᄒᆞ야此事彼事를싱각ᄒᆞ다가가마니祖父의手에接吻ᄒᆞ여祝手ᄒᆞ여曰祖父主여져ᄂᆞᆫ今에敵兵에復讐코져出家ᄒᆞ은즉歸來ᄒᆞ을길이萬無ᄒᆞ온지라今日로써永遠히慈悲ᄒᆞ시ᄂᆞᆫ膝下를ᄯᅥ나오니바라옵건ᄃᆡ용서ᄒᆞ여주옵쇼셔祝手를畢ᄒᆞᆫ後에房門을靜開ᄒᆞ고一步를纔出ᄒᆞ야門外에썩나셔니ᄯᅩ두려운것은敵兵이라萬一普魯西兵丁의게掛眼되ᄂᆞᆫ地境이면擧事ᄒᆞ기前에空然히被殺ᄒᆞᆯ섇이라ᄒᆞ야左右前後를살핀후에千辛萬苦로써洞口外에僅出ᄒᆞ니四顧寂寞ᄒᆞ고寒月이皎々ᄒᆞᆫ데一步一步로電柱를是求ᄒᆞ다가夜色이憙微ᄒᆞᆫ中에므을니一柱電線이此兒의視線으로連絡코져ᄒᆞᄂᆞᆫ지라急步로馳去ᄒᆞ다가帽子가疾風에脫ᄒᆞᆫ바이되ᄂᆞᆫ지라마ㅣ뎐이帽子를拾ᄒᆞ려다가捨ᄒᆞ고急히電線木에至ᄒᆞ야四面을回視ᄒᆞᆫ後에電線木에攀上ᄒᆞ야懷中의器械로爲先一個를截斷ᄒᆞ고二個를截斷ᄒᆞ려ᄒᆞᄂᆞᆫ際에普國前哨兵의게發見되미普兵三兵이馳馬來到ᄒᆞᄂᆞᆫ지라마ㅣ뎐이조곰驚惕의氣色이업시電線을沒數截斷ᄒᆞᆫ後에徐々히滑下ᄒᆞ니普兵이마ㅣ뎐을捕獲ᄒᆞ고其中一名이釼을拔ᄒᆞ야마ㅣ뎐을斫去코져ᄒᆞ든니其二人이挽留曰鷄를割ᄒᆞᆷ에牛刀를用ᄒᆞᆯ바이안이니縊殺ᄒᆞᆷ이爲好라ᄒᆞ야마ㅣ뎐의項掛를奪ᄒᆞᆫ後

에電線木에縊殺ᄒᆞ고各々西風策馬에荒凉ᄒᆞᆫ村落으로豪氣롭게向ᄒᆞ더라슬프다敵愾心으로國家를爲ᄒᆞ야犧牲된마ㅣ덴이여

＊　＊　＊　＊　＊　＊　＊

此時에마ㅣ덴의祖父마ㅣ쉬熟睡를始醒ᄒᆞ니消滅ᄒᆞᆫ燭火가다시燃點되엿ᄂᆞᆫ지라驚愕히起牀ᄒᆞ야마ㅣ덴房에往見ᄒᆞᆫ즉孤燈이未消ᄒᆞ고寢褥가依舊ᄒᆞ나마ㅣ덴은간곳업고忽然히毛骨이竦然ᄒᆞ야一種異懷가此老翁의心緖를亂케ᄒᆞᄂᆞᆫ지라이에四隅를奔走히搜探ᄒᆞ되終是形影이不現ᄒᆞ거ᄂᆞᆯ비로소外出ᄒᆞᆫ줄노알고方丈木扉를開ᄒᆞ야搜探코져ᄒᆞᄂᆞᆫ際에마ㅣ덴을縊殺ᄒᆞᆫ普兵三名이馳馬로其門前에來到ᄒᆞ야馬를庭外樹枝에繫ᄒᆞ고마ㅣ덴의家인줄은其然未然ᄒᆞ나元來普人의特嗜ᄂᆞᆫ麥酒라佛國이屢次戰敗ᄒᆞᆫ後로普兵이到處에民家에闖入ᄒᆞ야財를奪ᄒᆞ고食物을强求ᄒᆞᆷ은例事의習俗으로行ᄒᆞᄂᆞᆫ時라마ㅣ덴의家戶를釼柄으로衝碎ᄒᆞ고門內에闖入ᄒᆞ니마ㅣ쉬ᄂᆞᆫ所措를不知ᄒᆞ든次에普兵이項掛를解ᄒᆞ야마ㅣ쉬를毆打ᄒᆞ다가項掛를寢牀上에抛棄ᄒᆞ고酒를强請ᄒᆞ더니自手로家內를細々搜探ᄒᆞ야酒數甁을得ᄒᆞ미意氣揚々ᄒᆞ야互相勸飮ᄒᆞ더라마ㅣ쉬一憂一懼로蒼皇罔措히엇지ᄒᆞᆯ줄을아지못ᄒᆞ다가項掛를拾見ᄒᆞᆫ즉此ᄂᆞᆫ分明ᄒᆞᆫ自己의物인ᄃᆡ彼敵兵이此를持來ᄒᆞ엿ᄉᆞ니必也마ㅣ덴을殺ᄒᆞᆷ이的實ᄒᆞ도다ᄒᆞ고가마니戶外에出ᄒᆞ야四處로顚之倒之

ᄒᆞ야探來ᄒᆞ다가草原에서一帽子를拾得ᄒᆞ니分明ᄒᆞᆫᄆᆡ덴의帽子라於是乎四方을周視ᄒᆞᆫ즉越便電線木에一種灰色物이掛ᄒᆞ엿거ᄂᆞᆯ忙步赴視ᄒᆞᆫ즉ᄆᆡ덴이라急히縊縄를切ᄒᆞ야地에臥ᄒᆞ고尸体上에赴伏ᄒᆞ야嗚呼涕泣曰嗚呼라ᄆᆡ덴아汝가死ᄒᆞ엿고나슬프기ᄂᆞᆫ限定업지ᄆᆞᄂᆞᆫ잘ᄒᆞ엿다汝가國을爲ᄒᆞ고父를爲ᄒᆞ야三尺兒軀로大人도未及ᄒᆞᆯ事를實行ᄒᆞ고黃泉客이되엿스나壯ᄒᆞ다ᄆᆡ덴이여言罷에尸体를抱ᄒᆞ고自家에歸來ᄒᆞ니辛酸苦痛이야何如타云ᄒᆞ리오만은敵兵의게發覺되면大變이라ᄒᆞ야地層(ᄯᅡᆼ광)으로引入ᄒᆞ야一板子上에뉘우고千語百語로ᄆᆡ덴을브르되ᄆᆡ덴은一切對答이無ᄒᆞ더라문득一計劃을案出ᄒᆞ고瓶을出ᄒᆞ야酒를入ᄒᆞᆫ後에毒藥을入ᄒᆞ야振盪ᄒᆞ며尸体를回顧ᄒᆞ여曰ᄆᆡ덴아安心ᄒᆞ여라汝의寃讐普敵漢三이未久에被殺되리니부ᄃᆡ安心ᄒᆞ여라言罷에담료로尸体를掩覆ᄒᆞ고酒瓶을腋下에挾ᄒᆞ야戶內에入ᄒᆞ니普兵이酒瓶을見ᄒᆞ고喜踴雀躍ᄒᆞ더라ᄆᆡ쉬이低聲으로告ᄒᆞ여曰此난老驅가隣家에서買來ᄒᆞᆫ바니請컨ᄃᆡ快飮ᄒᆞ시오ᄒᆞ고三盃를酌ᄒᆞ야次第로與ᄒᆞ니三漢이爭先飮盡ᄒᆞᆫ後에ᄆᆡ쉬를向言ᄒᆞ되老狗야汝도一盃飮ᄒᆞ여라ᄒᆞ고一盃를酌與ᄒᆞᄂᆞᆫ지라ᄆᆡ쉬盃를執ᄒᆞ고驚怯未飮ᄒᆞ든次에一漢이ᄆᆡ쉬의手腕을激打ᄒᆞ여曰老狗야何故로不飮가ᄒᆞ니酒盃가地에落ᄒᆞ야盞破酒傾ᄒᆞ더라個中一漢이酒瓶을把ᄒᆞ야全量을獨飮터니少頃을過ᄒᆞ미毒氣가三漢全身에펴저痛激이非常ᄒᆞᆫ지라三漢이비로소中毒된쥴노알고釰을拔ᄒᆞ야老人을

狙擊코저ᄒᆞᄂᆞᆫ際에老人이房隅에立ᄒᆞ엿든棍棒으로一擊之下에三漢을顚仆ᄒᆞ고地層에入ᄒᆞ야孫ᄆᆡ덴의尸骸를房內에運來ᄒᆞ고仆死ᄒᆞᆫ普兵三漢의尸体를一個式携來施禮케ᄒᆞᆫ後에千言萬語로ᄆᆡ덴을哀呼ᄒᆞ다가氣盡ᄒᆞ야地에仆死ᄒᆞ더라

余ᄂᆞᆫ本히活動寫眞을愛翫ᄒᆞᄂᆞᆫ性癖이라 一日은某處에活動寫眞이有ᄒᆞᆷ을聞ᄒᆞ고往觀타가此光景을見ᄒᆞ고ᄆᆡ덴의義死며佛國人民의贍富ᄒᆞᆫ敵愾心에非常히感心되엿기로書牎에歸來ᄒᆞ야目睹ᄒᆞᆫᄃᆡ로玆에一篇을記ᄒᆞᆷ에至ᄒᆞ엿노니嗚呼라普軍의亂暴와ᄆᆡ쉬老人의受辱이며大抵其國家가衰微ᄒᆞᆫ境遇에ᄂᆞᆫ外敵의跋扈가自古로如許ᄒᆞ엿고受辱ᄒᆞᄂᆞᆫ人民으로ᄂᆞᆫ敵愾心이當然히ᄆᆡ덴、마ㅣ쉬와如ᄒᆞᆯ거시여ᄂᆞᆯ現今某國人은도로혀뎌國家를外人의게奉獻ᄒᆞ고自請으로外人의獵犬이되여我의血族을嚼害ᄒᆞ며我의全土를他人의게讓與코저ᄒᆞᄂᆞᆫ發狂至毒ᄒᆞᆫ者가有ᄒᆞᄂᆞ니嗚呼라如此ᄒᆞᆫ國民은ᄆᆡ덴을思ᄒᆞᆯ지여다엇지붓그럽지아니ᄒᆞ리오

天職論

金 寬 會

溯究往古、推想將來、吾人類、莫非歷史的聯鎖環也、何謂也、有壽定限、人生通則、以秦皇漢武不死藥之靈、埃及古代木乃伊之術、不能變其通則、自肉體的個々人而觀之則古之人與今之人、不同世、今之人與未來之人不同世、彼爲彼此爲此、若相無關然統觀古今自精神上論之則、有不然者存焉、卽因果關係是也。 蓋因果關係者系統之本源而萬有之歸納也、若無是關係則天下事物、片々散々、莫能想像其系統而推究其歸結也、故生養收藏、興替隆衰、互相循環而莫逃乎此因果二則也人也亦然、其來也歸也、决非偶然無意味、渺然無法則也、其來也必有所受、其歸也必有所遺、所謂受者何也、爲古之人受其果也、所謂遺者何也、爲未來之人、遺其因也故吾人不啻與今之人、有互相的關係、亦與古之人及未來之人、有密接關係互相連鎖而繼續乎無窮者也、 自是而觀之則吾人之爲歷史的聯鎖環昭然無疑若使吾人、超脫乎此連鎖關係則無以幷列於人類同班也。

然則試問古之人今之人未來之人、互相聯鎖而爲之者果何事耶、爲衣食歟、曰否、不止是也、爲防禦歟、曰不止是也、爲敎育學問歟、曰不止是也、爲家族社會歟、曰不止是也、是皆非不爲之、不過其一部分也、未可謂之全體也、然則所謂其全體之事、爲果何事歟、衣食防禦不違是人類生活之基礎也、敎育學問、不違是人智發達之橋梁也、家族社會、不違是人生平和之根底也、若欲使此數者、得其完全、保其善美、不待此數者以上之包括的大要件、不可得以期之矣、所謂包括的大要件者果何也。

嗚呼非國家而何也、請看世界古今之人類、無國家而能保其衣食、防禦學問、家族社會者、有歟無歟、否無國家而能保其生命者亦希矣

蓋國家者、吾人最高理想之現實也、本能之反射也、安寧幸福焉以之而亨有、自由利權焉以之而確保、是以、逸外乎國家而吾人之完全生活、未可得以想像也、故希臘大哲아리스토텔네쓰氏有言曰人者其天性也政治的動物也國家之建設豈偶然也哉、其天性也、脫於國家的生活而能自足無憾者、必也非人類以下之禽獸則抑非人類以上之鬼神乎、以是觀之、國家者自吾人之天性中出來者而吾人之所以爲天職者、亦不外乎率天性而爲國家也是則古之人猶今之人、今之人猶未來之人、而古之人今之人未來之人、相結歷史的連鎖而務圖協同、發揮天性者也、然則失其本能、忌其天性、不修天職者、是不保國家也、不保國家者、世界之罪人也人類之惡孼也、擧世界而攻之滅之、彼被攻被滅者、夫何怨尤嗚呼白頭山下、愛我二千萬同胞今做何事、爲欲結歷史的連鎖環歟、抑亦斷絕其連鎖環歟。

國家之創立建設、過去祖先之天職也、國家之維持鞏固、今日裔族之天職也、檀箕四千載國家之名稱、南北三千里國家之疆土、祖先之所以遺我也、祖先之於我可謂至矣盡矣而奈之何逮我四千二百年之今日、萎靡板蕩、殆乎滅絕、若是之甚耶、嗚呼爲我韓今日民族者、將默然無爲、任其滅亡、不顧天職、斷絕歷史的連鎖而獲罪於祖先、流毒於子孫可乎、抑將奮然有爲、扶護維持、修我天職、繼續歷史的連鎖而獻功於祖先、遺榮於子孫可乎、是誠擧國之人合同一致、有死之氣、無生之心之秋也、嘻彼欲自破其國、自逐其君、奴隸於人、犬馬於人、汲々然唯恐不及者、抑復何心哉。

孝의觀念變遷에對하야

文學博士 井上哲次郎
嘯印 生譯

井上博士는倫理界에有名ᄒᆞᆫ日本學者인ᄃᆡ曩日丁酉倫理會（在日本東京研究倫理哲學之團體）에서孝에對ᄒᆞ야講演ᄒᆞᆫ바이如左ᄒᆞᆫᄃᆡ吾人은此에對ᄒᆞ야是非得失을評論ᄒᆞᆷ은姑捨ᄒᆞ고日本倫理學者의一般觀念을可히推想ᄒᆞ깃기玆에譯載ᄒᆞ야斯學에有意ᄒᆞ신諸彦의一覽을供ᄒᆞ노라

孝의意義난多言ᄒᆞᆯ要가無ᄒᆞ나但余난孝의觀念이時代와風潮에應ᄒᆞ야次々變遷ᄒᆞ는事實과內容을暫論코저ᄒᆞ노라。 社會上於千萬事의如何ᄒᆞᆫ事實을勿論ᄒᆞ고名詞는同一ᄒᆞ나及其內容은時代로同히變化ᄒᆞ나니譬如「日本人」三字의名詞는二千年前이나二千年後나殊ᄒᆞᆫ바이無ᄒᆞ나思想의內容과文明의程度로論ᄒᆞ면古日人과今日人의優劣長短이如何히懸隔ᄒᆞᆫ가。 如斯히孝도亦是內容이變遷되나니變遷ᄒᆞᆷ이當然ᄒᆞᆫ事勢로다。 大抵孝字의元來內容을試論컨ᄃᆡ極히廣漠ᄒᆞᆫ者ㅣ라古書에有云「孝者天之經地之義民之行天地之經是民則之」라ᄒᆞ니。 大概父母에敬愛를盡ᄒᆞᆷ이라解釋ᄒᆞᆷ도無妨ᄒᆞ나如此히解釋ᄒᆞ면今日이라도別般問題가無ᄒᆞ거니와若夫昔日의實行方法을觀컨ᄃᆡ到底히吾人想像以外로嚴重苛酷ᄒᆞ도다。禮記內則에載ᄒᆞᆫ바孝의實行方法은果然今日吾人의行ᄒᆞᆯ슈읍시嚴重ᄒᆞᆯ뿐안이

라今日社會狀態와時代風潮는吾人으로ᄒᆞ야곰內則의本文을實行케ᄒᆞ지못ᄒᆞ며實行치안이ᄒᆞ야도無妨홈에到ᄒᆞ얏도다。 內則은姑捨ᄒᆞ고論語의文字로論ᄒᆞ야도極히形式에拘泥ᄒᆞᆫ바이多ᄒᆞᆫ中에孝에對ᄒᆞ야尤甚ᄒᆞ니此點은孔子當日의思想과今日社會의狀態가二千載相去의古今이有홈으로互相符合치안임이當然ᄒᆞ도다。 最히今日吾人의難行點을二三列擧ᄒᆞ건ᄃᆡ。 第一「父母在不遠遊々必有方」의句라此의本旨는必竟人子로ᄒᆞ야곰힘서遠方에遊치말게홈이나今日此를實行ᄒᆞᆯ진ᄃᆡ靑年發達의弊害와社會進化의妨害가不少ᄒᆞ리니社會와國家와靑年이着々進步ᄒᆞ여야父母에供歡ᄒᆞ는本旨가되거니와萬一本文을嚴密히實行ᄒᆞ는日은弊害不少ᄒᆞ리니今日은該文을實行ᄒᆞᆯ時代가안이오。 又云「父在觀其志父沒觀其行三年無改於父之道可謂孝矣」라ᄒᆞ니人情에는至當ᄒᆞᆯ듯ᄒᆞ나實은行키極難ᄒᆞ고行ᄒᆞ면弊害가不少ᄒᆞ리로다。 人々의父가人格이方正ᄒᆞ다ᄒᆞᆯ지면何必三年이며父의人格이不美ᄒᆞ다ᄒᆞᆯ지면何待三年이리오二千年前支那社會는비록此가適當ᄒᆞ엿실지라도今日日本社會에는應用치못ᄒᆞᆯ句語이니不可不此는變更치안이치못ᄒᆞᆯ것이로다。 ᄯᅩ孔子는孝를重히녀이는結果로喪禮를極히格別히定ᄒᆞ야三年喪의制를守케ᄒᆞ야父沒三年엔音樂演劇에其樂을廢ᄒᆞ고衣服飮食에其美를禁ᄒᆞ며官人은位를辭ᄒᆞ고商賈는商品을廢ᄒᆞᆫ다ᄒᆞ얏시니此亦人子의情에至當ᄒᆞᆫ듯ᄒᆞ나當時宰我도三年喪의不可홈을質問ᄒᆞ야「宰我問三年之喪期已久矣君子

三年不爲禮禮必壞三年不爲樂樂必崩舊穀既沒新穀既升期可已矣子曰食夫稻衣夫錦於予安乎曰安曰安則爲之夫君子之居喪食旨不甘聞樂不樂居處不安故不爲也女安則爲之宰我出子曰予之不仁也子生三年然後免於父母之懷夫三年之喪天下之通喪也予也有三年之愛於其父母乎」。 如此ᄒᆞᆫ問答이孔子當日에已在ᄒᆞ얏으니到底히今日實行치못ᄒᆞᆯ句語로다宰氏ᄂᆞᆫ비록糞土朽木의責을孔子에得ᄒᆞᆫ不足ᄒᆞᆫ人格이나此에對ᄒᆞᆫ質問은實로適當ᄒᆞ도다。 ᄯᅩ孟子에云등定公이薨ᄒᆞᆷ에然友가孟子께問ᄒᆞᆫᄃᆡ孟子曰三年之喪과齊최之服과간粥之食은自天子達於庶人히三代共之라ᄒᆞ신ᄃᆡ然友此로復命ᄒᆞᆫᄃᆡ父兄百官이皆不欲이러니孟子의鄭重ᄒᆞᆫ勸告로遂히三年의制를行ᄒᆞ얏이니孟子當時에도若是ᄒᆞᆫ事實이有ᄒᆞᆷ은聖理學上趣味가不無ᄒᆞ거니와淮南子有云「三年之喪是强人之所不及也而以僞輔情也」라ᄒᆞ얏도다。 日本은自來로儒敎를崇拜ᄒᆞ야孔孟의道를講修ᄒᆞ얏이ᄂᆞᆫ三年喪을行ᄒᆞᆫ者ᄂᆞᆫ伊藤仁齋(有名ᄒᆞᆫ儒學者)外에歷史上에幾稀ᄒᆞ얏도다此ᄂᆞᆫ孔敎의形式的道德에拘泥치안인結果로다。 曲禮에云「君有疾飮藥臣先嘗之親有疾飮藥子先嘗之醫不三世不服其藥」이라ᄒᆞ야法律的으로定ᄒᆞ얏이니藥이萬一劇劑일진ᄃᆡ如何ᄒᆞᆯ가葛根湯과如ᄒᆞᆯ진ᄃᆡ猶或可矣ᄂᆞ今日藥學이發達되야容易히舐得치못ᄒᆞᆯ깃도다。 如此ᄒᆞᆫ形式的은行치안이ᄂᆞᆫ것이當然ᄒᆞᆯ것이오ᄯᅩ三世藥家를求ᄒᆞᆷ은亦是不可能ᄒᆞᆫ者ㅣ라一代名醫가車載斗量인ᄃᆡ何必曰三世醫리오此亦形式的이니可히行

ᄒᆞᆯ바이안이로다。 古來孝子의傳記를讀ᄒᆞ건ᄃᆡ今日孝子의理想과ᄂᆞᆫ大段ᄒᆞᆫ差異를發見ᄒᆞ리로다。 支那에ᄂᆞᆫ支那當時의社會에適切ᄒᆞᆫ바로人心을統御키爲ᄒᆞ야孝를說ᄒᆞᆷ에種々ᄒᆞᆫ形式으로ᄡᅥᄒᆞ얏이ᄂᆞ今日吾人은强仍히昔日的孝又ᄂᆞᆫ形式的孝를一々히導行ᄒᆞᆯ必要가無ᄒᆞ도다。 그ᄲᅮᆫ안이라孝의內容은時代의變遷을從ᄒᆞ야種々變易ᄒᆞᄂᆞ니。 今日孝라ᄒᆞᄂᆞᆫ것을重大ᄒᆞᆫ德行이라ᄒᆞᄂᆞᆫ것은理由가有ᄒᆞ니孝ᄂᆞᆫ仁의起原(孔子意向)이라至廣至大ᄒᆞᆫ博愛人道ᄂᆞᆫ其始가單純ᄒᆞᆫ家庭에在ᄒᆞᄂᆞ니即一家의內에主體되ᄂᆞᆫ孝에起因ᄒᆞ야此觀念이漸々擴充ᄒᆞ야百行의源을作ᄒᆞᄂᆞ니嬰兒가父母에對ᄒᆞ야敬愛를盡ᄒᆞᄂᆞᆫᄃᆡ셔仁이萠ᄒᆞᄂᆞᆫ고로孝弟ᄂᆞᆫ爲仁의本이라ᄒᆞ니라。 又一面으로孝란것이宇宙의根本原理를作ᄒᆞᄂᆞ니此로觀ᄒᆞ면孝란것은大ᄒᆞᆫ愛라天地를可히貫一ᄒᆞᆯ지라。 耶蘇敎의愛란것과갓이宇宙가發展ᄒᆞ야來ᄒᆞᄂᆞᆫ中에一個愛란것이有ᄒᆞ야愛가次々人生의關係即日用常行에來現ᄒᆞ야孝란것이되니。 五倫으로重大ᄒᆞᆫ本務를삼아大ᄒᆞᆫ愛가種々ᄒᆞᆫ關係로發展又發展ᄒᆞ야온것을孝라稱ᄒᆞ얏도다支那古書에「孝在混沌之中」이라ᄒᆞ얏고曾子曰「夫孝推之後世而無朝夕無時非효也無物不有無時暫停以應期也」라ᄒᆞ얏이니효의槪念이至廣無涯ᄒᆞᆷ을可知로다ᄯᅩ日本의中江藤樹가云ᄒᆞ되「효란것은天地未畫前에在ᄒᆞᆫ太虛神道라天地人萬物이皆孝로從ᄒᆞ야生ᄒᆞᆫ다」ᄒᆞ얏이니絕對的至廣至大ᄒᆞᆷ을謂ᄒᆞᆷ이안인가。 要컨ᄃᆡ孝란것은非常히神聖ᄒᆞᆫ世界의原理인ᄃᆡ此가漸々

道義的方面으로應ᄒᆞ야顯ᄒᆞᆷ에從ᄒᆞ야種々色々의名稱을受ᄒᆞᄂᆞᆫ摠括的으로統稱ᄒᆞ면仁字에不過ᄒᆞ리로다。 然而孝를狹ᄒᆞ게解釋ᄒᆞ면一家內에서父母에敬愛를致ᄒᆞᄂᆞᆫ家庭的行爲에不過ᄒᆞᄂᆞ非常히優美ᄒᆞᆫ情的觀念卽狹的孝가亦不可無ᄒᆞᆯ美點이오此가東洋倫理의燦然ᄒᆞᆫ光彩를放ᄒᆞᄂᆞᆫ所以로다 一面으로害ᄒᆞᆫ點이잇난形式은一面으로孝의內容을作ᄒᆞ야孝의槪念中에如此ᄒᆞᆫ形式에包含ᄒᆞ얏도다然而此等形式은時勢의進步로改良ᄒᆞᆯ必要가確實히有ᄒᆞᆫ지라故로孝의槪念中에有毒ᄒᆞᆫ部分이잇다ᄒᆞ야近來孝에對ᄒᆞᆫ世人의懷疑와攻擊이踏至ᄒᆞᄂᆞᆫ도다。 如何ᄒᆞ던지吾人이窮心力行ᄒᆞ야甚至生命이盡ᄒᆞ기ᄭᆞ지獻身ᄒᆞᆫ後에始로孝의名이有ᄒᆞ고忠의名이有ᄒᆞᄂᆞ니此所謂孝當竭力忠則盡命이라東洋道德은大槪自己以上人에對ᄒᆞ얀一切全力을傾ᄒᆞ야窮力奉行ᄒᆞᄂᆞᆫ卽所謂沒我的行爲로道德의骨髓를ᄉᆞᆷᄂᆞ니此ᄂᆞᆫ東洋道德의美點이오西洋은自己本位卽個人의資格과個人의權利로主體를ᄉᆞᆷ아事々에獨立的으로活動ᄒᆞᄂᆞ니彼此에一長一短은不可免ᄒᆞᆯ事勢로다그러나今日二十世紀에處ᄒᆞᆫ吾人은東洋의長處沒我的과西洋의長處個人的을互相折衷ᄒᆞ야東西文明을相當히融和ᄒᆞ야完全ᄒᆞᆫ道德을修ᄒᆞᆯ지오決코東洋道德에盲從ᄒᆞ야長處短處의區別를莫知ᄒᆞ고西洋道德을排斥ᄒᆞᆯ것이안이오ᄯᅩ西洋道德에盲從ᄒᆞ야其優劣得失의判斷이無히東洋道德으로陳腐ᄒᆞᆫ古習이라疾視ᄒᆞᆯ것이안인즉彼此의長短得失이互有ᄒᆞᆷ을忘치안이면이엇지愛而知其惡惡而知其善이안이

리오

各國財政 (一千九百六年度) ●但本國圜으로換算홈

(國名)	(歲入)	(歲出)	(國債)	(國債費)
澳匈國	一七六、九七〇、〇〇〇	一七六、九七〇、〇〇〇	二、二三五、九八〇、〇〇〇	九〇、三二五、〇〇〇
白耳義	三八二、五五四、〇〇〇	三五〇、五九九、〇〇〇	一、三二四、一八七、〇〇〇	六九、七〇四、〇〇〇
丁抹	五二、一〇九、〇〇〇	六三、二四〇、〇〇〇	一四三、二九〇、〇〇〇	四、六六九、〇〇〇
佛國	一、五三三、六八八、九〇〇	一、五三三、五三〇、一〇〇	三、一三九、三三五、九〇〇	四九四、五八七、〇〇〇
獨逸	一、一九七、六五五、〇〇〇	一、一九三、六三五、〇〇〇	一、七七一、七五〇、〇〇〇	六八、七二三、五〇〇
希臘	五二、〇三四、六〇〇	五〇、四〇〇、八〇〇	三五四、五六五、〇〇〇	一三、〇一四、一〇〇
伊太利	八〇三、九四八、七〇〇	七九三、一〇三、一〇〇	五、三〇八、六六七、〇〇〇	二二六、〇七五、〇〇〇
和蘭	一五一、二四一、五〇〇	一四九、二八二、〇〇〇	九四四、八七三、七〇〇	三〇、三〇九、三〇〇
諾威	五五、六〇〇、四〇〇	五四、八四二、〇〇〇	一九〇、三三五、八〇〇	八、二七三、四〇〇
葡萄牙	一四〇、七七一、二五〇	一四三、二二一、二五〇	一、七九三、二八〇、〇〇〇	六六、九二〇、〇〇〇

以下는次號

彙報

○出於愛國　墨西哥通信을據혼즉昨年十一月十七日即五條約의第五周年되

는國耻日인고로墨國有佳圖地方에在留ᄒᆞᄂᆞᆫ韓人同胞數百人이國耻를紀念키爲ᄒᆞ야條約締結當時의韓日政府委員의隨問隨答ᄒᆞ고前後에擁圍ᄒᆞ얏든實况을模擬ᄒᆞ야一種演劇을式出ᄒᆞ고內外國人의觀光을許ᄒᆞ얏고最后에ᄂᆞᆫ軍隊的練習으로韓人의理想的活動을演ᄒᆞ얏ᄂᆞᆫᄃᆡ外人觀光者ᄂᆞᆫ「韓人의先天的愛國性」이란語를萬口同聲으로極히賛揚ᄒᆞ더라ᄒᆞ니美洲에在留ᄒᆞᄂᆞᆫ同胞의健全ᄒᆞᆫ愛國思想은他日國民的活動의原動力을作ᄒᆞ리로라

○新韓基礎　北美桑港에在留ᄒᆞᄂᆞᆫ帝國同胞가組織ᄒᆞᆫ國民會ᄂᆞᆫ內外國人의稔知ᄒᆞᄂᆞᆫ바어니와總機關은北米桑港에置ᄒᆞ야新韓民報라ᄒᆞᄂᆞᆫ機關紙를發刊ᄒᆞ며其他露淸及美洲各地方에支會를設立ᄒᆞ야互相連絡ᄒᆞ며地方會의機關으로大東共報(俄領浦鹽斯德)와新韓國報(美國호놀눌누)의兩報舘이有ᄒᆞᆫᄃᆡ其論調의侃々諤々ᄒᆞ고公々正々ᄒᆞᆫ것과其文法의平易簡明ᄒᆞᆫ것은大韓報筆界의第一이라ᄂᆞᆫ評論이有ᄒᆞ나大槪ᄂᆞᆫ在外同胞가購覽ᄒᆞ고內地에ᄂᆞᆫ購覽ᄒᆞᆯ自由가無ᄒᆞ다ᄒᆞ니慨歎ᄒᆞᆯ바이라ᄒᆞ며該會의地方會舘住所ᄂᆞᆫ如左ᄒᆞ다더라

一、國民會北米地方總會舘　2928 Sacramento st, San Francisco, cal.
二、桑港地方會舘　上同
三、羅城地方會舘　2 Olive court, Los Angeles,cal.
四、鹽湖地方會舘　50gw. 1-st. st, Salt Lake city, Utah.

五、河邊地方會館　1532 pachappa Ave., Riverside, Cal.
六、紫地地方會館　P.O.Box 448, Redland, Cal.
七、墨國有佳團메리다地方會館　P.O.Box 229 Merida Yucatan,Mexico.
八、俄國海蔘威港地方會館　P.O.Box 137 Vladivostok Russia,
　슈청신령동地方會館　슈청만츈동地方會館　슈청홍셕동地方會館
　화발포인동地方會館　淸國滿洲哈爾賓地方會館

○元朝祝賀　隆熙四年一月一日에年例를依ᄒᆞ야一般學生이監督部에會集ᄒᆞ야新年祝賀式을行ᄒᆞ얏ᄂᆞᆫᄃᆡ本年은留學生監督이曠官인고로大韓興學會長李昌煥氏가司會로當日事務를處理ᄒᆞ얏고閉式後에李昌煥朴炳哲兩氏로一般留學生을代表ᄒᆞ야我
皇太子殿下ᄭᅦ問　安ᄒᆞ얏더라

○年終下賜　隆熙三年十二月三十日에年終問安ᄒᆞᆯ次로李昌煥氏가麻布御用邸에前進ᄒᆞ얏더니我
皇太子殿下ᄭᅦ옵셔元朝茶菓費로五十圓을　下賜ᄒᆞ옵신고로祝賀時에一般留學生이菓茶로立食ᄒᆞ얏더라

○紀念大會　本月一月十日은大韓興學會第一會創立紀念日인고로本會에셔特히盛大ᄒᆞᆫ儀式과陶々ᄒᆞᆫ餘興으로多數來賓及會員에게頗히滿足ᄒᆞᆫ興感을致ᄒᆞ야

二十年來留學界의初有혼盛況을呈ᄒᆞ얏는ᄃᆡ當日來賓은金貞植延俊李人稙韓溶高運河金顯洙諸氏及女學生諸氏오叅會者는無慮四百餘人이러라

○青年大會　一月五日監督部內基督青年學院校場에셔新年祝賀大會를開ᄒᆞ얏는ᄃᆡ來賓韓日淸美四國紳士諸氏가各々勸勉的演說이有ᄒᆞ야頗히盛況을呈ᄒᆞ얏는ᄃᆡ該會는東京에在留ᄒᆞ야宗敎界에熱心從事ᄒᆞ는 金 貞 植 氏의發起로擧行홈이러라

○金氏卒業　本會員金永基氏는近日에日本大學法科를優美혼成績으로卒業ᄒᆞ얏는ᄃᆡ氏는新舊學問이俱備ᄒᆞ고不遠間歸國ᄒᆞ면思想界에活動을試ᄒᆞ리라더라

○卒業歸國　昨年々終에歸國혼本會員柳承欽氏는昨年夏期에明治大學法科를卒業ᄒᆞ엿는ᄃᆡ思想과學識이我韓社會의歡迎홀資格이有ᄒᆞ다더라

○美術有人　日前에自美洲渡來ᄒᆞ야東京에數日逗留ᄒᆞ다가因即歸國혼李鍾璨金俊吉諸氏는多年在米ᄒᆞ야抱負가有혼中 李 鍾 璨氏는該地에셔美術을研究ᄒᆞ야巨額의資本을鳩聚ᄒᆞ고多數의機械를貿來ᄒᆞ야將次大韓美術界의翹楚를作ᄒᆞ리라더라

○監督到任　一般留學生이渴望ᄒᆞ든新任監督李晩圭氏는一月十六日午后二時頃新橋에同夫人到着홈으로本會에셔摠代趙鏞殷姜邁兩氏를派送出迎ᄒᆞ얏는ᄃᆡ從此로는學生界의宿望을副ᄒᆞ깃더라

○事係當然　年前에斷指ᄒᆞᆫ學生에對ᄒᆞ야政府에서特히三年爲限ᄒᆞ고學費를支撥ᄒᆞᆷ으로該學生이熱心修業ᄒᆞ더니本年三月이學費決算의期限인고로六月頃에卒業ᄒᆞᆯ學生은中途見廢의歎이或有ᄒᆞᆯ가是憂ᄒᆞ드니多幸히政府로셔繼續修了케ᄒᆞᄂᆞᆫᄃᆡ學費金은年前에日本留學生에　下賜ᄒᆞ신一萬圜預置金의利息으로挪用케ᄒᆞᆫ다더라

○熱心敎育　咸北吉州郡泰成學校學監金秉淵氏ᄂᆞᆫ日夜로學校에出席ᄒᆞ야土木의役과掃除等事를躬親執行ᄒᆞ되三四年을一日과如히勤實親務ᄒᆞ야校務가擴張되고鄰里가欽歎ᄒᆞᆫ다더라

○李氏運動　昨年에渡日ᄒᆞᆫ大韓新聞社長李人稙氏ᄂᆞᆫ孔子敎를留學生界에廣布ᄒᆞᆯ計로此地에支會事務所를設置ᄒᆞᆫ다더라

○攙代還報　一進會의罪惡을聲討ᄒᆞ고一般輿論을喚起키爲ᄒᆞ야本會에셔特히派送ᄒᆞᆫ高元勳、李豐載兩氏ᄂᆞᆫ月前에還渡ᄒᆞ얏ᄂᆞᆫᄃᆡ該黨은四圍聲討中에陷落ᄒᆞ야更起ᄒᆞᆯ餘力이無ᄒᆞᆫ中에人心이稍有ᄒᆞᆫ者ᄂᆞᆫ一幷退會ᄒᆞ야未久解散의境을當ᄒᆞ리라더라

○惡魔可憎　東京과其地某々處에派遣ᄒᆞᆫ一進會의犬馬的學生은我留學生의動靜을密探ᄒᆞ고賣國餘金을圖食ᄒᆞᆫ다ᄂᆞᆫᄃᆡ厥漢의容貌와姓名이綻露되야見輒唾罵ᄒᆞᄂᆞᆫ고로何日何時에踏死의禍가有ᄒᆞᆯᄂᆞᆫ지不知ᄒᆞᆷ으로近日에ᄂᆞᆫ稍々히退縮ᄒᆞ야

不遠間歸國ᄒᆞᆫ다ᄒᆞ니退則可矣어니와歸國ᄒᆞᆫ日에ᄂᆞᆫ前過를改ᄒᆞ야眞正ᄒᆞᆫ大韓同胞가될지어다

○斷指決心　本會々員姜閏楨氏ᄂᆞᆫ昨秋에留學次로日本에渡來ᄒᆞ얏더니學資가如意치못ᄒᆞ야目的ᄒᆞᆫ學業을修得키不能ᄒᆞᆫ지라苦楚를備經ᄒᆞᄂᆞᆫ中一指를斷ᄒᆞ야學業을不成ᄒᆞ고ᄂᆞᆫ誓死不歸키로決心ᄒᆞ얏ᄂᆞᆫᄃᆡ方今監督部空廨에住接ᄒᆞ야當此隆寒에經過沒策ᄒᆞᆷ으로自本會及同志諸氏로多少救急의捐助가有ᄒᆞ얏이니吾儕ᄂᆞᆫ該氏의熱誠을賛賀ᄒᆞᄂᆞᆫ同時에內外國有志紳士의同情으로該氏의繼續留學ᄒᆞᆷ을豫期ᄒᆞ노라

○有志事成　本會々員尹泰英、金炳恊、玄德淳、金思國、諸氏ᄂᆞᆫ日本製革會社에實地見習으로各般技術을完美히修了ᄒᆞ얏ᄂᆞᆫᄃᆡ就中尹泰英、金炳恊兩氏ᄂᆞᆫ學資의窘乏ᄒᆞᆷ으로五六年或三四年에百般苦楚를備嘗ᄒᆞ얏이나一向奮鬪ᄒᆞᆫ結果로我國實業界에最緊最急ᄒᆞᆫ科業을修得ᄒᆞ엿이니將來我國經濟界에無窮ᄒᆞᆫ影響을與ᄒᆞ겟더라

○日語大書　本會印刷所에서出版ᄒᆞᆫ日本語學音語篇은日本語學에嫻熟ᄒᆞᆫ林圭氏의著述ᄒᆞᆫ바인ᄃᆡ文法과會話의一切緊要ᄒᆞᆫ部分을組織的으로網羅ᄒᆞ고理論上으로解釋ᄒᆞᆫ六百頁의大書인ᄃᆡ我韓日語界의初有ᄒᆞᆫ大著作이러라

會錄

第九回總會

隆熙三年十二月五日上午九時에定期總會를監督部內에開ᄒᆞ니出席員이九十九人이라前會々錄은錯誤가無ᄒᆞᆷ으로承認ᄒᆞ다

各部報告

會計部報告、本會財政은現存이四百八十四元四十七錢五厘인ᄃᆡ就中三百元은尾張銀行에任置ᄒᆞ엿다ᄒᆞ다

外他各部ᄂᆞᆫ別無事項이라ᄒᆞ다

十二月八日下午一時에臨時總會를本監督部內에開ᄒᆞᆯᄉᆡ會長李昌煥氏가集會理由를說明ᄒᆞ되今番內外新聞上에揭載ᄒᆞᆫ바一進會가韓日合邦問題를肆然唱導ᄒᆞ야國家를顚覆ᄒᆞᆷ이餘地가無ᄒᆞ니我輩가垂手傍觀키不可ᄒᆞᆷ으로緊急히總會를開催ᄒᆞᆫ거인즉國家危急存亡의秋와事勢難險重大의日을當ᄒᆞᆫ我輩ᄂᆞᆫ行動을鄭重이ᄒᆞ며方針을明確히ᄒᆞ야國民義務를盡케ᄒᆞ자ᄒᆞᆫ後評議會々錄을朗讀承認ᄒᆞ다尹台鎭氏特請으로評議會議決로製述ᄒᆞᆫ三度文字를各其製述人으로朗讀承認케ᄒᆞ자ᄒᆞᆷ의異議가無ᄒᆞᆷ으로高元勳氏ᄂᆞᆫ布告十三道文을李承瑾氏ᄂᆞᆫ內閣書를趙鏞殷

氏ᄂᆞᆫ討一進會文을朗讀通過ᄒᆞᆫ後此를相當이校正ᄒᆞᆯ必要가有ᄒᆞ다ᄒᆞ야崔南善趙南稷朴海遠三氏를校正委員으로公薦選定ᄒᆞ다

姜邁氏特請ᄒᆞ되三度公文을繕送ᄒᆞᆷ의對ᄒᆞ야ᄂᆞᆫ郵便으로送致ᄒᆞᆷ보다相當人數로特이摠代를派送ᄒᆞ야本國國民演說會에叅列ᄒᆞ야社會輿論을喚起ᄒᆞ며我留學生의本領을發揮케ᄒᆞ자ᄒᆞᆷ애滿場一致로可決되고摠代人數에對ᄒᆞ야金榮斗氏特請으로二人만選送키로可決되고摠代選定方針에對ᄒᆞ야高元勳氏特請ᄒᆞ되愼重이選定ᄒᆞᆯ必要로本總會에셔十五人만公薦ᄒᆞ야摠代二人을重選擧로選定케ᄒᆞ자ᄒᆞ미無異議可決되고被選된趙鏞殷、文尙宇、崔昌朝、高元勳、李豊載、李昌煥、崔元植、嚴仁燮、李寅彰、金國彦、金局泰、金晉庸、尹台鎭、鄭廣朝、朴海遠諸氏가選擧ᄒᆞᆫ結果로高元勳、 李豊載兩氏가摠代로被選되다會長李昌煥氏가選擧委員에被選됨으로金洛泳氏로會長事務를臨時代理케ᄒᆞ다

金榮斗氏特請으로所謂合邦問題에對ᄒᆞ야派送ᄒᆞᆫ摠代의還報ᄒᆞ기ᄭᆞ지每日曜午后一時에摠會例會를開ᄒᆞ야善后方針을講究ᄒᆞ자ᄒᆞᆷ애問可否可決되고

總代兩氏에對ᄒᆞ야總會員이起立의禮로送別式을行ᄒᆞ고仝午后九時半에閉會ᄒᆞ다

臨時評議會

隆熙三年十二月六日下午六時監督部內에臨時評議會를開ᄒᆞ엿ᄂᆞᆫᄃᆡ議決事項은

如左

一、一進會合邦問題에對ᄒᆞ야爲先內閣에長書와一進會에聲討文과十三道에布告文을繕送ᄒᆯ件

一、以上三度文字에製述委員은文尙宇 李承瑾 朴炳哲 崔昌朝 尹台鎭 高元勳諸氏로選定ᄒᆯ件

一、本國에總代派送ᄒᆯ事ᄂᆞᆫ總會에提出ᄒᆯ件

仝八時에閉會

會計報告

出納統計部(隆熙三年十二月三十一日ᄭᆞ지)

借　方

出版部	一千百〇八圓六十六錢二厘	敎育部	四十四圓六十二錢五厘
運動部	二百十四圓二十一錢	會計部	三十一圓十九錢八厘
事務所	八百四十圓九十一錢	討論部	三圓〇六錢
諸雜費	二百三十一圓十八錢	物　品	五圓六十二錢
特別債權	百六十七圓四十二錢	普通債權	三千八百三十五圓四十一錢
編纂部	三十四圓〇五錢	尾張銀行	三百〇九圓三十七錢五厘

金銀 十二圓十五錢

合計六千八百三十七圓八十七錢

貸方

基本金 四千九百九十八圓三十六錢五厘 學報代金 百九十四圓六十九錢
雜收入 九圓六十錢 會費金 百五十九圓九十三錢
恩賜金 五十圓 月捐金 百〇一圓七十五錢
義捐金 千三百十六圓八十五錢五厘 利子 六圓六十六錢

合計六千八百三十七圓八十七錢

月捐部(縱看)

金秉선 五拾錢 十一月分
林憲慶 五十錢 仝上
洪鑄一 五拾錢 仝上
李熙廸 五拾錢 仝上
金炳胄 五拾錢 仝上
洪命憙 五拾錢 仝上
李承瑾 五拾錢 仝上
南宮營 五拾錢 仝上

金致鍊 五十錢 仝上
李大容 五拾錢 仝上
吳尙殷 五拾錢 仝上
崔鳳梧 五拾錢 仝上
朴春緖 五拾錢 仝上
金升植 五拾錢 仝上
尹豐鉉 五拾錢 仝上
金達集 五拾錢 仝上

金慶培 五十錢 仝上
吳東準 五十錢 仝上
朱範鎭 五拾錢 仝上
高光駿 五拾錢 仝上
邊熙駿 五拾錢 仝上
金基炯 五拾錢 仝上
金淇驩 五拾錢 仝上
姜信穆 五拾錢 仝上

全宇榮 五十錢 仝上　文尙宇 五拾錢 十二月分　金淇驩 五拾錢 仝上
李寅彰 五拾錢 仝上　崔漢基 五拾錢 仝上　李鍾俊 五拾錢 仝上
李鍾南 五拾錢 仝上　鄭鳳鎭 五拾錢 仝上　高元勳 五拾錢 仝上
金良洙 五拾錢 仝上　尹泳大 五拾錢 仝上　朴秉鎬 五拾錢 仝上
崔榮鎬 五拾錢 仝上　李康賢 五十錢 仝上　韓宗爀 一圓 十月至十一月
具克昭 五拾錢 十月分　金澤熙 五拾錢 仝上　李豊載 一圓 十月至十一月
崔基台 五十錢 十月分　申台暉 一圓 十一月至十二月　禹鍾觀 一圓 十月至十一月
崔俊晨 一圓 十一月至十二月　朴寅喜 一圓 仝上　邊鳳現 圓 十月至十一月
趙瀅元 一圓 十月至十一月　南廷圭 一圓 上仝　邊九鎬 圓 十一月至十二月
邊緡鎬 一圓 十一月至十二月　高命錫 一圓五十錢 十月十一月十二月分
崔浩善 一圓 十月至十一月　文尙宇 五十錢 一月分　禹鍾觀 圓 十二月至一月
羅景錫 一圓 十月至十一月　金相泰 一圓 十一月至十二月
馬鉉義 一圓 十一月至十二月　閔天植 一圓 十二月、一月分
李承漢 一圓五拾錢 自十月至十二月　朴容喜 一圓五十錢 十一月十二月一月

義捐部（隆熙三年十二月三十一日까지）

李承漢 三圓　姜信穆 三圓　李康賢 三圓四十六錢
崔基台 二圓　殷成河 二圓　金健植 一圓

張淳翊　一圓〇二錢五厘　朴容喜　二圓

學報代金收入部

散賣　二冊　二十五錢　李冕周　自一號八號　一圓十五錢

崔鍾潤　自五號八號　五十錢　金正熙　自六號七號　二十七錢

姜升周　自四號十號　一圓

新入會員

金升植　金健植

正誤

本學報第六號會計報告欄內에韓祥麟名下로贊成金伍圓은本是咸興商務社에서出捐훈건인딕印刷에誤錯되엿기玆에訂正홈

廣告

●本報를購覽코자ᄒᆞ시ᄂᆞᆫ이ᄂᆞᆫ本發行所로居住姓名을記送ᄒᆞ시며代金은郵便爲替(換錢)로交付ᄒᆞ심을要홈

●本報를購覽ᄒᆞ시ᄂᆞᆫ諸氏ᄂᆞᆫ住所를移轉ᄒᆞ거든本發行所로通知ᄒᆞ심을要홈

●本報ᄂᆞᆫ有志人士의購覽上便宜를供ᄒᆞ기爲ᄒᆞ야特約販賣所를如左히定홈

皇城中部長通坊洞口越便

朱翰榮書舖

北美國桑港韓人國民會舘內

朱 元住所

●學報定價

一部(郵並) 拾五錢
三個月(上仝) 四拾錢
半年分(上仝) 八拾錢
一年分(上仝) 一圜五拾五錢

●廣告料

半頁 金參圜
一頁 金五圜

編輯人 日本東京市麴町區中六番町四十九番地 李承瑾
發行人 日本東京市麴町區中六番町四十九番地 高元勳
印刷人 日本東京市麴町區中六番町四十九番地 姜邁
發行所 日本東京市麴町區中六番町四十九番地 大韓興學會出版部
印刷所 日本東京市麴町區中六番町四十九番地 大韓興學會印刷所

會員諸君 座下

本報는大韓興學會의機關紙오興學會는在日本帝國青年의結晶體니一般會員의思想을代表ᄒᆞ고學識을反射ᄒᆞᄂᆞᆫ本報의原稿製述은不可不會員諸君을是賴是望ᄒᆞ노니民智啓發에適當逼切ᄒᆞᆫ論說及學術을每月二十五日以內에本部로送交ᄒᆞ심을切盼

投書의注意

一 投稿는 國漢文、楷書、完結을要홈

一 投稿는 論說、小說(短篇) 學藝等

一 學藝는 法、政、經、哲、倫、心、地、歷과及博物、理化、醫、農、工、商等以內

一 原稿蒐輯期限은每月二十五日

大韓興學會編纂部

大韓興學報第九號
隆熙三年十二月十九日 明治四十二年十二月十九日 第三種郵便物認可
隆熙四年一月廿日 明治四十三年一月廿日 發行 (每月一回)

隆熙 三 年十一月十九日
明治四十二年十一月十九日 第三種郵便物認可

隆熙四年
日本明治四十三年
二月廿日發行
（每月一回）

大韓興學報

在日本東京
大韓興學會發行

第拾號

大韓興學報第十號目次

論著

告我韓士

今日二十世紀韓國에生ᄒᆞ야境遇極이急蘗ᄒᆞ고遭際極히險惡ᄒᆞ야禍를受ᄒᆞᆷ이가장速ᄒᆞ고滅亡의危機가目下에在ᄒᆞᆫ지라一切財產性命自由를擧ᄒᆞ야足히써自保키難ᄒᆞ니哀哉哀哉라其我半島의民族이여輒曰檀箕四千年歷史와朝鮮二千萬衆生이라ᄒᆞᆷ은常套語에不過ᄒᆞ고大好江山과靑邱世界가沈々然暗々然ᄒᆞ야一轉再轉에越緬人의恥踵을自踐코자ᄒᆞ니蒼天이엇지그羞치아니ᄒᆞ며祖宗이엇지그畏치아니ᄒᆞ리오嗚呼라我韓士ᄂᆞᆫ奮! 奮! 奮!! 覺! 覺! 覺!!

時代ᄂᆞᆫ今古가不同ᄒᆞ고文明은新舊一般이라土地를利用ᄒᆞ야財貨를得ᄒᆞ며學藝를闡明ᄒᆞ야知識을求ᄒᆞᆷ은文明의異相이無ᄒᆞᄂᆞ니挽近世道ㅣ澆灕ᄒᆞ고士氣沮喪ᄒᆞ야修齊治平의道ㅣ不行ᄒᆞ고格物致知의學을不講ᄒᆞ야儒衣를衣ᄒᆞ고儒冠을冠ᄒᆞᆫ者ㅣ雖曰談道論德이나泥古昧今ᄒᆞ야事物를離ᄒᆞ야性理를說ᄒᆞ며時衣를服ᄒᆞ고時冠을着ᄒᆞᆫ者雖曰文明開化ㅣ나醉俗傷時ᄒᆞ야影樣만捕捉ᄒᆞ고形骸를忘却ᄒᆞ

니時病而人亦病이라自稱曰知覺이有ᄒᆞ다ᄒᆞ나皮知覺에不過ᄒᆞ고自謂曰有志者라ᄒᆞ나假有志에不過ᄒᆞᆫ지라一言을發ᄒᆞ미能히實踐치못ᄒᆞ고一事를做ᄒᆞ미能히實行치못ᄒᆞ니自身의利益을自身이不顧ᄒᆞ면人必奪之ᄒᆞ고自己의權利를自己가抛棄ᄒᆞ면人必取之ᄒᆞᄂᆞ니今日에一利를失ᄒᆞ고明日에又一權을失ᄒᆞ야日削又日削ᄒᆞ니神經과人心이有ᄒᆞᆫ者ㅣ엇지可히此를忍ᄒᆞ며此를忍ᄒᆞ리오小則我妻를他人이妻之ᄒᆞ며大則我國을他人이國之ᄒᆞ리니如是而能不悔乎ㅣ며能不寃乎아維我韓士야覺！覺！覺!!起！起！起!!

現今은歐西大陸에黃白兩人種이互相衝突ᄒᆞᄂᆞᆫ時代오東西文明이互相競爭ᄒᆞ며調和를求ᄒᆞᄂᆞᆫ時代라一國民의活動ᄒᆞᆯ範圍가甚廣ᄒᆞ고一個人의要求ᄒᆞᄂᆞᆫ智識이甚多ᄒᆞ나然ᄒᆞ나尙此人類의地位가國家的範圍를脫키難ᄒᆞ니今日은帝國主義가澎湃ᄒᆞ야極度에達ᄒᆞ엿다可謂ᄒᆞ리로다雖然이나物의不齊ᄂᆞᆫ物의情이오人의不齊도亦人의情이라世界人類의程度亦不齊흠으로國家的組織이아즉完全치못ᄒᆞ고國民的資格이亦具有치못ᄒᆞᆫ者ᄂᆞᆫ其獨何故인고於是에吾人은大聲疾呼ᄒᆞ야我韓士에게一贊코져ᄒᆞ노니夫我韓士ᄂᆞᆫ一大革命의時機를當ᄒᆞ엿도다此所謂革命은國家的政治革命이아니오人物思想界에一大革命이是也ㅣ니方今時事ㅣ複雜ᄒᆞ고人言이縱橫ᄒᆞ야是非를不分ᄒᆞ고皂白을難辨이니是로써知者ᄂᆞᆫ惝怳自失ᄒᆞ야憂惑未定ᄒᆞ고不知者ᄂᆞᆫ惛夢自若ᄒᆞ야尋常觀聽ᄒᆞ니誠可悲可歎處이로다韓士乎

여韓士乎여噫라由來我國思想界의風潮를槪觀컨ᄃᆡ先王의遺訓을祖述ᄒᆞ고古賢의糟粕을墨守ᄒᆞ야其書를讀ᄒᆞᆯ뿐이오其人을不知ᄒᆞ며其言을誦ᄒᆞᆯ뿐이오其行을不踐ᄒᆞ니其流弊ᄂᆞᆫ時代의合變과事物의消長을不究ᄒᆞᄂᆞᆫ지라名利의虛飾을是尙ᄒᆞ며禮度의形式을好事ᄒᆞ야浮躁輕薄의惡習이日長ᄒᆞ야個人의行動을箝制ᄒᆞ고事物의發達을拘忌ᄒᆞ니惡政의害毒도此를由ᄒᆞ야出ᄒᆞ며勇敢의氣像도此를因ᄒᆞ야滅ᄒᆞᄂᆞᆫ지라是로써人士의風氣가萎靡衰退ᄒᆞ야姑息으로써自安ᄒᆞ고放逸ᄒᆞᆷ으로써自處ᄒᆞ니進就의希望은毫無ᄒᆞ고頑暝의昏夢을未覺ᄒᆞᄂᆞᆫ지라禍福을皆自取自招ᄒᆞᆷ이니今日의今日이有ᄒᆞᆫ비ㅣ진실노因果의偶然치아니ᄒᆞ도다夫人의思想은可히捨舊從新이며可히變키도ᄒᆞ고可히不變키도ᄒᆞ리니可舊可新과可變可不變이皆是時代의干係을因ᄒᆞ야機敏의觀察을要ᄒᆞᆯ지라今日은人力으로써陸地와海洋을收縮ᄒᆞ며人工으로써造化를脫ᄒᆞ고空中을飛行ᄒᆞᄂᆞ니門戶開放은過渡時期에已屬ᄒᆞ엿고華夷變態ᄂᆞᆫ迂恠ᄒᆞᆫ腐儒의舊夢迷談과相似ᄒᆞᆫ지라人類의競爭은雖秋毫라도不讓不遜ᄒᆞ고文物의進步ᄂᆞᆫ雖寸分이라도極精極美ᄒᆞᆫ지라如此ᄒᆞᆫ時代를當ᄒᆞ야崑崙에火已烈ᄒᆞ고室堂에人已入ᄒᆞ야禍福存亡이毫髮間에在ᄒᆞ거날尙獨晏然ᄒᆞ야因循萎靡ᄒᆞ야不覺不起不動不變ᄒᆞ니哀哉々々라今日에不覺ᄒᆞ면何日을更待ᄒᆞ며今日에不變ᄒᆞ면何時를更待ᄒᆞ리오韓士乎여韓士乎여覺ᄒᆞ고變ᄒᆞ야舊習과舊惡을去ᄒᆞ고新智와新學을求ᄒᆞᆯ지어다思想의變遷과思想의革新도

學問을由ᄒᆞ야可得ᄒᆞ리니人類를支配ᄒᆞᄂᆞᆫ原理原則과人類을厚利케ᄒᆞᄂᆞᆫ物体物用은今古一樣이오東西一轍이니엇시古만好ᄒᆞ야今을惡ᄒᆞ며此를自是ᄒᆞ야彼를非타ᄒᆞ리오罔測의禍辱과罕睹의苦慘을當ᄒᆞ고도恬然自處ᄒᆞ야挽救의策를不講ᄒᆞ면是ᄂᆞᆫ人類가아니오昆虫만不如ᄒᆞᆫ지라國破民亡이면韓士야其誰與歸며君辱種絶이면韓士야其誰與存이리오隱居淸談이國亡에其必無補오遯世藏財가族滅에其必無益ᄒᆞ리니余의覺ᄒᆞ고變ᄒᆞ라ᄒᆞᆷ은守舊頑固의思想을變ᄒᆞ야進就의思想을取ᄒᆞ라ᄒᆞᆷ이니科學的國民과世界的國民의資格을養成ᄒᆞᆯ지니라今日不覺이면韓士의骸骨를埋ᄒᆞᆯ땅이必無ᄒᆞᆯ거시오今日不變이면韓士의性命을必保치못ᄒᆞ리니韓士乎여韓士乎어覺! 起! 變!!

甲辰以後列國大勢의變動을論ᄒᆞᆷ

嘯印生

甲辰年即光武八年仁川海峽에셔日本軍艦의砲聲이轟々烈々히俄艦을擊襲ᄒᆞ야드ᄃᆡ여大强國俄羅斯와新進國日本의開仗이되엿스니此ᄂᆞᆫ猛烈ᄒᆞᆫ侵掠主義와窮極ᄒᆞᆫ自衛策이셔로容納치못ᄒᆞ야二十世紀劈頭에東亞大風雲을喚起ᄒᆞᆷ이로다

俄圖은元來폐ㅣ터ㅣ大帝의遺詔로百有餘年을發奮忘食ᄒᆞ고兼弱攻昧ᄒᆞ야囊括席捲의主義를實現키爲ᄒᆞ야西으로波蘭을併呑ᄒᆞ고南으로小亞細亞를領占ᄒᆞ고東으로淸國境界에蚕及ᄒᆞ야浦鹽斯德의要地를占得ᄒᆞ고旅順大連의軍港을兼併

ᄒᆞ야三萬里西伯里亞鐵道로陸軍的大活動을謀ᄒᆞ야東洋天地에新大俄國을建設코져ᄒᆞᄂᆞᆫ頑夢이未醒ᄒᆞ야西伯利亞以東으로滿洲一幅과及我韓에至ᄒᆞ기ᄭᆞ지眈々猛虎의勢로利權을日張ᄒᆞ엿시니此時黃人種의前途ᄂᆞᆫ如何히危急ᄒᆞ며黃人種中에가장俄國과重大ᄒᆞᆫ關係가有ᄒᆞᆫ韓帝國은如何히前途가茫然ᄒᆞ고責任이綦重ᄒᆞᆫ가此時에韓國民은上으로買官賣爵의腐敗ᄒᆞᆫ政府를戴ᄒᆞ고下으로患得患失의愚騃ᄒᆞᆫ人民을有ᄒᆞᆫ結果로天下大勢와東亞時局을漠然無知ᄒᆞ야甲强國의愚弄ᄒᆞᆫ바와乙强國의籠絡ᄒᆞᆫ바로朝에甲을慕ᄒᆞ고夕에乙을親ᄒᆞ야一定ᄒᆞᆫ國是를定치못ᄒᆞᆯ뿐안이라特立ᄒᆞᆫ政策이亦無ᄒᆞ고無罪ᄒᆞᆫ國民에壓迫을是肆ᄒᆞ며拙劣ᄒᆞᆫ外交에失態를種現ᄒᆞ다가一朝東北風雲이轉起ᄒᆞᆷ에日本으로ᄒᆞ야곰活動舞臺에登ᄒᆞᆯ楷梯를供ᄒᆞ엿도다「日俄戰爭은實로日本을强케ᄒᆞ며大케ᄒᆞᆫ者ㅣ라」그影響이韓帝國에對ᄒᆞ야如何히酷烈慘憺ᄒᆞ며世界에對ᄒᆞ야如何히雄壯健大ᄒᆞ얏ᄂᆞᆫ가

本記者ᄂᆞᆫ甲辰以後七年間에世界列國의外交上變動과밋韓帝國의支離ᄒᆞᆫ政治問題의過去經路와現在狀態를論述코져ᄒᆞᆷ에當ᄒᆞ야伊昔을撫念ᄒᆞ고白頭山下韓民族의慘狀을言念ᄒᆞ건ᄃᆡ一種不可狀ᄒᆞᆯ感懷가有ᄒᆞ야比較的多大ᄒᆞᆫ感想을抱ᄒᆞᆷ으로自然히深切ᄒᆞᆫ憤憾을勝치못ᄒᆞ노니此ᄂᆞᆫ日俄의砲聲이始起ᄒᆞ야血雨腥風이東亞大陸을陰酸케ᄒᆞ든其日은卽本記者ㅣ我韓 帝室의命意로留學生에被選渡日ᄒᆞ든日이라而今에七年前當時狀況을回顧ᄒᆞ고「今日列國의政治上現象을觀컨

듸碧海桑田의喩ㅣ안이오實로新天地新日月을幻出ᄒᆞ얏도다」此ᄂᆞᆫ世人의聞見을共히ᄒᆞᆫ바로政治上에多少注意ᄒᆞᄂᆞᆫ者ᄂᆞᆫ此를明確히知悉ᄒᆞᄂᆞ니今此經濟ㅣ困難ᄒᆞ야衣食이無路ᄒᆞᆫ韓國에何暇에蒼々ᄒᆞᆫ世界狀態를論ᄒᆞᆯ必要가有ᄒᆞ며又況最近十數年間에經過ᄒᆞᆫ大小事實은我韓人士의頭를痛케ᄒᆞ며齒를酸케ᄒᆞᆫ問題어ᄂᆞᆯ何以로此를重復橫竪ᄒᆞᆯ必要가有ᄒᆞᆯ가本記者ㅣ此에感念이有ᄒᆞ야不得不政治上過去狀態와現在情況과又ᄂᆞᆫ未來處地ᄭᆞ지라도힘써研究ᄒᆞ고힘써論述ᄒᆞ야一次二次至于百次라도韓民族의吹入ᄒᆞ야造次顚沛의間이라도政治問題를忘치안이게ᄒᆞ고져ᄒᆞ노니何者오競爭이激烈ᄒᆞ고德義가頽敗ᄒᆞᆫ此時代에自存自立의策을圖치못ᄒᆞ고指揮監督의地에處ᄒᆞ야先進의健全ᄒᆞᆫ分子가內國에其人이鮮ᄒᆞ고亂類의悖妄ᄒᆞᆫ徒黨이外勢에其目이眩ᄒᆞ야國民敎育은其當을失ᄒᆞ고靑年輩卒은其義에反ᄒᆞ야浸々暗々ᄒᆞᆫ中에財政이窘困ᄒᆞ고餓饉이荐至ᄒᆞ야苟々營々히妄圖生命ᄒᆞᄂᆞᆫ可畏的風潮가半島民族을包圍ᄒᆞ야健全ᄒᆞᆫ國家思想으로捨生取義의卒直ᄒᆞᆫ者ㅣ極히少數에在ᄒᆞ거ᄂᆞᆯ此에反ᄒᆞ야國家狀態를云々ᄒᆞ면無益ᄒᆞᆫ空想으로排斥ᄒᆞ고宇內大勢를唱道ᄒᆞ면虛荒ᄒᆞᆫ壯談이라嘲笑ᄒᆞ야見利忘義의徒ㅣ多數에在ᄒᆞ니「此ᄂᆞᆫ敗亡에沈淪ᄒᆞᄂᆞᆫ國民思潮의例證이라」「如是ᄒᆞᆫ事實이有ᄒᆞᆫ國民은敗亡에自進코져ᄒᆞᄂᆞᆫ盟言이라」、此等惡風이엇지慘毒히我韓을襲ᄒᆞ라오만은大韓帝國今日情形이或此에罹치안인部分이幾有ᄒᆞᆫ가本記者의疑惑이滋甚ᄒᆞ야

玆에七年以後로變動된列國政治外交의一斑을暫論ᄒᆞ야그여히帝國同胞로더브러天下大勢를觀察ᄒᆞ야政治的國民의資格을硏究圖明코져ᄒᆞᄂᆞᆫ微誠이로다

(甲)俄國。 은專制로有名ᄒᆞᆫ大强國이언마ᄂᆞᆫ日本海에셔波羅的艦隊가滅破됨으로多大ᄒᆞᆫ損害를被ᄒᆞ얏시ᄂᆞ萬一日本의見機預算ᄒᆞ고知彼知己ᄒᆞᄂᆞᆫ外交家가無ᄒᆞ야美國에仲裁를敏速히周旋치안이ᄒᆞ얏시면맛당히俄國은國力을擧ᄒᆞ얏실것이오또數月間이라도戰爭을繼續ᄒᆞ얏시면孰勝孰負를推測치못ᄒᆞ겟거ᄂᆞᆯ日本은臨時로苛酷ᄒᆞᆫ稅法을定ᄒᆞ야國民의囊橐을傾ᄒᆞᆯ셔囊橐이告罄ᄒᆞᆷ에不得已廿億萬圜의公債를募ᄒᆞ야必死의力으로應戰ᄒᆞ든次에天幸으로日本海神이助祐ᄒᆞ야大勝利를奏ᄒᆞᆫ지라繼續挑戰ᄒᆞᆯ餘力이旣無ᄒᆞᆫ中에一時勝利로媾和의好機會를作ᄒᆞ야드듸야포ㅣ쓰마쓰條約을締約케ᄒᆞᆫ지라露國은不得已對韓優越權을日本에讓與ᄒᆞ고滿州의利權을日本에供獻ᄒᆞ고非常ᄒᆞᆫ憤慨로上下가耻辱을含忍ᄒᆞ엿도다露國의開戰은日本과如히自衛에出ᄒᆞᆷ이안이오다ㅣ맏은帝國主義로版圖擴張ᄒᆞᆯ計ᄅᆡ故로應戰ᄒᆞᆯ兵卒의熱血이少ᄒᆞ얏고戰敗ᄒᆞᆫ後에ᄂᆞᆫ曩日開戰反對者卽虛無黨及民權黨은政府攻擊의好機會를得ᄒᆞ엿다ᄒᆞ야暗殺이踵至ᄒᆞ고同盟破工이繼至ᄒᆞ야無能ᄒᆞᆫ政府가徒然히無用ᄒᆞᆫ戰爭을妄開ᄒᆞ야幾多國金을虛擲ᄒᆞ고幾多國民을犧牲에供ᄒᆞ엿다ᄒᆞ야國民大多數의反動이大振ᄒᆞᆫ지라政府ᄂᆞᆫ輿論을壓迫ᄒᆞ든前日의威權이扱如ᄒᆞ고皇室은臣民을統制ᄒᆞᆯ餘氣가無ᄒᆞ야一九〇五年十月에民權

保重의詔書를下ᄒᆞ고明年에立憲政治를頒布施行케ᄒᆞ얏시니此는「戰後民權發達의結果이로다」

(乙)清國은四千年專制國으로日淸戰爭에頑夢을始醒ᄒᆞ야內外政治의多少改革이有ᄒᆞ나終是滿政府의舊習으로民權의如何를想像치못ᄒᆞ더니日露戰爭이起ᄒᆞᆫ後日本의勝利가全然히民權發達과立憲政治의結果인줄을自覺ᄒᆞᆫ지라비로소立憲政治의實施를計圖ᄒᆞ야出洋大臣으로列國憲政을視察케ᄒᆞ며丙午에立憲預備의上諭를下ᄒᆞ야官制를改革ᄒᆞ며憲政考察大臣을派遣ᄒᆞ고又는憲政編查官을設置ᄒᆞ는同時에憲法、議院法、及選擧法을發布ᄒᆞ야國民에布告ᄒᆞ되九年以後國會開設八字의稀貴ᄒᆞᆫ千古太文字로써ᄒᆞ얏시니前途의完否는今日豫言키難ᄒᆞ나民權을無視ᄒᆞ야世紀風潮를反抗ᄒᆞᆷ이敗國原因이됨을覺醒ᄒᆞᆫ지라國民의權利를尊重ᄒᆞ는同時에軍權을擴張ᄒᆞ야外交上强硬ᄒᆞᆫ態度를取ᄒᆞ니四萬々老大民族이바야흐로文明光線을向ᄒᆞ야蒸々然日進ᄒᆞ는狀態에在ᄒᆞ니此는西太后崩去後에攝政王以下凡百有司의利國福民ᄒᆞᆯ針路를善取ᄒᆞᆫ影響이有ᄒᆞ거니와자못甲辰以後世界風潮에直接으로接觸ᄒᆞᆫ「民權의勢力이支那大陸을管轄코져ᄒᆞ는事實을表示ᄒᆞᆷ이로다」

(丙)波斯及土耳其의兩專制國은急轉直下의勢로立憲政體를實行ᄒᆞ얏는ᄃᆡ波斯는近來財政이窘艱ᄒᆞ고國步艱難ᄒᆞ더니日本의猝地成功ᄒᆞᆷ을目擊ᄒᆞ고ᄎᆞ음으로

東洋人에立憲이不適當ᄒᆞ다ᄂᆞᆫ妄想을打破ᄒᆞᆷ으로保守로生命을삼으며頑固의窟穴로指目ᄒᆞ든僧侶ᄭᆞ지라도憲政을希望ᄒᆞᆷ에至ᄒᆞ얏스나元來頑瞑ᄒᆞᆫ舊習이多ᄒᆞᆫ彼國에民權의思潮가一時에風靡ᄒᆞᆷ으로這向新舊思想의衝突을免치못ᄒᆞ야政府와人民間에搔動이隨起ᄒᆞᆫ지라데헤란府에民亂이至ᄒᆞᆷ으로國王은自由主義의領首로內閣을組織ᄒᆞ야乙巳秋에憲政을發布ᄒᆞ얏드니마ᄒᆞᆷ멧도王이即位ᄒᆞᆫ지未久에議會와政府間의軋轢이遂起ᄒᆞ거ᄂᆞᆯ政府ᄂᆞᆫ妄佞되히憲法을廢止ᄒᆞ고議院을閉鎖ᄒᆞ며反對黨의首魁數人을捕縛ᄒᆞᆷ에人心이激昂ᄒᆞ고輿論이沸騰ᄒᆞ야國王의御ᄒᆞᆫ自働車를向ᄒᆞ야爆發藥을投ᄒᆞᆫ者ㅣ有ᄒᆞᆷ에至ᄒᆞ야犯人을處刑ᄒᆞ얏더니도로혀王政反對의徒黨의게反抗ᄒᆞᆯ機會를籍與ᄒᆞᆫ지라兵器를携ᄒᆞ고데헤란에侵入ᄒᆞ니王은露國公使館에避亂ᄒᆞ엿다가不得已讓位ᄒᆞᆫ後新王이即位ᄒᆞ야ᄂᆞᆫ英露兩國의壓力이平均ᄒᆞᆫ間에苟且히半獨立의面目을維持ᄒᆞ얏시나비록偉大ᄒᆞᆫ改革으로國光을揚揮치못ᄒᆞ엿시ᄂᆞ專制를變ᄒᆞ야憲政을施ᄒᆞ고羈絆을免ᄒᆞ야獨立을維持ᄒᆞᄂᆞᆫ特占은實로戰爭以後國民々權의産物이로다

土耳其ᄂᆞᆫ本是强大ᄒᆞᆫ帝國으로上古븟허突厥의勇强ᄒᆞᆫ歷史를垂來ᄒᆞᆫ지라日露開仗時로土耳其青年黨即海外에留學ᄒᆞ야世界狀態를知ᄒᆞ고民權을主唱ᄒᆞ야帝國自立을理想ᄒᆞᄂᆞᆫ團體가有ᄒᆞ야自由、立憲을實施키爲ᄒᆞ야사로니가의不平派軍人을其黨에編入ᄒᆞ고丁未夏에政府가此軍隊를컨쓰틴친 놉 흘首府에轉營케ᄒᆞᆷ

을當ᄒᆞ야肆然히舊政打破와憲政實施의堂々ᄒᆞᆫ旗幟를標榜ᄒᆞ고次々地方軍隊에立憲主義를鼓吹ᄒᆞ드니丁未秋에켠쓰틘친오ㅣ홀에民亂이蜂起ᄒᆞ야宮廷에逼迫ᄒᆞ야立憲의實施를要求ᄒᆞᄂᆞᆫ지라土帝ᄂᆞᆫ비로셔民權勢力의猛烈홈을察知ᄒᆞ고宮門에躬臨ᄒᆞ야人民을招集ᄒᆞ고寡德失政의過를謝ᄒᆞ며憲政頒布홀意로撫ᄒᆞ야外國干涉을謀避홀計로臨時發布ᄒᆞ얏든憲政을至今에國民壓迫의動感ᄒᆞᆫ바이되야此를再次發布ᄒᆞ고同十二月에皇帝가國會에親臨ᄒᆞ야開院式을擧ᄒᆞ얏ᄂᆞᆫ뒤青年土耳其黨은統一及進步黨이라改名ᄒᆞ고頭角을晦ᄒᆞ야隱密히黨外議員을脅迫ᄒᆞ야改革主義를實行케ᄒᆞ니然中守舊派ᄂᆞᆫ回々教徒同盟黨을組織ᄒᆞ야青年土耳其黨의專横을割御코져ᄒᆞᄂᆞᆫ中皇帝ᄂᆞᆫ亦是守舊夢이未醒ᄒᆞ야每樣此黨을擁護ᄒᆞ고彼青年黨을疾視ᄒᆞᆫ結果彼此間大活劇을演出ᄒᆞ야世界耳目을驚케ᄒᆞ고舊王을逐ᄒᆞ야王弟로大統을入承케ᄒᆞ고青年黨이勝利를得ᄒᆞ야內閣을組織ᄒᆞ야內政과外交가着々이改良進步ᄒᆞᄂᆞᆫ中이니此亦青年黨의愛國熱血의所致ᄂᆞᆫ不過是民權의風潮가猛烈ᄒᆞᆫ勢로土國을襲來ᄒᆞᆫ結果라ᄒᆞ리로다

(丁)且夫希臘은專制와民權의衝突된結果가右에陳述홈보다더욱慘憺ᄒᆞ고더욱激烈ᄒᆞ얏시니試看ᄒᆞ라丁抹王의次子로希國에早入ᄒᆞ야王位에卽ᄒᆞᆫ지于今四十有六年에國政은依然히變改進步홈이無ᄒᆞ고人民은上古의雄大ᄒᆞᆫ版圖와燦備ᄒᆞᆫ文明을夢想ᄒᆞ며政爭과私利를是事ᄒᆞ고도空然히土耳其의土地를欲望ᄒᆞ야國王이

列强君主間親世ᄒᆞᆫ戚分이有ᄒᆞᆷ을籍勢ᄒᆞ고크리트島를自國領屬에編入코져ᄒᆞᄂᆞ列國은土國의强硬ᄒᆞᆫ態度에엇지ᄒᆞ지못ᄒᆞ야其宿望을未達ᄒᆞᆫ지라於是에人民의對上觀念이漸々冷淡ᄒᆞ야無用ᄒᆞᆫ贅物로王을待ᄒᆞᄂᆞᆫ中에王은政治에迂濶ᄒᆞ고御民의道를失ᄒᆞ야人望이絕無ᄒᆞ며加之以武德이淺薄ᄒᆞ야軍卒의信任이少ᄒᆞᆫ지라近年土耳其軍人이青年黨으로協同和衷擧事ᄒᆞ야如意ᄒᆞᆷ을見ᄒᆞᆫ希國人은此를模倣코져ᄒᆞ야昨臘에아데히쓰府에集合ᄒᆞ야改革案을草定ᄒᆞ고希臘兵權의不振ᄒᆞᆷ이專히國王에其責이有ᄒᆞ다ᄒᆞ야王ᄭᅴ請호ᄃᆡ皇族諸王子의掌握ᄒᆞᆫ軍隊上權柄을相當히軍畧上資格이有ᄒᆞᆫ者에讓據ᄒᆞ라ᄒᆞ며又議會에請願ᄒᆞ야陸軍擴張을實施케ᄒᆞ며若此不行ᄒᆞ면王室을退逐ᄒᆞ고議會를占領ᄒᆞ야幕府를置ᄒᆞ리라揚言示威ᄒᆞᄂᆞᆫ지라王은恐懼怵惕ᄒᆞ야所措를罔知ᄒᆞ고倉皇히各親王의軍權을解任켜ᄒᆞ야留局大臣에命ᄒᆞ야各々其人에任켜ᄒᆞ거늘將校團은軍權의實力이掌中에歸ᄒᆞᆷ을機ᄒᆞ야크리―트島의合併을種々提出ᄒᆞ며本年總選擧에크리―트로브터代議士를希臘國會에選送케ᄒᆞ얏ᄂᆞᆫᄃᆡ列强은此合併을承認치안니ᄒᆞ고現象을維持켜ᄒᆞᆷ으로王의地位ᄂᆞᆫ合併失敗로同히悲境에陷ᄒᆞᆫ바이되야內로國民及軍隊에威權을保有치못ᄒᆞ고外로列國의不平ᄒᆞᆫ感情을買ᄒᆞᆫ지라置身無地에危機漸迫ᄒᆞ야暗殺이留頭ᄒᆞᆯ가國外에逐出이될가是憂是疑ᄒᆞ니吁嗟悲夫라萬乘天子의位로一日寧靜을未得케ᄒᆞᆷ이엇지慘憺치안인가진실로戰爭以來民權의波及ᄒᆞᆫ結果로다

(戊)勃加里牙ᄂᆞᆫ土耳基의成功ᄒᆞᆷ을目擊ᄒᆞᆫ지라自國의獨立ᄒᆞᆯ機會가危殆ᄒᆞᆯ가憂慮ᄒᆞ야忽然히獨立을宣言ᄒᆞ얏고墺太利ᄂᆞᆫ土國의新政界內部組織이確立치못ᄒᆞ얏실時를乘ᄒᆞ야포쓰니아와 헬쥬귀느兩州를併合ᄒᆞ얏시니一昨年大搔動을惹起ᄒᆞ야世界를驚動케ᄒᆞᆫ발강半島問題가是라莫非戰爭의間接結果로民權發達의影響을被ᄒᆞᆷ이안인가

(己)外交上 變動된事實을此에暫論ᄒᆞ건ᄃᆡ開戰當時부터英佛을親和케ᄒᆞ엿고其後에英露를和親케ᄒᆞ야今日三國協商을成立케ᄒᆞ엿도다日露戰爭이起ᄒᆞᆷ에英國은日本의同盟國이오法國은露國의同盟國인故로各其同盟國을援助ᄒᆞᆯ義로日露가極東에서開戰ᄒᆞᄂᆞᆫ結果英佛은歐洲에서開戰될危機가一髮에間ᄒᆞ야兩國經濟上에多大ᄒᆞᆫ恐慌을起ᄒᆞᆫ지라於是에英佛當局者ᄂᆞᆫ衝突될危機를和協키爲ᄒᆞ야從來兩國間關係된一切問題를妥協和衷ᄒᆞᆯᄉᆡ甲辰四月에英佛協商을調印ᄒᆞ엿ᄂᆞᆫᄃᆡ其內容인즉佛國은英國의埃及占領을永久承認ᄒᆞᆫ代에英國은佛國의摩洛哥保護權을承認ᄒᆞ며佛國은摩國海岸에砲臺를設置ᄒᆞ야對岸에在ᄒᆞᆫ지부랄다國을害치안일것을誓約ᄒᆞ고暹邏에서佛國管下에屬ᄒᆞᆫ印度支那와英領印度間領有權의爭占을便宜上으로臨時分割ᄒᆞᆯ原則을定ᄒᆞ야甚至뉴파운린드의漁業權ᄭᆞ지兩國이相當히分占ᄒᆞ기로協定되니라

日露戰爭이告終ᄒᆞᆷ에獨逸은露國의海陸幷敗ᄒᆞᆫ事實을見ᄒᆞ고露佛同盟의不足ᄒᆞᆷ

可畏ᄒᆞᆷ을看破ᄒᆞᆫ지라佛國의得ᄒᆞᆫ地位에口實을藉出ᄒᆞ야乙巳卽露軍이奉天에大敗ᄒᆞᆫ後三週間에獨國維廉二世即今現皇帝가摩國에躬臨ᄒᆞ야該國人民及官吏를誘ᄒᆞ되佛國干涉을却斥ᄒᆞ고摩國問題를國際會議에提出ᄒᆞ라ᄒᆞ엿더니佛國은兵力을借ᄒᆞ야旣得權을保護코저ᄒᆞᄂᆞᆫ同盟國의軍勢를借키前에ᄂᆞᆫ單獨開戰ᄒᆞᆯ實力이無ᄒᆞ고露國은敗軍餘卒에借兵ᄒᆞᆯ餘地가無ᄒᆞᆫ지라佛國은不得已含憤忍辱ᄒᆞ고國際會議에提出ᄒᆞ기를同意ᄒᆞ고丙午一月부터西班牙알센시라스에會議를開ᄒᆞ니此會議ᄂᆞᆫ英國全權委員과露國全權委員이佛國全權委員에不知케ᄒᆞ고互相密議ᄒᆞ야曰從來와如히英露兩國이按釰相對의態를守ᄒᆞ면獨國은乘機弄間ᄒᆞᆯ지니此ᄂᆞᆫ兩國의不利益이莫甚ᄒᆞᆷ이라從玆以往으로英佛間一切關係를和解協商ᄒᆞᆷ과如히英露도同一ᄒᆞᆫ手段으로協商을妥約ᄒᆞᆷ이上策이라ᄒᆞ야此議를定立ᄒᆞ엿더니當國日本은露國으로더브러漁業問題의紛爭으로疑雲이未霽ᄒᆞ고且日露戰爭中佛國은波羅的艦隊에對ᄒᆞ야援助ᄒᆞᆫ關係로日佛兩國이互相反目中에在ᄒᆞᆫ지라日本問題로由ᄒᆞ야英助日佛助露의同盟的義務가有ᄒᆞᆫ結果英露間平和를失ᄒᆞᆯ가是患ᄒᆞ야英露和協의前提로爲先日本으로ᄒᆞ야곰露佛과和解케ᄒᆞᆯ策을定ᄒᆞ야日露兩國이佛國市場에셔公債를募集ᄒᆞᆯ必要가有ᄒᆞᆫ時를間ᄒᆞ야丙午에日佛協商과日露協商을調印케ᄒᆞ나於是에兩國이協商에調印ᄒᆞ야波斯아후가니쓰란西藏等問題를一時解決ᄒᆞ엿도다然則露佛은元是同盟關係어니와英國이佛露兩國

으로더부러協商을定케홈은戰爭의間接結果로今日三國協商을締定케홈이로다日本의七年間政治上地位와外交上影響됨을此에贅說홀必要가無홈으로玆에略ᄒᆞ고後日의機會를待ᄒᆞ노라

嗚呼라戰爭의偉大ᄒᆞᆫ結果ᄂᆞᆫ竟히露淸日波斯土耳其等諸國에波及ᄒᆞ야小國이强國이되고屬國이獨立이되고專制가立憲이되고衰亡國이新進國이되얏도다這間無形ᄒᆞᆫ精神的變動卽民權의思潮가東西諸國으로縱橫來往ᄒᆞ야或帝王을退ᄒᆞ고或憲政을建立ᄒᆞ엿시니엇지구偉大치안인가自古로戰爭은文明의母라ᄒᆞᄂᆞᆫ格言이有ᄒᆞ거니와甲辰年은實로某々國에對ᄒᆞ야歷史上新紀元을開ᄒᆞ얏도다그러ᄂᆞ同胞諸公은試思ᄒᆞ라「日露戰爭이三韓古國에及ᄒᆞᆫ바影響은果然何如ᄒᆞᆫ가포ㅣ쓰마쓰條文은神聖ᄒᆞᆫ國由來國權을消滅ᄒᆞ고二千萬生民의權利를剷去치안이ᄒᆞ엿ᄂᆞᆫ가」砲風이纔息ᄒᆞ고彈雨가方止에光明ᄒᆞᆫ瑞彩ᄂᆞᆫ蕞爾島國을向ᄒᆞ엿고慘陰ᄒᆞᆫ氛祲은半島江山에彌滿ᄒᆞ야第一日에外交가去ᄒᆞ고第二日軍權이去ᄒᆞ고第三日에法權이去ᄒᆞ야七忠怨魂은北岳寒月이相吊ᄒᆞ고五〇망양은南山魔窟에潛伏ᄒᆞ야今日을馴致ᄒᆞ얏ᄂᆞ니此ᄂᆞᆫ世界列强이戰爭의好結果를得收홈에反ᄒᆞ야「慘憺酷烈ᄒᆞᆫ惡結果를我韓이獨擔홈이로다」

그러ᄂᆞ物質的國家ᄂᆞᆫ吾人의望홀바이안이오「精神的國家」가오직我韓의希望ᄒᆞᄂᆞᆫ바이라已去ᄒᆞᆫ物質은今日에還收키無路ᄒᆞ나尙存ᄒᆞᆫ精神은將來에活路가自在

호니此를銘心圖得호야他日活動홀機會를待홀지어다我韓今日의慘毒酷烈호禍害와壓迫中에沉淪호者ㅣ誰가悲憤慷慨호愛國性과激切熱烈호敵愾心이無호리오마는「一日이라도落望치말고나아갈지어다一月이라도失心치말고나아갈지어다」日露戰爭以後韓國은政治上의耻辱을受호엿시나「思想界에對호야는特殊호好影響을被호엿시니一曰國民의自覺卽敎育의進步오二曰人權回復의風潮卽宗敎의波及이오三曰青年學生의愛國誠이向學誠으로幷行호는傾向이오四曰留學生의增加ㅣ是라」此四大新傾向은實로七年間猛烈호風潮에自覺自醒호야自進自立코자호는國民聲의第一期니他日韓民理想的活動에應홀武器가안인가同胞諸公이여부즈러니武器를準備홀지어다皇天이爾에機會를賦與호시느니쉬이지말고努力홀지어다武器를準備호者는機會가來홀것이어니와武器를準備치안인國民에는賦與호신機會를削奪호시리니武器를準備호는日이卽韓帝國의機會를得호는日이라부지럽시彼의强大홈을畏홀것이안이오患홀것이안이오七年間又는十數年來의失敗호帝國狀況에對호야膺을撫호야慟哭치말고모름직이準備홀지어다韓國々民의理想的活動에不可缺홀物質的武器와精神的武器를間斷읍시奮勵호야準備홀지어니이곳機會를造홈이로다

今日我韓靑年과情育

李寶鏡

智育、德育、体育三者ᄂᆞᆫ教育의主眼이라此三者가具히發達ᄒᆞ면教育의理想을達ᄒᆞ리라ᄒᆞᆷ은今日我韓教育家의共通ᄒᆞᆫ思想일ᄲᅮᆫ아니라世界教育家의共通ᄒᆞᆫ思想이라然而我韓教育家諸氏에其尤甚ᄒᆞᆷ을見ᄒᆞ깃도다

大抵植物에肥料를施ᄒᆞᆷ은楊柳를松柏으로變케ᄒᆞ며蘆荻을竹篠로變케ᄒᆞ고져ᄒᆞᆷ은안이오ᄯᅩ비록變케ᄒᆞ고져ᄒᆞᆫ들엇지得ᄒᆞ리오肥料를施ᄒᆞᆷ은楊柳로ᄒᆞ야곰其質을完全히發育케ᄒᆞ기爲ᄒᆞᆷ이며蘆荻으로ᄒᆞ여곰充分히其質을發育케ᄒᆞ기爲ᄒᆞᆷ이라故로楊柳에ᄂᆞᆫ楊柳의質에適合ᄒᆞᆫ肥料를施ᄒᆞ며蘆荻에ᄂᆞᆫ蘆荻에適合ᄒᆞᆫ肥料를施ᄒᆞ여야비로소其効를得ᄒᆞᆯ지니楊柳에米飯을施ᄒᆞ며蘆荻에肉汁을灌ᄒᆞᆫ들何等効用이有ᄒᆞ리요教育도此와異ᄒᆞᆷ이無ᄒᆞ나人으로ᄒᆞ여곰神이되게ᄒᆞᆷ은안이오可及的完全ᄒᆞᆫ人이되게ᄒᆞᆷ이며動物性의人으로ᄒᆞ여곰植物性의人이되게ᄒᆞᆷ은안이오其動物性의理性을十分發揮케ᄒᆞᆷ이나故로人의性質을詳考ᄒᆞ며能力을審査ᄒᆞ야其性質과能力에適合ᄒᆞᆫ者를選擇ᄒᆞ야ᄡᅥ教育의標準을立ᄒᆞ며教育의材料를삼지안니치못ᄒᆞᆯ지라西哲이有言ᄒᆞ되人의理想은其性質에符合ᄒᆞ며其能力에適當ᄒᆞᆫ者ㅣ라ᄒᆞ니라斯言이여! 狗子를아모리教育ᄒᆞᆫ달엇지文字를書ᄒᆞ며木片을아모리鍛錬ᄒᆞᆫ들엇지金石을斷ᄒᆞᆯ가狗子ᄂᆞᆫ文字를書ᄒᆞᆯ性質이無ᄒᆞ며木片은金石을

斷홀性質이無혼지라是故로吾人의性質에不合ᄒ고能力에不適혼者를敎育코져ᄒ면空然히時日과勞力만費홀而已오決코効果를收키不能홀뿐아니라도로혀吾人의本性을傷ᄒ며吾人의能力을損홀지니라

人은智識을是好ᄒ며健康을是好ᄒ며道德을是好ᄒᄂ니好홈은樂홈만갓지못혼지라智識에其是홈을知홀뿐이오能히滿足ᄒ며悅樂치못ᄒ고健康에其必要홈을知홀뿐이오能히滿足ᄒ며悅樂치못ᄒ고道德에其合홈을知홀뿐이오能히滿足ᄒ고悅樂치못홈으로於是乎知而不行이란句語가吾人平凡者流의言行을表示ᄒᄂ니試思ᄒ라父母에孝ᄒ며君國에忠홈이可혼것은匹夫匹婦의良智良能으로足히判斷홀지로되忠孝를實現혼者ㅣ古今에其人이稀貴ᄒ며夙興夜寐로體力을攝養ᄒ고慈悲一念으로愛人如己홈이可혼것은樵童牧叟도其智有餘ᄒ되慈悲와衛生을兼備ᄒ야心廣體胖혼者ㅣ東西에幾人이有혼가且夫窮村僻巷에生於長於ᄒ야文字의知識과道德의涵養이蔑如혼者라도能히眞正혼孝心으로父母를事ᄒ며熱烈혼同情으로鄰里를待ᄒᄂ니鄰里에同情을表ᄒ는心法은擴而充之ᄒ면社會를愛홀것이오國家를愛할것이오又는世界人類를다ㅣ愛護ᄒ리니此는余의妄言이안이어니와又는此에反ᄒ야聖經賢傳에其頭가長大혼者도不孝薄德의行이比々有之ᄒ니何로以홈인고卽是情的觀念의深淺厚薄如何에在홈이로다前者는自然히發達ᄒ야深切혼情이有홈이오後者는敎育을受ᄒ야智識이有ᄒ것마는情的發達

이比較的靡少홈이라吁라烈女孝婦가辛酸慘毒혼苦楚를冒ᄒᆞ고貞勤을不變홈과忠臣烈士가死生을意에介치안니코立節死義로泰然自若홈이다ㅣ何로由홈인가智力의所然인가健强의所致인가道德의所然인가曰母論道德과智慧와健强이有ᄒᆞ려니와此이原動力이안이며但情의力이로다可히畏홉다情이여情의勢力은金石을可히鎔ᄒᆞ며釼戟을可히凌ᄒᆞᄂᆞ니精神的方面에對ᄒᆞ야情이오직其發動機의樞要가되리로다

人은實로情的動物이라情이發혼곳에ᄂᆞᆫ權威가無ᄒᆞ고義理가無ᄒᆞ고智識이無ᄒᆞ고道德健康名譽羞耻死生이無ᄒᆞᄂᆞ니嗚呼라情의威여情의力이여人類의最上權力을握ᄒᆞ얏도다

現時吾人狀態를觀察ᄒᆞ건ᄃᆡ上下貴賤을勿論ᄒᆞ고所謂義務라道德이라ᄒᆞ야一時社會의制裁와公衆面目에左右혼바이되야거의塞責的又ᄂᆞᆫ表面的으로苟且히行動홀ᄲᅮᆫ이오能히自動自進으로自由自在ᄒᆞ야自己心理를不欺ᄒᆞ고道德範圍內에活動ᄒᆞᄂᆞᆫ者이無ᄒᆞ고社會制裁의奴隸가되야神聖혼獨立的道德으로行動을自律치못ᄒᆞᄂᆞ니그ㅣ煩悶ᄒᆞ고苦痛홈이如何홀가萬一如此혼狀態로一向繼續ᄒᆞ면必竟心神이疲憊ᄒᆞ고顔色이蒼白ᄒᆞ야更起홀餘力이無ᄒᆞ리로다오히려社會와先輩ᄂᆞᆫ暫時間斷이無ᄒᆞ고秋毫의假借이無ᄒᆞ니怨聲이自發ᄒᆞ고怒氣가自騰ᄒᆞᄂᆞᆫ도다嗚呼라人類를爲ᄒᆞ야組織혼社會國家가도로혀人의게苦痛을與ᄒᆞᄂᆞᆫ機械를作ᄒᆞ

며人를爲ᄒᆞ야成立ᄒᆞᆫ法律道德이도로혀人을誤ᄒᆞᄂᆞᆫ網과穽을作ᄒᆞ엿ᄂᆞ니如斯코엇지社會國家가安保ᄒᆞᆷ을得ᄒᆞ며法律道德이彰然ᄒᆞᆷ을期ᄒᆞ리요猶尙社會國家ᄂᆞᆫ此를察치못ᄒᆞ고다못人의게義務의念만灌注키를是務ᄒᆞ며法律道德에만服從키를是求ᄒᆞ니俗談에壁을門이라고開ᄒᆞ랴ᄂᆞᆫ類며腹瘡背藥의愚를學ᄒᆞᆷ이로다

情育을其勉ᄒᆞ라情育을其勉ᄒᆞ라情은諸義務의原動力이며各活動의根據地니라人으로ᄒᆞ여곰自動的으로孝ᄒᆞ며悌ᄒᆞ며忠ᄒᆞ며信ᄒᆞ며愛케ᄒᆞᆯ디여다盲理性의統御指導無코ᄂᆞᆫ君子되디못ᄒᆞᆫ다ᄒᆞ니其或然ᄒᆞᆯ디나眞正ᄒᆞ고深刻ᄒᆞᆫ事業을情에셔湧할者ㅣᆯ던뎌

이제二人이有ᄒᆞ니一人이曰「我ᄂᆞᆫ韓土에生ᄒᆞ며韓土에長ᄒᆞ며韓土에死ᄒᆞ리니我ᄂᆞᆫ韓土를愛ᄒᆞᆯ義務가有ᄒᆞ다」ᄒᆞ며他一人은曰「韓土韓土여爾果其何완ᄃᆡ憶爾懷爾에思慕戀々ᄒᆞ며傷爾哀爾에熱淚滂沱오」ᄒᆞ니此二者中뉘能히韓山을爲ᄒᆞ야血을灑ᄒᆞᆯᄭᅩ情育을其勉ᄒᆞᆯ디여다新韓靑年은高雅深厚ᄒᆞᆫ情을有ᄒᆞᆫ者ㅣᆯ던뎌

余의如斯히論來ᄒᆞᆷ은다못情만育ᄒᆞ라함이안이라다못本에反ᄒᆞ야情育을勉勵ᄒᆞ라함이라今日教育制度를看ᄒᆞ라情의發育에資ᄒᆞᄂᆞᆫ課目이有ᄒᆞᆫ가無ᄒᆞᆫ가如此ᄒᆞ고完全ᄒᆞᆫ効果를收ᄒᆞ려ᄒᆞᆷ은眞實노緣木求魚의類라玆에愚見을敢陳ᄒᆞ야今日我韓教育家의一顧를願ᄒᆞ노니空然히外國事物에만沈醉치말고再三熟考ᄒᆞᆯ디여다

理想的人格

崔浩善

吾人의今日時代는卽準備時代요修養時代라相當한準備와充分ᄒᆞᆫ修養이無ᄒᆞ면
他日競爭舞臺에立ᄒᆞ야到底히完全ᄒᆞᆫ優勝을占ᄒᆞ고偉大ᄒᆞᆫ功績을顯ᄒᆞ기不能할
뿐不啻라畢竟劣者와敗者의列에編入ᄒᆞᆯ가竊懼ᄒᆞ노라然則所謂修養과準備란것
은何를謂ᄒᆞᆷ인고鐵艦巨砲를製造ᄒᆞ고駿馬健卒를招集ᄒᆞ야硝烟彈雨轟烈ᄒᆞᆫ戰塲
에雄飛ᄒᆞᆯ軍力을準備ᄒᆞᆷ을謂ᄒᆞᆷ인가抑或天然을利用ᄒᆞ고人工을發展ᄒᆞ며交通을
便利케ᄒᆞ고貿易을興旺케ᄒᆞ야黃金世界에覇權을掌握ᄒᆞᆯ富力을準備ᄒᆞᆷ을謂ᄒᆞᆷ인
가曰否々라此所謂準備와修養은卽他日國家에建設的人物이되고將來舞臺에模
範的事業을做ᄒᆞᆯ吾儕青年에完全ᄒᆞᆫ人格을準備ᄒᆞ고健全ᄒᆞᆫ精神을修養ᄒᆞᆷ을謂ᄒᆞᆷ
이라古語에云ᄒᆞ되有人此有土有土此有財此有用이라ᄒᆞ고楚書에曰有一箇臣斷
々兮無他心可以保我子孫黎民이라ᄒᆞ니故로國家의盛衰興亡은人才의有無如何
에在ᄒᆞᆫ지라江湖諸君子여外圍에勢力을畏怯지말고虛無ᄒᆞᆫ運命을迷信치말고但
히完全ᄒᆞᆫ人格이無ᄒᆞᆷ을憂ᄒᆞ라然則此所謂完全ᄒᆞᆫ人格이란者는圓滿無缺ᄒᆞ야可
히國家의大事를毗托ᄒᆞᆯ人格이니卽智識과勇膽이兼備ᄒᆞᆫ者를謂ᄒᆞᆷ이라歐洲의近
古을細顧ᄒᆞ니墨佛壓制에四分五裂되엿든伊太利半島가今日列强間에旗幟를高
張ᄒᆞᆷ은三豪傑에深遠ᄒᆞᆫ知識으로産出ᄒᆞᆫ바요三度革命에國力이彈竭ᄒᆞ엿든佛蘭

西帝國이當時歐洲內에牛耳을獨秉홈은拿巴倫雄大혼勇胆의餘光이라知識과勇胆으로勢力을産出ᄒᆞ고勢力으로運命을支配ᄒᆞᄂᆞ니何를懼ᄒᆞ며何를憂ᄒᆞ리요雖然이나余ᄂᆞᆫ謂ᄒᆞ되單純혼知識과粗率혼勇胆은理想的人格에要素가되기不得ᄒᆞ고活用進取에適當혼知識과公義正道에根本혼勇胆이라야能히理想的人格을組成혼다ᄒᆞ노니試觀ᄒᆞ라昔日林下의讀書之士가詞章之學과訓詁之末에埋頭沒身ᄒᆞ야筆下에ᄂᆞᆫ萬言을能記ᄒᆞ나胸中에ᄂᆞᆫ一策이實無ᄒᆞ야舊習을固守ᄒᆞ고大勢에全昧ᄒᆞ야國家에運命을索隱行怪와淸議空談中에斷送ᄒᆞ엿스니此ᄂᆞᆫ無他라偏見을株守ᄒᆞ고活用에疎忽ᄒᆞ야神聖혼腦髓를活字引과藏書篋에不過케홈이라過去時代ᄂᆞᆫ姑捨勿論ᄒᆞ고現世紀科學黃金時代을當ᄒᆞ야도오히려趣味生活이니個人主義이니ᄒᆞᄂᆞᆫ許多혼名目을無端히做出ᄒᆞ야靑年의腦髓를漸々腐敗혼坑塹에陷入케ᄒᆞᄂᆞᆫ故로近來文明諸國敎育界에此弊가萠動홈을覺悟ᄒᆞ고靑年氣象이委靡不振ᄒᆞ야活働力이缺乏홈을憂嘆ᄒᆞ엿스니思潮의波及은形影보담急速ᄒᆞ야此弊가읏지他國에만止ᄒᆞ고我韓靑年腦髓에無ᄒᆞ다謂ᄒᆞ리요만일此思潮가汎濫橫溢ᄒᆞ야吾儕靑年에新鮮혼腦髓에沁入ᄒᆞ면國家에興復은從此로無望이로다雖然이나躁進妄動은決코君子에不取ᄒᆞᄂᆞᆫ바라正義公道光明혼主義下에도其行動이粗率ᄒᆞ면분事誤國을不免ᄒᆞ거든況狡猾혼野心을抱藏ᄒᆞ고有志와愛國이란名目下에虛譽를釣取ᄒᆞ야權勢邊謀利塲에營々逐々ᄒᆞᄂᆞᆫ魑魅魍魎이야비록賁育之勇과

303

相如之膽이有ᄒᆞᆫ들實로國家의蠹賊이요人類의妖孽이라웃지一日이나社會上에共棲ᄒᆞᆷ을許ᄒᆞ리요大抵國家의盛衰ᄂᆞᆫ國民의思潮如何ᄒᆞᆷ에在ᄒᆞ고國民思潮의正邪ᄂᆞᆫ青年時代修養如何ᄒᆞᆷ에專在ᄒᆞ니心本無跡ᄒᆞ야毫釐의差가千里의謬라堯舜盜跖도方寸間에서權輿ᄒᆞᄂᆞ니修養과準備時代의在ᄒᆞᆫ吾儕青年은活用進取ᄒᆞᆯ贍富ᄒᆞᆫ智識을輸入ᄒᆞ고公義正道로活潑ᄒᆞᆫ勇膽을鍊磨ᄒᆞ야完全無缺ᄒᆞᆫ理想的人格을修養ᄒᆞᆷ이今日最急先務라고思ᄒᆞ노라

時勢와韓國

郭漢倬

現今世界의進運은時々刻々을爭而競之ᄒᆞ야最急ᄒᆞᆫ速度로晝夜를不舍而進興ᄒᆞ며文明의風潮ᄂᆞᆫ急箭과如히流而不止ᄒᆞ야其勢也ㅣ旋乾回坤에變幻無雙ᄒᆞ고耀前輝後에人目을眩惑케ᄒᆞᄂᆞᆫ一大變局을作成ᄒᆞ야東西가相望에風雲을捲起ᄒᆞ야列國의競爭은日以不同ᄒᆞ고月以不同ᄒᆞ야其激烈ᄒᆞᆫ程度를加之增之ᄒᆞ야愛國的殉國的獻身的으로盡忠奉國ᄒᆞᄂᆞᆫ國、國民의心臟과및熱血은其國家大事에鼓吹ᄒᆞ고其國家鴻業에感興ᄒᆞ야毅英ᄒᆞᆫ大節과凜乎ᄒᆞᆫ意氣와決然ᄒᆞᆫ至誠으로國家萬年의計策을經之營之ᄒᆞ야國利民福을伸張發展ᄒᆞᄂᆞᆫ事에對ᄒᆞ야ᄂᆞᆫ、비록白刃을踏ᄒᆞ고水火에投身ᄒᆞᆯ지라도先動己而後動他로全國을延動ᄒᆞ야其大ᄒᆞᆫ精神과其大ᄒᆞᆫ志望과其大ᄒᆞᆫ目的을不期而一致合應ᄒᆞ야邁往勇進에東奔西走ᄒᆞ야弱者를

先呑코자ᄒᆞ며小者를先占코자ᄒᆞ야强者大者가爭先一步에天下大局이如此ᄒᆞᆫ動機에幷立ᄒᆞᆫ지年而久矣어ᄂᆞᆯ痛我 韓半島帝國國民은朝野를勿論ᄒᆞ고如斯ᄒᆞᆫ大勢의進興과風潮의流行을不察不覺ᄒᆞ고다만愚痴ᄒᆞᆫ妄想을惹起ᄒᆞ야以國으론他에依賴ᄒᆞ고以身으론姑息에安逸ᄒᆞ야國與身의興亡盛衰를頓然不顧ᄒᆞ고懈惰ᄒᆞᆫ風習과卑陋ᄒᆞᆫ野心으로氷々看過者ㅣ十有年所라自然의法則과人類의秩序ᄂᆞᆫ不然ᄒᆞ야不知中에國民의良風美俗과質實剛健ᄒᆞᆫ氣風과社會의風紀ᄂᆞᆫ逐日頹廢ᄒᆞ고奢侈遊蕩淫靡의惡風이日甚ᄒᆞ야人心이惟危ᄒᆞ고道心이惟微ᄒᆞ야國家ᄂᆞᆫ岌업之秋를當ᄒᆞ고人民은塗炭之中에陷ᄒᆞ야國家의安危ᄂᆞᆫ姑舍ᄒᆞ고人民의存亡을未辨일식如水就下ᄒᆞᄂᆞᆫ宇內大勢ᄂᆞᆫ此機를乘ᄒᆞ야我國에來迫ᄒᆞ니忽然間에我國은時局에落伍者가될뿐不啻라四千餘年祖國과三千里疆土와二千萬生靈을一朝一夕에茫然自失ᄒᆞ얏스니不知호라如此大疾을救濟ᄒᆞᆯ醫策은何也오即我韓國民된者ᄂᆞᆫ前轍을戒之責之ᄒᆞ야惡風頹俗과野心妄想을一切蕩擲ᄒᆞ야君國의事業에對ᄒᆞ얀以死로爲命ᄒᆞ야一身을國家祭壇에獻ᄒᆞ며生命을犧牲에供ᄒᆞ야雖寤寐之間이라도國民的精神을忘却치勿ᄒᆞ야一點의虛飾과寸毫의衒氣가無히健實堅强ᄒᆞᆫ態度로所思則言之ᄒᆞ고所言則行之ᄒᆞ고所信則貫之ᄒᆞ야內로ᄂᆞᆫ我國의惡風頹習을排之斥之ᄒᆞ며外로ᄂᆞᆫ宇內의好風美潮를奉之迎之ᄒᆞ야社會에對ᄒᆞ얀社會的敎育을施導ᄒᆞ고青年에對ᄒᆞ얀精神的敎育을實施ᄒᆞ야全國人民으로ᄒᆞ야곰報國

的精神과獻身的精神을鼓吹케ᄒᆞ야二十世紀의新事物과新情態를模倣應用에舉國一致ᄒᆞ야與彼로爭先急進이면我國國勢의恢復은姑舍ᄒᆞ고宇內大勢가皆合而從我ᄒᆞ리니然則此計豈不良哉며豈不妙哉아

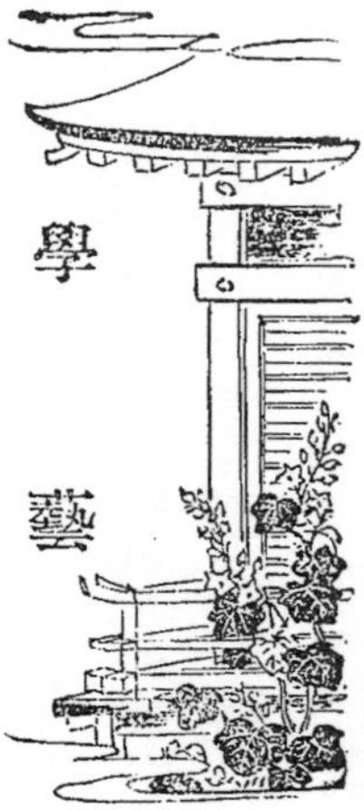

胃攝生의大要

姜元永

胃의攝生을說明홈에就ᄒᆞ야는、其順序를從ᄒᆞ야、胃生理의概要를預先略陳ᄒᆞ노라。

元來吾人々生의胃에는、二種의主要ᄒᆞᆫ官能이有ᄒᆞ니、其一은分泌의官能이오、其二는運動의官能이라、其他胃에는、知覺官能及吸收官能等이、有ᄒᆞ나、此는前者二種의官能에、比ᄒᆞ면極히重要치못ᄒᆞᆫ者ㅣ라。

(一)分泌官能　此分泌官能은、醱酵素及鹽酸을、營爲ᄒᆞ는化學的作用이니、胃壁에粘膜中의含有ᄒᆞᆫ多數ᄒᆞᆫ腺으로붓터、一種의液即所謂胃液分泌作用을營爲ᄒᆞ는者ㅣ라。

(A)胃液은即胃腺의分泌物이니、透明水樣無色或微黃色의液이라。 酸性의反應을徵ᄒᆞ고、一、〇〇三乃至一、〇〇六의比重을有ᄒᆞ며、九十九、四乃至九十九、七%의水와〇、二九乃至〇、六〇% 乾燥物貢(其中에〇、一乃至〇、一七%의灰分)을含有ᄒᆞ니라。

胃液에ᄂᆞᆫ、塩酸과펩푸신凝固醱酵素等이、含有ᄒᆞ야、此의作用을因ᄒᆞ야、吾人의嚥下ᄒᆞᄂᆞᆫ食物이、消化홈을得ᄒᆞᄂᆞ니。 其狀態ᄂᆞᆫ水中에投入ᄒᆞᆫ氷片이、漸々溶解홈을得홈과、恰似ᄒᆞᆫ理由라。 故로此塩酸과「펩푸신」의胃液中에含有ᄒᆞᆫ量은、一定ᄒᆞᆫ度가有ᄒᆞ니、其量이、適當히含有ᄒᆞᆫ즉胃ᄂᆞᆫ健康을保支ᄒᆞ야、其消化力이、强壯홈을得ᄒᆞ나、萬若其量이、過不及에至할時即生理的의平均을失할時ᄂᆞᆫ、食物을消化ᄒᆞᄂᆞᆫ作用이、微弱ᄒᆞ야、所謂消化不良에陷ᄒᆞᄂᆞ니라。 故로胃液中에含有ᄒᆞᆫ塩酸의量은、動物에種類를從ᄒᆞ야、各々相異ᄒᆞ니、肉食動物은肉種뿐아니라、骨ᄭᆞ지消化ᄒᆞᄂᆞᆫ作用이有ᄒᆞᆫ故로其胃液中에大量의塩酸을含有ᄒᆞᆫ者ㅣ니。 此를檢定ᄒᆞᆫ진ᄃᆡ凡〇、三乃至〇、四%을含有ᄒᆞ며、菜食動物은其食物의關係上塩酸의必要가、少ᄒᆞᆫ故로塩酸의含量은僅히〇、一乃至〇、一五%不過ᄒᆞ며。 吾人々類ᄂᆞᆫ肉食도ᄒᆞ며菜食도ᄒᆞᄂᆞᆫ故로胃液中에塩酸의量도、亦是肉食動物及菜食動物의中間에處ᄒᆞᄂᆞᆫ者ㅣ니。 東西洋人種의胃液中塩酸을檢定ᄒᆞᆫ報告를據ᄒᆞᆫ즉東洋人種은、塩酸의量이、〇、一二乃至〇、一六%을含有ᄒᆞ고。 西洋人種의塩酸

의量은○、一乃至○、二%을含有ᄒᆞᆫ다云ᄒᆞ니라。

(B)胃液分泌上에、神經系統의影響은胃液의分泌은食物의一片을嚥下ᄒᆞᆯ際에、已爲開始ᄒᆞᄂᆞᆫ者ㅣ니。食道瘻管을設ᄒᆞᆫ動物의嚥下ᄒᆞᄂᆞᆫ食片이該瘻管으로붓터脫出ᄒᆞ야、胃中에達치못ᄒᆞᆯ時라도、亦是分泌作用을見ᄒᆞᄂᆞᆫ者ㅣ니。此ᄂᆞᆫ無他라、胃에分佈ᄒᆞᆫ迷走神經의作用을因ᄒᆞᆷ이니。此神經을絕斷ᄒᆞᆯ時ᄂᆞᆫ如此ᄒᆞᆫ分泌作用이、無ᄒᆞ니라。故로胃液分泌은、精神感應에도、關係가有ᄒᆞ니、即動物의目前에美味食物의壹片을擧示만ᄒᆞ야도、其分泌作用을始ᄒᆞᄂᆞ니라。

(二)運動官能　此運動官能이라云ᄒᆞᆷ은、其名稱과如히、胃의運動을因ᄒᆞ야、其內容을一定ᄒᆞᆫ時間內에、腸管으로輸送ᄒᆞᄂᆞᆫ作用을云ᄒᆞᄂᆞᆫ者ㅣ라。胃의運動은위의兩口即賁門及幽門은通常强直的으로興奮ᄒᆞᄂᆞᆫ輪狀筋을由ᄒᆞ야、閉鎖ᄒᆞᆷ을得ᄒᆞᄂᆞᆫ者ㅣ니。　賁門은嚥下ᄒᆞᆯ際에食道輪狀收縮이、漸次其下端에達ᄒᆞᆯ時마다其筋의强實性을緩縱ᄒᆞᆷ을因ᄒᆞ야、開口ᄒᆞ고幽門은、胃의內容物을十二指腸中에移行ᄒᆞ기爲ᄒᆞ야、時々開口ᄒᆞᄂᆞ니라。　위壁은左의二部分으로붓터成ᄒᆞᆫ者ㅣ니。

(一)微弱ᄒᆞᆫ筋層을具有ᄒᆞᆫ위底部

(二)發育이强壯ᄒᆞᆫ筋層을具有ᄒᆞᆫ幽門部

胃底部의運動은、胃中에達ᄒᆞᄂᆞᆫ食物을能히胃液과混和ᄒᆞᄂᆞᆫ責任이有ᄒᆞ며、幽門의運動胃은內容物을十二指中에排瀉ᄒᆞᄂᆞᆫ作用이有ᄒᆞ니라。

食管及胃之圖

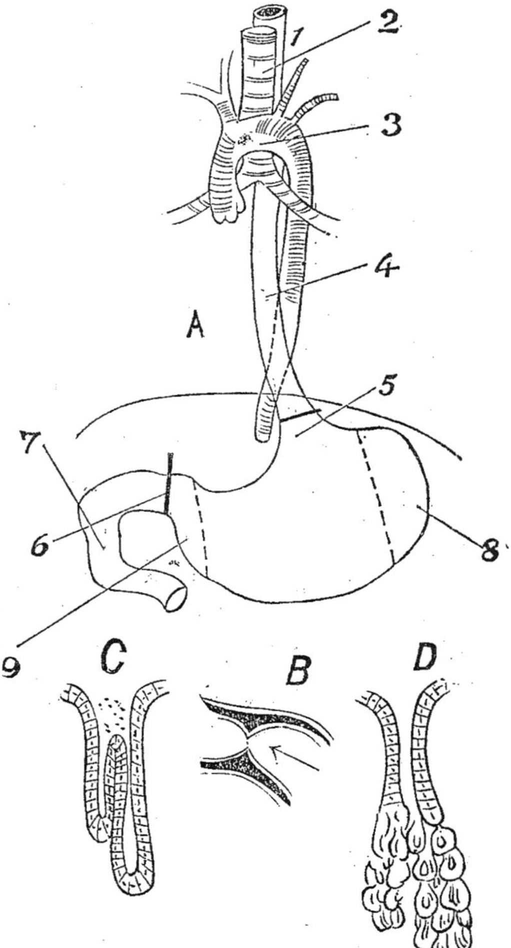

1 食管
2 氣管及氣管枝
3 大動脈弓及胸部大動脈幹
4 食管
5 賁門
6 幽門
7 十二指腹
8 胃底部
9 幽門部

B 辨膜을有ᄒᆞᆫ幽門部斷面의一部

C 管狀粘液腺即幽門腺

D 胃腋腺

胃中에食物滯留의時間은、極히不同ᄒᆞ니、液狀及柔軟의食物은、攝取後迅速히腸管으로排出ᄒᆞᄂᆞ然이나、固形食物은、長時間을胃中에滯留ᄒᆞᄂᆞ니。食事後七時乃至八時間을經過ᄒᆞᆫ後에食物이、完全히胃中을謝出ᄒᆞ나然이나、最近東洋人種의就ᄒᆞ야、試驗ᄒᆞᆫ結果를據ᄒᆞᆫ즉食物이胃로붓터完全히、腸管으로輸送ᄒᆞ기ᄂᆞᆫ、正五時間을要한다云ᄒᆞ니라。

(未完)

地理와人文의關係

岳裔

古人이云離人無事ᄒᆞ고離地無人이라ᄒᆞ니世間에土地와人生의關係와갓치且重且大한者更無ᄒᆞᆫ지라試觀上下數千古에人類의興亡盛衰와文物의變遷移動이다人類로ᄒᆞ여곰地上에立ᄒᆞ야活動케한歷史가아니리오彼리히텔이云ᄒᆞᄃᆡ吾人은人과地와不可離ᄒᆞᆯ지오國家ᄂᆞᆫ地와人이互相活動한結果로組成한一機關이라故로먼저土地와人의關係를詳知한然後에國家事를可히硏究ᄒᆞ리라ᄒᆞ엿스니苟或政治에有意ᄒᆞᄂᆞᆫ者國家에有志ᄒᆞᄂᆞᆫ者ᄂᆞᆫ不可不土地와人文의干係를깁히硏究치아니치못ᄒᆞᆯ진져其民族의歷史를硏究코자ᄒᆞ면必先其民族所居地의地理如何ᄒᆞᆷ을觀察ᄒᆞᆯ지오其民族의性質를硏究ᄒᆞᆷ에도亦然ᄒᆞ니라덴民族의浮華輕薄ᄒᆞᆷ과쥬돈民族의忍耐勤勉ᄒᆞᆷ과스라푸民族의質朴悠遠ᄒᆞᆷ이다그地理의狀態를隨ᄒᆞ야其習性을異케ᄒᆞᆷ이오東洋諸國의民族은其種이不雜ᄒᆞᄃᆡ其歷史俗尙이亦相不同ᄒᆞ니印度人은哲學宗敎的天才가富ᄒᆞᆷ으로理想的厭世主義에近ᄒᆞ야現實界의國家的生存을失ᄒᆞ고支那人은實際的樂天的性質이有ᄒᆞ야現實界의發達은可觀ᄒᆞᆯ者有ᄒᆞ나實際的의流弊ᄂᆞᆫ唯物的에陷ᄒᆞ야國民의理想이少ᄒᆞ고樂天的의流弊ᄂᆞᆫ守舊的에陷ᄒᆞ야終其社會의進步를不見ᄒᆞ며日本人은印度人의哲學的天才와支那人의實利的長處가無ᄒᆞᄃᆡ其軍事的及政治的의才能이支那印度에卓越ᄒᆞ고朝

鮮人은支那人의經濟的天才無ᄒᆞ고日本人의軍事的長處無ᄒᆞᄃᆡ支那人의純質ᄒᆞᆷ과日本人의輕薄ᄒᆞᆷ을折衷ᄒᆞ야大陸과島國의調和的天然의風氣가多ᄒᆞ니此亦엇지地理의關係가아니라謂ᄒᆞ리오夫山川陸海의地勢와寒熱溫濕의氣候와産物의多少와人口의稠濶이人文과密接關係가有ᄒᆞ니無非地理를硏究ᄒᆞᄂᆞᆫ材料이나今에述코자ᄒᆞᄂᆞᆫ地理와人文의關係ᄂᆞᆫ此를一、半島와人文의關係二、島國과人文의關係三、大陸과人文의關係三者에大別ᄒᆞ야以下畧述코ᄌᆞᄒᆞ노라

◎半島와人文의關係、 水不全周之地曰半島이니三面은海洋을瀕ᄒᆞ고一面은陸地와連接ᄒᆞᆫ者를謂ᄒᆞᆷ니라半島의地形은三面의海岸線이屈曲出入ᄒᆞ야灣、港、嶼、海角、小半島有ᄒᆞᆷ으로船舶의出入이便ᄒᆞ야他方의文化를接觸키易得ᄒᆞᆷ으로彼此物品과智識의交換이早開ᄒᆞ며水陸交涉의要衝에當ᄒᆞ야海洋的感化와陸地的感化의集合所가되ᄂᆞᆫ故로文明의發達과人類의進化極히便利ᄒᆞ니要컨ᄃᆡ半島ᄂᆞᆫ文明의發生地오文明의橋梁이라謂ᄒᆞ갯도다宇宙ᄂᆞᆫ廣大ᄒᆞ고世界ᄂᆞᆫ無窮이라吾人의肉眼이雖曰至小ᄒᆞ나壁上에掛ᄒᆞᆫ輿圖를一覽ᄒᆞ니今古文明의榮凋遺蹟을歷々可數라試請歐亞二洲의人文의過去와未來를推究ᄒᆞᆯ진ᄃᆡ實로吾人의興味와遺恨이深長ᄒᆞ도다歐洲最初의人文이希臘半島로부터發ᄒᆞ엿스니希臘은地形이蠶이桑葉을食ᄒᆞᄂᆞᆫ形象과如ᄒᆞ야半島內에無數ᄒᆞᆫ小半島가有ᄒᆞ야碁石의密布ᄒᆞᆷ과恰似ᄒᆞ야人類가使用ᄒᆞᆷ에가장容易ᄒᆞ고其地勢ᄂᆞᆫ山脉이縱橫ᄒᆞ며谿谷이開豁ᄒᆞ

야甘泉肥土가個々의小社會를造成ᄒᆞᆷ에極히便利ᄒᆞ니文明의淵源地가됨이진실노偶然치아니ᄒᆞ도다希臘의人文이潛轉默移ᄒᆞ야西으로羅馬에入ᄒᆞ야一大文明을復作ᄒᆞ엿스니伊太利亦半島也라北은알풀스山脉이蜿々南駛ᄒᆞ야南으로地中海를接ᄒᆞ니其地形이西北斜而東南走ᄒᆞ야希臘을接近ᄒᆞᆷ이開口呼人ᄒᆞᄂᆞᆫ形狀과恰似ᄒᆞ니羅馬의大文明과羅甸의大開化가此處를從ᄒᆞ야發揮ᄒᆞᆫ所以도其亦偶然치아니ᄒᆞ도다如斯히羅馬의文明이東南으로起ᄒᆞ야西北으로向進ᄒᆞ야歐羅巴中原에入ᄒᆞ야獨逸及佛蘭西等의文明을喚起ᄒᆞ다希臘羅馬相繼而亡ᄒᆞ고蠻族이雜相移動ᄒᆞ미歐洲天地가化ᄒᆞ야一大暗黑世界를作ᄒᆞ엿더니十三世紀以後로文運復活의時代를當ᄒᆞ야希臘羅馬의文明을繼承而起ᄒᆞᆫ者ᄂᆞᆫ이베리아半島是也(西班牙、葡萄牙)이베리아半島의主要ᄒᆞᆫ者ᄂᆞᆫ西班牙라古代로부터希臘羅馬의文明을輸入ᄒᆞ야各般科學及藝術이最極發達ᄒᆞ야歐洲數百年의暗世界를破壞ᄒᆞᆫ者ᄂᆞᆫ其功績이千古에不滅ᄒᆞᆯ지오世界殖民의業이亦自此始ᄒᆞ니航海發見의大事業은半島人의特長이라西班牙人은新世界(亞米利加)를發見ᄒᆞ며海外에殖民地를置ᄒᆞ고葡萄牙人은亞弗利加南端에喜望峰을發見ᄒᆞ야東印度에至ᄒᆞᄂᆞᆫ航路를探定ᄒᆞ엿스니西洋人이支那及日本에來到ᄒᆞᆷ은葡萄人으로써嚆矢를作ᄒᆞ니라斯干的那維半島(瑞典、諾威)和蘭、白耳義等諸國이北歐에處在ᄒᆞ야南歐文化의感化를被ᄒᆞᆷ이甚遲ᄒᆞ엿스나皆是撮爾小國으로今能烈强과幷齒ᄒᆞ야國威를保守ᄒᆞᆷ도無

他라亦地理의形勢를因ᄒᆞ야半島의沿海線이多ᄒᆞ야文物의交通을稗益ᄒᆞᆷ에專由ᄒᆞᆷ이니라更히筆頭를一轉ᄒᆞ야亞細亞洲의半島와人文의關係를推究ᄒᆞᆯ진ᄃᆡ亦復如何ᄒᆞᆫ現象을呈ᄒᆞ엿ᄂᆞᆫ요

亞細亞人文의起發點은支那及印度에在ᄒᆞ다可謂ᄒᆞ리라歷史家嘗曰世界에三個人文의潮流有ᄒᆞ다ᄒᆞ나其系統은支那印度及歐羅巴是也라歐羅巴人文의潮流ᄂᆞᆫ既述ᄒᆞᆷ과如ᄒᆞ거니와支那人文의趨向은他二者와(印度及歐羅巴)其方向을各殊케ᄒᆞ야古來로一種의面目을維持ᄒᆞ고印度人文은熱帶地方에對ᄒᆞᆫ自然의發達을成ᄒᆞ야其勢力이佛陀教의傳播와共히東方人文界에多少의影響을遺ᄒᆞ니라印度半島에在ᄒᆞ야ᄂᆞᆫ (一)산스쿠릿ᄯᅳ의文明과 (二)佛教의文明이起ᄒᆞ야古代印度人文의特色을發揮ᄒᆞ고亞剌比亞半島에在ᄒᆞ야ᄂᆞᆫ今日歐羅巴文明을裨益ᄒᆞᄂᆞᆫ文明과(三)回々教의文明이起ᄒᆞ고支那大陸에在ᄒᆞ야古代文明이가장發達ᄒᆞᆫ處ᄂᆞᆫ山東半島是也니所謂齊魯의文明이山東半島에셔起ᄒᆞ야支那大陸과밋極東諸國을支配ᄒᆞᆷ은其痕蹟이歷々明瞭ᄒᆞ야吾人이治化를受ᄒᆞᆫᄇᆡ니라夫我半島朝鮮은北으로支那大陸을接ᄒᆞ고東南으로日本島國을連ᄒᆞ야其地理의形勢가極東의要衝을當ᄒᆞ고兩國의橋梁을作ᄒᆞ야가장重要ᄒᆞᆫ責任이有ᄒᆞ며至美ᄒᆞᆫ任務를負ᄒᆞᆫ지라古代에在ᄒᆞ야支那以外에當時東洋諸國에比肩이無ᄒᆞᆫ開化發達ᄒᆞᆫ國이니衣冠文物의制度ᄂᆞᆫ人生의風氣를長養ᄒᆞ고建築彫刻의美工은居室의宏大ᄒᆞᆷ을表示ᄒᆞᆫ지라北으

로、陸의文學宗教와書籍制度와造船養蠶工藝等의美術을吸收ᄒᆞ야治國平民은聖君明王의遺澤이尙有存焉이로다更히此等文明을日本島國에紹介ᄒᆞ여곰文明의恩澤을均霑케ᄒᆞ엿스니噫라地勢를因ᄒᆞ야相當ᄒᆞᆫ任務를盡ᄒᆞ엿고時代를順히ᄒᆞ야極東의文物을調進ᄒᆞᆫ赫々大功績이世人耳目에昭々ᄒᆞ도다譬컨ᄃᆡ小亞細半島가希臘羅馬와東洋諸國間에介在ᄒᆞ야希臘羅馬의文明을波斯中央亞細亞一部及印度等地에傳送ᄒᆞ야東洋諸國에萬般感化를授與ᄒᆞᆷ과同ᄒᆞ니世人은應當記憶ᄒᆞᆯ비有ᄒᆞ라로다由是觀之컨ᄃᆡ半島ᄂᆞᆫ文明의父母國이라可稱ᄒᆞ리나半島와人文의關係ᄂᆞᆫ所述ᄒᆞᆫ者와如ᄒᆞ거니와槪而言之ᄒᆞ면交通의便利와氣候의温暖ᄒᆞᆫ地方이半島에多在ᄒᆞᆷ을由ᄒᆞᆷ이니라

(未完)

商業槪要

金尙沃譯

大凡個人과個人間에有無를交換ᄒᆞ고部落과部落間에缺乏을相通ᄒᆞ야生活을支保ᄒᆞᆷ은野昧ᄒᆞᆫ時에尙然이온况今六大洲의交通機關이連絡ᄒᆞ고貿易의區域이擴張ᄒᆞ야個人與個人과國家與國家의競爭이商業으로中心點을作ᄒᆞ얏시니噫라我帝國現狀을回顧ᄒᆞ니企業은渙散의境에陷ᄒᆞ고經濟ᄂᆞᆫ恐惶의態를呈ᄒᆞ야一般人民의休戚이一年農業豊凶에全在ᄒᆞ니엇지慨嗟ᄒᆞᆯ處이안니리오玆로以ᄒᆞ야學窓餘隙에商業에關ᄒᆞᆫ槪意를譯載ᄒᆞ야愛讀僉氏의一覽을供코져ᄒᆞ노라

商事及商業의意義

凡商事라홈은商品을轉賣ᄒᆞ야利益을得ᄒᆞ기로目的ᄒᆞ고商品을取得ᄒᆞ야需要者의게分配ᄒᆞᄂᆞᆫ行爲와又ᄂᆞᆫ此行爲를媒介ᄒᆞ며或은帮助ᄒᆞᄂᆞᆫ行爲를通稱홈이요商業이라홈은商事를連續ᄒᆞ야經營ᄒᆞᄂᆞᆫ業務를云홈이니即營利ᄒᆞᆯ目的으로生産者와消費者의間의介在ᄒᆞ야商品을轉換ᄒᆞ며又ᄂᆞᆫ其轉換을媒介帮助ᄒᆞ야需用供給의調和를圖ᄒᆞᄂᆞᆫ事業이라其營利를目的홈은個人의利益을標準ᄒᆞᄂᆞᆫ듯ᄒᆞ나生産者와消費者의間의介在ᄒᆞ야需用供給의調和에從事홈은社會의利益을爲홈이라云ᄒᆞᆯ지라

商業의要素

商業을行홈의ᄂᆞᆫ主体되ᄂᆞᆫ營業者와客体되ᄂᆞᆫ目的物이無치못ᄒᆞᆯ지니前者를商人이라云ᄒᆞ고後者를商品이라稱ᄒᆞᄂᆞ니元來商業은交換의發達된現象이라商人이無ᄒᆞ면비록交換의目的物이存在ᄒᆞᆯ지라도能히交換을活行ᄒᆞᆯ슈업스며또商品이無ᄒᆞ면商業이發生되지못ᄒᆞᆯ지니此二者ᄂᆞᆫ恒常互相存在ᄒᆞ여야商業을搆成ᄒᆞᆯ지라是以로此二者ᄂᆞᆫ商業의要素됨이라

商業의種別

商業之初起也에ᄂᆞᆫ貨物賣買로目的ᄒᆞᆫ以外에運輸와仲介等의業務를兼營ᄒᆞ여스나漸次人口가增加ᄒᆞ고生産의方法과信用의機關이發達되야貨物과有價証券의

種類가增加ᄒᆞ며數量이夥多홈에至ᄒᆞ고此와同時에他方面으로衆人의需要品이增進ᄒᆞ야需用供給의調和가困難홈으로於是에各方面의職業으로分派됨이라故로昔日의商人은貨物의賣買以外에運送業과保管業과委托賣買을兼行ᄒᆞᆫ者許多ᄒᆞ여스나近來에ᄂᆞᆫ此等諸業이各人의게分屹되여시니卽貨物을賣買ᄒᆞᄂᆞᆫ固有商業으로부터此貨物賣買을媒介ᄒᆞ야商事의敏捷을圖ᄒᆞ며又ᄂᆞᆫ此을幇取하야便利을供하난業務等에分ᄒᆞ여시니即一을貨物賣買業이라ᄒᆞ며二을仲介商業이라ᄒᆞ며三을幇助商業이라홈이라

一、貨物賣買商業

貨物賣買商業은自己의計算으로商品을轉賣ᄒᆞ야利益을得ᄒᆞ기로目的ᄒᆞᄂᆞᆫ營業이니全商業의中心이라指稱ᄒᆞᆯ만ᄒᆞᆫ者라其買入ᄒᆞᄂᆞᆫ物件은營業範圍內에屬ᄒᆞᆫ貨物과證劵이니自己가使用ᄒᆞ며自己가消費ᄒᆞᆯ目的을有치아니ᄒᆞ고轉賣ᄒᆞᆯ意思로써買入ᄒᆞᆫ物件일지니轉賣後에生ᄒᆞ난損益은自擔홈이라

二、仲介商業

仲介商業은生産者와商人의間、商人과商人의間、又ᄂᆞᆫ商人과消費者의間에中立ᄒᆞ야商事의媒介와代理을ᄒᆞ야勞務에對ᄒᆞᆫ報酬을得ᄒᆞ기로目的ᄒᆞᄂᆞᆫ營業이니其主要되ᄂᆞᆫ者如左ᄒᆞ니라

(甲)代理營業　代理營業은代理商人의經營ᄒᆞᄂᆞᆫ바니自己의營業所을有ᄒᆞ고一

定ᄒᆞᆫ他商人을爲ᄒᆞ야平常其營業의部類에屬ᄒᆞᆫ商業에關ᄒᆞ야商事을代理又ᄂᆞᆫ媒介ᄒᆞ야營業ᄒᆞᆷ을云ᄒᆞᆷ이니例컨ᄃᆡ何保險代理店、何滊船會社、代理店、特約販賣店、又ᄂᆞᆫ一手販賣店等이是也라

(乙)問屋營業　問屋은俗에仲買라도云ᄒᆞ나니其業務ᄂᆞᆫ他人의計算으로써ᄒᆞ되自己의名을用ᄒᆞ야受托貨物을或販賣ᄒᆞ며或買入ᄒᆞ야주고報酬料을得ᄒᆞ기로目的ᄒᆞᄂᆞᆫ營業이니所謂手數料商人의所營者也라

(丙)運送取扱營業　物品運送을周旋處理ᄒᆞ고手數料을得ᄒᆞ기로目的ᄒᆞᄂᆞᆫ營業이라運送取扱營業은運送業을兼ᄒᆞᆷ도得ᄒᆞ나니日本內國通運株式會社가是也라

三、幫助商業

商工業者을爲ᄒᆞ야運送保管金融의便利을圖ᄒᆞ야商事을安易敏活케ᄒᆞᄂᆞᆫ業務을云ᄒᆞᆷ이니其種類가許多ᄒᆞ나主要者을擧ᄒᆞ면如左ᄒᆞᆷ이라

(甲)金融業　資金의融通을便利케ᄒᆞᄂᆞᆫ業務中에金貸業(변노이)과兩替商(貨弊交換商)과手形(어음)中立人等이有ᄒᆞ나個中重要ᄒᆞᆫ者ᄂᆞᆫ銀行業이라ᄒᆞᆯ지니銀行은資金裕餘ᄒᆞᆫ者의預金(貯金類)을任ᄒᆞ야需要者의게融通ᄒᆞ고其他送金(換送錢)取立(債給)等에便宜을圖ᄒᆞ고其收益은貸借融通上에生ᄒᆞᆫ利息의差額과其他手數料로써ᄒᆞᆷ이라

(乙)運送業　運賃을得ᄒᆞ기로目的ᄒᆞ고旅客及貨物의運搬에從事ᄒᆞᄂᆞᆫ業務을運

送業이라ᄒᆞ나니小者ᄂᆞᆫ人力과牛馬力의荷車營業으로부터大者ᄂᆞᆫ蒸氣力과電車力을使用ᄒᆞᄂᆞᆫ鐵道及海運業이有ᄒᆞ고河川湖沿港灣等에서運送營業ᄒᆞᄂᆞᆫ者를回漕業이라稱ᄒᆞ나니라

(丙)保險業　保險業은偶然ᄒᆞᆫ事件으로財產上에損害가發生ᄒᆞᆫ거슬塡補ᄒᆞ기로目的ᄒᆞᄂᆞᆫ業務를云ᄒᆞᆷ이니何人을勿論ᄒᆞ고危險을擔負ᄒᆞ면其報償으로保險料를收得ᄒᆞᄂᆞ니其種類雖多ᄂᆞ今日東洋各地에實行된者ᄂᆞᆫ陸上運送保險과信用保險과海上保險과火災保險等이요其他에人의生死에關ᄒᆞ야保險ᄒᆞᄂᆞᆫ者를生命保險이라함이라

(丁)倉庫業　倉庫業은他人을爲하야物品을貯藏할만한倉庫를建設하고物品所有者의依托을從하야物品을保管하며또其物品의轉換에便利를供하고依托者의게保管料를捧得하기로目的하ᄂᆞᆫ業務를云함이라

商業自由의制限

商業의自由ᄂᆞᆫ現世의普認하ᄂᆞᆫ바나社會의公益으로말미야營業을開始함의當하야免許를得할必要가有할뿐아니라營業을拘束하ᄂᆞᆫ事도不無하니假令風俗을壞亂하난文字와圖畵를印刷하면政府로부터其發行을停止케하며火藥鐵砲等의販賣와度量衡製造販賣等에난免許가無하면不得케ᄒᆞᆷ이라또日本이自國領地內에臺灣以外에난阿片의販賣를嚴禁하며其他石油商과質店과古物商店에난特別히

調査하난規則을製定하야制限을加함이有하니此난社會公益을爲함이러라

商人의意義

商人이라함은平常營業을商事로써하는商業經營의責任者을云함이니卽營業上에對혼損害利益及危險을直接으로擔負하는者라故로支配人과會社의取締役과如혼補助者는營業上에直接으로損益을擔負하는責任이無흠으로商人이라謂흠을不得흠이라

商業의組織

商事經營의組織은資本의多寡에從ᄒᆞ야其規模의大小가有혼지라凡個人의營業은家族이合力하야行하는者多하나元來個人의技能과信用과資本은自有其限하야大規模로擴張하기難흠으로特別한技能과多大한資本을結合흘必要가有하고況且今日과如한競爭의激烈한時代에는何事業을勿論하고大資本의組織이아니면優勢을占得하기難할지라故로商事經營에도(一)個人經營(二)會社(三)組合等의組織이皆是巨額의資本을要하며個中幇助商業과如히固定資本과流通資本을非常히多要하는者는會社組織이아니면到底히實行하기不能할지라

個人營業

個人營業은家族의力을依藉하야經營하는者多하나其他의使用人을雇聘하야經營할지라도營業의結果가自已의게歸着흠으로店舖의整理와商品의買入及配列

과顧客의應接等으로부터收入支出及貸借關係에精通할뿐더러商品集散의多寡와及物價의變動을敏察치아니치못할지라故로注意周到하고忍耐勤勉하야指導하며實行하는惱力과体力이具備홈을要할지라

官吏와官吏의家族等은特別한法規로써制限을受하고其外에個人은自由로商業을經營할지라도法律上에無能者에는特別이制限을加하나니無能者는 一、未成年者二、妻三、禁治者産四、準禁治産者等也라

(一)未成年者　는成年에達치못한者를指稱홈이니所謂成年은各國이人種과氣候을從하야不同히制定하나니라未成年者가商人이되야商業을經營코져하면親權을行하는父던지母의許可가無하면不能하고父母가無하면後見人의同意을經由치아니치못할지라父母或은後見人이許可홀時에親族會의同意도經由하고其事由을區裁判所登記簿에登記홈을要하나니라

(二)妻　無夫女即寡婦는有能力者가되나有夫女即妻는夫의許可을受하고登記흔以上이아니면商業을經營치못하나니此는夫權을尊重히하야家族制度을保護하기爲하야妻의게制限을加홈이라

(三)禁治産者　는心神喪失로認定되야裁判所의宣告을受한者니自己는商事經營을得지못하나其後見人된者는親族의同意을得하야代理營業홈을得하나니라

(四)準禁治産者　心神耗弱者、聾者、啞者、盲者及浪費者는其親族이裁判所에申請하야準禁治産者의宣告을受하나니此宣告을受한者는如何事件을勿論하고法律的行爲을ᄒᆞᆷ에는保佐人의同意을要하는故로商業을經營ᄒᆞᆷ에도保佐人의許可을受치아니치못하나니라

要컨ᄃᆡ未成年者와妻라도非常한信用이有한商店에셔는營業을開始繼續ᄒᆞᆷ을得ᄒᆞᆯ듯하나元來無能力者의行爲는後日에消除되며或은無效되는境遇가有하야他人의損害되는者有ᄒᆞᆷ으로公衆一般의利益을爲하야右와如한制限을加하고또其事實을登記케ᄒᆞ는規定을設置ᄒᆞᆷ이라

(未完)

文苑

戒在三愛

壽岑

凡物之最愛者於人必有害物之最美者於人必有毒溺於愛而不知其害惑於美而不知其毒常人之情嫖賭烟醜德也有時或切於人害人毒人亦莫如斯自古人皆可廢終不能廢者出美之在斯愛之在斯爾世人而徘徊此道者類衆雖聰明俊傑之輩往々因此致疾害命蕩産傾家其弊或及於社會國家且或能洞識其弊害者亦不無現身說法

而終不能救焉其誠哀哉豈知之深而後能覺之抑事已敗而後能改之歟今姑捨勿論但擧其上流人物之所愛者而印證之其或考鏡

愛嫖者曰英雄本色傑士好事博愛則近於慈善多情則是謂風流戀憐紅粉固屬自然出入靑樓爰傷雅致男女得同等而開放人類成獨立而各保唱之和之誘之從之然以明投暗於中取樂害我天性毒我良心哀哉

愛賭者曰賭博之場贏輸之勢優勝劣敗是天演之競爭勞少功多惟商戰之韜略然貧富懸隔社會不得平均替換不行貨物輒見排斥驅人於魚肉致身於危厄人得我失人笑我哭竟誤方針哀哉

愛烟者曰烟霞習俗非厭世之方針燈火因緣是韜光之試驗勢也已去以待風靜浪息時也無奈擬欲待人聽命藏劍閉戶研鑽歐美之富强篝火殘燈棒喝半島之向導是雖無能于此時差或有用於他日然個人敗公德衰國破家亡所存者何小計無補大勢及溺哀哉

此時足可惜十二韻　仝

此時足可惜日月疾如駟、　炎凉倏忽變萬壑雪風吹、　擧首望帝部衣冠今古異、
蕭塞山河暮跳랑豺狼肆、　漫道腥血極不究人與勢、　雕鐫徒敗事鼠狗偸生計、
北朝終不改利權日相挫、　按劍平吳日秣馬背水際、　人不自由活居食亦難繼、
蒼茫仰天嘯陸沈喚無奈、　一寸傷心處誰敎胡馬過、　此時足可惜急起勿高臥、

元朝與弟共宿靑山萬淸舘　　滄　南

江梅山梅報初陽客舘有誰勸栢觴弟獨憐兄々愧弟新年未脫舊衣裳
十載劒書天一涯間人每道賴忘歸寒窓昨夜悠々夢還繞湖誠舊釣磯

自萊港舟泊馬關　　翠　汀

乘舟寒透骨　風日値中冬　鄕國三千里　海山一萬重　遠遊要壯觀
大志愧孱容　睽捲蓬窓見　扶桑曉氣濃

新曆歲除日漫唫

旅舘殘燈坐不眠　天寒歲暮夜如年　初來難解殊方語　閉戶凝神若悟禪

其　二

線陽動後一旬餘　西曆元爲新歲初　土俗多將松竹賀　奈如鄕恩正愁余

太白山歌(是調삭章)　　ᄐᆡᄇᆡᆨ山人

(一)

산아산아ㅣ ᄐᆡᄇᆡᆨ산아ㅣ。 산닐홈도됴컨니와 산형셰더욱죠타아。 東으로金강
峰은雲外불쑨쇼샤잇고。 西으로綾羅島난天下第一여긔로다。 널쇼널분錦
江水는鷄龍山를써돌노잇고。 놉고놉흔鐵北嶺엔虎山君이여긔잇니。 人傑
은地靈이라　英雄豪傑멧々잇나야。

(二)

산아산아ㅣᄐᆡᄇᆡᆨ山아ㅣ。 산날홈도죠커니와山사람有名ᄒᆞ다아。 滄海力士낫은곳이 이곳이이안인가。 博浪鐵椎한쇼ᄅᆡ에。 楚魂鳥는춤을츈다(더엉실々々々)。 太平洋上가던(○○○)ᄇᆡ와 西伯里亞오던(○○○)滊車이쇼ᄅᆡ에다아놀닌네。 壯ᄒᆞ다ᄐᆡᄇᆡᆨ山人 놀납다ᄐᆡᄇᆡᆨ山人。 이산사람드러가면。 져산사람또나온다。 忠義烈々발ᄒᆞᆫ마음。 거뉘가막을손냐。

(三)

산아산아ㅣᄐᆡᄇᆡᆨ山아ㅣ。 순날홈도죠커니와 산ᄉᆡᆨ이더욱죳타아。 世界名山불어워말야 우리山色第一일ᄉᆡ。 져芙蓉峰죳타ᄒᆡ도 秋江우에홀노셧고。 崑崙—山이놉다ᄒᆡ도 春花가未開로다。 ᄯᆡ죳타 우리。 ᄐᆡᄇᆡᆨ山靑年들아。 靑春作伴還鄕ᄒᆞ야。 四時春無窮花로 錦繡江山빗흘ᄂᆡ셰。 靑春이不再來니잇ᄯᆡ일코엇지하나。 밧비가자 어셔々々

雜纂

西藏의槪觀

記者의緒言

H S 生

人類의發達은競爭을因緣ᄒᆞ야增長ᄒᆞ고文明의進步ᄂᆞᆫ交通을媒介ᄒᆞ야融和되ᄂᆞᆫ故로若或他種族과接觸지아니ᄒᆞ고鄰邦國과往來가杜絶ᄒᆞ면其國은野蠻의狀態을不免ᄒᆞᄂᆞ니聰慧ᄒᆞᆫ民族이相聚ᄒᆞ야競爭에優勝을博取ᄒᆞ고便利ᄒᆞᆫ地理을占據ᄒᆞ야文明의精華를輸入ᄒᆞ면國家의幸福이此에莫過ᄒᆞ리로다十九世紀以來競爭이劇烈ᄒᆞᆷ으로武力相凌ᄒᆞ고弱肉強食ᄒᆞ야今日獨立國이明日保護國이요今日自主民族이明日奴隷俘虜가되ᄂᆞᆫ怪態를幻出ᄒᆞ미如何히頑迷ᄒᆞᆫ國이라도醉夢을猛醒ᄒᆞ고自強에努力치아니ᄒᆞᆯ者ㅣ無ᄒᆞ고交通이大開ᄒᆞᆷ으로輪船滊車가朝發夕至ᄒᆞ야甲地에셔北極을探險ᄒᆞ면乙地에셔南洋에遠征ᄒᆞᆫ다ᄂᆞᆫ奇聞이踵至ᄒᆞ니如何히深邃ᄒᆞᆫ國이라도門戶을通開ᄒᆞ고舊習을改革지아니ᄒᆞᆯ者ㅣ無ᄒᆞ도다或曰今日에도오히려世界競爭을壁上에坐觀ᄒᆞ고深鑽堅閉ᄒᆞ야昏夢이方酣ᄒᆞᆫ者ㅣ有ᄒᆞ다ᄒᆞ면吾人은不得不一種疑問를喚起ᄒᆞ고其國을爲ᄒᆞ야不幸의同情을表示치아니키不能ᄒᆞ도다雖然이나如此ᄒᆞᆫ疑問을惹起케ᄒᆞ고不幸의同情을表示케ᄒᆞᄂᆞᆫ一國家가現今競爭의最劇烈ᄒᆞᆫ支那大陸과印度大陸中間에儼然히存在ᄒᆞ엿ᄯᅩ다此國은名曰西藏(Jipet)이라稱ᄒᆞᄂᆞ니今에其概略을述ᄒᆞᆷ을際ᄒᆞ야爲先其地理와氣候에概略을述ᄒᆞ고次에其鎖國原因과土人의風俗을詳陳코져ᄒᆞ노라

○西藏의地理와氣候　西藏은亞細亞中部에在ᄒᆞᆫ支那帝國에屬國이라地球上의

位置는東經七十七度로부터百度까지達ᄒᆞ고北偉二十七度로부터三十七度까지占ᄒᆞ야歐羅巴地中海와略同ᄒᆞ니東은支那本部와接ᄒᆞ고東北은支那의青海와連ᄒᆞ고北은崑崙山脈을隔ᄒᆞ야支那의新彊省과接ᄒᆞ고西南은喜馬羅也山을隔ᄒᆞ야印度平原과接壤ᄒᆞ니其全体가嵯峨崔巍ᄒᆞᆫ靈山秀嶺이雲漢上에高聳ᄒᆞ야世界에最高最險ᄒᆞᆫ神秘國을搆成ᄒᆞ엿ᄂᆞ니라此國에關ᄒᆞᆫ地理는甚히不明ᄒᆞᄂᆞ挽近探險家의實見談을依ᄒᆞ야八九分槪念을得ᄒᆞ니地理學上으로西藏에大部分을占ᄒᆞ야中心이되는中北兩帶의高原은土俗에(창탕)(Changtang)이라稱ᄒᆞ니(北方曠原의意) 此地方은吃驚ᄒᆞᆯ만ᄒᆞᆫ高度을有ᄒᆞ엿스나其面은比較的平坦ᄒᆞ고近來에旅人이往々此地方을通行ᄒᆞ는者ㅣ多ᄒᆞ니西紀一千八百九十六年夏에第十八표騎兵大尉(웰세)(말코름)兩氏가此地ᄅᆞᆯ旅行ᄒᆞ엿스니其言에云ᄒᆞ되余는此地ᄅᆞᆯ旅行ᄒᆞᆯ時에四箇月間에玉葱보담高ᄒᆞᆫ植物을不見ᄒᆞ고平均一萬六千呎되는高處에宿餐ᄒᆞ야十四週間以上人影을不見ᄒᆞ엿고其間에最困難ᄒᆞᆫ者는飮水의缺乏이니此地方에湖水가頗多ᄒᆞᄂᆞ都是鹹水라飮用에不適ᄒᆞᆫ故로旅行者가每日穿井치아니ᄒᆞ면飮水ᄅᆞᆯ不得ᄒᆞᆫ다ᄒᆞ니由是觀之ᄒᆞ면其蕭條ᄒᆞᆫ景色을大槪想像ᄒᆞ겟도다氣候는空氣가稀薄乾淨ᄒᆞ야冬期에는栗烈ᄒᆞᆫ寒風이裂肌墮指ᄒᆞ며其他時期에도夜中에는恒常二十五度以下極寒에達ᄒᆞ미毛布羅沙로는堪耐치못ᄒᆞ고獸皮을服用ᄒᆞ야僅々히防禦ᄒᆞ며牛馬六畜은如此ᄒᆞᆫ寒氣와瘴疫을觸冒ᄒᆞ야途中에서盡斃ᄒᆞ미

旅行者가乘用코져ᄒᆞ면土産犛牛外에他獸畜은皆無用이라犛牛ᄂᆞᆫ尋常牡牛와相同ᄒᆞ되但頸上에長鬣을垂下ᄒᆞ엿스며体力이强壯ᄒᆞ고毛皮深厚ᄒᆞ야酷寒과瘴疫을防禦ᄒᆞᄂᆞᆫᄃᆡ最히適當ᄒᆞᆫ故로土人은恒常此를乘用ᄒᆞᆷ이라概言ᄒᆞ면此地方은氣候가寒冷ᄒᆞ고地勢가險峻ᄒᆞ야人跡이罕到ᄒᆞ고野獸의跋扈을放任ᄒᆞᆫ荒原廢野에不過ᄒᆞᆷ이라

西藏은喜馬羅也山南側이라斷崖絶壁이甚多ᄒᆞ야竹木이稀少ᄒᆞ니拉達克과쌀틋단가等地是也라此地ᄂᆞᆫ風景이絶佳ᄒᆞᆷ으로世界에有聞ᄒᆞᄂᆞᆫ喜馬羅也山이中部에峙立ᄒᆞ야印度方面으로來ᄒᆞᄂᆞᆫ濕氣를遮斷ᄒᆞᄂᆞᆫ故로雨水가無ᄒᆞ고土耳其斯坦沙漠으로吹來ᄒᆞᄂᆞᆫ細沙이漲天ᄒᆞ야天氣가恒常朦朧ᄒᆞ고地質이磽确ᄒᆞ야農作에不適ᄒᆞᆫ故로二萬一千方哩面積內에耕作地가一百方哩에不過ᄒᆞ며河川에ᄂᆞᆫ羊皮로制造ᄒᆞᆫ皮船을使用ᄒᆞ고道路가崎嶇ᄒᆞ야層岩絶壁에大川이橫流ᄒᆞ미繩橋를建設ᄒᆞ야此에通行ᄒᆞ니繩橋ᄂᆞᆫ三條鐵索을橫掛ᄒᆞ야一條ᄂᆞᆫ足으로踏ᄒᆞ고二條ᄂᆞᆫ雙手로執ᄒᆞ면셔其上으로行ᄒᆞ미數百尺深谷을俯臨ᄒᆞ면往々히心寒膽戰處가有ᄒᆞ더라拉達克에首府ᄂᆞᆫ(러ㅣ)라稱ᄒᆞ니印度市場과中央亞細亞市場中間에處ᄒᆞ야夏季에ᄂᆞᆫ(사이벼리야)와支那와西藏各地方과韃靼과印度方面으로부터多數ᄒᆞᆫ商人이輻湊ᄒᆞ야市況이甚히熱鬧ᄒᆞᆫ狀態을呈ᄒᆞᄂᆞ니라

中帶와南部西藏은該國에第一人煙이稠密ᄒᆞᆫ處이라夏季에ᄂᆞᆫ風景이秀麗ᄒᆞ며此

地方을橫流ᄒᆞᄂᆞᆫ雅魯布江이有ᄒᆞ니西部西藏에셔發源ᄒᆞ야流域은甚長ᄒᆞ나河幅은不廣ᄒᆞ고此江沿岸으로二條大路가有ᄒᆞ니此國各地方에셔貢物을輸運ᄒᆞ야靈府로即拉살府(此國首部니後節에詳述ᄒᆞᆷ)로奉納ᄒᆞᄂᆞᆫ要衝이라故로此路에ᄂᆞᆫ外國人의通行을嚴禁ᄒᆞ더라 (未完)

列國々力比較

社生

伊太利

○國体及政体　現今의伊太利憲法은一八四八年에國王차레스알펠드가發布ᄒᆞᆫ者ㅣ니行政權은專혀王에게屬ᄒᆞ야內閣大臣이責任으로써此를行ᄒᆞ고(所謂責任內閣) 立法權은國王과國會의協同을以ᄒᆞ야成ᄒᆞ고國會ᄂᆞᆫ上下兩院의制를取ᄒᆞ니此를立憲王政이라謂ᄒᆞᄂᆞ니라

○面積及人工　最近의調査를據ᄒᆞᆫ즉全面積이一一〇、五五〇方哩오人口ᄂᆞᆫ三二、九〇九、七七六人이니一平方哩에對ᄒᆞ야平均二八九人의分配에當ᄒᆞ더라

○宗敎　羅馬加特敎로써國敎를삼나니人民의信敎自由를許ᄒᆞ다一八八一年의調査를據ᄒᆞ면全人口中에新敎徒가六二、〇〇〇人이오猶大敎徒가三八、〇〇〇人이러라

○敎育　全國을通ᄒᆞ야强制的敎育의制度를行ᄒᆞ나니公立의學校最多ᄒᆞ고學校

의種類는(一)初等教育(二)中等教育(三)中學專門教育(四)高等專門教育에分ᄒᆞ다全國의學校總數는六八、九〇四오生徒의總數는三、二二五、一八三八이오二十一處의大學校有ᄒᆞ며國內圖書館의設備는一、八三一인데內에二三의國立이有ᄒᆞ고各科學及學藝엔關ᄒᆞᆫ雜誌刊行物은一八九五年에一、九〇一種에達ᄒᆞ엿더라

○司法　은治安、輕罪、重罪의三裁判所를分立ᄒᆞ고事件의種類를隨ᄒᆞ야始審ᄒᆞ는裁判所를異케ᄒᆞ며最高等裁判所는大審院이有ᄒᆞ니法律適用에依ᄒᆞ야審判를行ᄒᆞ고全國內에二十의控訴院을置ᄒᆞ고各控訴院의區域을分ᄒᆞ야一百六十二의地方裁判所를分置ᄒᆞ고更히此를細分ᄒᆞ야一、五四九의小裁判所를置ᄒᆞ니라

○財政　地租、家屋稅、流動資本及勞力을由ᄒᆞ야生ᄒᆞᄂᆞᆫ救入의所得稅로써直接稅目을定ᄒᆞ고關稅、入府稅、製造稅、壚稅、烟草專賣稅及富籤稅로써間接稅目을定ᄒᆞ며會計年度는每年六月로써定ᄒᆞ다國有財産의總額은一八九九年에至ᄒᆞ야四、六五五、九〇〇、五〇〇라라에達ᄒᆞ더라

○國防　伊太利는地中海北에突出ᄒᆞᆫ半島ㅣ라海岸線이甚長ᄒᆞ니시시리、살듸니아、엘배等諸島를合ᄒᆞ야延長이六、八七六키로米突에至ᄒᆞ고陸地로는佛蘭西、瑞西、墺太利、匈牙利를接ᄒᆞ야全長이一、九三八키로米突이有ᄒᆞ니라陸軍은常備軍、後備軍及國民軍으로組織ᄒᆞ야總히十二師團이라各師團은二個旅團으로

成ᄒᆞ고全國을八十八聯隊區에區分ᄒᆞ니一九○九年에調査를據ᄒᆞᆫ즉陸軍의總數ㅣ三、二七二、○七○에達ᄒᆞ엿고海軍은各種軍艦이二百四十九隻이有ᄒᆞ고海軍將校及兵卒의合計ᄂᆞᆫ二五、一七五人에至ᄒᆞ더라

○殖産興業　耕地法을(一)地主自作法(二)小作人地主共利法(三)小作法三種에分ᄒᆞ니主要ᄒᆞᆫ農産物은小麥、玉蜀黍、燕麥、米、粟、葡萄酒、橄欖油、烟草、酸果物等이오家畜及生糸의産出額도亦多ᄒᆞ고山林의産物額은有用材木、薪材、木炭、副産物을合ᄒᆞ야總計八八、○○一、七九一리라에達ᄒᆞ고鑛物의主要ᄒᆞᆫ者ᄂᆞᆫ鐵、滿俺、滿俺鐵、銅亞鉛・鉛金、銀、안듸모니ㅣ、水銀、燃料、硫黃等이니其總産出額이七一、八○四、○七一리라에至ᄒᆞ더라

佛蘭西

○國体及政体(二)中央政治一八○七年拿破崙第三世沒落以來로佛國은第三共和政治를組織ᄒᆞ니一八七五年의二月及七月의兩度制定ᄒᆞᆫ憲法을據ᄒᆞ야共和政体의基礎를確立ᄒᆞ다其憲法의一部ᄂᆞᆫ數回의變更을經ᄒᆞ야立法權은代議院과元老院에在ᄒᆞ고行政權은大統領과政府에在ᄒᆞ니라大統領의任期ᄂᆞᆫ七年이니代議元老兩院의合同會(即合同國會)를因ᄒᆞ야選出ᄒᆞ나니法律의發布ᄂᆞᆫ兩院의協贊을經ᄒᆞ야始得ᄒᆞ며其執行을掌ᄒᆞ고議院은大臣及各文武官을任命ᄒᆞ고特赦權을有ᄒᆞ고大統領은國際條約의締結ᄒᆞᆷ을可得ᄒᆞ나然ᄒᆞᄂᆞᆫ兩院의事前承諾을不得ᄒᆞ

면宣戰키不能ᄒᆞ더라（二）地方政治ᄂᆞᆫ全國을八十六個行政區劃에分ᄒᆞ야縣으로부터面洞에至ᄒᆞ기ᄭᆞ지地方自治代議制를行ᄒᆞᆫ다

○面及人口　總面積은二〇七、〇九二方哩오總人口ᄂᆞᆫ最近의調査를據ᄒᆞᆫ즉三九、五二〇、二四五人〇이러라

○宗敎　佛國의宗敎ᄂᆞᆫ何者를勿論ᄒᆞ고法律上에平等을享有ᄒᆞᄂᆞ니各宗々徒의總數十萬人에達ᄒᆞ더라現時에ᄂᆞᆫ오즉羅馬加特敎、新敎、猶太敎等만國許를得ᄒᆞ엿ᄂᆞ니就中羅馬敎를奉ᄒᆞᄂᆞᆫ者ㅣ甚多ᄒᆞ더라

○敎育　全國을十七學區에分ᄒᆞ고各學區에各學會가有ᄒᆞ니各面洞에一個以上學校가有ᄒᆞ고各縣에亦一個의師範學校가有ᄒᆞ고五百人以上住民이有ᄒᆞᆫ面洞에ᄂᆞᆫ반다시一個의女子學校를置ᄒᆞᆫ다一八九九年의調査를據ᄒᆞᆫ즉全國內에公私立을勿論ᄒᆞ고初等敎育에關ᄒᆞᆫ學校가五、五三九、二九九오市立私立의中學校가七五〇이오高等專門敎育에關ᄒᆞᆫ各種大學校가二九、九〇一에至ᄒᆞ더라

○財政　經歲入에關ᄒᆞᆫ主要ᄒᆞᆫ稅源은直接及間接稅、官立工場及專賣業을由ᄒᆞ야收入을得ᄒᆞᄂᆞ니一九〇一年에歲入總額이三、五五一、五七〇、四九七후란에達ᄒᆞ고地方財政은各地方의出入을應ᄒᆞ야行政의經費를應用ᄒᆞ더라

○國防軍制ᄂᆞᆫ國民皆兵主義를取ᄒᆞ야貴賤上下의階級을勿論ᄒᆞ고國民一般으로써兵役에服從ᄒᆞᆯ義務를行케ᄒᆞ나니陸軍은現役三年豫備役十年地方現役六年地

方豫備役六年에分ᄒᆞ야制定ᄒᆞ니全國을二十師管에分ᄒᆞ야一師團에步兵二個師團、騎兵一個旅團、工兵一大隊、輜重兵一大隊가有ᄒᆞ고巴里市內에特別軍制의設備가有ᄒᆞ고此外殖民地에駐屯軍隊를置ᄒᆞ다一九〇一年에常備軍의總數가六三四、一四九人에達ᄒᆞ고海軍々隊의編成은徵兵及志願兵의制를用ᄒᆞᄂᆞ니最近의調査를據ᄒᆞᆫ즉將校가一、七三三人이오下士卒이四〇、五八九人이오各種大小軍艦의總數ᄂᆞᆫ二七三隻이러라

○殖産興業 은一農業二鑛業三製造業四商業이니一年의輸出輸入이巨額에達達ᄒᆞ더라(統計未詳)

○殖民及屬國의總面積이三、七四〇、〇〇〇方哩오人口가無慮五六、〇〇〇、〇〇〇人에達ᄒᆞ니其領地의廣大ᄒᆞᆷ은實노可驚ᄒᆞᆯ者ㅣ有ᄒᆞ더라

獨逸

○國体及政 獨乙帝國의憲法은一八七一年에制定ᄒᆞᆫ者ㅣ니獨乙各州ᄂᆞᆫ此憲法을由ᄒᆞ야國家를保護ᄒᆞ며國民의安寧을圖謀ᄒᆞ기爲ᄒᆞ야永世不渝ᄒᆞᄂᆞᆫ聯邦을成形ᄒᆞ니라其憲法의第十七條를據ᄒᆞᆫ즉皇帝ᄂᆞᆫ萬國에對ᄒᆞ야國家를代表ᄒᆞ야宣戰媾和締盟의權을有ᄒᆞ며使節을任命ᄒᆞ고但國內의立法事務와攻戰에關ᄒᆞᆫ布告ᄂᆞᆫ聯邦議會及國會의協賛을要ᄒᆞ고此兩議會에서通過된法律에對ᄒᆞ야ᄂᆞᆫ禁止權을不得ᄒᆞ더라聯邦議會ᄂᆞᆫ獨乙의各州를代表ᄒᆞ나니一會期마다各聯邦의政府로부

더任命ᄒᆞ고國會ᄂᆞᆫ獨逸의國民을代表ᄒᆞ며國務大臣은內閣을組織지아니ᄒᆞ고首相의統轄下에서各々獨立ᄒᆞ야其任務를行ᄒᆞ더라

○面積及人口　獨逸聯邦二十五州及알사시로ㅣ렌의面積을合ᄒᆞ야二〇八、八三○平方哩오人口ᄂᆞᆫ最近의調査를據ᄒᆞᆫ즉六〇、六四一、二七人이더라

○宗敎　獨乙憲法에信敎의自由를許ᄒᆞ나니凡宗敎ᄂᆞᆫ何宗을勿論ᄒᆞ고社會上同等으로認ᄒᆞ고敎會와政府의關係ᄂᆞᆫ帝國의各州ㅣ其法이相異ᄒᆞ더라敎徒ᄂᆞᆫ新敎及羅馬加特力敎를奉ᄒᆞᄂᆞᆫ者ㅣ甚多ᄒᆞ고其餘ᄂᆞᆫ或基督敎、猶太敎等을信ᄒᆞ더라

○敎育　敎育은關係的政策이로써全國에强制普及主義를行ᄒᆞ고地方稅로써各都邑面洞에小學校를設ᄒᆞ야兒童의敎育을施ᄒᆞ며中學普通高等의學校와其他農工商實業及軍事에關ᄒᆞᆫ學校最多ᄒᆞ고(統計ᄂᆞᆫ未詳)大學校의數ᄂᆞᆫ二一이니學科ᄂᆞᆫ神學、法學、醫學、哲學四科에分置ᄒᆞ다

○司法　一八七九年의裁割所搆成法을據ᄒᆞᆫ즉獨乙의法廷은全國內에同一ᄒᆞᆫ搆成法으로組織ᄒᆞ엿나니但帝國法院外에ᄂᆞᆫ裁判權을實行ᄒᆞᆷ은各州政府에直轄ᄒᆞ고法官의任命도各州政府에屬ᄒᆞ니라

○財政　帝國의一般歲出은海關稅及營業稅의一部及郵便電信國有鐵道等의收入으로써支辦ᄒᆞ고聯邦各州ᄂᆞᆫ人口의多少를應ᄒᆞ야其不足額을補足케ᄒᆞ더라

(獨乙輸入輸出의統計ᄂᆞᆫ未詳)

○國防 獨乙의境界線은延長이四、七○里ㅣ니北은北海、丁抹及破羅的海에限ᄒᆞ고南은連綿ᄒᆞᆫ山脉과를스단스湖를由ᄒᆞ야墺太利瑞西라接境ᄒᆞ고東은露細亞를因ᄒᆞ며西는佛蘭西、루쿠젠불쿠、白耳義反和蘭을接ᄒᆞ다全國을十個城塞區에分ᄒᆞ야每區에城塞을築ᄒᆞ고國民은다아兵役에服從ᄒᆞᆯ義務有ᄒᆞ나니現役은三年豫備役은四年으로定ᄒᆞ다最近의調査를據ᄒᆞᆫ즉帝國陸軍의平時兵員이五十八萬四千餘人이오獨乙海軍의編制는軍令部와行政部에分ᄒᆞ야前者는海軍將校가部長이되고後者는海軍大臣이部長이되나니艦隊의運動及海岸防禦訓鍊에關ᄒᆞᆫ事務는軍令部에屬ᄒᆞ고海兵工廠、船渠、物品購入衣服食料等에關ᄒᆞᆫ事務는行政部에屬ᄒᆞ고艦隊는破羅的海와北海의兩鎭府에分置ᄒᆞ다近年에至ᄒᆞ야列强의海軍擴張과共히獨乙의這般大計畫이世界에耳目을聳動케ᄒᆞ니大小戰鬪艦이二二二隻이러라 (海軍의人員數는未詳)

○殖産及興業 (一)農業이니一八五○年에發布ᄒᆞᆫ法令을依ᄒᆞ야全國內에自由貿易을許ᄒᆞ야人身及物品에對ᄒᆞᆫ負擔도一切免許ᄒᆞ니槪論컨ᄃᆡ西獨乙各州에는小地及小作人이多ᄒᆞ고東北各州에는大地主가多ᄒᆞ더라(二)山林業이니全國의面積百分의二五八은山林이라其總歲入이四百萬스듸링쿠에達ᄒᆞ더라(三)鑛業이니獨乙에셔採掘ᄒᆞ는鑛物의太半은普魯西로부터出ᄒᆞ나니鑛物의總産額이一、○五一、○○○、○○○馬克에不下ᄒᆞ고(四)漁業이오(五)製造業이니製鐵織物

燒物、砂糖、麥酒等의總產額이巨額에達ᄒᆞ더라(統計未詳)(六)商業이나最近의調査를據ᄒᆞᆫ즉一年의輸入額이五、七八三、六二三馬克至ᄒᆞ고輸出額이四、三六八、四〇九馬克에至ᄒᆞ더라

按獨乙의聯邦은四王國六大公國四公國七公國三自由國一太守國合二十五州를合ᄒᆞ야獨乙帝國을組織ᄒᆞᆫ者ㅣ니普魯西國王이獨逸皇帝의尊號를兼ᄒᆞ야盟主를作ᄒᆞ고各聯邦國은自由의政府를戴ᄒᆞ야自由의立憲政治를行ᄒᆞ되宣戰媾和締盟權을不得ᄒᆞ더라就中三自由都府는共和政治를行ᄒᆞ고大守國은獨逸國會로부터太守를命送ᄒᆞ야政治를管轄케ᄒᆞ다

各國의財政(續)(一千九百〇六年度) 但本國圜으로換算홈

(國名)	(歲入)	(歲出)	(國債)	(國債費)
留馬尼	九五、五六四、五〇〇	九五、〇九五、七〇〇	五七四、一五七、九〇〇	三三、九八〇、〇〇〇
露國	三、五九七、四九九、〇〇〇	三、四二六、八七七、〇〇〇	九、一八三、五四九、〇〇〇	四〇四、三七八、六〇〇
西班牙	四〇四、一三五、〇〇〇	三八七、五四三、〇〇〇	三、七九九、六一〇、〇〇〇	一五五、六〇五、〇〇〇
瑞典	一〇七、四三五、〇〇〇	一〇七、四三五、〇〇〇	二三三、八〇六、八〇〇	八、一八三、一三〇
瑞西	五三、三五七、〇〇〇	五一、四三一、七〇〇	四〇、三一〇、四〇〇	二、五〇七、四〇〇
土耳其	一八〇、〇〇〇、〇〇〇	一八〇、〇〇〇、〇〇〇	一、一三〇、〇〇〇、〇〇〇	二八、五八〇、〇〇〇
英國	一、四四八、一四〇、七三〇	一、三九四、一五二、五一〇	七、七四一、六四七、〇四〇	二八五、〇〇〇、〇〇〇〇

米國	一、三七九、三二一、九〇〇	一、二〇四、一一九、八〇〇	五、一一〇、九五一、二〇〇	五〇、九二三、八〇〇
支那	一七五、〇〇〇、〇〇〇	一四五、〇〇〇、〇〇〇	一、三三六、八五七、三〇〇	七三、九七四、七〇〇
日本	四九四、七〇四、七〇〇	四九四、七〇四、七〇〇	二、五五〇、六七一、四一〇	一七一、二三六、〇九〇

要錄

本會의歷史

此篇은本年一月十日에本會紀念式을擧行ᄒᆞᆯ時에本會總務高元勳氏의口演ᄒᆞᆫ바인ᄃᆡ前號에遺漏되엿기에玆에揭載ᄒᆞᆷ

諸君西諺에云偉大ᄒᆞᆫ歷史가無ᄒᆞᆫ國家ᄂᆞᆫ決코偉大ᄒᆞᆫ國民을養成치못ᄒᆞᆫ다ᄒᆞ니余ᄂᆞᆫ此를眞正ᄒᆞᆫ明言으로認ᄒᆞ노라此로由ᄒᆞ야本會第一回紀念式에對ᄒᆞ야雖千言萬語로祝賀할지라도本會의過去歷史를硏究치아니ᄒᆞ고다만本會의現在에圓滿ᄒᆞᆷ을稱頌ᄒᆞ고未來에完全ᄒᆞᆷ을祈禱ᄒᆞᆷ은다만形式的에지나지아니ᄒᆞ니本會의眞正ᄒᆞᆫ價値와新醒ᄒᆞᆫ精神을評論ᄒᆞ고져할진ᄃᆡ過去沿革即由來歷史를最先講究치아니ᄒᆞ면아니될줄ᄉᆡᆼ각ᄒᆞᆷ이다

諸君日本國에我留學生이有ᄒᆞᆫ以來로會의組織ᄒᆞᆫ歷史를講究하면第一建陽元年即乙未年留學生時代에組織ᄒᆞ얏든親睦會가即嚆矢가될지로다該會에서會報도

幾號間刊行ᄒᆞ얏스나因이繼續지못ᄒᆞ고其後甲辰年以來로留學生이多數이渡來ᄒᆞ야大韓俱樂部、帝國青年會等名稱이種々잇셧스나다ㅣ昨日에設立ᄒᆞ야今日에廢止ᄒᆞ고去月에發起ᄒᆞ야來月에中止되야一個年을完全이繼續ᄒᆞᆫ事가無ᄒᆞ드니其後에稍々히學生의程度가進步되야團體의必要함을覺得ᄒᆞ고會의目的을確立하야光武十年冬即故閔忠正公殉節紀念日에大韓留學生會를組織ᄒᆞ엿스니該會의目的은在日本留學生總團體를代表ᄒᆞ야國民의知德啓發로目的ᄒᆞ엿스나其目的을達치못ᄒᆞ고中途의歎을免치못ᄒᆞᆷ은我韓의五百年來積弊舊習이오히려快祛치못ᄒᆞ야京鄕의別과東西南北의分에楚越이相視ᄒᆞ야一時的으로外面은調和ᄒᆞ얏스나些少不滿足ᄒᆞᆫ點이有ᄒᆞ면京鄕이分立ᄒᆞ고西南이相拒ᄒᆞ야畢竟에는太極學會、漢錫青年會、湖南學會、洛東親睦會、共修會等이分立ᄒᆞ야留學生總團體를目的ᄒᆞᆫ大韓留學生會는事實上一地方會에不過ᄒᆞ엿드니光武十一年冬에各會聯合說이太極會로부터發起되야各會委員이再次替見ᄒᆞ야聯合에對ᄒᆞᆫ方針을研究ᄒᆞ는中太極會의內情不合ᄒᆞᆷ을因ᄒᆞ야前日에提出ᄒᆞ얏든聯合論의無效를宣言ᄒᆞ고前日에選定ᄒᆞ얏든交涉委員을解任或黜會ᄒᆞ고本會는永々이聯合의意向이無ᄒᆞᆷ을表示ᄒᆞ는同時에共修會에셔도亦此機會를乘ᄒᆞ야聯合反對論을提出ᄒᆞ는故로其餘四會가携手同盟ᄒᆞ야隆熙二年春正月에大韓學生會를組織ᄒᆞ얏는ᄃᆡ亦大韓留學生會와如히其目的은留學生總團體를代表ᄒᆞ얏스나事實上一地方會에

不過ᄒᆞ고其後에硏學會가또設立되야一場大修羅滑稽現狀을演ᄒᆞ얏드니歲月의追移홈을隨ᄒᆞ야留學生의程度와知識이日進月就ᄒᆞ야距今三百六十五日前卽隆熙三年一月十日에吾輩의期待ᄒᆞ고希望ᄒᆞ든理想的團體로東京에在ᄒᆞᆫ學會와及個人으로如何ᄒᆞᆫ會에도叅入치아니ᄒᆞᆫ者々지一人이라도遺漏가無케圓滿ᄒᆞᆫ團體를組織ᄒᆞ니卽今日第一回紀念式을擧行ᄒᆞᄂᆞᆫ大韓興學會가卽是이라本會의目的은帝國同胞의知德啓發이라ᄒᆞ얏스니帝國을愛ᄒᆞ고同胞를愛ᄒᆞᄂᆞᆫ者ㅣ誰가本會의目的을贊成치아니ᄒᆞ리오本會를反對ᄒᆞ고本會를誹謗ᄒᆞᄂᆞᆫ者ᄂᆞᆫ决코帝國을愛ᄒᆞ고同胞를愛ᄒᆞᄂᆞᆫ者가아니니라ᄒᆞ노라

以上말삼ᄒᆞᆫ것은留學生歷史가有ᄒᆞᆫ以來로本會의設立되기ᄭᆞ지沿革ᄒᆞᆫ歷史를陳述ᄒᆞᆫ것이라然則本會前身은以上말삼ᄒᆞᆫ것과갓치各地方會時代에千萬苦楚와艱辛을經過ᄒᆞ고最後에鍛鍊ᄒᆞ야得ᄒᆞᆫ無形的精神이有形的으로本會를組織ᄒᆞᆫ原料가된것인즉本會過去에如此ᄒᆞᆫ偉大ᄒᆞᆫ歷史가有홈을因ᄒᆞ야今日과如히圓滿ᄒᆞᆫ團體를産出ᄒᆞ엿다고ᄉᆡᆼ각ᄒᆞ노라

最後에一言으로本會를祝賀ᄒᆞ고會員諸君의게向ᄒᆞ야ᄒᆞ고져ᄒᆞᄂᆞᆫ말은本會의過去歷史ᄂᆞᆫ以上과如ᄒᆞ거니와本會의未來歷史ᄂᆞᆫ장차如何ᄒᆞᆫ名譽歷史을做出홈과或은如何ᄒᆞᆫ不義歷史를做出홈이다ㅣ會員諸君에게在ᄒᆞ니諸君은本會의名稱과如히大韓興學을實施ᄒᆞ고目的ᄒᆞᆫ同胞의知德啓發를實行ᄒᆞ야十年後本會紀念式

을擧行홀時에다만本會々員뿐아니라大韓帝國全般國民으로ᄒᆞ야금祝賀式을擧行홀만ᄒᆞᆫ偉大ᄒᆞᆫ歷史를두기를望ᄒᆞ노라

記者曰欲知其人必先觀其傳欲知留學生者必讀此留學生之歷史可也人合而心歸於一會興而事定於一無二三其德其庶幾鑑考於玆

△米國布哇에居留ᄒᆞ는金亮植氏는年前에該地에往渡ᄒᆞ야勞働勤學ᄒᆞ는데今月에本會로公函ᄒᆞ고米貨一弗을本會에義捐ᄒᆞ엿시니可히志士遠明이라謂ᄒᆞ겟도다

△本會員金永基氏는今年에日本大學法科를卒業ᄒᆞ고金顯洙氏는昨年에法政大學法科를卒業ᄒᆞ고日本裁判所에實施見習ᄒᆞ다가本月에兩氏가歸國ᄒᆞ엿더라

●彙報 不得已ᄒᆞᆫ事情을因ᄒᆞ야停止홈

談叢

麗生抄

杜翁

◎痛哭極　嗚呼라誰가如斯ᄒᆞᆫ世界의狀態를是認홈을得홀가何人의良心이如彼ᄒᆞᆫ慘烈에對ᄒᆞ야反抗치아니홀者ㅣ有홀가何故로世界人은此大暴惡을瞑目無知ᄒᆞ는가如斯ᄒᆞᆫ大暴虐이方今現行ᄒᆞ는ᄃᆡ人은何事를做爲홈을可得홀가痛哭極

◎自由를得ᄒᆞᄂᆞᆫ手段　凡人이「自由」란말을닙으로ᄒᆞ고此를願ᄒᆞ나自由를得ᄒᆞᄂᆞᆫ手段方法에至ᄒᆞ야皆誤謬를不免ᄒᆞ니先自暴力을禁壓ᄒᆞ며此를廢棄ᄒᆞ면自由ᄂᆞᆫ그곳으로부터來ᄒᆞᄂᆞ니라　仝

◎平和의社會를建設ᄒᆞᄂᆞᆫ方法　全혀暴力을不要ᄒᆞᄂᆞᆫ社會에到達ᄒᆞᄂᆞᆫ方法은暴力을廢棄ᄒᆞᆯ만ᄒᆞᆫ敎에不倦不屈ᄒᆞᆷ에在ᄒᆞ니라　仝

◎勞働은快樂　器械ᄂᆞᆫ勞働을輕減ᄒᆞᄂᆞᆫ者ㅣ라如斯ᄒᆞᆫ器械의効力을必要로認치아니ᄒᆞᄂᆞ니何故오勞働은人類의不可不缺ᄒᆞᆯ最大善事오最大快樂이니吾人은勞働을由ᄒᆞ야身體와精神의健康ᄒᆞᆷ을保ᄒᆞᄂᆞ니라　仝

◎噫虛僞文明　今日의文明은虛僞ᄒᆞᆫ文明也ㅣ니少數階級의淫樂과虛榮을爲ᄒᆞ야幾萬多數의下等階級은饑餓를不免ᄒᆞᄂᆞᆫ도라人類의情理ᄂᆞᆫ殺人으로써天下의最大罪惡이라ᄒᆞ나然ᄒᆞ나今日의國家ᄂᆞᆫ人을殺ᄒᆞᆷ을人에게强要ᄒᆞ야不從者ᄂᆞᆫ嚴罰ᄒᆞᄂᆞᆫ도다　科學이日益進步ᄒᆞ니進步ᄒᆞᄂᆞᆫ科學을應用ᄒᆞᄂᆞᆫ手法은惡魔의手法이라此를稱ᄒᆞ야文明이라ᄒᆞ니文明은一部少數의文明이오多數ᄂᆞᆫ文明의害를被ᄒᆞᄂᆞ니이엇지虛僞의文明이아니며可怖ᄒᆞᆫ文明이아니리오　仝

◎以人不易金　黃金이엇더ᄒᆞᆫ境遇에ᄂᆞᆫ甚히貴ᄒᆞ고重ᄒᆞ나生而勇敢ᄒᆞ야愛國心이富ᄒᆞᆫ人物은黃金보다優勝ᄒᆞ니라　倫古龍

◎天斯愛之　天은平民을愛ᄒᆞ시나니라若不然이면天이何故로彼多數의平民을

造ᄒᆞ셧스리오　仝

◎起貧者信　世間에貧窮ᄒᆞᆫᄃᆡ로부터起ᄒᆞᆫ者와갓치信任ᄒᆞᆯ者無ᄒᆞ니라　仝

◎世恠人飛　挽近列强國이軍備를日益擴張ᄒᆞᄂᆞᆫ同時에飛行器熱이盛熾ᄒᆞ야莫大ᄒᆞᆫ財政을投ᄒᆞ야空中艦隊를組織ᄒᆞᆷ에努力ᄒᆞ나니現今에列强이陸軍에採用ᄒᆞᆫ誘導氣球의空中勢力을擧示ᄒᆞ면左와如ᄒᆞ니
佛蘭西ᄂᆞᆫ誘導氣球旣製四、同製造中五、飛行器七、將校下士卒四五六、獨逸은誘導氣球旣製六、將校下士卒四八五、米國、誘導氣球旣製一、飛行器二、將校下士卒一三、英國은유導氣球旣製一、비行器一將校下士卒四五、伊國은유導氣球旣製二、將校下士卒八五、露國은유導氣球製一、將校下士卒三三四、墺國은유導氣球旣製一、將校下士卒二〇一、에至ᄒᆞ야他日空中戰爭의準備를不怠ᄒᆞ니奇哉至哉라文明人類의進步여

◎禽獸言語　西米利加의一學者사ㅣ나氏가人類와類似ᄒᆞᆫ動物猿猴의言語를研究ᄒᆞᆫ지數年에九十種의言語를解得ᄒᆞ엿ᄂᆞᆫᄃᆡ猿猴의各種屬을由ᄒᆞ야特別ᄒᆞᆫ言識가有ᄒᆞ다云ᄒᆞ더라

◎魚類年齡　一九〇〇年으로부터一九〇八年에至ᄒᆞ도록太西洋沿岸諸國이聯合ᄒᆞ야海洋研究會를組織ᄒᆞ고魚類의年齡과成長의遲速을研究ᄒᆞᄂᆞᆫᄃᆡ其方法은魚鱗의成長ᄒᆞᄂᆞᆫ狀樣과其大小를由ᄒᆞ야識別ᄒᆞᆷ을得ᄒᆞ나니其成績이著明良好ᄒᆞ、

다더라

會錄

臨時總會　隆熙三年十二月十二日下午一時에臨時總會를本監督部內에開ᄒᆞ니第九回總會에本國에派送ᄒᆞᆫ摠代事件에對ᄒᆞ야每日曜日마다總例會를開ᄒᆞ고善后方策을講究ᄒᆞ자ᄒᆞᆷ을因ᄒᆞᆷ이라

諸會員이討議ᄒᆞ되今番總代派送에對ᄒᆞ야ᄂᆞᆫ第第一緊急問題가財政이라ᄒᆞ야各相義捐ᄒᆞ니其氏名과金額은會計部에讓ᄒᆞᆷ

朴容喜氏가動議ᄒᆞ되總代에關ᄒᆞᆫ事件及其他事務를評議會에委任ᄒᆞ고每日曜日集會ᄂᆞᆫ廢止ᄒᆞ자ᄒᆞ미問不否可決되다同三時에閉會ᄒᆞ다

定期評議會　隆熙三年十二月廿六日下午一時에定期評議會를本事務所內에開ᄒᆞ다李康賢氏動議ᄒᆞ되本會規則에入會請願의手續이有ᄒᆞ니此를改正ᄒᆞ야帝國同胞로日本에留學ᄒᆞᄂᆞᆫ者ᄂᆞᆫ會員으로認定ᄒᆞ자ᄒᆞ미金淇驩氏再請으로問可否可決되다規則改正委員은金淇驩鄭世胤朴容喜三氏로選定ᄒᆞ다(議長自辟)文尙宇氏動議ᄒᆞ되本會普通債權이額數ᄂᆞᆫ雖多ᄒᆞ나收捧無路ᄒᆞᆯ뿐더러多少障碍가有ᄒᆞ니一般免除ᄒᆞ자ᄒᆞ미李康賢氏再請으로問可否可決ᄒᆞ다京城南大門外廣化新塾에셔金振聲氏等의支會請願이有ᄒᆞ야問可否可決許施ᄒᆞ다　仝七時閉會

臨時評議會　隆熙四年一月六日下午一時에臨時評議會를本事務所內에開ᄒᆞ고本會第一回創立紀念式을擧行ᄒᆞᆯ事와宴需費五十圓을支撥ᄒᆞᆯ事를議決ᄒᆞ고仝三時에閉會ᄒᆞ다

紀念總會　隆熙四年一月八日下午二時本會創立紀念式을監督部內에서擧行ᄒᆞᆫ事ᄂᆞᆫ前號彙欄에已爲揭載ᄒᆞ엿거이와本會의歷史를總務高元勳氏가演述ᄒᆞ엿ᄂᆞᆫᄃᆡ(其全文은本號要錄에詳載ᄒᆞᆷ)紀念式을行ᄒᆞᆫ后紀念歌를唱ᄒᆞ고萬歲를三唱ᄒᆞ고仝五時에閉會ᄒᆞ다

歡迎摠會　隆熙四年一月二十三日上午十一時에新任監督李晩奎氏歡迎會를本監督部內에開ᄒᆞᆯᄉᆡ在東京一般學生이擧數會集ᄒᆞ야副會長朴炳哲氏가開會辭를陳述ᄒᆞᆫ後에　本會評議長李豐載氏가歡迎辭를陳述ᄒᆞ고監督李晩奎氏가答辭를述ᄒᆞᆫ後에一同撮影ᄒᆞ고同十二時에閉會ᄒᆞ다

第五會臨時執行任員會　隆熙四年一月二十九日下午七時에臨時執行任員會를本事務所에開ᄒᆞ다會長이地方에在留ᄒᆞᆫ故로副會長朴炳哲氏가代理登席ᄒᆞ고執行任員會를數月未開ᄒᆞ야事務가積滯ᄒᆞ여기로今夕에臨時會를開ᄒᆞᆫ理由를說明ᄒᆞ다

各部報告

會計部報告　本會財政은現在金額이一百九十七元四錢五厘라ᄒᆞ다

外他各部ᄂᆞᆫ事項이別無ᄒᆞ다ᄒᆞᆫ次에左開事項을評議會로提出ᄒᆞ기로決議ᄒᆞ다
一故監督申海永氏에게交涉ᄒᆞ던內下錢一萬圓에對ᄒᆞ야新任監督에게交涉ᄒᆞᆫ事項
二內國紳士兪星濬尹致오張憲植諸氏가本會에公函ᄒᆞ되貴學生等이前監督申海永氏의債務를免除ᄒᆞ엿다ᄒᆞ니本人等이不勝感謝라ᄒᆞ엿슨즉此에對ᄒᆞ야申海永氏의債務ᄂᆞᆫ係是自別ᄒᆞ니免除ᄒᆞ기不可ᄒᆞᆯ뿐더러該氏等의誤聞ᄒᆞ심을辨贅ᄒᆞ기爲ᄒᆞ야答函ᄒᆞᆯ事項提出委員은副會長朴炳哲氏 摠務高元勳氏로定ᄒᆞ고仝九時에閉會ᄒᆞ다

定期評議會　隆熙四年一月三十日下午一時에定期評議會를本事務所內에開ᄒᆞ다　副會長朴炳哲氏가執行任員會議決案을提出ᄒᆞ미問可否可決ᄒᆞ다編輯部長趙鏞殷氏及司察部員朴寅喜氏辭任請願을依許ᄒᆞ고司察部員은一人을增選ᄒᆞ기로可決되야補缺選擧를行ᄒᆞ니編輯部長李得季氏仝部員崔浩善氏오司察部員에鄭鳳鎭張淳翊兩氏가被選되다

第十回定期摠會　隆熙四年二月六日上午十時에定期摠會를本監督部內에開ᄒᆞᆯᄉᆡ副會長朴炳哲氏가登席ᄒᆞ다書記가前回會錄을朗讀ᄒᆞ미改正承認되고左開事項을處理ᄒᆞ다(評議會錄承認案)

一規則改正事件이니文尙宇氏가規則改正委員을五名만更選ᄒᆞ자ᄒᆞ미異議가無ᄒᆞ야左開人員을選定ᄒᆞ니朴海遠高元勳金淇驩李豐載朴容喜諸氏더라會長自辟

二普通債權을蕩減홀事

三各部報告　會計部報告內開에現今이三十九圓九十錢이오銀行에任置金이九十九圓三十七錢五厘라ᄒᆞ다　外他諸部ᄂᆞᆫ別無事項이라ᄒᆞ다

四本國에派送ᄒᆞ엿던摠代高元勳李豊載兩氏의報告를聞ᄒᆞ고兩氏에게慰勞의情을表ᄒᆞ기爲ᄒᆞ야紀念品書籍一卷式買給홀事

五本會特別債權을收捧키爲ᄒᆞ야督刷委員三人을選定ᄒᆞ니李寅彰張澤相金榮斗三氏더라(會長自辟)

李寅彰氏가提議ᄒᆞ되特別債務收捧事에對ᄒᆞ야自今二個月三月晦日로期限을定ᄒᆞ되若其期限內에該債務者가滯納ᄒᆞᄂᆞᆫ時에ᄂᆞᆫ其事由를會報及內地各新聞上에廣告ᄒᆞ야鳴聲論罰ᄒᆞ자ᄒᆞ미無異議可決되다下午二時에閉會ᄒᆞ다

會計報告

貸借對照表「隆熙四年二月五日ᄭᆞ지」

借方

出版部 千二百十三圓六十六錢二厘	敎育部 四十四圓六十二錢五厘	運動部 二百十四圓二十一錢
會計部 三十三圓五十七錢八厘	討論部 六圓○六錢	諸雜費 二百三十一圓十八錢
物品 五圓六十二錢	事務所 千○三十七圓十二錢	特別債權 百六十七圓四十二錢
普通債權 三千八百三十五圓四十一錢	編纂部 三十五圓五十三錢	尾張銀行 九十九圓三十七錢五厘
預發金 二十一圓三十一錢	金 銀 三十九圓九十錢	(計)金六千九百八十五圓

貸方

基本金 四千九百九十八圓三十八錢五厘	雜收入 九圓六十錢	恩賜金 一百圓
月捐金 一百十九圓二十五錢	義捐金 千三百五十四圓三十五錢五厘	利子 六圓六十六錢
學報代 二百十二圓三十二錢	會費 一百八十四圓四十三錢	(計)金六千九百八十五圓

收入支出表「隆熙自四年一月一日至同年二月五日」支出

出版部 一百〇五圓 會計部 二圓三十八錢 事務所 一百九十六圓二十一錢 討論部 三圓 編纂部 一圓四十八錢 (計)金三百〇八圓〇七錢 ▲收入▼學報代金 十七圓六十三錢 會費金 二十四圓五十錢 恩賜金 五十圓 月捐金 十七圓五十錢 義捐金 三十七圓五十錢(計)三百〇八圓〇七錢

義捐金領收表 隆熙四年二月五日迄

韓洛用 五圓 今湖學校 二圓 殷成河 十圓 李貞鎬 一圓 車性淵 三圓 林炳元 二圓 金思國 二圓五十錢 金濟德 一圓 姜俊圭 一圓 李冕徽 五十錢 金容奭 一圓 姜肇耕 一圓 兪漢泳 一圓 羅亨權 五十錢 崔子中 一圓 金瑞仲 一圓 宋斗鉉 一圓 元貞龍 一圓 金炳冑 一圓 高敬相 一圓

月捐金領受表 隆熙四年二月五日ᄭᆞ지

姜信穆 五十錢 十二月 金相泰 一圓 一、至二月 吳東準 一圓 十二、至二月 崔昌朝 五十錢 十一月 閔在賢 一圓五十錢 十、至十二 崔鳴煥 一圓 十二、一 姜邁 五十錢 一月 朴允喆 一圓 十一、十二 金晋庸 五十錢 十二 姜潤楨 五十錢 十一 崔洛允 一圓 十一、十二 康斗鉉 一圓 十二、一 高命錫 五十錢 一月 姜完善 一圓 十一、十二 鄭鳳鎭 五十錢 一月 朱基申 五十錢 十二月 高元勳 五十錢 一月 金良洙 五十錢 一月 尹昇三 五十錢 十二 李鳳九 一圓 十、十一 韓洛用 一圓 十、十一 朴春緒 五十錢 十月二 邊熙駿 五十錢 十二月 鄭廣朝 五十錢 十二月

學報代金領受表 隆熙四年二月五日迄

三和港新聞雜誌縱覽所 一圓 李貞鎬 太極報二冊 一圓三十二錢 申鉉弼 商學界 一ㅣ七 二圓 李俊相 三十錢 龍川楊市中學校 一圓 梁桂承 四十八錢 崔寬烈 四十八錢 宋錫祚 五十錢 尹秉熙 一圓五錢 金泰熙 八十錢 張日泰 一圓 尹九鉉 一圓五十錢 金福鉉 一圓 梁璟煥 四十錢 兪尙煥 一圓 安秉瓚 一圓十五錢 永昌學校 八十五錢 鄭權鉉 八十錢

●正誤 本報第九號五十七頁月捐金秩에 金基烔氏名下 五十錢(十二)을 一圓으로正誤홈

●學報定價（改正）

一部（郵並）　拾貳錢
三個月（上仝）　參拾錢
半年分（上仝）　六拾錢
一年分（上仝）　一圜拾五錢

●廣告料

半頁　金參圜
一頁　金五圜

編輯人　李得季
日本東京市麴町區中六番町四十九番地

發行人　高元勳
日本東京市麴町區中六番町四十九番地

印刷人　姜邁
日本東京市麴町區中六番町四十九番地

發行所　大韓興學會出版部
日本東京市麴町區中六番町四十九番地

印刷所　大韓興學會印刷所
日本東京市麴町區中六番町四十九番地

會員諸君 座下

本報ᄂᆞᆫ大韓興學會의機關紙오興學會ᄂᆞᆫ在日本帝國靑年의結晶體니一般會員의思想을代表ᄒᆞ고學識을反射ᄒᆞᄂᆞᆫ本報의原稿製述은不可不會員諸君을是賴是望ᄒᆞ노니民智啓發에適當逼切ᄒᆞᆫ論說及學術을每月二十五日以內에本部로送交ᄒᆞ심을切盼

投書의注意

一 投稿ᄂᆞᆫ 國漢文、楷書、完結을要홈

一 投稿ᄂᆞᆫ 論說、小說(短篇) 學藝等

一 學藝ᄂᆞᆫ 法、政、經、哲、倫、心、地、歷과及博物、理化、醫、農、工、商等以內

一 原稿蒐輯期限은每月二十五日

大韓興學會編纂部

大韓興學報第十號

隆熙三年十二月十九日
明治四十二年十二月十九日 第三種郵便物認可
隆熙四年二月廿日
明治四十三年二月廿日 發行 (每月一回)

隆熙三年十一月十九日
明治四十二年十一月十九日
第三種郵便物認可

隆熙四年
日本明治四十三年
三月廿日發行
（每月一回）

大韓興學報

在日本東京
大韓興學會發行

第拾貳號

緊急 廣告

敬啓者本報는留學生界의熱心誠力과內外　僉君子의殷眷ᄒᆞ신贊成을賴ᄒᆞ야經費의窘艱ᄒᆞᆷ을不拘ᄒᆞ고逐月開刊ᄒᆞᆷ은想已　統亮ᄒᆞ시는바이어니와本報를　購覽ᄒᆞ시는諸氏는　報代金을即速換投ᄒᆞ시와本報를繼續發行케ᄒᆞ심을千萬仰希

報價를計送ᄒᆞ시면領受證을即當繕呈ᄒᆞ깃삽、若或代金을送投ᄒᆞ신諸氏가領受證을　照領티못ᄒᆞᆯ時에는本會所로通知ᄒᆞ시면亦即繕呈ᄒᆞ깃삽

隆熙四年三月二十日

大韓興學會

恭賀乾元節

隆熙四年三月二十五日

聖壽萬歲

在日本東京 大韓興學會

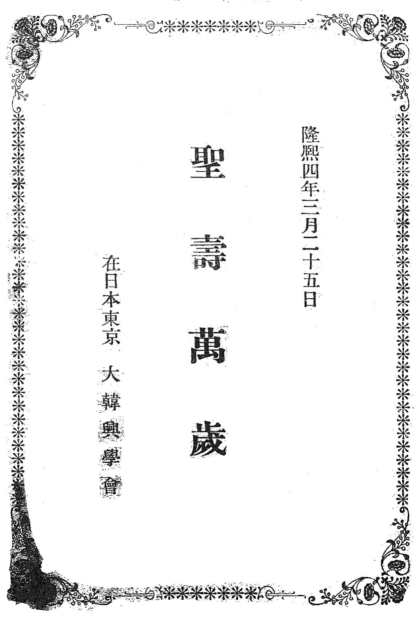

大韓興學報第十一號目次

小說

雜纂

散錄

大韓興學會의將來를論홈

本會는在日本東京帝國留學生의全体로써組織흔總團体인줄은內外를勿論ᄒᆞ고帝國人民의擧皆知悉ᄒᆞ는바이오上天后土靈神의咸須命囑ᄒᆞ신바이니其名이正ᄒᆞ고其義가實ᄒᆞ야我總留學生을代表흔神聖唯一흔機關이로다內則社會諸先進과父兄諸君子가多大흔希望을以ᄒᆞ야勸勉의意와贊成의命을或財或言으로叮嚀交至ᄒᆞ야曰諸君은爲國自愛ᄒᆞ고爲學自進ᄒᆞ야親之愛之ᄒᆞ라ᄒᆞ며外則遠近同胞弟兄과學生僉彥이滿腔의熱誠을表ᄒᆞ야同心戮力ᄒᆞ야課餘學暇에勸勉孜々ᄒᆞ야實進躬行ᄒᆞ야曰國民의智德을啓發ᄒᆞ고學友의親誼를敦睦케ᄒᆞ자ᄒᆞ니於是에本會의目的이正大光明ᄒᆞ고本會의方針이實着穩健ᄒᆞ야當今韓國靑年의精神的新氣像을存養ᄒᆞ며韓國々民의理想的新基礎를鞏固케홈이진실노茲에始ᄒᆞ며茲에在ᄒᆞ리로다

夫我留學生이扶桑에問學흔지十數年의歷史를有ᄒᆞ엿고學會를組織흔것도亦已

種々의歷史를見ᄒᆞᆫ지라既往의形實은過境에已屬ᄒᆞᆯ지나回顧컨ᄃᆡ唯我神聖ᄒᆞᆫ本會의誕生이於焉間一週期가已過ᄒᆞ고本報를發刊ᄒᆞᆫ자十有一號에既達ᄒᆞ엿스나美ᄒᆞᆸ다本會의誕生은即我完全ᄒᆞᆫ留學生을創造ᄒᆞᆷ이오完全ᄒᆞᆫ留學生을創造ᄒᆞᆷ은即我新帝國을建設ᄒᆞᆯ基礎가되리니我留學生을爲ᄒᆞ야可喜可賀ᄒᆞᆯ지오更我帝國을爲ᄒᆞ야可賀可祝ᄒᆞᆯ者ㅣ此에無過ᄒᆞ나然ᄒᆞ나本會의歷史를觀ᄒᆞ는者는其必異樣의感想을起ᄒᆞᆯ者ㅣ或有ᄒᆞᆯᄯᅳᆺᄒᆞ되本會로ᄒᆞ여금今日의面目을維持ᄒᆞ고今日의地位를有케ᄒᆞᆫ者는其誰오亦必曰本會의歷史上産物이라可謂ᄒᆞ리니本會를愛ᄒᆞ는者는本會의歷史를忘치勿ᄒᆞᆯ지며留學生을愛ᄒᆞ는者는本會의宏謀를忽치勿ᄒᆞᆯ지어다

本會의將來를論ᄒᆞᆷ에當ᄒᆞ야念頭에一大遺憾을不禁ᄒᆞᆯ者ㅣ有ᄒᆞ니吾人이何를因ᄒᆞ야本會를日本東京에存在케ᄒᆞ엿나뇨此에對ᄒᆞ야는本會의目的所在를疑ᄒᆞ는비아니오本會의方針前途를懼ᄒᆞ는비아니로되本會의分子가되는吾人의地位如何ᄒᆞᆷ을思惟ᄒᆞᆫ즉呑聲飮恨에一滴의熱淚ㅣ衣襟을濕ᄒᆞ는도다一來艱險危惡ᄒᆞ야自由의便을不得ᄒᆞ고二來悲憤慘憺ᄒᆞ야劣敗의勢를不免ᄒᆞ니於是乎韓國의時勢와現狀이韓國青年으로ᄒᆞ여곰出洋求學케ᄒᆞᆷ이오出洋求學ᄒᆞ는諸君으로ᄒᆞ여곰本會를日本東京에置케ᄒᆞᆫ바이니韓國과留學生의關係는昏衢明燭과大厦柱石의責任이有ᄒᆞ고留學生과本會의關係는學習의準繩과親睦의機關을作ᄒᆞ는必要ㅣ

有흠ᄂᆞᆫ不必多言이어니와本會의存立을因ᄒᆞ야留學界의面目을一層維新케ᄒᆞ며

祖國에對ᄒᆞᆫ懇誠을愈益發揮케흠은過去의歷史를徵ᄒᆞᆫ듸昭々然記憶이耳目에在ᄒᆞ고將來에在ᄒᆞ야도層一層至誠勇進ᄒᆞᆯ氣像이有흠은吾人이斷言ᄒᆞᄂᆞᆫ바로다本會와留學生의關係가如斯히重且大ᄒᆞ고留學生과帝國의關係가尤如斯히重且大ᄒᆞ니本會의將來로ᄡᅥ帝國의將來를可히推知흠을得ᄒᆞᆯ지라然則本會의興替存亡은我留學生과直接關係가有ᄒᆞ고留學生의興替存亡은我帝國과直接關係ㅣ有ᄒᆞᄂᆞ니內外同胞를勿論ᄒᆞ고本會를愛ᄒᆞᄂᆞᆫ者ᄂᆞᆫ大韓帝國을愛ᄒᆞᄂᆞᆫ者ㅣ라謂ᄒᆞᆯ지도다

本會規則第三條를據ᄒᆞᆫ즉本會々員은帝國同胞中同志人士로定ᄒᆞ되左開二種이有ᄒᆞ니「一通常會員은本會의位置附近에在ᄒᆞ야一般義務를履行ᄒᆞ기可能ᄒᆞᆫ者오」「二特別會員은通常會員이아닌者ㅣ라ᄂᆞᆫ」規定이有ᄒᆞ니本會에對ᄒᆞ야一般義務를履行ᄒᆞᄂᆞᆫ者通常會員은即我留學生을意味흠이라然則本會의歷史ᄂᆞᆫ即留學生의歷史가되ᄂᆞᆫ同時에本會의將來ᄂᆞᆫ又留學生의將來를意味흠에不過ᄒᆞ도다

今에本會의將來를論흠에二方面으로觀察흠을可得ᄒᆞᆯ지니一曰現實的將來오二曰精神的將來是也ㅣ라現實的將來ᄂᆞᆫ無論本會通常會員이되ᄂᆞᆫ留學生이當地에留學ᄒᆞᄂᆞᆫ期間을因ᄒᆞ야決ᄒᆞᆯ問題이니留學生의多寡及消長을因ᄒᆞ야本會의將來에影響을及ᄒᆞᄂᆞᆫ者이오精神的將來ᄂᆞᆫ學生의身分으로ᄡᅥ本會에獻身ᄒᆞᆯᄲᅮᆫ아니라業

成學就호后에他日國家的活動方面으로向호야事業에從事홀時々지라도本會의目的과本會의精神을喪失치勿호고永遠히傳守홈을謂홈이니暫時外面으로觀察호면本會의消長이다만留學生의消長에만關호야運命을決홀뜻호나決코不然호지라深謀遠慮로써國民의知識을啓導호며新智活氣로써學界의氣像을皷吹홈이本會의眞正호理想的目的이오用力自立호며協同一致호야唯仁斯愛호고唯義斯行홈이本會의純良호現實的方針이니凡我會員이되는者는本會에對호義務를履行호는同時에本會의將來問題를硏究코자홀진디必先此二點에就호야現實的將來를力踐호고精神的將來를講究홈에在호도다試觀호라現今內地社會狀態가如何호境遇에在호나뇨人心이離散호야朝東暮西에論是論非호니統一의方法을思考호는者ㅣ不無호되其効ㅣ尙無호고事物이滯遲호야換面易心에垂死轉壑호니救濟의方策을講究호는者ㅣ不無호되其功이未著호야貧益貧弱日弱호니現今과밋將來에其責任을負홀者ㅣ其誰오호면必曰外國에留學호는新進青年이라謂호리니青年은其誰오多數는卽我留學生界으로써標準을삼으리로다今日의會興會廢와他日의國存國亡이皆是學友諸君의責任이라本會를敬愛호는者ㅣ엇지他我의別이有호며本會를贊成호는者ㅣ잇지遠近의差가有호리오其維持方針과擴張事務에對호야는事實上解決를要홀거인즉凡我留學生이된諸君에게讓호고자호노라夫吾人은空想보다理想을重히호고理論보다事實을力行홀지니本會의將來

를論ᄒᆞᆷ에도理論上問題ᄂᆞᆫ解決ᄒᆞᆫ지가已久ᄒᆞ거니와但事實上問題에至ᄒᆞ야ᄂᆞᆫ人皆曰當行當行이라云ᄒᆞᄃᆡ每常一定ᄒᆞᆫ算法이確立치못ᄒᆞ야財政方針이日不念月ᄒᆞ니此ᄂᆞᆫ吾人의惱心焦思ᄒᆞ며左忖右度ᄒᆞᄃᆡ尙爾良策을未得ᄒᆞᆫ비라義捐의擧가一再에不止ᄒᆞ니旅橐이殆히無餘ᄒᆞ고月捐의例ᄂᆞᆫ義務가不輕ᄒᆞᄃᆡ收支가足히兩立치못ᄒᆞ니然則장차如何히ᄒᆞ여야可ᄒᆞᆯ고嗚呼噫嘻라古語에云ᄒᆞᄃᆡ有志者ㅣ事竟成이라ᄒᆞ고又云ᄒᆞᄃᆡ自助者ᄂᆞᆫ天이助之라ᄒᆞ니半千의會員이不足ᄒᆞᆫ바아니오一會의維持가容易ᄒᆞᆫ비아니로ᄃᆡ去年의熱淚가尙未乾ᄒᆞ고昨日의筆痕이尙未泯ᄒᆞ야人氣消沈ᄒᆞ고士志淆漓ᄒᆞ야因循荏苒에徘徊觀瞻ᄒᆞ니是抑何故오余ᄂᆞᆫ必曰有志無誠ᄒᆞ고又不自助者ㅣ라ᄒᆞ리니吾人의地位와如히困難艱險ᄒᆞᆫ時代를當ᄒᆞ야其或有志無誠ᄒᆞ거나又或自助猛進ᄒᆞᄂᆞᆫ氣像이無ᄒᆞ면豈敢一事를做爲ᄒᆞᆯ者ㅣ有ᄒᆞ며一行을動作ᄒᆞᆯ者ㅣ有ᄒᆞ리오故로余ᄂᆞᆫ自謂ᄒᆞᄃᆡ國家와個人의事業을勿論ᄒᆞ고苟或有爲코자ᄒᆞᄂᆞᆫ者ᄂᆞᆫ誠意誠心을以ᄒᆞ야萬難을排除ᄒᆞ고忘寢廢餐ᄒᆞ야斷々兮無間ᄒᆞ야做去不已치아니ᄒᆞ면成功의結果를得키難ᄒᆞ다ᄒᆞ노니彼加利破的의統一事業과比斯麥의鐵血政策을觀ᄒᆞ라時代와人物은相異ᄒᆞᄃᆡ其心法力行ᄒᆞᄂᆞᆫ點은略同ᄒᆞ나니個人도尙然커던況我衆心을合ᄒᆞ야一心을作ᄒᆞ며衆力을合ᄒᆞ야一体를成ᄒᆞᆫ者ㅣ리오翁翁이嘗曰人類의勝利ᄂᆞᆫ一瞬間에在ᄒᆞ다ᄒᆞ니本會의存廢가亦一瞬間에在ᄒᆞᆫ지라勉之勉之어다余ᄂᆞᆫ本會員諸君의熱誠과勇氣가周到ᄒᆞᆯ

時에는其維持方針에對훈事實上問題는極히容易히解決홈을得흐리라고思惟흐노니本會將來에關훈以上二點을略擧흐야誠意誠心四字로써內外學生諸君과有情弟兄에게一言으로絶叫흐노라

我有雙拳

天下事皆可自行自爲

恃天則愚依人則敗

宜有正眼

朴海遠

世道ㅣ一變에人智ㅣ漸明ᄒᆞ야山梯海航이連絡萬里을如呎尺ᄒᆞ야狠眈獅吼ㅣ極肆慘毒ᄒᆞ고狐媚狗苟ㅣ甘作倀導ᄒᆞ야道術喪而權謀盛ᄒᆞ고忠信失而詐僞增이라是以로或稱保護에奪其領土ᄒᆞ며或唱平和에携其干戈ᄒᆞ며或設教會에樹其徒黨ᄒᆞ야許多政畧이愈出愈奇ᄒᆞ며愈往愈恠ᄒᆞ야眩人氣魄ᄒᆞ며蠱人心術ᄒᆞ야塡其壑坎者ㅣ乃至車載斗量에不可勝數로ᄃᆡ摘以一二ᄒᆞ야論其大畧컨ᄃᆡ曰保護平和四字니如字讀之ᄒᆞ면即不過保護平和之謂也而譯其意則有異乎此也라

保護者ᄂᆞᆫ被保護國이隷屬於爲保護之國之主權下ᄒᆞ야受其政治上、軍事上、經濟上制限ᄒᆞ야不得活動於國際法上ᄒᆞ니譬之如個人이離群絶屬ᄒᆞ고被拘禁於監獄ᄒᆞ야偃仰屈伸을不得自由ᄒᆞ니此之謂生中之死體也라少無活動能力일ᄉᆡ故로國家之脫保護羈絆은即個人之免監獄拘禁也니保護之意ㅣ是也오

平和은歐洲諸强이以實力培養으로爲國是ᄒᆞ야挽近以來로國內之整理와領土之擴張이漸益堅固ᄒᆞ야以至勢力之平等則自知其相侵이有害無益故로唱導平和

ᄒᆞ야以保旣得權이나然이나尙着目於劣等屬之國ᄒᆞ야以占奪新領地로爲焦心渴望ᄒᆞ니平和之意ㅣ是也라至於

敎會ᄒᆞ야ᄂᆞᆫ人之精神的關係ㅣ亶在於此ᄒᆞ니尤不可不愼홀지라今之樂이猶古之樂은已付過渡時代ᄒᆞ야ᄉᆞ니其敎의種類와異同은姑舍ᄒᆞ고但一言者ᄂᆞᆫ敎會之名實之相符與否也라ᄒᆞ노라能變遷人之思想ᄒᆞ며能感化人之精神ᄒᆞ야期於同化ᄒᆞᄂᆞ니敎之力이是也라故로禍人國者ㅣ先以自國敎의自國魂으로注入於人之腦髓ᄒᆞ야使之信奉ᄒᆞ야以從我케ᄒᆞᄂᆞ니此亦一政策이라英國이以新敎信者로限其國民資格ᄒᆞ고露國은以希臘敎로爲國敎ᄒᆞ야不許異敎之手段으로至有慘殺猶太人ᄒᆞ얏ᄉᆞ니此皆出於一種政治手段也로다

近日我國에도敎會名稱으로設立ᄒᆞ야各張門戶ᄒᆞ며各竪旗幟ᄒᆞ얏ᄉᆞ나或見其內部則某敎會ᄂᆞᆫ受人貽賄ᄒᆞ고爲人鷹犬ᄒᆞ야改頭幻面이不過於肥已充欲ᄒᆞ니敎會之名實不符ㅣ是也라

現今歐化大行에競爭이日甚ᄒᆞ야上而國家政治와下而勞働社會ㅣ無非權利上計劃이라强者之食弱과智者之欺愚은此乃理勢之自然이니以殘弱民族으로加之於風潮大勢而當此渦中ᄒᆞ니自非冒萬死之險이면安能行我所志며又非大量觀察之法이면那得看破彼之巧術乎아顧我一般國民은打破其依賴陋習ᄒᆞ고善養我光明正大之氣ᄒᆞ야不失自國性ᄒᆞ면雖有千白蓮과萬黃巾인던豈能遷我中心이리오

傳에曰十手所指며十目所指니其嚴乎ㅣㄴ저ᄒᆞ얏ᄉᆞ니況我二千萬人之正眼乎야

代現世之士ᄒᆞ야有感於日本留學諸氏라 (寄書)

金忠熙

嗚呼라挽近以來로多有負笈外洋ᄒᆞ야苦心求學之士ᄒᆞ니此固衆人之不能이오而今昔之所難也나究其志면不越乎干祿之計而已라古之人이有云호ᄃᆡ仕不爲貧이오而有時乎爲貧이라ᄒᆞ얏ᄉᆞ니余固不足以質之나蓋今之遊學之士ᄂᆞᆫ急於名利ᄒᆞ야稍解外語新學則輒妄自尊大ᄒᆞ야自謂無出己右者ᄒᆞ고雉髮殊形ᄒᆞ고敖然而歸ᄒᆞ야恃外勢施己欲ᄒᆞ야名穹要職을惟意占之ᄒᆞ며不顧國勢之岌業과民事之塗炭ᄒᆞ고從以快恩讎矜名譽로爲事ᄒᆞ니此現世之士得志於要路면其心之影響이如此也라惟留學日本之諸君則不然ᄒᆞ야離故國謝親戚ᄒᆞ고留學扶桑者ㅣ已閱數載星霜矣라分業而攻之ᄒᆞ야專門而致之ᄒᆞ며成此而又學彼ᄒᆞ야德業之盛이蒸々然日上ᄒᆞ니凡我內地之爲兄弟者ㅣ聞其風而望其成蓋亦有年矣라所謂名宦要職은占之則占ᄒᆞ고恩讎名譽도快之則快나然이나而諸君之志則反是而不知此之爲ᄒᆞ고以團合的精神으로會友結社ᄒᆞ야輔仁進德ᄒᆞ며勤業硏智ᄒᆞ야養成他日國家之干城과國民之師表ᄒᆞ고其隙也에發出菁萃之餘蘊ᄒᆞ야編諸月報에布告我內地之兄弟ᄒᆞ니孜々焉其人과勸々焉其心을誰不起敬而增感也哉리오然則名官要職도不

足爲榮於諸氏之志ᄒᆞ며恩讎名譽도不足爲快於諸君之志ᄒᆞ고但所思者ᄂᆞᆫ吾輩以國民之代表로留學此域者ㅣ果何等重大責任乎아我之政治實業과奇聞大觀과新學新智을豈可用於私而已乎哉아祖國獨立도我將謀之ᄒᆞ며外侮之凌侵도我將禦之ᄒᆞ며兄弟之顚塡도我將救之ᄒᆞ며內地之荒蕪도我將闢之라ᄒᆞ야施功於一代ᄒᆞ며流芳於百世ᄒᆞ리니此諸氏之志也오而內地同胞도亦以此希望於諸氏者也라此何如於一介之士ㅣ學未成而心先熱於穀祿ᄒᆞ야僥倖得志於當時則自快其心欲者乎아且夫其業之日新과其心志之卓然者則乃邦家之慶이오而同胞之大幸者也라余雖不獲立於諸氏之末席이나幸嘗竊誦貴會月報ᄒᆞ야玩味辭義ᄒᆞ고默祈諸氏之志有成而又喜爲同胞道也ᄒᆞ노니諸氏ᄂᆞᆫ其勉之哉勉之哉인뎌

國民의科學的活動을要홈

挽洋生 韓興教

現下內國情況을或目으로睹ᄒᆞ며或耳로聞ᄒᆞᆫ者ㅣ誰가生活難生活難이라ᄒᆞᄂᆞᆫ話柄을作치아니ᄒᆞ며또ᄒᆞᆫ實例를證ᄒᆞ야도우리二千萬家族社會中에도此等狀態에陷치아니ᄒᆞᆫ者ㅣ幾個나有ᄒᆞ뇨이름으로各種報紙上에ᄂᆞᆫ是를筆이禿ᄒᆞ도록寫出ᄒᆞ며幾多言論場에ᄂᆞᆫ是를舌이焦ᄒᆞ도록吐盡ᄒᆞ얏스나往々히口頭釋恒茶飯으로歸ᄒᆞᆯᄯᆞ름이니實로慨歎홈을不勝ᄒᆞ깃도다誰던지何에던지其救濟ᄒᆞᆯ方針을具體的으로指論ᄒᆞᆫ者ㅣ殆히無홈이니故로今에本記者ᄂᆞᆫ淺見薄識을不拘ᄒᆞ고如斯ᄒᆞᆫ

大問題即難問題에對ᄒᆞ야敢히一言을呈코자ᄒᆞ노니豁意寬大ᄒᆞ신、우리 帝國同胞ᄂᆞᆫ特히此點을容納ᄒᆞ시고今後로브터同志僉彥은共히此問題를잘解決ᄒᆞ기를滿腔熱誠으로渴望ᄒᆞ노라

此에就ᄒᆞ야人々個々히各其職務의當行ᄒᆞᆯ바를行ᄒᆞ며當守ᄒᆞᆯ바를守ᄒᆞ야몬져自家를善良히保存ᄒᆞ며밋自國을永遠히維持케ᄒᆞᆯ主義인데此를具體的方面으로論及ᄒᆞ건ᄃᆡ大概如左ᄒᆞ니

第一 保守的主義

(가)醫學界(醫農工商의順을從홈) 此ᄂᆞᆫ現時狀態로써觀ᄒᆞᆯ진ᄃᆡ아즉萎靡不振ᄒᆞ야殆히擧論ᄒᆞᆯ바이無ᄒᆞ나不佞도將來에此醫學界로써活動코셔ᄒᆞ며또ᄒᆞᆫ自量ᄒᆞᄃᆡ我韓目下急務로셔도醫學의右에出ᄒᆞᆯ者殆無ᄒᆞ다ᄒᆞ야도過言이아닐줄信ᄒᆞ노니斯界에從事ᄒᆞᆫ僉彥의特히注意ᄒᆞᆯ바ᄂᆞᆫ何에在ᄒᆞ뇨愚論을待치아니ᄒᆞ야도明瞭ᄒᆞ려니와現今外國으로브터本邦에渡來ᄒᆞᆫ空囊客들이往々히一攫千金의手段으로京鄉要塞處에所謂醫院이니藥舖이니ᄒᆞᄂᆞᆫ것이到頭에相望ᄒᆞ야非理의利益과不法의行動을逞ᄒᆞ니我邦人은맛당히此에反ᄒᆞ야高尙ᄒᆞᆫ資格과眞正ᄒᆞᆫ目的으로써一層改良ᄒᆞ야誠心做去ᄒᆞ면其勢가반다시我掌中에歸ᄒᆞᆯ것이分明ᄒᆞ니以上은醫學家의責務이오

(나)農學界 農이란것은從來我邦에셔第一大本으로知홈으로써此에對ᄒᆞ야多

少間發達ᄒᆞᆫ點도有ᄒᆞ고또ᄒᆞᆫ我邦輸出品의首位를占ᄒᆞ얏스나現世新發明된農學이按出ᄒᆞᆫ바되야그精密ᄒᆞ고完全ᄒᆞᆫ法이自來經驗的模範에比ᄒᆞᆯ바이아님으로隣邦의農戰隊가삽을荷ᄒᆞ며鎌을橫ᄒᆞ고續々襲來ᄒᆞ야地를拓ᄒᆞ며民을殖코자ᄒᆞ거든我邦人은此에一層奮勵ᄒᆞ야假令外人이一畝를耕ᄒᆞ거든我는十畝를耕ᄒᆞ면장챳大成功과好結果를得ᄒᆞ리니以上은農業家의責任이오(此外水產、鑛產諸業도亦然ᄒᆞᆷ)

(다)工業界　此도또한我韓의古代에最히發達된거은外人의口頭로恒言ᄒᆞᆫ바이나近世에降ᄒᆞ얀漸次退縮ᄒᆞᆫ狀態를呈ᄒᆞ니此際를當ᄒᆞ야東西各邦으로븟허精巧ᄒᆞᆫ工藝品이輻輳並進ᄒᆞᆷ에全國의經濟가迫히此를因ᄒᆞ야罄竭ᄒᆞ니엇지痛嘆치아니ᄒᆞ리오自今으론彼와如ᄒᆞᆫ工藝品을着々히模倣造成ᄒᆞᆯ지니即陶器唐礦(셕낭)類와其外日用品이오또ᄒᆞᆫ可及的內國產만使用케ᄒᆞ고外國產을減少케ᄒᆞ면外邦輸入이漸次退却ᄒᆞ야져可懼ᄒᆞᆫ工戰隊에對抗ᄒᆞ야最後勝利를占ᄒᆞᆯ지니以上은工業家의責任이오

(라)商業界　商業이란것은我邦慣習上으로從ᄒᆞ야此를賤業으로排斥ᄒᆞᆫ結果今日과如히可憐ᄒᆞᆫ狀態에陷ᄒᆞ얏거니와此에反ᄒᆞ야東西列强은近世文明을隨ᄒᆞ야商學이란것을緻密히研究ᄒᆞᆫ外에所謂商戰隊의勢力이日노盛ᄒᆞ야是로써他民族을奴隷로使ᄒᆞ며他邦國을領土로認ᄒᆞᆫ者ㅣ其例不少ᄒᆞ니그엇지可懼可畏ᄒᆞᆯ事이

아니리오果然商業界에有志ᄒᆞᆫ者이어든此를能히對抗ᄒᆞᆯ能力이有ᄒᆞᆫ가無ᄒᆞᆫ가杳疑雲萬疊中에在ᄒᆞᆯᄲᅮᆫ이로다然ᄒᆞ나自後로ᄂᆞᆫ決斷코汎視치못ᄒᆞᆯ것이니맛ᄯᅡᆼ이磨拳擦掌ᄒᆞ야商戰隊를一棒打破ᄒᆞᆯ勇氣를養蓄ᄒᆞ야奮鬪前進ᄒᆞᆫ즉外商戰隊ᄂᆞᆫ自然崩潰ᄒᆞ야畢竟白旗下에降伏ᄒᆞᆯ수밧게無ᄒᆞ니特히商界에有志ᄒᆞᆫ諸彥은此에크게注意ᄒᆞᆯ지어다

第二 出稼的主義

(가)醫、農、工三學界ᄂᆞᆫ아직幼穉ᄒᆞ야別노出稼的方面ᄭᅡ지進行ᄒᆞᆯ餘地가無ᄒᆞ기에此ᄂᆞᆫ省略ᄒᆞᆷ

(나)商學界 此에就ᄒᆞ얀不可不以上兩方面으로並行ᄒᆞᆯ必要가有ᄒᆞ니何者를謂ᄒᆞᆷ이뇨大抵商業은ᄒᆞᆫ갓一國經濟에만制限ᄒᆞᆯᄲᅮᆫ아니라國際間貿易即輸出輸入에大關係가有ᄒᆞ거든況此時ᄀᆞᆺ히金融이枯渴ᄒᆞ고經濟가恐慌ᄒᆞᆫ地境을當ᄒᆞ야第一重大ᄒᆞᆫ責任을雙肩上에擔荷ᄒᆞᆫ商業家即經濟家되고야엇지內國에在ᄒᆞ야다만保守的主義에만傾向ᄒᆞᆯᄯᅡ람이리오모름즉이外邦에對ᄒᆞ야出稼的主義即實利的行動으로써可及的本邦과隣接ᄒᆞ고ᄯᅩᄒᆞᆫ物產이豐富ᄒᆞ며金融이充溢ᄒᆞᆫ露領海蔘威와支那滿洲에陸續海渡ᄒᆞ야快手段大經營으로商界舞臺에活動ᄒᆞ면그莫大ᄒᆞᆫ利源이白頭山下로連注ᄒᆞ리니如斯히ᄒᆞ여야可히全國經濟를維持ᄒᆞᆯᄉᆞᄒᆞ노니以上은商業家의責任이니라 (다만此問題에만着目ᄒᆞ야論ᄒᆞᆯ진ᄃᆡ其重要緊急ᄒᆞᆷ이上

의逆準 및商工農醫의次序가될줄을反思ᄒᆞ노라)

其外最重最大ᄒᆞᆫ責任을有ᄒᆞᆫ者ᄂᆞᆫ 및士이라士ᄂᆞᆫ本來國의元氣가됨으로能하以上四業을摠括ᄒᆞᆯ만ᄒᆞᆫ權衡을執ᄒᆞᆯ인즉士된者ᄂᆞᆫ더욱一層奮勵ᄒᆞ야上述ᄒᆞᆫ物質的方面으로以ᄒᆞ야精神的으로全國青年을指導ᄒᆞᆯ任務가確有ᄒᆞ다ᄒᆞ노라

上項에陳述ᄒᆞᆫ바이極히簡單ᄒᆞ고沒趣味ᄒᆞ야一瞥見에可採ᄒᆞᆯ要點이無ᄒᆞᆫ듯ᄒᆞ나決코不然ᄒᆞ니目今全國經濟가極端에達ᄒᆞ야거의生活難을絕叫ᄒᆞ나如斯ᄒᆞ다고十指를不動ᄒᆞ고坐而待死ᄒᆞ겟ᄂᆞᆫ가不佞은다만古人의箴言을擧ᄒᆞ야此篇을結코자ᄒᆞ노니 및「陷之死地而後에生」이라ᄒᆞ며「誠心所到에何事不成」고ᄒᆞ니江湖同志僉彥은모름즉이此에留神猛省ᄒᆞᆯ지어다

學藝

文學의價値

李寶鏡

「文學」은人類史上에甚히重要ᄒᆞᆫ거시라。이제余와ᄀᆞᆺᄒᆞᆫ寒書生이「文學의價値」를論ᄒᆞᆫ다ᄒᆞᄂᆞᆫ거슨자못猥越ᄒᆞᆫ듯ᄒᆞ나至今ᄭᅥᆽ我韓文壇에한번도此等言論

을見티못ᄒᆞ엿ᄂᆞ니、이ᄂᆞᆫ、곳「文學」이라ᄂᆞᆫ거ᄉᆞᆯ閒却한緣由ㅣ로다。 夫我韓의現狀은가장岌業ᄒᆞ야全國民이、 모다實際問題에만齷齪ᄒᆞᄂᆞᆫ故로얼마큼實際問題에踈遠ᄒᆞᆫ듯한文學等에對ᄒᆞ야ᄂᆞᆫ注意ᄒᆞᆯ餘裕가無ᄒᆞ리라。 然이나文學은果然實際와沒交涉ᄒᆞᆫ無用의長物일ᄭᅡ、此ᄂᆞᆫ진실노先決ᄒᆞᆯ重要問題로다。 於是乎余ᄂᆞᆫ淺見薄識을不顧ᄒᆞ고敢히數言을陳코자ᄒᆞ노라。

本論에入ᄒᆞᄂᆞᆫ楷梯로「文學이라ᄂᆞᆫ것」에關ᄒᆞ야極히簡單히述ᄒᆞ깃노라

「文學」이라ᄂᆞᆫ字의由來ᄂᆞᆫ甚히遼遠ᄒᆞ야確實히其出處와時代ᄂᆞᆫ致키難ᄒᆞ나、何如던其意義ᄂᆞᆫ本來「一般學問」이러니人智가漸進ᄒᆞ야學問이漸々複雜히됨애「文學」도次々獨立이되야其意義가明瞭히되야詩歌、 小說等情의分子를包含ᄒᆞᆫ文章을文學이라稱ᄒᆞ게至하여시며(以上은東洋)

英話에(Literature)「文學」이라ᄂᆞᆫ字도ᄯᅩᄒᆞᆫ前者와略同ᄒᆞᆫ歷史를有ᄒᆞᆫ者ㅣ라

東洋은氣候不調ᄒᆞ고、土地不毛ᄒᆞ야生活이困難ᄒᆞᆫ土地(邦國이나地方)가多ᄒᆞᆫ故로衣食住의原料를得ᄒᆞᆷ에汲々ᄒᆞ야智와意만重히녀기고情은賤忽히ᄒᆞ야此를排斥ᄒᆞ며蔑視하여온故로情을主ᄒᆞᄂᆞᆫ文學도한遊戲踈閒에不過하게알아온지라、그럼으로其發達이遲々ᄒᆞ엿스나。彼歐洲ᄂᆞᆫ反此ᄒᆞ야其大部分은氣候溫和ᄒᆞ고、土地肥沃ᄒᆞ야生活에餘裕가多ᄒᆞᆫ故로人民이智와意에만汲々티안이ᄒᆞ고情의存在와價值를覺한디라그럼으로文學의發達이速히되야벼今日에至ᄒᆞ얏ᄂᆞ니

라。

此를讀ᄒᆞ시면諸氏ᄂᆞᆫ「然則文學이라ᄂᆞᆫ거ᄉᆞᆫ生活에餘裕가多한温帶國民의게必要할디나生活에餘裕가無ᄒᆞᆫ我韓（我韓도亦是温帶에ᄂᆞᆫ處ᄒᆞ나寒帶에近ᄒᆞᆫ温帶니라）國民의게야무숨、必要가有하리요」하ᄂᆞᆫ質問이起ᄒᆞᆯ지나、此ᄂᆞᆫ不然ᄒᆞ도다、生活에餘裕가多ᄒᆞᆫ國民에ᄂᆞᆫ比較的더發達이된다함이요決코文學은此等國民에만、必要하다하ᄂᆞᆫ거ᄉᆞᆫ안이라。 人類가生存하ᄂᆞᆫ以上에人類가學問을有ᄒᆞᆫ以上에ᄂᆞᆫ반다시文學이存在ᄒᆞᆯ디니生物이生存ᄒᆞᆷ에ᄂᆞᆫ食料가、必要ᄒᆞᆷ과가티人類의情이生存ᄒᆞᆷ에ᄂᆞᆫ文學이必要ᄒᆞᆯ디며、또生ᄒᆞᆯ디라、更言컨ᄃᆡ人類가智가有ᄒᆞᆷ으로科學이싱기며또必要ᄒᆞᆫ것과갓치人類가情이有ᄒᆞᆯ딘ᄃᆡ文學이싱길디며또必要ᄒᆞᆯ디라。 故로其進步發展의度ᄂᆞᆫ土地를조차、國民의程度를조차、또ᄂᆞᆫ時勢와境遇를조차遲緩盛衰의差異가有하리로ᄃᆡ文學그거ᄉᆞᆫ人類의生存ᄒᆞᆯ때ᄭᆞ지ᄂᆞᆫ存在ᄒᆞᆯ디니라

그러면「文學」이라ᄂᆞᆫ거ᄉᆞᆫ무엇이며、또何如ᄒᆞᆫ價値가有ᄒᆞ뇨?

文學의範圍ᄂᆞᆫ甚히넓으며또其境界線도甚히曚朧ᄒᆞ야到底히一言으로弊之ᄒᆞᆯ슈ᄂᆞᆫ無ᄒᆞ나大槪情的分子를包含ᄒᆞᆫ文章이라하면大誤ᄂᆞᆫ無ᄒᆞ리라故로古來로幾多學者의定義가紛々ᄒᆞᄃᆡ一定ᄒᆞᆫ者ᄂᆞᆫ無ᄒᆞ고。 詩、歌、小說等도文學의一部分이니此等에ᄂᆞᆫ特別히文藝라ᄂᆞᆫ名稱이有ᄒᆞ니라。

元來文學은다못情的滿足即遊戲로싱겨나실디며또多年間如此히알아와시나漸々此가進步發展홈에及ᄒᆞ야ᄂᆞᆫ理性이添加ᄒᆞ야吾人의思想과理想을支配ᄒᆞᄂᆞᆫ主權者가되며人生問題解決의擔任者가된지라。 此를譬하건딘熱帶에住ᄒᆞᄂᆞᆫ者ㅣ一日에林檎을食ᄒᆞ다가其核를地中에埋하엿더니幾十年을디ᄂᆞᆫ後에ᄂᆞᆫ其林檎樹가枝盛葉茂ᄒᆞ야如燬ᄒᆞᄂᆞᆫ陽炎에淸凉ᄒᆞᆫ蔭을成ᄒᆞ야其子其孫이燬死를免ᄒᆞᄂᆞᆫ處所가된것과如ᄒᆞ도다。 故로今日所謂文學은昔日遊戲的文學과ᄂᆞᆫ全혀異하ᄂᆞ니昔日詩歌小說은다못銷閑遣悶의娛樂的文字에不過ᄒᆞ며또其作者도如等ᄒᆞᆫ目的에不外ᄒᆞ여시나(悉皆그러하다홈은안이나其大部分은)今日의詩歌小說은決코不然ᄒᆞ야人生과宇宙의眞理를闡發ᄒᆞ며人生의行路를研究ᄒᆞ며人生의情的(卽心理上) 狀態及變遷를攻究ᄒᆞ며또其作者도가장沈重ᄒᆞᆫ態度와精密ᄒᆞᆫ觀察과深遠ᄒᆞᆫ想像으로心血을灌注ᄒᆞᄂᆞ니昔日의文學과今日의文學을混同티못ᄒᆞᆯ디로다。 然ᄒᆞ거ᄂᆞᆯ我韓同胞大多數ᄂᆞᆫ此를混同ᄒᆞ야文學이라ᄒᆞ면곳一個娛樂으로思惟ᄒᆞ니춤慨歎ᄒᆞᆯ바ㅣ로다。

以上槪論ᄒᆞᆫ데셔文學의普遍的價値ᄂᆞᆫ디강了解ᄒᆞ여시리라、 以下附論가티我韓의現狀과文學라의關係를暫言ᄒᆞ깃노라。

西洋史를讀ᄒᆞ신諸氏ᄂᆞᆫ아르시려니와今日의文明이果然何處로從ᄒᆞ야來ᄒᆞ엿ᄂᆞᆫ가。 諸氏ᄂᆞᆫ陬曰「뉴ㅣ톤의新學說(物理學의大進步)、 다윈의進化論왓트의

蒸氣力發明、이며、其他電氣工藝等의發展進步에서來ᄒᆞ엿다」하리라。實노然ᄒᆞ도다누가能히此를否認하리요、만은한번더其源을溯求ᄒᆞ면十五六世紀頃「文藝復興」이有흠을發見ᄒᆞᆯ지라萬一이文藝復興이無ᄒᆞ야人民이其思想의自由를自覺디안이하엿든덜엇디如此ᄒᆞᆫ發明이有ᄒᆞ엿스며今日의文明이有ᄒᆞ여시리요然則今日의文明을否定ᄒᆞ면以無可論이어니와萬一此를認定ᄒᆞ며此를讚揚하면文藝復興의功을認定ᄒᆞᆯ디요、또近世文明의一大刺激되ᄂᆞᆫ驚天動地하ᄂᆞᆫ佛國大革命의活劇은演出흠이佛國革新文學者ㅣ룻소ㅣ(Roussau)의一枝筆의力이안이며또北米南北戰爭時北部人民의奴隷愛憐ᄒᆞᄂᆞᆫ情을動케ᄒᆞ야激戰數年에多數奴隷로하여곰自由에歡樂케ᄒᆞᆫ者스토ㅣ、퐁고스터氏等文學者의力이안인가。

大抵累億의財가倉廩에溢ᄒᆞ며百萬의兵이國內에羅列ᄒᆞ며軍艦銃砲劍戟이銳利無雙ᄒᆞᆫ단덜其國民의理想이不確ᄒᆞ며思想이卓劣ᄒᆞ며何用이有ᄒᆞ리요。然則一國의與亡盛衰와富强貧弱은全히其國民의理想과思想如何에在ᄒᆞᄂᆞ니其理想과思想을支配ᄒᆞᄂᆞᆫ者ㅣ學校敎育에有ᄒᆞ다ᄒᆞᆯ디나學校에서ᄂᆞᆫ다못智나學ᄒᆞᆯ디요其外ᄂᆞᆫ不得ᄒᆞ리라ᄒᆞ노라然則何오曰文學이니라

地理와人文의關係(續)

岳裔

◎島와人文의關係　以水全周之地曰島이니四面으로海洋中에圍匝ᄒᆞ야母陸과

離隔ᄒᆞᆫ者를謂ᄒᆞᆷ이라五大洋中에散々分布ᄒᆞ야島嶼라稱ᄒᆞ는者甚衆ᄒᆞ나大者ᄂᆞᆫ幾萬幾千의方哩有ᄒᆞ며小者ᄂᆞᆫ幾十幾百의方哩를有ᄒᆞ야可히勝數키難하나各其位置의利不利와氣候의適不適과地形의如何ᄒᆞᆷ을隨ᄒᆞ야開化의程度와人文의進步過殊ᄒᆞᆷ을不免ᄒᆞᄂᆞ니今에島와人文의關係를述ᄒᆞᆷ에注意ᄒᆞᆯ者有ᄒᆞᆫ지라夫島國은陸地의宏遠ᄒᆞᆫ風氣가少ᄒᆞ고海洋의獨絕ᄒᆞᆫ感化多ᄒᆞᆷ으로居人의習性이勤勉强悍ᄒᆞ야自負獨立心이富ᄒᆞ며協合同致力이深ᄒᆞᄂᆞ니此ᄂᆞᆫ地勢가前斷後絕ᄒᆞ야依賴ᄒᆞᆯ비無ᄒᆞᆷ을因ᄒᆞᆷ이라可히島人의長處라謂ᄒᆞᆯ지나地形이狹ᄒᆞ고地積이小ᄒᆞᆷ으로識見이卑低ᄒᆞ고度量이狹隘ᄒᆞ니此ᄂᆞᆫ島人의短處라可謂할지라島國은海洋中에絕處ᄒᆞ야他方의感化를被ᄒᆞᆷ이少ᄒᆞᆫ故로人文의發達이甚遲ᄒᆞᄂᆞ니中古로부터大陸의文化를輸入ᄒᆞ야人文이稍開ᄒᆞᆫ者ᄂᆞᆫ西에英吉利가有ᄒᆞ고東에日本이有ᄒᆞᆯ뿐이오其餘ᄂᆞᆫ皆土人蠻島의荒廢의域을脫치못ᄒᆞ니라元來島國은船舶交通의衝에當ᄒᆞᆷ으로ᄡᅥ四方으로雜多의人種物貨各相輻集ᄒᆞ야綜合同化ᄒᆞ야其言語思想感情等이自然히陶冶ᄒᆞ야一個特性을化成ᄒᆞᄂᆞ니此亦地勢區劃ᄒᆞ야不得已必然ᄒᆞᆷ을因ᄒᆞᆷ이라今日英吉利人이라稱ᄒᆞᄂᆞᆫ者素是同一ᄒᆞᆫ民族이아니니南部는索遜人種이多ᄒᆞ며東岸은앙ᄭᅮ루人及丁抹人種이多ᄒᆞ고北部는那威人種이有ᄒᆞ며西岸及其他地方은固有ᄒᆞᆫ셀듯ᄭᅮ人種이多ᄒᆞᄂᆞ니此等民族이最初에는互相軋轢ᄒᆞ야爭鬪를不免ᄒᆞ얏스나漸次雜居雜婚ᄒᆞ야幾多의歲月를經ᄒᆞ미스사로一個新民族

의英吉利를化成ᄒᆞ얏고今日日本의大和民族이라稱ᄒᆞᄂᆞᆫ者도本是同一ᄒᆞᆫ民族이아니라固有ᄒᆞᆫ蝦夷의土種과朝鮮民族(或은此와系統이同ᄒᆞᆫ大陸民族)과及馬來人種의三系統을由ᄒᆞ야化成ᄒᆞᆫ者이니此二國은比較的島國의舊開ᄒᆞᆫ者이오其他地球上에數多의島國이有ᄒᆞ되幷皆發見된지日이淺ᄒᆯ뿐아니라發見되ᄂᆞᆫ同時에列强國의征服을被ᄒᆞ야人文에關ᄒᆞᆫ價値ᄂᆞᆫ述ᄒᆯ者無ᄒᆞ도다雖然이나島嶼가大陸의文化를賛助ᄒᆞ며陸海의交通을便利케ᄒᆞᆷ은其功用이甚大ᄒᆞ니國家의存立上事物의重要ᄒᆞᆫ機關이되ᄂᆞᆫ지라制海權의檢制와兵事上의防禦와其他通商貿易에對ᄒᆞᆫ根據地ᄂᆞᆫ다島嶼로ᄡᅧ屈强ᄒᆞᆫ機關을삼ᄂᆞ니此ᄂᆞᆫ古代의歷史와現今의事實를觀ᄒᆯ진ᄃᆡ可히料知ᄒᆞ리로다世界의人文이益々進步ᄒᆞᄂᆞᆫ同時에島國과人文의關係漸益密近ᄒᆞ고人生과島國의關係亦更重要ᄒᆞᄂᆞ니今에雄大ᄒᆞᆫ强國이라도一埠의小島를無視치아니ᄒᆞᆷ이진실노是로ᄡᅧᄒᆞᆷ이로다

◎大陸과人文關係　前述ᄒᆞᆷ과갓치古代로부터半島地方은文明이일즉發達되고大陸은文明의發達이遲々ᄒᆞᆷ은何를因ᄒᆞᆷ인고半島ᄂᆞᆫ地積이小ᄒᆞ야廣漠ᄒᆞᆫ平原과嶮峻ᄒᆞᆫ山岳이無ᄒᆞ야高原沙漠이無ᄒᆞᆷ으로氣候適宜ᄒᆞ야人類의使用에供ᄒᆞᆷ이甚便ᄒᆞ고且海洋을多通ᄒᆞ야交通의便이多ᄒᆞᆷ을由ᄒᆞᆷ이나大陸은不然ᄒᆞ야廣寞ᄒᆞᆫ平原과崇高ᄒᆞᆫ山脈이多ᄒᆞ야深邃ᄒᆞᆫ森林과巨大ᄒᆞᆫ江河가有ᄒᆞ고또海洋과離隔ᄒᆞ야氣候의寒暑不適ᄒᆞᆷ으로人類使用에供ᄒᆞᆷ이甚難ᄒᆞᆷ을由ᄒᆞᆷ이라夫大陸에文明이면

저發達되ᄂᆞᆫ地方은數三條件을要ᄒᆞᄂᆞ니(一)은氣候溫暖ᄒᆞᆫ處이오(二)ᄂᆞᆫ水蒸氣가多ᄒᆞᆫ處이오(三)은地勢平坦ᄒᆞᆫ處이니試觀컨ᄃᆡ支那의黃河及楊子江附近은氣候溫暖ᄒᆞᆷ으로大陸의文明이最先發達되엿고쓰벨、아카듸、앗시리아ᄲᅡ비로니아埃及等地方은熱代附近에處ᄒᆞᆷ으로古代의人文이先開ᄒᆞ엿고新世界南北亞米利加에在ᄒᆞ야北은墨西哥卽아처듸쿠의開化와南은秘魯卽인칸의開化二派가有ᄒᆞ니人類가아즉幻稚未開ᄒᆞᆫ時ᄅᆞᆯ當ᄒᆞ야먼저開化의發達된處ᄂᆞᆫ半島오大陸에在ᄒᆞ안즉二三條件을兼備ᄒᆞᆫ地方에限ᄒᆞᄂᆞ니라太古의人類ᄂᆞᆫ처음으로亞細亞大陸中部高原에서啓發ᄒᆞ야其東下ᄒᆞᆫ者ᄂᆞᆫ支那舊國을建ᄒᆞ고其南下ᄒᆞᆫ者ᄂᆞᆫ印度ᄅᆞᆯ建ᄒᆞ고其西下ᄒᆞᆫ者ᄂᆞᆫ歐羅巴列國을建ᄒᆞ엿ᄂᆞ니임의歐羅巴人口가漸次增殖ᄒᆞᆫ時ᄅᆞᆯ當ᄒᆞ야마참新世界의發見이有ᄒᆞ야歐羅巴의人口及文明을亞米利加에移殖ᄒᆞ니亞米利加ᄂᆞᆫ地勢平坦ᄒᆞ고土地肥沃ᄒᆞ야生植物의成養이世界에冠ᄒᆞᆷ으로富源이豊足ᄒᆞ니歐洲大陸을繼次ᄒᆞ야人文이發達ᄒᆞᆷ도其亦偶然치아니ᄒᆞ도다在昔人類의發達이幼稚ᄒᆞ고文物의程度卑低ᄒᆞᆯ時에ᄂᆞᆫ人文의進步天然의資力ᄅᆞᆯ多要ᄒᆞᆷ으로氣候溫暖ᄒᆞ고地平物富ᄒᆞᆫ地方에만限ᄒᆞ야人類使用에適ᄒᆞ얏거니와今日과如히世界의人口澎脹ᄒᆞ고物質의需要日加ᄒᆞᆯ時ᄅᆞᆯ當ᄒᆞ야ᄂᆞᆫ人工으로써大陸의地塊ᄅᆞᆯ收縮ᄒᆞᆷ을可得ᄒᆞᆯ지니自今以後로人類의活動地ᄂᆞᆫ大陸에在ᄒᆞ니라由是觀之컨ᄃᆡ歐洲大陸의文明이亞米利加ᄅᆞᆯ歷ᄒᆞ야다시東으로亞細亞大陸을向ᄒᆞ야發展ᄒᆞᆷ은엇

지今日의趨勢가아니리오亞米利加의文明은方今隆盛홈을極히ᄒᆞ고支那大陸及魯細亞大陸은將此啓發ᄒᆞᄂᆞᆫ中途에在ᄒᆞ니尙復人文의將來와東亞의未來極히深遠ᄒᆞᆫ希望이有ᄒᆞ니吾人은於是에크게注意ᄒᆞ야猛進ᄒᆞᆯ者有ᄒᆞᆯ지어다以上은地理와人文의關係를畧述ᄒᆞᆫ者니진실노簡單粗漏의譏를未免ᄒᆞᆯ지나今古人文潮流의無形有形裏에自西以東ᄒᆞ고或此或彼ᄒᆞ야半島와島及大陸의地理가人文과如何ᄒᆞᆫ關係가有홈을推知ᄒᆞ리로다更히結論ᄒᆞ기爲ᄒᆞ야半島의將來를試述코져ᄒᆞ노니

◎半島의將來　語曰欲知其未然인ᄃᆡᆫ先知其已然이라ᄒᆞ니何者를勿論ᄒᆞ고將來를知코ᄌᆞᄒᆞ면過去와밋現在로ᄡᅥ推究치아니치못ᄒᆞᆯ지니過去ᄂᆞᆫ現在의母오現在ᄂᆞᆫ將來의母라然ᄒᆞ나過去ᄂᆞᆫ歷史를由ᄒᆞ야知ᄒᆞᆯ지오現在ᄂᆞᆫ事實를由ᄒᆞ야求ᄒᆞᆯ지로되獨將來ᄂᆞᆫ未來와未知를謂홈이니未來와未知를說ᄒᆞᄂᆞᆫ者ᄂᆞᆫ其說이謊謎에近ᄒᆞᆫ듯ᄒᆞ야能히準的치못ᄒᆞᆯ지라天文學者의天氣豫報와如ᄒᆞᆫ者도별노必中치아니ᄒᆞ거든而況變遷無常ᄒᆞ고循環不息ᄒᆞᄂᆞᆫ物與人에關ᄒᆞ야엇지將來를確說ᄒᆞ리오雖然이나吾人은將來를爲ᄒᆞ야生活ᄒᆞ며將來를爲ᄒᆞ야活動ᄒᆞᄂᆞ니吾人은將來의多大ᄒᆞᆫ希望이有ᄒᆞᆫ지라過去ᄂᆞᆫ往矣라莫追오現在ᄂᆞᆫ不完全ᄒᆞ고不善美ᄒᆞ야吾人으로ᄒᆞ여곰不滿足을感케ᄒᆞᄂᆞ니滿足ᄒᆞᆫ將來를希望ᄒᆞ며알고져홈도亦吾人의常情이로다夫半島過去에對ᄒᆞ얀旣述ᄒᆞᆫ바와如ᄒᆞ거니와半島의現在ᄂᆞᆫ如何ᄒᆞᆫ狀況

이有ᄒᆞᄂᆞᆫ요言念이此頭에及ᄒᆞ야今古의世潮를通觀ᄒᆞ면吾人의感想이萬遍無窮ᄒᆞ도다今日半島의現狀을論ᄒᆞᆯ진ᄃᆡ伊太利及이베리아半島ᄂᆞᆫ僅々히舊日面目을保有ᄒᆞ야獨立의地位를維持호ᄃᆡ其餘東西의數三半島ᄂᆞᆫ若存若亡ᄒᆞ야氣息이奄々ᄒᆞ니或은異人의羈絆을被ᄒᆞ야存亡을已決ᄒᆞᆫ者도有ᄒᆞ며或은非常히悲慘ᄒᆞᆫ境遇에陷ᄒᆞ야存立을自由치못ᄒᆞᄂᆞᆫ者도有ᄒᆞ니現狀의不滿足ᄒᆞᆷ은誰던지悲觀치아닐者無ᄒᆞᆫ지라雖然이나現在를悲觀ᄒᆞᄂᆞᆫ者ᄂᆞᆫ將來를樂觀ᄒᆞᄂᆞᆫ希望이有ᄒᆞᄂᆞ니吾人이半島의將來를硏究ᄒᆞᆷ에當ᄒᆞ야樂觀치아니ᄒᆞᆷ을不得ᄒᆞᆯ者亦有ᄒᆞ도다半島의將來를論ᄒᆞᆷ에多少의觀察點이有ᄒᆞ나余ᄂᆞᆫ地理上으로硏究코ᄌᆞᄒᆞ노니宇宙間萬物이雖一草一木이라도擧是自個의地位如何ᄒᆞᆷ을隨ᄒᆞ야存立의運命을決ᄒᆞ거던而況天然의地域을區劃ᄒᆞ고自然의人衆을範圍ᄒᆞ야生活動ᄒᆞᄂᆞᆫ國家의運命이엇지그地理의狀態如何ᄒᆞᆷ을隨ᄒᆞ야決치아니ᄒᆞ리오今日과갓치競爭이激烈ᄒᆞ고勢力이膨脹ᄒᆞᄂᆞᆫ時代를當ᄒᆞ야ᄂᆞᆫ더욱地理의如何ᄒᆞᆷ이利益의關係와갓치存亡의關鍵을作ᄒᆞᄂᆞ니今日希臘이一縷獨立의命을維持ᄒᆞᆷ은何故오無他라쌀간半島南端에處ᄒᆞ야비록小邦이나於陸於海에列國에關ᄒᆞᆫ利害가最大ᄒᆞᆫ故로列强國의勢力平均을維持ᄒᆞᄂᆞᆫ同時에希臘의獨立이有ᄒᆞ고印度ᄂᆞᆫ今日他國의領屬이되엿스나三億의民族을有ᄒᆞ야國民의程度漸次進步ᄒᆞ고國民의財富날노發達ᄒᆞ니健全ᄒᆞᆫ國民이有ᄒᆞ면土地의無ᄒᆞᆷ을不患ᄒᆞᆯ지니아즉은消極的希望에不過ᄒᆞ나若天下의

大勢가一變ᄒᆞ는日에는印度의恢復이必有ᄒᆯ지오支那의山東半島는大陸의包含ᄒᆞᆫ部分이라大陸과同一ᄒᆞᆫ運命에歸ᄒᆯ지나西曆一九九九年에山東半島南海岸의一帶地方膠洲灣을獨逸이占有ᄒᆞ엿고同年에英國이亦山東半島北海岸의威海衛를占有ᄒᆞ엿고其他方面에對ᄒᆞ야支那國權의侵害를被ᄒᆞᆫ者亦有ᄒᆞ니此와同時에大陸의形勢ᄯᅩᄒᆞᆫ危殆ᄒᆞᆫ지라彼山東半島의將來는支那大陸의將來에附ᄒᆞ야決ᄒᆯ지니此에는略코자ᄒᆞ노라余는韓半島의產物이니韓半島는余의故國이라余의韓半島를愛ᄒᆞᆷ은神敎者가神을愛ᄒᆞᆷ보다甚ᄒᆞ고稚子가慈母를愛ᄒᆞᆷ과同ᄒᆞᆫ지라今日如彼히悲慘酷烈ᄒᆞᆫ境遇에處ᄒᆞ야今日의現狀으로ᄡᅧ將來를推究코자ᄒᆞᆷ은亦余의熱情이라世人이常稱曰極東이라ᄒᆞ는者는支那韓國及日本을指ᄒᆞᆷ이니韓國은歷史及地理上으로極東의要衝에處ᄒᆞ야古代로부터極東文明의媒介者가됨은前述ᄒᆞᆫ바者어니와將來亦極東存亡에關ᄒᆞᆫ中心地가됨을不失ᄒᆞ리니世人이極東에對ᄒᆞᆫ注意點은專혀此에在ᄒᆞ니라余는自個의理想으로ᄡᅧ韓半島의將來를樂觀ᄒᆞ노라凡物이平均을得치못ᄒᆞ면權衡을失ᄒᆞᄂᆞ니日清兩國의平均이缺ᄒᆞ는同時에韓國의獨立이生ᄒᆞ엿고日露兩國의平均이缺ᄒᆞ는同時에韓國의獨立이亡ᄒᆞ엿스니人의平和를維持ᄒᆞᆷ이物의權衡을維持ᄒᆞᆷ과如ᄒᆞ야平均으로ᄡᅧ平和의標準을삼는지라今日은譬컨ᄃᆡ物이權衡을失ᄒᆞ고人이平和을喪ᄒᆞᆫ時代라故로余는極東平和의將來는韓半島의將來에在ᄒᆞ다斷言ᄒᆞ노라今日에在ᄒᆞᆫ韓半島의地位와將來에

對ᄒᆞᆫ韓半島의希望이如斯히重ᄒᆞ고또急ᄒᆞ니人이平和를不得ᄒᆞ면반다시動ᄒᆞ고物이權衡을不得ᄒᆞ면또한반다시動ᄒᆞᄂᆞ니靜而動ᄒᆞ고動而靜은人道의自然이오物体의公理라康誥에曰唯命은不于常이라ᄒᆞ니是ᄂᆞᆫ得失이靡定ᄒᆞᆷ을謂ᄒᆞᆷ이라余ᄂᆞᆫ一言으로뼈半島의將來를目斷코ᄌᆞᄒᆞ노니其曰人事를修ᄒᆞ야天命을待ᄒᆞᆯ지어다

(完)

森林의研究

楊在河

森林研究의必要라

大抵森林은國民의生活上各方面에至大ᄒᆞᆫ關係가有ᄒᆞᆯ뿐不啻라國家富源의基礎가되ᄂᆞ니엇지斯業에對ᄒᆞᆫ學理上研究와實地上經營에從事ᄒᆞᆷ이必要ᄒᆞᆫ事業이라아니ᄒᆞ리요故로現今先進諸國은廣大ᄒᆞᆫ森林地를置ᄒᆞ고또此에對ᄒᆞᆫ研究를忽諸에付치아니ᄒᆞ거든況我韓의禿山衰林을有ᄒᆞᆫ者ㅣ리오

雖一抱의木과一莖의草라도莫非一般社會에供給할財産이니森林이莫大ᄒᆞᆫ價値가有ᄒᆞᆷ은世人이咸須認定히ᄂᆞᆫ바ㅣ라呶々히陳述할必要가無ᄒᆞ나森林에關ᄒᆞᆫ影響의如何를暫陳할진ᄃᆡ森林이茂盛히면地面에細根과枝葉이散布如綱如衣ᄒᆞ야積水의容積이大ᄒᆞ니如何ᄒᆞᆫ急雨가降히더ᄅᆡ도洪水漲溢ᄒᆞ야人畜의死傷과農作物의冒損과良田沃土를洗滌ᄒᆞ야惡畓薄土를作할念慮가無ᄒᆞ며流川不息ᄒᆞ야

비록一隅乾田이라도灌水의困難이無할곳이며또飮料水質를清淨케ᄒᆞ야吾人生活에間接直接으로幸福을與ᄒᆞ나如斯ᄒᆞ면비록須臾의間이라도此業의研究를怠히ᄒᆞᆯ者ㅣ無ᄒᆞᆯ지며從事치아니할者ㅣ稀ᄒᆞᆯ것도다故로森林은益々盛旺ᄒᆞ야地衣를鞏固케ᄒᆞᆷ으로山川崩壞ᄂᆞᆫ永絶不起ᄒᆞᆯ지며他日要塞의地에砲臺를排置ᄒᆞ고敵艦을射擊ᄒᆞᆯ時에森林이茂盛ᄒᆞ면砲身을隱閉ᄒᆞ야敵兵의目標를眩暈케ᄒᆞᆯ것이오또自然森林이鬱蒼ᄒᆞ면恒流悠々ᄒᆞ야魚族이繁殖ᄒᆞ고各種의飛禽走獸가雲集ᄒᆞ야天然的植物園과天然的動物園을作ᄒᆞ니獅吼虎嘯와椽抱齊立은吾人으로ᄒᆞ야금一大雄畧을成케할지며落々壯林과轟々水聲은山家道人의圓覺佛性을催促할곳이오喚友鶯聲과歸蜀杜鵑等의奇唱妙曲은文人墨客의文章名句를做出케할지라斯如ᄒᆞᆫ곳은다만關係的人士에만專用되야利益을獻貢ᄒᆞᆯ者ㅣ나또一般이ᄒᆞᆷ끠普蒙ᄒᆞᄂᆞᆫ現像은森林이有ᄒᆞ면四季의節候와溫度를調和ᄒᆞ야空氣中濕度를適當케ᄒᆞ며炭素酸素를互相交換ᄒᆞ야養生上에天然의裨益이되야物質的高尙ᄒᆞᆫ誤樂과精神的爽快ᄒᆞᆫ慰安을與ᄒᆞᆯ지니故로森林과吾人의關係난上述ᄒᆞᆷ과갓치經濟上、敎育上、宗敎上、文學上、衛生上、國土保安上國防上에重大ᄒᆞᆫ關係가有ᄒᆞ니라

是故로一國家의農政에當局ᄒᆞᆫ諸氏와農學에多年研究ᄒᆞᆫ有志諸士ᄂᆞᆫ一便으로山林保護政策을實施ᄒᆞ야一般公衆에害毒이不及케ᄒᆞ고他方面으로난原理를研究ᄒᆞ야虫災、旱災等을豫防ᄒᆞ야國民의幸福을增加ᄒᆞ며國家의富源을計畫ᄒᆞᆯ지

로다
噫라我韓은元來農業國이라古代森林의有餘홈은可히歷史上으로證明홀지나然ᄒᆞ나中世에至ᄒᆞ야政法이解弛ᄒᆞ야一般政治와갓치森林에注意치아니할뿐不啻라國民도無識ᄒᆞ야遠大ᄒᆞᆫ思想이無ᄒᆞᆫ故로年々歲々로濫伐ᄒᆞᄂᆞᆫ소릭丁々ᄒᆞ드니於焉間에幾年內로山頂이赤脫ᄒᆞ야一大慘景을呈홈이全國이同一ᄒᆞ니自外國으로木材輸入이年々幾十萬圓의高額이되고民間需要ᄂᆞᆫ日々增加ᄒᆞ나國家森林은時々退縮ᄒᆞ니如此ᄒᆞ고야엇지國家가貧弱치아니ᄒᆞ며人民이困窮치아니ᄒᆞ리오

當此境遇ᄒᆞ야秦瘠越視ᄒᆞᄂᆞᆫ韓國人民된者의義務가아니며農學研究ᄒᆞᄂᆞᆫ本意가아닌故로玆에不才를不謝ᄒᆞ고敢히比較的長話로說明의便宜를從ᄒᆞ야自後日로第一第二……………等의第目에分ᄒᆞ야森林研究의必要를迷코자ᄒᆞ노라

地文學問答

麗生

○問　地球의三圈은何者를謂홈인고

答　地球의最外部ᄂᆞᆫ空氣라稱ᄒᆞᄂᆞᆫ無臭無味無色ᄒᆞᆫ透明的瓦斯体가散滿ᄒᆞ야地球의外部를包裹ᄒᆞ엿ᄂᆞ니此部分을氣圈이라云ᄒᆞ니卽大氣是也ㅣ라大氣ᄂᆞᆫ下層으로부터上層에至ᄒᆞ도록漸次稀薄ᄒᆞᆫ者ㅣ空際에擴散ᄒᆞ야有無의界限이判明

치아니ᄒᆞᆷ으로想像키難ᄒᆞ되決코無限ᄒᆞᆫ境域ᄭᅡ지達ᄒᆞᆫ者ㅣ아니오氣界의高ᄂᆞᆫ大畧三百粁에不過ᄒᆞᄂᆞ니라大抵瓦斯体ᄂᆞᆫ固体와液体보다一層流動키쉬운것인고로、그赤道方面을向ᄒᆞ야集合ᄒᆞᆷ이地球의他部分보다甚ᄒᆞ야地球表面에對ᄒᆞᆫ種々의現像을出ᄒᆞᄂᆞ니或은寒暖을生ᄒᆞ니濕氣를含有ᄒᆞ야雨露霜雪을降ᄒᆞ며或은流動ᄒᆞ야風을作ᄒᆞ고或은岩石을崩壞ᄒᆞ야土壤을化成ᄒᆞ고或은生物의生活을助養케ᄒᆞᄂᆞᆫ力이大ᄒᆞ니라

地球上陸地를繞圍ᄒᆞᆫ水面을海洋이라稱ᄒᆞ니大略地球表面의四分의三을占有ᄒᆞᆫ지라此部分을水圈이라云ᄒᆞᄂᆞ니陸地의全面積은一億三千五百萬粁인ᄃᆡ海洋의面積이三億五十三萬方粁에達ᄒᆞ니此로ᄡᅧ觀컨ᄃᆡ海洋面과陸面의比例ᄂᆞᆫ二八、과七二即一과二六의差가有ᄒᆞ니라

海洋面以外에露出ᄒᆞᆫ部分(陸地ᄂᆞᆫ此部分에限ᄒᆞᆷ)及海洋底ᄂᆞᆫ總是岩石으로成ᄒᆞᆫ者ㅣ라此部分을岩圈又(陸圈)이라云ᄒᆞ니岩圈은卽地球의固形的外皮를謂ᄒᆞᆷ이라此를地皮或地殼이라云ᄒᆞ고地殼의內部(即地下)ᄂᆞᆫ地核라稱ᄒᆞᄂᆞ니此ᄂᆞᆫ如何ᄒᆞᆫ狀態가有ᄒᆞᆫ지吾人이直接으로觀察키不能ᄒᆞ고다만地上으로부터起ᄒᆞᄂᆞᆫ各種現像의研究를由ᄒᆞ야推考ᄒᆞᆷ에不過ᄒᆞ니라

○問　大氣의成分如何

答　大氣ᄂᆞᆫ各種氣体의混合体로成ᄒᆞᆫ者ㅣ니今에大氣의成分을分析擧示ᄒᆞᆫ者

를據ᄒᆞᆫ즉窒素、酸素、水蒸氣、炭酸瓦斯、알곤亞母尼亞、水素、塵埃、黴菌、稀有体
等(헤리움、쿠리푸토、쿠세논)을混有ᄒᆞᄂᆞ니라

○問 大氣의溫度如何

答 大氣ᄂᆞᆫ能히光熱을透過케ᄒᆞᄂᆞᆫ物体이나全혀太陽의光熱을受ᄒᆞ야氣溫을有ᄒᆞ나然ᄒᆞ나地面의如何ᄒᆞᆷ을因ᄒᆞ야光熱에差異가有ᄒᆞᆫ故로空氣의受熱ᄒᆞᆷ도또한緯度의高低와土地의高低와水陸의分布와地形의如何ᄒᆞᆷ을因ᄒᆞ야大氣의溫度가差異를生ᄒᆞ고또季節을由ᄒᆞ야氣溫의變化ㅣ有ᄒᆞᄂᆞ니氣溫을測量ᄒᆞᄂᆞᆫ機械ᄂᆞᆫ驗溫器(通稱寒暖計)를用ᄒᆞᄂᆞ니라

○問 氣壓이랄者ᄂᆞᆫ何를謂ᄒᆞᆷ인요

答 氣壓은大氣의壓力을謂ᄒᆞᆷ이니大氣의層의重量이라大氣ᄂᆞᆫ瓦斯体임으로써或澎脹或收縮ᄒᆞ고또運動키容易ᄒᆞᆫ性質을有ᄒᆞ며또한重力을有ᄒᆞ야地球의表面을壓ᄒᆞᄂᆞ니氣壓의變化ᄂᆞᆫ季候及大氣와密接ᄒᆞᆫ關係有ᄒᆞᆷ으로各地氣壓의分布를較知ᄒᆞᄂᆞᆫ同時에天氣의變化를豫知ᄒᆞᆷ을得ᄒᆞ고一年中氣壓의變化ᄂᆞᆫ土地를應ᄒᆞ야差異가有ᄒᆞ고一日中氣壓의變化ᄂᆞᆫ晝夜時間을由ᄒᆞ야差異가有ᄒᆞ니라氣壓을測量ᄒᆞᆷ에ᄂᆞᆫ晴雨計(一名氣壓計)用ᄒᆞᄂᆞ니라

○問 大氣의運動은如何오

答 氣流ᄂᆞᆫ氣壓의差異를因ᄒᆞ야高氣壓部로부터低氣壓部로流動ᄒᆞᄂᆞ니此를

大氣에運動이라云ᄒᆞ니水의流홈과其理恰同ᄒᆞᆫ지라此大氣의流動홈을風이라稱ᄒᆞ니風은地球의自轉을爲ᄒᆞ야高壓部로부터低壓部에直入치못ᄒᆞ고其方向이變ᄒᆞ야北半球에ᄂᆞᆫ子午線을對ᄒᆞ야右으로偏ᄒᆞ고南半球예ᄂᆞᆫ左으로偏ᄒᆞᆫ지라如斯히旋動ᄒᆞ야低氣壓部로入ᄒᆞᄂᆞᆫ氣流를旋風이라稱ᄒᆞ고高氣壓部로부터出ᄒᆞᄂᆞᆫ氣流를逆旋風이라云ᄒᆞ고等壓線이密接ᄒᆞᆯ時를氣壓傾度라稱ᄒᆞᄂᆞ니凡風은氣壓傾度ㅣ大ᄒᆞ도록風力이强大ᄒᆞᄂᆞ니라

○問 風의種類如何오

答 氣溫氣壓의差를由ᄒᆞ야赤道地方으로부터兩極地方(北極南極)으로向ᄒᆞᄂᆞᆫ上層氣流와兩極地方으로부터赤道地方으로向ᄒᆞᄂᆞᆫ下層氣流를生ᄒᆞᄂᆞ니後者를貿易風이라稱ᄒᆞ고前者를反對貿易風이라稱ᄒᆞᄂᆞᆫ지라此兩種貿易風이互相衝突ᄒᆞ거나又或降下ᄒᆞᆯ時에ᄂᆞᆫ氣流ㅣ不定ᄒᆞᆫ地帶를生ᄒᆞᄂᆞ니此를回歸無風帶라稱ᄒᆞᆫ되無風帶의上層에ᄂᆞᆫ純然ᄒᆞᆫ東風이吹ᄒᆞᄂᆞ니其速度大ᄒᆞ니라且海陸受熱의狀況이各異홈을緣ᄒᆞ야季節風(一名氣候風)陸海軟風、晝夜風의差異가有ᄒᆞ고또陸上地形의如何홈을因ᄒᆞ야受熱의差異가有홈으로谷風、山風等의區別이有ᄒᆞ니라또颶風이有ᄒᆞ니此ᄂᆞᆫ旋風에猛烈ᄒᆞᆫ者를謂홈이니라

○問 大氣中에水分은如何오

答 大氣中에ᄂᆞᆫ恒常多少의水蒸氣를含有ᄒᆞᄂᆞ니雲은地面과隔離ᄒᆞᆫ最高處에

在ᄒᆞᆫ水蒸氣의凝結ᄒᆞᆫ者라其性質及形狀이各異ᄒᆞ야卷雲、積雲、層雲、亂雲의區別이有ᄒᆞ니卷雲은雲片으로成ᄒᆞᆫ者이오其他ᄂᆞᆫ水滴으로成ᄒᆞᆫ者ㅣ니라霧ᄂᆞᆫ地面이最近ᄒᆞᆫ處에在ᄒᆞᆫ水蒸氣의凝結ᄒᆞᆫ者이오露ᄂᆞᆫ夜間의熱이輻射ᄒᆞᆷ을爲ᄒᆞ야地上의物体冷却헐時에大氣中에存在ᄒᆞᆫ水蒸氣와地上으로부터蒸發ᄒᆞᄂᆞᆫ濕氣가互相接觸ᄒᆞ야物体上에凝結케ᄒᆞᄂᆞᆫ者이오霜은此水蒸氣가凍ᄒᆞ야氣体로부터固体를變成ᄒᆞᆫ者ㅣ니大氣中에水蒸氣를含有ᄒᆞᆷ이多ᄒᆞᆯ時에ᄂᆞᆫ露ㅣ多降ᄒᆞᄂᆞ니夏季及秋季에露의多降ᄒᆞᆷ은冷却ᄒᆞᄂᆞᆫ時間이長ᄒᆞᆷ으로써이니라 (霜은決코露의凝結ᄒᆞᆫ者ㅣ안이니라) 雹ᄂᆞᆫ透明不透明의水層이相交ᄒᆞ야凝結ᄒᆞᆫ者ㅣ니夏日에雷雨와伴下ᄒᆞ고霰은白色不透明ᄒᆞᆫ氷球ㅣ니雨滴의氷結ᄒᆞᆫ者ㅣ라春秋二季에多降ᄒᆞ고雪은大氣中의水蒸氣가零度以下에降ᄒᆞᆯ時에徐々히凝結ᄒᆞ야透明無色ᄒᆞᆫ六出形의結晶形을成ᄒᆞ야降下ᄒᆞᄂᆞᆫ者를云ᄒᆞᆷ이오雨ᄂᆞᆫ大氣中에水蒸氣가凝結ᄒᆞ야水球가되야空氣中에浮遊키不能ᄒᆞ고地上에降下ᄒᆞᄂᆞᆫ者를謂ᄒᆞᆷ이니雨量의分布ᄂᆞᆫ第一山脉이連亘ᄒᆞ야濕氣를含ᄒᆞᆫ風의方面에直角이될時에其山脉의風에向ᄒᆞᄂᆞᆫ處에ᄂᆞᆫ降雨ㅣ多ᄒᆞ고其反側은乾燥ᄒᆞ며第二山脉이屹立ᄒᆞ야海洋으로부터吹來ᄒᆞᄂᆞᆫ氣候風或貿易風의衝에當ᄒᆞᄂᆞᆫ處ᄂᆞᆫ降雨ㅣ多ᄒᆞ니라

小兒養育法(續)

池成沇

授乳의回數　小兒의年齡多少와體質强弱을從ᄒᆞ야差異가有ᄒᆞᆫ故로一樣論述ᄒᆞᆷ이不能ᄒᆞ나大畧健全ᄒᆞᆫ小兒에在ᄒᆞ야ᄂᆞᆫ出產後一週日以內에晝夜共通ᄒᆞ야二時或三時間式間隔ᄒᆞ야一回式授乳ᄒᆞ고一週日以後에ᄂᆞᆫ晝夜分別ᄒᆞ야晝間에ᄂᆞᆫ三時、夜間에ᄂᆞᆫ五時或六時式間隔ᄒᆞ야一回式授乳ᄒᆞ야一日間에六乃至七回를勿越케ᄒᆞ며稍々成長ᄒᆞᆫ小兒에在ᄒᆞ야ᄂᆞᆫ晝間에ᄂᆞᆫ每三時에一回式授乳ᄒᆞ고夜間에ᄂᆞᆫ其回數를減ᄒᆞ야漸々夜中에授乳ᄒᆞᄂᆞᆫ習慣를廢ᄒᆞᆷ이可ᄒᆞ고纖弱ᄒᆞᆫ小兒에在ᄒᆞ야ᄂᆞᆫ其一回의哺乳量이僅少ᄒᆞᆷ으로二時半式間隔ᄒᆞ야一回式授乳ᄒᆞᆷ이可ᄒᆞ나此를更히短縮ᄒᆞᆷ은不可ᄒᆞ나故로小兒의啼泣ᄒᆞᆷ을愛憐ᄒᆞ야頻數히授乳ᄒᆞ야胃腸의障害를起케ᄒᆞᆷ은不可ᄒᆞ니라

授乳의時間　乳汁分泌의量과乳嘴의形狀과乳兒의健否를從ᄒᆞ야差異가有ᄒᆞ나大畧小兒가健全ᄒᆞᆯ時ᄂᆞᆫ十五分乃至二十分이면可ᄒᆞ고小兒가纖弱ᄒᆞᆯ時ᄂᆞᆫ其時間를稍延長ᄒᆞ야三十分間授乳ᄒᆞᆷ도可ᄒᆞ나萬一三十分以上의時間를要ᄒᆞᆯ時ᄂᆞᆫ寧히其授乳의回數를增加ᄒᆞᆷ만不如ᄒᆞ니라

一回授乳量　小兒의强弱을從ᄒᆞ야差異가有ᄒᆞ나少히注意ᄒᆞᆯ時ᄂᆞᆫ其乳量의過不足을自然認識ᄒᆞᄂᆞ니即小兒가乳房을把握ᄒᆞ고乳嘴를緊含ᄒᆞ고吸哺ᄒᆞᆯ時ᄂᆞᆫ小兒의所欲을從ᄒᆞ야授乳ᄒᆞᆷ이可ᄒᆞ고若小兒가乳房를纔握旋放ᄒᆞ고乳嘴를纔含旋吐ᄒᆞ면서他處에注意를移ᄒᆞᆯ時ᄂᆞᆫ其量의已足ᄒᆞᆷ을示ᄒᆞᆷ이니此時에ᄂᆞᆫ小兒가雖或啼

泣ᄒᆞ야도授乳ᄒᆞᆷ을止ᄒᆞᆷ이可ᄒᆞ니라

離乳　乳汁은小兒의第一營養品이라ᄒᆞ야成長後에도授乳를不廢ᄒᆞ면反히貧血狀態를成ᄒᆞᆷ이有ᄒᆞᆫ故로小兒의發育年齡을從ᄒᆞ야食物을變換ᄒᆞᆷ이可ᄒᆞ나然ᄒᆞ나急速히離乳를實行ᄒᆞᆷ은不可ᄒᆞ니라

離乳의時期에對ᄒᆞ야ᄂᆞᆫ諸家의意見이不一ᄒᆞ야兒生後七箇月이適當ᄒᆞ다ᄒᆞ며或十一箇月이適當ᄒᆞ다ᄒᆞ며或十箇月乃至十一箇月이適當ᄒᆞ다ᄒᆞ며或九箇月乃至十五箇月間이適當ᄒᆞ다ᄒᆞ나然이나此ᄂᆞᆫ一定키不能ᄒᆞᆫ故로乳兒의身體强弱과發育遲速을從ᄒᆞ야加減ᄒᆞᆷ이可ᄒᆞ니即乳兒의發育이一程度에達ᄒᆞ야消化管의機能이漸次完確ᄒᆞ고口腔의裝置가食物을咬碎ᄒᆞᆯ만ᄒᆞᆫ時期가可ᄒᆞᆫ故로上下門齒發生의時期를適當ᄒᆞ다云ᄒᆞᆯ지라然이나此期에在ᄒᆞ야도全然히斷乳ᄒᆞᆷ은不可ᄒᆞᆫ故로乳汁과他의易消化性食物을混用ᄒᆞᆷ이可ᄒᆞ고生後二個年終에至ᄒᆞ야全乳齒가發生ᄒᆞᆯ時ᄂᆞᆫ全然히斷乳ᄒᆞᆷ이可ᄒᆞ니若此期를經過ᄒᆞ야도斷乳치아니ᄒᆞᆯ時ᄂᆞᆫ小兒가貧血症에陷ᄒᆞ야薄弱ᄒᆞᆯ慮가有ᄒᆞ고且或母體及兒體의疾病을因ᄒᆞ야卒然히斷乳ᄒᆞᆯ時ᄂᆞᆫ小兒가神經性을成ᄒᆞ야漸次羸瘦ᄒᆞᆷ이有ᄒᆞ니注意ᄒᆞᆷ이可ᄒᆞ니라

我韓에在ᄒᆞ야間或長久히授乳ᄒᆞᄂᆞᆫ習慣이有ᄒᆞ야甚或再度姙孕ᄒᆞ기ᄭᆞ지授乳ᄒᆞᆷ도有ᄒᆞ며又或四五歲ᄭᆞ지授乳ᄒᆞᆷ도有ᄒᆞ니如此히晩時ᄭᆞ지授乳ᄒᆞᆷ은反히有害無益ᄒᆞᆫ故로注意ᄒᆞᆷ이可ᄒᆞ니라

母乳營養時에侵來ᄒᆞᄂᆞᆫ諸種의障害　生母自身이小兒를養育ᄒᆞᆷ은最是自然的이오且確實ᄒᆞ나有時로諸種의障害가侵襲ᄒᆞ야其本志를遂行키難ᄒᆞᆷ이有ᄒᆞ니其障害를列擧ᄒᆞ면如左ᄒᆞ니라

一乳汁不足　絕代的無乳ᄒᆞᆷ은甚稀ᄒᆞ고乳汁不足ᄒᆞᆷ은種々遭遇ᄒᆞᄂᆞᆫ비라然이나乳汁分泌은乳房를適當히刺戟ᄒᆞᆯ時ᄂᆞᆫ其作用이亢進ᄒᆞᄂᆞᆫ者인故로時々로小兒로ᄒᆞ야금吸吮케ᄒᆞ야授乳를勿廢ᄒᆞ야可及的自身의乳汁으로小兒를養育ᄒᆞ고其不足ᄒᆞᆫ者ᄂᆞᆫ乳母或牛乳로補充ᄒᆞᆷ이可ᄒᆞ니라

二諸種結核性의疾病　此等의疾病이有ᄒᆞᆫ者ㅣ授乳ᄒᆞᆯ時ᄂᆞᆫ母體의衰弱를喚起ᄒᆞᆯ뿐아이라結核菌의新陳代謝産物이乳汁中에移行ᄒᆞᆯ慮가有ᄒᆞ니廢乳ᄒᆞᆷ이可ᄒᆞ니라

三癌腫　絕代的廢乳ᄒᆞᆷ이可ᄒᆞ니라

四腎臟疾患　亦是廢乳ᄒᆞᆷ이可ᄒᆞ니라

五心臟疾患　調節作用이尙有ᄒᆞᆯ時ᄂᆞᆫ授乳ᄒᆞ야도可ᄒᆞ니라

六熱性疾患　傳染의慮가有ᄒᆞ고且授乳ᄒᆞᆷ을因ᄒᆞ야母體의衰弱를喚起ᄒᆞᆯ時ᄂᆞᆫ廢乳ᄒᆞᆷ이可ᄒᆞ며傳染의慮가無ᄒᆞ고食慾이佳良ᄒᆞ야授乳의所致로起ᄒᆞᆫ바의物質缺損를補充ᄒᆞᆯ時ᄂᆞᆫ授乳ᄒᆞ야도可ᄒᆞ니라

七梅毒症　母體에梅毒이無ᄒᆞ고但小兒에게梅毒이有ᄒᆞᆯ時ᄂᆞᆫ授乳ᄒᆞᆷ이可ᄒᆞ니라

八月經潮來及妊娠新有　乳汁分泌은婦人生殖器와密接의關係가有ᄒᆞ고且月經潮來의時ᄂᆞᆫ乳汁分泌이減少ᄒᆞ나授乳를繼續ᄒᆞᆯ時ᄂᆞᆫ乳汁分泌이再次旺盛ᄒᆞ며乳汁의性狀變化도多大치아니ᄒᆞᆫ故로授乳ᄒᆞᆷ이可ᄒᆞ고如或障害가確實히有ᄒᆞ거나且或曾往에障害가有ᄒᆞᆷ을經驗ᄒᆞᆯ時ᄂᆞᆫ廢乳ᄒᆞᆷ이可ᄒᆞ니라

妊娠新有ᄒᆞᆯ時에授乳ᄒᆞ면非但母體에有害ᄒᆞᆯ뿐아니라哺育ᄒᆞᄂᆞᆫ胎兒가正規의發育를遂成키難ᄒᆞᆫ故로徐々히斷乳ᄒᆞᆷ이可ᄒᆞ니라

(未完)

文苑

情表

天生萬類于渾球上物具有機々者動靜之謂也動靜皆有情細繹其元理有物必有則有則必有情然則無物無情無情無物形與体交魂同魄異咸隨造化以名籍勿論智愚而神存蘊情之動也有正有邪或樂或哀此非情之本体然也遭際各異境遇不同形於內而表於外其宜愼勉在玆乎彼如動物界之獸有狼狽鳥有鴒경魚有比目蜿有兩頭植物界之樹有連枝花有並蔕葉有畏羞根有駢刺天然物界之鑛有磁鐵電有陰陽風有貿易星有女郞豈非情愛相鐘体魄共表者歟然人之於物類趣相異前提所關都

作容觀未能眞知其內容但察其物理之所然物情之所表者而已至於人類動靜多則情愛多種隨事觸物因時際機分情狀而作表情之正者使天地位焉萬物育焉其不正者敗家亡身傾國汚人其可畏可怖者哉於是情表出焉相敬如賓相交如水黽勉同心生死唯一此情之正者也慕學尙道蘊蓄德業지勵名節久而後發此情之美者也得君遇時治國安民衆庶蒙其澤後世稱其名此情之快者也驅身於危難之際盡力於犬馬之勞鞠躬盡瘁死而後已此情之至者也宗社已危社稷不保有路難奔有家莫投此情之哀者也淸泉白石遯世自善不衣不食餓死無悔此情之潔者也悲風易水杯酒歌劍脫屣楚艱毋爲世欺此情之俠者也酒緣紅燈花前月下覓句敲棋興盡卽罷此情之雅者也望信石化抱約橋死耿々寸心千秋不已此情之苦者也離魄未脫色夢未醒相思病重鍼藥無靈此情之戀者也强作歡愛欲出煩惱巧言令色禿以終死此情之嬌者也爾慕在此我慕在彼兩相錯誤繼之以死此情之盲者也虛逐名利身勞心役獻媚乞憐營々苟々此情之醜者也喪國蠹民罔上欺下許人入室終不悔悟此情之大逆不道也對酒而喜對月而樂渠本無知爾偏自縛此又自作惡情者也噫情本一物其用若是毫厘之差千里是違人生百年歲月荏苒竟使秋月春風等閒度了觀以上之問題容未罄其自足然而大綱已舉條目自分願我衆生以多情自命者而想々居于何等情也察之

江戶夜同至人唫　　步東

如今宇內勢難均　閱世人情德不憐　十載飄零空落魄　大涯握手忽相親

又

同人永夜自相將　大白呼來意緒長　呑聲飲恨豈丈夫　我有朱雲試一場

陰歷十四夜　秋　塘

漫遊江湖又逢春　曆法慣來認舊新　西望故園何處是　月明梅下未歸人

仝題　湖　隱

窓外寒梅又早春　年々異域客愁新　可憐江戸今宵月　萬里思家有幾人

三松舍春夜小詠　碧　人

想來多難離　燭共五更微　身寄三松宅　意開重鐵扉　宿雨生々得　材居事々稀　新春送客幾　獨放雁光歸

仝　鰲　隱

滄海放遊子中宵歎式微　悲歐空撫劍無事常關扉　嶋國梅花晩家鄉雁信稀　田園將就蕪荏苒欲何歸

銀世界觀梅　小　溪

春日方濃萬樹梅　清香不厭客重回　閑節到處多佳興　須典新衣醉一盃

同　金湖主人

銀世界中多古梅　百花頭上春先回　吾生自樂天然景　到此何人無一杯

同　碧　人

春風敎放滿山梅 去歲閒人漫再回 日護淸香凝不發 有時嘘送上茶盃

少說

無情

孤舟

六月中旬、지〃눈듯하는太陽이너머가고、안마갓흔水蒸氣가萬物을잠가。山이며、川이며家屋이며、모든물건이 모다 半이나 녹난듯。어두운帳幕이次〃〃〃니림애살눈듯하던空氣도 얼마큼 식어가고、서늘하고부드러운 바람이、색〃흔밤나무ㅅ닙을 가만〃〃히흔들어서、靜寂흔밤에바삭〃〃흐는 소리가난다。

處所는博川松林。 曚朧흔月色이쑴가티이村落에비치엿는듸 기와집에舍廊門여러노은生員님들은、濛〃흔쑥ㅅ닉로蚊群을防備흐며、어두운 마루에셔긴듸、털며쓸떼업는酬酢으로時間을보닉나、핏쌈을 죽〃흘니면서、田답에김미던 가눈한農夫와 힝랑사름이며、풀 쓧기와 잠자리 서녕에疲困흔兒童輩눈 벌서世

上을모르고昏睡ᄒᆞᄂᆞᆫ데、이村中中央에잇ᄂᆞᆫ、四五처瓦屋뒤문이 방싯ᄒᆞ고 열니더니、그리로、한二十歲나 되여실만한절문婦人이 외인편 손에자그마ㅣ한 砂器甁을들고나온다。 늘근밤나무닙ㅅ사이로ᄒᆞ르ᄂᆞᆫ月光이그몸을繡놋더라。 몸에ᄂᆞᆫ 석로 지은듯ᄒᆞᆫ 生苧져삼과、가ᄂᆞᆫ베 치마를 닙엇고、흰 그얼골에ᄂᆞᆫ深痛ᄒᆞᆫ悲哀가 낫타낫더라。 夫人을ᄯᅡ라ᄂᆞ오ᄂᆞᆫ 검은 강아지를「쉬! 쉬!」하야듸려 쫏고、 다시금朦朧한집을 듸려다보더니、소릐 안이나게 門을닷고、도라션다、그두ㅣ눈으로ᄂᆞᆫ 머춤업시 눈물이 ᄒᆞ르더라。 婦人은 쑥이며 으악이가기ᄅᆞᆯ노자린 풀을 헤티고、 캄캄한솔밧을 向하야 올ᄂᆞ가면서、ᄯᅥᆨᄯᅥᆨ로머리를 둘너 自己의 집을 도라본다。 밤이 이믜 기페시믜、바람한뎜업고、푸른하늘 에물먹은 無數ᄒᆞᆫ 星辰만 반ᄶᅳᆺ반ᄶᅳᆺ 下界를瞰下한다。 婦人은 거의 理性을일은듯、 들편들편 하면서발을 온겨놋난데目的은 다못 ᄏᆞᆷᄏᆞᆷ한데로 가ᄂᆞᆫ것이라。 只今이婦人의마음에ᄂᆞᆫ希望도업고、恐怖도업고、甚至에悲哀조차업게되엿도다。 처음에집을ᄯᅥ놀때ᄂᆞᆫ 무슨目的도 이셧깃고、計畫도 이셧깃디마ᄂᆞᆫ、一步一步로 漸々消去하고、第一어두운 수풀ㅅ속에니르러실ᄯᅢ에ᄂᆞᆫ 全혀 아못感想도 안이나게 되엿더라。

아름이나넘ᄂᆞᆫ 소나무가 ᄲᅥᆨᄲᅥᆨ이 드러써고 叢生ᄒᆞᆫ 가지며 닙이하날을가리워별도 잘아니뵈이고、濕ᄒᆞᆫ地面에서ᄂᆞᆫ 눅々한臭氣가나며ᄲᅴᆨ々ᄒᆞᆫ 소나무ㅅ닙사이로 흐르는月光은無數흔金針이地面에散흔듯하더라。 婦人은미친듯 五六步나 뛰더니 ᄉᆞ부러진 소나무에 맛딜녀 삼짝 놀니여 웃둑 셔면서 머리를 들어우러러보더니、痙攣的으로 힛죽 웃고、압흐로 거ᄉᆞ러지는듯그 나무를 안고얼골을 나무에뷔빈다。 婦人은이러흐고 한참잇더니、무엇에 놀난듯 프륵셜면서 물너서셔 손에든甁을 보고펴셔 주저안는다。 한참이나 머리를 숙이고 안즈니 理性이 얼마큼싱긴다。 혼자ㅅ말노、

「아아、그럴쎼가 웨 이슬쇼? 그럴쎼가 웨 이슬쇼? 아이고、분하라! 아이고切痛하라! 그럴쎼가웨이슬고?」 婦人은甁든 손으로 싸을 덥고、몸을외인편으로 써우러티고、바른손으로 가슴을 누루면서 머리를 흔든다。

「니가 이집에시집오기만잘 못이야、이럴줄 알아시면、一生식잡이라구는안이가교、어마님과 함쎄 이슬걸、흥、々。」 니마을 치마로 가리우고 압흐로세ᄉᆞ러딘다。

「무어이니、무어이니 하야、다ㅣ쓸쎼잇나………쓸쎼업서。 슬컨서방질이나………、그리〳〵쓸쎼업서、쓸쎼업디!」

「게딥아희하나 미ㅅ구살서?………죽어시면 편안흐디。 이놈、어듸、얼마ㄴ、잘사나보쟈!」하고婦人은머리를들고억이ㅅ춤을 추으면서 겻헤 누가 서세나한것가티、피 선눈으로견주어 보더니、

「네、이놈、얼마나 잘 사나보쟈!」하고瓶에너은藥을 쑬걱쑬걱 마시고 입을졉々다시면셔瓶을 ᄂᆡ여던단다。길게한숨닙고 누으면셔、

「그럴ᄯᅦ가 워 이슬쇼? 그럴ᄯᅦ가 위 이슬쇼? 이놈 어ᄃᆡ얼마나잘사나보쟈、ᄂᆡ가 죽어셔 鬼神만 되얏단보아라、그제、ᄏᆞᆯ을 가지구와셔、그년、그놈을 이러케……」팔노디르는 形容을 하면셔、

「아이고、어마니、난죽노라!」하고 비얏는드시 우닌다。두一合이나 먹은 거슬 긔우이 動脉、毛細管을 조차、各器官과、細胞에 퍼디니、心臟의機能도 漸々鈍ᄒᆞ게되고、呼吸도困難ᄒᆞ여디며全身에虛汗만 소는다。精神도次々朦朧ᄒᆞ게되야 作用이漸々單純ᄒᆞ여지면셔怨罔과肉身의苦痛밧게感應 터안이ᄒᆞ드라。처음에는「이제죽깃디」ᄒᆞ고、눈을감고 가만히 누엇더니、바ᄅᆞ고、바ᄅᆞ는 죽음은 안이오고、오는거슨苦痛쁜이라。苦痛이란놈은 우리의 一生을 안쏘、돌다가 그것도 오히려 不足ᄒᆞᆫ디 죽을때 一瞬時에 놈은 苦痛全體가우리의肉體와精神을싸는거시라。可憐헌이婦人은只今、殘酷、無情、沈痛ᄒᆞᆫ苦痛에싸와「아이고비야、이놈!」하는 소리로 이거슬 버서 나려하디도못하고 부엄의 입에물닌 토세와 가티「苦痛」의 하ᄅᆞ는ᄃᆡ로만 하고 목숨 쓴어디기만 기다리는도다。「아이고 비야、아이고 아이고으마니、이놈。」하면셔、곱을낙、날낙 팔과 다리를 드럿다、노앗다하더니約一時間이나 디나니、긍々갑는 소리와、잇다금 혹々늣기는것밧게 업게 되더라。 나무는依然히셧고、 밤은依然히 어두우며、 宇宙는依然히默々하도다、 自然(天地萬物、但人類는除ᄒᆞ고)은無情ᄒᆞ고冷酷ᄒᆞ여、우라야슬혀 하던、즐거워하던 잠々히 잇고、또그뿐안니라其法則은極히嚴峻ᄒᆞ야 우리로 하여곰決코一步도其外에나셔게 하디 안이하느니、 即 우리가 슬퍼한듸야慰勞하는法업고、 우리가 一分一秒의 生命을더엇으려 하야도許티안이 ᄒᆞ디 안는가。 그런데、 사람이른動物은 孤獨을슬여하는故로恒常其「동무」를求ᄒᆞ며、求ᄒᆞ야엇으면 깃버ᄒᆞ고、幸福되며、 엇디못하면 슬퍼ᄒᆞ며 不幸되느니라。 然而其「동무」에는條件이 이스니 即 「情다아운者」、「사랑스러운者」라、 萬一此條件에不合ᄒᆞ는者면 비록 百萬의「동무」가이셔도、오히려 無人曠野에 호을노 셧것갓ᄒᆞ야 깃붐과幸福이업스되 萬一一人이라도 此條件에合ᄒᆞ는者이스면 깃붐과幸福이마옴에 充滿ᄒᆞ야 全宇宙間에萬物이 하나도 美안님이업고、 하나도愛안님이 업느니 前者는人類에가장不幸ᄒᆞ며可憐ᄒᆞᆫ者요、後者는가장福되며運됴ᄒᆞᆫ者니라、帝王、富貴 그무엇인고?

前者에屬ᄒᆞ는可憐ᄒᆞᆫ더婦人은孤獨의悲哀가其極點에達ᄒᆞ야、 愛를失ᄒᆞᆯ時에其幸福과、 깃붐을 일코、甚至에其生命ᄭᆞ지 바리려 하는도다。 이婦人으로ᄒᆞ여곰ㅣ容姿、淑德을無備ᄒᆞᆫ이婦人으로ᄒᆞ여곰이地境에니르게ᄒᆞᆫ者、 그뉴구? 한ᄉᆞ람의生命을破滅ᄒᆞᆫ者、가누구? 「아이고비야、이놈! 하든 소리는 空氣에

波動을作ᄒᆞ야 어ᄃᆡ서지나 펴젓ᄂᆞᆫ지 只至은 아모ㅅ소ᄅᆡ도업고음즈김도업ᄂᆞᆫ生命업ᄂᆞᆫ一物體로다。

村家에서닭의소ᄅᆡ한두마ᄃᆡ나더니、덥은녀름ㅅ밤이 벌서 디나가고東편하날이 희여디며、별이 조ᄂᆞᆫ듯次々읍서디ᄂᆞᆫᄃᆡ村中이 북젹 ᄯᅱ놋터니 燈ㅅ불이여긔뎌긔 왓다갓다 ᄒᆞ더라。

＊　　＊　　＊　　＊　　＊　　＊　　＊

以上、婦人이라 ᄒᆞ여온 사람은松林韓座首의子婦라。本是同郡某齋長의獨女로서일즉父親을여의고母親과老祖母下에其아우하나로더부러길너ᄂᆞᆫ사람이라。家勢도有餘ᄒᆞ야女婢男僕에、물길어 본적 읍스며、또其母ᄂᆞᆫ五十너문喪妻ㅅ름에에싀집와二十五에寡婦가되야 다문 두子息을바라보고白髮이 되도록사라 왓ᄂᆞ니、別노教育잇ᄂᆞᆫ이도 안이요、다못「무던ᄒᆞᆫ사람」이러라。그럼으로이婦人도其母의感化을입어그저「무던ᄒᆞᆫ사름」이라、學校에서先生의講義를 드른바도 읍고、書籍에서物理며、人情을研究ᄒᆞᆫ바도읍고、外界卽社會의影響이라고ᄂᆞᆫ其家庭과親戚의狀態、言語、行動等의디나디못ᄒᆞᆫ單純ᄒᆞᆫ부人이라。卽韓國模型的부人이라。別노特質도읍고、能力도읍스ᄂᆞ、簡單히그性質을說明ᄒᆞᆫ건된입이무겁고、行實이단졍ᄒᆞ고、아못일이고삼가고삼가ᄒᆞ며絕對的父母와지아

비의命令에服從ᄒᆞᆷ이라 (未完)

雜纂

海上

聽天子

A生(世界探險家)이엄의蒙滿康信等金元匂月의古跡을踏査ᄒᆞ고다시大洋洲에遠渡ᄒᆞ야마레인스의棲巢와인듸인스의風俗을歷探中맛침B生(博物學者니A生의親友라)과相逢ᄒᆞ야겸부리지의古誼와오세인이아의奇遇를互相祝賀ᄒᆞᆫ後一日은一同히印、南、兩洋의風景을壯觀코져ᄒᆞ야大墻礁를圍繞ᄒᆞ야珊瑚海에泛游ᄒᆞᆯᄉᆡ適其時에天明日朗ᄒᆞ야高低가一色이요風微浪潺ᄒᆞ야遠近이同樣ᄒᆞ고山暎水照ᄒᆞ니水國에浮陸ᄒᆞ며鱗潛羽翔ᄒᆞ니蒼溟에飜碧이라水烟起處엔鯨鯢가出沒ᄒᆞ며彩雲이飛處엔天國鳥가翱翔로다曜靈이臨西ᄒᆞ니紫霞가帳空ᄒᆞ며圓魄이現東ᄒᆞ니玉燭이燈天이라此時에兩人이心醉神迷ᄒᆞ야造化翁의神界와太乙主의靈地에投跡ᄒᆞᆫ듯ᄒᆞᆫ感懷를禁치못ᄒᆞᆯ너라

酒肴가櫛比ᄒᆞ며杯飯이狼籍ᄒᆞᆫᄃᆡ兩人이且飲且談中B氏가醉氣를乘ᄒᆞ야A氏다려일너曰

昔者에앗지라가巴里에肉薄ᄒᆞ며시싸가잉글란드를鷹擊ᄒᆞ고사라센이피레나에侵犯ᄒᆞ며蒙古가시레시야를蹂躙ᄒᆞᆫ時에ᄂᆞᆫ진실노吾人의祖宗이危急ᄒᆞ얏더니至于今ᄒᆞ야ᄂᆞᆫ讎敵을盡滅ᄒᆞ며强寇를全平ᄒᆞ고東西에聘馳ᄒᆞ며南北에敖游ᄒᆞ니이아니大丈夫出世의大快事가아니뇨

A生對答ᄒᆞ야曰

B氏여足下ᄂᆞᆫ目前만皮觀치말고古時를溯顧ᄒᆞᆯ지여다當初에로맨스가덤스에游弋ᄒᆞ며ᄒᆞᆫ族이라인에聘馳ᄒᆞ고달이디불알을渡來ᄒᆞ며스부데가부다븨스트를陷落ᄒᆞᆯ時에萬一吾人의殘餘種族으로알푸스에鼠竄과아이스란드에鹿走만是事ᄒᆞ얏던들競爭梯下千萬丈에墮落ᄒᆞᆫ民族이라읏지今日의隆盛과榮進을圖ᄒᆞ얏시리요만은勇敢ᄒᆞᆫ吾人의先祖ᄂᆞᆫ鐵血精神으로邁往不屈ᄒᆞ며天賦膽腦로愈進不辟ᄒᆞ야爲先羅馬의法政과匈奴의軍畧을硏究ᄒᆞ며埃及의技術과希臘의文明을取舍ᄒᆞ야千辛萬苦ᄒᆞᆫ結果로今日의幸福을受ᄒᆞᆷ이요彼等諸國은一時의强盛과由旬의狠威만自恃ᄒᆞ고侈奢와驕慢으로歲月을送迎타가只今은但못타이쌀의滔々水가古羅馬의遺寃을帶ᄒᆞ고千秋에嗚咽ᄒᆞ며和林의歪々籟가死蒙古의餘恨을含ᄒᆞ고萬世에怨吼ᄒᆞᆯ뿐이니참可憐토다

悲夫라世上事여四時之順과天地之還에森羅萬象과凡百有性이順次相環ᄒᆞ야春夏秋冬은相謝相代ᄒᆞ며寒暑盈昃은一去一回ᄒᆞ고桃李鶯鳥ᄂᆞᆫ春苑에相面ᄒᆞ

며楓菊蟋蟀은秋天에對語ᄒᆞ니去者ᄂᆞᆫ何物이며來者ᄂᆞᆫ何物이뇨勿論何物ᄒᆞ고同是宇宙間一刹那의現象에不過로다

그러ᄂᆞ人爲的社會의興亡盛衰ᄂᆞᆫ自然의法則과ᄂᆞᆫ小異ᄒᆞ야그原因結果가一々이그社會의活動如何에由來ᄒᆞᆷ은洋의東西와球의南北을勿論ᄒᆞ고同一ᄒᆞᆫ지라此에對ᄒᆞ야奈翁이明言ᄒᆞ야曰精神的帝國이洸々ᄒᆞ며青年的氣象이桓々ᄒᆞᆫ者ᄂᆞᆫ此世에第一强國이라ᄒᆞ얏시며　勢力主張家韓非가證明ᄒᆞ야曰萬一藤國으로ᄒᆞ야금上下一心ᄒᆞ며內外協力ᄒᆞ면齊楚를何畏리요云々ᄒᆞᆷ이이ᄂᆞᆫ다千古達觀이라

故로何國歷史와何社會興遞를觀察ᄒᆞ던지다그內部的精神上統一과國民的氣象如何에從ᄒᆞ야自然淘汰法則下에自亡에皈ᄒᆞᆷ이요未嘗不外敵侵掠下에滅亡ᄒᆞᆫ者ᄂᆞᆫ一介도無ᄒᆞᆷ은理의所由며運의所宜니라

B氏가聽了一場에다시對答ᄒᆞ야曰

A氏여小子가오리先生의尊敎를奉承치못ᄒᆞ야茅塞이日甚터니只今千萬古達觀의眞談을面承ᄒᆞ오니古今歷史를目前幻燈에明觀ᄒᆞᄂᆞᆫ듯ᄒᆞ다ᄒᆞ고와인을傾ᄒᆞ야A氏에게一大白을傾與코져ᄒᆞ다가忽然漕手의絶叫에驚駭ᄒᆞ야投盞落瓶ᄒᆞ고急히左舷을回顧ᄒᆞ니

이ᄂᆞᆫ다른것이아니요即南洋에棲息ᄒᆞᄂᆞᆫ鯨鯢一隊가사모아近海에鰹鰤等을巡獵

홀目的으로취지群島를沿過타가意外에「솩ᄏ」一群의襲擊을當ᄒᆞ야코랄씨ㅣ에避亂코저ᄒᆞ다가雪上加霜之格으로鯨솩兩群이다「엘렉트릭피쉬」軍(一名電魚니此魚ᄂᆞᆫ尾部에電線이有ᄒᆞ야如何ᄒᆞᆫ動物에게던지ᄒᆞᆫ番注射ᄒᆞ면精神이昏迷ᄒᆞ며神經이痲痺ᄒᆞ고夜中에ᄂᆞᆫ宛然히點燈홈과同一홈)에게包圍ᄒᆞᆫ비되야彼等은遺走코저ᄒᆞ면此軍의包圍攻擊은益々嚴密ᄒᆞ야맛치阿修羅王이阿鼻地獄의地獄火를레데河畔에擲投ᄒᆞ고娑婆世界에大修羅場을現出ᄒᆞᆫ듯魚族界의現象도참吾人으로ᄒᆞ야금一驚을喫홀너라

須臾에氷魂은西沒ᄒᆞ고列辰만熒々ᄒᆞᆫᄃᆡ一同이임의夜深홈을覺ᄒᆞ고皈路를催促ᄒᆞ더니문득一陣颶風이淅瀝ᄒᆞ며氛氳이西方으로悠揚터니海谷의億萬貔貅ᄂᆞᆫ海洋을洶湯ᄒᆞ며飛廉의三千鐵騎ᄂᆞᆫ東西로驟進ᄒᆞ야宇宙가籟々ᄒᆞ며乾坤이振駭터라

此時에兩人이難船의運命과河伯의犧牲을豫期ᄒᆞ고全力을盡ᄒᆞ야타움스뷔르로向터니天運이盡ᄒᆞ야A氏ᄂᆞᆫ맛참ᄂᆡ三閭大夫幕下로皈ᄒᆞ고B氏도비록一時ᄂᆞᆫ水宮에入籍홀번ᄒᆞ얏시나某救濟船의救出ᄒᆞᆫ비되야其后故國에皈去ᄒᆞ야A氏의往生과同夜의光景을一々히世上에公傳ᄒᆞ얏다더라

記者曰勿論何樣看官一次駐目於此文者眞不誹其僻筆罵其荒唐然若其再次注意則必悟全篇無頭無尾圓々塊々中有介一條光明照來心像矣

按彼古史靺鞨南下隨唐渡遼之時若使高朝偸安於國內収甲於薩左韓非韓有一也蘇延渡鴨元兵圍松之時若使王廷圖避於江府撤兵於平南則韓非韓有二也東隣濟漢滿人襲我之時若使國人乞命於轅門大從於外寇則韓非韓有三也然士氣不屈民心猶一故彼等虜夷暴起暴滅而吾人金區傳載四千豈非天命之國哉

雖然承平數百年之餘上下樂惰內外習弊時代已非十九世紀而國人尙談太古元始風潮將催廿一世紀而士心尙賢有史以前雖欲保國安身安能得乎此誠危急存亡之秋時晩歲逸之期也上下當盡心內外宜竭忠習彼長技守我天職方得盤石國礎永昌天命

時乎々々腥膻臭肢狐狸彷徨陸梁靑邱嗟乎爾輩同是韓裔共受祖訓何其自暴自棄之甚乎正義在天明法在地汝等須勿爲蟒蜉存而冷頭靜腦洞察古今達觀彼我焉故余引證三大循環報復興亡隆遞之理錫檡汝輩者也

天歟々々已生此民何無其收? 余於上帝信其愛生之心確其育生之志知其敎生之意矣何則既已生生而載之此其愛生之心又授황뭏而治之此其育生之志兼生聖哲而敎之此其敎生之意也有此三大法義而載生勞生科心役身雖欲苟且偸安於其間安得逃其範疇乎

國人不敏愈恕愈昧律于自然照于冥法懲其弊性戒其歪彛此滅天責神罰之秋秤量輕重之時也若仍此而奮往邁進則稜威必達於四隅極旗龍動於兩球如若未醒

而逡巡盲索坐嘆現象而猶謀朝夕則此亦無可奈何余何煩口只歌黍離臨終煩複再警者無他靈、身、國此三者是吾輩完全之人格也一有沒一則三者具毋何故無身之生靈余未嘗聞也尤靈生体余亦未嘗聞也至於國家之關心身其所關係有所間然於其間然詳察精探則知其不然矣故亡國之下無完全人生只存獸命何故失其四權(生命、財産、自由、名譽) 猶若牛馬觳觫於人而保命旦夕小無差異故也故米人賤命而唱自由勾踐嘗糞而決再擧此豈偶然哉知其三体之一而不可相離故也 (但國家라ᄒᆞᄂᆞᆫ觀念을心身과갓치아지못ᄒᆞᆷ은그觀念이廣濶ᄒᆞ야맛치吾人을組成ᄒᆞᆫ骨肉의細胞가吾人의全体를感覺치못ᄒᆞᆷ과恰似ᄒᆞᄂᆞ그러ᄒᆞ나ᄒᆞᆫ番吾人의全体를分離ᄒᆞᆫ細胞ᄂᆞᆫ다시細胞의資格이無ᄒᆞᆷ과갓치그自國을一旦失亡ᄒᆞᆫ臣民은다신人格的四權을有ᄒᆞᆫ人生은受ᄒᆞᆯ수업고但只獸生的獸命만保有ᄒᆞᄂᆞ니이ᄂᆞᆫ各國皈化法을引考ᄒᆞ더리도明々白々ᄒᆞᆷ) 己爲人生而同面同情有何不及而不自覺此乎投竹毛長吁殘燈耿々

米國과巴奈馬

△巴奈馬運河의歷史　巴奈馬共和國은中央亞米利加의코스타리카와코롬비아兩國間에介在ᄒᆞᆫ狹長一小國이라北은太西洋南은太平洋을面ᄒᆞ니長이七百二十二粁이오幅이六十乃至百七十七粁이라兩太洋을遮隔ᄒᆞᆫ一小地峽인고로此地峽

을横斷ᄒᆞ야兩洋開通의運河를開鑿코자ᄒᆞᄂᆞᆫ說이旣往十六世紀時에起ᄒᆞ엿더니一千八百七十九年巴里萬國會議에스에스運河를成功ᄒᆞᆫ佛蘭西人레셉푸스氏가運河開鑿의議를建言ᄒᆞ엿스되進行ᄒᆞᆷ을不得ᄒᆞ엿다가一八八一年에레氏가運河會社를設立ᄒᆞ고多大ᄒᆞᆫ資本을鳩聚ᄒᆞ야開鑿에着手ᄒᆞ엿스나其計畫이失敗ᄒᆞᆫ結果로二億八千萬弗의巨額을費損ᄒᆞ고社會ᄂᆞᆫ解散의悲境을免치못ᄒᆞ니此를因ᄒᆞ야當時經濟界에恐慌이非常ᄒᆞᆫ影響이有ᄒᆞᆷ으로佛國政府ᄂᆞᆫ資本의困難ᄒᆞᆫ事와官吏에게贈賂ᄒᆞᆫ理由를擧ᄒᆞ야레氏를五箇年禁錮와五千弗의罰金에處ᄒᆞ니此卽有名ᄒᆞᆫ巴奈馬事件이是也ㅣ라不得已廢止ᄒᆞ엿더라元來巴奈馬ᄂᆞᆫ코롬비아의屬縣이니一九〇二年에米國이運河開鑿의計畫을立ᄒᆞ야哥倫比大統領과條約을締結ᄒᆞ고一千萬弗의代償을支給ᄒᆞ엿스되哥倫比元老院에셔此條約의批準을拒ᄒᆞᄂᆞᆫ同時에巴奈馬에革命이大起ᄒᆞ야新巴奈馬共和國을設立ᄒᆞ니於是에比米條約은無効에歸ᄒᆞᆫ지라米國政府ᄂᆞᆫ更히巴奈馬大統領과運河에關ᄒᆞᆫ條約을徒ᄒᆞ니巴奈馬運河의關ᄒᆞᆫ工事及維持에關ᄒᆞᆫ通路의特權과地帶의永世使用及警察司法과其他의特權을得ᄒᆞ고同運河ᄂᆞᆫ世界商業의開放을爲ᄒᆞ야中立地를作케ᄒᆞ다此承諾에對ᄒᆞ야米國이一千萬弗의代償과九年後로부터ᄂᆞᆫ每年二十五萬弗式支拂ᄒᆞ기로條約을定ᄒᆞ니라一九〇五年에巴奈馬委員會를組織ᄒᆞ고開鑿工役에着手ᄒᆞᆫ後로年々莫大의金額을投ᄒᆞ야現今開鑿中에在ᄒᆞ니其費用의全部ᄂᆞᆫ略八億圓內外의豫

算이有ᄒᆞ고過去五六年間에開鑿ᄒᆞᆫ地域이三分以上에已達ᄒᆞ엿더라今後四五年이不出ᄒᆞ야竣工의望이有ᄒᆞ다云ᄒᆞ니目下其工役의巨創ᄒᆞᆷ과將來其影響의宏遠ᄒᆞᆷ이진실노世界的大事業이됨을不失ᄒᆞ리라米國의雄大ᄒᆞᆫ計畫과豊饒ᄒᆞᆫ富力을推觀컨ᄃᆡ一驚을喫ᄒᆞᆯ것도다

△運河와東洋　蓋米國이如斯ᄒᆞᆫ大計畫과大雄圖로ᄡᅧ地峽을開鑿ᄒᆞᆷ은其目的이何에在ᄒᆞᆫ고吾人은此를二方面으로其影響을觀察ᄒᆞᆷ을可得ᄒᆞ리니一曰政治上이라近時米國의國情과外交의方針을觀컨ᄃᆞᆫ巴奈馬運河가米國에對ᄒᆞ야可히缺치못ᄒᆞᆯ理由ㅣ有ᄒᆞ나니一八九八年米西戰爭以來로米國이太平洋上에重要ᄒᆞᆫ領土를有ᄒᆞ야東洋에對ᄒᆞᆫ利權의活動이日愈增加ᄒᆞ니此는吾人이現下에目擊ᄒᆞ는바라米國이東洋에對ᄒᆞ야政治的活動을試코자ᄒᆞ면軍事的準備即海軍의擴張이必要ᄒᆞᆫ지라海軍擴張에對ᄒᆞ야는巴奈馬運河를開通ᄒᆞᆷ이必然의結果로急要不可缺ᄒᆞᆫ者ㅣ니米國의艦隊가南亞米利加를回航ᄒᆞ는것보다兩洋을即通ᄒᆞᆷ이利益及便利를爲ᄒᆞ야理勢明白ᄒᆞᆫ者이오二曰經濟上이니第一政治的活動을要ᄒᆞ는同時에東洋에對ᄒᆞᆫ經濟的手腕을發展코자ᄒᆞᆷ은貿易及交通에關ᄒᆞ야多言을不要ᄒᆞᆯ지라同運河를一日中에汽船五六十艘를通過케ᄒᆞ는大規模下에着手ᄒᆞᆷ이니將來에米國과東洋의政治及經濟的關係가益々密接衝突이生ᄒᆞᆯ것은吾人이斷言不疑ᄒᆞ노라然ᄒᆞ나此는專혀米國의利益이되는同時에世界에對ᄒᆞ야도面目을一變케ᄒᆞᆯ者

ㅣ有ᄒᆞ리니現今歐米列强이亞細亞에對ᄒᆞᆫ勢力의如何ᄒᆞᆷ은今更陳述치아니ᄒᆞ여도世人一般히知悉ᄒᆞᄂᆞᆫ바이라或은領土保存을唱道ᄒᆞ야侵掠主義를實行ᄒᆞ고或은商業開放을藉稱ᄒᆞ고利權의暗鬪를擅恣ᄒᆞ니其勢譬컨ᄃᆡ一病虫이道上에橫臥ᄒᆞ엿거ᄂᆞᆯ羣蟻爭集ᄒᆞ야或咬嚙도ᄒᆞ며又ᄂᆞᆫ体肢를分裂도ᄒᆞ야病虫으로ᄒᆞ여곰苦痛ᄒᆞ야能히自保케못ᄒᆞᆷ과恰似ᄒᆞ니此ᄂᆞᆫ今日歐米列强과東洋의現狀이其然ᄒᆞᆷ이라海則太平洋의滔々ᄒᆞᆫ波頭를從ᄒᆞ야奇恠ᄒᆞᆫ變幻을釀出ᄒᆞ고陸則支那大陸의沈々ᄒᆞᆫ山河를逐ᄒᆞ야慘憺ᄒᆞᆫ活劇을演出ᄒᆞ나니世界에對ᄒᆞ야劣等의待遇를受ᄒᆞᄂᆞᆫ者도黃人種이오暗黑의指目을受ᄒᆞᄂᆞᆫ者도黃人種이라現今東亞의半球ᄂᆞᆫ太半이나異人種範圍內에屬ᄒᆞ엿ᄉᆞ니其殘存者幾個部分도其自立共存의前途ㅣ如何ᄒᆞᆯᄂᆞᆫ지日常吾人의憂慮恐懼ᄒᆞᄂᆞᆫ비ㅣ此에在ᄒᆞ도다大則世界的人種의衝突이오小則國家的政治經濟의戰爭이라此二者의兆徵이形實已具ᄒᆞ야暗々裏에實現코자ᄒᆞ니彼運河의完成與否를不待ᄒᆞ깃거ᄂᆞᆯ此所謂黃人種은目前의名益으로써遠大의將來를沒却ᄒᆞ야先覺後進을勿論ᄒᆞ고自相殘虐ᄒᆞ며自相凌害ᄒᆞ야紀極罔有ᄒᆞ니嗚呼라東洋의前途ᄂᆞᆫ其殆哉殆哉ㅣㄴ져

交通과世界的文明

蓋今日의文明이全是物質的의發達을因ᄒᆞ야世界的大活動大勢力을有ᄒᆞᆷ은如何

ᄒᆞᆫ愚氓이라도否認ᄒᆞᆯ者ㅣ無ᄒᆞ리니余ᄂᆞᆫ物質的文明을指ᄒᆞ야機械的文明이라謂코자ᄒᆞ노라機械의發達은蒸氣及電氣의發明을賴ᄒᆞ야其力을增進ᄒᆞ고其妙ᄅᆞᆯ發揮ᄒᆞᆷ을得ᄒᆞᆫ지라蒸氣ᄅᆞᆯ應用ᄒᆞ야汽船鐵路의速率이生ᄒᆞ고電氣ᄅᆞᆯ應用ᄒᆞ야電信電話의便利ᄅᆞᆯ得ᄒᆞ나니此數者의効用은一則交通을爲ᄒᆞᆷ이오二도交通을爲ᄒᆞᆷ이라交通의機關이完備ᄒᆞᆷ을始待ᄒᆞ야人類의發達과文明의進步ㅣ日로新面目을開ᄒᆞ엿도다陸界海運을勿論ᄒᆞ고今日과如히各種交通의機關으로뼈全世界ᄅᆞᆯ編織ᄒᆞᆫ奇蹟은實노前世人의夢想치못ᄒᆞ든배라何國이던지交通機關을設備ᄒᆞᆷ에當ᄒᆞ야莫大의勞力과巨額으로財政을投ᄒᆞ야經營ᄒᆞᆷ은無他ㅣ라人類의活動的原動力이此ᄅᆞᆯ由ᄒᆞ야生ᄒᆞᆷ을爲ᄒᆞᆷ이니若世界의交通機關이不完全ᄒᆞᆫ時에ᄂᆞᆫ政治經濟殖民學術等의現象이엇지今時와갓티發展ᄒᆞᆷ을得ᄒᆞ엿스리오是故로余ᄂᆞᆫ更히機械的文明을指ᄒᆞ야交通的文明이라稱코자ᄒᆞ노라今에各列國에交通機關의概況을觀컨된現代文明利器의効用이如何ᄒᆞᆷ을一層驚歎不已ᄒᆞᆯ깃도다

但列强國의鐵路機關에만就ᄒᆞ야論ᄒᆞ드리도甚히複雜ᄒᆞ야昭詳히觀察키難ᄒᆞ나니現今全世界의線路總延長이임의八十一萬三千七百餘里에達ᄒᆞ고列强國內에敷設ᄒᆞᆫ者가其太半을占有ᄒᆞᆫ지라如斯히鐵路의發達이最初에ᄂᆞᆫ地方的運輸機關時代로부터漸次國民的運輸機關時代에達ᄒᆞ고更히一轉ᄒᆞ야國際間運輸機關時代ᄅᆞᆯ作ᄒᆞ고而今은世界的交通時代ᄅᆞᆯ當ᄒᆞ엿도다歐米兩大陸에對ᄒᆞ야縱橫의大

幹線이完成홈에至ᄒᆞ고露國의西比利亞横斷鐵道의開通을由ᄒᆞ야歐亞의連絡이咫尺相望ᄒᆞ고日本南滿洲鐵道와亞伯利亞鐵道間에在ᄒᆞ야도國際上運輸條約이已結된지라此를五大陸에分ᄒᆞ야其分野를擧示ᄒᆞ면左와如ᄒᆞ니（一九〇七年調査）歐羅巴洲二七二、六八八哩亞米加洲四一四、三八〇哩、亞細亞洲七六、九九〇哩、亞弗利加洲二五、三二八哩、濠太利洲一四、〇三〇哩의統計를有ᄒᆞ더라且世界的交通을完成키爲ᄒᆞ야列國이方今計劃中에在ᄒᆞᆫ者ᄂᆞᆫ土耳其의바그다드（亞細亞土耳其의中心地라）線과印度鐵道의計劃이旣往數十年前부터提唱ᄒᆞᆫ배로되列國間에意議未妥ᄒᆞ야尙今ᄭᆞ지實行치못ᄒᆞ엿스나必竟世界의進運을隨ᄒᆞ야實施ᄒᆞᆯ배有ᄒᆞᆯ거이오彼亞弗利加大陸에在ᄒᆞᆫ大陸縱橫鐵道即南阿의케푸타운으로부터埃及의카이로（埃及首府）府에達ᄒᆞᆫ線路ᄂᆞᆫ完成의域에在ᄒᆞ고且米國과墨西哥를貫通ᄒᆞᄂᆞᆫ大系線도不遠間에開通홈을得ᄒᆞᆯ거시오其他英國倫頓으로부터英國海峽을架渡ᄒᆞ야西歐를連ᄒᆞ고다시東으로白令海峽을渡ᄒᆞ야米國紐育을直通코자ᄒᆞᄂᆞᆫ計劃이有ᄒᆞ다ᄒᆞ니若此計畫이完成ᄒᆞᄂᆞᆫ日에ᄂᆞᆫ英國은全然히島國의地位를脫ᄒᆞ고歐洲大陸을連ᄒᆞ야곳米洲大陸에至홈을得ᄒᆞ리니此ᄂᆞᆫ英國으로ᄒᆞ여곰世界的地位를與홈이라軍事上及經濟上에各國과多大ᄒᆞᆫ利害의關係有홈을因ᄒᆞ야各國이容易히承諾지아니ᄒᆞ야不得已拋棄ᄒᆞ엿스나近間에此計畫復活의機運이有ᄒᆞ다ᄒᆞ니世界의文明은交通機關을因ᄒᆞ야益々其特色을發揮ᄒᆞ리

로다

大英雄那翁의戰鬪訣

此一項은那破崙이其弟쬬세후에게與ᄒᆞᆫ書簡中에셔摘錄ᄒᆞᆫ成功이니某雜誌에셔譯抄ᄒᆞᆷ

○理論　人은實務에慣習ᄒᆞᆷ을從ᄒᆞ야次々理論을輕視ᄒᆞ고幾何學的으로處世코자ᄒᆞᆷ에至ᄒᆞᄂᆞ니詳言ᄒᆞ면數理的一直線으로進치아니ᄒᆞ고다만同一ᄒᆞᆫ方面으로만進ᄒᆞ면可ᄒᆞ다ᄒᆞᆷ이니라

○計畫　何人이던지當事헐際에豫先計畫을不有ᄒᆞ면不可ᄒᆞ니計畫을定ᄒᆞᆷ에ᄂᆞᆫ細密히審思熟慮를要ᄒᆞᆯ지라若審思熟慮ᄒᆞᄂᆞᆫ비ㅣ無ᄒᆞ면何事를不問ᄒᆞ고善良ᄒᆞᆫ結果를得치못ᄒᆞ나니余ᄂᆞᆫ何事이던지僥倖으로來ᄒᆞᄂᆞᆫ者ㅣ無ᄒᆞᆷ을確信ᄒᆞ노라

○組織　組織이其當을得치못ᄒᆞᆫ事業은決코成功치못ᄒᆞ나니戰鬪의術은非常히用意周到ᄒᆞᆫ防禦와大膽機敏의攻擊을由ᄒᆞ야目的을始達ᄒᆞᄂᆞ니汝等은余의處事가非常히細密思考ᄒᆞᆷ을驚恠치勿ᄒᆞ라余ᄂᆞᆫ不時의事變을防禦ᄒᆞ기爲ᄒᆞ야萬種事爲에對ᄒᆞ야深思熟慮티아니ᄒᆞᆷ을不得ᄒᆞ노라

○報告　余ᄂᆞᆫ汝等이自己의軍隊各部의位置를知得ᄒᆞ기爲ᄒᆞ고또左排右列ᄒᆞᆫ各部隊를集呼ᄒᆞ기爲ᄒᆞ야每日一時間式各部의報告를接受ᄒᆞ기를切望ᄒᆞ노라此等用意가無ᄒᆞ면到底히軍隊의詳情을知키難ᄒᆞ니라此等報告를接見홈으로써汝의娛樂을삼으라自己의軍隊로써良好ᄒᆞᆫ狀態을有케홈은自己의熱心執務ᄒᆞᆫ證據이니足히自己의心을慰홀지니라

○自信　樂天安心ᄒᆞ야容易히事物에動치勿홀지어다、健康에注意ᄒᆞ며何物에던지恐怖치勿홀지어다、充分히成功홈을斷然히自疑치勿ᄒᆞ라

○行政　行政上問題ᄂᆞᆫ決코簡單치아니ᄒᆞᆫ지라故로但計畫은善良홈을得홀지라도滿足ᄒᆞᆫ効果를得키難ᄒᆞ니若行政上問題에精通ᄒᆞ고目的을達코ᄌᆞᄒᆞ면汝ᄂᆞᆫ自己가不愉快ᄒᆞ게感ᄒᆞᆫ事에對ᄒᆞ야充分히研究치아니티못홀지니라

○時　時의損失은可히償티못ᄒᆞ리니何事이던지時間을要ᄒᆞ며一世를驚動케ᄒᆞᄂᆞᆫ大技術은時를要홈이大ᄒᆞᄂᆞ니一八一〇年ᄭᆞ지成就홈을不得홀事ᄂᆞᆫ如何히ᄒᆞ던지一八〇七年에ᄂᆞᆫ成就홈을得지못ᄒᆞ리라고思惟ᄒᆞ노라

○訓練　汝의軍隊ᄂᆞᆫ訓鍊홈에注意ᄒᆞ라一個月間의躕躇ᄂᆞᆫ時或六個月間을經ᄒᆞ야非常ᄒᆞᆫ努力을因ᄒᆞ야回復홈과如ᄒᆞᆫ失策을演出ᄒᆞᄂᆞᆫ事ㅣ有ᄒᆞ니라

○細心　成功코자ᄒᆞᄂᆞᆫ者ᄂᆞᆫᄯᅢ로非常ᄒᆞᆫ大膽이업지못홀同時에또한ᄯᅢ로非常ᄒᆞᆫ細心이無티못홀지니事前에有홀ᄯᅳᆺᄒᆞᆫ災害를防禦홈은다만細心으로써警戒를加

ᄒᆞᆯ지니如何ᄒᆞᆫ不時暴風雨가襲來ᄒᆞ드ᄅᆡ도顚覆ᄒᆞᆯ念慮가無케萬事를用心整頓티아니ᄒᆞ면不可ᄒᆞ니라余ᄂᆞᆫ一大事를ᄒᆞ고자ᄒᆞᆷ에當ᄒᆞ야먼저三四個月間에自己가實行를最良의進路를默想ᄒᆞ고非常ᄒᆞᆫ災害가起ᄒᆞᆯ것도計算中에暗量ᄒᆞᆫ然後에야活動에着手ᄒᆞ노라

○決心　勇氣로써臨事ᄒᆞ야模範을造ᄒᆞ며弱ᄒᆞᆫ마음으로써事機未熟ᄒᆞ기前에實行티勿ᄒᆞ라大膽無懼ᄒᆞ야何事를勿論ᄒᆞ고大膽的外觀으로進行ᄒᆞᆯ지어다汝의胸臆을記證ᄒᆞᄂᆞᆫ手帖은精細ᄒᆞ고確實ᄒᆞᆫ者ㅣ니라軟弱ᄒᆞᆫ事를行티勿ᄒᆞ라此ᄂᆞᆫ人을支配ᄒᆞᄂᆞᆫ道ㅣ안이니一般의規則으로써部下를嚴肅키ᄒᆞ기前에ᄂᆞᆫ親切ᄒᆞᆫ態度를視티勿ᄒᆞ라余ᄂᆞᆫ오히려一言으로써汝等을誡ᄒᆞ노니何오其曰能將其隊니라

今人曰出自英雄肝肺中　一言一句最翫味
後人取法　奚特於戰

會員動靜

○本會長李昌煥氏가東京附近神奈川縣平塚等地에旅行을作ᄒᆞ엿다가腦充血의身病을得ᄒᆞ야平塚新宿志村病院에入院治療中인ᄃᆡ病故를因ᄒᆞ야歸來視務키不能ᄒᆞᆷ으로請願書를提出ᄒᆞ엿더라

○本會員高運河氏ᄂᆞᆫ昨年에日本明治大學法科를卒業ᄒᆞ고東京各裁所에서實施

見習ᄒᆞ다가本月上旬에歸國ᄒᆞ엿더라

會録

評議會録

隆熙四年二月二十八日下午一時에定期評議會를本事務所에開ᄒᆞ고左開事項을處理ᄒᆞ다

(一)內下金一萬圓에對ᄒᆞ야本監督李晩奎氏에게派送ᄒᆞ얏든總代高元勳氏의報告를接受ᄒᆞᆫ后姑爲留案ᄒᆞ기로議決ᄒᆞ다

(二)司察部員金聖睦氏請願書에對ᄒᆞ야繳還ᄒᆞ기로可決ᄒᆞ다

歡迎摠會

隆熙四年三月六日上午九時에新來學生歡迎會를本監督部內에開ᄒᆞᆯ식副會長朴炳哲氏가登席ᄒᆞ야開會辭를述ᄒᆞᆫ後에本會總務高元勳氏가歡迎辭를述ᄒᆞ고洪思一氏가答辭를述ᄒᆞᆫ后閉會ᄒᆞ니頗히盛況을呈ᄒᆞ엿더라

第十一回定期總會

同日上午卄時에歡迎會를閉會ᄒᆞ고因ᄒᆞ야定期總會를開ᄒᆞ고書記가前會錄을朗讀ᄒᆞᆫ後承認ᄒᆞ다

各部報告ᄂᆞᆫ總務報告ᄒᆞ되前監督申海永氏의債務金이自本國으로來到ᄒᆞ엿다ᄒᆞ며會計部報告ᄒᆞ되現金額이拾伍圓九拾四錢伍里오銀行에任置額이伍拾九圓參拾七錢伍里더라

編纂部報告ᄒᆞ되本會의彙報ᄂᆞᆫ日本警視廳에서禁止ᄒᆞᄂᆞᆫ故로今後로ᄂᆞᆫ停止ᄒᆞᆫ다ᄒᆞ다

外他諸部ᄂᆞᆫ別無事項이라ᄒᆞ다

臨時慰問總代曺秉浩氏報告ᄒᆞ되現今負病入院ᄒᆞᆫ會員韓相基及金晉鏞兩氏의게慰問ᄒᆞ엿다ᄒᆞ다

規則改正委員高元勳氏가改正規則을逐條朗讀ᄒᆞᆫ後錯誤업시通過ᄒᆞ다本會長李昌煥氏請願書에對ᄒᆞ야金淵穆氏가依免ᄒᆞ자고動議ᄒᆞ미再請이有ᄒᆞ야問可否可決되다金晉庸氏提議ᄒᆞ되本會總任期가不遠ᄒᆞ니副會長朴炳哲氏로代理케ᄒᆞ자ᄒᆞ미異議가無ᄒᆞ야可決되다

會長이永柔支會에서解散ᄒᆞ엿다ᄂᆞᆫ報告書를公布ᄒᆞᆷ에對ᄒᆞ야支會前後文簿와印章等收還할事項을會長에게委任ᄒᆞ다監督李晚奎氏가出席ᄒᆞ야故申海永氏의債務金이沒數히監督에바로來到ᄒᆞᆷ을公布ᄒᆞᆫ後下午一時에閉會ᄒᆞ다

會計報告

貸借對照表（隆熙三年三月五日까지）借方

出版部	千二百九十圓六十六錢二厘	敎育部	四十四圓六十二錢五厘
運動部	二百十四圓二十一錢	會計部	三十四圓二錢八厘
討論部	六圓六錢	諸雜費	二百三十一圓十八錢
物品	五圓六十二錢	特別債權	百四十二圓四十七錢
編纂部	三十七圓三錢	尾張銀行	五十九圓三十七錢五厘
金銀	十五圓九十四錢五厘	豫發金	三圓八錢五厘
司察部	七十錢	事務所	千百十一圓十四錢五厘

合計　三千百九十六圓十三錢五厘

貸方

基本金	千百六十二圓九十七錢五厘	雜收入	九圓六十錢
恩賜金	百圓	月捐金	百三十七圓七十五錢
義捐金	千三百五十九圓三十五錢五厘	利子	六圓六十六錢
學報代金	一百二十六圓十六錢五厘	會費金	百九十三圓六十三錢

合計　三千百九十六圓十三錢五厘

收入支出表 (自二月六日至三月五日)

支 出

出版部 七十七圓　會計部 四十五錢　事務所 七十四圓二錢五厘
編纂部 一圓五十錢　司察部 七十錢
　合計 百五十三圓六十七錢五厘

收 入

特別債權 二十四圓九十五錢　月捐金 十八圓五十錢
義捐金 五十圓　學報代金 十三圓八十四錢五厘
會費金 九圓二十錢
　合計 七十一圓四十九錢五厘　「加用」八十二圓十八錢

月捐金領受表 (自二月六日至三月五日)

李熙廸 一圓(自十二月至二月)　林憲章 五十錢(十二月分)　李寅彰 五十錢(一月)
崔元植 一圓(十二-一)　朴炳哲 一圓 (一-三)　崔元植 五十錢(十二月分)
吳悳泳 一圓(一-三)　翟鳴煥 五十錢(三月分)　林景燁 二圓(十-一)
李大容 一圓(十二-一)　崔洛允 一圓 (一-三)　羅景錫 一圓(十二-一)
李康賢 五十錢(一月分)　尹鼎三 一圓 (一-二)　南宮營 一圓(十二-一)
金漢益 五十錢(三月分)　金良洙 五十錢(十二月分)　崔漢基 一圓(二-三)

朴秉鎬 一圜(一丨十二)　馬鉉義 一圜 (一丨十二)　鄭鳳鎭 五十錢(二月分)

崔榮鎬 五十錢(一月分)

合計 十八圜五十錢

義捐金領受表(自二月六日至三月五日)

李鍾俊 二圜　金亮鍾 一圜　李龍基 一圜

合計 五圓也

學報代金領受表(自二月六日至三月五日)

盧麟奎 一圜 (一號至七號)　崔成俊 五十五錢(九丨十二)

趙德三 二十七錢 (六丨七)　郭春植 一圜五十五錢(一丨十二)

白南圭 十六錢五厘　金亮植 二圜 (四丨十八)

李龍基 一圜 (三丨十)　梁桂承 四十五錢(三丨五)

金在懋 一圜五十錢(一丨十二)　李敬煥 六十錢 (四丨九)

林聖根 一圜十五錢(九丨二十)　强立學校 一圜十五錢(一丨十二)

李敬煥 八十一錢 (四丨九)　梁桂新 四十三錢 (三丨五)

尹壽鉉 五十錢 (十丨十四)　申容澈 七十二錢(十丨十五)

合計 十三圜八十四錢五厘

●學報定價（改正）

一部（郵並）	拾貳錢
三個月（上仝）	參拾錢
半年分（上仝）	六拾錢
一年分（上仝）	一圜拾五錢

●廣告料

半頁	金參圜
一頁	金五圜

編輯人　李得季
日本東京市麴町區中六番町四十九番地

發行人　高元勳
日本東京市麴町區中六番町四十九番地

印刷人　姜邁
日本東京市麴町區中六番町四十九番地

發行所　大韓興學會出版部
日本東京市麴町區中六番町四十九番地

印刷所　大韓興學會印刷所
日本東京市麴町區中六番町四十九番地

會員諸君 座下

本報ᄂᆞᆫ大韓興學會의機關紙오興學會ᄂᆞᆫ在日本帝國青年의結晶體니一般會員의思想을代表ᄒᆞ고學識을反射ᄒᆞᄂᆞᆫ本報의原稿製述은不可不會員諸君을是賴是望ᄒᆞ노니民智啓發에適當逼切ᄒᆞᆫ論說及學術을每月二十五日以內에本部로送交ᄒᆞ심을切盼

投書의注意

一 投稿ᄂᆞᆫ 國漢文、楷書、完結을要ᄒᆞᆷ

一 投稿ᄂᆞᆫ 論說、小說(短篇) 學藝等

一 學藝ᄂᆞᆫ 法、政、經、哲、倫、心、地、歷과及博物、理化、醫、農、工、商等以內

一 原稿蒐輯期限은每月二十五日

一 原稿를刪削及揭載否與의權限은本編輯部에在ᄒᆞᆷ

一 原稿를揭載치아니ᄒᆞᄂᆞᆫ時에도還送을不許ᄒᆞᆷ

大韓興學會編纂部

大韓興學報第十一號

隆熙三年十二月十九日
明治四十二年十二月十九日 第三種郵便物認可

隆熙四年三月廿日
明治四十三年三月廿日 發行 (每月一回)

隆熙三年十一月十九日
明治四十二年十一月十九日 第三種郵便物認可

大韓興學報

隆熙四年四月廿日發行（每月一回）
日本明治四十三年

在日本東京
大韓興學會發行

第拾貳號

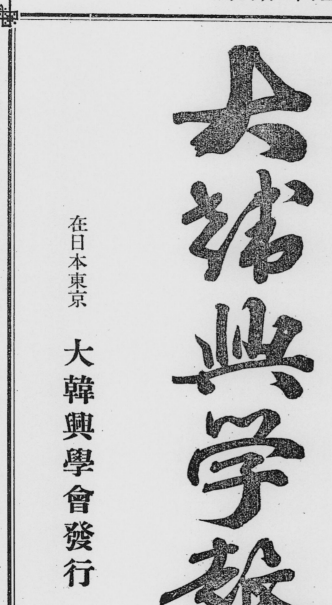

大韓興學報第十二號目次

緊急廣告

敬啓者本報ᄂᆞᆫ留學生界의熱心誠力과內外 僉君子의殷眷ᄒᆞ신贊成을賴ᄒᆞ야經費의窘艱ᄒᆞᆷ을不拘ᄒᆞ고逐月開刊ᄒᆞᆷ은想已 統亮ᄒᆞ시ᄂᆞᆫ바이어니와本報ᄅᆞᆯ 購覽ᄒᆞ시ᄂᆞᆫ諸氏ᄂᆞᆫ會報代金을即速換投ᄒᆞ시와本報ᄅᆞᆯ繼續發行케ᄒᆞ심을千萬仰希

報價ᄅᆞᆯ計送ᄒᆞ시면領受證을即當繕呈ᄒᆞ깃삽、 若或代金을送投ᄒᆞ신諸氏가領受證을 照領티못ᄒᆞᆯ時에ᄂᆞᆫ本會所로通知ᄒᆞ시면亦即繕呈ᄒᆞ깃삽

隆熙四年四月二十日

大韓興學會

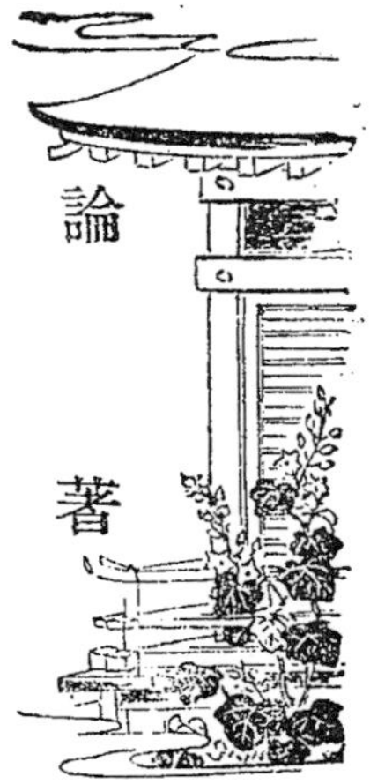

三要論

岳裔

夫人類가有ᄒᆞ면社會가必有ᄒᆞ고社會가有ᄒᆞ면國家가必有ᄒᆞᄂᆞ니國家ᄂᆞᆫ吾人々類가發達ᄒᆞᆫ結果로種族의地位를保存ᄒᆞ고人類의氣性을發揮ᄒᆞ며人民의生活을增進ᄒᆞ기爲ᄒᆞ야自然의法則과人爲의形式을因ᄒᆞ야組織ᄒᆞᆫ團体이니上下數千載와東西幾多種을勿論ᄒᆞ고一部의種族과一定ᄒᆞᆫ疆域을範圍ᄒᆞ야主權者ㅣ在上ᄒᆞ야法令을出ᄒᆞ면人民은在下ᄒᆞ야此法令에服從遵行ᄒᆞᆷ은다ㅣ國家의組織을必要로認ᄒᆞᄂᆞᆫ同時에國家라ᄂᆞᆫ機關을因ᄒᆞ야人類의最高目的을達코자ᄒᆞᆷ이니其曰禮樂刑政과憲章制度ᄂᆞᆫ다ㅣ國家의組織을完全히ᄒᆞ고國家의存立을確固케ᄒᆞ기爲ᄒᆞ야制定施設ᄒᆞᆫ者이오其曰道德宗敎와軍工農商은다ㅣ人類의發達을增進ᄒᆞ고國民의生活을維持ᄒᆞ기爲ᄒᆞ야倡建敎導ᄒᆞᆷ이라是故로禮樂刑政과憲章制度ㅣ不立ᄒᆞ면國家의組織이不完全ᄒᆞ고道德宗敎와軍工農商이不進ᄒᆞ면國家의敎化ㅣ不行ᄒᆞ나니此數者ㅣ幷行티못ᄒᆞᆯ時에ᄂᆞᆫ國家를維持키難ᄒᆞᆯ뿐아니라一民族의地

位를保存치못ᄒᆞ리로다歷代今古에何時代와何種族이던지一興一廢ᄒᆞ고彼亡此存ᄒᆞ야簡篇에陳蹟을積ᄒᆞ야后人의考徵을資ᄒᆞᆯ者ᄂᆞᆫ其興亡治乱의遺跡이存ᄒᆞᆯᄲᅮᆫ이오古之國과今之國은其憲制ㅣ不同ᄒᆞ고古之人과今之人은其心術이不同ᄒᆞ며古之學은章句를是究ᄒᆞ더니今之學은事物을實驗ᄒᆞ나니此ᄂᆞᆫ時代의變遷ᄒᆞᆷ을從ᄒᆞ야然ᄒᆞᆯᄲᅮᆫ不啻라人類의進化와文物의發達이極度에至ᄒᆞᆷ으로國家의制度와人類의思想이大變大新ᄒᆞ야今日의狀態를現出ᄒᆞ엿도다其最著ᄒᆞᆫ者로써觀ᄒᆞᆯ진ᄃᆡ古昔의專制政治를一變再變ᄒᆞ야立憲或共和政治를樹立ᄒᆞ니此ᄂᆞᆫ民權發達의結果오其他教育宗教法律文學과軍工農商衣冠文物이新面目과新理想을發揮치아니ᄒᆞᆫ者ㅣ無ᄒᆞ니此ᄂᆞᆫ科學의進步를因ᄒᆞᆷ이라苟或今世界에處ᄒᆞ야一國家를維持코자ᄒᆞ거나一民族을保存코자ᄒᆞᄂᆞᆫ者ㅣ一般制度와一般思想을改良革新티아니ᄒᆞ면他國家及他民族과對立ᄒᆞ야競爭共存키不能ᄒᆞᄂᆞ니吾人의現狀如何ᄒᆞᆷ과吾國의境遇ㅣ如何ᄒᆞᆷ을觀ᄒᆞ야도可히理會ᄒᆞᆯ비로다蓋一國의制度文物과習慣風氣ᄂᆞᆫ其國人民의思想如何ᄒᆞᆷ을代表ᄒᆞᄂᆞᆫ지라余ᄂᆞᆫ謂호ᄃᆡ由來我國의制度文物과習慣風氣가昔時에在ᄒᆞ야ᄂᆞᆫ時代에適當ᄒᆞ엿슬지라도今日에ᄂᆞᆫ決코因襲티못ᄒᆞᆯ同時에一般國民의慣來ᄒᆞᆫ思想을根本的으로打破改良ᄒᆞ고自國에固有ᄒᆞᆫ精神과時代에適切ᄒᆞᆫ思想으로써國民을啓發티아니티못ᄒᆞᆯ새其最大ᄒᆞᆫ者ㅣ三이有ᄒᆞ니何者오以下略述코져ᄒᆞ노라

一要曰歷史的精神이니、自古로一民族이一定ᄒᆞᆫ土地에住居ᄒᆞᄂᆞᆫ者ᄂᆞᆫ其民族에關ᄒᆞᆫ歷史가必有ᄒᆞᄂᆞ니一民族의歷史ᄂᆞᆫ其民族과終始를갓치ᄒᆞᄂᆞᆫ者이오其民族의疆土及文明의沿革을存記ᄒᆞᄂᆞᆫ者이며其民族의思想及精神을代表ᄒᆞᄂᆞᆫ者이라祖宗을尊慕ᄒᆞ고國家를忠愛ᄒᆞᄂᆞᆫ觀念이歷史的精神을由ᄒᆞ야感興ᄒᆞ며英雄을崇拜ᄒᆞ고民族을親護ᄒᆞᄂᆞᆫ觀念도亦此를由ᄒᆞ야發生ᄒᆞᄂᆞ니一國家ᄂᆞᆫ其民族의歷史上産物이오歷史ᄂᆞᆫ其民族을支配ᄒᆞᄂᆞᆫ標本이라其不可相離ᄒᆞᆯ關係ㅣ如斯히重且密ᄒᆞ도다夫我國이海隅에僻處ᄒᆞᆫ小邦으로立國四千有餘年에興亡治乱의歷史를種々有之ᄒᆞ야國々相替ᄒᆞ고姓々相傳ᄒᆞ더니惟我聖神文武ᄒᆞ신 太祖高皇帝ㅣ龍興의業을是創ᄒᆞ시고五百有餘年의洪基를是奠ᄒᆞ사聖子神孫이繼々承々ᄒᆞ야今日ᄭᆞ지至ᄒᆞ셧도다雖然이나北으로地形이大陸을接近ᄒᆞ고列强과不通ᄒᆞᆷ으로玉帛이明清에止ᄒᆞᆷ을不免ᄒᆞ야맛ᄎᆞᆷ니朝鮮民族으로ᄒᆞ여곰明과清이有ᄒᆞᆷ을知ᄒᆞ고朝鮮과檀箕가有ᄒᆞᆷ을不知ᄒᆞᄂᆞᆫ惡習痼癖을養成ᄒᆞᆫ지라君臣上下로부터閭巷匹婦匹夫에至ᄒᆞ도록事大의精神이浹洽ᄒᆞ야通鑑史略의類로ᄡᅥ史學의敎科를삼으며有明有清의號로ᄡᅥ禮制章度를삼고自國의歷史에關ᄒᆞ야ᄂᆞᆫ是를小說野史等과갓치認ᄒᆞᄂᆞᆫ風習이一般通行ᄒᆞ야自主獨立의氣性이墜落ᄒᆞ고屬人依賴의行動이日長ᄒᆞ야不知不識間에朝鮮民族及國家의觀念이滅絶ᄒᆞᆷ에至ᄒᆞ엿스니嗚呼라彼亦一時에固屬ᄒᆞᆯ지나思惟컨ᄃᆡ亡國의原因이全혀此를因ᄒᆞᆷ이라謂ᄒᆞ리로다其民

族의歷史를不知ᄒᆞᄂᆞᆫ者ᄂᆞᆫ是ᄂᆞᆫ自己를不知ᄒᆞᄂᆞᆫ者ㅣ니自己를不知ᄒᆞᄂᆞᆫ者ㅣ엇지國家를愛ᄒᆞ며民族을愛ᄒᆞ라오然則一國을擧ᄒᆞ야販賣ᄒᆞ며民族을驅ᄒᆞ야奴隷를삼고자ᄒᆞᄂᆞᆫ者의心術도自國의歷史를不講ᄒᆞ며民族의精神을不顧홈에出ᄒᆞᆫ者ㅣ라其蔽ㅣ國家를顚覆ᄒᆞ고民族을滅亡케ᄒᆞ니엇지그ㅣ畏티아니ᄒᆞ리오故로今日韓國의敎育은歷史的敎育으로써先務를삼을진저ㅣ韓國의歷史ᄂᆞᆫ진실노文明的歷史를有ᄒᆞᆫ지라聖帝明君의美德洪範이世代에乏絶티아니ᄒᆞ고忠君愛國의義魂烈魄이史冊에炳耀ᄒᆞ나니堂々光明ᄒᆞᆫ朝鮮民族의歷史로써엇지他人의奴隷를甘作ᄒᆞ야萬世에靑史를汚케ᄒᆞ리오만날韓國民으로ᄒᆞ여곰歷史的精神이有ᄒᆞᆯ진ᄃᆡ魑魅魍魎의行動과豺狼狗鼠의心術을決코行티아니ᄒᆞ리니故로曰歷史的精神은種族의地位를保存ᄒᆞᄂᆞᆫ要素라謂ᄒᆞ리로다

二要曰尙武的氣像이니、朝鮮民族은元來武力이强壯ᄒᆞ고勇敢銳敏ᄒᆞᆫ種族이라乙支公이隋煬帝의二十萬北敵을大破ᄒᆞ고李忠武公이百萬의倭兵을殲滅ᄒᆞᆫ歷史ᄂᆞᆫ千秋에耀傳ᄒᆞ야雖樵童牧叟와愚夫愚婦라도咸悉頌稱ᄒᆞᄂᆞ니古則何其壯何其强터니今則何其悲何其弱ᄒᆞᆫ고錦繡山河ᄂᆞᆫ其色이千古에依然ᄒᆞ고檀箕苗裔ᄂᆞᆫ其種이今昔에胞同ᄒᆞ되數百年昇平鎖國ᄒᆞ고執政者ㅣ利權相爭ᄒᆞ야人氣를壓抑ᄒᆞ며勇士를疾視ᄒᆞ니國風民習이日以墜落ᄒᆞ고文物敎化ㅣ萎靡不振ᄒᆞ야虛文을崇尙ᄒᆞ고實武를賤斥ᄒᆞ니於是에武道ㅣ大衰ᄒᆞ고文弱이日甚ᄒᆞ야武士의制가雖有

ᄒᆞ나虛名에不過ᄒᆞ고將臣의稱을縱見ᄒᆞ나班列에不外ᄒᆞᆯ뿐이오自衛自禦의策을不講ᄒᆞ고國强民富의術을不究ᄒᆞ야內亂外寇에一朝有事의時를當ᄒᆞ면應援을哀求ᄒᆞᆷ에汲々ᄒᆞ엿시니彼亦一時에固屬ᄒᆞᆯ지나思惟컨ᄃᆡ亡國의原因이此에도在ᄒᆞ도다甲午更張以後로外制를模倣ᄒᆞ야聯隊鎭衛의施設이有ᄒᆞ되其實이不擧ᄒᆞ더니嗚呼痛哉라乙巳冬에新約이成ᄒᆞ고丁未夏에國軍이解散을當ᄒᆞ니國家의名實이去ᄒᆞ는同時에百般制度ㅣ蕩然無餘ᄒᆞ야其頭를斬ᄒᆞ고其手足을束縛ᄒᆞᆷ과無異ᄒᆞᆫ지라國之韓은已亡ᄒᆞ엿스되韓之民은尙猶存在ᄒᆞ니舊韓國을破壞ᄒᆞ고新韓國을建設ᄒᆞᆯ者는唯我民族의前途에希望ᄒᆞᆯ뿐이로다然則何術로써此民族을敎道ᄒᆞ리오必先曰歷史的敎育이오其次曰尙武的氣像을培養ᄒᆞᆷ이必要ᄒᆞ나니今日에何法을用ᄒᆞ야尙武的氣像을培養ᄒᆞᆷ을得ᄒᆞ리오其必歷史的敎育으로써基礎를삼아祖宗先人의忠言義行과忠臣烈士의懿德名節로써國民의暗黑ᄒᆞᆫ腦髓를破壞ᄒᆞ고体育及智育을奬勸ᄒᆞ야健全ᄒᆞᆫ精神과强壯ᄒᆞᆫ身體를養成티아니티못ᄒᆞ리로다凡我二千萬民族이다國家를愛ᄒᆞ며民族을愛ᄒᆞ는思想이有ᄒᆞ면엇지軍艦大砲와鐵甲利兵이無ᄒᆞᆷ을患憂ᄒᆞ리오進就的思想과勇敢的行動이亦皆尙武的氣像이有ᄒᆞᆷ을因ᄒᆞ야始生ᄒᆞ나니此는人類의氣性을發揮ᄒᆞ는要素가될것이며

三要曰經濟的思想이니、個人及國家를勿論ᄒᆞ고生命을維持ᄒᆞ며行動을資助ᄒᆞ는者는經濟ㅣ是也라今但曰經濟的思想이라云ᄒᆞ면無論經濟에關ᄒᆞᆫ思想을云ᄒᆞᆷ

이나其範圍甚히廣漠ᄒᆞ야一般經濟에關ᄒᆞᆫ生産消費의原則과農工商等實業에關ᄒᆞ야도論及ᄒᆯ必要ㅣ有ᄒᆞ나經濟實質에關ᄒᆞᆫ者ᄂᆞᆫ姑捨ᄒᆞ고但國民의經濟思想有無에對ᄒᆞ야一言코자ᄒᆞ노라從來로虛僞的文華만是尙ᄒᆞ고實質的事物에對ᄒᆞ야ᄂᆞᆫ等閒不究ᄒᆞ야비록財貨ᄅᆞᆯ推重ᄒᆞ나消費的財貨만知ᄒᆞ고生産的財貨ᄂᆞᆫ不知ᄒᆞᄂᆞᆫ故로商工을賤히ᄒᆞ고勞働에怠惰ᄒᆞ야遊食遊衣로써趣味ᄅᆞᆯ삼고放逸懶散ᄒᆞᆷ으로써快樂을삼으니貯蓄勤儉의觀念도無ᄒᆞ고利用厚生의道理ᄅᆞᆯ不知ᄒᆞ거던而況乎殖産興業과生産製造等事業에關ᄒᆞᆫ者리오如此而國富日縮ᄒᆞ고民力이日弱ᄒᆞ야今日과如ᄒᆞᆫ慘狀悲運에陷ᄒᆞᆷ은其理明白ᄒᆞ니此亦亡國의一原因이될지로다殖産興業은財産을得ᄒᆞᄂᆞᆫ根本이오勤儉貯蓄은資本을得ᄒᆞᄂᆞᆫ方法이니勤儉貯蓄의思想이缺乏ᄒᆞᆫ國民은如何히生産力이富ᄒᆞ드ᄅᆡ도國富民力을增進키難ᄒᆞᆫ지라古人이云호ᄃᆡ富ᄂᆞᆫ生産을由ᄒᆞ야生치아니ᄒᆞ고貯蓄勤儉을由ᄒᆞ야生ᄒᆞᆫ다ᄒᆞ니其至言乎ㄴ져余의經濟思想이라ᄒᆞᆷ은勤儉貯蓄의思想을謂ᄒᆞᆷ이니此ᄅᆞᆯ非但敎育에만對ᄒᆞ야勸諭ᄒᆯᄲᅮᆫ아니라一般國民에게奬勵ᄒᆯ急務ㅣ되ᄂᆞ니此ᄂᆞᆫ人民의生活力을增進ᄒᆞᄂᆞᆫ要素될지로다

以上三者ᄂᆞᆫ種族의地位ᄅᆞᆯ保存ᄒᆞ며民族의氣性을發揮ᄒᆞ며國民의生活力을增進ᄒᆞᄂᆞᆫ데對ᄒᆞ야一不可缺ᄒᆯ者ㅣ니今日韓國々民을爲ᄒᆞ야前道을啓發ᄒᆞᆷ에가장重要ᄒᆞᆫ者ㅣ로다若社會方針을指導ᄒᆞᄂᆞᆫ者及敎育의責任이有ᄒᆞᆫ者ㅣ此三者로써主

觀을舍지아니ᄒᆞ면是ᄂᆞᆫ本末를倒錯ᄒᆞ고骨子를忘却ᄒᆞᄂᆞᆫ者ㅣ니비록健全ᄒᆞᆫ國民과新鮮ᄒᆞᆫ國家를希望ᄒᆞᆫ들其可得乎ㅣ리오今日本이小島國으로써東洋의覇權을執ᄒᆞ고强國이라稱ᄒᆞᆷ은無他ㅣ라日本人의民族이란觀念이强大ᄒᆞ야어ᄃᆡᄭᆞ지라도自國民族의地位를保存ᄒᆞ고擴張코자ᄒᆞᆷ에出ᄒᆞᆷ이니非特日本ᄲᅮᆫ아니라世界何國을勿論ᄒᆞ고國家主義及帝國主義의發達은即歷史的種族의觀念이强大ᄒᆞᆫ結果라고可謂ᄒᆞᆯ깃도다今에人輒曰我國은四千年歷史를有ᄒᆞᆫ舊國이라稱ᄒᆞᆷ은何意오此即四千餘年의歷史를有ᄒᆞᆫ民族의國家인고로可히合지도못ᄒᆞᆯ새이오可히亡키도寃痛ᄒᆞ다ᄒᆞᆷ을云ᄒᆞᆷ이라 一民族이亡ᄒᆞ면其歷史를失ᄒᆞ고其歷史를失ᄒᆞ면其民族은亡ᄒᆞ나니故로人國을滅ᄒᆞᄂᆞᆫ者ㅣ반다시其民族의歷史的精神을撲滅케ᄒᆞᄂᆞᆫ政策이種々有之ᄒᆞᆫ지라露國이中央亞細亞斯坦을合倂ᄒᆞᆫ后로該國의歷史를盡拾燒棄ᄒᆞ며該國의言語를禁ᄒᆞ고露國의言語로써代用케ᄒᆞ고波蘭이分裂된後로普魯西가波瀾에對ᄒᆞᆫ政策이亦如是ᄒᆞ며英國이印度에對ᄒᆞᆫ것과佛蘭西가安南에對ᄒᆞᆫ政策이다此와類同ᄒᆞ니此誠人類種族을殘滅ᄒᆞᄂᆞᆫ手段이며又猶太耶ᄂᆞᆫ已亡ᄒᆞ엿스되其民族은各國에散在ᄒᆞ야商工業에從事ᄒᆞᄂᆞᆫ者ㅣ甚衆ᄒᆞ니各國經濟界에對ᄒᆞᆫ猶太人의金錢勢力은實노可驚ᄒᆞᆯ者ㅣ有ᄒᆞ나然ᄒᆞ나國家를組織티못ᄒᆞ고劣等亡國種의耻辱을受ᄒᆞᆷ은何故오無他ㅣ라自國에關ᄒᆞᆫ歷史的觀念이無ᄒᆞᆫ고로民族團合의精神이無ᄒᆞᆷ을專由ᄒᆞᆷ이라前을徵ᄒᆞ야後를鑑ᄒᆞ미진실노心戰身慄ᄒᆞ야

自措홀바를不知ᄒᆞ노라且世界가進步ᄒᆞ고國際關係가發達되ᄂᆞᆫ同時에戰爭의論이漸息ᄒᆞ고平和의聲이漫高ᄒᆞ나平和라ᄂᆞᆫ者ᄂᆞᆫ戰爭보다尤甚激烈ᄒᆞᆫ慘狀을演ᄒᆞᄂᆞᆫ지라平和의手段으로써人國을滅ᄒᆞ며人類를慘殺ᄒᆞᄂᆞ니即所謂經濟政策을利用ᄒᆞ야外面으로ᄂᆞᆫ誘之掖之撫之摩之ᄒᆞ면셔內面으로人國의利權과脂血을吸收ᄒᆞ야生活을困難케ᄒᆞ며利益을暗奪ᄒᆞᄂᆞ니其毒害가戰爭에比홀비아니라此等手段이果然文明의福蔭인지野蠻의行動인지ᄂᆞᆫ不知ᄒᆞ거니와其能眩惑티아니홀誰ㅣ리오語曰知己ᄂᆞᆫ知人의本이오立身은立國의始라ᄒᆞ니自國의民族을愛ᄒᆞ며民族의氣性을發揮ᄒᆞ며民族의生活을維持홀者ᄂᆞᆫ其曰三要ㅣ有홀뿐이니若三要ㅣ并立ᄒᆞ면何患乎哉아何患乎哉아

日本에在ᄒᆞᆫ我韓留學生을論홈

李寶鏡

今日日本東京에留ᄒᆞᄂᆞᆫ我韓留學生의數ᄂᆞᆫ其正確ᄒᆞᆫ數ᄂᆞᆫ未知ᄒᆞ나거의五六百에達홀디라其中에或은專門學術의研究에盡心ᄒᆞ야寸陰을是競ᄒᆞᄂᆞᆫ者도有홀디며或은語學과普通으로高等ᄒᆞᆫ學校에入學홀準備에孜々ᄒᆞᄂᆞᆫ者도有홀지라然ᄒᆞ나余의玆에論ᄒᆞ려홈은其勤怠와學術의如何가안이오全혀留學界의思想에在ᄒᆞ노라

新韓建設者로自任ᄒᆞᄂᆞᆫ學界諸君大政治家、大法律家、大實業家、大文學家 로自

任ᄒᆞᄂᆞᆫ諸君의思想은果然何如ᄒᆞᆫ가余ᄂᆞᆫ此ᄅᆞᆯ論ᄒᆞ려함의沈痛ᄒᆞᆫ悲哀의胸腔에소사음을禁티못ᄒᆞ노라

今日日本留學生의思想을大槪三種으로分ᄒᆞᆯ수有ᄒᆞ니

一、은學問을博히ᄒᆞ며智識을廣히ᄒᆞ야塗炭에嗷々ᄒᆞᄂᆞᆫ半島同胞ᄅᆞᆯ自由의福樂에引導ᄒᆞ며自己의芳名을萬代의歷史에彰ᄒᆞ게코저ᄒᆞᄂᆞᆫ者니留學生中에가장思慮가多ᄒᆞ고理想이高尙ᄒᆞᆫ者오

二、ᄂᆞᆫ무엇이던一箇專門을修了ᄒᆞ야自己의衣食을豊饒히하려하ᄂᆞᆫ者니前者ᄂᆞᆫ稍히破壞的建設的觀念이有ᄒᆞᄂᆞ後者에至ᄒᆞ야ᄂᆞᆫ此等觀念은全無ᄒᆞ고其社會의風潮ᄅᆞᆯ從ᄒᆞ야自己의生存의位置ᄂᆞ保持고져하ᄂᆞᆫ者오

三、은아못自動的思考力과行動이無ᄒᆞ고다못受動的器械的으로歲月을送ᄒᆞᄂᆞᆫ者니譬컨딘余ᄂᆞᆫ學校에在ᄒᆞᆫ故로不得已通學ᄒᆞ며不得已工夫ᄒᆞᆫ다하ᄂᆞᆫ者의類라

以上所陳ᄒᆞᆫ者ᄂᆞᆫ다못日本留學生界에流ᄒᆞᄂᆞᆫ思潮의異同ᄒᆞᆫ點을模形的으로極히簡單히分類ᄒᆞᆫ者나此外에全留學生界에共通ᄒᆞᆫ思潮가有ᄒᆞ니此가余의論ᄒᆞ려ᄒᆞᄂᆞᆫ主題라

一、은狹見이니自巳의理想으로人의理想을批評ᄒᆞ며自己의倫理觀道德觀으로直히人의思想과行動을判斷하려ᄒᆞᄂᆞᆫ것이是라大抵吾人々生은何로從ᄒᆞ야來ᄒᆞ며何ᄅᆞᆯ向ᄒᆞ야往ᄒᆞ며吾人의絕對的目的卽理想이何인디約言ᄒᆞ건딘人生이何인

디를未知ᄒᆞᄂᆞᆫ故로吾人의行路와目的이到底히一致티못ᄒᆞ야時代와境遇를從ᄒᆞ야善惡의標準이變異ᄒᆞ며個人、個人을從ᄒᆞ야理想과 思索이 各異ᄒᆞ거늘自己一個의定見으로直히人을批評判斷코져ᄒᆞ나니엇지그르디안이하리오如斯ᄒᆞᆫ觀念이有ᄒᆞᆷ은我韓古來에胚胎ᄒᆞᆫ自是의陋習에서流傳ᄒᆞᆫ所致며

二、ᄂᆞᆫ學校敎育萬能主義니(此ᄂᆞᆫ學生의最히陷溺키易ᄒᆞᆫ病弊)學校에서學ᄒᆞᄂᆞᆫ뒤로만行ᄒᆞ면萬事가無缺無滯ᄒᆞ며學校에서學ᄒᆞᄂᆞᆫ智識이世界또ᄂᆞᆫ人類의智識의總數로思惟ᄒᆞ야敎科書以外의書籍은거의讀ᄒᆞᆯ價値가無ᄒᆞ다ᄒᆞ며또此를讀ᄒᆞᄂᆞᆫ者ᄂᆞᆫ閑暇ᄒᆞᆫ者墮落ᄒᆞᆫ者라稱ᄒᆞ니此ᄂᆞᆫ狹見偏識에서出來ᄒᆞᆫ者라人文의發達은到底히限際가無하야瞬息之間에變遷進步ᄒᆞ나니今日의學制가아모리昔日보다ᄂᆞᆫ發達ᄒᆞ엿다ᄒᆞᆫ들亦是一時의制定에不過ᄒᆞᆯ디오決코理想的完全은안이며또學校의目的은學生으로ᄒᆞ여곰讀書力과硏究力과理解力을修養케ᄒᆞᆷ에不過ᄒᆞ거늘我韓學生은學校ᄂᆞᆫ最高의學府라完全無缺ᄒᆞᆫ者라ᄒᆞ야學校만卒業ᄒᆞ면紳士가된줄노思惟ᄒᆞ며學者가된줄노思惟ᄒᆞ니幼穉하기如此ᄒᆞᆫ가於是乎他人의糟粕만吸收ᄒᆞᆷ으로上乘을ᄉᆞᆷ고ᄉᆞ사로나아가思索ᄒᆞ며硏究ᄒᆞᄂᆞᆫ心力이缺乏ᄒᆞ야다못模倣만ᄒᆞ고져ᄒᆞ니此ᄂᆞᆫ自我를沒却ᄒᆞ고自己를한器械로되게하ᄂᆞᆫ者라如斯ᄒᆞ고엇디完全ᄒᆞᆫ人物이되리오

三、은自負心이너머强ᄒᆞᆷ이니自己의識見이最高ᄒᆞ며自己의意見이最當ᄒᆞ다ᄒᆞ

야自己의識見에不合ᄒᆞ면非라判斷ᄒᆞ며自己의意見이不立ᄒᆞ면此ᄂᆞᆫ他人이無識ᄒᆞᆷ이라고憤慨ᄒᆞᄂᆞᆫ者라 此 도 亦是狹見의一種이라要컨ᄃᆡ自負心이全無ᄒᆞ야人의指揮에만從ᄒᆞᆷ도不可할디나空然히自己만英雄인뎨豪傑인뎨함은狗가虎라自稱ᄒᆞᆷ과異ᄒᆞᆷ이無할디라大抵如斯ᄒᆞᆫ觀念이生ᄒᆞᆷ도ᄉᆞ사로思索ᄒᆞᄂᆞᆫ力과研究ᄒᆞᄂᆞᆫ力이無함에서出來ᄒᆞ도다即自己의才能을鮮티못ᄒᆞ고다못書籍에서讀ᄒᆞᆫᄃᆡ로學者의게聞ᄒᆞᆫᄃᆡ로만時勢며境遇도察티못ᄒᆞ고即時應用ᄒᆞ려ᄒᆞᆷ에서生ᄒᆞᄂᆞᆫ過誤라詳言컨ᄃᆡ某ᄂᆞᆫ英雄이니渠의言文을學ᄒᆞ기만ᄒᆞ면自己도渠와가치되리라하ᄂᆞᆫ誤解에서生ᄒᆞᄂᆞᆫ것이라學ᄒᆞ야知ᄒᆞᆷ도眞理어니와天才도亦是否認티못할者라余ᄂᆞᆫ天才가無ᄒᆞ니學ᄒᆞ여야無用이라할거슨안이나大人物이됨에ᄂᆞᆫ天才도無티못할거슨眞理니能히自己를考察ᄒᆞ야天才의有無를檢ᄒᆞ며ᄯᅩ何方面에天才가有ᄒᆞᆫ디를深察하여야할디라天才에도方面이有ᄒᆞ니譬컨ᄃᆡ政治에ᄂᆞᆫ大天才가有ᄒᆞᆫ人이로ᄃᆡ實業에ᄂᆞᆫ凡人에不及ᄒᆞᄂᆞᆫ者ㅣ有ᄒᆞ며數學에ᄂᆞᆫ鈍ᄒᆞᆫ人이로ᄃᆡ文學에ᄂᆞᆫ大天才가有ᄒᆞᆫ類가是니自己의天才有無며ᄯᅩ其何方面에有ᄒᆞᆫ것을檢察ᄒᆞᆷ은實노世에立ᄒᆞ려하ᄂᆞᆫ者의急中急務라ᄒᆞ리로다故로自己가政治邊에天才가無헐딘ᄃᆡ天才有ᄒᆞᆫ者를조츰이맛당ᄒᆞ며自己가哲學邊에天才가有ᄒᆞᆫ줄을確認ᄒᆞᆯ딘ᄃᆡ어ᄃᆡ셔지던지自巳의所說을主張할것이라然이나知己ᄂᆞᆫ極難ᄒᆞ니此에ᄂᆞᆫ周密ᄒᆞᆫ考查를要헐것은不俟多言이로다

以上所陳ᄒᆞᆫ것은我韓日本留學生의精神的缺點의가장重要ᄒᆞᆫ줄노自認ᄒᆞᄂᆞᆫ者를槪論ᄒᆞᆷ에不過ᄒᆞᄂᆞ니此ᄂᆞᆫ決코全体가안이며ᄯᅩ我韓留學生은모다如此하다함도안이며ᄯᅩ美點은無ᄒᆞ고缺點만有ᄒᆞ다함도안이라다못余一個의管見ᄒᆞᆫ觀察을發表ᄒᆞ야ᄡᅥ新韓建設노自任ᄒᆞᄂᆞᆫ我韓留學青年의一省을促ᄒᆞᆯ而已로다

學藝

胃病論

康秉鈺

余가昨年七月부터仝十二月ᄭᆞ지井上博士의內科臨床講義室에셔實習을行ᄒᆞᆯᄉᆡ豫診ᄒᆞᆫ患者가數千餘人인ᄃᆡ其中에消化器(腸胃)患者가四分之二오呼吸器患者가四分之一이오其他ᄂᆞᆫ神經病、心臟病、傳染病等이라由此觀之컨ᄃᆡ腸胃病이最多數를占ᄒᆞᆷ은可知ᄒᆞᆯ것이요其中에도ᄯᅩ胃病이最多ᄒᆞᆷ을實見ᄒᆞ엿기玆에胃病부터論述ᄒᆞ야　僉君子의參考에供ᄒᆞ노라

胃病은其範圍內에屬ᄒᆞᆫ者多數인ᄃᆡ胃擴張症、胃潰瘍、胃癌、胃下垂症、胃弛緩

症、神經性胃病等이有ᄒᆞ나第一必要ᄒᆞᆫ者난胃加答兒이라俗間에單히胃病이라ᄒᆞ면胃加答兒을指ᄒᆞᄂᆞᆫ者인고로玆에胃加答兒을論ᄒᆞ노라

胃加答兒 加答兒(가달)이라ᄂᆞᆫ原語ᄂᆞᆫ Katarrh 인ᄃᆡ流出ᄒᆞ난意味라故로醫學이進步된今日에回念ᄒᆞ건ᄃᆡ此名이此病에適當타謂키難ᄒᆞ나舊習을因ᄒᆞ야此名을襲用ᄒᆞ난것이라胃加答兒에急性과慢性의別이有ᄒᆞᄂᆞ니專門的論述은過難ᄒᆞᆷ으로總括ᄒᆞ야簡單히記ᄒᆞ노라

胃加答兒의原因 은第一、食物의不攝生이니多量의食物을暴食ᄒᆞ거나食時가不規則ᄒᆞ거나不良食物即腐敗魚肉、未熟果實、酒草濫用、過熱過冷의飮料等으로發ᄒᆞ난者多ᄒᆞᆫᄃᆡ其中에도盛暑에氷水를多飮ᄒᆞ거나食物의咀嚼이不足ᄒᆞᆫ것이最히不良ᄒᆞᆫ故로하인홀은氏曰氷水의飮用과急速ᄒᆞᆫ食事ᄂᆞᆫ米國人의消化不良症의二大原因이라ᄒᆞ엿도다不知케라米人이果然如此ᄒᆞᆫ不養生을ᄒᆞ난지第二ᄂᆞᆫ口內의不潔及疾病이니口內가不潔ᄒᆞ면各種細菌이口內에서多數繁盛ᄒᆞ난것이라余가昨年即醫科三年生時에細菌實習에從事ᄒᆞᆯ식一日은先生이細菌標本을不給ᄒᆞ고云ᄒᆞ되諸君의口內에各々細菌이有ᄒᆞᆯ터이니齒垢을搔爬ᄒᆞ야撿査ᄒᆞ라ᄒᆞ기余默然冷笑ᄒᆞ고思ᄒᆞ기를余ᄂᆞᆫ醫學校에入學ᄒᆞ기前부터口內淸潔의癖은大端ᄒᆞᆫ者인ᄃᆡ搔爬ᄒᆞᆯ만ᄒᆞᆫ齒垢도無ᄒᆞᆯ뿐더러設令有ᄒᆞᆯ지라도엇지細菌이有ᄒᆞᆯ理가有ᄒᆞ리요ᄒᆞ고試驗的으로僅々히齒垢를小集ᄒᆞ야顯微鏡下에撿査ᄒᆞ니可驚ᄒᆞᆯ事ᄂᆞᆫ

桿菌과球菌이多數이存在ᄒᆞ도다因ᄒᆞ야他人의齒垢를撿看ᄒᆞ미余의齒垢보담二三倍以上의多數ᄒᆞᆫ細菌을發見ᄒᆞ엿도다此等細菌이擧皆疾病을釀成ᄒᆞᄂᆞᆫ者ᄂᆞᆫ아니로ᄃᆡ若口內가不潔ᄒᆞ면病源菌도雜ᄒᆞᄂᆞᆫ事有ᄒᆞ고且食物을腐敗醱酵케ᄒᆞ야其中에서生ᄒᆞᄂᆞᆫ毒物이胃를刺激ᄒᆞ야加答兒을起ᄒᆞᄂᆞᆫ것이라또蟲齒가有ᄒᆞ면不潔以外에咀嚼不足을更加ᄒᆞ야胃病의原因을作ᄒᆞᄂᆞᆫ것이라其他에心臟、肺臟、腎臟、肝臟諸病이有ᄒᆞ면鬱血ᄒᆞᆫ結果로胃加答兒을發ᄒᆞᄂᆞᆫ事有ᄒᆞ니라又有毒物을食ᄒᆞ거나感氣에罹ᄒᆞ거나精神感動卽喜怒哀樂等도原因이되ᄂᆞᆫ事有ᄒᆞ고運動不足에도原因이되ᄂᆞᆫ事도有ᄒᆞ니라

◎症狀(對症) 은胃病의輕重을從ᄒᆞ야差異가有ᄒᆞ니重ᄒᆞᆫ者ᄂᆞᆫ食慾이全無ᄒᆞ고病人이食物을對ᄒᆞ거나或은食物를想像만ᄒᆞᆯ지라도逆症이나고嘔吐도ᄒᆞ며胃部에飽滿의感이有ᄒᆞ고또疼痛이有ᄒᆞ며全身이熱ᄒᆞ고渴症이生ᄒᆞᄂᆞᆫ事도有ᄒᆞ며頭痛이生ᄒᆞ고全身이懈惰ᄒᆞ야瘦瘠ᄒᆞ며血色이無ᄒᆞ고安眠ᄒᆞᆷ을得지못ᄒᆞᆯ지라然ᄒᆞ나病이輕ᄒᆞᆫ者ᄂᆞᆫ以上의對症이或有或無ᄒᆞ고或은食慾이過度ᄒᆞ야鹹酸辛甘等을偏嗜ᄒᆞᄂᆞᆫ事도有ᄒᆞ니如此ᄒᆞᆫ境遇에ᄂᆞᆫ診斷이困難ᄒᆞᆫ故로一定ᄒᆞᆫ方法으로胃液을檢査ᄒᆞ야確實ᄒᆞᆫ診斷을下ᄒᆞᄂᆞᆫ것이라

◎治療法은病된原因을從ᄒᆞ야治ᄒᆞᆯ지나第一必要ᄒᆞᆫ것은食物의攝生이라症狀이重ᄒᆞᆫ者ᄂᆞᆫ限二三日間飮食을全廢ᄒᆞ거나不然이면粥이나或米飮이나少量式食ᄒᆞ고

豆腐와半熟ᄒᆞᆫ鷄卵과牛乳等은漸次攝取ᄒᆞᆷ이可하며野菜는制限ᄒᆞᆷ이可ᄒᆞ니라然ᄒᆞ나野菜를全然不食ᄒᆞ면壞血病에罹ᄒᆞᆯ慮가有ᄒᆞ니大根(菁根)을細切ᄒᆞ야少量式用ᄒᆞᆷ이可하고酒와胡椒等의刺激性食料는嚴禁ᄒᆞᆷ이可ᄒᆞ고食鹽은食慾ᄃᆡ로用ᄒᆞᆷ이可ᄒᆞ나此食塩問題는余嘗經驗ᄒᆞᆫ者인ᄃᆡ最히必要ᄒᆞ다思ᄒᆞ노라我留學生諸君中에도屢々病訴를聞ᄒᆞᆫ즉本國셔는胃가健康ᄒᆞ엿는ᄃᆡ日本에渡來以後로消化가不良ᄒᆞ다ᄒᆞ며余도經驗이亦然ᄒᆞ기必是食物의變更이原因일듯ᄒᆞ야食物의選擇을食慾에一任ᄒᆞ엿더니食慾의權이自然塩漿에歸ᄒᆞ는지라故로余는下宿에셔도塩醬을特求ᄒᆞ야隨意供饌하엿더니其効力이頗有ᄒᆞ도다其後에內科醫書를叅考ᄒᆞ니果然食塩의有効를讚揚ᄒᆞ엿도다次에肉食이此病에對ᄒᆞ야可乎아否乎마ᄒᆞ는問題는尙未解决인ᄃᆡ本病에는胃에셔生ᄒᆞ는塩酸(肉을消化식키는者)이極少ᄒᆞᆫ故로肉食은不可ᄒᆞ고含水炭素(米麥等)만食ᄒᆞᆷ이可ᄒᆞ다ᄒᆞ는說이有ᄒᆞ나含水炭素만으로난新陳代謝의平均을維持키難ᄒᆞ야多量을攝取ᄒᆞ여야될터이니病胃가能히堪耐치못ᄒᆞᆯ것이甚明ᄒᆞᆫ지라故로肉食을用ᄒᆞ되一定ᄒᆞᆫ料理法이必要ᄒᆞ니生肉을細碎壓搾ᄒᆞ야肉水를飮ᄒᆞ는法도有ᄒᆞ고英國에셔는肉片을半灸ᄒᆞ야表面을除去ᄒᆞ고食ᄒᆞ는法所謂「비후데ㅣ기」라ᄒᆞ도다余가日前에千葉病院內科室에셔韓國의肉膾料理法을談ᄒᆞ니或曰危險이라ᄒᆞ며或曰野蠻的이라ᄒᆞ나余의最所景慕ᄒᆞ는井上先生은肉膾의有利함을賞讚ᄒᆞ엿도다肉膾가危險이라는理由를

據ᄒᆞᆫ즉 一、은牛의게도肺結核(肺病)細菌이有ᄒᆞᆫ事이有ᄒᆞ다ᄒᆞ며 一、은牛肉에包蟲이有ᄒᆞᆫ事도有ᄒᆞ야 絛蟲(寸白虫)을成ᄒᆞᆫ다ᄒᆞ나或說은牛의肺病은人의게는傳染치안넌다하기도ᄒᆞ니設或傳染ᄒᆞᆯ慮가有ᄒᆞ면屠牛場에서檢査를嚴重히ᄒᆞ면足ᄒᆞᆯ것이요 絛虫은成ᄒᆞᆯ지라도容易히治ᄒᆞᆯ만ᄒᆞᆫ病이라深恐ᄒᆞᆯ것이無ᄒᆞ다고說明ᄒᆞ엿노라醫學發達의先進되는佛國醫家는近來에衰弱ᄒᆞᆫ病人의게生肉을常用ᄒᆞᆷ이至ᄒᆞ엿도다以上肉膾說은最히胃加答兒에有效ᄒᆞ다는說이아니라一般衰弱ᄒᆞᆫ患者의게適用ᄒᆞᆯ者로다若胃加答兒에用ᄒᆞ라면肉膾製法을一層注意ᄒᆞ야肉塊에脂肪(기름)을除去ᄒᆞ고柔軟ᄒᆞ고新鮮ᄒᆞᆫ者를擇ᄒᆞ야細々亂切ᄒᆞ야醋酸(초)를少加ᄒᆞ야用ᄒᆞ되決코胡椒와眞油等을加入ᄒᆞᆷ은不可ᄒᆞ며此肉膾를決코濫食ᄒᆞ지말고少量式含水炭素와雜用ᄒᆞᆷ이可ᄒᆞ며飮食時間을一定ᄒᆞ고飮食咀嚼을細密히하는것이必要ᄒᆞ니其中에도含水炭素(米麥等)로製ᄒᆞᆫ食物은第一咀嚼ᄒᆞᆯ必要가有ᄒᆞᆫ것이니咀嚼ᄒᆞ는時間이長ᄒᆞᆯ슈륵唾液을渾合ᄒᆞ는量이多ᄒᆞ고唾液을混合ᄒᆞ는量이多ᄒᆞᆯ사록消化의力이大ᄒᆞᆫ故라肉食의消化는唾液과난相關이無ᄒᆞ다ᄒᆞ나肉食도咀嚼을充分히ᄒᆞ면胃에入ᄒᆞ야鹽酸과化合ᄒᆞ는面積이大ᄒᆞᆫ故로消化의力이亦大ᄒᆞ리로다過失이나或自殺의目的으로毒物을食ᄒᆞᆫ境遇에는其毒物을吐ᄒᆞ게ᄒᆞ고若或吐ᄒᆞᆯ슈無ᄒᆞ면其飮ᄒᆞᆫ毒物의性質을隨ᄒᆞ야治療ᄒᆞ는方法이各殊ᄒᆞ니若强한酸類即硫酸、鹽酸、硝酸等을飮ᄒᆞᆫ境遇에는其反對되는「아루ᄭᅡ리」劑를用ᄒᆞ는

法이有ᄒᆞ나醫士가無ᄒᆞᆫ境遇에ᄂᆞᆫ石灰即灰墻灰壁ᄒᆞᆫ土를應用ᄒᆞ여도可ᄒᆞ고若强ᄒᆞᆫ「아루사리」(양지물)을飮ᄒᆞᆫ境遇에ᄂᆞᆫ酸類를飮ᄒᆞᄂᆞᆫ法인ᄃᆡ第一便利ᄒᆞᆫ것은醋(초)를물새ᄒᆞ야飮ᄒᆞᄂᆞᆫ것이妙ᄒᆞ리로다若或胃部에痛을感ᄒᆞ거던湯水에手巾을沈沾ᄒᆞ야熱ᄒᆞᆫᄃᆡ로胃部에付ᄒᆞ면爽快ᄒᆞᆫ것이요또平流電氣나感傳電氣를胃部에通ᄒᆞᄂᆞᆫ法도有ᄒᆞ며또一定ᄒᆞᆫ器械로胃를洗滌ᄒᆞᄂᆞᆫ法도有ᄒᆞ나醫學의知識이無ᄒᆞ면實行키難ᄒᆞ깃도다藥劑의內服은重炭酸那篤僧謨를用ᄒᆞᄂᆞᆫ者多ᄒᆞ니此劑ᄂᆞᆫ間々히少量式用ᄒᆞ면可ᄒᆞ나大量을長久히用ᄒᆞ면胃液의酸을中和하야도르혀消化를妨害ᄒᆞᆯ것이여날世人은不識ᄒᆞ고賣藥中許多雜藥을無難長飮ᄒᆞ니엇지其効를望ᄒᆞ리요余ᄂᆞᆫ見識이淺薄하나多少經驗한數種藥物을處方ᄒᆞ야胃加答兒을憂ᄒᆞᄂᆞᆫ兄弟姊妹의게뭇ᄒᆞ오니試用ᄒᆞ심을爲要

一、稀塩酸　二、〇　百弗聖　四、〇
　單舍利別　二〇、〇　蒸溜水　一八〇、〇
　　右水藥을一日에三回式二日에分服ᄒᆞᆯ事

以上一方은一般의消化不良에應用ᄒᆞᆯ것이나肉食의消化不良ᄒᆞᆫ데最히必要ᄒᆞ오

一、柏木「ヂアスターゼ」　〇、六　乳糖　二、〇
　　右散藥은六包에分ᄒᆞ야一日에三回式二日에分服ᄒᆞ되食後直服ᄒᆞᆫ事

以上一方은澱粉食의消化不良ᄒᆞᆫ데만應用ᄒᆞ오

其他心、肺、肝、腎諸病이原因된時ᄂᆞᆫ速키醫士의診斷을受ᄒᆞᆷ이可ᄒᆞ니라（完）

商業概要（續）

金尙沃譯

會社

二人以上이共同ᄒᆞ야商事經營을組織함에二種이有ᄒᆞ니會社及組合이是也라 會社ᄂᆞᆫ多數人의集合体가法律에依ᄒᆞ야恰然히一個人과如히權利와義務를行ᄒᆞᄂᆞᆫ資格을得ᄒᆞᄂᆞᆫ團体（法律上에此을法人이라ᄒᆞ고普通人을自然人이라ᄒᆞᆷ）로셔 商事을經營ᄒᆞᄂᆞᆫ私法人을云ᄒᆞᆷ이라會社을結合ᄒᆞᆯ時에專然히信用을基礎로ᄒᆞᄂᆞᆫ 者을合名會社及合資會社라ᄒᆞ고資本을基礎로ᄒᆞ야組織된者를株式會社及株式 合資會社라稱ᄒᆞᄂᆞ니라

一、合名會社　合名會社ᄂᆞᆫ結社營業中에가장簡單ᄒᆞ고가장信用잇ᄂᆞᆫ組織이라 摠社員은社會上公衆一般에對ᄒᆞ야連帶無限의責任을負ᄒᆞᄂᆞ니卽會社의營業上 에損害을生ᄒᆞᆫ時에ᄂᆞᆫ各社員이自己資產의全部을支出ᄒᆞᆯ지라도債權者에對ᄒᆞᆫ債 務를報償치아니치못ᄒᆞᄂᆞᆫ義務을負擔ᄒᆞᄂᆞ니라

各社員은會社을代表ᄒᆞ며或은業務를執行ᄒᆞᄂᆞᆫ權利을有ᄒᆞ나然이나特別히執行 社員을撰定ᄒᆞ야業務를委任ᄒᆞᄂᆞᆫ事도有하니如此ᄒᆞᆫ時에ᄂᆞᆫ執行社員으로撰定된 社員이營業機關을擔當하야業務를執行ᄒᆞᄂᆞ니라

社員의出資난動產、不動產과信用과勞力으로써하며社員이自己財產의全部或은一部를他人의게讓與코져홀時에는他社員의承諾이無ᄒᆞ면不得홀뿐아니라他社員의承諾이無하면自己을爲하던가或은他人을爲ᄒᆞ야本會社의營業과相類한商事를行치못ᄒᆞ며又는本會社와同種의營業을目的ᄒᆞ는他會社의無限責任社員이되지못ᄒᆞ나니라

二、合資會社◎◎◎◎　合資會社는合名會社에近似ᄒᆞ나社員의會社에對ᄒᆞᆫ責任上에不同홈이有ᄒᆞ니即合名會社는總社員이無限責任者로되合資會社는有限責任者와無限責任者의兩種社員으로組織ᄒᆞᆫ商事會社라會社營業上에債務가發生ᄒᆞᆫ時에無限責任社員은合名會社의社員과如히自己의全資產을擧ᄒᆞ야債務를報償ᄒᆞ는義務가有ᄒᆞᆯ지라도有限責任社員은其出資ᄒᆞᆫ金額에만責任을擔任하나니라

營業機關은合名會社와如히無限責任社員이互相合力하야執行하거나或은特別히執行社員을撰定하야委任ᄒᆞ는事도有하나니定款(會社發起時에定ᄒᆞᆫ規則)에有限責任社員이라도會社를代表하며又는業務를執行홀事로定치아니ᄒᆞᆫ時는有限責任社員은會社를代表ᄒᆞ며又는業務를執行ᄒᆞ는權利를得지못ᄒᆞ고다만監視權과利益分配權을有헐뿐이니라

無限責任社員의出資는合名會社員과如ᄒᆞ나有限責任社員의出資는金錢과其他財產으로써ᄒᆞ고自己의資產을他人의게讓與ᄒᆞ거나本會社의業務와相類ᄒᆞᆫ商事

를經營ᄒᆞ며同種會社의無限責任社員됨에다自由로行動ᄒᆞ고會社의制限을受ᄒᆷ이無ᄒᆞ니라

三、株式會社　株式會社ᄂᆞᆫ規模의最大ᄒᆞᆫ商事會社니資本의總金額을一定ᄒᆞᆫ部分에分ᄒᆞ야其一部分을一株라稱ᄒᆞ고其一株에對ᄒᆞ야投資ᄒᆞᄂᆞᆫ者를株主라稱ᄒᆞ나니株主ᄂᆞᆫ會社에셔株式所有를証明ᄒᆞ기爲ᄒᆞ야交付ᄒᆞᄂᆞᆫ株劵을占有ᄒᆞ고會社의債務에對ᄒᆞ야自己의出資ᄒᆞᆫ株金以外에ᄂᆞᆫ다시責任이無ᄒᆞ니卽株主ᄂᆞᆫ有限責任을負ᄒᆯ뿐이라合名會社와合資會社ᄂᆞᆫ無限責任社員으로組織ᄒᆷ인故로會社와社員間의關係가甚히密接ᄒᆞ나株式會社ᄂᆞᆫ株主가無限責任을負치아니ᄒᆷ으로會社와株主間의關係가極히遠漠ᄒᆞ니라

營業機關은株主中으로取締役을撰定하야凡務을執行케ᄒᆞ고監查役을選出ᄒᆞ야取締役의執行ᄒᆞᄂᆞᆫ業務를監視ᄒᆞ야萬一의弊가無케ᄒᆞ며總株主의意思를決定ᄒᆞ기爲ᄒᆞ야最高機關되ᄂᆞᆫ定期總會又ᄂᆞᆫ臨時總會를開催ᄒᆷ이有ᄒᆞ니라

株式의金額은반다시均一히ᄒᆞ야一株가五拾圓에下ᄒᆷ을不得ᄒᆞ나一時에辨出ᄒᆯ時에ᄂᆞᆫ二十圓으로ᄒᆷ도得ᄒᆞ고株劵은自由로賣買ᄒᆷ을得ᄒᆞᄂᆞᆫ故로株式會社의組成員即株主ᄂᆞᆫ恒常變動ᄒᆞ나니라

四、株式合資會社　株式合資會社ᄂᆞᆫ無限責任社員과有限責任의株主로부터組成된商事會社니有限責任社員은株式會社의例를從ᄒᆞ야一定ᄒᆞᆫ株式에投資ᄒᆞ고

無限責任社員은合資會社의例를從ᄒᆞ야會社를代表ᄒᆞ야業務를執行ᄒᆞ나니라
營業機關은株主中으로業務監督機關即監査役을撰出ᄒᆞ고無限責任社員中으로業務執行機關即取締役를選定ᄒᆞ야當事케ᄒᆞ며또株主總會를開催ᄒᆞ야株主의意思를決定ᄒᆞ나니라

要컨ᄃᆡ合名會社와合資會社ᄂᆞᆫ無限責任社員으로組成홈으로信用이厚ᄒᆞ고少數의社員으로組織홈을得ᄒᆞᄂᆞᆫ故로設立ᄒᆞ기容易홀ᄲᅮᆫ만아니라資本의不足을生홀時에ᄂᆞᆫ有限責任社員을募集ᄒᆞ야合名會社를合資會社로改組홈을得ᄒᆞᄂᆞᆫ便宜가有ᄒᆞ니라

株主會社及株式合資會社ᄂᆞᆫ本來多額의資本을募集ᄒᆞ기로目的ᄒᆞᄂᆞᆫ商事會社인故로巨額의資本을要ᄒᆞᄂᆞᆫ銀行業、保險業、海運業、鐵道業、倉庫業等에適當홀ᄲᅮᆫ만아니라多數의株主로成立됨으로ᄡᅧ萬一에損害를生홀지라도分擔ᄒᆞᄂᆞᆫ責任이輕ᄒᆞᆫ지라是로以ᄒᆞ야損益을豫測ᄒᆞ기難ᄒᆞᆫ新事業을經營홈에極히適切ᄒᆞ다謂홀지로다또其特質은株主가自由로株券을賣却ᄒᆞ고退社홈을得홈으로株主가恒常變更될지라도會社의營業上에如何ᄒᆞᆫ影響을波及치아니홈이니라

（未完）

條約槪意

郭 漢 倬

第一章　條約의性質

條約은國家와國家間의契約이니國家ᄂᆞᆫ獨立權作用에依ᄒᆞ야國際公法의範圍內에서何如ᄒᆞᆫ事項을勿論ᄒᆞ고他國과契約ᄒᆞᆷ을可得ᄒᆞᄂᆞ니其契約에依ᄒᆞ야國際關係上으로ᄂᆞᆫ不可負ᄒᆞᆯ義務도負擔ᄒᆞ고又ᄂᆞᆫ不可享有ᄒᆞᆯ權利도取得ᄒᆞᆷ을得ᄒᆞᆯ지라。玆에條約이라云ᄒᆞᄂᆞᆫ것은國家와國家間、契約에限ᄒᆞᆷ으로써國家와箇人間、契約又ᄂᆞᆫ國家가箇人의資格으로爲ᄒᆞᆫ契約은條約이아니라、私法範圍에屬ᄒᆞ야國際公法에ᄂᆞᆫ研究ᄒᆞᆯ必要가無ᄒᆞᆫ故로君主와他國君主間에關ᄒᆞᆫ相續權其他箇人的合意ᄂᆞᆫ一種私約이니條約으로看做키不能ᄒᆞᆷ이라

第一節　條約의締結

條約을締結ᄒᆞᄂᆞᆫ權利를有ᄒᆞᆫ者ᄂᆞᆫ獨立國이니其一國內에在ᄒᆞ야何人이其權利를行使ᄒᆞᄂᆞᆫ것은各國이其憲法에依ᄒᆞ야定ᄒᆞᆯ지나思量컨ᄃᆡ國家主權者의行爲ㅣᆯ듯ᄒᆞ도다

國家가他國과條約을締結ᄒᆞᆷ에ᄂᆞᆫ列國公會或은列國會議의結果로出ᄒᆞᄂᆞᆫ事도有ᄒᆞ고又ᄂᆞᆫ特定ᄒᆞᆫ一國或은數國의談判에依ᄒᆞᄂᆞᆫ事도有ᄒᆞᄂᆞ以上何如ᄒᆞᆫ境遇든지條約의談判及締結은全權委員을當事國에셔選定ᄒᆞ야此에全權書即委任狀을交付ᄒᆞ고全權委員等會合ᄒᆞᆫ時에、먼져、其委任狀을互相交換ᄒᆞ야列國公會或은列國會議에셔此를議長에게提呈ᄒᆞᆫ後、其委任狀의良好妥當ᄒᆞᆷ을信認ᄒᆞᆫ時로부터其談判에從事ᄒᆞᄂᆞᆫ것인故로萬一委任狀이不正當ᄒᆞᆯ時ᄂᆞᆫ對手國은此를正當ᄒᆞᆫ全

權委員이라不認홈으로此와談判키不能ᄒᆞ니니其一例를擧ᄒᆞ면卽「日本明治二十八年에清日兩國이媾和談判홀時에清國委員張蔭桓의携帶ᄒᆞᆫ全權書ᄂᆞᆫ其委任된權限에缺ᄒᆞᆫ事가有ᄒᆞ야日本全權委員은此와談判홈을拒絶ᄒᆞ얏ᄂᆞ니라」故로委任狀中에ᄂᆞᆫ其携帶者가對手國에對ᄒᆞ야自國을代表ᄒᆞ고協議可得홀權限을明晳ᄒᆞᆫ後此에主權者가署名鈐璽ᄒᆞ고外部大臣의副署가有ᄒᆞᆫ書類됨을要ᄒᆞ야條約의談判及調印홈에ᄂᆞᆫ此書類를不有ᄒᆞ면不可ᄒᆞᄂᆞ니라

第二章　條約의名稱

國家間의契約은條約、約定、宣言、協約一般又ᄂᆞᆫ最終法規、又ᄂᆞᆫ規定議定書、陣中規約等其他數多의名稱이有ᄒᆞ나其性質及効力에至ᄒᆞ야ᄂᆞᆫ毫末도異點이無ᄒᆞ니。條約은其規定ᄒᆞᄂᆞᆫ事項이締約國間의一般的且重要ᄒᆞᆫ것이요約定은特定ᄒᆞᆫ一一事項으로比較的國際上、關係의小ᄒᆞᆫ것이오、宣言은國家의意思를表示ᄒᆞᄂᆞᆫ것이며、協약、規則、法規、議定書와如ᄒᆞᆫ것도國家間에全權委員으로ᄡᅧ一定ᄒᆞᆫ事項을約定ᄒᆞ야其批准을經ᄒᆞᆫ것은、다、條약이며又陣中規약은戰爭中交戰國이俘虜의交換休戰의약定과如ᄒᆞᆫ것戰塲에서兩軍司令官間에締結ᄒᆞᆫ약定은主權者의批准홈을不要ᄒᆞ고兩國을拘束ᄒᆞᄂᆞᆫ것이ᄂᆞ國家間의약定됨으로ᄡᅧ一種의條約이라看做홀지니라。

第二章　條約의成立

條約을有効케ᄒᆞᆷ에ᄂᆞᆫ普通契約과如히其締結者即國家가此를締結ᄒᆞᆯ權能을具備ᄒᆞᆯ事、條約의締結을委任ᄒᆞᆫ國家代表者가其締結에關ᄒᆞ야充分ᄒᆞᆫ權限을有ᄒᆞᆯ事、及條約을締結ᄒᆞᆯ時에十分協議ᄒᆞ야合意될事、又條約의目的ᄒᆞᄂᆞᆫ바가國際公法에違犯되지아님을要ᄒᆞᄂᆞᆫ外普通契約과相異ᄒᆞᆫ點은國家의批准을要ᄒᆞ야批准ᄒᆞᆫ後、條約의効力을有ᄒᆞᄂᆞᆫ것이니左에此를分說코자ᄒᆞ노라。

第一節　條約締結의要素

第一款　締結者의資格

完全ᄒᆞᆫ主權國은國際公法에違反되지안ᄂᆞᆫ以上은修好通商、交通其他政畧上、行政上、司法上、經濟上에基因되ᄂᆞᆫ種類中、何如ᄒᆞᆫ條約을勿論ᄒᆞ고任意로他國과締結ᄒᆞᆷ을可得ᄒᆞᄂᆞ然이ᄂᆞ此權利ᄂᆞᆫ他國間의條約으로써其行使를制限ᄒᆞᄂᆞᆫ事가有ᄒᆞ니即永世中立國又聯邦의各州ᄂᆞᆫ列國間의條約及自國의憲法에依ᄒᆞ야他國과條約을締結ᄒᆞᆷ에對ᄒᆞ야其權利의行使를制限ᄒᆞ고又合衆國의各州及被保護國과如ᄒᆞᆫ一部主權國은自國이條約締結權을不有ᄒᆞ고又난此를自國以外의政治的團体或은機關에與ᄒᆞ야自國이其權利를行使키不能ᄒᆞᆯ뿐不啻라其權限을超越ᄒᆞ야他國과條約을締結ᄒᆞᆫ時난其條約은全혀不成立ᄒᆞ난故로効力이無ᄒᆞᄂᆞ니라。

主權國은他國間과條약締結權이何人手中에存ᄒᆞᆫ與否난各國憲法에依ᄒᆞ야定ᄒᆞᄂᆞᆫ一般으로論ᄒᆞᆯ진ᄃᆡ君主專制國又立憲君主國에서난君主에게在ᄒᆞ고共和國에

셔ᄂᆞᆫ行政長官又行政長官과上院에셔掌握홈이普通이오其他海陸軍將帥가戰地에셔其指揮下에在ᄒᆞᆫ軍隊及兵士의行動에關ᄒᆞᆫ全權을有홈으로써其職權上休戰의約定、俘虜의交換、商業의免許或은軍隊의降服等에關ᄒᆞ야敵國과陣中規約을締結ᄒᆞᆯ權利를有ᄒᆞ야此等規約은批准을不要ᄒᆞ고國家를拘束ᄒᆞᄂᆞᆫ것이ᄂᆞ此ᄂᆞᆫ全혀交戰國間에限ᄒᆞ야戰爭에關ᄒᆞᆫ特別法則에基因되야將帥의職權上本國主權의代表者로其規約을締結홈에不過ᄒᆞᆫ故로如斯ᄒᆞᆫ境遇에其將帥가職權을超越ᄒᆞ야締結ᄒᆞᆫ約定은國家가追認치아니ᄒᆞ면其効力이無ᄒᆞᄂᆞ니라。 (未完)

小兒養育法（續）

池成沇

九、乳嘴의龜裂及乳房尖　乳嘴에龜裂이有ᄒᆞ야疼痛이甚ᄒᆞᆯ時ᄂᆞᆫ廢乳홈이可ᄒᆞ고乳房尖이有ᄒᆞᆯ時ᄂᆞᆫ其側의授乳ᄂᆞᆫ廢홈이可ᄒᆞ니라

十、母體의脚氣　日本에在ᄒᆞ야ᄂᆞᆫ産婦의脚氣가種々有之ᄒᆞ되我韓에在ᄒᆞ야ᄂᆞᆫ此病이甚稀ᄒᆞᆫ故로別로注意ᄒᆞᆯ必要가無ᄒᆞ나如或此病이有ᄒᆞᆯ時ᄂᆞᆫ廢乳홈이可ᄒᆞ니라

以上所記와如히絶代的或相對的를勿論ᄒᆞ고母乳營養이不能ᄒᆞᆯ時ᄂᆞᆫ乳媼營養法를行홈이可ᄒᆞ니라

第二乳媼營養法　此를行홈에在ᄒᆞ야乳온를撰擇홈이必要ᄒᆞᆫ故로其撰擇上注意

ᄒᆞᆯ要件을述ᄒᆞ노라

一初産婦ᄂᆞᆫ往々早期에乳汁分泌이閉止함이有ᄒᆞᆫ故로多産婦오且育兒의經驗이有ᄒᆞᆫ中年(二〇ㅣ三〇ㅣ四〇)婦人이適當ᄒᆞ니若其年齡이十八歲以下이나或老年者이면共히不可ᄒᆞ니라

二都市의婦人보담鄕村의婦人이適當ᄒᆞ니此ᄂᆞᆫ鄕村의婦人은一般히身體의發育이佳良ᄒᆞᆯ뿐아니라諸種의遺傳的關係를調査ᄒᆞᆷ이便利ᄒᆞᆫ所以라

三乳汁分泌後時日이生母와同ᄒᆞ거나或此에近ᄒᆞᆷ이必要ᄒᆞ니何者오乳汁의分泌은其時期를從ᄒᆞ야或多或少ᄒᆞᆷ이有ᄒᆞᆫ故로其時期의遲速을因ᄒᆞ야其分泌이旺盛ᄒᆞᆯ時ᄂᆞᆫ容易히營養過度에陷ᄒᆞ며分泌이不足ᄒᆞᆯ時ᄂᆞᆫ容易히 羸瘦 를致ᄒᆞᄂᆞ니라

且分泌期가太早ᄒᆞᆫ者就中二箇月以內의婦人에在ᄒᆞ야ᄂᆞᆫ月經潮來를因ᄒᆞ야乳汁分泌이突然閉止ᄒᆞᆷ이有ᄒᆞᄂᆞᆫ故로不可ᄒᆞ고分泌期가太遲ᄒᆞᆫ者就中七或八箇月以後婦人에在ᄒᆞ야ᄂᆞᆫ往々自然的分泌減少가有ᄒᆞᄂᆞᆫ故로亦不可ᄒᆞ니라

四乳溫은絶代的健康ᄒᆞᆷ을要ᄒᆞᄂᆞ니故로身體를精査ᄒᆞ야其既往症과現在症을診察ᄒᆞᆷ이可ᄒᆞ니라

五乳房及乳汁의檢査를行ᄒᆞᆷ이可ᄒᆞ니乳房은乳嘴가隆起ᄒᆞ며龜裂이無ᄒᆞ고乳腺實質이富有ᄒᆞᆫ者를要ᄒᆞ며乳汁의檢査ᄂᆞᆫ專門醫에게依賴ᄒᆞᆷ이可ᄒᆞ니라

六乳媼兒의檢査를行ᄒᆞᆷ이可ᄒᆞ니即乳媼自身에在ᄒᆞ야不明ᄒᆞᆫ바의梅毒本症를乳媼兒檢査를由ᄒᆞ야看破ᄒᆞᆷ이有ᄒᆞ며且該兒의營養狀態를從ᄒᆞ야一定度ᄭᆞ지其乳汁의分量及性狀을知得ᄒᆞᆷ이有ᄒᆞ니라

七乳媼은其心德이善良ᄒᆞ고品行이端潔ᄒᆞᆷ을要ᄒᆞᄂᆞ니何者오乳媼은恒常小兒와同處ᄒᆞᄂᆞᆫ者인故로不知不識間에小兒가其感化를受ᄒᆞᄂᆞᆫ所以라

八乳媼採用後에注意ᄒᆞᆯ要件은乳汁分泌이旺盛ᄒᆞᆯ時에小兒가薄弱ᄒᆞ면乳汁의鬱滯를起ᄒᆞ야營養障害를起ᄒᆞ며且鬱滯를因ᄒᆞ야乳汁分泌이漸次減少ᄒᆞᆷ이有ᄒᆞ고小兒가健康ᄒᆞ면容易히營養過度에陷ᄒᆞᆷ이有ᄒᆞᄂᆞᆫ故로授乳後에時々乳量을秤量ᄒᆞ며（此ᄂᆞᆫ授乳前에小兒의體重를秤量ᄒᆞ고且授乳後에小兒의體重을秤量ᄒᆞ야後者에셔前者를減ᄒᆞ면其差가即乳量이니라）乳汁이鬱滯ᄒᆞᆯ時ᄂᆞᆫ搾出等을因ᄒᆞ야排乳ᄒᆞᆷ이可ᄒᆞ니라

授乳婦의衛生　授乳婦ᄂᆞᆫ其生活法을變更ᄒᆞᆷ은不可ᄒᆞ나適當ᄒᆞᆫ運動과一定ᄒᆞᆫ作業은無妨ᄒᆞᆯ뿐아니라反히身體를健康케ᄒᆞ고乳汁分빌를增進ᄒᆞᄂᆞᆫ者인故로室內의襁褓清潔等事와室外의適當ᄒᆞᆫ運動은獎勵ᄒᆞᆷ이可ᄒᆞ니라

食物은其種類를從ᄒᆞ야乳汁成分에著明ᄒᆞᆫ影響를致ᄒᆞᆷ이少ᄒᆞᆷ과如ᄒᆞᆫ故로不良의食品이아니어든乳婦의所好에任却ᄒᆞᆷ이可ᄒᆞ나然이나乳婦ᄂᆞᆫ恒常授乳를因ᄒᆞ야蛋白脂肪糖分及水分를多失ᄒᆞᄂᆞᆫ故로此를補充ᄒᆞᆯ滋養分이富有ᄒᆞᆫ食物를供給ᄒᆞ

며其料理를頻々變更ᄒᆞ야食慾를增進케ᄒᆞ야食事의回數及分量를增加케ᄒᆞᆷ이可ᄒᆞ되過食과食物의急劇變更은嚴禁ᄒᆞᆯ지니라

禁忌食品은塩類下劑、過量의食鹽、果物、强度의酸味、强度의香料等이是也ㅣ니라

飮料ᄂᆞᆫ一定ᄒᆞᆫ水를用ᄒᆞ고多量의曹達水及酒類ᄂᆞᆫ禁ᄒᆞᆷ이可ᄒᆞ니라 (未完)

文苑

吊梅

金洛泳

庭前에滿落ᄒᆞᆫ梅花狂風에散飛ᄒᆞ야余의書聽을乱拍커ᄂᆞᆯ余書案에獨對ᄒᆞ야波蘭末年史를方讀타가卷을掩ᄒᆞ고讀을掇ᄒᆞ야喟然長嘆ᄒᆞ여曰吁라波花의開落은何를因ᄒᆞᆷ이며此、國의興亡은何를由ᄒᆞᆷ이뇨花를開케ᄒᆞᄂᆞᆫ者、風과雨며落케ᄒᆞᄂᆞᆫ者亦風과雨니前何心後何心으로開ᄒᆞᆫ後、落케ᄒᆞ며國을興케ᄒᆞᄂᆞᆫ者、機와運이요亡케ᄒᆞᄂᆞᆫ者、亦機와運이니前何心後何心으로興ᄒᆞᆫ後、亡케ᄒᆞᄂᆞᆫ지余、其所以를未

知커니와大抵花로言ᄒᆞ면曰梅曰桃曰李로其數不一이나春花ᄂᆞᆫ春風春雨가此를開落케ᄒᆞ고秋花ᄂᆞᆫ秋風秋雨가此를開落케ᄒᆞ야開落의時期와開落의種類가各殊ᄒᆞ나然ᄒᆞ나開落케ᄒᆞᄂᆞᆫ所以ᄂᆞᆫ同一ᄒᆞᆷ과如히古往今來로大塊上에散布羅列ᄒᆞᆫ國家도曰埃及曰巴比倫曰希臘曰羅馬가其數不一ᄒᆞ야埃及의興亡은巴比倫과異ᄒᆞ고希臘의盛衰ᄂᆞᆫ羅馬에異ᄒᆞ야其興亡의時代와興亡의狀態가亦不一ᄒᆞᆯ지라도興亡케ᄒᆞᄂᆞᆫ所以ᄂᆞᆫ同一ᄒᆞ나니花의何種과國의何類를不問ᄒᆞ고開ᄒᆞ고落ᄒᆞ며興ᄒᆞ고亡ᄒᆞᆷ은一有機的現象의幻出破滅과一有機的團体의結合解裂에不過ᄒᆞᆷ이니即花ᄂᆞᆫ草木의一有機的現象이요國은土地人民의一有機的團体라此、現象이幻出ᄒᆞ면花가되고破滅ᄒᆞ면花가盡ᄒᆞ나然ᄒᆞ나無花의草木도依然히一植物의性質狀態를特存ᄒᆞ고此團体가結合ᄒᆞ면國을成ᄒᆞ고解裂되면國이盡ᄒᆞ나然ᄒᆞ나無國의人民도一人類的民族으로依然히長存ᄒᆞ거늘此를指ᄒᆞ야曰花라ᄒᆞ야其開를喜ᄒᆞ고其彫를悲ᄒᆞᆷ은何故며彼를稱ᄒᆞ여曰國이라ᄒᆞ야其興을慶ᄒᆞ고其亡을吊ᄒᆞᆷ은何故오一開一落과一喜一悲가何의所因이며一興一亡과一慶一吊가抑何의所由오余、스ᄉᆞ로花의開落을悲喜ᄒᆞ고國의興亡을慶吊ᄒᆞ나然ᄒᆞ나其悲喜의所以를未解ᄒᆞ며慶吊의所以를未知ᄒᆞ고悲喜ᄒᆞ며慶吊ᄒᆞ노니嗚呼라誰가此를知ᄒᆞᆯ고?憂ᄒᆞᄂᆞᆫ者、반다시樂ᄒᆞ며喜ᄒᆞᄂᆞᆫ者、반다시怒ᄒᆞ야積極消極이一個無末의環形을作ᄒᆞᆷ과如ᄒᆞ니故로、花의開를喜ᄒᆞᄂᆞᆫ者、花의落을悲ᄒᆞᆯ거시며國의興을慶賀ᄒᆞᄂᆞᆫ

者、國의亡을吊할거인딕開와興은積極的이오落과亡은消極的이라今에落花의下에서亡國의史를讀ᄒᆞ는余는一消極的余가되엿노니於是乎花의落을悲ᄒᆞ는同時에國의亡을吊ᄒᆞ노라

大抵花의彫落과國의衰亡은余、其由를未知ᄒᆞ나然ᄒᆞ나凡、物의彫落衰亡ᄒᆞ는者는반다시

(一) 內部의破綻 (二) 外部의來壓

을經由ᄒᆞᆷ은必然의現象이라故로花는風과雨의外壓과結力의內缺로必也彫落ᄒᆞᆷ에至ᄒᆞ고國은外來의刺擊과內情의破綻으로必也滅亡ᄒᆞᆷ에至ᄒᆞ나니見ᄒᆞᆫ지어다彼羅馬帝國의隆盛이千古에無比ᄒᆞ엿스되鐵木眞餘族의侵畧과서ㅣ맨人種의來壓을因ᄒᆞ야畢竟破壞를未免ᄒᆞ엿고大明은帝國支那數百世의文明을攪取ᄒᆞ야典章法度가萬世에極備ᄒᆞ엿스되愛新覺羅氏의侵入을受ᄒᆞ야一朝의水泡로歸ᄒᆞ엿스니以上兩國의盛衰興亡으로此波蘭을對觀컨딕第十四世紀末頃에女王헤드위가리더니아大公제젤노로더브러婚姻을結ᄒᆞ고領土를合併ᄒᆞᆫ以來二百餘年間은東으로露西亞를蠶食ᄒᆞ고西로獨逸武士團領地를剝奪ᄒᆞ며普魯士로領外의藩屛을作ᄒᆞ야儼然히東歐天地를濶步虎視ᄒᆞ엿것만은第十六世紀後半에至ᄒᆞ야는專制王國이選擧王國으로變更ᄒᆞᆫ後로王權은益々不振ᄒᆞ고議會는去々紛擾ᄒᆞ야國內의統一이不完ᄒᆞ고政綱이解弛ᄒᆞᆯ뿐더러貴族은跋扈無雙ᄒᆞ고平民은被壓無餘

ᄒᆞ야殖産興業이全혀衰壞에至ᄒᆞ미藩屛의臣으로述職의禮가恪別ᄒᆞᆫ普魯士ᄂᆞᆫ波國의破綻을利用ᄒᆞ야入貢의舊禮를自廢ᄒᆞ고外國을結託ᄒᆞ야或邊土를掠取ᄒᆞ며或主權을侵害ᄒᆞᆷ에至ᄒᆞ니尤況弱肉을强食ᄒᆞᄂᆞᆫ隣近諸邦이야엇지拱手傍觀으로已任을作ᄒᆞ리오고로列國의干涉이朝暮踏至ᄒᆞ야昔日에ᄂᆞᆫ威光이一世를驚動ᄒᆞᆫ此王國이今日에ᄂᆞᆫ東歐逐鹿의中心地로變作되여高才疾足의輩가奔走夜號ᄒᆞ야王位繼承役을惹起ᄒᆞ고交鋒三年에露國이得勝ᄒᆞ야露帝의心服스태니우쓰、포니아토우스키가王位를相續ᄒᆞ니噫라此ᄂᆞᆫ波蘭滅亡의前現이로다於是乎千古志士코ㅣ시어쓰等이隣國의狠心을看破ᄒᆞ고憲政을謀立ᄒᆞ미彼野心勃々의露國카타린女帝ᄂᆞᆫ百般의詭計로貴族을籠絡ᄒᆞ야新政을反對ᄒᆞ고普墺二國은國勢平衡論上으로露國의獨占을恐懼ᄒᆞ야一夕會謀로人國을三分ᄒᆞ야狠心을充溢ᄒᆞ엿스니嗚呼라波蘭이滅亡이로다波蘭이滅亡이로다此가誰를因ᄒᆞᆷ이며何를由ᄒᆞᆷ이뇨果然機와運을因ᄒᆞᆷ인가然ᄒᆞ나同一ᄒᆞᆫ機同一ᄒᆞᆫ運으로도彼瑞士、和蘭、希臘等國은獨立의榮譽를世界에宣揚ᄒᆞ엿거ᄂᆞᆯ惟獨汝波蘭은何故로沉々然無音ᄒᆞᆫ가余ᄂᆞᆫ汝를吊ᄒᆞᆷ에多大ᄒᆞᆫ同情으로써表ᄒᆞ고兼ᄒᆞ여汝의復舊를切祝ᄒᆞ며汝의再成을心望ᄒᆞ노니願컨ᄃᆡ汝ᄂᆞᆫ汝의有機的成分을多數取合ᄒᆞ며根部에贍當ᄒᆞᆫ營養質을多數吸收ᄒᆞ엿다가二月東風에好時節이回來커든彼梅花와ᄒᆞᆷ씌春蕾를綻開ᄒᆞᆯ지어다

早稻田漫筆

李承瑾

넓고넓은早稻田天下에지나간봄철이또다시도라오니戶塚原(도쓰가무라)頭
에梅花暗香은黃昏月夜에殷勤이먼져오고江戶川(에도가와)邊에山櫻花(사구
라)불근빗보기좃케方暢ᄒᆞᆫ다잇때에靑年學生들거동보쇼신슈죠흔져얼골에머
리에난大學校四角帽子번쯧쓰고金단츄족기우에학싱양복눌너입고두둑ᄒᆞᆫ칙보
ᄌᆞ난한녑헤밧쟉게고옷독ᄒᆞᆫ인크병은한손에빗겨들고大道上어졍々々걸어가니
大學生의의표가分明하다셩、々、々나난져종쇼릐에급々히登校ᄒᆞ니놉고놉흔講
壇우에敎師의說明이라一邊에난論理、倫理、心理學에東西哲學加味ᄒᆞ고又一邊
에난政治、經濟、法理學에萬古歷史斟酌ᄒᆞ야百科學을보고나니人類의天職、國
家의興廢、昭然한그理致를네엇지모를손야이러케三四時間或五六時間쥴고지
(쓰々게데)보고들어腦頭에너흔후반가온下學鍾한쇼릐ᄯᅮ욱떠러지의東西南北
빗긴길노各々헛터도라간다下宿(旅屋)집문압셔드러가니下女의歡迎쇼릐「오
가예리나스이」答「헤이다々이마」곳四疊半或六죠오방안들어가칙상압헤册보
ᄌᆞ더더놋코썩어안즈니져녁밥상드러온다오시루(羹)한챠완과오고고(沈菜)두
세족에봄세보슈기를열푼혹닥먹고나셔二十分간지체한후문밧게셔나아가셔三
十分間散步한후다시드러와册床압헤ᄭᅮ러안져日課를한번쥬욱보고나니時刻이

無停이라十點鐘을치난고나寢床에나아가셔한잠을ᄌᆞ고셔니六、七、點종발셔되여
급々히洗手한다밥한술(져녁밥상과갓흔故로中畧)뚝ᄯᅥ먹은후風雨를不避ᄒᆞ고
ᄯᅩ學校길노나아간다每日生活이러하니보넌ᄉᆞ람들다칭찬ᄒᆞ여칭공부군。(병교
가)이라ᄒᆞ더라「학교에만잘가면공부되나」
우숩다이갓치一日、二日、一年、二年、어언간에六七星霜되엿고나들으라學海孤
주遊客들아된장국、김치쪽、을그만치먹어쓰니耳聞目見學識인들네엇지업슬손
가年齡으로論之ᄒᆞ면二十餘「成年」或三十「立年」準紳士의資格이라그러ᄒᆞ면社
會上에可히立身ᄒᆞᆯ것이오學問으로論之ᄒᆞ면三四年「中等學科」或五六年「高等學科」
片學士의身分이라그만ᄒᆞ면言論界에可히容喙ᄒᆞᆯ것인ᄃᆡ무엇이ᄯᅩ부족ᄒᆞᆫ가古人
은或三十餘에世界을征服ᄒᆞ엿스며或은「男兒가二十에天下를平치못ᄒᆞ면後世
에뉘가大丈夫라稱ᄒᆞ리오」云ᄒᆞ엿스니同是人類로져ᄂᆞᆫ엇더ᄒᆞᆫᄉᆞ람이며나ᄂᆞᆫ엇
더ᄒᆞᆫ사름인가二十世紀以前에도이러ᄒᆞᆫ사람잇섯ᄂᆞᆫᄃᆡ二十世紀以今에ᄯᅩ엇지업
슬이오싱각ᄒᆞ고ᄯᅩ싱각하라
져高崗에올나父母故國을바라고바라보니賈生의歎息과申公의泣血이今日이이
아니며白首高堂에親年이隆邵ᄒᆞ야事親ᄒᆞᆯ날이漸少ᄒᆞ고風塵世界에干戈가阻絕
ᄒᆞ야弟妹의눈물이枯槁ᄒᆞ니李密의陳情과杜老의發狂이此時가이아인가우리도
그만져만학싱표를ᄯᅥ혀놋고九萬長天에져得意鴻ᄯᅡ라不如歸不如歸라신바시

(新橋)車를엇는모라聯絡船타고釜山에下陸ᄒᆞ야秋風嶺너머가자너早稻田天下大隈伯墻園아萬紫千紅의죠흔春光을부지럽시자랑마라우리靑年은五官이分明ᄒᆞ고四肢가宛全(뚝발이아니라)ᄒᆞ니韓山到處에枯々ᄒᆞᆫ져草木을欣々히問榮케ᄒᆞ야靑邱의耳目을놀니고또놀니게할걸(흥)「흥」

秋風斷藤曲

滄 江

岳裔曰余歸寓牛陽旅舍時適春雨霏々書幌寂寥獨坐無聊忽有客來叩迎入施禮罷客袖出一報示余以此曲余接閱不覺撫心自悲果是一曲悲歌可動鬼神余謝客於是記謄屬社以資國人一讀蓋滄江是誰飮氷室主人是也

秋笳吹落關山月驛路靑燐照紅雪大國痛歸先軫元、遺民泣濺威公血、遺民哀々箕子孫、畢路발셔開三韓、避世已忘秦甲子、右文還見漢衣冠、鯤鰭激波海若走、四方美人車馬首、漢陽諸姬無二三、胸中雲夢呑八九、其時海上三神山、劍仙崎客時往還、陳摶初成千年夢、陶侃難偸一日閒、中有一仙擅刻變、術如赤松學曼倩、移得瑤池靈草來、種將東海桑田徧、樓臺彈指已莊嚴、年少如鄕固不廉、脫穎錐寧安舊橐、發硏力擬試新銛、嗚呼箕子帝左右、聽卑不恤光如哀、天外愁雲盡楚歌、帳中樂事猶醇酒、偪陽自幸僻在戎、虞公更恃晉吾宗、謂將犧玉待二境、豈有雀角穿重墉、頻年一鄭門晉楚、兩姑之間難爲婦、寧聞鷸蚌利漁人、空餘魚肉薦刀俎

、大鷄鍛冠小鷄雄、追啄虫蟻如轉蓬、事去已夷陳九縣、名高還擁翼諸宗、北門沈々경嚴鑰、臥榻寧容鼾聲作、趙質方留太子丹、許彊旋成公孫獲、皤々國老定遠侯、東方千騎來上頭、腰懸相印作都統、手搏彪虎接飛弁、狙公賦芧恩高厚、督我如父煦如母、誰言充樹靡西柯、坐見齊封作東畝、我澤如春彼黍離、新亭風景使人疑、人民城郭猶今日、文武衣冠異昔時、笑啼不敢奈何帝、問客何能寡人祭、秦庭未返申子車、漢宮先擁上皇혜、十萬城中旭日新、最憐泥醉太平時、蔡人呼舞迎裴度、宛馬駸馳狎貳師、不識時務誰家子乃學范文祈速死萬里窮追豫讓橋千金深襲夫人七黃沙捲地風怒號黑龍江外雪如刀流血五步大事畢、狂笑一聲 山月高、前路車馬聲特々、天邊望氣皆成墨、閤門已失武元衡、博浪如驚滄江客、萬人攢首看荊鄉從容對縛如平生男兒死耳安足道國恥未雪名何成獨◯漉々水深濁、似水年々恨相續、咄哉勿謂秦無人、行矣應如蜂有毒、蓋世切名老國장、冥々風雨送歸檣、九重撤樂賓襄老、士女空閭哭武鄉、千秋恩怨誰能訟、兩賢各有泰山重、塵路思承晏子鞭、芳隣擬穴要離家、一曲悲歌動鬼神、慇懃霜葉照黃昏側身西望淚如雨空見危樓袖手人

日本明治七年以后教育界의新傾向

海 敖

新島襄의功績(日本敎育界의偉大ᄒᆞᆫ人物)

新島襄은日本國上州安中의藩士라日本元治元年頃에米國에渡航ᄒᆞ야米國人(할데이ᅳ)의知遇를受ᄒᆞᆫ배되야約十年間其家庭에서薰陶를受ᄒᆞ고(암할스도大學)에入ᄒᆞ야神學을修ᄒᆞ야宣敎師의地位를得ᄒᆞ고明治七年頃에還歸ᄒᆞᆫ者ㅣ라

氏가歸國ᄒᆞᆫ後먼져青年을會集ᄒᆞ야基督敎의精神을注入ᄒᆞ기로努力ᄒᆞᆯᄉᆡ熊本에同志社學校를開設ᄒᆞ니此校는明治七八年間에日本敎育界에大勢力을有ᄒᆞᆫ者ㅣ라此時를際ᄒᆞ야日本이歐洲의文明을着々輸入ᄒᆞᆯᄉᆡ福澤諭吉氏는物質的、智識的泰西의文明을輸入ᄒᆞ야新進青年을勸諭ᄒᆞ얏시나新島襄은精神的內面的泰西의文明을輸入ᄒᆞ야眞摯恭虔ᄒᆞᆫ國民的氣質를養成ᄒᆞ얏도다夫文明이란것은物質的事物과精神的事象이渾然融和ᄒᆞ야進步發展ᄒᆞ는狀態를謂ᄒᆞᆷ이니假令日本의

敎育이福澤氏의物質上歐洲文明을輸入ᄒᆞᆷ의止ᄒᆞ얏슬진ᄃᆡ此ᄂᆞᆫ文明의外花라아모라美麗ᄒᆞ고아모리便利ᄒᆞᆫ들엇지長時의繁榮ᄒᆞᆷ을得ᄒᆞ리오然則福澤과及新島ᄂᆞᆫ日本新敎育界의雙親이라可謂ᄒᆞ리로다

新島襄이임의同志社에成功ᄒᆞ야漸次隆盛ᄒᆞᆷ에至ᄒᆞ니此時ᄂᆞᆫ日本에歐米崇拜의氣風이蕩然히 一世를傾動ᄒᆞᄂᆞᆫ際라於是에基督敎主義學校가續々設立ᄒᆞᆷ에至ᄒᆞ얏도다

明治十二年에(막구레ㅣ)博士ᄂᆞᆫ橫濱에神學校를起ᄒᆞ얏시며(今移于東京赤坂區靑山)押川方義ᄂᆞᆫ米人(호ㅣ이와)相謀ᄒᆞ야仙臺에神學校를設立ᄒᆞ얏시며(即東北學院)米人(란바스)ᄂᆞᆫ神戶에關西學院을設立ᄒᆞ얏고明治十八年에東京에明治女學校와十九年에仙臺의宮城女學校와廣島에英和女學校와二十年에名古屋의淸流女學校와二十二年에函館의淸和女學校가勃興ᄒᆞ얏도다

新島襄의敎育主義ᄂᆞᆫ宗敎的信仰에富ᄒᆞ야高尙ᄒᆞᆫ品性이有ᄒᆞᆫ文明的紳士를養成ᄒᆞᆷ에在ᄒᆞ니彼의思想은物質的生活을尊重ᄒᆞᄂᆞᆫ同時에精神生活의高尙ᄒᆞᆷ으로唯一目的을作ᄒᆞ얏도다時에新島를評ᄒᆞ야曰彼ᄂᆞᆫ宗敎의神聖ᄒᆞᆷ을唱導ᄒᆞ야此를깁히信仰ᄒᆞ라云ᄒᆞ나國家를不忘ᄒᆞ고國体의精華를損傷치안이ᄒᆞᄂᆞᆫ人物을養成ᄒᆞᆷ에努力ᄒᆞ얏다云ᄒᆞ얏스니彼新島의當日思想을可知ᄒᆞ깃도다

新島의功績은大約如左ᄒᆞ거니와彼의目的ᄒᆞ던바主義를批評키爲ᄒᆞ야彼의論ᄒᆞᆫ

바教育方針을略記ᄒᆞᆫ건ᄃᆡ其要에曰

試ᄒᆞ야볼지어다彼歐洲諸國의文運이煥發ᄒᆞᄂᆞᆫ所以ᄂᆞᆫ無他라自由의擴張과學問의發達과政治의進步와道德의能力에歸着ᄒᆞ리로다雖然이나以上四者를致ᄒᆞᆫ所以ᄂᆞᆫ即基督敎의道德을尊崇ᄒᆞ야日新ᄒᆞᄂᆞᆫ學術을攻究ᄒᆞᆷ의在ᄒᆞ니今에我國이專혀泰西의學風을振作ᄒᆞ야新鮮ᄒᆞᆫ自由天地를開拓코자ᄒᆞᆯ진ᄃᆡ다만彼의敎育을模倣ᄒᆞᆷ에止ᄒᆞ고其根底되ᄂᆞᆫ純全ᄒᆞᆫ道德을收用치안이ᄒᆞ면決코成功ᄒᆞᆷ을不得ᄒᆞ겟다云云

新島의思想은大畧如右ᄒᆞ거니와新島의功績은또ᄒᆞᆫ먼져女學校를創設ᄒᆞ야泰西의新敎育을施ᄒᆞᆷ에在ᄒᆞ도다新島ᄂᆞᆫ日本의根底를鞏固케ᄒᆞ야文明의域에進코자ᄒᆞᆯ식먼져家庭의改善ᄒᆞᆷ을斷行ᄒᆞ얏ᄉᆞ니彼의炯眼과彼의熱心은가장敬服ᄒᆞᆷ을不堪ᄒᆞᆯ깃도다

眼光을暫轉ᄒᆞ야我帝國을回顧ᄒᆞᆫ건ᄃᆡ基督의福音이青邱ᄒᆞ廣播야를一種移彩를發揮ᄒᆞ거니와彼新島의思想을懷抱ᄒᆞᆫ者ㅣ幾人이有ᄒᆞ고今에基督敎主義下에設立된學校及生徒數를畧擧ᄒᆞᆫ건ᄃᆡ(隆熙二年十月末調査에依ᄒᆞ야)長老敎會에셔設立ᄒᆞᆫ學校가大學이二處오男子中學이十一處오女子中學이六處오男女小學이五百四十二處인ᄃᆡ大學生徒가五十人이오男中學生徒가八百八十三人이오女中學生徒가二百二人이오男小學生徒가一萬六百九十一人이오女小學生徒가二千

六百四十四人이며禮拜堂이二百九十三處오傳道用費가年七千九百六十五圓이오學校費가五萬二千三十二元이라(以上은長老敎會에屬ᄒᆞᆫ者)(又隆熙三年七月末調査에依ᄒᆞ야)全國內私設學校에서學部에認可出願ᄒᆞᆫ者ㅣ合爲二千二十校인ᄃᆡ其中七百八十九校ᄂᆞᆫ宗敎에係ᄒᆞᆫ者ㅣ라

以上의記ᄒᆞᆫ바로觀ᄒᆞᆯ진ᄃᆡ基督의恩澤이隆盛ᄒᆞ야歐洲의文明光線을導入ᄒᆞᆷ의先驅를作ᄒᆞᆫ지라故로余ᄂᆞᆫ日本의新島襄과如ᄒᆞᆫ人物이幾百幾千이現出ᄒᆞᆯ줄노思惟ᄒᆞ거니와此ㅣ엇지我帝國一般敎育界諸公의深思ᄒᆞᆯ바이안이리오하물며新學制가頒布以來로余輩ᄂᆞᆫ其敎育將來에對ᄒᆞ야沈痛ᄒᆞᆫ悲哀를不堪ᄒᆞᆷ이리오大抵我帝國의基督敎信仰에富ᄒᆞᆷ은世界의定評이自在ᄒᆞ거니와我帝國前途에在ᄒᆞ야歐洲의文化를輸入ᄒᆞᆯ者ᄂᆞᆫ唯基督主義敎育에在ᄒᆞ니自由의思想을煥發ᄒᆞᆯ者도此에在ᄒᆞ며四千年暗黑ᄒᆞ던家庭을改良ᄒᆞᆯ者도此에在ᄒᆞ며福音를信賴ᄒᆞ야進步心을喚起ᄒᆞᆯ者도此에在ᄒᆞ며同胞를相愛ᄒᆞ야精神的團結을作ᄒᆞᆯ者도此에在ᄒᆞ다ᄒᆞ노니烱眼을具ᄒᆞᆫ者ᄂᆞᆫ余言으로써狂忘타不謂ᄒᆞ리로다余ᄂᆞᆫ日本에學ᄒᆞᄂᆞᆫ者ㅣ라今에日本에新敎育界思想을支配ᄒᆞ던者를叙述코자ᄒᆞᆯᄉᆡ第一大功績이有ᄒᆞᆫ新島襄의事을略記ᄒᆞᆷ이어와其他日本最近四十年間全般敎育界의思潮變迁은次號에讓ᄒᆞ겟도다

敎育時弊

具滋鶴

僕은年少學淺ᄒᆞ고況又出疆多年이오現在數千里外國ᄒᆞ야內國敎育界ᄅᆞᆯ論ᄒᆞᆷ은雖有외越之嫌ᄒᆞ나時弊되ᄂᆞᆫ事實은新聞雜誌와新渡諸氏ᄅᆞᆯ因ᄒᆞ야見聞ᄒᆞᆷ인즉似不虛妄이기로左에西洋과日本의敎育大家의意見과言論을參照ᄒᆞ야豫防과處理ᄒᆞᄂᆞᆫ方針을畧陳ᄒᆞ오니現內國敎育界諸氏ᄂᆞᆫ俯覽ᄒᆞ야多少參考ᄒᆞ심이有ᄒᆞ면僕의所望이足ᄒᆞ도다

一、各學校의反目

甲校의敎鞭을執ᄒᆞᆫ諸氏ᄂᆞᆫ乙校ᄅᆞᆯ排斥ᄒᆞ며乙校의敎鞭을執ᄒᆞᆫ諸氏ᄂᆞᆫ甲校ᄅᆞᆯ毁謗ᄒᆞ야乙校의廢止ᄅᆞᆯ甲校悅之ᄒᆞ며甲校의興旺을乙校猜之ᄒᆞ야甲校에셔騷亂을生ᄒᆞ고退學ᄒᆞᆫ者ᄅᆞᆯ乙校가歡迎ᄒᆞ고乙校에셔着心篤課ᄒᆞᄂᆞᆫ者ᄅᆞᆯ甲校가疾之ᄒᆞᆫ다ᄒᆞ니噫라各校가互相毁斥ᄒᆞ야幸其不幸ᄒᆞᆷ은卽彼가衰ᄒᆞ면我가興ᄒᆞᆯ줄노自想ᄒᆞᆷ이나其實은同病相憐ᄒᆞ고同業相救ᄒᆞᄂᆞᆫ義務ᄅᆞᆯ不顧ᄒᆞ고自斧自伐ᄒᆞ야他人의狹量鄙野之嘲ᄅᆞᆯ自招ᄒᆞᆷ이니僕願各學校가互相連絡ᄒᆞ야意見을交換ᄒᆞ며慶吊ᄅᆞᆯ相問ᄒᆞ야甲校의美點은乙校가揚之ᄒᆞ고乙校의缺點은甲校諱之ᄒᆞ야騷亂을主唱ᄒᆞ고退校ᄒᆞᆫ者ᄂᆞᆫ互相拒絶ᄒᆞ야다시敎育界에容身치못ᄒᆞ게ᄒᆞᆷ이可ᄒᆞᆯ듯ᄒᆞ며

二、校內職員의不和

校內職員은即一家庭과同一ᄒᆞᆫ關係에在ᄒᆞᆫ즉敎長은校內萬事를總轄ᄒᆞ며各敎師를指揮監督ᄒᆞ야敎育의發展을計ᄒᆞ며敎師ᄂᆞᆫ校長의指揮를服從ᄒᆞ고相當ᄒᆞᆫ敬意를表示ᄒᆞ며每週或數週間에一次式校內職員會議를開ᄒᆞ고各其擔任ᄒᆞᆫ學級或學課에對ᄒᆞ야所施ᄒᆞᄂᆞᆫ方針을相談ᄒᆞ고各其意見을請求ᄒᆞ야各敎師間統一을不失ᄒᆞ여야敎育의發展을可望이거늘內國의第一弊端됨은校長의不適任이니京鄕을勿論ᄒᆞ고學校의性質을不拘ᄒᆞ며다만位高ᄒᆞᆫ名譽만取ᄒᆞ야學識과經驗이全昧ᄒᆞᆫ某判書某大臣을推戴ᄒᆞ거나或은年少沒覺ᄒᆞᆫ貴家子弟의淸宦을倣作ᄒᆞ니校內의職員이엇지彼輩의指揮를甘服ᄒᆞ며爲其校長者ᄂᆞᆫ自己의地位만思ᄒᆞ고校內職員을無理히指揮ᄒᆞ거나或全般을職員에게委任ᄒᆞ야敎務上統一을永失ᄒᆞ니不亦可惜乎아大抵學校의紛亂은即生徒가諸敎師間에不平ᄒᆞᆫ機會를乘ᄒᆞ야生ᄒᆞᄂᆞ니爲其校長者가自己地位만思ᄒᆞ지말고學識과經驗이相當이有ᄒᆞ고指揮監督이校規에不違ᄒᆞᄂᆞᆫᄃᆡ部下敎師가肯服치아니ᄒᆞ거던該敎師를免除ᄒᆞ고校內全体가抗拒ᄒᆞ면必然自己의處事에缺點이有ᄒᆞᆫ줄노認定ᄒᆞ고斯速退去ᄒᆞᆷ이可ᄒᆞ며爲其敎師者가自己意見이校長或은他敎師와衝突되ᄂᆞᆫ時ᄂᆞᆫ互相毁斥치말고自己가請願自退ᄒᆞᆷ이可ᄒᆞ고또生徒를對ᄒᆞ야自己所擔ᄒᆞᆫ學課를專力學習ᄒᆞ고某々學課를指定ᄒᆞ야篤習ᄒᆞᆯ必要가少타ᄒᆞᆷ은該學課擔任ᄒᆞᆫ敎師의惡感情을惹起ᄒᆞᆷ이니國語、數學、地理、歷史、理科等知識的學課를擔任ᄒᆞᆫ敎師가体操、唱歌、圖畫、習字、手工等

技術的學課를擔任ᄒᆞᆫ敎師에게驕傲ᄒᆞᆷ은全然無理ᄒᆞᆫ蠻行이오甲敎사가命令ᄒᆞᆫ바를乙敎師가禁止ᄒᆞᆷ은故意와遇然을不拘ᄒᆞ고決코不可ᄒᆞᆫ事이니校長을擇任ᄒᆞ고職員會를頻開ᄒᆞ며校內平和를維支ᄒᆞᆷ이大爲必要ᄒᆞᆫ것이며

三、學校와家庭의相隔

敎師가生徒의家庭事情을不知ᄒᆞ면敎育을施ᄒᆞ기困難ᄒᆞ고學校와家庭의敎訓이一致치아니ᄒᆞ면敎育의効果를不得ᄒᆞᄂᆞ니一例를擧ᄒᆞ건ᄃᆡ富貴家子弟를學校에셔嚴酷히撿勅ᄒᆞ면卑怯의質을成ᄒᆞ고下流社會의子女를敎師가寬柔히敎導ᄒᆞ면放恣의性을養ᄒᆞ며敎師의言行을家庭이毁之ᄒᆞ고家庭의敎訓을敎師가非之ᄒᆞ면生徒가何를從ᄒᆞᆯᄂᆞᆫ지不知ᄒᆞ야五里霧中에셔彷徨ᄒᆞ다가畢境蟹綱을俱失ᄒᆞᄂᆞ니敎師가學年初或就任初에生徒의父兄或保証人을學校의招集ᄒᆞ고自己의所行코자ᄒᆞᄂᆞᆫ目的과方針을充分히說明ᄒᆞᆫ後此에對ᄒᆞ야同意ᄒᆞ거던繼續赴校케ᄒᆞ고不然ᄒᆞ거던他校에早送ᄒᆞ야感情을勿起케ᄒᆞ며中途退學ᄒᆞ야校規를濁亂케말나ᄒᆞ며一月一次或一學期一次少不下一學年一次式父兄保證人懇親會를開ᄒᆞ고敎師의意見을陳述ᄒᆞ고父兄의所感을聞ᄒᆞ야互相間誤解가無케ᄒᆞ며敎師와父兄保證人이閑隙을隨ᄒᆞ야互相來往ᄒᆞ야特殊ᄒᆞᆫ事情을相通ᄒᆞ고親誼를鞏固케ᄒᆞ며每學期初或學年初의通信簿一冊式各生徒에게出給ᄒᆞ고敎師와父兄이一々히面會相談키難ᄒᆞᆫ事를記入ᄒᆞ야事情을相通ᄒᆞ야敎師의誠意를家庭이感體ᄒᆞ고家庭의厚

望을敎師가擔任ᄒᆞᆷ이可ᄒᆞᆯ지며

四、敎師와生徒

敎師와生徒ᄂᆞᆫ父兄과子弟의關係와相符ᄒᆞᆫ즉敎사ᄂᆞᆫ生도를親子弟와無異ᄒᆞ게熱心敎育ᄒᆞᄂᆞᆫ同時에愛情을特表ᄒᆞ며生徒ᄂᆞᆫ敎師를親父兄과同樣으로尊敬ᄒᆞᄂᆞᆫ同時에神聖不可犯ᄒᆞᆯ줄노認定ᄒᆞ야敎師의一言一命을中心敬服ᄒᆞ고少無虛妄ᄒᆞᆫ줄노深信ᄒᆞ여야敎育의効果를方奏ᄒᆞ며生徒가敎師를面從腹非ᄒᆞ거나半信半疑ᄒᆞ면決코敎育의効果를不得ᄒᆞ거ᄂᆞᆯ內國敎育界에셔ᄂᆞᆫ生徒가敎師를中心敬服은姑捨ᄒᆞ고生徒가敎師를弄作笑柄ᄒᆞ야自輩의掌中에驅入코자ᄒᆞᄂᆞᆫ習慣이盛行ᄒᆞᆫ다ᄒᆞ니其原因은生徒에罪인지敎師의責인지僕이詳知치못ᄒᆞ나推想ᄒᆞ건ᄃᆡ學校의規則이不嚴ᄒᆞ거ᄂᆞ或敎師의人格이不足ᄒᆞ거ᄂᆞ不然ᄒᆞ면管理法이全昧ᄒᆞᆷ이니爲敎師者ᄂᆞᆫ詳察其原因ᄒᆞ야全級生徒中에二三人이自己를抗拒ᄒᆞ거던特히注意를加ᄒᆞ고屢次注意ᄒᆞ야도終是不悛ᄒᆞ거던該生徒의罪를聲明ᄒᆞ고卽時退學을命ᄒᆞ며若全体生徒가擧皆抗拒ᄒᆞ거던敎師가引過自責ᄒᆞ고辭任退去ᄒᆞᆷ이可ᄒᆞᆫᄃᆡ或言規則을某條록寬柔케ᄒᆞ여도生徒가自由를束縛ᄒᆞᆫ다言論을制限ᄒᆞᆫ다ᄒᆞ고不平을唱ᄒᆞ거던況規則만固執ᄒᆞ고彼輩의行動을斟酌치아니ᄒᆞ면不過一個月에一生徒도不餘ᄒᆞ고擧皆退去ᄒᆞ깃다ᄒᆞ니何其不思之甚也오大抵自由ㅣ니言論이니ᄒᆞᆷ은다規則範圍以內에셔言ᄒᆞᆷ이오決코規則以外行動을云ᄒᆞᆷ이아니어ᄂᆞᆯ生徒의亂暴無

禮ᄒᆞᆫ行動을禁止ᄒᆞᆷ을自由束縛이라ᄒᆞ며滅倫敗理ᄒᆞᆫ言辭를不許ᄒᆞᆷ을言論制限이라ᄒᆞᆯᄉᆡ外國의實例를見ᄒᆞ건ᄃᆡ規則이正當ᄒᆞᆫ學校일수록生徒도多數ᄒᆞ고敎育의效果도著大ᄒᆞ며規則이微々ᄒᆞᆫ學校ᄂᆞᆫ生徒의去就도無常ᄒᆞ고敎育의効果도全無ᄒᆞ다ᄒᆞ도다

五、試驗

試驗은敎師ᄂᆞᆫ生徒의學力을參考ᄒᆞᄂᆞᆫ一資에不過ᄒᆞ며生徒ᄂᆞᆫ自巳의實力을發表ᄒᆞᄂᆞᆫ機會인즉互相間에他層節이必無ᄒᆞ깃거ᄂᆞᆯ內國은不然ᄒᆞ야敎師ᄂᆞᆫ試驗으로ᄡᅧ生徒를恐喝ᄒᆞᄂᆞᆫ機會를作ᄒᆞ며生徒ᄂᆞᆫ試驗으로ᄡᅧ無上ᄒᆞᆫ苦勞로認ᄒᆞ야學校의紛亂과師弟間葛藤이恒常試驗之際에生ᄒᆞᆫ다ᄒᆞ니此ᄂᆞᆫ試驗의本意를根本的誤解ᄒᆞᆷ이오ᄯᅩ試驗時에生徒를嚴密히監督ᄒᆞ며甚至於入場時에身体를檢査ᄒᆞᆷ은學校의尊重ᄒᆞᆫ体面을自損ᄒᆞᆷ이오生徒의神聖ᄒᆞᆫ人格을無視ᄒᆞᆷ이라大抵敎師가自己所擔ᄒᆞᆫ生徒의學力을平常時에檢定치못ᄒᆞ고一時間에忽忙히記述ᄒᆞᆫ一片答案으로一學期或一學年成績을檢定코ᄌᆞᄒᆞᆷ이無理ᄒᆞ며試驗을頻數히執行ᄒᆞ면生徒의腦力을減損ᄒᆞ고他學課의復習을妨害ᄒᆞᄂᆞ니敎師ᄂᆞᆫ敎授時에口頭發問或動作觀察等法을依ᄒᆞ야各生徒의學力을看定ᄒᆞ고本試驗時에ᄂᆞᆫ一般學習ᄒᆞᆫ課程을充分히理解ᄒᆞᆫ者ᄂᆞᆫ容易히解釋ᄒᆞᆯ만ᄒᆞᆫ應用問題를提出ᄒᆞ야機械的暗記者와其他不正ᄒᆞᆫ手段(방밍이질)을用ᄒᆞᄂᆞᆫ者로ᄒᆞ야금自手納白케ᄒᆞ고答案은精細히考閱ᄒᆞᆫ

後點數를明瞭히記載ᄒᆞ야各其還付ᄒᆞ야不平을勿唱케ᄒᆞ며試驗成績으로敎室의座次를定ᄒᆞ며優等生에게特別ᄒᆞᆫ待遇를施홈이不可ᄒᆞ니大抵成績은普通腦力者로論ᄒᆞ면年長者가幼稚者보담優勝ᄒᆞ거늘特別ᄒᆞᆫ待遇를施ᄒᆞ면成績不美ᄒᆞᆫ生徒가欽羨憤發홈은比較的少ᄒᆞ고猜忌羞愧는反大ᄒᆞ야級內의平和를難保ᄒᆞ며漸次優等者의勢力이膨脹ᄒᆞ면百弊가層生ᄒᆞ는同時에不美者는學校가沒味ᄒᆞ야退學을企圖ᄒᆞᄂᆞ니敎室의席次는身長으로定ᄒᆞ며（近眼者或其他特別ᄒᆞᆫ事情이有ᄒᆞᆫ者는此限에不在홈）成績一覽表는學校에製置ᄒᆞ고生徒는出示치말며各生徒의成績과序次는別紙에記載ᄒᆞ야本人或保證人에게出給ᄒᆞ야級內生徒가互相間에成績과序次를不知ᄒᆞ면平和도維支ᄒᆞ기比較的容易ᄒᆞ고勢力의差異도不生ᄒᆞᆯ지며

六、賞與

大抵幼年時에는感覺的慾望은甚强ᄒᆞ고道德的思想은猶微ᄒᆞᆫ故로敎育者가强者를折之ᄒᆞ고微者를顯揚ᄒᆞ는手段으로生徒中에善良ᄒᆞᆫ行爲가有ᄒᆞᆫ時에는物品或名譽의地位를授ᄒᆞ거나特別한自由를許ᄒᆞ야渠의快感을增加케ᄒᆞ야將來를以勵홈이可ᄒᆞ나時期와處地와個性을充分히熟思치아니ᄒᆞ고輕々히賞與ᄒᆞ면非徒無益이라以尤害之ᄒᆞ는境遇가不少ᄒᆞᄂᆞ니一例를擧ᄒᆞ건ᄃᆡ幼稚ᄒᆞᆫ兒童의嗜好ᄒᆞ는바를稍長者는반다시喜悅치아니ᄒᆞ며貴家子弟의所好를農商家子弟가不取ᄒᆞ고

男子의慾望ᄒᆞᄂᆞᆫ物品을女子가不願ᄒᆞᄂᆞ니當事者ᄂᆞᆫ深히注意치아니ᄒᆞ면不可ᄒᆞ고또賞品은頻數ᄒᆞ면弊害가生ᄒᆞ고常時同一ᄒᆞ면効力을失ᄒᆞᄂᆞ니一例를擧ᄒᆞ건ᄃᆡ賞品이頻數ᄒᆞ면第一財政上不經濟오生徒가善良ᄒᆞᆫ行爲를ᄒᆞᄂᆞᆫ거시賞品을得ᄒᆞᄂᆞᆫᄃᆡ在ᄒᆞ면敎師의目을瞞過코져ᄒᆞᄂᆞᆫ弊端이生ᄒᆞᆯ지며今日에可賞ᄒᆞᆯ事이有ᄒᆞ야某物品을賞與ᄒᆞ면非常히滿足ᄒᆞᆯ지라도其次에또同一ᄒᆞᆫ物品을賞與ᄒᆞ면快感力이比前半減ᄒᆞ고又其次에또同一ᄒᆞᆫ物品을賞與ᄒᆞ면반다시怒而投棄ᄒᆞᆯ지라故로賞品은非常ᄒᆞᆫ行爲가아니면與치勿ᄒᆞ고高尙ᄒᆞᆫ物品을擇ᄒᆞ야每度의相異ᄒᆞᆫ者를與ᄒᆞ거나數量을增加ᄒᆞᆷ이可ᄒᆞ고또賞品은生도의努力으로因ᄒᆞ야生ᄒᆞᆫ結果의影響이直接으로學校에及ᄒᆞ거나公共에及ᄒᆞᄂᆞᆫ境遇에與ᄒᆞ고其影響이自己一身에止ᄒᆞᄂᆞᆫ事에ᄂᆞᆫ施賞ᄒᆞᆯ必要가無ᄒᆞ거ᄂᆞᆯ近日各學校에셔成績優勝者에게賞與ᄒᆞᄂᆞᆫ習慣이一般流行ᄒᆞ나僕은此게對ᄒᆞ야贊成치아니ᄒᆞ노니何故오ᄒᆞ면成績은大槪生도의天性의基因ᄒᆞᆷ이라每年에반다시同一ᄒᆞᆫ生도에게歸ᄒᆞᆫ즉他生도의惡感情을生ᄒᆞᆯ지며年中無缺席者에게施賞ᄒᆞᆷ은稍可ᄒᆞ나此亦未成ᄒᆞᆫ生도의衛生을妨害ᄒᆞᄂᆞᆫ弊가有ᄒᆞ고其生도에게此賞을施ᄒᆞ면其影響이他生도에게如何ᄒᆞᆯ것을熟思치아니ᄒᆞ고施賞ᄒᆞ면一人之害가及於百人ᄒᆞᄂᆞᆫ弊도不無ᄒᆞᆯ지며

七、課罰

敎師의不注意又ᄂᆞᆫ生도의頑迷를因ᄒᆞ야不美ᄒᆞᆫ事實이發生ᄒᆞᆫ後에此를懲戒ᄒᆞ기

爲ᄒᆞ야課罰ᄒᆞᄂᆞᆫ手段을用ᄒᆞᆷ은事實上不得已ᄒᆞᆷ이나亦是時期와處地와個性을不顧ᄒᆞ고輕率히施行ᄒᆞ면弊害가賞與보다倍甚ᄒᆞ고嚴酷ᄒᆞᆫ手段을用ᄒᆞ면生도의戰慄性을生ᄒᆞ고衆人所視에處理ᄒᆞ면他人의嘲笑를受ᄒᆞᆯ가恥ᄒᆞ야反抗ᄒᆞ기易ᄒᆞᄂᆞ니敎師ᄂᆞᆫ深히注意ᄒᆞ야寬嚴이得中케措處ᄒᆞ며深靜ᄒᆞᆫ處에招致說諭ᄒᆞ면容易히自服ᄒᆞ고鞭撻、打頭等体罰은斷然勿行ᄒᆞᆷ이可ᄒᆞ니外國의實例를見ᄒᆞ건ᄃᆡ日本과米國은學校令에体罰을嚴禁ᄒᆞ얏고德國은學校令中에敎師가必要로認定ᄒᆞᄂᆞᆫ時에ᄂᆞᆫ体罰을施ᄒᆞᆷ도無妨ᄒᆞ나但各個生도의家庭事情을詳察ᄒᆞ야父母가施ᄒᆞᄂᆞᆫ体罰보다죠곰이라도重케ᄒᆞᆷ을不得ᄒᆞᆫ다ᄒᆞ얏스니學校와家庭히如何히連絡ᄒᆞᆫ들數百名數千名生도의家庭事情을一々히詳知ᄒᆞ며雖曰詳知라도學校ᄂᆞᆫ平等主義를守치아니ᄒᆞ면不可ᄒᆞ거ᄂᆞᆯ各個生도의家庭事情을因ᄒᆞ야同一犯科에体罰各殊케ᄒᆞ기ᄂᆞᆫ事實上不可能ᄒᆞ니本國에셔도日米의例를從ᄒᆞᆷ이可ᄒᆞ도다

小說

無情(續)

孤舟

뎌가韓明俊의안히가 된것은去今八年前、即뎌가十六、明俊이가十二적이라。이

婦人의母親은二個年이나、그ᄯᆞᆯ을爲ᄒᆞ야鄰近村里를徵行ᄒᆞ면서사위될 ᄌᆡ목을 고르든結果로韓明俊을 엇은거시라。 뎌가 사위를 고를ᄯᅢ에 무어슬標準으로 하엿ᄂᆞᆫ고、曰一에門閥、二에財産、三에家族、四에當者며、ᄯᅩ自己의家庭이외롭다ᄒᆞ야勢力잇ᄂᆞᆫ韓座首와查頓되ᄂᆞᆫ것이 한ᄀᆞᆺ의지가 된다함이라。 婦人은其母만밋고어린마음에新郞의 얼골 보기만 苦待ᄒᆞ고、남모르게 깃버ᄒᆞ며、아모도 업슬ᄯᅢ에ᄂᆞᆫ「韓明俊韓明俊」하고즐겨ᄒᆞ며、ᄯᅩ新郞의畵像을여러가지로마음에 그려보고、그가온ᄃᆡ第一風采됴코天才잇ᄂᆞᆫ、情잇ᄂᆞᆫ少年을撰擇ᄒᆞ야「韓明俊」이라ᄂᆞᆫ 이름을 짓고ᄂᆞᆫ 즐겨ᄒᆞ며、철업신 아오가「야ㅣ、韓明俊이ᄉᆡᆨ시」하면서역기를 집흘ᄯᅢ에도 가장 식그려온듯 몸은흔드나 깃분우슴이목젓서지 말녀나오고、귀ㅅ결에新郞의缺點이듯기면、한ᄀᆞᆺᄒᆞ로ᄂᆞᆫ怒ᄒᆞ고、한ᄀᆞᆺᄒᆞ로ᄂᆞᆫ 무섭기도ᄒᆞ야、아못됴록否認ᄒᆞ려ᄒᆞ더니 於焉間十一月十七日이왓더라。 婦人은 밤들기를苦待ᄒᆞ야 깃붐과 붓그러움과 疑心을셕거가지고煒煌한燭光에비최여 新郞의房에드러가、ᄌᆞᆼ옷속으로屛風에의지ᄒᆞ여셧ᄂᆞᆫ新郞을보니 킈ᄂᆞᆫ十歲ᄂᆞ난兒孩갓고곰은갓아래로 겨우보이ᄂᆞᆫ 죠곰안 얼골에ᄂᆞᆫ 피빗하나 업고 멀뚝〱하ᄂᆞᆫ 그두ㅣ눈、죠말〱한 그態度。 얼골에ᄂᆞᆫ죠곰도 사랑스럽거나 정다은表情이읍더라。 婦人의가슴에 잇든아름다은 마음은 다ㅣ스러지고、悲哀와絶望만문둘〱々々소사나와 울고싸지 섭도다。

困ᄒᆞ여셔 겻헤셔식々、자ᄂᆞᆫ 新郞의 숨ᄉ소리를 드르미、至今것 ᄭᅩᆺ밧헤셔 노니다가、여호 한테 ᄒᆞᆯ니여셔 여호의窟에 드러온것 갓기도 하고、ᄌᆡ미 잇ᄂᆞᆫ ᄭᅮᆷ을ᄭᅮ다가 ᄭᆡ친것 갓기도 하고。

「아아、이것이 ᄂᆡ 一生에 갓치 사ᄅᆞᆯ 지아빈가」、ᄉᆡᆼ각ᄒᆞ면가심이막히여。 엇디ᄒᆞ야 어머니가 이런 사람을 골낫든고? 싀집가ᄂᆞᆫ데ᄂᆞᆫ 어미도 밋지못ᄒᆞᆯ것이로다、아아、이거시ᄂᆡ의 지아빈가? 난ᄉᆡᆼ 처음 한심이오、난ᄉᆡᆼ 처음슬품이며、난ᄉᆡᆼ처음歎息이라。

以後一年許나本家에 잇다가 싀집이라고 가보니、모다낫모르ᄂᆞᆫ 사람이요、다못、하나、아ᄂᆞᆫ사람은지아비나 남보다더冷淡ᄒᆞ고。舅姑ᄂᆞᆫ 쳣며나리라ᄒᆞ야 甚히鍾愛하나、졍즉 사랑헐 져아비ᄂᆞᆫ「옷ᄂᆡ라」「버션기워라」하ᄂᆞᆫ소리밧게 안이하니父母의 사ᄅᆞᆼ이나밧을야면本家에잇ᄂᆞᆫ편이 나ㅣㅅ디 안이ᄒᆞᆯ싸。

남모르게 눈물노디ᄂᆞᆫ中흐르ᄂᆞᆫ歲月이 一年이나 디나가ᄂᆞᆫ데明俊이ᄂᆞᆫ漸々踈遠ᄒᆞ여더셔父母의말도안이듯고舍廊에셔獨居ᄒᆞ게되니婦人의悲哀와寂寞은 날노 깁허가ᄂᆞᆫ디라。 그和氣잇고아름답든 얼골은漸々여워가고、活潑ᄒᆞ던精神은漸々沈鬱ᄒᆞ게되야 듯디도 못ᄒᆞ고 보디도 못ᄒᆞ던人生問題ᄭᆞ지ᄉᆡᆼ긴다。韓座首ᄂᆞᆫ恒常밧개잇ᄂᆞᆫ故로仔細히家內事情을몰나、안에잇고 이런方面에注意ᄒᆞᄂᆞᆫ母親은 ᄃᆡ단히 격졍ᄒᆞ야、잇다금 그아ᄃᆞᆯ을 불너셔訓戒ᄒᆞ나아ᄃᆞᆯ은馬耳

東風으로 듯지안이코情이漸々더踈遠히되야其妻를 보기만 하여도 미운싱각이 나는故로 죠금한일에도 팔짝〳〵怒ᄒᆞ더라。 明俊이도次々함이 들어옴이 잇다금其妻를 어엿비녀기는情이싱기나 이는暫時라、自己도 웨미워하는디其理由는모르나 그저 미운것이라、 누라셔能히 이情을 업시하리요、 다못發現티안이케制御헐따름이디。

婦人은 쳐음에는愛情과、肉慾의飢渴에만悲歎ᄒᆞ더니年齡이二十이 넘음의子孫人걱정ᄭᆞ지 싱겨셔悲歎에悲歎을加하더라、雪上加霜은此를닐음인지? 其母親의일즉늙은理由를 비르소 재닷드라。

明俊이도十七이넘쟈 亦是孤獨의悲哀를셔다라其妻에對ᄒᆞᆫ愛情을回復ᄒᆞ려힘쓰더니 힘쓰면 힘쓸소록 더욱踈遠ᄒᆞ여 가는디라。 맛참ᄂᆡ外泊이頻繁ᄒᆞ며城中出入이잣고、얼마 안이하야鄰人의게「외입장이」라는稱號를엇고、酒商、娼妓의債人이韓座首의門에자조出入ᄒᆞ며、 田畓文券이날마다 날아나게 되니婦人의唯一同情者되는식母도漸々冷淡ᄒᆞ게되야가더라。

이렁저렁 二年이디는後하로는韓座首이明俊을불너、「너、이놈、왜그닷 못된즛을 하여셔네집안을亡케헌단말이냐。」하고其罪을 ᄭᆞ지즈미「그러면妾을하나 엇게 히 주시요」明俊이는외입에鍛鍊이되야、 죠곰도붓그러옴 업시對答하거늘座首도열어말노 ᄭᆞ지저도보고、얼너도 보다가 할일

업시

「그러면、네妻다려 물어봐라」하고 입을적々다시면서 담비ㅅ듸를쎠ㅣ니、

「졍말삼임닛가」明俊은喜色이滿顔이라

* * * * * * *

七年만엣夫婦同寢이라!

婦人은 무슨일인디를모르고 쑴가티싱각ᄒᆞ나 죠곰도깃분情은 업더라。婦人의熱烈ᄒᆞ던情은 六七年間哀愁悲歎에다ㅣ식어 冷灰가되엿도다。

무슨일인디明俊이가 그날은가당親切ᄒᆞ며至今것疎遠하던罪를誠心으로 하는것 가치謝ᄒᆞ며各色行動이明俊이는 안인듯하더라。 엇디 알아시리요、일이가羊의가죽을쓰고羊의무리에 석기는것은羊을害ᄒᆞ려함일줄을、

「여보게、나「願할재하나잇는데。」

婦人은드ᄅᆞᆫ듯못드ᄅᆞᆫ듯 잠々ᄒᆞ고 잇다。

「여보게、나、願할게 하나 이셔。」

「안이、願ᄒᆞᆯ재라니、ᄂᆡ게 무슨 願ᄒᆞᆯ재 잇깃소?」婦人의溫順ᄒᆞᆫ音聲으로對ᄒᆞ면서「무슨ㅅ소리를 하랴ᄂᆞᆫ고?」하고싱각ᄒᆞᆫ다。

안이、그러케 말ᄒᆞᆯ재 안이야。」

「……………………」

「드러주깃나? 이건、곡、자네가 드러주어야 헐째야。」

「무엇인디 말슴 하시구려。」

「안이、이건 참 드러 주갓더야 허깃ᄂᆞᆫ데……………」

「말씀을 하시구려。」

「임자、결닉디 마르시。나妾하나 엇으라나?」

婦人도 이말을 듯고ᄂᆞᆫ憤이 벗석나서「에、이、ᄀᆡ가튼자식 것ᄒᆞ니……」하고 辱ᄒᆞ고 십흔마음이 무럭〱 ᄉᆡᆼ기며、辱이 목젹 서지밀어 오ᄂᆞ「무던ᄒᆞᆫ사람」이라、그도못ᄒᆞ고、「나 도라ᄃᆞᆫ니면셔 父母님 걱정안이 식이시면엇구려。」이것은참 억지로〱 나오ᄂᆞᆫ 말이라。이말ㅅ속에 얼마나悲哀와怨痛이숨어시리요。

「구리두 나를 바리디ᄂᆞᆫ 안티요。」婦人은 오리〱 ᄉᆡᆼ각하다가、必死의勇을다하야 이말을 하엿다。

「그럴슈가잇나 빅리다니………」

妾을다려온後에ᄂᆞᆫ 또前과 가티疎遠ᄒᆞ여디더라。婦人은그속음을알고더옥憤ᄒᆞ며、더옥切痛ᄒᆞ며、더욱悲哀ᄒᆞ야、以前에ᄂᆞᆫ 다못明俊이만怨ᄒᆞ엿더니、좀디ᄂᆞ서ᄂᆞᆫ全男子를怨ᄒᆞ게되며、甚地에ᄂᆞᆫ全人類를怨ᄒᆞ게되고、마ᄎᆞᆷᄂᆡ自己의存在

를怨ᄒᆞ개되더라。

婦人은孕胎ᄒᆞᆫ디라。 이줄을안 後로ᄂᆞᆫ、自然、좀깃붐이 싱기며 이것이 아들인가 ᄯᆞᆯ인가 하ᄂᆞᆫ 問題로 날마다窮究ᄒᆞ면셔八九年前明俊의畵像그리던法을再用ᄒᆞ며全혀、 스러젓던空想이漸々생겨、다시 즐거온時代를 맛날것 갓ᄒᆞᆫ希望도생기여 그兒孩나기만苦待하더니生父의祭日에本家에 갓다가 엇더ᄒᆞᆫ 巫女의개 問占ᄒᆞᆫ則女子라ᄒᆞᄂᆞᆫ디라、空中에지엿던樓閣이다ㅣ문어디고失望落膽ᄒᆞ야시家에도라와본則自己잇던 房에ᄂᆞᆫ自己의器具ᄂᆞᆫ하ᄂᆞ도업고 엇던눈ㅅ솝짓고、粉바르고、卷煙 퓌우ᄂᆞᆫ 계집이잇더라 이거슨六月十七日이러라。

(作者曰)此篇은事實을敷衍ᄒᆞᆫ것이니맛당히長篇이될材料로ᄃᆡ學報에揭載키爲ᄒᆞ야 梗槪만書ᄒᆞᆫ것이니讀者諸氏ᄂᆞᆫ諒察하시웁

會錄

評議會々錄

隆熙四年三月二十七日下午一時에本事務所內에評議會를開ᄒᆞ니出席員이十六人이라議決事項은如左

一 事務員姜邁氏辭任請願은可受ᄒᆞ고該氏勤勞에對ᄒᆞ야相當ᄒᆞᆫ報酬를與ᄒᆞ기

로可決ᄒᆞᆫ事（金河球氏特請）

一、全羅北道全州郡柳寅秀等支會請願은會長의證明으로可受ᄒᆞᆫ事

一、特別債務에對ᄒᆞ야는第十三回總會ᄭᅡ지延期討議키로可決ᄒᆞᆫ事（文尙宇氏特請）

一、事務員姜邁氏의後任은朴允喆氏가被選ᄒᆞᆫ事

一、故監督申海永氏債務金에對ᄒᆞ야朴炳哲高元勳兩氏로總代의名義로監督李晩奎氏에게交涉케ᄒᆞᆯ事

一、內下金一萬圓에對ᄒᆞ야學部大臣에게聯名請願ᄒᆞ기로可決되고此事에對ᄒᆞ야委員三人을選定ᄒᆞᆯ식尹台鎭、姜荃、南廷圭三氏가被選ᄒᆞᆫ事

四月三日下午六時에本事務所에評議會를開ᄒᆞᆯ식評議長李豐載氏가旅行中에在ᄒᆞᆫ故로趙鏞殷氏가代理로登席ᄒᆞ야各部々員을選擧ᄒᆞᆫ結果被選任員이如左

會計部長	鄭鳳鎭	仝部員	吳尙殷 崔漢基 閔天植 河九鎔
編纂部長	姜邁	仝部員	李大容 金聖睦 沈禧澤 申德 具滋鶴 金尙沃 閔麟鎬 李承瑾 朴海遠
出版部長	李熙廸	仝部員	崔泰旭 李鍾俊 文義天 全秉淵
教育部長	全永植	仝部員	羅景錫 宋旭鉉 金亨培 劉秉敏
討論部長	金致鍊	仝部員	具克昭 朴海克 申景均 金鍾震
司察部長	李康賢	仝部員	金淵穆 李栽演 李寅庸 金局泰 金基炯

金炳胄 高光駿 南廷圭 金相豐 陳慶錫 殷河成 成達永
林得煥 林京煒 徐承孝 羅元鼎 李時馥 白南薰 白炳璋
楊在河 朴容喜 曹秉浩 姜完善 金載熙 李元應 孫洪駿
崔鳴煥 崔基台 趙東洵

運動部長 朴泳友 仝部員 李得煥 趙用顯 馬顯羲 吳翰泳 李復源
閔忠植

書記員 姜信穆 羅景錫 金益三 李鍾南

幹事員 金性洙 金伯熙 宋鎭禹 張澤相 崔鳳梧

仝九時에閉會ᄒᆞ다

第十二回定期總會

隆熙四年四月三日下午一時에本會館內에定期總會를開ᄒᆞ고任員總選擧를擧行ᄒᆞᆫᄃᆡ被選任員이如左ᄒᆞ니

會長 崔昌朝 ○副會長 高元勳 ○總務員 李寅彰 文尙宇

評議長 李豊載 仝評議員 趙鏞殷 金基炯 金晉鏞 金榮夏 李得年
劉 睦 金國彦 朴炳哲 崔元植 金河球 崔洛允 姜 邁
朴春緖 李承瑾 朴容喜 姜麟祐 南宮營 崔漢基 崔鳴煥
朴志永 吉昇翊 吳悳泳 嚴仁燮 金相泰

諸氏러라會長崔昌朝氏는族行中에在ᄒᆞ야出席ᄒᆞᆷ을不得ᄒᆞ고副會長高元勳氏가臨時代理로登席ᄒᆞ야處理ᄒᆞᆫ事項이如左

各部報告

一、會計部長金淵穆氏報告ᄒᆞ되本會財政은現存額이一百十七圓八十錢인ᄃᆡ銀行에任置額이五十九圓三十七錢五厘라ᄒᆞ다

一、高元勳氏가前評議會總代로故監督申海永氏債務에對ᄒᆞ야監督李晩奎氏에개交涉ᄒᆞᆫ事를報告ᄒᆞ되該金額을請求ᄒᆞᆫ結果監督丈言內에此金額은全般學生界에必要ᄒᆞᆫ事에對ᄒᆞ야使用ᄒᆞ라ᄂᆞᆫ金漢奎氏의書托이有ᄒᆞᆫ즉興學會에ᄂᆞᆫ出給치못ᄒᆞ겟다云云

一、全州支會請願은可決ᄒᆞ다

一、特別債務督刷委員李寅彰氏가這間收刷에經過를報告ᄒᆞ고該未納額은本年五月末ᄭᆞ지延期ᄒᆞ기로可決ᄒᆞ다

一、會長崔昌朝氏가房州地에在留ᄒᆞᆷ으로會長에被選ᄒᆞᆫ事를報知키爲ᄒᆞ야總代를派送ᄒᆞ기로可決되고總代ᄂᆞᆫ朴炳哲氏가被任ᄒᆞ다

全四時에閉會ᄒᆞ다

會員動靜

本會員中今年春期에卒業及入學ᄒᆞᆫ氏名如左

學校及學科	氏名	卒業
日本大學法科	崔浩善	卒業
日本大學師範科	姜　荃	同
日本工科學校建築科	安希貞	同
明治學院中學部	鄭世胤	同
同	李寅彰	同
同	李寶鏡	同
順天中學校	金淵穆	同
早稻田大學高等豫科	金淵穆	入學
同	宋鎭禹	同
同	崔泰旭	同
明治大學商科	金宇植	同
園藝學校	嚴相德	同
同	趙鎭璧	同
日本大學法科	金丙熙	同
主計學校	崔漢基	同

學校及學科	氏名	卒業
東洋大學哲學科	朴宗植	卒業
日本藥學校	鄭利泰	同
明治學院中學部	文一平	同
同	鄭斗鉉	同
同	金洛泳	同
大成中學校	洪命憙	同
慶應義塾中學部	鄭志源	同
早稻田大學高等豫科	李寅彰	入學
同	金性洙	同
明治大學商科	馬鉉義	同
同	金炳植	同
園藝學校	李景春	同
日本大學法科	高光駿	同
同	殷成河	同
主計學校	金相豐	同

日本醫學校 吳昌殷 同 明治大學法科 金柄胄 同

明治大學法科 李弘載 同 同 崔基台 同

同 成禎洙 同 同 鄭庸瑗 同

以上查察部調

會計報告

收入支出表(自三月六日至四月二日)

支出 出版部 四十二圓四十錢 會計部 一圓十一錢

編纂部 二圓 事務所 五十七圓○八錢五厘

合計百○二圓五十九錢五厘也 加入 三十八圓三十九錢五厘

收入 特別債權 三十圓四錢 雜收入 三十一圓七十四錢 義捐金 七圓

學報代金 十六圓七十一錢 月捐金 三十一圓 會費 二十四圓五十錢

合計百四十圓九十九錢也

義金領受表(自三月六日至四月二日)

尹世麟 一圓 金章煥 一圓 崔秉胄 五圓 合計 七圓也

學報代金領受表(自三月六日至四月二日)

尹世麟 六十錢(十號至十四號) 申泰鎭 二圓(一―十五) 盧翼根 一圓十五錢

(一―十二) 鄭雲奎 三十六錢(十一―十三) 金禹夏 六十錢 (三―七)

朴達祐 六十錢(二－七) 趙容九 一圓六十錢 張衡哉 二圓 (一－十六)
張 沃 三十錢(十一－十三) 張瑱根 一圓 (十－十九)
金章煥 六十錢(十二－十七) 沈相冕 六十錢(十一－十六)
徐丙龍 一圓十五錢(一－十二) 尹昌基 三圓 (一－三十)
金東煜 一圓十五錢(九－二十)

合計 十六圓七十一錢也

月捐金領收表(自三月六日至四月二日)

朴鎔夏 二圓(十二至三月) 李康賢 五十錢(二月) 李豊載 一圓(十二－二)
姜完善 五十錢(一月) 朴春緒 五十錢(一月) 柳源極 五十錢(二月)
鄭廣朝 五十錢(一月) 金基炯 一圓五十錢(十二－二) 柳晩秀 二圓(十一－二)
韓興教 一圓(三－四) 金雨英 一圓(三－四) 崔 院 一圓(三－四)
李昌煥 一圓(一－二) 鄭世胤 三圓 (十－三) 李得年 一圓(十一－十二)
韓鍾洛 五十錢(二月) 金柄胄 一圓五十錢(十二－二) 崔基台 一圓(十一－十二)
朴容喜 一圓(三－三) 閔天植 一圓 (三－三) 文尙宇 一圓(三－三)
宋鎭禹 二圓五十錢(十二－四) 金性洙 二圓五十錢(十二－四) 崔漢基 五十錢(二月)
金淵穆 二圓(十二－三) 康斗鉉 五十錢(四月)

合計 三十一圓

貸借對照表(隆熙四年四月二日)

借方

出版部	千三百三十三圜六錢二厘	敎育部	四十四圜六十二錢五厘
運動部	二百十四圜二十一錢	會計部	三十五圜十三錢八厘
討論部	六圜六錢	物品	五圜六十二錢
特別債權	百十二圜四十三錢	編纂部	三十九圜三錢
尾張銀行	五十九圜三十七錢五厘	金銀	五十七圜四十二錢五厘
司察部	七十錢	事務所	千百六十八圜二十三錢

合計 金三千七十五圜九十錢五厘也

貸方

基本金	九百七十三圜十三錢五厘	恩賜金	百圜
義捐金	千三百六十六圜三十五錢五厘	利子	六圓六十六錢
學報代金	二百四十二圓八十七錢五厘	會費	二百十八圜十三錢
月捐金	百六十八圜七十五錢		

合計 金三千七十五圜九十錢五厘也

擬國會々錄 四月十日에本會에서學術硏究키爲ᄒᆞ야擬國會를設行ᄒᆞ얏ᄂᆞᆫᄃᆡ當時會錄은印刷事故에因ᄒᆞ야次號에讓ᄒᆞ노라

●學報定價（改正）

一部（郵並）　拾貳錢
三個月（上仝）　參拾錢
半年分（上仝）　六拾錢
一年分（上仝）　一圓拾五錢

●廣告料

半頁　金參圓
一頁　金五圓

編輯人　姜邁
日本東京市麴町區中六番町四十九番地

發行人　高元勳
日本東京市麴町區中六番町四十九番地

印刷人　朴允喆
日本東京市麴町區中六番町四十九番地

發行所　大韓興學會出版部
日本東京市麴町區中六番町四十九番地

印刷所　大韓興學會印刷所
日本東京市麴町區中六番町四十九番地

會員諸君 座下

本報는大韓興學會의機關紙오興學會는在日本帝國靑年의結晶體思想을代表ᄒᆞ고學識을反射ᄒᆞ는本報의原稿製述은不可不會員諸君을是賴是望ᄒᆞ노니民智啓發에適當逼切ᄒᆞᆫ論說及學術을每月二十五日以內에本部로送交ᄒᆞ심을切盼

投書의注意

一 投稿는 國漢文、楷書、完結을要홈

一 投稿는 論說、小說(短篇) 學藝等

一 學藝는 法、政、經、哲、倫、心、地、歷과及博物、理化、醫、農、工、商等以內

一 原稿蒐輯期限은每月二十五日

一 原稿를刪削及揭載否與의權限은本編輯部에在홈

一 原稿를揭載치아니ᄒᆞ는時에도還送을不許홈

大韓興學會編纂部

大韓興學報第十二號

隆熙三年十二月十九日
明治四十二年十二月十九日 第三種郵便物認可

隆熙四年四月卄日
明治四十三年四月卄日 發行 (每月一回)

隆熙三年十一月十九日
明治四十二年十一月十九日 第三種郵便物認可

大韓興學報

隆熙四年（日本明治四十三年）五月廿日發行（每月一回）

在日本東京
大韓興學會發行

第拾參號

大韓興學報第十三號目次

慶北比安郡内倉洞三統六戶 朴甲周

本會今昔之感

KM生

諸君本會가有ᄒᆞ면國家가有ᄒᆞ고本會가隆盛ᄒᆞ면國家가隆盛ᄒᆞ고本會가無ᄒᆞ면國家가無ᄒᆞ고本會가衰頹ᄒᆞ면國家가衰頹ᄒᆞᆫ다ᄒᆞ야羇旅寒窓에困惱를堪忍ᄒᆞ며花鳥月夕에遊賞에無心ᄒᆞ야다만此를謳歌ᄒᆞ며다만此를寤寐ᄒᆞᄂᆞ니此ᄂᆞᆫ無他이라

本會創立趣旨에大書特書ᄒᆞᆫ바大凡宇宙間의物이類를合ᄒᆞ면强ᄒᆞ고類를分ᄒᆞ면弱ᄒᆞ다ᄒᆞ얏나니此ᄂᆞᆫ古今에貫ᄒᆞ고兩球에通ᄒᆞ야不易의正理라然ᄒᆞᆫ즉今日吾儕가本會의隆盛을謳歌ᄒᆞ며本會의將來를祈禱ᄒᆞ야本會가弱ᄒᆞᆯᄭᅡ本會가衰ᄒᆞᆯ가心思를焦盡ᄒᆞ며精神을灌注ᄒᆞ야汲々孜々ᄒᆞᆷ이로다

雖然이나그ㅣ最終目的은維何오ᄒᆞᆯ진ᄃᆡ以上論ᄒᆞᆫ바와갓치國家에在ᄒᆞ다ᄒᆞ리니

本會와國家의關係ᄂᆞᆫ果然如何ᄒᆞ엿ᄂᆞᆫ고盖日本國東京에留學生이有ᄒᆞᆫ以來로學生間集會의狀況을觀察ᄒᆞ건ᄃᆡ가장複雜ᄒᆞ거니와此를大分ᄒᆞ면略三期에分ᄒᆞᆯ슈

有ᄒᆞ니第一創始時代、第二分居時代、第三團合時代卽今日의現象이是라第一創始時代로觀ᄒᆞᆯ진ᄃᆡ卽親睦會와帝國青年會가是라親睦會ᄂᆞᆫ設立未久에何如ᄒᆞᆫ紛爭을因ᄒᆞ얏던지그ㅣ壽命이不久ᄒᆞ얏시며帝國青年會ᄂᆞᆫ卽親睦會의後身이니此ᄂᆞᆫ當時의堂々ᄒᆞᆫ主權의令譽를帶ᄒᆞ고官費留學生의資格으로日本에渡來ᄒᆞᆫ申海永、趙齊桓、張燾、盧伯麟、元應常諸氏의斡旋으로起因ᄒᆞ야日本東京神田區猿樂町、康永祐氏寓所에서開會ᄒᆞ고署十理四部의(理事十人 總務部 會計部 文部 交接部)機關을組織ᄒᆞ엿스니其主旨ᄂᆞᆫ親睦의義를擴張ᄒᆞᆷ의在ᄒᆞ엿고凡事ᄂᆞᆫ다草創ᄒᆞ야可觀ᄒᆞᆯ것이別無ᄒᆞ엿시나日本國東京에學生集會의萌芽ᄂᆞᆫ此에서其發端ᄒᆞᆷ을示ᄒᆞ엿도다此ᄂᆞᆫ光武二年의事이오仝七年二月에政府ᄂᆞᆫ官費留學生을招還ᄒᆞᄂᆞᆫ지라이에此會ᄂᆞᆫ自然이廢止ᄒᆞᄂᆞᆫ悲運을挽回치못ᄒᆞ엿도다嗟呼々々라蓋此四五年間現象은足히後來者의一掬熱淚를不禁ᄒᆞ겟도다此後로出洋學生의希望은自身의危急ᄒᆞᆷ을救援키도不能ᄒᆞ엿나니奚暇에集會를論ᄒᆞ며奚暇에國家를念ᄒᆞ얏시리오天道ᄂᆞᆫ循環無端ᄒᆞ심으로創始時代ᄂᆞᆫ已過ᄒᆞ고分居時代가現出ᄒᆞ엿도다光武八年에至ᄒᆞ야更히官費學生四十餘人의渡日ᄒᆞᆷ이有ᄒᆞ엿고私費에係ᄒᆞᆫ者도稍々히負笈東來ᄒᆞᄂᆞᆫ氣運에至ᄒᆞ니此ᄂᆞᆫ我國에서外洋文明을輸入ᄒᆞᆷ의端緒라可謂ᄒᆞᆯ지로ᄃᆡ當時諸氏ᄂᆞᆫ오히려合强分弱의原理를未解ᄒᆞ엿던지鄕土親踈의觀念이牢存ᄒᆞ엿던지各其地方을分ᄒᆞ며機宜를爭ᄒᆞ야各黨分立의狀態가滋長ᄒᆞ엿도다

曰湖南學稧曰光武學會曰共修會曰同寅學會曰洛東親睦會曰光武學友會曰大韓留學生會等이是라以上各會는다相當ᄒᆞᆫ機關이有ᄒᆞ엿시며相當ᄒᆞᆫ標幟를定ᄒᆞ야或學報를發刊ᄒᆞ야內國同胞의啓發을務圖ᄒᆞ며或言論을發揮ᄒᆞ야世界의狀況을睥睨ᄒᆞ얏쓰니此는即今日大團體의基礎를鍛鍊홈이런가然ᄒᆞ나光武十一年에至ᄒᆞ야六會聯合親睦會를開催ᄒᆞ엿스나그ㅣ團合問題를未遑ᄒᆞ엿도다天道가再히循環ᄒᆞ야隆熙元年에至ᄒᆞ야各團統合의議論이一起홈으로ᄒᆞᆫ번神田區玉川亭에셔會集ᄒᆞᆫ結果로遂히今日에吾儕가謳歌ᄒᆞ고吾儕가祈禱ᄒᆞ는大團體의成立을見ᄒᆞ엿도다然ᄒᆞᆫ즉吾儕의今日團體는以上과如ᄒᆞᆫ三期의運命을歷ᄒᆞ야小홈으로大ᄒᆞᆫ딕至ᄒᆞ얏고弱홈으로強ᄒᆞᆫ딕至ᄒᆞ얏고微홈으로著ᄒᆞᆫ딕至ᄒᆞ얏ᄂᆞ니然ᄒᆞ면今日如此ᄒᆞᆫ現象만維持ᄒᆞᆯ진딕足히吾國을興復ᄒᆞ겟는가

嗟呼々々라不然ᄒᆞ도다盖本會의創始時代即光武二年頃은吾國의令譽가列強과比肩ᄒᆞ야大韓國主權이堂々ᄒᆞ얏거늘今日本會의團合時代即本會의成功時代라ᄒᆞᆯ만ᄒᆞᆫ此日은我國狀態가何如ᄒᆞᆫ悲境의陷ᄒᆞ얏는고此는諸君도稔知ᄒᆞ시는배라贅說을不要ᄒᆞ거니와本會가一期를經ᄒᆞᆫ時는我國家도쏘ᄒᆞᆫ一期를經ᄒᆞ야本會는一步를進ᄒᆞᆫ것은我國은一步를退ᄒᆞ며本會는一事를成ᄒᆞᆫ것은我國은一事를亡ᄒᆞ야巧妙ᄒᆞᆫ反比例를示홈은此ㅣ果然何故인가記者는一邊으로本會의鞏固를祝ᄒᆞ며本會의進運을圖ᄒᆞᆯ식反히萬端의疑雲이眼界을蔽ᄒᆞ며一掬의熱淚가衣襟을濕

ᄒᆞ는도다 一則曰本會의將來는卽國家의將來라 一則曰本會의團合은卽國家의團合이라ᄒᆞ야我會、我會、我會여ᄒᆞ나니我會의影響이我國에有乎아無乎아記者는於此에반다시 我 會 는 尙此一步를進치못ᄒᆞ얏다謂ᄒᆞᆯ지니諸君　諸君이여非常ᄒᆞᆫ功은非常ᄒᆞᆫ人을待ᄒᆞᆫ다ᄒᆞ얏고精力所到에金石을可透라ᄒᆞ얏나니然ᄒᆞᆫ즉今日吾儕의本務는다만本會現象만維持ᄒᆞᆷ의不在할것이오更히大活躍、大運動을試치안이면決코本會와反比例를作ᄒᆞ는我國을救出키不能ᄒᆞ다ᄒᆞ리로다

하물며그ㅣ風潮에浮沉ᄒᆞ며苦難에斥逐ᄒᆞᆫ바이되야失望落膽ᄒᆞ는事이不無ᄒᆞ야昨年의大熱心家大事業家는今年에는個人主義或消極主義를懷抱ᄒᆞ며昨日演壇의烈々ᄒᆞᆫ言論家와昨日編部의滔々ᄒᆞᆫ思想家는今日은或主意를變換ᄒᆞ야寥々히無聲ᄒᆞ얏도다此는그ㅣ本會와國家의關ᄒᆞᆫ反比例의作用이자못劇烈ᄒᆞ야一勺의水는到底히一車薪의火를撲滅키不能ᄒᆞ고不龜手의藥은그ㅣ所用의異ᄒᆞᆷ으로興亡의結果를演出ᄒᆞᆷ으로自知ᄒᆞᆷ이안인가噫其然乎리오

蓋本會의創始時代諸氏로言ᄒᆞ면今에다ㅣ國家에歸ᄒᆞ야或淸顯의擢拔도되얏고或九原에永隔ᄒᆞᆫ人도不無ᄒᆞ건니와能히그ㅣ學生時代의會集ᄒᆞ던精神과그ㅣ平日持論ᄒᆞ던目的을貫徹ᄒᆞᆫ者幾人이有ᄒᆞ얏씨며分居時代又는團合時代諸氏로言ᄒᆞ면今에多大數는日本에在留ᄒᆞ며其中或學業을成就ᄒᆞ야歸國ᄒᆞᆫ者도多數ᄒᆞ얏시나一縷半籌의功을姑且未遑ᄒᆞ고亦是以上論ᄒᆞᆫ바와갓치反比例中에汨沒ᄒᆞᆯ而

己라然ᄒᆞᆫ즉本會가國家의對ᄒᆞ야何等利益이有乎아無乎아此ᄂᆞᆫ本會諸氏의게一省을促ᄒᆞᆯ價値가確有ᄒᆞᆫ所以로다

夫木의其幹이參天ᄒᆞ고其蔭이覆陵ᄒᆞᆷ은반다시其根抵의盤結ᄒᆞᆷ을要ᄒᆞᆯ것이오屋의其堂이輪奐ᄒᆞ고其椽이華美ᄒᆞᆷ은其基礎의鞏固ᄒᆞᆷ을要ᄒᆞᆯ지니本會의事業이國家와密接ᄒᆞᆫ關係를有ᄒᆞ야本會의進運이國家의事業에波及ᄒᆞ야本會의前途로國家의將來를卜코자ᄒᆞᆯ진ᄃᆡ以上論ᄒᆞᆫ바와갓치本會의現象에蹰躇치말고更히十分鍛鍊ᄒᆞ며十分盡力ᄒᆞ야大活動大飛躍을試치안이면不可ᄒᆞ도다

本會의整然ᄒᆞᆫ機關이旣히七部에分立ᄒᆞ얏ᄂᆞ니그ㅣ神聖ᄒᆞᆫ任員의地에簡拔된諸氏ᄂᆞᆫ能히그ㅣ本務의進捗을圖ᄒᆞ야本會目的地의到達ᄒᆞ얏ᄂᆞᆫ가記者ᄂᆞᆫ그ㅣ姑且未達ᄒᆞᆷ을斷言ᄒᆞ겟노니編部ᄂᆞᆫ文章이卓邁ᄒᆞ야思想界를能히改革ᄒᆞ얏ᄂᆞᆫ가論部ᄂᆞᆫ言論이侃ᄒᆞ야卑劣性을能히破壞ᄒᆞ얏ᄂᆞᆫ가査部ᄂᆞᆫ省察이綿密ᄒᆞ야蕭牆의奸細를排除ᄒᆞ얏ᄂᆞᆫ가以上諸件은다ㅣ吾儕가自思ᄒᆞ면自知ᄒᆞᆯ바이니然ᄒᆞ면本會의機關은但히形式을有ᄒᆞᆯ而己라만번천번吾會의發展吾會의發展ᄒᆞ더ᄅᆡ도何益이有ᄒᆞ리오自己가自己의事를能爲치못ᄒᆞᆫ것은하믈며我國家ᄂᆞᆫ恒常我會와反比例를現出ᄒᆞᆷ이리오

諸君諸君이여急々히本會의歷史와本會의消長과本會及國家의關係로ᄡᅧ反覆猛省ᄒᆞ야吾儕가恒常言ᄒᆞᄂᆞᆫ바我會가有ᄒᆞ면國家가有ᄒᆞ고我會가隆盛ᄒᆞ면國家가

隆盛ᄒᆞᆫ다ᄂᆞᆫ目的을徹頭徹尾히躬行實踐ᄒᆞ야過去十餘年來反比例를作ᄒᆞ던國家로ᄒᆞ야금正比例를作ᄒᆞ기로務圖ᄒᆞᆯ지어다諸君이여

日本教育界思想의特點

編 輯 人

今에日本國文化의進運을論評ᄒᆞᄂᆞᆫ者ㅣ輒曰日本은東洋의先進國이라日本은世界의一等國이라ᄒᆞ야그ㅣ船이堅ᄒᆞ고砲가利ᄒᆞᆷ에畏㤼ᄒᆞ며그ㅣ將이練ᄒᆞ고兵이强ᄒᆞᆷ에驚縮ᄒᆞ야吾國은奈何오吾國은奈何오ᄒᆞ야狂奔ᄒᆞᄂᆞᆫ者도有ᄒᆞ며痛哭ᄒᆞᄂᆞᆫ者도有ᄒᆞ며甚ᄒᆞᆫ者ᄂᆞᆫ自身을犧牲ᄒᆞ야赤血을揮灑ᄒᆞ얏도다嗟呼々々라彼船堅砲利ᄒᆞᆷ과將練兵强ᄒᆞᆷ이엇지無故히致ᄒᆞᆫ비리오彼四十年間幾多志士의心血을注ᄒᆞ야全國人民의覺醒을促ᄒᆞᆫ所以니此ᄂᆞᆫ余의今日持論ᄒᆞᄂᆞᆫ바日本의四十年來文明의步武은即日本의四十年間教育의效果라可謂ᄒᆞ리로다雖然이나教育이라ᄂᆞᆫ것은또엇지空然이致ᄒᆞᆫ바이리오반다시그ㅣ教育界思想如何에在ᄒᆞᆫ지라此ᄂᆞᆫ또ᄒᆞᆫ余가日本教育界思想을論述ᄒᆞᆷ의眷々ᄒᆞᆷ이로다

大抵日本教育界의思想變遷은그ㅣ久ᄒᆞᆷ이四十餘年에跨ᄒᆞ고그ㅣ遷移ᄒᆞᆷ이가장複雜ᄒᆞ야數頁의論文으로綜詳키難ᄒᆞ나今의다만그ㅣ全般思想界를支配ᄒᆞ야影響이家國의普及ᄒᆞᆫ者를槪括的으로論述ᄒᆞ야我韓教育界에紹介코져ᄒᆞ노라

第一 實利主義教育（啓蒙時代、歐化鼓吹）

大抵明治維新의改革은開國進取의國是를斷行ᄒᆞ얏스니當時의一般思想界의滔々潮流ᄒᆞᄂᆞᆫ一派ᄂᆞᆫ即實學尊重에在ᄒᆞ도다今에實學主義教育派의急先鋒을作ᄒᆞ던福澤氏의事를略記ᄒᆞ건ᄃᆡ氏ᄂᆞᆫ豐前의人이라初에緒方洪庵에게就ᄒᆞ야蘭學을修ᄒᆞ고安政五年頃에江戶에來ᄒᆞ야(今、日本東京)英學을研究ᄒᆞ얏시며安政六年에幕府의使節를隨ᄒᆞ야北米에渡航ᄒᆞ얏고慶應三年에다시米國에漫游ᄒᆞ야文物制度를精詳히視察ᄒᆞ고歸國ᄒᆞ얏더라

時ᄂᆞᆫ증히佛蘭西에革命이起ᄒᆞ야民權自由平等의思想과個人的功利思想이隆盛ᄒᆞ던時라福澤氏ᄂᆞᆫ다만泰西文明의物質的方面만視察홈에不止ᄒᆞ고更히精神的文明思想을感受ᄒᆞ야文明開化의一大化身을作ᄒᆞ야昂然ᄒᆞᆫ意氣로本邦에歸來ᄒᆞ얏더라

氏가歸國ᄒᆞᆫ後軒冕에念을絕棄ᄒᆞ고後進을誘導ᄒᆞ야國民思想을開拓키로專心從事ᄒᆞᆯ식먼져(西洋旅行案內)를刊行ᄒᆞ얏시며明治二年頃에(世界國盡)及(西洋事情)等의著書를公表ᄒᆞ니就中(西洋事情)의內容은(四海一家、五族兄弟、蒸氣濟人、電氣傳信(等의文字ㅣ라整然ᄒᆞᆫ西洋諸國의文物制度를極히簡單히一書에排置ᄒᆞ야當時一般思想界을傾動ᄒᆞ야實學思想의潮來ᄒᆞᄂᆞᆫ導線를作ᄒᆞᆫ지라故로此書ᄂᆞᆫ當時一般國民의歡迎을受ᄒᆞ야二十五萬餘部를刊出홈의至ᄒᆞ얏더라記者此事를論ᄒᆞᆯ식多少感想에襲來홈을不覺ᄒᆞ겟노니二十年前에我國이비로소歐洲

에玉帛을通ᄒᆞᆫ以來로처음으로西歐事情을記述ᄒᆞᆫ一書를見ᄒᆞ얏나니即兪吉濬氏의西游聞見錄이是라그ㅣ立論ᄒᆞᆷ이偏倚치안이ᄒᆞ고그ㅣ叙事ᄒᆞᆷ이甚히綜詳ᄒᆞ야有志人士의一讀ᄒᆞᆯ價値가確有ᄒᆞ얏거ᄂᆞᆯ歡迎은姑捨ᄒᆞ고甚至於排斥ᄒᆞᄂᆞᆫ者도不無ᄒᆞ얏스며余ᄂᆞᆫ該書를購覽코자苦心ᄒᆞ얏스나不得ᄒᆞ얏나니엇지人民의思想이이갓치正反對를示ᄒᆞ얏난고故로今日에口으로鄰邦의富强을能言ᄒᆞ나全般人民의思想如何를研究ᄒᆞ야改進或奮發케ᄒᆞ지못ᄒᆞᆯ진대一日의新事業은一日에止ᄒᆞᆯ而已니엇지社會에波及ᄒᆞᄂᆞᆫ好果을得ᄒᆞ리오)

福澤氏ᄂᆞᆫ更히明治五年頃에(學問의勸)이라ᄂᆞᆫ著書를公表ᄒᆞ니그ㅣ主旨ᄂᆞᆫ自來日本의虛文을一掃ᄒᆞ고日用常行에必要ᄒᆞᆫ實學를主唱ᄒᆞ얏시며更히人權平等의原理를道破ᄒᆞ야平民의覺醒을促ᄒᆞ얏스니福澤氏ᄂᆞᆫ진실노獨立自尊의一平民으로眼中에政府도無하며貴族도無하얏고항상峻烈ᄒᆞᆫ氣槪와雄健ᄒᆞᆫ思想으로應病授葯ᄒᆞ야機宜에投合ᄒᆞ얏도다이에平民의自覺이日衆ᄒᆞ며實學의思想이膨脹ᄒᆞ야西歐崇拜ᄒᆞᄂᆞᆫ氣風이滔々히一般思想界에倒蕩ᄒᆞ니政府ᄂᆞᆫ機를利用ᄒᆞᆷ에汲々ᄒᆞ야明治五年에實利主義敎育에學制를頒布ᄒᆞ얏도다　其要旨ᄂᆞᆫ

一 小學校敎育를尊重ᄒᆞᆯ事

一 師範學校를開設ᄒᆞᆯ事

一 女子敎育을男子와同一히ᄒᆞᆯ事

一 商法學校를開設홀事

一 反譯을急히홀事 (以外畧)

等이오今에當時學制의大要를擧ᄒᆞᆫ건ᄃᆡ全國의學校ᄂᆞᆫ此를文部省이統轄ᄒᆞ고全國敎育을八大學區에分ᄒᆞ며每大學區一區에三十二中學區를置ᄒᆞ야每區에中學校一所를置ᄒᆞ고(全數二百五十六校)每中學區一區에小學區二百十區를置ᄒᆞ야每區에小學校一所를置ᄒᆞ고(全數五萬三千七百六十校)其他工業學校、農業學校、商業學校等은中學의一種으로ᄒᆞ야强硬ᄒᆞᆫ態度로써實施키를斷行ᄒᆞ고文部省은更히同五年三月에東京에師範學校와六年八月에大阪에七年二月에愛知、廣島、長崎、新潟에師範學校와同年三月에東京에女子師範學校를開設ᄒᆞ야人民의게模範을表示ᄒᆞ엿더라(此外各學校ᄂᆞᆫ畧)眼을一轉ᄒᆞ야私立學校方面을觀察ᄒᆞᆫ건ᄃᆡ(慶應義塾、同人舍、共立學舍、三汊學舍、攻玉塾、等中學程度學校와佐原純一의共學舍와鳴門義民의鳴門塾과高橋秀雄의弘道學舍와江原素六의集成舍等이驟然幷起ᄒᆞ야一時勢力을飛揚ᄒᆞ엿도다雖然이나當時敎育主義ᄂᆞᆫ甚히完全타謂키難ᄒᆞ야官私의別도無ᄒᆞ고高等初等의別도無ᄒᆞ야總히實利主義敎育으로써實用知識을養成홈에在ᄒᆞ엿도다時에新島襄은耶蘇敎의精神을輸入ᄒᆞ야平民頭腦의一點光明을與ᄒᆞᄂᆞᆫ지라이에平民의覺醒이益々奮發ᄒᆞ야在野黨派의民權運動이猛烈ᄒᆞ야天賦人權、民權自由의思想이一世를震撼ᄒᆞᄂᆞᆫ지라이에志士의

視線이法律學校에注集ᄒᆞ엿도다文部省에서ᄂᆞᆫ明法寮와東京開成學校의開設이(現今帝國大學)有ᄒᆞ고私立에係ᄒᆞᆫ者ᄂᆞᆫ明治十三年에 京橋에專修學校와(今移于神田區猿樂町)十四年에麴町區有樂町에明治法律學校와(岸本辰雄、宮城浩造等設立明治十九年移于神田區駿河臺更名爲明治大學)十二年에神田區駿河臺에和佛法律學校와(今法政大學)十五年十月에東京專門學校(此校ᄂᆞᆫ大隈重臣及小野梓等의設立이니爾來變遷을更ᄒᆞ야早稻田大學이된者ㅣ라) 等이爭起ᄒᆞ야法政을標榜ᄒᆞᆷ에至ᄒᆞ니當時學界ᄂᆞᆫ政治熱이熾盛ᄒᆞ야其蔓延ᄒᆞᆷ을抑遏키不能ᄒᆞ겟더라故로當時全般敎育界의思潮ᄂᆞᆫ大畧三派의分ᄒᆞᆯ슈有ᄒᆞ니

一、實利主義　二、政治主義　三、宗敎主義等이라

蓋實利主義의敎育이漸々其步武을趨進ᄒᆞᄂᆞᆫ同時에政治的敎育又ᄂᆞᆫ宗敎的敎育이亦是其頭角을現ᄒᆞᆷ은自然의婆勢라可謂ᄒᆞ리로다然ᄒᆞ나當時以上三派의共通流行ᄒᆞᄂᆞᆫ思潮ᄂᆞᆫ即自由를謳歌ᄒᆞ며社會平衡을唱道ᄒᆞ야其極度에達ᄒᆞᆫ즉이에國家主義敎育이必要ᄒᆞᆷ을高叫ᄒᆞᆷ에至ᄒᆞ엿도다

二　國家主義敎育(國粹尊重　國是標榜)

大抵明治敎育史上敎育의行政이大히整頓ᄒᆞ야學校의系統이齊々히其成績을奏ᄒᆞᆷ은明治十九年間으로써嚆矢를作ᄒᆞᆯ지니當時에가장大功績이有ᄒᆞ야 一指를首屈ᄒᆞᆯ者ᄂᆞᆫ森有禮가其人이라

森有禮ᄂᆞᆫ鹿兒島人이니幼少時로브터天才穎悟ᄒᆞ야神童의稱號를得ᄒᆞ엿시며慶應元年에藩命으로써英國에留學ᄒᆞ엿고明治元年頃의還國ᄒᆞᆫ者ㅣ니森氏은思想이急進ᄒᆞ고議論이風發ᄒᆞ야當時의一個快活男兒라그ㅣ嶄新ᄒᆞᆫ知識과遠大ᄒᆞᆫ抱負ᄂᆞᆫ時人으로ᄒᆞ야곰驚服ᄒᆞᆷ을不已ᄒᆞ엿더라彼가文部大臣의位에拔擢된當時ᄂᆞᆫ自由民權主義의思想이一般社會의膨脹ᄒᆞ던時라彼의炯眼은能히國粹保存을唱導ᄒᆞ야國家主義敎育을高叫ᄒᆞ엿도다明治十九年에먼저帝國大學令을頒布ᄒᆞ고翌年에師範學校令과及小學校令、中學校令、諸學校通則을發表ᄒᆞ야秩序가整然ᄒᆞᆫ學校系統을見ᄒᆞᆷ에至ᄒᆞ엿시며森有禮의敎育方針은가ᄌᆞᆼ師範敎育振興에注力ᄒᆞ엿시며徹頭徹尾히國家主義를不忘ᄒᆞ엿나니其帝國大學令第一條에云ᄒᆞ엿시되帝國大學은國家의需要에應ᄒᆯ만ᄒᆞᆫ學術技藝를敎授ᄒᆞᆫ다ᄒᆞ엿도다然ᄒᆞ나彼森氏ᄂᆞᆫ歐化主義에心醉ᄒᆞᆫ者ㅣ라明治六年頃에明六社를創起ᄒᆞ야時勢를痛論ᄒᆞ야一世를震蕩ᄒᆞ엿고男女同權을絶叫ᄒᆞ야明治八年에契約的自由結婚으로廣瀨常子(森氏의妻)를娶ᄒᆞ엿시며明治十二年에特命專權公使의使節로英國에赴ᄒᆯ식名字의東洋임을嫌惡ᄒᆞ야モリー(모리ㅣ)라改稱ᄒᆞ엿나니今에其敎育上行政을觀ᄒᆯ진ᄃᆡ그ㅣ平日持論과懸絶ᄒᆞ야氏의思想은善히時機에投合ᄒᆞ야崢嶸玲瓏ᄒᆷ을賞讚ᄒᆞ겟도다當時에만일彼森氏의風飛磊落ᄒᆞᆫ行政이無ᄒᆞ엿쓸진ᄃᆡ日本의社會ᄂᆞᆫ곳破綻崩解ᄒᆞ야底止ᄒᆯ바를不知ᄒᆞ엿쓰리니비록井上哲次郞과如ᄒᆞᆫ者ㅣ

議論을發揮ᄒᆞ엿시나(井上氏은宗敎와敎育의衝突이라ᄂᆞᆫ論文을發表ᄒᆞ야國家主義를唱導ᄒᆞᆷ)엇지狂瀾의奔放ᄒᆞᆷ을隻手로挽回ᄒᆞ엿스리오然ᄒᆞᆫ즉森氏ᄂᆞᆫ日本敎育界의大勳됨이不愧ᄒᆞ갯도다

眼을更轉ᄒᆞ야最近敎育界狀況을觀察ᄒᆞᆯ진ᄃᆡ日露戰雲이初霽에國民의思想은國民敎育의普及이戰勝의原因을作ᄒᆞ엿다ᄒᆞ야敎育熱이益々熾盛ᄒᆞ야各種學校가陸續增加ᄒᆞᆷ의至ᄒᆞ니京都에帝國大學文科大學과仙臺에高等工業學校와鹿兒島에高等農林學校와小樽에高等商業學校와新瀉에醫學專門學校와金澤에高等工業學校와奈良에女子高等師學校等을增設ᄒᆞ엿시며安川敬一郎은三百萬圜을投ᄒᆞ야福岡에私立專門學校를設立ᄒᆞ며古河虎之助ᄂᆞᆫ百六十萬圜을寄附ᄒᆞ야福岡醫科東北大學理科及農科大學의建築을贊助ᄒᆞ엿도다近日小松原英太郞이文相의位에居ᄒᆞᆫ以來로學制改革을斷行코자ᄒᆞ야全國社會에議論이沸騰ᄒᆞ거니와該案의結局은後日을俟ᄒᆞ야報道ᄒᆞ겟노라

觀ᄒᆞᆯ지어다帝國今日에在ᄒᆞ야敎育이先務에先務를作ᄒᆞᆯ것은誰가不知ᄒᆞ리오만은能히全般社會의向背를察ᄒᆞ며思想潮流의標幟를定ᄒᆞ야敎育이社會를改良ᄒᆞ며敎育이國家를發展케ᄒᆞᆷ의注力ᄒᆞᄂᆞᆫ者ㅣ幾人이有ᄒᆞᆫ고만일人이敎育々々한잇가我도敎育々々ᄒᆞ며人이敎材를選擇ᄒᆞᆫ잇가我도選擇ᄒᆞ며人이數學物理를講ᄒᆞᆫ잇가我도數學物理를講ᄒᆞ야一定ᄒᆞᆫ主意가無ᄒᆞ고盲從ᄒᆞᆷ의不過ᄒᆞᆯ진ᄃᆡ비록百年千年萬年을敎育ᄒᆞᆯ지라도國家의ᄂᆞᆫ조금도有益ᄒᆞᆷ이無ᄒᆞ리니今에日本敎育界의

思想變遷과敎育行政을詳察홀진딕我의今日地位도甚明홀것이오今日我帝國敎育界는何者를尊崇홀는지도可知홀지로다今에帝國敎育界現象을以上에對照ᄒᆞ야取措코자홀진딕果然如何홀고今日我帝國敎育界는實學을尊重ᄒᆞ야理化及農工等을孜々硏究홀時라雖然이나我國의地位는日本明治初와大異ᄒᆞᆫ지라그ㅣ實學을尊崇ᄒᆞ야實利를講求ᄒᆞ는同時에不可不歷史地理及法制經濟의敎材를選擇ᄒᆞ야公民的敎育을施홈이最急ᄒᆞ니此意를能知ᄒᆞ는者ㅣ幾人이有ᄒᆞᆫ고惟我帝國敎育界諸公이여

急進的社會改良策을內國志士諸公에게望홈

姜荃

蓋人類의生存上과國家의興廢上에密接不可離홀關係가包含ᄒᆞ야禍害도此에셔出ᄒᆞ고福利도此에셔得ᄒᆞ는者ㅣ有ᄒᆞ니是는何者를謂홈인고其必曰觀察力이富厚ᄒᆞ고先知鑑이明晰ᄒᆞ며또能히熱心誠意로事業에勤勉ᄒᆞ야一世에模範的人物이되는志士가社會改良策을講究ᄒᆞ는데在홀지라雖然이나所謂社會改良策에就ᄒᆞ야또急進的과緩進的의區別이無치못홀지니是는即時代의變遷과地位의安危에因ᄒᆞ야緩急의權宜를擬議홀지로다

玆에或者兩人이有ᄒᆞ니一人은飮食을對ᄋᆡ홈放飯流철ᄒᆞ고衣服을着ᄒᆞ미脫巾倒

屣ᄒᆞ야擧措가駭妄ᄒᆞ고面目이憎惡ᄒᆞᆷ으로써到處에他人의警告와唾罵가逐日斯至ᄒᆞ되頑冥沒覺ᄒᆞ야頓然히戒惕치못ᄒᆞᄂᆞᆫ故로畢竟에鞭策이交加ᄒᆞ고蹴척이紛到ᄒᆞᆫ然後에비로소往非를醒悟ᄒᆞ고持身을端雅케ᄒᆞᄂᆞᆫ趨向이有ᄒᆞ면此人은愚人이라稱ᄒᆞᆯ것이오또一人은井을鑿ᄒᆞ야渴飮을待ᄒᆞ고穀을播ᄒᆞ야粒食을備ᄒᆞ며葛노써夏를俟ᄒᆞ고裘로써冬을禦ᄒᆞ기에汲々孜々ᄒᆞ야恰然히賊軍이顱後에迫ᄒᆞ고陷穽이目前에列ᄒᆞᆷ과如히將來를憂ᄒᆞ야步武를促히ᄒᆞᆫ즉此ᄂᆞᆫ古語에云ᄒᆞᆫ바重關擊柝ᄒᆞᄂᆞᆫ匹夫와陰雨를備ᄒᆞ야桑土를掇ᄒᆞᄂᆞᆫ靈禽과如ᄒᆞᆷ이니이ᄂᆞᆫ다其先見의明과事爲의敏ᄒᆞ미有ᄒᆞᆷ으로千古의話柄을作ᄒᆞᆷ인즉此人은哲人이라稱ᄒᆞᆯ것도다

是로由ᄒᆞ야觀ᄒᆞᆯ진ᄃᆡ愚人이란者ᄂᆞᆫ剝膚徹骨의苦楚를經치못ᄒᆞ면能히其知慧를增長ᄒᆞ고錯誤를遽悛치못ᄒᆞᆯ지요哲人이란者ᄂᆞᆫ事機의既然未然에際ᄒᆞ야利害를明辨ᄒᆞ고取舍를確定ᄒᆞ며行動을敏活케ᄒᆞᆷ이로다

嗚呼라我韓의社會ᄂᆞᆫ果然如何ᄒᆞᆫ榜樣을作ᄒᆞ엿ᄂᆞᆫ지余ᄂᆞᆫ許多의星霜을天涯殊域에虛送ᄒᆞᆫ지已久ᄒᆞ야故國事情은자못先天甲子에屬ᄒᆞᆷ과如ᄒᆞ도다然ᄒᆞ나顧ᄒᆞ건ᄃᆡ韓國은我의父母의邦이아닌가엇지暫時도中心에忘却ᄒᆞ리요是로以ᄒᆞ야淸朝旅牕에新聞一葉은千萬의奔泊이叢集ᄒᆞ여도披閱ᄒᆞ기를廢치못ᄒᆞ나니此ᄂᆞᆫ即我韓社會改良이如何ᄒᆞᆫ程度에至ᄒᆞ엿ᄂᆞᆫ지延頸跂足ᄒᆞ야懸望ᄒᆞᄂᆞᆫ바日新又日新ᄒᆞ

야古時代의腐敗ᄒᆞᆫ習慣을痛革ᄒᆞ고今世界의新鮮ᄒᆞᆫ改良을模倣ᄒᆞᆷ이라大抵新聞上에揭載ᄒᆞᄂᆞᆫ盡信키實難ᄒᆞᄂᆞ往々히新聞上에露出ᄒᆞᄂᆞᆫ事項을依據ᄒᆞ야我韓新舊社會의範圍의擴張如何를比較的으로測量컨ᄃᆡ오히려今의時代가如何ᄒᆞᆫ時代를當ᄒᆞ엿스며我의地位가如何ᄒᆞᆫ地位에在ᄒᆞ엿ᄂᆞᆫ지渾沌不辨ᄒᆞᄂᆞᆫ狀態를呈ᄒᆞ미尙多ᄒᆞ니此에對ᄒᆞ야實노愛惜慨歎ᄒᆞᆷ을禁치ᄒᆞᆯ깃도다今에我韓社會에關ᄒᆞᆫ事件을概括的으로觀察ᄒᆞᆯ진ᄃᆡ

一、道德은卽理性을闡明ᄒᆞ고品格을高尙케ᄒᆞ야忠孝의善行과廉義의貞操도다此에셔生ᄒᆞ거ᄂᆞᆯ捨己從人의弊와循私害公의事를敢히決行ᄒᆞ야顧忌ᄒᆞ미無ᄒᆞᆫ者滔々皆是로되各自拋棄ᄒᆞ야箴規救護의任을負ᄒᆞᆫ者ᄂᆞᆫ得聞치못ᄒᆞ엿고

二、宗敎ᄂᆞᆫ卽國勢民性의原動力이되ᄂᆞᆫ者이여ᄂᆞᆯ挽近以來로便是人々마다道를說ᄒᆞ며家々마다敎를談ᄒᆞ야徒衆을聚集ᄒᆞ니聽聞이多岐에方向이無定ᄒᆞ엿고

三、實業은卽民生이産을制ᄒᆞᄂᆞᆫᄃᆡ先務ᄒᆞᆯ者이여ᄂᆞᆯ農者의山林田野ᄂᆞᆫ荒蕪童濯의憂를罹ᄒᆞ엿고商者의技術은有無交通에拙ᄒᆞ야假家小賣에過치못ᄒᆞ고工者의製造ᄂᆞᆫ古規를仍襲ᄒᆞ야醜態劣狀을顯ᄒᆞ고漁者의網罟은古法을相傳ᄒᆞ야使用이不便ᄒᆞᆷ으로捕撈의利를遺漏ᄒᆞᆷ이尙多ᄒᆞ엿고

四、敎育은卽國家의精神을鼓吹ᄒᆞ고人民의生活을援助ᄒᆞᄂᆞᆫ故로全般國民의現世普通의常識이最切急이여ᄂᆞᆯ失學壯年의知識을普及ᄒᆞᆯ策이杳然ᄒᆞ엿고

五、女子의學識은即賢母良妻를養成ᄒᆞ기에必要ᄒᆞ거늘飮食衣服의專任을責홀뿐이니天賦의才智가埋沒ᄒᆞ엿고

六、婚姻은即人生의大事이니반다시審愼選擇홀거시오生理的發育을待ᄒᆞ야早婚을嚴禁할거시여늘習俗이相仍ᄒᆞ야釐整이無期ᄒᆞ얏고

七、奴婢ᄂᆞᆫ即他人의人權을侵損홈으로文明各國의痛禁ᄒᆞᄂᆞᆫ바이여늘轉相賣買의惡習이傳來ᄒᆞ야慈惠放釋의美擧를履行치못ᄒᆞ엿고

八、服色과首飾은即國家의大政에關ᄒᆞᆫ바이여날黑白의衣裳이相混ᄒᆞ고剃者髺者의首飾이相雜ᄒᆞ야一定ᄒᆞᆫ規例가無ᄒᆞ엿도다

今에我韓의秩序紊亂홈이如此ᄒᆞ고爻象昌皮홈이如彼ᄒᆞ되所謂社會改良의方針은甚히緩晩ᄒᆞᆫ域에汽泊ᄒᆞ야風馳電掣의速力이乏ᄒᆞᆫ즉日升月恒의效果를奏키難할지라是故로다만 廟堂의上에立ᄒᆞ야政務에着手ᄒᆞᆫ當局者에게만更張의責任을論홀뿐안이오맛당이草野에蟄伏ᄒᆞ야慷慨有爲ᄒᆞᆫ志士諸公에게向ᄒᆞ야深厚ᄒᆞᆫ期望을寓홀지로다

凡改良策의進行이一日이速ᄒᆞ면我韓에一日의益이有ᄒᆞ고一日이遲ᄒᆞ면我韓에一日의害가有ᄒᆞ리니是ᄂᆞᆫ無他라現今全世界列國이擧皆其物質的精神的의兩方面으로文明事業을發展ᄒᆞ되其進步의軌道ᄂᆞᆫ專혀其人類와國家에密接的關係가有ᄒᆞᆫ바社會改良에心力을殫竭ᄒᆞ야人民의福利를增進ᄒᆞ고國家의威權을伸長홈

이니是엇지急進的으로社會改良策을唱道홀必要가아니리오
今日我韓의地位에處ᄒᆞ고我韓의時代를遭ᄒᆞ야現世風潮의浮沉을隨ᄒᆞ고外國形勢의刺戟을受ᄒᆞᆫ바我韓民族은何人을勿論ᄒᆞ고能히樂意觀世ᄒᆞ야摧心落膽치안는者ㅣ幾人이有ᄒᆞ리요마는但히周圍의事情이接觸ᄒᆞ미今古의興感을按住치못ᄒᆞᄂᆞᆫ故로志士義人이往々히奮臂ᄒᆞ야起ᄒᆞ고扼腕ᄒᆞ야談ᄒᆞ되十顚九倒의失敗事는相續ᄒᆞ고一毫半縷의成就効는未見ᄒᆞ야英雄末路에다만奈何二字를喚來ᄒᆞ기에止할ᄲᅮᆫ이오能히其國家의危急ᄒᆞᆫ源因과民族의衰退ᄒᆞᆫ現象으로ᄒᆞ야금新舊를叅互ᄒᆞ고時宜를酌量ᄒᆞ야積弊痼瘼의挽回策을講究實施ᄒᆞ기를期圖치못ᄒᆞ니엇지內國의志士諸公에게對ᄒᆞ야滿腔의遺憾으로思惟치안으리요竊願컨ᄃᆡ內國의志士諸公은다만世界列國이競爭舞臺에濶步疾走를互試ᄒᆞ야彼進ᄒᆞᆫ즉我退ᄒᆞ고我進ᄒᆞᆫ즉彼退ᄒᆞᄂᆞᆫ常情과彼生ᄒᆞ면我死ᄒᆞ고我生ᄒᆞ면彼死ᄒᆞᄂᆞᆫ公理를堅確하頭腦에印象ᄒᆞ야急進的으로社會改良策에一日이라도早速히注意ᄒᆞ야勇斷實施ᄒᆞ기를懇乞ᄒᆞ거니와未知컨ᄃᆡ志士諸公의深謀遠慮는計策이장찻何處에出홀는지敢히質疑의間을畧陳ᄒᆞ노니
道德은倫理綱常의要素이니特히忠孝와廣美의勸奬을此에求得홈이何如할지宗敎는世界萬國에最히神學廣大ᄒᆞᆫ敎門을擇ᄒᆞ야信仰홈이何如홀지實業은農工商漁의學術機械는古代의陋規를盡棄ᄒᆞ고各國의新法을採用홈이何如홀지敎育은

普通常識을奬勵ᄒᆞ며失學壯年을爲ᄒᆞ야夜學校를廣設홈이何如홀지女子의知識은賢母良妻를養成ᄒᆞ기爲ᄒᆞ야男子와同等으로敎育홈이何如홀지婚姻은寧히晩홀지언정早婚을避ᄒᆞ야人類의體育과知育을十分充實케홈이何如홀지奴婢ᄂᆞᆫ人權을尊重히ᄒᆞ기爲ᄒᆞ야放釋을實行ᄒᆞ되賣買의舊習을復蹈ᄒᆞᄂᆞᆫ者ᄂᆞᆫ嚴刑에處홈이何如홀지服色과首飾은文野의識別이存ᄒᆞᆫ國是의表示를認ᄒᆞᄂᆞᆫ者이니世界萬國의通例를依ᄒᆞ야薙髮洋服으로一致共同의規定을立홈이何如홀지

右에臚列ᄒᆞᆫ바余의愚見은極히僭越唐突의誚를免치못홀지ᄂᆞ此亦余一個人의私論이아니요常識이稍具ᄒᆞᆫ士流의茶飯常談이라玆에收拾ᄒᆞ야陳述홈은志士諸公의一次破寂의資에借ᄒᆞ기로預期ᄒᆞ거니와元來人情은姑息에安ᄒᆞ고改革을厭ᄒᆞᄂᆞᆫ故로非常特達의人이안이면能히其衆議를排除ᄒᆞ고主義를貫徹ᄒᆞ야勇敢果剛에袪舊就新ᄒᆞᄂᆞᆫ偉大事業을建樹치못ᄒᆞᄂᆞ니是로以ᄒᆞ야古語에云ᄒᆞ되知ᄒᆞ고行치못ᄒᆞ면反히知치못홈만不如라ᄒᆞ니誠哉라是言이여今에此社會改良策은通國의輿論이라稱ᄒᆞ여도過語가아니ᄂᆞ冗瑣支離홈을辭치안코楮墨의煩을致홈은特히志士諸公에向ᄒᆞ야一炷心香으로暗祝ᄒᆞᄂᆞᆫ바志士諸公은國利民福의基礎가되ᄂᆞᆫ社會改良策를急進的으로履行홀지로다萬一에我의舊習만株守ᄒᆞ고他의進化ᄒᆞᆫ文明에沐浴치안타가他人의鞭策과蹴踢이相交ᄒᆞᆫ後에비로소覺醒ᄒᆞᆫ덜時가已晩ᄒᆞ고桑楡의功은收得키難ᄒᆞ고愚人이될ᄲᅮᆫ이니誰가哲人되기를捨ᄒᆞ고愚人되

기를願ᄒᆞ리요嗚呼라內國의志士諸公이여

歐洲의人情

劉秉敏

歐洲各國의人情을詳知코자ᄒᆞᆯ진ᄃᆡ먼저各國의民族과文明의由來를考究ᄒᆞᆷ이可ᄒᆞᆫ지라大抵歐洲白晳人種을三族에大別ᄒᆞ니羅甸民族(Latin)튜톤民族(Tewton)슬라푸民族(Slov)이是也니라

一、羅甸民族

此民族은歐洲南部에住居ᄒᆞᄂᆞᆫ者ㅣ니伊太利、佛蘭西、白耳義、西班牙及로ㅣ마니아의人民이此에屬ᄒᆞᄂᆞ니라羅甸이라云ᄒᆞᆷ은卽羅馬를指ᄒᆞᆷ이니此等國民은羅馬의文化을輸入ᄒᆞ야進步ᄒᆞᆫ者ㅣ라此羅馬人은他國을征伐或掠奪ᄒᆞ야써大國을成ᄒᆞᆫ者니故로貴族과軍人이跋扈ᄒᆞ고平民은勢力이無ᄒᆞ며特히上流社會ᄂᆞᆫ驕奢無比ᄒᆞ고浮華輕薄의風이有ᄒᆞ니라歐洲南方諸國은氣候의溫和와空氣의清透와花鳥의優艶ᄒᆞᆫ諸般外物의感化가自然間人民을小說的戲曲的으로素養ᄒᆞ야써羅

馬의文化를傳播ᄒᆞᆷ에임의良好ᄒᆞᆫ田地를作ᄒᆞ엿다가忽然羅馬文化를輸入ᄒᆞᆷ에遇ᄒᆞ엿스니그人情、風俗、宗教、政治、製造品에羅甸即羅馬風이有ᄒᆞᆷ을엇지怪異타ᄒᆞ리오故로此民族諸國의人情은浮華輕薄ᄒᆞ고奢侈懶惰ᄒᆞ니佛蘭西의浮華와西班牙의奢侈懶惰가亦是也니라

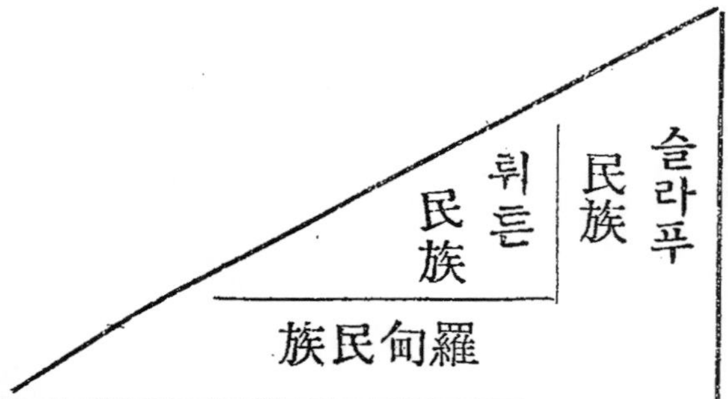

歐洲三大民族의住所

此等諸國의宗教는眞理가少ᄒᆞ고壯嚴ᄒᆞᆫ儀式과粧飾品의華麗ᄒᆞᆷ을愛好ᄒᆞᄂᆞ니故로基督舊教即天主教를信仰ᄒᆞ며政治는或君政或民政或貴族政治或僧侶政治로時々變更ᄒᆞ야國中에騷亂이不絶ᄒᆞ고革命이屢起ᄒᆞ며製造品은大槪奢侈榮耀品이요人生必要品은少ᄒᆞ니酒類、玻璃細工、敷物、花瓶、粧飾具、婦人社會流行品等을輸出ᄒᆞᄂᆞ니라此等國民이往年에激烈ᄒᆞᆫ勇武로四方을征伐ᄒᆞ며或發見或探險ᄒᆞ며或殖民ᄒᆞ야廣大ᄒᆞᆫ版圖를占有ᄒᆞ엿스나至今에擧皆見失ᄒᆞ고國威不振ᄒᆞ니西班牙人葡萄牙人이是也ㅣ라씨ㅣ사(Caesar)拿破崙(Napoleon)은此民族中에서出ᄒᆞᆫ豪傑이니其言行錄을一讀ᄒᆞ면羅甸民族의本質을了解ᄒᆞᆯ지니라

二、튜톤民族

此民族은歐洲中部以北에住居ᄒᆞᄂᆞᆫ者ㅣ니英吉利、獨乙、和蘭、丁抹、瑞典諸威等國의人民이是也라此等邦國은氣候가寒冷ᄒᆞ야生物의發育이遲緩ᄒᆞ고物産의種類가亦少ᄒᆞ니라故로人情은忍耐、勉强、質朴、節儉ᄒᆞ며生産經濟에努力ᄒᆞ야其意匠도自然히數理的으로素養ᄒᆞ야羅甸民族의小說的遊戱的素養과相反ᄒᆞ며宗敎ᄂᆞᆫ論理에合ᄒᆞ고儀式과粧飾品을愛好치아니ᄒᆞ니故로基督新敎를信仰ᄒᆞ며政治ᄂᆞᆫ變化가少ᄒᆞ고激烈ᄒᆞᆫ革命이稀ᄒᆞ야國民이各安其業ᄒᆞ며製造品은人生必要品이多ᄒᆞ고奢美榮耀品은少ᄒᆞ니羅紗、鐵細工、器械等을此等邦國에서輸出ᄒᆞᄂᆞ니라此民族은他人의尊敬信用이甚博ᄒᆞ고貿易通商이日盛ᄒᆞ니라華盛頓(Washington)웰능든(Wellingtou) 은此民族中에서出ᄒᆞᆫ英雄이니其言行錄을一讀ᄒᆞ면퀴톤民族의眞想을知得ᄒᆞ리로다

以上二民族의相違ᄒᆞᆷ을知悉코자ᄒᆞᆯ진ᄃᆡ二民族의創造ᄒᆞᆫ殖民地와新邦國의狀態를一見ᄒᆞᆯ지니北米合衆國、濠太利、늬우실닌드(NewZealaud) ᄂᆞᆫ퀴톤民族의移住地요墨西哥、南亞美利加諸國、中央亞美利加諸國、늬우칼레도니아(NewCaledonia)島ᄂᆞᆫ羅甸民族의殖民地니互相對照ᄒᆞ여보면自然其間에差違을發見ᄒᆞᆯ지니라

兩民族의殖民地

羅甸民族의殖民政略은貴族的이요퀴톤民族의殖民政略은平民的이며前者의殖民地ᄂᆞᆫ裝飾的이나後者의殖民地ᄂᆞᆫ營業的이요前者ᄂᆞᆫ政府가此을干涉ᄒᆞ나後者

는人民이事物을處理ᄒᆞ며彼는殖民地에出入ᄒᆞ는船舶에重稅를課ᄒᆞ나此는海關을開放ᄒᆞ며彼는殖民地에먼저軍隊를派遣ᄒᆞ나此는民間社會에서먼저殖民을移送ᄒᆞᄂᆞ니라前者의殖民地에는寺院을建設ᄒᆞ나後者는衆議堂을建築ᄒᆞ며彼는酒庫를設置ᄒᆞ고此는道路를開鑿ᄒᆞ며前者는殖民地에貴族紳商이使人을派遣ᄒᆞ야殖産을興起케ᄒᆞ나后者는多數移住民이田園을新墾ᄒᆞᄂᆞ니라

以此之ᄒᆞ면羅甸民族은殖民地를所有ᄒᆞᆷ으로失費가多ᄒᆞ고튜톤民族은殖民地를所有ᄒᆞᆷ으로利益이豐富ᄒᆞ니所以로前者는殖民地를間々放棄ᄒᆞ나後者는依然히此를維特ᄒᆞᄂᆞ니彼의殖民地는萎微不振ᄒᆞ나此의殖民地는日進月就ᄒᆞᆷ이其所然也ㅣ로다

三、슬라푸民族

此民族은歐洲東北部에住居ᄒᆞ는者ㅣ니露西亞人이是也ㅣ라此民族의住所는茫々單調ᄒᆞᆫ平原인故로其人情도亦是悠々茫々ᄒᆞ야可히測量키難ᄒᆞ며此民族의職業은農業이요宗教는希臘教를信仰ᄒᆞᄂᆞ니라

以上三民族을觀察ᄒᆞ면羅甸民族은先鋒、튜톤民族은中軍、슬라푸民族은後軍이라謂ᄒᆞᆯ지도다羅甸民族은古代에發達이已盡ᄒᆞᆫ者ㅣ요튜톤民族은現時全盛ᄒᆞ는者요슬라푸民族은今後啓發ᄒᆞᆯ者ㅣ니라

三民族의性情

羅甸民族의事業은花과如ᄒᆞ고戲曲과如ᄒᆞ며튀톤民族은商人이라其腦裏가算盤과如ᄒᆞ며슬라부民族은其事業이悠大ᄒᆞ고宏壯ᄒᆞᄂᆞ니昔日拿破崙第一世가兵甲五十萬을率ᄒᆞ고露西亞모스코府(MOSCOW)에侵入ᄒᆞ엿슬때에露人이忽然此府(數百年來國都人口六十萬)을燒棄ᄒᆞ야써佛蘭西軍을大破ᄒᆞᆷ과西伯利亞數十萬里不毛之邊境에鐵道를敷設ᄒᆞ야西歐兩大陸을連絡ᄒᆞᆷ이此民族의漠々宏壯ᄒᆞᆫ事業이라云ᄒᆞ깃도다

胃攝生의大要 (第十號續)

姜 元 永

胃液은右의例揭ᄒᆞᆫ消化作用外의一種의消毒作用의特別ᄒᆞᆫ價値가有ᄒᆞᆫ者ㅣ라即食物이混合ᄒᆞ야胃中에進入ᄒᆞᄂᆞᆫ病原的腐敗的細菌은胃液의作用을因ᄒᆞ야即時撲滅을當ᄒᆞ나니此殺菌作用은胃液成分의游利鹽酸에基因ᄒᆞ나其他酸性反應을有ᄒᆞᆫ「푸로테오ㅣ졔」도此作用의有力ᄒᆞᆫ者ㅣ라云ᄒᆞ니라

犬及手術을受ᄒᆞᆫ人體의經驗을因ᄒᆞ야知得ᄒᆞᆷ과如히胃全体을摘出ᄒᆞᆫ後라도少量의無菌性營養物을頻回의分與ᄒᆞᆯ時ᄂᆞᆫ能히正常的營養을行ᄒᆞᄂᆞᆫ者ㅣ라故로胃의任務ᄂᆞᆫ第一은食物을消化ᄒᆞ며第二ᄂᆞᆫ一回의多量의食物을攝取ᄒᆞᄂᆞᆫ容器로作用ᄒᆞ야次에其內容物을腸消化力의堪耐ᄒᆞᆯ만큼漸々此를腸管에輸送ᄒᆞᄂᆞ니라

胃生理의畧論은以上과如ᄒᆞ나胃攝生의就ᄒᆞ야其大略을說明ᄒᆞ노라

往時ᄂᆞᆫ胃攝生法이라云ᄒᆞ면極히單純ᄒᆞ고淡泊ᄒᆞᆫ消化가善良히되ᄂᆞᆫ食物을攝取ᄒᆞ거ᄂᆞ食物의量을減ᄒᆞᄂᆞᆫ데不過ᄒᆞ엿스나學問이發進ᄒᆞ야胃生理가明瞭홈에至홈을從ᄒᆞ야其養生法도實驗的을經由ᄒᆞ야但軟性食物을攝取ᄒᆞ거ᄂᆞ食量을減ᄒᆞᄂᆞᆫ데有ᄒᆞᆯᄲᅮᆫ아니라右揭ᄒᆞᆫ胃의一種의官能을試驗ᄒᆞ야有害ᄒᆞᆫ者ᄂᆞᆫ棄擲ᄒᆞ고有益ᄒᆞᆫ者ᄂᆞᆫ此를勵行ᄒᆞᄂᆞ니大概生理作用을實驗的으로明確히홈과如히攝生法도亦實驗的의基礎를成ᄒᆞᄂᆞ니라胃攝生法에四種의大要件이有ᄒᆞ니如左ᄒᆞ니라

(一)咀嚼運動　(二)身體運動　(三)食事時間　(四)營養物質

(一)咀嚼運動　胃攝生에不可不守行ᄒᆞᆯ必要ᄒᆞᆫ者ᄂᆞᆫ食物을咀嚼ᄒᆞᄂᆞᆫ一種의運動이니此ᄂᆞᆫ最히大要ᄒᆞᆫ故로十分注意치아니치못ᄒᆞᆯ者ㅣ라世界諸動物의胃은此를二種의區別홈이有ᄒᆞ니即其一은筋胃他의一은腺胃라云ᄒᆞ되筋胃라云홈은胃壁의筋肉의發育이充分ᄒᆞ야其筋力을因ᄒᆞ야胃中에食物을器械的으로壓潰ᄒᆞ야細片細末을成ᄒᆞᄂᆞ니라其一例을擧ᄒᆞ야說明ᄒᆞᆯ진ᄃᆡ鷄類等의胃ᄂᆞᆫ此의屬ᄒᆞᄂᆞᆫ者ㅣ니食物를咀嚼치아니ᄒᆞ고丸狀으로嚥下ᄒᆞᆯ지라도胃의筋力으로此를細片細末을成ᄒᆞ며此에反ᄒᆞ야腺胃라云ᄒᆞᄂᆞᆫ者ᄂᆞᆫ胃壁筋의發育은甚히不良ᄒᆞ나其胃壁中에多數ᄒᆞᆫ腺이含有ᄒᆞ야此腺으로붓터分泌ᄒᆞᄂᆞᆫ液의化學的作用으로食物이細片細末이되여此胃壁筋의働作은但히食物을腸管으로輸送홈에不過ᄒᆞ니卽吾人々類의胃ᄂᆞᆫ此腺胃에屬ᄒᆞᄂᆞᆫ者ㅣ라故로鷄類가其胃의筋力을因ᄒᆞ야食物을細片으로

成ᄒᆞᆷ과如히人類ᄂᆞᆫ食物을胃中에輸送ᄒᆞ기前에此를口腔內에셔充分히咀嚼ᄒᆞ야 細片을成ᄒᆞᆷ을要ᄒᆞᆯ者ㅣ이라

天然的研究로도食物을咀嚼ᄒᆞᄂᆞᆫ必要가有ᄒᆞ나然이나咀嚼運動은但器械的의作用이有ᄒᆞᆯ뿐아니라口腔內多數ᄒᆞᆫ唾液腺으로分泌ᄒᆞᄂᆞᆫ唾液에ᄂᆞᆫ「푸지아린」이라云ᄒᆞᄂᆞᆫ醱酵素가含有ᄒᆞ야食物中에含水炭素即米麥等의食物을消化ᄒᆞᄂᆞᆫ作用이有ᄒᆞᆫ故로咀嚼이充分히됨을從ᄒᆞ야食物은器械的과化學的의作用을受ᄒᆞ야胃力을補助ᄒᆞ며其他咀嚼의必要ᄒᆞᆷ은胃液의分泌이咀嚼運動을因ᄒᆞ야反射的으로亢進ᄒᆞᄂᆞ니即長時間을咀嚼ᄒᆞᄂᆞᆫ時ᄂᆞᆫ其時間을利用ᄒᆞ야胃液의分泌ᄒᆞᆷ을得ᄒᆞ야食物을消化ᄒᆞᄂᆞᆫ準備를ᄒᆞ며口腔으로輸入ᄒᆞᄂᆞᆫ食物을消化ᄒᆞᄂᆞᆫ作用에至ᄒᆞᄂᆞ니라 故로胃弱ᄒᆞᆫ者ᄂᆞᆫ더욱咀嚼運動을由ᄒᆞ야反射的으로分泌을旺盛케ᄒᆞ야胃液의不足ᄒᆞᆷ을補充ᄒᆞᄂᆞ니라

咀嚼의善不善은自幼時로一種의習慣을成ᄒᆞ나一般世人이此를無視ᄒᆞ야注意치안ᄂᆞᆫㅣ者ㅣ多ᄒᆞ니胃病患者의就ᄒᆞ야實驗을ᄒᆞᆯ지라도大抵一度食事를五分乃至十分間을要ᄒᆞᄂᆞᆫ早食人은胃病에陷ᄒᆞᄂᆞᆫ者ㅣ多ᄒᆞ니一度食事時間은二十分乃至三十分을要ᄒᆞ되第一咀嚼運動의十分注意를加ᄒᆞᆯ지니라

(二)身體運動　此運動은勿論胃養生에도多大ᄒᆞᆫ影響이有ᄒᆞ나此亦時期가有ᄒᆞ야何時든지運動만ᄒᆞ면조흔게안이라食事後卽時身體運動을ᄒᆞᆷ은現著히胃液의

分泌과胃運動을障害ᄒᆞᆷ이라故로適當ᄒᆞᆫ時間에適當ᄒᆞᆫ運動을ᄒᆞᆯ時ᄂᆞᆫ反此ᄒᆞ야胃의官能을補助ᄒᆞᄂᆞᆫ作用이니此ᄂᆞᆫ人類及動物의就ᄒᆞ야試驗ᄒᆞ야도同一ᄒᆞᆫ理由라食後即時運動ᄒᆞᆯ時ᄂᆞᆫ大抵五時間에消化가될者라도五時間半乃至六時間을要ᄒᆞᄂᆞᆫ故로食後三時間을經ᄒᆞᆫ後에適當ᄒᆞᆫ運動을行ᄒᆞᆯ時ᄂᆞᆫ五時間에消化가될者라도四時間에消化ᄒᆞᆷ을得ᄒᆞ나니라大槪食後三十分假量後에緩行의散步ᄂᆞᆫ反此ᄒᆞ야胃官能의有益ᄒᆞᆫ者나然이나食後即時過度의運動을ᄒᆞᆯ時ᄂᆞᆫ胃官能의極히不良ᄒᆞᆫ大障害를被ᄒᆞ나니라

(三)食事時間　此ᄂᆞᆫ前述ᄒᆞᆷ과如히健康ᄒᆞᆫ胃ᄂᆞᆫ凡五時間의普通의食物을消化ᄒᆞᆷ을得ᄒᆞᄂᆞᆫ故로食事時間의間隔도正五時間을要ᄒᆞ나然이나如此ᄒᆞᆯ時ᄂᆞᆫ胃가十五時間을連ᄒᆞ야働作ᄒᆞᄂᆞᆫ故로三十分或一時間을加ᄒᆞ야五時三十分乃至六時間을隔ᄒᆞᆯ時ᄂᆞᆫ胃ᄂᆞᆫ此를利用ᄒᆞ야暫時間休憩ᄒᆞᆫ後次回働作의最히有力ᄒᆞᆷ을得ᄒᆞ나니即胃運動은器械的働作인故로長時間을休憩ᄒᆞᆫ後即早朝ᄂᆞᆫ最良히働作ᄒᆞᆷ을得ᄒᆞ나日中에至ᄒᆞ면其働作이弱ᄒᆞ야지며午後에至ᄒᆞ면其働作이最弱ᄒᆞᆫ故로食事時間을午前보다午後時間은長時間을隔ᄒᆞᆷ을要ᄒᆞᆯ지니理想的食事時間은朝食과晝食의間은五時間半晝食과晩食의間은六時間을隔ᄒᆞᆷ을要ᄒᆞᆯ지니라

(四)營養物質　此ᄂᆞᆫ生体가其實質的成立을保支ᄒᆞ기爲ᄒᆞ야不可不攝取ᄒᆞᄂᆞᆫ物質을云ᄒᆞᄂᆞᆫ者ㅣ니即生体가生活機轉을由ᄒᆞ야變化ᄒᆞ며且消費ᄒᆞᄂᆞᆫ成分을新히

形成ᄒᆞ야代償ᄒᆞ며且補充ᄒᆞᄂᆞᆫ物質이是也ㅣ라營養物質은左의二種의分ᄒᆞ니

(一)無力性營養物質 其働作에供用ᄒᆞᆯ만ᄒᆞᆫ緊張力을生体에輸入치못ᄒᆞᄂᆞᆫ物質即水及塩類가是也라

(二)供力性營養物質 其生理的燃燒ᄒᆞᆯ際에生体에働作力을供給ᄒᆞᄂᆞᆫ緊張力의豐富ᄒᆞᆫ物質即含窒素性物質蛋白質 無窒素性物質含水炭素及脂肪等이是也라

一日食品의量은左의標準에從ᄒᆞᆷ을要ᄒᆞᆯ지라

働作ᄒᆞᄂᆞᆫ男性大人에對ᄒᆞ야ᄂᆞᆫ

蛋白質 百五　脂肪 六十五　含水炭素 四百五

働作치안ᄂᆞᆫ女性大人에對ᄒᆞ야ᄂᆞᆫ

蛋白質 九十五　脂肪 四十五　含水炭素 三百五十五

努力으로働作ᄒᆞᄂᆞᆫ男性大人에對ᄒᆞ야ᄂᆞᆫ

蛋白質 百三十五　脂肪 百五　含水炭素 五百五

老人及小兒에在ᄒᆞ야ᄂᆞᆫ食物의絶對的需要ᄂᆞᆫ僅少ᄒᆞ니라營養物質中에動物性營養物質과植物性營養物質이有ᄒᆞ니最主要ᄒᆞᆫ營養物의集成은左表와如ᄒᆞ니라

重要食物%「푸로센도」成分表

(甲)動物性營養物質

食品名稱	蛋白質	脂肪	含水炭素	水	鹽類
小量의脂肪을含有ᄒᆞᆫ牛肉	二〇、〇	一、五	〇、九	七六、六	一、〇
大量의脂肪을含有ᄒᆞᆫ豚肉	一四、五	三七、五	〇、六	四六、四	一、〇
大口魚類屬의肉	一七、〇	〇、五	—	八一、五	一、五
鮭魚肉	二一、五	一二、五	—	六四、五	一、五
女乳	二、五	四、〇	六、〇	八七、〇	〇、五
牛乳	三、五	四、〇	四、〇	八七、八	〇、七
鷄卵	一二、五	一二、〇	—	七四、五	一、〇

(乙)植物性營養物質

食品名稱	蛋白質	脂肪	含水炭素	水	鹽類	木纖維
荳類(大豆)	二四、五	二、〇	五二、〇	一二、五	三、五	六、〇
米	六、五	一、〇	七五、〇	一二、五	一、〇	四、〇
微細ᄒᆞᆫ小麥粉	一〇、〇	一、〇	七四、〇	一四、二	〇、五	〇、三
大麥粉	一一、五	二、〇	六九、五	一四、〇	一、五	一、五
小麥麵包	七、〇	〇、五	五二、五	三八、七	一、〇	〇、三
大麥麵包	六、〇	〇、五	四九、〇	四三、〇	一、〇	〇、六
番藷	二、〇	〇、二	二〇、七	七五、八	一、〇	一、〇

甘藍	二、五	〇、五	一〇、五	八四、〇	一、〇	一、五
天門冬	一、〇	〇、三	二、五	八九、〇	〇、五	一、〇
果物	〇、五	──	一〇、〇	八五、〇	〇、五	四、〇

一般히動物性食品은蛋白質及脂肪을含有ᄒᆞ고小量의脂肪을含有ᄒᆞᆫ肉類ᄂᆞᆫ蛋白質外의小量의可燃法物質을含有ᄒᆞᆫ者ㅣ니實際上單純ᄒᆞᆫ蛋白質食物로看做ᄒᆞᆫ者ㅣ오且乳脂ᄂᆞᆫ殆히單純ᄒᆞᆫ脂肪이오動物性食品中乳脂及肝臟의ᄂᆞᆫ現著ᄒᆞᆫ含水炭素(乳糖、肝臟「ᄭᅮ리고젠」)을含有ᄒᆞ니라

反此ᄒᆞ야植物性食品은含水炭素을含有ᄒᆞ고極히小量의脂肪을含有ᄒᆞᆷ에不過ᄒᆞ니蛋白質은如何ᄒᆞᆫ植物性食品이든지發現ᄒᆞ며特히荳類ᄂᆞᆫ其顯著ᄒᆞᆫ量을含有ᄒᆞ니라

植物性食品은總히動物性食品中에發現치안ᄂᆞᆫ一種의物質을含有ᄒᆞᆫ者ㅣ니即木纖維「쩨루로ㅣ졔」가是라此「쩨루로ㅣ졔」ᄂᆞᆫ人類의腸管中에셔消化ᄒᆞ기難ᄒᆞ며或完全히消化가못될지라도腸管의蠕動機을亢進ᄒᆞ나니故로植物性食品은動物性食品보다速히腸管을通過ᄒᆞ나니라植物性食品의固有ᄒᆞᆫ營物質은「쩨루로ㅣ졔」ㅣ被膜中에包裹ᄒᆞᄂᆞᆫ故로直接으로消化液의作用을受ᄒᆞ기不能ᄒᆞ나植物性營養物의調理의從ᄒᆞ야「쩨루로ㅣ졔」被膜은破裂ᄒᆞᆷ에至ᄒᆞᄂᆞᆫ故로能히消化液으로ᄡᅥ營養物質에達케ᄒᆞᄂᆞ니라

胃의攝生法은第一胃를康健히ᄒᆞᆷ에在ᄒᆞᆫ故로吾人々類ᄂᆞᆫ決斷코薄弱ᄒᆞᆫ胃를養成ᄒᆞᆷ은不可ᄒᆞ니木石이라도消化ᄒᆞᆯ만큼養成ᄒᆞᆯ希望으로胃攝生法을勵行ᄒᆞᆯ지니라胃도亦習慣性이有ᄒᆞ니此에虛弱ᄒᆞᆫ習慣即小量의滋養物이乏少ᄒᆞᆫ食物만攝取ᄒᆞᆯ時ᄂᆞᆫ身體ᄂᆞᆫ營養不良을因ᄒᆞ야畢竟衰弱ᄒᆞᆷ에至ᄒᆞ나反此ᄒᆞ야大量의滋養物을攝取ᄒᆞᄂᆞᆫ習慣을成ᄒᆞᆫ즉如何히虛弱ᄒᆞᆫ一位以下의胃라도漸々其習慣을因ᄒᆞ야强健ᄒᆞᆫ一位以上의胃에至ᄒᆞᆷ을得ᄒᆞᄂᆞ니라

歐洲諸學者等도亦胃은至極히保護ᄒᆞᆯ者ㅣ나然이나且一種의習慣을要ᄒᆞᆫ다云ᄒᆞᄂᆞ니故로十分注意ᄒᆞ야適當ᄒᆞᆫ一種의習慣을成ᄒᆞᆷ을勵行ᄒᆞᆯ지니라胃ᄂᆞᆫ身體諸機管中에最히貴重ᄒᆞᆫ機關이라此를一國에比ᄒᆞ면即財政機關의相當ᄒᆞᆫ者ㅣ라故로此에十分注意ᄒᆞ야其健全ᄒᆞᆷ을保養치아니치못ᄒᆞᆯ지니他身体機關의疾病을防禦ᄒᆞᆷ도第一胃을强健히ᄒᆞ야身体의營養을旺盛하ᄒᆞᆷ이最히必要ᄒᆞᆷ이니라西哲이云ᄒᆞ되健康ᄒᆞᆫ精神은健康ᄒᆞᆫ身体에因ᄒᆞᆷ이라ᄒᆞ얏스나記者ᄂᆞᆫ健康ᄒᆞᆫ精神은胃의健康ᄒᆞᆷ에基因한다云ᄒᆞᆯ지로라　（完）

條約槪意（續）

郭漢倬

第二欵　意思의自由

條約을有効케ᄒᆞᆷ에ᄂᆞᆫ合意를要ᄒᆞᄂᆞ니라。

合意는締結國이互相的又는半面的으로負擔ᄒᆞᆯ義務에關ᄒᆞ야意思가一致됨을云ᄒᆞᆷ인故로條約을締結ᄒᆞᆯ時에錯誤又는詐僞가有ᄒᆞ면其條約은効力이無ᄒᆞ니라。

第三款　目的의正當ᄒᆞᆫ事

條約을有効케ᄒᆞᆷ에는其目的의正當ᄒᆞᆷ을要ᄒᆞᄂᆞ니라。

目的의正當ᄒᆞᆷ은其不能或은不法에背反치아님을謂ᄒᆞᆷ이니目的의不能은事實上으로目的을實行키不可ᄒᆞᆷ을云ᄒᆞᆷ이오又目的의不法은目的이國際法上規定에背反되든지或은文明國에서普通으로行ᄒᆞ는慣習에違背됨을云ᄒᆞᆷ이니假令奴隷의賣買ᄅᆞᆯ目的삼고又는大洋을私領으로삼는것、一國이世界ᄅᆞᆯ支配ᄒᆞ는것、外國人에게何等權利든지不與ᄒᆞ는것全然히宗敎의自由ᄅᆞᆯ禁止ᄒᆞ는것等을締結ᄒᆞ는것이니此等條約은目的의不正當ᄒᆞᆷ에因ᄒᆞ야到底히成立키不能ᄒᆞᄂᆞ니라。

第二節　條約의形式

條約은國際公法上에一定ᄒᆞᆫ形式이無ᄒᆞ고다만當事者間에其行爲又는不行爲게對ᄒᆞ야適當ᄒᆞᆫ意思의表示가有ᄒᆞᆫ後此ᄅᆞᆯ互相承諾ᄒᆞᆯ時는有効ᄒᆞᄂᆞ니故로嚴正ᄒᆞᆫ方式을具備ᄒᆞ는與否에因ᄒᆞ야는効力에差異가無ᄒᆞ나然이나條約을規定ᄒᆞᆫ事項에關ᄒᆞ야後日에紛議가有ᄒᆞᆯ가憂念ᄒᆞ야此ᄅᆞᆯ豫防ᄒᆞᆯ所以로書面에依ᄒᆞ야締結ᄒᆞᆷ에不過ᄒᆞᄂᆞ니其書面에揭載ᄒᆞ는事項은如左ᄒᆞᆷ

(一)何如ᄒᆞᆫ事로條約을締結ᄒᆞᆷ을記述ᄒᆞᆯ事

(二)締結國及代表者의尊號及名稱
(三)各條約의事件
(四)意思의一致된事
(五)締結時의年月日
(六)全權大臣의署名捺印

第三節 條約의批准

批准은代表者가締結ᄒᆞᆫ條約文에對ᄒᆞ야國家의元首가承認ᄒᆞᆷ을謂ᄒᆞᆷ이니라。

批准을或은條約의形式的要素라論ᄒᆞ고或은實質的要素라論ᄒᆞᄂᆞ余ᄂᆞᆫ實質的要素라信ᄒᆞ노니、卽條約은批准에因ᄒᆞ야、비로소條約되ᄂᆞᆫ効力을生ᄒᆞᄂᆞᆫ所以로批准은條約의裁可로ᄃᆡ法律엔此를裁可라云ᄒᆞ고條約엔此를批准이라云ᄒᆞᄂᆞᆫ名稱에差異가有ᄒᆞᆯᄲᅮᆫ이니라。

第一欵 批准種類

批准에ᄂᆞᆫ明示와默示의二種이有ᄒᆞ니左에分說코자ᄒᆞ노라。

(一)明示의批准은批准者가直接으로批准의意思를發表ᄒᆞᄂᆞᆫ境遇를云ᄒᆞᆷ이니(言語或은書面)條約의批准은大槪此方法에依ᄒᆞᄂᆞ니라。

(二)默示의批准은批准者가直接으로批准의意思를明示치아니ᄒᆞ나ᄂᆞ諸般事情에因ᄒᆞ야批准의意思가有ᄒᆞ다고推測ᄒᆞᆯ境遇를云ᄒᆞᆷ이니라。

第二欵　批准의拒絶

前述ᄒᆞᆷ과如히君主其他條約締結의大權을有ᄒᆞᆫ者가直接으로條約을締結ᄒᆞᆫ境遇外엔條約은다批准에依ᄒᆞ야비로소效力을生ᄒᆞᄂᆞᆫ것인故로아직批准을經치아니ᄒᆞᆫ條約은條約의效力을不有ᄒᆞᆯ뿐不啻라相對者되ᄂᆞᆫ國家ᄂᆞᆫ批准을拒絶ᄒᆞ야此를廢棄ᄒᆞᆷ을得ᄒᆞᄂᆞ然이나此拒絶에ᄂᆞᆫ重大ᄒᆞᆫ理由가有ᄒᆞᆷ을要ᄒᆞᄂᆞ니其重大ᄒᆞᆫ理由ᄂᆞᆫ如左ᄒᆞᆷ

(一)全權委員이其委任ᄒᆞᆫ權限을超越ᄒᆞᆫ時
(二)全權委員이其國憲法에違反되ᄂᆞᆫ條約을締結ᄒᆞᆫ時
(三)其國이他國에對ᄒᆞ야有ᄒᆞᆫ義務에牴觸ᄒᆞᆫ條約되ᄂᆞᆫ時
(四)條約의要點에關ᄒᆞ야詐欺又ᄂᆞᆫ錯誤가有ᄒᆞᆫ時
(五)强暴에依ᄒᆞ야全權委員을脅迫ᄒᆞᆫ時
(六)調印ᄒᆞᆯ時에國에狀態가一變ᄒᆞᆫ時

第三欵　批准의交換

批准書가已成ᄒᆞᆫ時ᄂᆞᆫ其謄本을作ᄒᆞ야各締盟國에送付ᄒᆞ고서로此를交換ᄒᆞᄂᆞ一定ᄒᆞᆫ處所에서其交換을行ᄒᆞᆯ時ᄂᆞᆫ委員에게委任狀을與ᄒᆞ야交換을爲케ᄒᆞᄂᆞ니此委員이交換을行ᄒᆞᆷ에當ᄒᆞ야批准의交換證書를作ᄒᆞᄂᆞ니라。

第四欵　批准의効力

批准의効力은遡及力이有ᄒᆞ니國家間에其批准을交換ᄒᆞᆫ時ᄂᆞᆫ條約中에反對의明文이無ᄒᆞ면其條約의効力은全權委員이調印ᄒᆞᆫ當時에遡及「條約成立時」ᄒᆞ야有効ᄒᆞᄂᆞ니라。

雜纂

西藏概觀 (第十號續)

HS生

○拉薩府ᄂᆞᆫ西藏의首府니拉薩이라稱ᄒᆞᆷ은西藏語에神의座位ᄅᆞᆯ意味ᄒᆞᆷ이라此府ᄂᆞᆫ北方으로(셜가)地方에在ᄒᆞ야西藏全部人民의身体와精神을支配ᄒᆞᄂᆞᆫ最繁華한都市요喇嘛教의大本山이라此府의都門으로부터畧一哩ᄅᆞᆯ行ᄒᆞ면佳木奇花가葱鬱한中에丹青이煒煌ᄒᆞ고簷宇가巍然한宮殿이有ᄒᆞ니此ᄂᆞᆫ即普陀落宮과大招寺也라此宮周圍에ᄂᆞᆫ恒常喇嘛教徒에巡禮者가踏至ᄒᆞ더라

普陀落宮은達賴喇嘛의宮闕이니西藏의主權者가玉座ᄅᆞᆯ奠定한鳳闕이요喇嘛教의觀音菩薩을崇拜ᄒᆞᄂᆞᆫ法殿이라宮中에塔이有ᄒᆞ니屋蓋을黃金板으로製ᄒᆞ엿스미閃々有光ᄒᆞ야禮拜者로ᄒᆞ여금畏敬의心이自生케ᄒᆞ더라

大拓寺ᄂᆞᆫ西藏의開國英主特勒德蘇薩賛이建設ᄒᆞᆫ最古寺刹이라寺前에ᄂᆞᆫ羊角과

犛牛毛로粧飾한高旗를樹ᄒᆞ고寺內에ᄂᆞᆫ金銀寶石으로燦爛한修飾을加ᄒᆞ엿더라古代에特勒德蘇薩贊이唐太宗의與한바佛像을此에置ᄒᆞ고文成公主로日夜遊樂ᄒᆞ든處라至今도宏大한佛像이儼然히堂中에高坐ᄒᆞ엿스니每日香花不絕ᄒᆞ야國人의信仰이最히深厚ᄒᆞ더라

拉薩府에市街ᄂᆞᆫ家屋을白色泥土와日光에曝晒한磚瓦로建築한故로外觀은頗히奇麗ᄒᆞ나氣候의寒冷ᄒᆞᆷ을因ᄒᆞ야窓戶가甚少한故로光線을採納ᄒᆞ기甚히不便ᄒᆞ야家屋內가恒常暗黑ᄒᆞ고西方近郊에ᄂᆞᆫ羊角과牛骨을用ᄒᆞ야建築한屋子가甚多ᄒᆞ더라

○喇嘛敎의沿革

喇嘛敎ᄂᆞᆫ西藏에特有한佛敎니其起原ᄂᆞᆫ印度에多神敎에形式을依ᄒᆞ야優美한儀式으로修飾한者라喇嘛란語義ᄂᆞᆫ優勝無上한稱號니元來宗敎의名稱은안이ᄂᆞ從來로慣例를依ᄒᆞ야喇嘛敎라稱ᄒᆞᆷ이라

此敎ᄂᆞᆫ畧千年前부터存在ᄒᆞ얏스나中間에許多한變遷을經ᄒᆞ야今日과如히發達ᄒᆞ야스미其間에變遷한狀態를畧七段에分說ᄒᆞᆷ을得ᄒᆞᆷ

第一段　此敎의起源은西紀六百三十八年보터六百四十一年間에在ᄒᆞ니當時에西藏英主特勒德蘇薩贊이唐과泥泡耳國으로부터二皇女를娶入ᄒᆞ고二姬를慰安ᄒᆞ기爲ᄒᆞ야莫大ᄒᆞᆫ費用으로壯麗ᄒᆞᆫ佛堂을建設ᄒᆞ고三處佛地에셔佛書를輸入ᄒᆞ

고敎師를延聘ᄒᆞ며二妣의持參ᄒᆞᆫ佛像을奉安ᄒᆞ고또印度에留學生을派遣ᄒᆞ야佛敎의神髓를吸收케ᄒᆞ니留學生이歸國後에梵語를模倣ᄒᆞ야西藏에文字를作ᄒᆞ고西藏語로許多ᄒᆞᆫ經典을反譯ᄒᆞ니此ㅣ喇嘛敎에起源이라

第二期　新來宗徒와固有幽鬼崇拜敎에軋轢을因ᄒᆞ야新敎의進步가一頓挫를生케ᄒᆞᆫ者니西藏에ᄂᆞᆫ元來一種幽鬼를崇拜ᄒᆞᄂᆞᆫ宗敎가有ᄒᆞ야敎徒가甚多ᄒᆞ더니新敎를輸入ᄒᆞᆫ以後로互相憎惡ᄒᆞ야一塲暗鬪를惹起ᄒᆞ엿스나元來佛敎의宗旨ᄂᆞᆫ靜穩柔和ᄒᆞᆷ으로能히勢力을主張치못ᄒᆞ고微弱ᄒᆞᆫ狀態로百年間을繼續ᄒᆞ엿더니印度學者巴特瑪徹巴幹師가西藏에來遊할ᄉᆡ師의大名은西藏人으로ᄒᆞ여금如來와菩薩과同一히信仰케ᄒᆞᆯ뿐不啻라師의學術이足히衰退ᄒᆞᆫ佛敎로ᄒᆞ여금回復ᄒᆞᆯ手腕을示ᄒᆞ미西藏國民이師를歡迎ᄒᆞᄂᆞᆫ同時에新敎에勢力이更張ᄒᆞᆷ을得ᄒᆞ엿더라師에幽鬼征伐에關ᄒᆞᆫ奇蹟이甚多ᄒᆞ나荒誕에涉ᄒᆞᆫ故로此에略ᄒᆞᆷ此期에在ᄒᆞ야喇嘛敎가既失ᄒᆞᆫ勢力을回復ᄒᆞᆷ이第二期也요

第三期　ᄂᆞᆫ破佛時代니西紀八百九十九年에西藏國王이其弟朗達磨의게被弑되고朗達磨가王位에登ᄒᆞ미喇嘛敎를甚憎ᄒᆞ야毁寺焚經ᄒᆞ고敎徒를屠殺코저ᄒᆞ다가一日은一喇嘛敎者가黑馬를乘ᄒᆞ고宮前에至ᄒᆞ야舞踏ᄒᆞ니其舞踏가甚히妙巧ᄒᆞ미王이御前에召ᄒᆞ야舞踏을觀ᄒᆞ다가突然히躍出ᄒᆞ야王의佩劍을奪ᄒᆞ야王을弑ᄒᆞ고宮中을逃出ᄒᆞ야駿馬를乘ᄒᆞ고河邊에至ᄒᆞ야馬를洗ᄒᆞ미煤烟을塗抹ᄒᆞ엿

든馬毛가白馬로變ᄒᆞᆫ지라加鞭疾驅ᄒᆞ야踪跡을失ᄒᆞ고後王이繼立ᄒᆞ미喇嘛敎를更起ᄒᆞ야再次繁盛홈을得ᄒᆞ니此ᄂᆞᆫ第三期라第四期僧侶의數가增加ᄒᆞ고寺院의財産이豐富ᄒᆞ미支那印度로流入ᄒᆞᆫ奢侈에風이漸盛ᄒᆞ야人民이遊惰ᄒᆞ고道德이衰微ᄒᆞ미佛敎도亦漸々不振ᄒᆞ야宗敎改革에聲이四起ᄒᆞ니此實西藏에一番大演劇이라

此時에宗敎改革者ᄂᆞᆫ有名ᄒᆞᆫ印度大學者아지ㅣ시師니印度에서生長ᄒᆞ야六十歲에西藏으로旅行하다가此地에서許多ᄒᆞᆫ書籍을著述ᄒᆞ야改革派에基礎ᄂᆞᆯ確立케ᄒᆞ니此ᄂᆞᆫ今日德行派敎旨에起源이라

第五期 元世祖忽必烈이東西兩洋을跨亘ᄒᆞᆫ大版圖ᄂᆞᆯ有ᄒᆞᆫ後에此大帝國을統御ᄒᆞ기ᄂᆞᆫ宗敎가最히必要ᄒᆞᆫ거슬覺ᄒᆞ고各宗敎中代表者를選拔ᄒᆞ야一堂에聚ᄒᆞ야宗敎上得失을比較評論할ᄉᆡ喇嘛敎를取ᄒᆞ야國敎로定ᄒᆞ고薩加喇嘛로喇嘛敎總長兼外藩西藏의領主를封ᄒᆞ니由是로喇嘛敎가一躍ᄒᆞ야蒙古支那大部分에連亘ᄒᆞ니喇嘛敎發達에第五段이是也요

第六期 ᄂᆞᆫ宗喀巴에第二次宗敎改革이니아지ㅣ시沒後에僧侶에風儀가漸々衰退ᄒᆞ니於是에宗喀巴가當時僧侶中最히熱心者를召集ᄒᆞ야二百三十五戒를守케ᄒᆞ고宗敎에儀式을新設ᄒᆞ야宗敎의面目을一新케ᄒᆞ니라

第七期 ᄂᆞᆫ西紀一千六百四十年第二次蒙古戰勝者顧實汗이西藏에덕판僧院長

「나원노틘」이國亂을乘ᄒᆞ야主權을掌握코져ᄒᆞᆷ을見ᄒᆞ고因ᄒᆞ야(나원)의게王權을授與ᄒᆞ고達賴라蒙古의稱號를與ᄒᆞ니나원은自稱觀世音菩薩에權化라ᄒᆞ야蒙昧ᄒᆞᆫ人民을迷惑케ᄒᆞ고四人에大喇嘛을置ᄒᆞ야自己와同等에地位로써其地位를鞏固ᄒᆞ게ᄒᆞ다

나원이薨ᄒᆞᆫ後에世々相傳ᄒᆞ야第五世大喇嘛噶爾巴派는法王이라稱ᄒᆞ야在位四十年西紀一千六百八十年에圓寂ᄒᆞ미祕不發表ᄒᆞ고部下가陰謀ᄒᆞ야國內大亂ᄒᆞ메支那人이此를乘ᄒᆞ야侵入ᄒᆞ야宗主權을褫奪ᄒᆞ고大喇嘛에稱號만許與ᄒᆞ야現代十三世達賴喇嘛에至ᄒᆞ니라

時代에風潮가日로激烈ᄒᆞ미아모리深藏別界에禁閉ᄒᆞᆫ國이라도數月前에支那에提醒ᄒᆞᆷ을被ᄒᆞ야大喇嘛가蒙塵ᄒᆞ고全西藏이動搖ᄒᆞ엿스니虎視眈々에列强이環立ᄒᆞ고春睡昏々타가長夢을初醒이라瞻彼飛鳥ᄒᆞᆫ디于誰之屋고此球上에國家를有ᄒᆞᆫ者는汲々히時代에風潮를猛察할지어다

生存競爭談

K M 生

諸君(여러분)좀生覺(싱각)ᄒᆞ여보십시다、至今、(지금)二十世紀(이십세긔)사름들은、혹ᄒᆞ면、生存競爭(싱존경징)生存競爭ᄒᆞᆸ듸다마는、口(입)으로만일컷지말고、좀깁히生覺ᄒᆞ여봅시다、이것참、무셥고、두려운일이올시다、自然界(자연계)는

恒常(ᄒᆞᆼ샹)평균의모양을보젼코자ᄒᆞ야,엇던동물이던지,식물이던지,ᄒᆞᆫ자만繁殖(번식)ᄒᆞ지못ᄒᆞ나니假令(가령) 참새가십년동안에매년열식기식을,낫는다고ᄒᆞ면, 일평생의ᄇᆡᆨ마리을낫겟소만는언재던자보면참새는별노마나진줄을모로겟스며,엇던魚類(어류)로말ᄒᆞ면一次(ᄒᆞᆫ번)에몃만마리식기를낫나니,그삭기가沒數(몰수)이生存ᄒᆞᆫ다ᄒᆞᆯ진ᄃᆡ,이世上(세상)은,고기天地(천지)가되겟소마는,크러치안은것보면,아마도,理致(리치)가잇는것이오必境(필경)은이리져리,죽어써려서그럿쇼,原來(원래)地球ㅣ(지구상)에生存ᄒᆞ는物件(물건)은졔마음ᄃᆡ로繁殖ᄒᆞᆯ슈읍는것인ᄃᆡ,各種動植物(각종동식물)은廉耻(임치)읍시삭기를덜퍽덜퍽,나아논잇새,거긔서劇烈(극열)ᄒᆞᆫ生存競爭 이나난것이오자ㅣ봅시다,動物ㅣ의獅子나虎狼(호랑)이갓흔것은고기를먹고살고,牛(우)나馬(마)나羊(양)이나,갓흔것은풀을먹고잘지오,그러면,고기먹고사는놈은,풀먹고사는놈을먹고사는것이分明(분명)ᄒᆞᆫ외다,또,海產動物(ᄒᆡ산동물)노말ᄒᆞ면三尺(삼쳑)되는고기는,一尺(일쳑)되는고기를,먹고사나니,차차々々보면좀큰놈은,좀즉은놈을먹고사는것이외다다갓치,天地의恩澤(은ᄐᆡᆨ)으로Ⅲ上에生存ᄒᆞᆫ以上은,엇던바삭이놈이,남의입의밥이되야,남의창자에서썩어서,남의살을붓ᄐᆡ여줄놈이잇단말리오,그러허나남의입에근뎨만가면,ᄒᆞᆯ닥집어싱키는것은,또한自然(자연)ᄒᆞᆫ이치올시다남의입에,짝물여가지고,바야흐로원통ᄒᆞ여,스러워ᄒᆞ면엇ᄯᅡ가쓰겟소,諸

君(여러분)좀生覺ᄒᆞ십시다、그러면엇던동물이던지、남의밥이안이되랴면아가리을버리기젼에、도망질을쳐야ᄒᆞ겟소、그러치안타ᄒᆞ실양반이잇거든말솜좀ᄒᆞ시오、답々ᄒᆞ외다、또자미잇는말삼이나오니자셔이드르시오?

엣적에釋迦如來(셕가여릭)가山中(산중)에서道(도)를닥글적에엇던惡魔(악마)가試驗(시험)ᄒᆞ여보랴고、먼저、비닭기가(鳩)되여날나와서、아이고、釋迦(석가)님매(鷹)란놈이나를자바먹으려고、쏫차오니、좀救援(구원)ᄒᆞ야살여쥬시오、ᄒᆞ는지라、釋迦(석가)가불샹이녀겨서、비둘기를自己(자긔)품속에너엇더니、또惡魔(악마)가、미가되여날나와서여보釋迦(석가)님내가웃지、굴멋는지、배가곱하죽겟스니、即今(즉금)쏫차온、비닭기를、먹게ᄒᆞ여주셔야、살겟나이다ᄒᆞ는지라、釋迦가生覺ᄒᆞ니、비둘기도、불샹ᄒᆞ고、미도、불샹ᄒᆞᆫ지라、혈슈업서서、自己불기짝을、좀、버혀、미를먹이고、미와、비둘기를、다갓치구원ᄒᆞ얏다ᄒᆞ얏소、이거ᄂᆞᆫ、참釋가、나할일이지、다른사름은、못ᄒᆞᆯ일이외다、셰상에、비둘기도ᄒᆞ나섇이오、미도、ᄒᆞ나섇이면、불기짝을ᄒᆞᆫ번만버혀도、좃켓지마는、世上에는、미도、금직ᄒᆞ고비둘기도금직ᄒᆞᆫ지라、이갓흔、여러미와、여러비둘기를、죄다救援(구원)ᄒᆞ라면、두불기짝은、고사ᄒᆞ고、다리、팔、머리불을、자지、눈、코、를다、베고、버혀도不足(부족)ᄒᆞ고、온、전신의、살을、점、점히버혀도부족ᄒᆞ겟소、이것ᄯᅡᆨᄒᆞᆫ일아임잇가、엇던나라大官(딕관)들은、마음이인자ᄒᆞ야釋가如來(셕가여릭)불쥐어지르게착

ᄒᆞᆫ새달으로、도적놈이와서、礦山(광산)을주어야버려먹고살갯마ᄒᆞᆫ가、불상ᄒᆞ야、온야주마이번에ᄂᆞᆫ鐵路(철노)를ᄯᅦ시오、온야쥬마、이번에ᄂᆞᆫ司法權(사법권)을쥬시오、온야쥬마、이번에난軍權(군권)을쥬시오온야주마、요락、조락다쥬고、지금은、루불알만남앗소、그만좀주엇새던、그만두엇씨면좃켓지마ᄂᆞᆫ염치업ᄂᆞᆫ도적놈은、달나ᄂᆞᆫ것이長技(장기)야서、지금은네妻子를다고、네계집은내가다리고잘것이오、네자식은내가종놈으로부리겟다、할것이니、이때ᄂᆞᆫ、좀、분ᄒᆞ고절통ᄒᆞᆫ싱각이나겟소、아이이고、흉ᄒᆞᆫ놈도잇지、이를、엇지ᄒᆞ나、참눈ᄯᅳᆫ놈은그모양을볼수업겟소、그러나、하도、주기에열이나서妻子(처ᄌᆞ)야엇지던지、ᄯᅩ주엇소、교다음은무엇을주나、自己(자긔)목숨밧게、줄것이전혀업소、비로소、아이고、내가잘못이야、못하것다고나、ᄒᆞ야불걸못ᄒᆞᆯ것다면、니목숨박게더달내실새ᄒᆞ며、噓唏歎息(허히탄식)을ᄒᆞᆫ들、무엇ᄒᆞ겟소、後世(후세)의여적놈여적놈ᄒᆞᄂᆞᆫ것은오히려、곰국일세주、기좃타고、온야、온야、ᄒᆞᆫ새달으로幾千萬(몃천만)人生(인싱)이、송사리쓸듯、예서죽고、제서죽어、우름소리와、원통ᄒᆞᆫ긔운、幾千里(몃천리)江山(강산)의사못차니、이것긔막힌일이안이오、

ᄯᅩᄒᆞᆫ가지싱각ᄒᆞ여봅시다春日이和暢ᄒᆞ야心事가散亂ᄒᆞᆫ것은野外散步(야외산보)나ᄒᆞ여보오풀은、파릇々々속입이나고、ᄭᅩᆺ은발근발근、웃난곳에나뷔ᄂᆞᆫ팔팔날고、식ᄂᆞᆫ짝ㅣ々ㅣ우난도다、무심히보개되면、보기좃코질겁갯소마ᄂᆞᆫ、이상ᄒᆞᆫ일

이잇소、世上은決(결)코平垣無事(평든무ᄉ)ᄒᆞᆫ것이안이라、져괴셔우는져식가소리가좃치마는幾千萬(몃천만)의버러지、生命(생명)을죽여먹어는지모로겟소、져나무뭇가에는、그물을치고、오난나뷔를기다리니、거무(蜘蛛)의經綸(경윤)이오바람갓치、닷는、미는석의목심을죽이랴고、열이나셔、펄ㅣ々々나르는도다그러면、暫時間(잠시간)보기좃코、듯기좃타고)이것을질거워、할것이안이오生存競爭(성존경정)이라는、말을、깁히々々生覺ᄒᆞ야、자나、셔나、어려오나、질거오나、잇지마오、優勝劣敗(우승열픽)適者生存(젹ᄌᆞ생존)은萬古(만고)의정ᄒᆞᆫ이치올시다

詞藻

贈送渭史姜荃詞兄歸國　秋儂 趙南稷

憎是新橋汽笛聲　課年離別幾人行　燕鴻異路春三月　楊柳當時兩一城　芳草
池塘懷弟夢(君與家仲同庚又善)　桃花潭水送君情　寸心未盡車將發　擧手無言意不輕

又

浮世元來若涉舟　那時到岸在中流　蟹行文字今須學　蠶食機謀古亦憂
宇宙生當家國用　男兒死必姓名留　落花啼鳥江州屋　空使年々遠客愁

日比谷公園述懷　　嘯印生

麒麟亭外晩尋春　萬紫千紅一樣新　携手相着誠無立　十年瀛海未歸人　　海濃生

登高一唱是陽春　和自無人曲自新　萬朶山櫻山日晩　一樽相對兩詩人

編餘漫筆

（乃祖乃孫○獨立精神○可稱三奇○經科大學○男은閒諜女ᄂᆞᆫ娼妓○青年有光○）

○乃祖乃孫　嶠南의文學宗匠으로一國이崇拜ᄒᆞᄂᆞᆫ退溪先生의遺孫李忠鎬李尙鎬兩氏ᄂᆞᆫ乃家의守古ᄒᆞ던固習의不可ᄒᆞᆷ과時宜의推移ᄒᆞᆷ을覺悟ᄒᆞ고憤然慨歎ᄒᆞ야宗中의遺財를鳩聚ᄒᆞ야寶文義塾을設立ᄒᆞ고熱心教育ᄒᆞᄂᆞᆫᄃᆡ生徒가一百五十餘人에達ᄒᆞ얏다ᄒᆞ니嶠南教育의發源은兩氏로브터萠起ᄒᆞᆫ지라此에對ᄒᆞ야吾儕의祝賀ᄒᆞᆯ뿐아니라我韓全國人의祝賀ᄒᆞᆯ바이오退溪先生의在天ᄒᆞᆫ神靈이ᄯᅩᄒᆞᆫ陟降欣喜ᄒᆞ리라더라

○獨立精神　現今米洲에在留ᄒᆞ시ᄂᆞᆫ學士李承晩氏ᄂᆞᆫ그ㅣ年前의獄中에서起草ᄒᆞ던獨立精神이라ᄂᆞᆫ一書를今纔刋出ᄒᆞ얏ᄂᆞᆫᄃᆡ그ㅣ內容은其標題ᄒᆞᆫ바獨立精神四字에不愧ᄒᆞ겟스며氏의耿々ᄒᆞᆫ一塊熱誠은薄夫로ᄒᆞ야곰敦케ᄒᆞ며懦夫로ᄒᆞ야곰起케ᄒᆞ겟도다惟我二千萬兄弟姊妹ᄂᆞᆫ速々히購覽ᄒᆞ시오此書ᄂᆞᆫ新韓國建設의基礎오新社會開拓의警鍾이라누구던지이册을讀ᄒᆞᆯ진ᄃᆡ已死ᄒᆞ얏던精神이復活ᄒᆞᆯ것이오已枯ᄒᆞ얏던榮衛가復蘇ᄒᆞᆯ것이오貧ᄒᆞᆫ者ᄂᆞᆫ富ᄒᆞᆯ것이오弱ᄒᆞᆫ者ᄂᆞᆫ強ᄒᆞᆯ터

이오니速々히試驗ᄒᆞ여보시오

○可稱三奇　記者ㅣ年前에養閨義塾學生金善鄕의奇才를讚揚키爲ᄒᆞ야그ㅣ試驗時所作短篇을本報에揭載(第二號)ᄒᆞ얏더니其後未久에嫦卭生은또養元學校學生金順熙의論文을本報에揭載稱賞ᄒᆞ얏ᄂᆞᆫᄃᆡ(第九號)其結搆가端嚴ᄒᆞ야女子界의佳作됨이不愧ᄒᆞ얏스며養閨義塾學生李蓉子ᄂᆞᆫ書法이絕妙ᄒᆞ야聲譽가籍甚ᄒᆞ며昨年冬에本會々員金河球氏紹介로(大韓興學會)五字를本會에書贈ᄒᆞ얏ᄂᆞᆫᄃᆡ其筆法이端莊俊邁ᄒᆞ야愛玩ᄒᆞᆷ을不已ᄒᆞ얏노라以上三氏ᄂᆞᆫ洵今日妙齡才媛의名이不愧ᄒᆞ겟스며將來女子界의有望ᄒᆞᆫ人物이라記者ᄂᆞᆫ以上三氏로써三奇라稱ᄒᆞᆯ만ᄒᆞ다ᄒᆞ노라

○經科大學　清國北京大學은今年三月頃에經科를開始ᄒᆞ얏ᄂᆞᆫᄃᆡ此科ᄂᆞᆫ文科外에特立ᄒᆞᆫ一科로列國文學界의注意를喚起ᄒᆞᄂᆞᆫ者ㅣ니其科目은周易、尙書、毛詩、春秋、三禮、論孟、理學等으로써組織ᄒᆞ야純然ᄒᆞᆫ經學研究로써國粹保存을標榜ᄒᆞᆷ이라現今英、米、露ᄂᆞᆫ임의留學生派遣의申請이有ᄒᆞ얏고日本에셔도各志士間에留學生問題가喧藉ᄒᆞ더라

○男은間諜女ᄂᆞᆫ娼妓　日本人은男子ᄂᆞᆫ間諜의氣質을具ᄒᆞ얏시며女子ᄂᆞᆫ娼妓의氣質을具ᄒᆞ얏나니此ᄂᆞᆫ無理의過言이안이라事實로徵明ᄒᆞᆯ진ᄃᆡ實際日本의近日成功ᄒᆞᆷ은此兩者의氣質에關係ᄒᆞᆷ이最多ᄒᆞ도다何國을勿論ᄒᆞ고其國民이此等氣

質을含有ᄒᆞᆷ은不幸이라可謂ᄒᆞᆯ지로ᄃᆡ日本人은此等氣質로뼈至上ᄒᆞᆫ理想的國家에獻上ᄒᆞᆷ으로國運을隆大케ᄒᆞᄂᆞᆫ國民的道德을作ᄒᆞ얏도다

試ᄒᆞ야보건ᄃᆡ日露戰爭에도此를證明ᄒᆞᆯ價値가確有ᄒᆞ니日本人이露國에勝利를得ᄒᆞᆷ은大半은其秘密政略을行ᄒᆞᆷ에由ᄒᆞᆷ이니彼矮小ᄒᆞᆫ日本人이豫想外의勝捷을得ᄒᆞᆷ은엇지다만武勇과밋訓練에만在ᄒᆞ리오또ᄒᆞᆫ外他方面으로觀察ᄒᆞᆯ진ᄃᆡ日本이海外에殖民을移送ᄒᆞᆷ에當ᄒᆞ야ᄂᆞᆫ먼져娘子軍으로써先驅를作ᄒᆞᄂᆞ니支那의上海와及滿洲等處에徵ᄒᆞ면可知ᄒᆞᆯ것이며日本人은恒常到處마다事情을採探ᄒᆞ기에苦心ᄒᆞ야飢渴에迫ᄒᆞᆫ餓鬼와恰如ᄒᆞ도다

元來日本人은模倣的人物이라何處에셔何를見聞ᄒᆞ던지곳此를模倣ᄒᆞ며其模倣을行코져ᄒᆞᆷ에ᄂᆞᆫ如何ᄒᆞᆫ賤業이라도此를憎厭치안이ᄒᆞ나니此ᄂᆞᆫ吾人의가장注意ᄒᆞᆯ바이라

士族의子로도上海와及桑港等地에셔奴僕의役을不辭ᄒᆞ며士族의女로도新嘉坡等地에渡ᄒᆞ야醜業婦를作ᄒᆞ다가歸來ᄒᆞ면何等耻羞의態가頓無ᄒᆞ고反히金錢을儲有ᄒᆞᆷ으로誇矜ᄒᆞᄂᆞᆫ도다以上事實로見ᄒᆞᆯ진ᄃᆡ日本男子의間諜氣質과日本女子의娼妓氣質은一目瞭然히知得ᄒᆞ겟도다。

以上은佛國新聞中에載ᄒᆞᆫ바佛人모네스지에氏의叙述이니今에譯載ᄒᆞ야日本人과關係가逼近ᄒᆞᆫ者에개一省을促ᄒᆞ노라

○青年有光　在日本國東京學生界에셔ᄂᆞᆫ近年以來로基督의福音을信仰ᄒᆞᄂᆞᆫ者逐日增加ᄒᆞ야旭日이初昇ᄒᆞᄂᆞᆫ듯光彩의煥爀ᄒᆞᆷ을豫期ᄒᆞ겟스며基督敎靑年會에셔ᄂᆞᆫ宗敎의普及ᄒᆞ기를計圖키爲ᄒᆞ야將且雜誌를發刊ᄒᆞ기로擬議中인ᄃᆡ爲先靑年會創立記念報를發刊ᄒᆞ야內外國에擴布키로計畫ᄒᆞ얏스니記者ᄂᆞᆫ一注心香으로써靑年會將來를顚祝不已ᄒᆞ노라

會　錄

第十三回定期總會々錄

隆熙四年五月一日에本監督部內에셔定期總會를開ᄒᆞ고春期卒業生朴炳哲、姜荃、崔浩善、郭漢倬、安希貞、鄭利泰、金永基　朴宗植、玄東翊、張慧諸氏의祝賀式을開ᄒᆞᆯ식會長崔昌朝氏ᄂᆞᆫ開會辭를總代金基炯氏ᄂᆞᆫ祝辭를陳述　니祝辭에云

(前畧)諸君、今日에卒業生諸氏를祝賀ᄒᆞᄂᆞᆫ것은實로國家에慶幸이라卒業生을爲ᄒᆞ야祝賀ᄒᆞᆷ에不止ᄒᆞᆯ것이오國家를爲ᄒᆞ야祝賀ᄒᆞᆷ을不已ᄒᆞ리로다然ᄒᆞᆫ즉諸氏를祝賀ᄒᆞᆷ은滿塲諸君의만不止ᄒᆞᆯ것이오更히精神上으로우리全國民이다ㅣ同一히祝賀ᄒᆞᆫ다고思惟ᄒᆞ노라

故國現象을回顧ᄒᆞ건ᄃᆡ如彼히慘膽ᄒᆞᆫ狀態ᄂᆞᆫ忍言치못ᄒᆞ겟나니此時를當ᄒᆞᆫ全國

人民은苦痛이極矣오切齒久矣라社會의腐敗를厭ᄒᆞ고新進ᄒᆞᆫ神聖ᄒᆞᆫ靑年을待ᄒᆞ기懇切ᄒᆞ얏도다

夫一國家를破壞ᄒᆞᆫ던지或은建設코ᄌᆞᄒᆞᆯ진ᄃᆡ何如ᄒᆞᆫ人物을要ᄒᆞᆯ고品格의高尙ᄒᆞᆯ것은勿論이어니와智識으로言ᄒᆞᆯ지라도相當ᄒᆞᆫ科學的知識을要求ᄒᆞᆯ지니今日卒業生諸氏ᄂᆞᆫ品質이卓越ᄒᆞ시고科學的知識修養에豊富ᄒᆞ얏슨즉實로國家에幸福이라全國人民이共同慶賀ᄒᆞᆯ비ㅣ實로此에在ᄒᆞ도다(中略)余ᄂᆞᆫ簡單히卒業諸氏에對ᄒᆞ야一言을獻코자ᄒᆞᆷ은諸氏가何如ᄒᆞᆫ方面即或은實業或은敎育各方面으로活動ᄒᆞᆯ時에그ㅣ平日持論ᄒᆞ던바神聖二字를終始勿忘ᄒᆞ야頭腦에確保ᄒᆞ고明敏强斷의手段과鐵志血淚의熱誠으로着々進步ᄒᆞ야速히會稽의耻를雪ᄒᆞ고獨立萬歲를共唱ᄒᆞ기로齊心頌祝ᄒᆞ노이다　祝辭가終ᄒᆞᆷ이

卒業生諸氏의答辭가有ᄒᆞ얏고監督丈李晩奎氏의勸勉祝賀가有ᄒᆞ얏고茶果後撮影閉式ᄒᆞ얏ᄂᆞᆫᄃᆡ時ᄂᆞᆫ上午十一時라因ᄒᆞ야總會事務를處理ᄒᆞᆯᄉᆡ前會々錄은錯誤가無ᄒᆞᆷ으로承認되고本會維持即財政問題에對ᄒᆞ야李豐載、朴春緖兩氏及外他諸氏의演說이有ᄒᆞ얏고當場會員諸氏의義捐金額이貳百八拾餘圓에達ᄒᆞ얏더라

同下午一時에閉會ᄒᆞ다

533

會計報告

月捐金領收表「隆熙四年四月三十日」

具克昭 五十錢「十一月分」 孔塋九 一圓「十二、一」 孔鎭泰 一圓五十錢「十二、一、二」
金在學 一圓五十錢「十二、一、二」 金慶培 五十錢「十二」 金尙沃 三圓「十 三」
劉壎燮 五十錢「二月」 金洛昊 五十錢「二月」 鄭利泰 五十錢「二月」
李寅彰 一圓「二、三」 金宇植 五十錢「十月」 朴春緖 五十錢「二月」
李豊載 五十錢「二月」 李康賢 五十錢「三月」 金泰模 五十錢「四月」
趙用顯 一圓「三、四」 金昌鎭 五十錢「四月」 房烱泰 五十錢「四月」
孫汶漸 五十錢「三月」 金漢益 五十錢「四月」 金在熙 五十錢「十月」
金承基 五十錢「二月」 金晉庸 一圓五十錢「一、二、三」
白炳璋 一圓「十一、十二」 羅景錫 五十錢「二月」 河九鎔 五十錢「四月」
朴珍薰 五十錢「十月」 孫汶漸 五十錢「四月」 李鍾俊 五十錢「四月」
李鍾南 五十錢「四月」 鄭鳳鎭 一圓「三、四」 馬鉉羲 五十錢「三月」
馬鉉國 五十錢「四月」 李康賢 五十錢「四月」 文尙宇 五十錢「四月」
邊九鎬 一圓「一、二」 邊縉鎬 一圓「一、二」 崔漢基 五十錢「四月」

合計二十八圓也

534

義捐金領收表「自四年四月三日至四月三十日」

金榮夏 二圜 金淵穆 三圜 金載熙 五圜 崔泰旭 三圜
崔昌朝 五圜 文尙宇 三圜 尹鼎三 二圜
鎭安文明學校 二圜 趙觀九 拾圜 李一雨 拾圜
合計 四十五圜也

學報代金領收表「自四年四月三日至四月卅日」

姜永韶 五圜八十錢 禹見九 一圜五十錢 韓相鎬 一圜十五錢
張日泰 一圜五十錢 金利鉉 一圜 尹秉禧 六十錢
朴載善 一圜 朴道善 一圜 李應鎬 四圜
許 윤 一圜二十錢 朴永煥 二十四錢 三和俱樂部 一圜五十五錢
李貞燦 二圜 李東勛 四十錢 白鎔準 六十錢
玄僖榮 六十錢 趙南俊 一圜八錢
合計 二十五圜二十二錢也

收入支出表「隆熙四年四日三十日」

「支 出」

出版部 七十三圜 教育部 二十錢五厘 會計部 四圜十五錢
編纂部 三圜八十錢 事務所 五十四圜十二錢五厘 査察部 二圜七十二錢

合計百三十八圓

「收入」

運動部豫發金中　一圜　義捐金　四十五圜　學報代　二十五圜二十二錢

月捐金　二十八圜　會費金　三十圜二十四錢

合計百二十九圜四十六錢　加用　八圜五十四錢

貸借對照表「隆熙四年四月卅日」

〔借方〕

出版部　千四百六圓六錢二厘　教育部　四十四圓八十三錢　運道部　二百十三圓二十一錢

同部豫發金　三十圓　會計部　三十九圓二十八錢八厘　討論部　六圓六錢

編纂部　四十二圓八十三錢　查察部　三圓四十二錢　事務所　千二百二十二圓三十五錢五厘

物品　五圓六十二錢　特別債券　百十二圓四十三錢　金銀　八十一圓三十九錢

合金　三千二百七圓四十九錢五厘

〔貸方〕

基本金　九百七十三圓十三錢五厘　恩賜金　一百圓　義捐金　千四百十一圓三十五錢五厘

利子　六圓六十六錢　學報代金　二百六十八圓九錢五厘

會費金　二百四十八圓三十七錢　月捐金　百九十六圓七十五錢　事務豫發金　三圜十三錢

合金　三千二百七圓四十九錢五厘

大韓興學會改正規則 (隆熙四年二月改正)

第一章 名稱及目的

第一條 本會는大韓興學會라稱함

第二條 本會는敎誼硏學과國民의智德啓發로目的홈

第二章 會員의資格及權利義務

第三條 本會々員은帝國同胞中同志人士로定하되左開二種에分함

一 通常會員은本會의位置附近地에在하야一般義務를履行하기可能한者

一 特別會員은隔地에셔入會를志願ᄒᆞ야許可를得한者又는卒業歸國한者

第四條 本會々員은左開의權利를有홈

一 任員의被選及選擧하는權

但特別會員은此限에不在ᄒᆞ되卒業後歸國前에在한者난選擧權만保有홈

一 提出할事項에對하야發言하난權

一 議決할事項에對ᄒᆞ야可否하난權

第五條 本會々員은左開의義務가有홈

一 每會에出席하난義務

一 會費金을納付하는義務

一 一切規則에服從ᄒᆞ는義務

第三章 位置及會所

第六條 本會의位置난日本國東京으로定함

第七條 本會의會所는駐在東京市大韓留學生監督部內로權定함

第四章 機關組織

第八條 本會機關은左開任員及部로홈

但各部에는部長이有하며部員은隨時增減홈을得홈

一 會長 一人

一 副會長 一人

一 總務員 二人

一 評議員 二十五人

一 總會書記員 二人

一 評議會書記員 一人

一 執行任員會書記員 一人

一 幹事員 五人

一 會計部員 五人

一 編輯部員 十人

一 出版部員 五人

一 敎育部員 五人

一　討論部員　五人
一　査察部員　二十人
一　運動部員　七人

第五章　任員의職務

第九條　會長은會中一切事務를總轄함
第十條　副會長은會長을賛助하며會長이有故할時에는會長의職務를代理ᄒᆞᆷ
第十一條　總務員은會長의指揮를承하야會中諸般事務를處理ᄒᆞᆷ
第十二條　評議員은重要한事案을評議ᄒᆞᆷ
第十三條　書記員은會中文簿를掌理함
第十四條　幹事員은總務員을賛助하야凡百事務에從事ᄒᆞᆷ
第十五條　會計部員은會中一切財政出納을掌理ᄒᆞᆷ
第十六條　編纂部員은本會의機關報及各科學雜誌의編述과其他飜譯著作等에關ᄒᆞᆫ事務를掌理함
第十七條　出版部員은圖書出版에關ᄒᆞᆫ事務를掌理ᄒᆞᆷ
第十八條　教育部員은教育에關ᄒᆞᆫ事務를掌理함
第十九條　討論部員은討論演說에關한事務를掌理ᄒᆞᆷ
第二十條　査察部員은一般會員의異動과其他本會에關係가有ᄒᆞᆫ事件을査察하ᄂᆞᆫ事務를掌理ᄒᆞᆷ
第廿一條　運動部員은體育上運動에關ᄒᆞᆫ事務를掌理ᄒᆞᆷ

第六章　任員의選擧及任期

第廿二條　任員의總選擧ᄂᆞᆫ每年四月及十月에擧行ᄒᆞ되如左히ᄒᆞᆷ
會長　副會長　總務員　評議員은定期總會에서無記名投票로選定함
但會長은候補選擧式으로再投票를要ᄒᆞ되候補者ᄂᆞᆫ三人에限ᄒᆞᆷ
第廿三條　任員의任期ᄂᆞᆫ總選擧後滿六個月노定함

第七章　總會

第廿四條　總會ᄂᆞᆫ定期總會及臨時總會에分ᄒᆞᆷ

第八章　評議會

第廿五條　評議會ᄂᆞᆫ評議員으로組織ᄒᆞ되定期　臨時兩種에分ᄒᆞᆷ
第廿六條　會長　副會長　總務員　各部々長은緊急必要ᄒᆞᆫ事案에關하야執行任員會를開하기未及ᄒᆞᆯ時에ᄂᆞᆫ評議會에出席하야該事案을提出ᄒᆞᆷ을得ᄒᆞᆷ
第廿七條　評議會에서評議ᄒᆞᄂᆞᆫ事案은如左함
一　規則에關한事案
二　總會에서委任한事案

三 執行任員會에서提出한事案
四 第二十六條에依하야提出된事案
五 第二十五條特別事故
六 各評議員의提出한事案

第九章 執行任員會

第廿八條 執行任員會는會長 副會長 總務員 書記員 幹事員及各部々員으로組織홈

第廿九條 執行任員會는定期 臨時 兩種에分함

第三十條 執行任員會에서議決하는事案은如左함
一 事務執行의方法
二 評議會에提出할案件

第十章 會費

第卅一條 會費는每朔金十錢으로定함

第十一章 入會及退會

第卅二條 本會의位置附近地에在하야一般義務를履行하기可能한者는入會節次를不要하고通常會員으로看做홈但隔地에서入會를志願하는者는本會員中保證人과聯署提出後總會又는評議會에서許可홈

第卅三條 不得已한事故를因하야退會를志願하는者난評議會에서其實由를確認한後에許施하고總會에報告홈

第十一章 支會

第卅四條 在內外帝國同胞中十五人以上이團合하야支會設立을申請하는時에는評讀會議決을經하야總會에서認許함

第十三章 贊成員

第卅五條 內外國有志人士中本會를贊成하는人이有한時에난評議會의議決에依하야贊成員으로定홈

第十四章 罰則

第卅六條 會員中行爲가悖戾하야本會의體面을汚損한者가有할時에난總會決議로輕重을隨하야訓戒或退會를命홈
任員이三個月連하야(評議員은評議會에執行任員은同任員會에)出席치아니한時에난總會又난 計議會에서解任을命홈
但正當한事故를事務所에通知한時난此限에不在홈

第十五章 附則

第卅七條 本則에未悉한條件은細則에制定함

第卅八條 本則을改正或變更할必要가有할時에난總

會決議를要ᄒᆞ되委員三人以上을選定ᄒᆞ야
改正케홈

第卅九條 本則은頒布日노부터施行함

大韓興學會細則

第一條 原則第一章第二條의目的을達ᄒᆞ기爲ᄒᆞ야左開事項을實行홈

一 本會員으로重病에罹ᄒᆞ거나橫厄을當ᄒᆞ야本會에通知홀時에난總代를派送ᄒᆞ야慰問ᄒᆞ며又ᄂᆞᆫ相當ᄒᆞᆫ救濟方策을講究ᄒᆞᄂᆞᆫ事

二 本會員으로非常ᄒᆞᆫ喜慶이有ᄒᆞᆫ者又난內外國志士로當地에現在ᄒᆞ야本會에서同情을可表홀者有ᄒᆞᆫ時에난總代를派送하야致賀或慰問ᄒᆞ며又난總會를開催ᄒᆞ고祝賀 歡迎 或送別의儀式을擧行ᄒᆞᄂᆞᆫ事

三 本會員으로學業에怠惰ᄒᆞ거나品行이不正ᄒᆞᆫ者가有하난時에난委員을派送ᄒᆞ거나又난評議會에招請ᄒᆞ야改悔를勸諭ᄒᆞᄂᆞᆫ事

四 討論演說及体育을奬勵하ᄂᆞᆫ事

五 機關報 各科學雜誌及圖書等의著作出版ᄒᆞ난事

第二條 原則第四章第八條各部々長은部務를總轄ᄒᆞ며又난部代表ᄒᆞᄂᆞᆫ權이有홈

第三條 原則第五章第十五條에依하야會計部員이財政出納에關ᄒᆞ야ᄂᆞᆫ左開規定을遵守홈

一 收入金額이五十圓以上에達홀時에난總務員과聯署ᄒᆞ야銀行에任置홈

二 支出金額이經常費以外五圓以上에達홀時에난會長의同意를要ᄒᆞ고貳拾圓以上에達홀時에난評議會의同意를要홈

三 會內一切財政文簿난每月執行任員會를經由ᄒᆞ야總會에報告홈

四 本會에서必要로認定ᄒᆞ야財政을檢査홀時에난檢査上便宜를與홈을要홈

第四條 原則第五章第十五條에依ᄒᆞ야討論部난當地各區 町 學校 科學及其他必要로認홀時에난支部를設置或認許홈이有홈

前項의規定에依ᄒᆞ야支部가成立되난時에ᄂᆞᆫ某(區 町 學校 科學……) 支部라稱홈

第五條 前條의規定에依ᄒᆞ야討論部支部의認許를得코자홀時에난十人以上의聯名或代表로請願

書를討論部長에게提呈호되左開書式에依홈

請願書

本人等이 (某區 某學校……) 討論支部를設立하기爲호야玆에請額호으니照亮許可호삼을敬要

年 月 日 請願人 姓 名㊞

大韓興學會討論部々長某 座下

第六條 原細則第五章에規定호各部난事務處理에關호야左開規定을遵守홈

一 原細則範圍內에서部則을制定홈이有홈

二 必要호事項이有호난時에난部會를開홈을得홈

三 每月執行호事務난定期執行任員會를經由호야總會에報告홈

第七條 原則第五章第十三條에依호야書記員은各所掌호會錄을會日後一週日內로正書호야事務所에送交홈은要홈

第八條 原則第六章第二十二條에依호야任員總選擧난每年四月及十月第一日曜日午前八時定期總會에서擧行호되節次난如左홈

一 會長 副會長은單記式으로總務員評議員은連記式으로홈但評議員은全數의三分一以下에限호며評議長은最高點當選者로定홈

二 投票紙난本會投票用紙로홈

三 投票時에난會長이計票人五人을定호야投票用紙를計數分給호고收集호야票數를調査호後에點數를計호야會長이高點當選者를會中에佈告홈

四 投票紙가投票員數에超過홀時에난全投票를勿施호고僞造投票가有홀時에난該票만勿施하고票紙에記名이未分明홀時에난該名만無效에歸홈

五 投票點이同數에在호境遇에난比較投票를行홈

六 書記員 幹事員及各部々員은評議會에서選擧總會後三日內로選定호되公薦後圈點或投票로하고各部長은最高點으로定홈

同選擧評議會에난會長 副會長 總務員은評議員과同等權이有홈

七 總會에서被選된任員中缺席員과 評議會에서被選된任員에게난事務所로서迅速히通知홈을要홈

第九條 新舊任員의事務傳掌會난總選擧後一週日內

로會長이招集홈

第十條 任員中不得已ᄒᆞᆫ事故를因ᄒᆞ야辭任ᄒᆞᆯ時에ᄂᆞᆫ總會에서選定ᄒᆞᆫ任員은 會에서 評議會에서選定ᄒᆞᆫ任員은評議會에서審査ᄒᆞᆫ後許可又ᄂᆞᆫ繳還홈

第十一條 補缺選擧ᄂᆞᆫ總會에서選定ᄒᆞᆫ任員은最近定期總會에서 評議會에서選定홈任員은最近定期評議會에서行홈

第十二條 評議長 各部々長이有故ᄒᆞᆫ時에ᄂᆞᆫ被選點次에依ᄒᆞ야代理홈

第十三條 原則第七章第二十四條에依ᄒᆞ야定期總會ᄂᆞᆫ每月第一日曜日午前八時에開ᄒᆞ야同十二時에閉會홈但出席ᄒᆞᆫ通常會員이同全員數의十分一에未滿ᄒᆞᆯ時에ᄂᆞᆫ開會를不得ᄒᆞ며臨時總會ᄂᆞᆫ評議會決議로開하며必要로認ᄒᆞᆯ時에ᄂᆞᆫ會長이時間伸縮홈을得홈

第十四條 原則第八章第二十五條에依ᄒᆞ야定期評議會ᄂᆞᆫ每月最終日曜日上午八時에開하야同十二時에閉홈
臨時評議會ᄂᆞᆫ緊急ᄒᆞᆫ事故가有ᄒᆞᆫ時에評議長의招集에依ᄒᆞ야開ᄒᆞ되評議員三人以上

의同意請求가有ᄒᆞᆫ時 會長의請求가有ᄒᆞᆫ時 總務員이會長을經由ᄒᆞ야請求ᄒᆞᄂᆞᆫ時 各部々長이會長總務를經由ᄒᆞ야請求ᄒᆞᄂᆞᆫ時에開홈

第十五條 原則第九章第廿八條에依ᄒᆞ야定期執行任員會ᄂᆞᆫ每月第三日曜日上午八時에開하야同十二時에閉홈
臨時執行任員會ᄂᆞᆫ事務執行에關하야必要로認定하ᄂᆞᆫ時에會長이招集ᄒᆞ되執行任員三人以上의同意를要함

第十六條 總會의開會節次ᄂᆞᆫ如左홈
一 人員點檢
二 開會
三 前回會錄朗讀及承認
四 評議員의報告及提出案
五 各任員의報告及承認
六 未決案及新議案
七 討論或演說
八 閉會

第十七條 會員이發言코저하ᄂᆞᆫ時에ᄂᆞᆫ必起立하야會長의게言權을請홈二人以上의並請이有ᄒᆞᆫ時

에는會長이其先後를區別하야言權을許하되各十分間을莫過케하며一事案에對한一人의言權은二度에限하고言論이紛蔓ᄒᆞᆫ時에討論終結動議가有하면緊急動議와同一한効力을付與하되此境遇에는可否各三人以上의言論이有한後를要ᄒᆞᆷ

第十八條　可否二論이有ᄒᆞᆫ事項에對하야會長이其一論에贊成하는意見을陳述코져하는境遇에는代理를當席케ᄒᆞᆷ을要ᄒᆞᆷ

第十九條　動議가有하고再請이有한時에는會長이會中에對하야意見을問한後에可否를取決하되同數된時에는會長이決定ᄒᆞᆷ

第二十條　動議再請이有ᄒᆞᆫ事項에對하야改議再請이有하며再改議再請이有ᄒᆞᆫ時에는再改議를先決하되否決된時에는改議를決하며改議가否決된時에는本動議를取決ᄒᆞᆷ

第廿一條　緊急動議는緊急事項에對하야提出ᄒᆞᆷ이니通常動議及言權을停止하며會中意見을不問하고可否를取決하되出席員四分三의可決을要ᄒᆞᆷ

第廿二條　會場에서規則을不準하거나秩序를紊亂케하는者가有하야會長이曉喩하되不從하는時에는退場을命ᄒᆞᆷ이有ᄒᆞᆷ

第廿三條　臨時總會를開ᄒᆞᆯ時에는開會日時를三日前期하야事務所로서各會員의게通知ᄒᆞᆷ

第廿四條　評議會는原則第八章第二十五、第廿六、第二十七條의規定에依하되同三個條에未備ᄒᆞᆫ件은評議會規則에依ᄒᆞᆷ

第廿五條　評議會議決案은總會承認을經하기前에는執行을不得ᄒᆞᆷ但事項이緊急에係하야總會招集을未暇ᄒᆞᆫ境遇에는此限에不在ᄒᆞᆷ

第廿六條　執行任員會에서議決ᄒᆞᆫ事案은事務執行方法에關한外에는評議會에提出하야總會의承認이有ᄒᆞᆫ後에効力이生ᄒᆞᆷ

第廿七條　原則第十章第卅一條에規定ᄒᆞᆫ會費金은每月定期總會以內로例納ᄒᆞᆷ을要ᄒᆞᆷ

第廿八條　原則第十一章第三十二條에依하야隔地에서入會를志願하는者는左開書式에依ᄒᆞᆷ

請願書

本人이貴會에入會를志願하와玆에保證人과聯署請願하오니　照亮許可하심을敬要

年　月　日

原籍及現住

請願人 姓 名㊞

保證人 姓 名㊞

大韓興學會々長(姓名)座下

第廿九條 原則第十二章第三十四條에依하야認許를得혼支會는左開規定을遵守홈

一 名稱은大韓興學會( )支會라稱홈

二 會員資格은年齡十[illegible]上品行端正혼男子에限홈

三 規則은本會目的範圍內에서各自히制定하되本會의檢正을經혼後에施行홈

四 通常事項은自由行動內에서 特別事項은本會의許可를經혼後에行하되每月一次式本會에報告홈

第三十條 支會々員은每月會費로金五錢式本會에送納하며本會의機關報를無代로受覽홈을得홈

第卅一條 前二個條에規定혼範圍內의行動에對하야妨害를橫被홀時에는本會로서相當혼救濟方策을取하며此에違背하야本會의体面을汚損하는境遇에는支會認許를繳消或은相當혼制裁를加홈이有홈

第卅二條 本則의規定에依하야總代를派送할時에는總會或評議會의議決이有홈을要홈但事項이緊急에係하야評議會招集을未暇할境遇에는會長總務員及評議長의同意로臨時權行홈을得홈

附 則

第卅三條 原、細則에明文規定이無혼事項이有할時에는通常慣例에依하야處理홈但本會目的에違反차아님을要홈

第卅四條 本則의全部或一部를必要로認定할時에는出席會員四分三以上의同意로當日或當事에限하야効力을停止홈을得홈

◉大韓興學會評議會々則

第一章 總則

第一條 評議會는本會原則第八章의規定에依하며同章의未備혼것은細則第十四條第廿四條第二十五條에依하며同條에未備혼것은本則에依홈

第二條　評議長은評議會를主管하야諸般事務를處理ᄒᆞᆷ但有故ᄒᆞᆫ時에는被選點次에依하야代理ᄒᆞᆷ

第二章　招集節次

第三條　定期評議會는每月最終日曜日上午八時에本會事務所에서開ᄒᆞᆷ

第四條　臨時評議會를開할時에는評議長이事務員에게指揮하야三日前期하야評議員會長副會長總務員及各部々長에게通知ᄒᆞᆷ을要ᄒᆞᆷ但緊急ᄒᆞᆫ境遇의通知는此限에不在ᄒᆞᆷ

第五條　定期評議會는評議員二分一以上、臨時評議會는三分一以上의出席을要ᄒᆞᆷ

第三章　開會順序及方式

第六條　開會順序는如左ᄒᆞᆷ

一　人員點檢
二　開會
三　前回會錄朗讀
四　留案及總會의委任案
五　執行任員會의提出案
六　新事項
七　閉會

第七條　開會時에는評議員以外의任員의席은別定ᄒᆞᆷ

第八條　評議員以外의任員의提出ᄒᆞᆫ事項에對하야는動議再請을不要하고評議ᄒᆞᆫ後可否取決ᄒᆞᆷ

第四章　議決案의經過及性質

第九條　評議會議決案을總會에報告　提出할時에는會錄朗讀으로行ᄒᆞᆷ

第十條　執行任員會에서提出ᄒᆞᆫ事案中에時間의短促ᄒᆞᆷ을因하야未決ᄒᆞᆫ事案이有ᄒᆞᆯ時에는總會에提出하야取決ᄒᆞᆷ을要ᄒᆞᆷ

第十一條　評議會議決案에對하야評議員은同案議決時의出席與否를勿論하고總會에서反對意見으로發言ᄒᆞᆷ을不得ᄒᆞᆷ但本則第十條에依ᄒᆞᆫ案에對하야는此限에不在ᄒᆞᆷ

第五章　任員의制裁

第十二條　本會任員으로原則　細則及本則에規定ᄒᆞᆫ職務를怠惰할時에는評議會에서解任又는不信任案을總會에提出ᄒᆞᆷ을得ᄒᆞᆷ

附　則

第十三條　本則에明文規定이無ᄒᆞᆫ事項은通常慣例에依ᄒᆞᆷ

◉大韓興學會執行任員會々則

第一章 總則

第一條 執行任員會는原則第九章의規定에依하며同章에未備한것은細則第十五條及第二十六條에依하며同條에未備한것은本則에依홈

第二條 會長은執行任員會를主管하야諸般事務를處理홈

第二章 招集節次

第三條 定期執行任員會는每月第三日曜日上午八時에本事務所에서開함

第四條 臨時執行任員會를開할時에는會長이事務員의게指揮ᄒᆞ야三日前期ᄒᆞ야各執行任員에게通知홈을要홈但緊急한境遇의通知는此期限에不在홈

第五條 定期執行任員會는執行任員三分一以上 臨時執行任員會는四分一以上의出席을要홈

第三章 開會順序

第六條 開會順序는如左홈

一 人員點檢
二 開會
三 前回會錄朗讀
四 總會々錄朗讀
五 總務員及各部의報告
六 未決事項
七 新事項
八 閉會

第四章 議決案의提出節次

第七條 原則第九章第三十條第二號의事案은委員二人以上을選定ᄒᆞ야評議會에提出홈

附 則

第八條 本則에明文規定이無한事항은通常慣習에依홈

●學報定價（改正）

一部	（郵並）	拾貳錢
三個月	（上仝）	參拾錢
半年分	（上仝）	六拾錢
一年分	（上仝）	一圜拾五錢

●廣告料

半頁	金參圜
一頁	金五圜

編輯人 李得季
日本東京市麴町區中六番町四十九番地

發行人 高元勳
日本東京市麴町區中六番町四十九番地

印刷人 姜邁
日本東京市麴町區中六番町四十九番地

發行所 大韓興學會出版部
日本東京市麴町區中六番町四十九番地

印刷所 大韓興學會印刷所
日本東京市麴町區中六番町四十九番地

會員諸君 座下

本報ᄂᆞᆫ大韓興學會의機關紙오興學會ᄂᆞᆫ在日本帝國靑年의結晶體니一般會員의思想을代表ᄒᆞ고學識을反射ᄒᆞᄂᆞᆫ本報의原稿製述은不可不會員諸君을是賴是望ᄒᆞ노니民智啓發에適當逼切ᄒᆞᆫ論說及學術을每月二十五日以內에本部로送交ᄒᆞ심을切盼

投書의注意

一 投稿ᄂᆞᆫ 國漢文、楷書、完結을要홈

一 投稿ᄂᆞᆫ 論說、小說(短篇) 學藝等

一 學藝ᄂᆞᆫ 法、政、經、哲、倫、心、地、歷과及博物、理化、醫、農、工、商等以內

一 原稿蒐輯期限은每月二十五日

一 原稿를刪削及揭載否與의權限은本編輯部에在홈

一 原稿를揭載치아니ᄒᆞᄂᆞᆫ時에도還送을不許홈

大韓興學會編纂部

隆熙三年十一月十九日 明治四十二年十一月十九日 第三種郵便物認可

大韓興學報第十三號 隆熙四年五月廿日 明治四十三年五月廿日 發行 (每月一回)